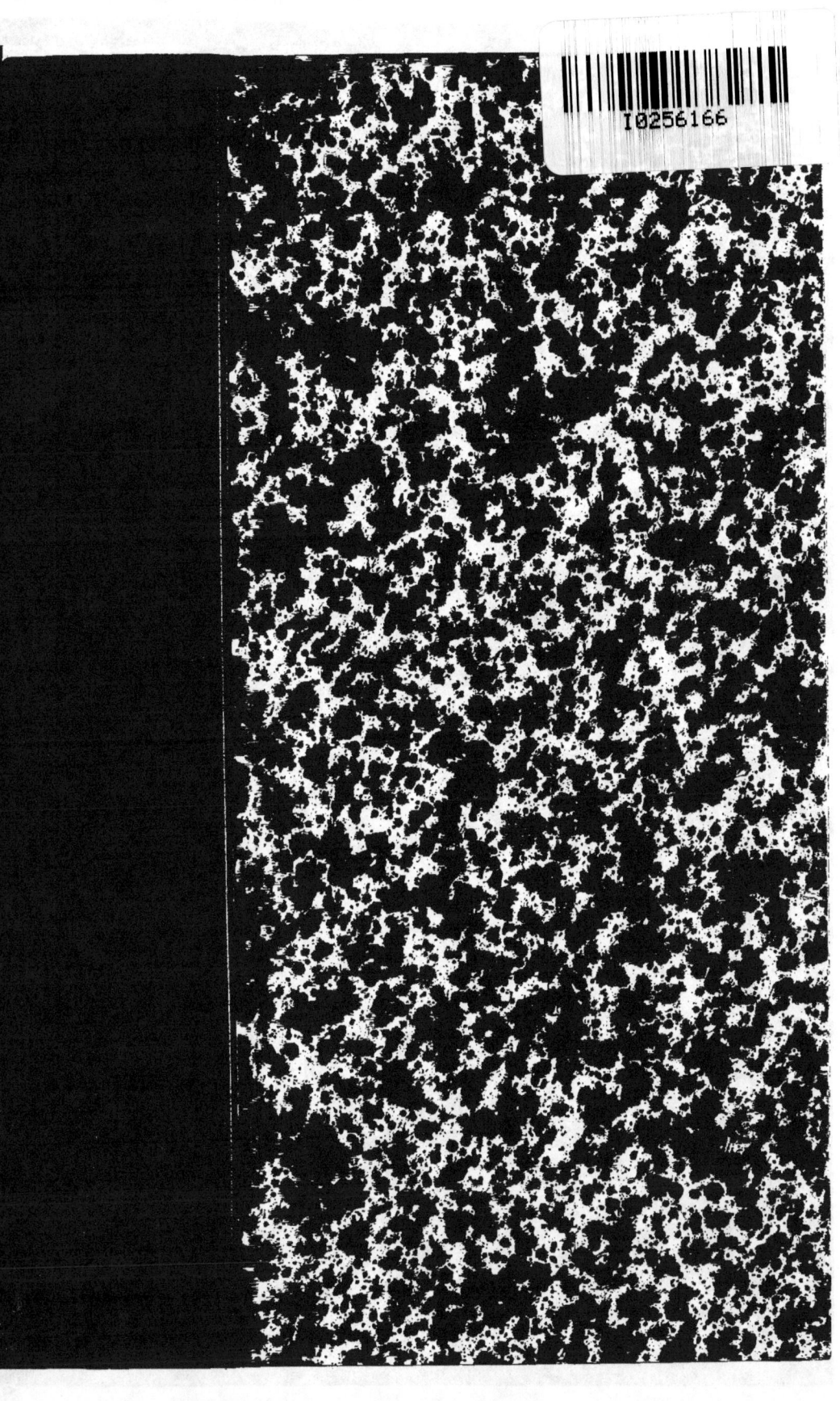

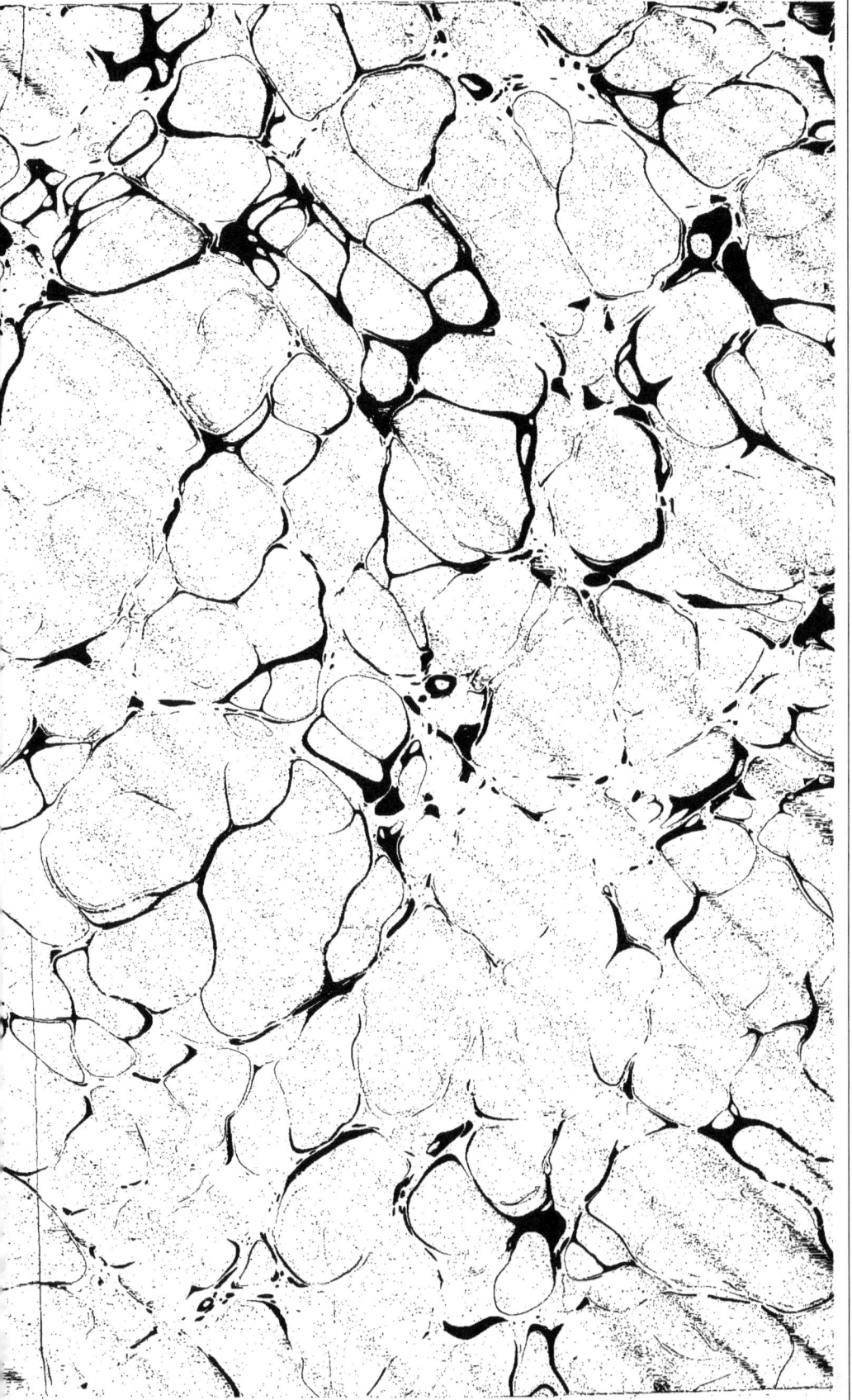

OUVRAGE DESTINÉ A TOUS LES ÉTABLISSEMENTS D'INSTRUCTION

LES TERMES DE
GÉOGRAPHIE
dans les langues du globe

PAR

LUCIEN HOCHSTEYN

ANCIEN FONCTIONNAIRE DE LA DIRECTION GÉNÉRALE DES CHEMINS DE FER
EX CHEF DE LA STATISTIQUE DE LA SOCIÉTÉ D'ÉTUDES GÉOGRAPHIQUES « ÉLISÉE RECLUS »
DIPLÔMÉ DES SOCIÉTÉS DE GÉOGRAPHIE DE PARIS, DE BELGIQUE

CORNEILLE HOCHSTEYN, ÉDITEUR

| PARIS | BRUXELLES |
| 32, avenue de Saint-Mandé, (12e) | 55, rue du Prévôt |

1907

LES TERMES DE GÉOGRAPHIE

LUCIEN HOCHSTEYN

ANCIEN FONCTIONNAIRE DE LA DIRECTION GÉNÉRALE DES CHEMINS DE FER
EX CHEF DE LA STATISTIQUE DE LA SOCIÉTÉ D'ÉTUDES GÉOGRAPHIQUES = ELISÉE RECLUS =
DIPLÔMÉ DES SOCIÉTÉS DE GÉOGRAPHIE DE PARIS, DE BELGIQUE, &A

LES TERMES DE GÉOGRAPHIE

dans les langues du globe

PARIS

CORNEILLE HOCHETIN, ÉDITEUR
32, Avenue de Saint-Mandé, (12ᵉ)

1906

PRÉFACE

L'ouvrage que nous mettons en vente sous un titre qui en exprime bien le contenu, est dû aux recherches laborieuses qu'entreprit l'auteur dans un domaine peu exploré. — M. Lucien Hochsteyn, un des collaborateurs les plus actifs d'Élisée Reclus, consulta les atlas géographiques de tous les pays du Globe; il recueillit tous les termes employés par les géographes étrangers; et, avec ces documents précieux, auxquels vinrent s'ajouter les travaux des sociétés scientifiques, des explorateurs & des missionnaires, il dressa, avec méthode & clarté, la nomenclature peu banale de 1,000 mots géographiques français traduits dans presque tous les dialectes de la Terre. — Le premier volume de cette publication incomparable comprend les termes géographiques français avec : la définition scientifique, une phrase donnant l'emploi du terme, les traductions en langues étrangères & tous les mots français analogues. — Le second volume est la liste de tous les vocables étrangers avec leur signification française.

Les pères de famille pour l'instruction de leurs enfants, les professeurs pour moderniser leur enseignement un peu sec, les directeurs d'écoles pour les distributions de prix, les sociétés de géographie & leurs membres, les bibliothèques publiques, les industriels, les compagnies de chemins de fer & de navigation, les armateurs, les officiers des armées de terre & de mer, les ministères, les universités, les banques, &a, &a, ne sauraient mettre un livre plus utile entre les mains des personnes chargées de la vulgarisation d'une science qui est la base incontestée de toutes les transactions mondiales.

Avec l'ouvrage de M. Hochsteyn la lecture des cartes étrangères n'est plus qu'un jeu mis au service de ceux qui veulent s'instruire rapidement.

Malgré la difficulté de composer une publication faite de plus de cent mille noms étrangers, nous vendons chaque volume à 10 francs.

L'ÉDITEUR.

LISTE DES LANGUES, DIALECTES, IDIOMES, PATOIS & JARGONS DU GLOBE

✶✶✶ AVEC LEURS ABRÉVIATIONS ✶✶✶

☆ ☆ ☆

LANGUES	Abréviations.		LANGUES	Abréviations.
A		51 — Arabe	Arabe.
		2 — Arakan	Arakan.
		3 — Araméen	
1 — Abaze	Abaze.	4 — Araucanien	Araucan.
2 — Abbadi	Abbadi.	5 — Archipel Bismarck	Arch. Bism.
3 — Abyssin	Abyssin.	6 — Arctique	Arctiq.
4 — Accra	Accra.	7 — Argot	Argot.
5 — Achânti	Achânti.	8 — Arménien ancien	Armén. vx.
6 — Adamâoua	Adamâo.	9 — Arménien de l'Ararat	Armén. Ararat.
7 — Afghan	Afghan.	60 — Arménien moderne	Armén.
8 — Afrique centrale	Afriq. centr.	1 — Arménien russe	'Armén. russ.
9 — Afrique orientale	Afriq. orient.	2 — Arménien turc	Armén. turc.
10 — Afrique orientale allemande	Afriq. or. all.	3 — Aroma	Aroma.
1 — Afrique orientale britanniq.	Afriq. or. brit.	4 — Asie centrale	Asie centr.
2 — Afrique orientale portugaise	Afriq. or. port.	5 — Assamais	Assam.
3 — Agaou	Agaou.	6 — Assiniboin	Assinib.
4 — Agni	Agni.	7 — Assyrien	Assyr.
5 — Ahom	Ahom.	8 — Ataiyal	Ataiyal.
6 — Aïno	Aïno.	9 — Attie	Attie.
7 — Akoucha	Akouch.	70 — Australien	Austral.
8 — Alaska	Alaska.	1 — Autunois	Autun.
9 — Albanais	Alban.	2 — Auvergnat	Auvergn.
20 — Aléoutien	Aléout.	3 — Auxois	Auxois.
1 — Alfouras	Alfour.	4 — Avâr	Avâr.
2 — Algérien		5 — Avranchinais	Avranch.
3 — Algonquin		6 — Axumique	Axumiq.
4 — Allamau	Allam.	7 — Aymara	Aymar.
5 — Allemand (bas-)	Bas-allem.	8 — Azande	Azande.
6 — Allemand du Moyen-Age	Allem. M.-A.	9 — Azerbijani	
7 — Allemand moderne	Allem.	80 — Aztèque	Aztéq.
8 — Allemand vieux	Allem. vx.		
9 — Alpes	Alpes.	**B**	
30 — Amarique	Amariq.		
1 — Amharique		81 — Babylonien	
2 — Amaxosa	Amaxos.	2 — Bachkir	Bachkir.
3 — Amharna	Amariq.	3 — Badaga	
4 — Amoï	Amoï.	4 — Bafo	Bafo.
5 — Anatom		5 — Bâhgrimma	Bâhgrim.
6 — Andi	Andi.	6 — Baie d'Hudson	B. Hudson.
7 — Ancityoum	Anatom.	7 — Baki	
8 — Angevin	Angev.	8 — Bakounda	Bakound.
9 — Anglais	Angl.	9 — Bali	Bali.
40 — Anglais vieux		90 — Bâli	Bâli.
1 — Anglo-américain	Anglo-amér.	1 — Balouche	Balouch.
2 — Anglo-franca	Anglo-franca.	2 — Baloung	Baloung.
3 — Anglo-indien	Anglo-indien.	3 — Bâmbara	Bâmbar.
4 — Anglo-pidgin	Anglo-pidg.	4 — Bangala	Bangal.
5 — Anglo-saxon	Anglo-sax.	5 — Banjan	Banjan.
6 — Angola	Angola.	6 — Bantou	Bantou.
7 — Anioua	Anioua.	7 — Bapoto	Bapoto.
8 — Annamite	Annam.	8 — Barbarin	Barbar.
9 — Aourimi	Aourimi.		
50 — Api	Api.		

LISTE DES LANGUES AVEC LEURS ABRÉVIATIONS DANS CET OUVRAGE

LANGUES	Abréviations.	LANGUES	Abréviations.
99 — Barma		168 — Canarese	
100 — Barotse	Barotse.	9 — Candiote	Candiot.
1 — Bas-allemand	Bas-allem.	170 — Canezard	Canez.
2 — Basari	Basari.	1 — Cantonais	Canton.
3 — Bascon	Bascon.	2 — Cap Sud	Cap Sud.
4 — Bas-latin	Latin (bas-).	3 — Caraïbe	Caraïb.
5 — Basque espagnol	Basq. esp.	4 — Carchoum	Carchoum.
6 — Basque labourdin	Labourd.	5 — Carélien	Carél.
7 — Basque souletin	Soulet.	6 — Caribé	Caribé.
8 — Bas-rhénan	Rhénan (bas-).	7 — Castillan	Castill.
9 — Bas-saxon	Saxon (bas-).	8 — Catalan	Catal.
110 — Bassouto	Bassout.	9 — Catalan vieux	Catal. vx.
1 — Bâtta	Bâtta.	180 — Caucasien	Caucas.
2 — Batta	Batta.	1 — Caucasien des Montaguards	Caucas. mont.
3 — Baule	Baule.	2 — Célèbes	Célèbes.
4 — Baya	Baya.	3 — Celtique	Celtiq.
5 — Bayeusain	Bayeus.	4 — Ceylanais	Ceylan.
6 — Béarnais	Béarn.	5 — Chaga	Chaga.
7 — Béchouana		6 — Châhpour	Châhp.
8 — Belge	Belge.	7 — Chaldéen	Chald.
9 — Bengali	Bengali.	8 — Chalounais	Chaloun.
120 — Bénoué	Bénoué.	9 — Chàmba	Chàmba.
1 — Berbère	Berbér.	190 — Chamba	Chamba.
2 — Berrichon	Berrich.	1 — Champenois	Champen.
3 — Berta	Berta.	2 — Chau	
4 — Bessan	Bessan.	3 — Changalla	Chang.
5 — Bessermènes	Besserm.	4 — Chang-Haï	Chang-Haï.
6 — Bhadarvari	Bhadarv.	5 — Chaouiah	Chaouïa.
7 — Bihé	Bihé.	6 — Chapour	
8 — Birman	Birm.	7 — Charollais	Charoll.
9 — Bisa	Bisa.	8 — Chartrain	Chartrain.
130 — Bisayan	Bisayan.	9 — Chellouque	Chelloug.
1 — Blaisois	Blaisois.	200 — Cherbourgeois	Cherbourg.
2 — Blaisois lorrain	Blaisois lorr.	1 — Chignau	Chignan.
3 — Bogo	Bogo.	2 — Chilien	
4 — Bohémien		3 — Chillouque	
5 — Bondéï	Bondéi.	4 — Chinbok	Chinbok.
6 — Bornou	Bornou.	5 — Chinbon	Chinbon.
7 — Boschiman	Boschim.	6 — Chin Hills	Chin Hills.
8 — Bosniaque	Bosniaq.	7 — Chinois	Chinois.
9 — Boughi	Boughi.	8 — Chinouque	Chinouq.
140 — Boundafolk		9 — Chippaway	Chippa.
1 — Bourguignon	Bourguig.	210 — Chol	Chol.
2 — Bourête		1 — Chong-Chia-tsé	Chong-Chia.
3 — Bouriate	Bouriat.	2 — Chontal	Chontal.
4 — Brahoui	Brahoui.	3 — Chouana	
5 — Brésilien	Brésil.	4 — Chouli	Chouli.
6 — Bressan	Bressan.	5 — Choung-kia	Choung-kia.
7 — Breton ancien	Breton vx.	6 — Cimraeg	
8 — Breton moderne	Breton.	7 — Cingalais	Cingal.
9 — Breton moyen	Breton moy.	8 — Circassien	
150 — Breyzard	Breyz.	9 — Cochinchinois	
1 — Bugiste	Bugist.	220 — Cokhoh	Cokhoh.
2 — Bulgare	Bulgar.	1 — Commingeais	Comming.
3 — Bullom	Bullom.	2 — Concani	Concani.
		3 — Condéen	Condé.
		4 — Congolais	Congol.
C		5 — Congolais français	Congol. fr.
		6 — Copte	Copte.
		7 — Coréen	Coréen.
154 — Cachemire	Cachem.	8 — Cornique	Corniq.
5 — Cachiquel	Cachiq.	9 — Cornouaillais	Cornouaill.
6 — Caennais	Caenn.	230 — Corse	Corse.
7 — Cafre	Cafre.	1 — Côte-d'Ivoire	C. Ivoire.
8 — Caichi	Caichi.	2 — Côte-d'Or (France)	C. d'Or.
9 — Calabar	Calabar.	3 — Côte-d'Or (Afrique)	
160 — Calabar vieux	Calabar vx.	4 — Consérans	Consér.
1 — Caledonian	Caledonian.	5 — Coutançais	Coutanç.
2 — Calédonien	Calédonien.	6 — Créole mauricien	Créole maur.
3 — Californien	Californ.	7 — Crétois	Crétois.
4 — Cambodgien	Cambodg.	8 — Cri	Cri.
5 — Cameroun	Camer.	9 — Croate	Croate.
6 — Canadien	Canad.	240 — Cunéiforme	
7 — Canara	Canar.		

LISTE DES LANGUES AVEC LEURS ABRÉVIATIONS DANS CET OUVRAGE

LANGUES	Abréviations.	LANGUES	Abréviations.
241 — Cymbrique	Cymbriq.	299 — Fidjien	Fidj.
2 — Cymraeg		300 — Finlandais	Finland.
3 — Cymrique	Cymriq.	1 — Finnois	Finn.
		2 — Finnois de la Baltique	Finn. Baltiq.
D		3 — Finnois des provinces baltiques	Finn. prov. baltiq.
244 — Dahoman		4 — Finnois du Volga	Finn. Volga.
5 — Dâkchani	Dâkchan.	5 — Finno-tátar	Finno-tátar.
6 — Dalmate	Dalm.	6 — Fiote	Fiote.
7 — Danakil		7 — Flamand	Flam.
8 — Dankali	Dankali.	8 — Florentin	Florent.
9 — Danois	Dan.	9 — Floridien	Florid.
250 — Dardoui	Dardoui.	310 — Forézien	Forêz.
1 — Darfour		1 — Fôrien	Fôrien.
2 — Dauphinois	Dauphin.	2 — Forlan	
3 — Dayak	Dayak.	3 — Formosan	Formos.
4 — Deccan		4 — Foula	Foula.
5 — Dévanâgari	Dévanâg.	5 — Foulfoudé	Foulfoud.
6 — Dido	Dido.	6 — Fou-tchéou	Fou-tchéou.
7 — Dijonnais	Dijon.	7 — Foutouna	Foutoun.
8 — Djagataï	Djagat.	8 — Franc	Franc.
9 — Djouang.	Djouang.	9 — Français	Franç.
260 — Dogri	Dogri.	320 — Français vieux	Franç. vx.
1 — Dongola	Dongola.	1 — Franc-comtois	Franc-comt.
2 — Doualla	Doualla.	2 — Francique	Franciq.
3 — Doubs	Doubs.	3 — Franconien	Francon.
4 — Dravidien	Dravid.	4 — Frioulan	Frioul.
		5 — Frison	Frison.
E		6 — Fuégien	
265 — Ébon	Ébon.	**G**	
6 — Écossais		327 — Gâ	
7 — Edbaï		8 — Gaboun	Gaboun.
8 — Éfik	Éfik.	9 — Gadaba	Gadaba.
9 — Égyptien	Égypt.	330 — Gaélique	Gaéliq.
270 — Élou		1 — Galibi	Galibi.
1 — Éolien	Éolien.	2 — Galicien	
2 — Éoué	Éoué.	3 — Galla	Galla.
3 — Épi		4 — Gallego	Galleg.
4 — Erromangais	Erromang.	5 — Gallois	Gallois.
5 — Ersa mordouine	Ersa mordouin.	6 — Gauda	Ganda.
6 — Erse	Erse.	7 — Garos	Garos.
7 — Érytréen	Érytréen.	8 — Gascon	Gascon.
8 — Esclavon	Esclav.	9 — Gaulois	Gaulois.
9 — Espagnol	Espag.	340 — Gaura	
280 — Espagnol vieux	Espag. vx.	1 — Genevois	Genev.
1 — Esperanto	Esper.	2 — Géorgien	Géorg.
2 — Esquimau	Esquim.	3 — Germanique	Germaniq.
3 — Esthonien	Esthon.	4 — Gers	Gers.
4 — Estranghelo	Estrang.	5 — Ghâ	Ghâ.
5 — Etbaï	Etbaï.	6 — Ghégue	Ghég.
6 — Éthiopien	Éthiop.	7 — Ghêz	Ghêz.
7 — Étrusque	Étrusq.	8 — Gilbert	Gilbert.
		9 — Giryama	Giryam.
F		350 — Gitano	Gitano.
288 — Fakaafo	Fakaafo.	1 — Gnika	Gnika.
9 — Falacha	Falach.	2 — Gnossien	
290 — Fali	Fali.	3 — Goajira	Goajira.
1 — Falaisien	Falais.	4 — Gôgô	Gôgô.
2 — Fallaofou		5 — Gond	Gond.
3 — Fân	Fân.	6 — Gondi	
4 — Fanti	Fanti.	7 — Gonja	Gonja.
5 — Faté	Faté.	8 — Gonya	
6 — Ferghana	Ferghan.	9 — Gothique	Gothique.
7 — Fernandien	Fernand.	360 — Gouamba	Gouamba.
8 — Ffon	Ffon.	1 — Gouarani	Gouaran.
		2 — Goudjerate	Goudjer.
		3 — Gourma	Gourma.
		4 — Grand-russien	Gr. russien.
		5 — Grec ancien	Grec vx.
		6 — Grec moderne	Grec.

LISTE DES LANGUES AVEC LEURS ABRÉVIATIONS DANS CET OUVRAGE

LANGUES	Abréviations.	LANGUES	Abréviations.
367 — Grégorien	Grégor.	430 — Iranien	Iranien.
8 — Groenlandais	Groenl.	1 — Irlandais	Irland.
9 — Guègue		2 — Iroquois	Iroqu.
370 — Guipuzcoan		3 — Isérois	Isérois.
1 — Guzarati		4 — Islandais	Island.
		5 — Italien	Ital.
		6 — Ittou-galla	Ittou-gall.

H

J

372 — Haïdah	Haïdah.		
3 — Haï-nan	Haï-nan.		
4 — Haïtien	Haïtien.	437 — Jabali	Jabali.
5 — Hakka	Hakka.	8 — Ja-louo	Ja-louo.
6 — Hang-Chek	Hang-Chek.	9 — Jamaïcien	Jamaïc.
7 — Haoussa		440 — Japonais	Japon.
8 — Harem	Harem.	1 — Jargou	
9 — Hatou	Hatou.	2 — Jatki	Jatki.
380 — Hausa	Hausa.	3 — Javanais	Javan.
1 — Haut-allemand		4 — Jibali	
2 — Haute-Égypte		5 — Jibou	
3 — Haut-Nil	Haut-Nil.	6 — Juif	
4 — Haut-Saxon	Haut-Saxon.	7 — Jurassien	Jurass.
5 — Haut-Sobat	Haut-Sobat.		
6 — Havaïen	Havaïen.		
7 — Hébreu	Hébreu.		K	
8 — Herrero	Herrero.		
9 — Hiaou	Hiaou.		
390 — Hiéroglyphes		448 — Kabadi	Kabadi.
1 — Himyarite	Himyar.	9 — Kaboutchi	Kaboutc.
2 — Hindi		450 — Kabyle	Kabyle.
3 — Hindou		1 — Kadiak	Kadiak.
4 — Hindoustani	Hindoust.	2 — Kafiri	Kifiri.
5 — Hollandais	Holl.	4 — Kagourou	Kagour.
6 — Hongrois	Hongr.	5 — Kaigàn	Kaigàn.
7 — Hottentot		6 — Kalmouque	Kalmouq.
8 — Hou-ni	Hou-ni.	7 — Kamacintzy	Kamacint.
9 — Hova	Hova.	8 — Kamba	Kamba.
400 — Huaxtec		9 — Kami	Kami.
1 — Huaztèque	Huaztèq.	460 — Kamtchadale	Kamtchad.
		1 — Kam-ti	Kam-ti.
		2 — Kanarese	
		3 — Kânem	Kânem.
		4 — Kanoûri	Kanoûri.
		5 — Kan-sou	Kan-sou.
	I	6 — Kaoui	Kaoui.
402 — Iaïa	Iaïa.	7 — Kara	Kara.
3 — Iakoute	Iakout.	8 — Karagasses	Karagas.
4 — Iambo	Iambo.	9 — Karanga	Karanga.
5 — Ibérien	Ibérien.	470 — Karén	Karén.
6 — Ibo	Ibo.	1 — Karthli	Karthli.
7 — Ibóko	Ibóko.	2 — Kassoube	Kassoub.
8 — Icil		3 — Kavirondo	Kavirond.
9 — Idiome neutral		4 — Kazi-Koumouk	Kazi-K.
410 — Idiom neutral		5 — Kéapara	Kéapar.
1 — Igara	Igara.	6 — Kénaï	Kénaï.
2 — Igbira	Igbira.	7 — Kerepounou	Kerepoun.
3 — Ikhil	Ikhil.	8 — Kermanji	Kermanj.
4 — Ile d'York	Ile York.	9 — Ketoch	Ketoch.
5 — Iles des Amis	Iles Amis.	480 — Khaïen	Khaïen.
6 — Iles Salomon	Iles Salom.	1 — Kharia	Kharia.
7 — Illyrien		2 — Khas Chos	Khos Chos.
8 — Ilocano	Ilocan.	3 — Khassia	Khassia.
9 — Inde		4 — Khiva	Khiva.
420 — Indien Beaver	Ind. Beaver.	5 — Khmer	
1 — Indien de Californie	Ind. Californ.	6 — Kho	Kho.
2 — Indien Pied-Noir	Pied-Noir.	7 — Khoï	
3 — Indien Pimo	Pimo.	8 — Khond	Khond.
4 — Indo-chinois	Indo-chin.	9 — Khou	
5 — Indo-portugais		490 — Kikouyou	Kikouy.
6 — Indou	Indou.	1 — Kilimane	Kiliman.
7 — Ingalique	Ingaliq.	2 — Kimboundou	Kimbound.
8 — Ingrien	Ingrien.	3 — Kinyika	
9 — Innuit			

LISTE DES LANGUES AVEC LEURS ABRÉVIATIONS DANS CET OUVRAGE

LANGUES	Abréviations.	LANGUES	Abréviations.
494 — Kiouai	Kiouai		
5 — Kirghiz	Kirghiz.	**M**	
6 — Kitchvari	Kitchv.		
7 — Ko	Ko.		
8 — Koï	Koï.	561 — Macassar	Macass.
9 — » indou	Koï indou.	2 — Macédonien	Macédon.
500 — Koïbales	Koïbal.	3 — Machona	Machona.
1 — Koïsouboul	Koïsoub.	4 — Magadha	Magadha.
2 — Kolarien	Kolar.	5 — Mâghadi	Mâghadi.
3 — Koriak	Koriak.	6 — Magouuza	Magounz.
4 — Korva	Korva.	7 — Magyar	
5 — Kossova	Kossov.	8 — Maharatte	Maharat.
6 — Kota	Kota.	9 — Maïa	Maïa
7 — Kotoko	Kotoko	570 — Maiva	Maiva.
8 — Koudougou	Koudoug.	1 — Makoua	Makoua.
9 — Kouei-tchau	Kouei-tchau.	2 — Malabar	
510 — Kouénam	Kouénam.	3 — Malais	Malais.
1 — Koui	Koui.	4 — Malayalam	Malayal.
2 — Koumique		5 — Maldives	Maldiv.
3 — Kour	Kour.	6 — Malgache	Malgach.
4 — Kourde	Kourd.	7 — Malinque	Maling.
5 — Kousage	Kousag.	8 — Malo	Malo.
6 — Kouvaraouan	Kouvar.	9 — Mal-Pahâria	Mal-Pahâr.
7 — Kové	Kové.	580 — Maltais	Malt.
8 — Kromo	Kromo.	1 — Mame	Mame.
9 — Kymrag		2 — Manahiki	Manahik.
		3 — Mandara	Mandar.
		4 — Mandchou	Mandchou.
		5 — Mande	
L		6 — Maudingue	Manding.
		7 — Mangarévien	Mongarév.
		8 — Manghattou	Mangbat.
		9 — Man Soung	Man Soung.
520 — Labourdin	Labourd.	590 — Manx	Manx
1 — Labrador	Labrad.	1 — Maori	Maori.
2 — Lacandon	Lacand.	2 — Maré	Maré.
3 — Lac Chiroua	L. Chiroua.	3 — Maritime	ɤ̌
4 — Lac Rodolphe	L. Rodolp.	4 — Marocain	Maroc.
5 — Lac Tchad	L. Tchad.	5 — Marovo	Marovo.
6 — Ladin	Ladin.	6 — Marquisien	Marquis.
7 — Langue bleue		7 — Masai	Masai.
8 — Langue d'oc		8 — Matores	Mator.
9 — Languedocien	Languedoc.	9 — Mauresque	Mauresq.
530 — Langue d'oïl		600 — Mauritanien	
1 — Langue verte		1 — Maya	Maya
2 — Lao-Kaï	Lao-kai.	2 — Mbau	Mbau.
3 — Laotien	Laot.	3 — Mbounda	Mbound.
4 — Lapon	Lapon.	4 — Mehto	Mehto.
5 — Lapon russe	Lapon russ.	5 — Mekeo	Mekeo.
6 — Lapon suédois	Lapon suéd.	6 — Mélanésien	Mélanés.
7 — Latin	Latin.	7 — Mende	Mende.
8 — Laze	Laze.	8 — Mentaouei	Mentaouei.
9 — Léonais	Léon.	9 — Meso-gothique	Meso-goth.
540 — Lepcha	Lepcha.	610 — Mésopotamien	Mésopotam.
1 — Lesghi	Lesghi.	1 — Metchériaks	Metchér.
2 — Lette	Lette	2 — Meusien	Meusien.
3 — Lexovien	Lexov.	3 — Mexicain	
4 — Lifou	Lifou.	4 — M'fan	
5 — Limousin	Limous.	5 — Miao-tsé	Miao-tsé.
6 — Lingva internacia		6 — Mic-Mac	Mic-Mac.
7 — Liou-kiou	Liou-kiou.	7 — Microuésien	Micron.
8 — Lithuanien	Lithuan.	8 — Milanais	Milan.
9 — Lives	Live.	9 — Mingrélien	Mingrél.
550 — Livonien		620 — Min-kia	Min-kia.
1 — Loango	Loango.	1 — Mittou	Mittou.
2 — Lolo	Lolo.	2 — Mobali	Mobali.
3 — Lomoué	Lomoué.	3 — Mohawk	Mohawk.
4 — Londonderry	Londond.	4 — Mokchânes	Mokchân.
5 — Lorrain	Lorrain.	5 — Moksha mordouine	
6 — Lou-Gouda		6 — Moldave	Moldave.
7 — Lou-Ouanga	Lou-Ouanga.	7 — Mombasa	
8 — Lousing	Lousing.	8 — Mondolingue	
9 — Luxembourgeois	Luxemb.	9 — Mondounga	Mondoung.
560 — Lyonnais			

LISTE DES LANGUES AVEC LEURS ABRÉVIATIONS DANS CET OUVRAGE

LANGUES	Abréviations.	LANGUES	Abréviations.
630 — Mongol	Mongol.	693 — Oriya	
1 — Montagnais	Montagn.	4 — Orne	Orne.
2 — Montagnes-Rocheuses	Montag.-Roch.	5 — Oshindonga	Oshind.
3 — Monténégrin	Montén.	6 — Osmauli	
4 — Mopan	Mopan.	7 — Osque	Osque.
5 — Mordouine	Mordouin.	8 — Ossète	Ossète.
6 — Moréen	Moréen.	9 — Ostiaque	Ostiaq.
7 — Mortaguais	Mortagn.	700 — Otshi	
8 — Mortainais	Mortain.	1 — Ouadaï	Ouadaï.
9 — Morvandeau	Morvan.	2 — Ouakhan	Ouakhan.
640 — Mossi	Mossi.	3 — Oualano	Oualano.
1 — Motoumotou	Motoum.	4 — Oubangui	Oubangui.
2 — Mough	Mough.	5 — Ouélaung	Ouélaung.
3 — Moundari	Moundar.	6 — Ouellé	Ouellé.
4 — Mozambique	Mozamb.	7 — Ouganda	Ougand.
5 — Mpongoué	Mpongoué.	8 — Ougor	
6 — Mrou	Mrou.	9 — Ougrien	Ougrien.
7 — Murray	Murray.	710 — Ounalaska	Ounalask.
8 — Musulman du Bengale	Musulm. Beng.	1 — Ouolof	Ouolof.
9 — Mzabi	Mzabi.	2 — Ouraon	Ouraon.
		3 — Ourdou	
		4 — Ourya	Ourya.
		5 — Ousagara	Ousagara.
		6 — Outkala	

N

650 — Namaqua	Namaq.		
1 — Nancéen	Nancéen.		
2 — Naudi	Nandi.		
3 — Nankin	Nankin.	**P**	
4 — Narrignéri	Narrign.		
5 — Négrito	Négrito.	717 — Pahari.	Pahari.
6 — Négro-anglais	Négro-angl.	8 — Paharia	
7 — Neugone		9 — Pahouin	
8 — Néo-guinéen	Néo-guinéen.	720 — Paï	Paï.
9 — Néo-hébridais	Néo-hébrid.	1 — Pali	Pali.
660 — Népaul	Népaul.	2 — Pamir	Pamir.
1 — Nestorien	Nestor.	3 — Pandjabi	
2 — Ngoko	Ngoko.	4 — Pangasinan	Pangas.
3 — Ngounais	Ngonn.	5 — Papou	
4 — Nhan	Nhan.	6 — Parbatya	
5 — Niam-Niam	Niam-N.	7 — Parbouti	
6 — Niasien	Nias.	8 — Patois	
7 — Niçard	Niçard.	9 — Pazzehe	Pazzeh.
8 — Nicobarais	Nicobar.	730 — Pédi	Pedi.
9 — Niger	Niger.	1 — Pégouan	Pégouan.
670 — Nika	Nika.	2 — Pehlvi	Pehlvi.
1 — Ning-Po	Ning-Po.	3 — Pei-po	Pei-po.
2 — Nioueau	Nioueau.	4 — Pékin	Pékin.
3 — Nivernais		5 — Pelasgien	Pelasg.
4 — Noirmoutier	Noirmout.	6 — Pendjab	
5 — Nongo	Nongo.	7 — Périgourdin	Périgourd.
6 — Normand	Norm.	8 — Permiak	Permiak.
7 — Norse	Norse.	9 — Permicu	Permien.
8 — Norvégien	Norv.	740 — Persan	Persan.
9 — Noung	Noung.	1 — Peten	Peten.
680 — Noûpé	Noûpé.	2 — Petit-russien	Pet.-russ.
1 — Nouvelle-Bretagne	Néo-breton.	3 — Phénicien	Phénic.
2 — Nouvelle-Irlande	Néo-Irland.	4 — Philippin	Philipp.
3 — Nov latin		5 — Picard	Picard.
4 — Nubien		6 — Piémontais	
5 — Nyanyembé	Nyanyem.	7 — Pocoman	Pocom.
6 — Nyasa	Nyasa.	8 — Poitevin	Poitev.
7 — Nyitra		9 — Polonais	Polon.
		750 — Polynésien	Polynés.
		1 — Pontépiscopien	Pontépisc.
O		2 — Popo	Popo.
		3 — Portugais	Port.
		4 — Pouchtou	Poucht.
688 — Odji	Odji.	5 — Poula	Poula.
9 — Oghamique	Ogham.	6 — Provençal	Prov.
690 — Ombrien	Ombrien.	7 — Prussien	
1 — Orembourgeois		8 — Punctune	Punctun.
2 — Orissa	Orissa.	9 — Pundjab	Pundjab.
		760 — Pyrénéen	

LISTE DES LANGUES AVEC LEURS ABRÉVIATIONS DANS CET OUVRAGE

LANGUES	Abréviations.	LANGUES	Abréviations.
760 bis — Pokomo	Pokomo.	817 — Savolaque	Savolaq.
		8 — Savoyard	
		9 — Saxon	Saxon.
Q		820 — Scandinave	Scandin.
		1 — Scythe	Scythe.
		2 — Séchouane	
761 — Quâgoutl	Quâgoutl.	3 — Sémitique	Sémit.
2 — Quercinois	Quercin.	4 — Sénégalais	Sénégal.
3 — Quiché	Quiché.	5 — Senna	Senna.
4 — Quitchoua	Quitchoua.	6 — Serbe	Serbe.
5 — Qvène	Qvène.	7 — Serer	Serer.
		8 — Sessouto	Sessout.
		9 — Setchouana	Setchouan.
R		830 — Shang-Haï	
		1 — Shapour	
		2 — Shetland	Shetland.
		3 — Siamois	Siam.
766 — Radjmahali	Radjmah.	4 — Sibérien	Sibér.
7 — Rakhèn	Rakhèn.	5 — Sicilien	Sicil.
8 — Rambaud	Rambaud.	6 — Sierra Leone	Sierra Leon.
9 — Rarotongais	Rarotong.	7 — Sindhi	Sindh.
770 — Rémois	Rémois.	8 — Singalais	
1 — Rennais	Rennais.	9 — Sitka	Sitka.
2 — Rhétique	Rhétiq.	840 — Skipéta	Skipéta.
3 — Riffi	Riffi.	1 — Slave	Slave.
4 — Rivière Noire	Riv. Noire.	2 — Slavé	Slavé.
5 — Rochuan	Rochn.	3 — Slovaque	Slovaq.
6 — Romaji	Romaji.	4 — Slovène	Slovène.
7 — Roman	Roman.	5 — Smoudsky	Smoudsk.
8 — Romanche	Romanch.	6 — Soïote	Soïote.
9 — Rotse	Rotse.	7 — Somali	Somali.
780 — Roua		8 — Soudanais	Soudan.
1 — Rouchi	Rouchi.	9 — Songhaï	Songhaï.
2 — Rouennais	Rouenn.	850 — Souinque	Soninq.
3 — Roumain	Roum.	1 — Sontal	Sontal.
4 — Rouméliote	Roumél.	2 — Sotzil	
5 — Roussillonnais	Roussill.	3 — Souahéli	Souahéli.
6 — Rua		4 — Souane	Souane.
7 — Runique	Runiq.	5 — Souatow	Souatow.
8 — Russe	Russe.	6 — Soudanais égyptien	Soudan d'Égypt.
9 — Russie Blanche	Russe blanc.	7 — Soudanais français	Soudan. fr.
790 — Ruthène	Ruthèn.	8 — Soukouma	Soukoum.
		9 — Souletin	Soulet.
		860 — Sound Smith	
S		1 — Souto	
		2 — Suède	Suéd.
1 — Sabéen	Sabéen	3 — Suève	Suève.
2 — Sabir	Sabir.	4 — Sumatrais	Sumatr.
3 — Sagalla		5 — Sutughil	Sutugh.
4 — Sagara		6 — Syriaque	Syriaq.
5 — Saharien	Sahara.	7 — Syrien	Syrien.
6 — Saibai	Saibai.		
7 — Saint-Domingue			
8 — Saint-Loi	St-Loi.	**T**	
9 — Saintongeais	Saintong.		
		868 — Tagal	Tagal.
		9 — Taita	Taita.
800 — Sakhalien		870 — Taïtien	Taïtien.
1 — Samnite	Samnit.	1 — Tamil	
2 — Samoan	Samoan.	2 — Tamoul	Tamoul.
3 — Samogitien	Samogit.	3 — Tangoute	Tangoute.
4 — Samoïède	Samoïed.	4 — Tannais	Tannais.
5 — » d'Archangel	Samoïed. Arch.	5 — Tarn	Tarn.
6 — » de Sibérie	Samoïed. Sibér.	6 — Tartare	
7 — » d'Iénisséi	Samoïed. Ién.	7 — Tasiko	Tasiko.
8 — » -ostiaque	Samoïede-ost.	8 — Tâtar	Tâtar.
9 — Sandwich		9 — Tâtar du Caucase	Tâtar cauc.
810 — Sangirais	Sangir.	880 — Tâtar mandchou	Tâtar mandch.
1 — Sanscrit	Sanscr.	1 — Tâtar mongol	Tâtar mong.
2 — Santâli	Santâl.	2 — Taungtha	Taungt.
3 — Sarte	Sarte.	3 — Tavaste	Tavast.
4 — Sauteux	Sauteux.	4 — Taveta	Taveta.
5 — Savara	Savara.		
6 — Savoisien	Savois.		

LISTE DES LANGUES AVEC LEURS ABRÉVIATIONS DANS CET OUVRAGE

LANGUES	Abréviations.	LANGUES	Aréviations
		V	
885 — Tavghi	Tavghi.		
6 — Tchèque	Tchèq.		
7 — Tchérémisse	Tchérém.		
8 — Tcherkesse	Tcherk.	942 — Valaque	Valaq.
9 — Tchetchenz	Tchetch.	3 — Valognais	Valogn.
890 — Tchoude	Tchoud.	4 — Valovale	Valov.
1 — Tchouvache	Tchouvac.	5 — Vannetais	Vannet.
2 — Téda	Téda.	6 — Vaudois	Vaud.
3 — Télégou	Télégou.	7 — Vende	Vend.
4 — Télinga	Télinga.	8 — Vendéen	Vendée.
5 — Temashight	Temash.	9 — Vénézolan	Vénézol.
6 — Temne	Temne.	950 — Vepse	Vepse.
7 — Teptière	Teptièr.	1 — Verdunois	Verdun.
8 — Teuton	Teuton.	2 — Virois	Virois
9 — Thaï	Thaï.	3 — Vogoule	Vogoul.
900 — Théotisque	Théotisq.	4 — Volapuk	Volap.
1 — Thibétain	Thibét.	5 — Volsque	Volsq.
2 — Thos	Thos.	6 — Vououm	Vonoum
3 — Tibbou	Tibbou.	7 — Vote	Vote.
4 — Tigrâi	Tigrâi.	8 — Votiaque	Votiaq.
5 — Tigré			
6 — Tinguian	Tinguian.		
7 — Tinné	Tinné.		**W**	
8 — Tobago	Tobago.		
9 — Toda	Toda.		
910 — Togo	Togo.		
1 — Tonga	Tonga.	959 — Wallon	Wall.
2 — Tonkinois	Tonkin.	960 — Wende	Wend.
3 — Toscan	Toscan.	1 — Wolof	
4 — Toske	Toske.		
5 — Totona	Totona.		**X**	
6 — Touareg	Touareg.		
7 — Toukoukh	Toudoukh.	962 — Xosa	Xosa.
8 — Toulou	Toulou.		
9 — Toulouva	Toulouv.		**Y**	
920 — Toungouse	Toungous.		
1 — Trécorrois	Trécorr.		
2 — Tripolitain	Tripolit.		
3 — Troubadours	Prov.	963 — Yagam	Yagam.
4 — Trouvères	Roman.	4 — Yakoutat	Yakoutat.
5 — Tso-o	Tso-o.	5 — Yakoute	
6 — Tudesque	Tudesq.	6 — Yao	Yao.
7 — Turc	Turc.	7 — Yayo	Yayo.
8 — Turc de Crimée	Turc Crim.	8 — Yindou-Chin	Yidou-Ch.
9 — Turc de Karassi	Turc Karas.	9 — Yolof	Yolof.
930 — Turc de Kazan	Turc Kazan.	970 — Yonnais	Yonnais.
1 — Turc du Caucase	Turc Cauc.	1 — Yorouba	Yorouba.
2 — Turc tâtar	Turc-tâtar.	2 — Yucatèque	Yucatèq.
2 — Turkestan	Turkest.	3 — Yunnan	Yunnan.
3 — Turkestan transcaucasien	Turkest. transc.		
4 — Turcmène			**Z**	
5 — Turcoman	Turcom.		
6 — Tzendal	Tzend.		
7 — Tzotzil	Tzotz.	974 — Zambézien	Zambéz.
		5 — Zanzibarite	Zanzibar.
U		6 — Zend	Zend.
		7 — Zingari	Zingari.
		8 — Zirian	Zirian.
938 — Uriya		9 — Zoulou	Zoulou.
9 — Uroua	Uroua.	980 — Zyriane	Zyriane.
940 — Ulatec		☆	
1 — Uzbèque	Uzbèq.		

LES TERMES GÉOGRAPHIQUES

DANS LES LANGUES DU GLOBE

☆

ABIME. — Additions & notes.
Esper. abismo.

abîme, sms; gouffre très profond. — La diligence, emportée par les chevaux furieux, roula dans l'*abîme*.
Achanti choun & okou. — *Allem.* Abgrund, Schlund. — *Angl.* abyss, cliff, cloud, clud, depth. — *Anglo-sax.* clud. — *Arabe* hofra, luj. — *Bantou* eyenga, godin, louuenge=nenge, nengenenge, ngodia & yenga. — *Bosniaque* bezduo, propast. — *Bulgare* propast. — *Cafre* entmenka, ilioua, is=antouenka & lioua. — *Catalan* abisme & abis; (*vx* abis). — *Congolais* lounengenenge, mbeka, nengenenge & ngodia — *Croate & dalmate* bezduo & propast. — *Danois* Afgrund & Dyb. — *Égypt.* houfra. — *Esclav.* bezduo, propast. — *Es=pag.* abismo, baratro & voladero. — *Fan* edogh. — *Finnois* syvä. — *Flam.* afgrond, kolk & poel. — *Franç.* vx abysme & baratron. — *Giryama* dete. — *Grec* katavothra. — *Hausa* gibi & kososobe. — *Haute-Saône* abisse, avisse. — *Herzég.* bezduo, propast. — *Hindoust.* dang, karârâ. — *Holland.* afgrond, kolk, krantz & poel. — *Hongr.* mélység. — *Ital.* abisso, balza, baratro burrone & gorgo. — *Jurass.* abisse & avisse. — — *Latin* abissus, abyssus, barathrum & vorago. — *Maiva* akoupaka. — *Malais* tubir. — *Malgac.* hautsana. — *Montén.* bezduo & propast. — *Norv.* Afgrund & Dyb. — *N. Guinée* lada. — *Polon.* otchlan, przepasc. — *Port.* abis=mo, abysmo, baratbro, barranco. — *Provenç.* abis, abisme, abissi & baratro. — *Roman* abysme. — *Rouchi* abéime. — *Roum.* prapustia. — *Russe* bezdna, poutchina, pronaschie. — *Samoan* fafá, moâna. — *Sanscrit* kound. — *Saxon vieux* der. — *Serbe* bezduo, propast. — *Slovène* brezduo. — *Soua=héli* chini, keto, kouenda & ouketo. — *Suéd.* afgrund, djub. — *Syriaque* houfra. — *Turc* choukour & outchouroum. — *Celtiq.* der. — *Zoulou* antwenka, ilioua, isantmenka, lioua.

☞ anfractuosité, antre, bas-fond, cre=vasse, excavation, fond, gouffre, oubliet=te, précipice, tournant, trou, wolfe.

ABRI. — Additions & notes.

☆

abri, sms; refuge momentané. — Tous les enfoncements de côtes sont des *abris*.
Allem. Luwte, Obdach, Schutz, Schutzdach, Schutzort, stil=ler Ort. — *Angl.* lee, recess, resting-stage, retraite, shelter. — *Arabe* daral-aman, daral-hima. — *Bosniaq.* potstresje, —

Breton gwasked, herberc'h, klêt; (*vx* guascotou). — *Catal.* abrig. — *Celtique* klito, rad, woskat. — *Chinois* chan. — *Croate* potstresje. — *Cymrique* clyd. — *Dalmate* potstresje. — *Danois* Ly. — *Égyptien* himàje. — *Esclav.* potstresje. — *Espag.* abrigo. — *Finnois* suoja. — *Flam.* luwte & schuil= plaats. — *Franç. vx* abri, abrii, abrist, abrit, essoute & soute. — *Herzég.* potstresje. — *Holland.* luwte & schuil= plaats. — *Italien* asilo, coperto, luogo & rifugio. — *Javan.* reksa. — *Latin* apricus, coitus. — ✍ DSVM. — *Monténégr.* potstresje. — *Norv.* Ly. — *Persan* bandar. — *Picard* coi, rados. — *Polon.* przytulek. — *Portug.* abrigada, abrigo. — *Provenç.* abric. — *Roman* abri. — *Russe* bezopassnost, ou= biegeischie. — *Samoan* talita. — *Serbe* potstresje. — *Slové= ne* zavetisce. — *Souahéli* hamaynt. — *Suéd.* skydd. — *Sy= riaq.* himâji. — *Tchèque* strelec. — *Thibét.* boug. — *Turc* sygynadchak jer.

☞ aber, accul, ajoupa, alise, anse, asile, baie, bassin, calangue, cale, carangue, carbet, crique, darse, darsine, enfonce= ment, ester, esterre, golfe, havre, môle, ouvert, port, rade, recran, refuge, relâ= che, syrte.

ABRI. — Additions & notes.
Esper. rifugejo & sirmejo. — ✍ DSVM.

☆

abricotaie, sfs; plantation spéciale d'a= bricotiers.

ABRICOTAIE. — Additions & notes.

☆

affluent, sms; cours d'eau qui s'écoule dans un autre cours d'eau. — Les ruis= seaux sont les *affluents* des rivières; les rivières *affluent* vers les fleuves ou vers la mer.

Achanti abomma. — *Allem.* Einfluss, Nebenfluss, Zufluss. — *Améric.* Fork. — *Angl.* affluent, flowing & tributary. — *Arabe* mekebb. — *Bantou* ana, ila, kimpambouil, mouana & mouila. — *Bosniaq.* pritok. — *Cafre* baxa, isibaxa, sibaxa. — *Congo* ila, kimpambouila & mouila. — *Croate & dalmate* pritok. — *Danois* Biflod. — *Esclav.* pritok. — *Espag.* que desagua en otro, tributario. — *Flam.* bijrivier, samenloop, uitstroomende. — *Franç. vieux* appariement. — *Giryama* dzouho, kidzouho. — *Herzég.* pritok. — *Holland.* bijrivier, samenloop & uitstroomende. — *Ital.* affluente. — *Laos* houè. — *Malais* anak-àyer. — *Montén.* pritok. — *Norv.* Biflod. — *Port.* affluente. — *Russe & serbe* pritok. — *Siam.* houè, hoooui, phrair. — *Slave* pritok. — *Songhai* jinde. — *Suéd.* biflod, inverkan. — *Turc* noufous. — *Zoulou* baxa, isibaxa & sibaxa.

AFFLUENT. — Additions & notes.
Esper. alflua rivero.

☞ bras, confluence, jonction, réunion, sous-affluent, tributaire, union.

☆

aiguille, sfs; extrémité aiguë d'un pic, d'un rocher. — La partie supérieure d'un pic n'est une *aiguille* que si elle est ai= guë, effilée.

Allem. Bergspitze, Nadel, Spitze. — *Angl.* needle, peak, spire, steeple. — *Annam.* kim. — *Arabe* ebrat, hagar (ibar), ibra, ibri. — *Bosniaq.* igla, siljak. — *Breton* nadoz (*moyen* nadoez); (*vx* notuid). — *Catalan* agulla — *Celtique* broc'h, broenn. — *Chinois* tjin. — *Croate* igla, siljak. — *Cymrique* nodwydd. — *Dalm.* igla, siljak. — *Danois* Naal. — *Égypt.* ibre. — *Esclav.* igla, siljak. — *Espag.* aguja. — *Finnois* neula. — *Flam.* naald. — *Franç. vx* aguille, eguille, es= guille. — *Gaélic* snàthat. — *Germaniq.* skina. — *Gothiq.* nethla. — *Graisiv.* guille, œuille. — *Grec* obelos. — *Hausa* aloura. — *Herzég.* igla, siljak. — *Holland.* naald. — *Hongr.* tö. — *Irland.* snathad (*vx* snàthat). — *Ital.* ago, aguglia. —

AIGUILLE. — Additions & notes.
✍ DKVN. — *Esper.* montopinto.

Island. draugr. — *Latin* acicula, acus. | *Maurienne* jœuille, ouille, uja. — *Montén.* igla, siljak. — *Namaq.* luais, sunis. — *Norv.* Naal. — *Picard* baleine, agouille. — *Polon.* cypel, igla, iglocija, szpilka. — *Port.* agulha. — *Provenç.* aguila, agulha. — *Roman* égueille, yeure. — *Roum.* acul (ace), parghiile de schimbat drum. — *Russe* iglin, igolca, igolcaie. — *Samoan* au, nila. — *Sanscrit* sikhara. — *Serbe, slave* igla, siljak. — *Slovaque* ihla. — *Slovène* igla. — *Souahéli* sindano. — *Suéd.* nal. — *Syriaq.* (ibar), ibri. — *Tchèq.* jehla. — *Turc* iné.

☞ arête, dent, extrémité, obélisque, pic, pointe.

☆

aiguille aimantée, sfs; fine lamelle en acier, pivotant sur une rose des vents fixée au fond d'une cuvette dite boussole; la partie aimantée de l'*aiguille* est constamment tournée vers le Nord.

Allem. Magnetnadel. — *Angl.* magnetic needle. — *Arabe* hagar magnetjs. — *Croate, bosniaq., dalm.*, sjevernica. — *Danois* Magnetnaal. — *Esclav.* sjevernica. — *Espagn.* aguja de marear. — *Flam.* magneetnaald. — *Herzég.* sjevernica. — *Hollandais* magneetnaald. — *Italien* ago calamitato. — *Montén.* sjevernica. — *Norv.* Magnetnaal. — *Port.* agulha de marear. — *Serbe* sjevernica. — *Suéd.* magnétnal.

☞ aire de vent, alidade, boussole, compas, lit du vent, rose des vents.

✣

aire de vent, sfs; c'est la direction que suit le vent. — La connaissance des *aires de vent* est indispensable aux gens de mer. On dit aussi le lit du vent. Les *aires de vent* principales sont portées sur la rose ou compas, comme ci-dessous :

Nord		CB	Sud	FB
Nord 1/2 Est		CD	Sud 1/2 Ouest	FC
Nord q. Nord-Est		CF	Sud q. Sud-Ouest	FD
Nord-Nord-Est 1/2 Nord		CG	Sud-Sud-Ouest 1/2 Sud	FG
Nord-Nord-Est		CH	Sud-Sud-Ouest	FH
Nord-Nord-Est 1/2 Est		CJ	Sud-Sud-Ouest 1/2 Ouest	FJ
Nord-Est q. Nord		CK	Sud-Ouest q. Sud	FK
Nord-Est 1/2 Nord		CL	Sud-Ouest 1/2 Sud	FL
Nord-Est		CM	Sud-Ouest	FM
Nord-Est 1/2 Est		CN	Sud-Ouest 1/2 Ouest	FN
Nord-Est q. Est		CP	Sud-Ouest q. Ouest	FP
Est-Nord-Est 1/2 Nord		CQ	Ouest-Sud-Ouest 1/2 Sud	FQ
Est-Nord-Est		CR	Ouest-Sud-Ouest	FR
Est-Nord-Est 1/2 Est		CS	Ouest-Sud-Ouest 1/2 O.	FS
Est q. Nord-Est		CT	Ouest q. Sud-Ouest	FT
Est 1/2 Nord		CV	Ouest 1/2 Sud	FV
Est		DB	Ouest	GB
Est 1/2 Sud		DC	Ouest 1/2 Nord	GC
Est q. Sud-Est		DF	Ouest q. Nord-Ouest	GD
Est-Sud-Est 1/2 Est		DG	Ouest-Nord-Ouest 1/2 O.	GF
Est-Sud-Est		DH	Ouest-Nord-Ouest	GH
Est-Sud-Est 1/2 Sud		DJ	Ouest-Nord-Ouest 1/2 N.	GJ
Sud-Est q. Est		DK	Nord-Ouest q. Ouest	GK
Sud-Est 1/2 Est		DL	Nord-Ouest 1/2 Ouest	GL
Sud-Est		DM	Nord-Ouest	GM
Sud-Est 1/2 Sud		DN	Nord-Ouest 1/2 Nord	GN
Sud-Est q. Sud		DP	Nord-Ouest q. Nord	GP
Sud-Sud-Est 1/2 Est		DQ	Nord-Nord-Ouest 1/2 O.	GQ
Sud-Sud-Est		DR	Nord-Nord-Ouest	GR
Sud-Sud-Est 1/2 Sud		DS	Nord-Nord-Ouest 1/2 N.	GS
Sud q. Sud-Est		DT	Nord q. Nord-Ouest	GT
Sud 1/2 Est		DV	Nord 1/2 Ouest	GV

AIGUILLE AIMANTÉE.
Observations & notes.

✥ DKVP. — *Esper.* magneta montrilo.

AIRE DE VENT.
Additions & notes.

Allem. Windstrich. — Angl. point. —'Danois Vindstreg. Flam.-holl. kompassreek. — Latin area. — Norv. Vind= streg. - Esper. kompas'direkto.

☆

albarède, sfs; plantation d'aubiers. — Dans les campagnes provençales, les *albarèdes* sont nombreuses.
Angl. bleak district. — Provençal albaredu. — Saharien hamraye.

☞ arbre, aubier, groupe d'arbres, pé= pinière.

ALBARÈDE. — Additions & notes.
Esper. albaro.

☆

alisaie, sf; plantation d'alisiers. — Les *alisaies* sont communes en Europe.

☞ alisier, alizier, arbre, groupe d'ar= bres, pépinière, plantation.

ALISAIE. — Additions & notes.

☆

alisés, ☞ vents alisés.

☆

allée, sfs; voie publique resserrée entre deux rangées de maisons ou d'arbres. — Les chemins arborés d'un parc sont des *allées*. Beaucoup d'impasses & de ruelles portent le nom d'*allée*.
Achanti bronou. — Allem. Allee, Baumgang & gang. — Anglais alley, entry, gallery, lane, street. — Arabe dahliz. — Bas-latin leda. — Belge drève. — Bosniaq. setaliste. — Breton bali. — Chinois hsiang & toung. — Croate, dalmate setaliste. — Danois Gang. — Deccan bid. —. Esclav. seta= liste. — Espagn. pasadiso. — Finnois lehtokuja. — Flam. dreef, dreeve, gang & steeg. — Gaélig. wynd. — Herzég. setaliste. — Hindoust. khori. — Holland. gang, laan, steeg. — Italien andito, viale d'alberi. — Javan. banjar, lakou & lampah. — Malais pri djalan. — Monten. setaliste. — Nor= végien Gang. - — Persan barzan. — Polon. chod & dlen. — Port. alea, alameda. — Roman laye, lée, xiste. — Roum. alei. — Russe alleia. — Sanscr. gati. — Serbe setaliste. — Slovène drevoréd. — Suéd. gang. — Tchèq. cesta, chodba, chouze. — Turc getschid, sejirdim. - Yorouba akejaonna.

☞ avenue, boulevard, couloir, passage.

ALLÉE. — Additions & notes.
— Esper. aleo.

☆

alluvion, dépôt argileux & sableux le long des cours d'eau de plaine. — La fer= tilité des *alluvions* de la Loire fait la ri= chesse des varennes tourangelles. — sfs.
Allem. Anschutt, anschwemmung. -- Angl. alluvion, al= luvium, overflow. — Anglo-indou tchourr. — Bengali tchar. — Danois tilskyllet Land. — Espagnol aluvion & llena. — Flam. aanwasgronden, schorren. — Gaélig. carse. — Holl. aanwasgronden & schorren. -- Ital. alluvione. — Latin al= luere, alluvio, alluvium. — Norv. tilskillet Land. — Per= san gang-barar. — Polon. przybicie grountou. — Port. al= luvião. — Provenç. aguada & alluvio. — Russe prirachenie berera & vodopol. — Sanscr. gang-barar.

☞ accrue, débordement, fertilité, inon= dation, sable, varenne, vase.

ALLUVION. — Additions & notes.
Esper. aluvi.

☆

altitude, sfs; hauteur d'un endroit au= dessus du niveau moyen de la mer. L'al=

ALTITUDE. — Additions & notes.

ALTITUDE. — Additions & notes.
Esper. alteco, altitudo.

AMANDAIE. — Additions & notes.

Amont. — Additions & notes.
Esper. admonto.

ANSE. — Additions & notes.
Esper. golfeto.

timétrie est la science qui s'occupe du mesurage des *altitudes.*

Allem. Höhe. — *Anglais* altitude, elevation, height. — *Arabe* 'oulouw. — *Bosniaque* visina. — *Catalan* altura. — *Congol.* la. — *Croate, dalm.* visina. — *Danois* Hoide over Havfladen. - *Égypt.* 'ilwâje. — *Espag.* altura. — *Finnois* korkeus. — *Flam.* hoogte. — *Herzég.* visina. — *Holland.* hoogte. — *Italien* altitudine, altura. — *Javan.* douwour. — *Latin* altitudo. — *Montén.* visina. — *Norvég.* Hoide over Havfladen. — *Polon.* Wymiar, Wysokosc. — *Port.* altitude & altura. — *Provenç.* altura, angarda. — *Russe* vieisocha. — *Samoan* aua. *Serbe* visina. — *Suéd.* höjd. — *Syriaq.* 'oulouw. — *Turc* joukseklik. — *Esclav.* visina.

☞ altimétrie, élévation, hauteur.

☆

amandaie, sfs; une plantation d'aman= diers. Les premières *amandaies* furent découvertes en Asie.

☞ amandier, arbre, groupe d'arbres, pépinière, plantation.

☆

amont, sms; partie d'un cours d'eau comprise entre le point où l'on se trouve & la source. Longer l'*amont*, c'est re= monter le courant, vers la source.

Allem. Aufwarts, oberhalb, oberteil, stromaufwarts. — *Angl.* up de river, up-stream. — *Arabe* fauk mine. — *Bos= niaq., croate, dalm.* iznad, povrh, uz gore. — *Danois* Op ad Floden. — *Égypt.* lôk min. — *Esclav.* iznad, povrh, uz gore. — *Espagn.* arriba. — *Flam.* bovenloop, stroom op= waarts. — *Franç. vx* amont, amount. — *Herzég.* iznad, uz gore & povrh. — *Holland.* bovenloop, stroom opwaarts. — *Ital.* insù del fiume. — ℓ́ GFK. — *Montén.* iznad, povrh, uz gore. — *Nil équator.* maiya & maya. — *Norvég.* op ad Floden. — *Portug.* contra a corrente d'agua. — *Roman* amont. — *Russe* verkhovié. — *Sanscr.* uccais. — *Serbe* iz= nad povrh, uz gore. — *Stovène* kvistu. — *Suéd.* öfre, upp för floden. — *Syriaq.* fauk mine. — *Turc* iokary.

☞ au-dessus, dessus, en haut, source & supérieur.

☆

anse, sfs; enfoncement dans une côte maritime servant d'abri aux petites em= barcations. — Les *anses* sont plus petites que les baies.

Achanti kouton. — *Alaska* dek. — *Allem.* kleiner Bucht. — *Angl.* bay, bight, cove, creek, roadstead. — *Arabe* aigat, gauf, gobbat. — *Bantou* nsoukou, soukou. — *Bisayan* kauit. — *Bosniaq.* zaton. — *Breton* dourgen. — *Congo* nsouko & soukou. — *Croate, dalm.* zaton. — *Danois* Kile, liden Vik. — *Égypt.* goûn. — *Esclav.* zaton. — *Espag.* bahia, cala, ca= leta, ensenada. — *Finnois* lahti. — *Flam.* baai, inham & kreek. — *Gaéliq.* ob, oban. — *Franç. vx* guine. — *Herzég.* zaton. — *Holl.* baai, inham, kreek. — *Ind. Amér. N.* pough= keepsie & siipou. — *Island.* vik. — *Ital.* ansa, baia, cala, seno di mare. — *Javan.* haloun. — *Malais* telok. — *Mon= tén.* zaton. — *Niha* dzidzi, kadzidzi, loudzidzi. — *Norv.* li= den Vik, Kile. — *Philipp.* kauit. — *Polon.* mataprzystan & zatoka. — *Port.* abra & aza. — *Russe* iavoda, vouba. — *Sé= nég.* marigot. — *Serbe* zaton. — *Suéd.* hafsvik, vik, kil. — *Syriaq.* tchoûn. — *Tagal* kauit. — *Turc* keurfous, koyan & liman.

☞ aber, abri, accul, ajoupa, alise, asi= le, baie, barachois, bouche, bassin, cala=

ngue, cale sèche, carbet, carénage, cri=
que, darse, darsine, débarcadère, embar=
cadère, embouchure, enfoncement, esca=
le, estacade, ester, esterre, estuaire, gol=
fe, havre, jetée, môle, ouvert, port, quai,
rade, recran, refuge, relâche, relâcher,
rivage, sac, syrte, carangue.

☆

antarctique, adj.; du sud. Le pôle *ant=
arctique* n'est pas plus connu que le pôle
Nord.

Allem. Südlich. — *Anglais* antarctic. — *Arabe* kibli. —
Bosniaq. juzni. — *Catal.* antarctic. — *Croate*, dalm. juzni.
— *Danois* sydlig. — *Esclav.* juzni. — *Espag.* antartico. —
Finnois etelainen. — *Flam.* zuid. — *Herzég.* juzni. — *Holl.*
zuid. — *Italien* antartico. — *Latin* antarcticus. — *Monten.*
juzni. — *Norvég.* sydlig. — *Polon.* poludniowy. — *Port.*
antarctico. — *Provenç.* antartic. — *Roumain* antarctic. —
Serbe juzni. — *Slovène* juzen. — *Suéd.* södra. — *Tchèque*
jizni. — *Turc* dchenoubi.

☞ auster, austral, autan, méridional,
midi, sud.

ANTARCTIQUE. — Additions & notes.
Esper. antarktika.

☆

antipode, sms; point diamétralement
opposé à un autre point. Les îles de la
Nouvelle-Zélande sont aux *antipodes* de
la France & de la Belgique. Les habi=
tants de ces régions opposées sont des *an=
tipodes*.

Allem. Gegenfüssler. — *Angl.* antipode. — *Croate., bos=
niaq., dalm.* protunozac. — *Danois* Antipode. — *Esclavon*
protunozac. — *Espagn.* antipoda. — *Flam.* tegenvoeter. —
Herzég. protunozac. — *Holl.* tegenvoeter. — *Ital.* antipodo.
— *Monten.* protunozac. — *Norv.* Antipode. — *Polon.* mies-
zkanierpotkoli przeciwney. — *Portug.* antipoda. — *Russe*
odinie anchinodii. — *Serbe* protunozac.

ANTIPODE. — Additions & notes.
Esper. antipodo, (antipodoj).

☆

aqueduc, sms; canal élevé sur un pont
fixe en vue de racheter les fortes pentes
du sol. C'est aux Romains que nous de=
vons les premiers *aqueducs*.

Allem. Wasserleitung. — *Angl.* aqueduct. — *Arabe* kana,
kantara. — *Breton* san. — *Chinois* lai choui. — *Danois*
Vandledning. — *Espagn.* acueducto, aqueducto. — *Finnois*
vedenjohto. — *Flam.-holl.* waterleiding. — *Italien* acqui-
dotto, gora. — *Norv.* Vandledning. — *Persan* naw-dan. —
Polon. wodociąg. — *Port.* aqueducto. — *Roum* apeduc-
tul, conduct de apa. — *Russe* vodo provodi. — *Suédois* vat-
tenledning. — *Syriaq.* kantara. — *Turc* sou jolou. —

AQUEDUC. — Additions & notes.
Esper. akvokondukujo.

☞ ascenseur, canal, canalet, conduit,
élévateur, pont-canal.

☆

arbousaie, sfs; une plantation d'arbou=
siers. Les *arbousaies* ne peuvent tenir
que dans les régions chaudes.

ARBOUSAIE. — Additions & notes.

☆

arbre, sms; plante ligneuse, élancée,
nue à la base & dont la tête est chargée

ARBRE. — Additions & notes.
Esper. arbo.

ARBRE. — Additions & notes.
ℒ FBNW.

de branches ou rameaux feuillus, fleuris & fructifères. Les *arbres* sont la beauté de nos promenades & contribuent à l'hygiène des villes. Comme les oiseaux & les bêtes, les *arbres* paient leur tribut de souffrances aux populations de vandales répandues sur toute la surface du Globe.

Abyssin gorrou, kor. — *Allem.* Baum; (*vieux* Boum). — *Annam.* môc. — *Angl.* tree. — *Anglo-s.* treo, treow, trew. — *Arabe* çagara, chejera. — *Araona* gaubou. — *Armén.* dsarr (dsarri). — *Bambara* saba. — *Béarn.*, *berrich.* arbe. — *Bosniaq.* drvo, stablo. — *Breton* gwéen, gwézen (*moy.* guezenn). — *Catal.* arbre. — *Celtiq.* widu. — *Chinois* chou, mou, mouk. — *Congo fr.* li, (éli). — *Cornique* guiden. — *Cymriq.* guid, gwydd, gwydden. — *Croate*, *dalmate* drevo, stablo. — *Danakil* hara. — *Danois* træ. — *Égypt.* achgâr, chagara. — *Esclav.* drevo, stablo. — *Espag.* arbol. — *Fan* ali, (hili), eli, li, (meli). — *Finnois* puu. — *Flam.* boom. — *Franc-comt.* arbe. — *Guétiq.* crann, fiodh. — *Galla* mou kn. — *Gallop.* gorrou. — *Gaulois* vidus. — *Gothiq.* trin. — *Grec* dendron. — *Harem* gerant. — *Hausa* iche, itache, (ita toua). — *Herrero* omouti. — *Herzégov.* drevo & stablo. — *Holl.* boom. — *Hongr.* fa. — *Ibér.* arbe. — *Ind. Amér. N.* tig, hittouong. — *Indo-chin.* mae, gerant & ha-louong. — *Irland.* crann & fiodh; (*ex fid*). — *Ital.* albero; (*ex arbore*). — *Japon.* ki. — *Lac Tchad* mbougga. — *Lac Rodolpe* da bas. — *Latin* arbor, arborem. — *Loango* oumsala. — *Lo koub* dabas. — *Lorrain* arbe. — *Luxemb.* bâm. — *Maira* matiou. — *Malais* pohon. — *Malgache* hazo, kazo. — *Mon gol* kourban, motoun. — *Monten.* drvo, stablo. — *Motoum.* tora. — *Namaq.* heib, heis. — *Nandi* ketit. — *Norm.* abre. — *Norv.* Træ. — *N. Guinée* au & oengi. — *Oshind.* omouti. — *Ouganda* ketit, mto, olona, oumsala, timto. — *Polonais* drzewo. — *Port.* arvore. — *Provenç.* albre, arbre, aybre. — *Rouchi* arbe, arpe. — *Roum.* arbori. — *Russe* dérévo. — *Samoan* la'au. — *Sanscr.* vriksha. — *Sara* mbounga. — *Serbe* & *slave* drvo, stablo. — *Slovène* drevo. — *Somali* adad & ged. — *Souahéli* mti & (miti). — *Soudan.* ngou. — *Suéd.* trad. — *Syriaque* chadehra, ichdchar. — *Tchéq.* strom. — *Thibét.* ching. — *Turc* agach. — *Zambèze* mti (miti, mouti).

☞ arbrisseau, arbuste, baliveau, berceau, bocage, bois, bois taillis, bosquet, bouquet, branche, broussailles, bruyère, buisson, cépée, chicot, cornier, coupe, espalier, filardeau, forêt, fourré, futaie, haie, hallier, haute futaie, lais, mai, massif, mât, noyalière, parc, pépinière, plantation, plant, quinconce, rameau, ramure, rejeton, rideau, souche, taillis, tayon, tonnelle, tortillard, touffe, treille, trochée.

✿

ARCHIDUCHÉ. — Additions & notes.
Esper. arhiduklando.

archiduché, sms; territoire administré par un archiduc ou une archiduchesse. Les états modernes n'ont plus d'*archiduchés*.

Allem. Erzherzogtum. — *Anglais* archdukedom. — *Bosniaq.* nadvojvodastvo. — *Catal.* arciducat. — *Croate*, *dalm.* nadvojvodastvo. — *Danois* ærkehertugdomme. — *Esclavon* nadvojvodastvo. — *Espag.* archiducado; (*ex* arcednendo). — *Flam.* aartshertogdom. — *Herzég.* nadvojvodastvo. — *Holl.* aartshertogdom. — *Ital.* arciducato. — *Latin* archiducatus. — *Monten.* nadvojvodastvo. — *Norv.* ærkehertugdomme. — *Port.* archiducado, (*ex* arceducado). — *Provenç.* arque=

ducat, arquedugat. — *Roum.* archiducatul. — *Russe* ertsgüetsoguestvo. — *Serbe* nadvojvodastvo. — *Slovène* nadvojvodina.

☞ duché, état, grand-duché, souveraineté, puissance, gouvernement.

☆

archipel, sms; groupe d'îles. La navigation, entre les îlettes & les îlots des *archipels*, est toujours dangereuse.

Allem. Inselgruppe, Inselmeer. — *Angl.* archipelago. — *Arabe* gazaier. — *Croate, bosniaq., dalm.* gromada ostrvo. — *Danois* Ohav. — *Esclav.* gromada ostrvo. — *Espag.* archipiélago. — *Flam.* archipel, eilandsee. — *Herzég.* gromada ostrvo. — *Holl.* archipel, eilandsee. — *Ital.* arcipelago. — *Latin* archipelagus. — *Montén.* gromada ostrvo. — *Norv.* Ohav. — *Port.* archipelago. — *Russe* archipelagl. — *Serbe* gromada ostrvo. — *Suédois* archipelagen, ögrupp. —

☞ attolon, cyclades, groupe d'îles & mer d'îles.

☆

arctique, adj.; du nord. — C'est dans les régions *arctiques* que vivent les ours blancs.

Allem. nördlich. — *Angl.* arctic, north. — *Arabe* chmâli. — *Bosniaq.* sjeverna. — *Catalan* arctic. — *Croate, dalm.* sjeverna. — *Danois* nordlig. — *Égypt.* chemâli. — *Esclav.* sjeverna. — *Espagn.* arctico, artico. — *Finnois* pohjainen. — *Flam.* noordelijk. — *Grec* arktikos. — *Herzég.* sjeverna. — *Holl.* noordelijk. — *Italien* artico. — *Latin* arcticus. — ♃ ojeu. — *Montén.* sjeverna. — *Norv.* nordlig. — *Polon.* potnocny. — *Port.* arctico. — *Provenç.* artig & arthic. — *Roum.* arctic. — *Russe* sivernîie. — *Sanscrit* outtara. — *Serbe* sjeverna. — *Slovène* severen. — *Suéd.* norr & norra. — *Syriaq.* chmâli. — *Tchèq.* severni. — *Turc* chimali. —

☞ boréal, glacial, hyperboréen, nord, polaire, pôle Nord, septentrional.

☆

arête, sfs; ligne saillante formée par la rencontre de deux surfaces inclinées. — A cheval sur l'*arête* du mont qui domine la vallée, le château-fort, solidement assis, dressait son donjon vers la nue.

Allem. Eck, Grat, Kant, Rand. — *Anglais* bone, edge, sharp rocky crest. — *Anglo-sax.* haga & top. — *Arabe* haffi & taraf. — *Bas-latin* quadrum. — *Bosniaq.* kraj, okrajak. — *Breton* dréan, (drein), ker. — *Catal.* aresta. — *Celtiq.* ker, dragino. — *Corniq.* draen, drain. — *Croate* okrajak & kraj. — *Cymriq.* draen. — *Dalm.* kraj, okrajak. — *Danois* Kant, Skarp & Top. — *Égypt.* haffe. — *Esclav.* kraj, okrajak. — *Espagn.* arista. — *Finnois* reuna & syrja. — *Flam.* hoek, kant, rand. — *Franç.* vx areste & querre. — *Herzég.* kraj, okrajak. — *Holland.* hoek, kant, rand. — *Irland.* vx draigen. — *Ital.* angolo, bordo, resta; (vx arista). — *Latin* arista & spina. — *Malais* soudout. — *Mongol* ger & ker. — *Montén.* kraj, okrajak. — *Norv.* Kant, Skarp. — *Phénicien* cair, carth. — *Polon.* brzeg, kraj. — *Port.* aresta, borda & espinha. — *Provençal* aresta. — *Rouchi* arèque. — *Serbe* kraj & okrajak. — *Slave* kraj. — *Slovène* rob. — *Souahéli* oukingo, pindo. — *Soudan.* pangoua. — *Suéd.* kant. — *Syriaq.* haffi, taraf. — *Turc* kenar, tépé.

☞ angle, avant-bec, bord, bordure, brisure, dos d'âne, éperon, faîte, quarre, saillant, sommet, vive arête.

ARCHIPEL. — Additions & notes.
Esper. arhipelago.

ARCTIQUE. — Additions & notes.
Esper. arktika.

ARÊTE. — Additions & notes.
Esper. angulo.

ARGENTIÈRE. — Additions & notes.
Esper. argentminejo.

argentière, sfs; lieu où se trouve une mine d'argent. — Il n'y a pas d'*argentière* en Belgique.
Savoyard argentine.

☆

ARGILIÈRE. — Additions & notes.
Esper. argil'enhavanta.

argilière, sfs; sol fait d'argile. — La terre grasse & molle des *argilières* sert à la fabrication des produits céramiques.
Allem. Schleifgrund. — *Angl.* clay-land. — *Arabe* ghar, meshgeg. — *Berrich.* ardille & ardillière. — *Charente* ardillière. — *Franç. vx* argille. — *Ind. Amériq. N.* gou. — *Ital.* gilia. — *Latin* argilla. — *Turc* topa.

☞ Erbue, figuline, gault, glaise, golt, kaolin.

☆

ARRONDISSEMENT. — Additions, notes.

L'arrondissement n'a pas, en réalité, de traduction. Sa signification française ne correspond qu'à des analogies avec les termes topographiques des autres états. Il faut donc s'en rapporter aux noms officiels choisis, dans chaque état, pour désigner les divisions & les subdivisions de chaque territoire.

arrondissement, sms; division d'une province ou d'un département dans certains états. — L'*arrondissement* représente le groupement administratif de plusieurs cantons.
Allem. Bezirk. — *Angl.* ward. — *Arabe* dâjri, dar, (dawâjir). — *Croate, bosniaq., dalmate* kolo, kotar, okrug. — *Danois.* Afrunding & Udvidelse. — *Égypt.* dâire (dawâir). — *Esclav.* kolo, kotar, okrug. — *Espag.* redondez. — *Flam. & holl.* arrondissement. — *Herségor.* kolo, kotar, okrug. — *Hongr.* kor, kerület. — *Ital.* circondario. — *Japon.* ken. — *Javan.* houbeng, kepoung, kepoung. — *Malais* boulat & tjakra. — *Montén.* kolo, kotar, okrug. — *Norv.* Afrunding & Udvidelse. — *Polon.* okrag & powiat. *Port.* arredoutamento. — *Roumain* plassa. — *Serbe* kotar, kolo & okrug. — *Slovène* okrâj. — *Suéd.* distrikt. — *Syriaq.* dâjri (dawâjir). — *Turc* caza & sandjak.

☞ ambact, bailliage, canton, cercle, circonscription, diocèse, district, finage, gouvernement, juridiction, pantière, paroisse, rayon, régence, ressort, triage, verderie, zone.

☆

AUNAIE. — Additions & notes.

aunaie, sfs; plantation d'aunes. — Les *aunaies* de création récente sont appelées *aunettes*.
Espag. vx alnedo. — *Latin* alnetum. — *Provenç.* aunei.

☆

AUSTRAL. — Additions & notes.
Esper. suda.

austral, adj.; du sud, du midi. — Les contrées *australes* ou les pays *austraux* sont situés au delà de l'Équateur.
Allem. südlich. — *Angl.* austral, southern. — *Arabe* kibli. — *Bosniaq.* juzni. — *Catal.* austral. — *Croate, dalmat* juzni. — *Danois* sydlig. — *Égypt.* gounoûb & kible. — *Esclavon* juzni. — *Espagn.* austral. — *Finnois* etaläinen. — *Flam.* australische & zuidelijke. — *Herzég.* juzni. — *Holl.* australische, zuidelijk. — *Ital.* australe. — *Latin* auster & australis. — *Montén.* juzui. — *Norv.* sydlig. — *Polon.* poludniowy. — *Port.* austral. — *Provençal* austral. — *Russe* afstralnyï. — *Serbe* juzni. — *Slovène* juzen. — *Suéd.* södra. — *Syriaq.* tchounoûb, kibli. — *Tchéq.* jizni. — *Turc* tchenoubi.

☞ antarctique, auster, autan, méridional, midi, sud.

autour, prépos.; aux environs de, entouré par... — Les faubourgs formaient, *autour* de la ville, une ceinture de villas fleuries.

<small>Allem. herum, rings. — Angl. about, around. — Arabe dâjir mindâr, havalaich'. — Bosniaq. okolo. — Breton wardró. — Croate okolo. — Cymrique am. — Dalm. okolo. — Danois rundt om. — Égypt. dâir mindar, hauvalé. — Esclav. okolo. — Espagn. en contorno. — Flam. bij, om, om heen, rondom. — Franç. vx entoir, entor. — Gaëliq. im. — Herzég. okolo. — Holl. bij, om, om heen, rondom. — Ital. intorno. — Montén. okolo. — Norv. rundt om. — Picard alentour. — Port. açor. — Roman alentour, aston, entor. — Sanscr. abhi, pâri. — Serbe okolo. — Slovène okoli & okróg. — Suéd. kring, omkring. — Syriaq. dâjir mindâr, havalaib'.</small>

☞ agglomération, alentour, banlieue, ceinture, cercle, circuit, contour, cordon, enceinte, enclos, entourage, enveloppement, environs, faubourg, investissement, pourtour, ronde.

AUTOUR. — Additions & notes.
Esper. circau.

☆

aval, sms; partie d'un cours d'eau située entre sa confluence ou embouchure & le point où l'on se trouve. — Le moulin était placé *en aval* de la Moselle.

<small>Allem. abwarts, mit dem fluss, stromabwartz, unterhalb. — Anglais down stream, down the river, downwards, with the river. — Arabe taht. — Bosniaque nizimice, ozdol. — Côte Or asounafo. Croate, dalm. nizimice, ozdol. — Danois ned ad Floden. — Égypt. taht. — Esclav. nizimice & ozdol. — Espag. abajo, aval. — Flam. benedenloop, stroom afwaarts. — Franç. vx aval. — Herzég. nizimice, ozdol. — Hindoust. bathiyal. — Holl. benedenloop, stroom afwaarts. — Ital. abbasso, ingiù. — 🗝 GFS. — Montén. nimizice, ozdol. — Norv. ned ad Floden. — Port. agua abaixo. — Roman & rouchi aval. — Russe nizovié. — Sanscrit adhas. — Scandin. nedre. — Serbe nizimice, ozdol. — Slovène dol. — Suéd. utför. — Syriaq. taht. — Tchèq. pod. — Turc achaghy.</small>

☞ au-dessous, avec le courant, embouchure, vers le confluent.

AVAL. — Additions & notes.
Esper. advalo.

☆

avant, prépos.; auparavant ou devant; terme de priorité. Les choses utiles passent *avant* les choses futiles. — Sms; partie antérieure d'un navire. Déjà, l'*avant* du paquebot désemparé plongeait dans les flots.

<small>Allem. als, bevor, ehe, vor allem, vor dem. — Angl. before, fore, in front, onwards. — Arabe aual, gabl, gheddam. — Armén. mintjeu. — Assyr. lapan. — Bas latin ab ante. — Bosniaque prije. — Breton abarz, araok, kent, rak; (vx rac). — Catal. abans, ans, avant. — Celtiq. prak, pro, rak. — Corniq. kyns, rac. — Croate prije. — Cymrique kynn, cyn & rhag. — Dalmate prije. — Danois foran, foreud. — Égypt. kable. — Esclav. prije. — Espagn. antes, delante; (vx ant). — Flam. alvorens, voor. — Franç. vx ains, ainz, avant, cauèchies, ençois & primes. — Gothique fra. — Grec pro. — Herzég. prije. — Holl. alvorens, bevorens, eerdat, von & voor. — Hongr. elé. — Ibér. daban. — Italien auzi avanti, dinanzi, innanzi, oltre, prima; (vx ante). — Javan. sa-dèrèng-ngipoun, sadouroung-ngè. — Latin ab ante, antè, antea, postquam, præ, primo & pro. — Lithuanien pra.</small>

AVANT. — Additions & notes.
Esper. antau *(prépos.);* antauajo, antaua parto *(subst.).*
🗝 HKB *(prépos.);* 🗝 JFQ *(subst.).*

AVANT-PORT   TERMES GÉOGRAPHIQUES   BAIE

AVANT. — Additions & notes.

Mongol oumen. — *Montén.* prije. — *Norv.* foran, forend. -- *Picard* arevant. — *Polon.* napizod, przed & wprzod. — *Port.* antes, avante, diante (*vœ* ante). — *Provenç.* abauchas, abans, anceis, aut, avant, davant, devant. — *Roman* devant. — *Roumain* alalta. — *Russe* predi, pregude. — *Samoan* a e lei. -- *Sanscrit* agre & prat. — *Serbe* prije. — *Slave vœ* pro. — *Slovaq.* pred, predo. — *Slovène* pred, prej. — *Souahéti* kabla sijula. — *Suéd.* före, förra'n, innan. — *Syriaque* kabl. — *Tchèq.* drive nez, prve nez. — *Turc* evvela.

☞ antan, antérieur, auparavant, bec, avant, cap, devant, face, front, précurseur, proue, tête.

☆

ANANT-PORT. — Additions & notes.
Esper. antauhaveno. — 𝔼 DLWQ.

avant-port, sms; partie avancée d'un port. — Beaucoup d'embarcations ancrées dans l'*avant-port*, prirent le large, dès le point du jour.

Allem. Aussenhafen, Vorhafen. — *Angl.* outer-harbour. — *Croate, bosniaq.* dalm. vani pristaniste. — *Danois* Forhavn. — *Esclav.* vani pristaniste. — *Espag.* antepuerto. — *Flam.* voorhaven. — *Herzég.* vani pristaniste. — *Holland.* voorhaven. — *Ital.* antiporto. — *Montén.* vani pristaniste. — *Norv.* Forhavn. — *Port.* anteporto. — *Serbe* vani pristaniste. — *Suéd.* förehamn.

☞ bâclage, bassin, bateau-porte, darse, chaîne, garage, goulet, havre, hogue & passe.

☆

AVENUE. — Additions & notes.
Esper. aleo. — 𝔼 CKMD.

avenue, sfs; Dans une cité : large voie publique plantée d'arbres & bordée d'habitations de luxe. A la campagne : grande allée arborée & bordée de villas. Les terre-pleins des *avenues* sont réservés aux piétons.

Allem. Baumgang, Zugang. — *Anglais* alley, avenue & lane. — *Arabe* tharjg-tahtessagar. — *Belge* drève. — *Bosniaq.* setaliste. — *Breton* bali, rabin. — *Chinois* hsiang & toung. -- *Croate & dalmate* setaliste. — *Danois* Allee. — *Esclav.* setaliste. — *Espag.* avenida. — *Finnois* lehtokuja. — *Flam.* dreef, laan, toegang. — *Franç. vœ* balie. — *Gaélique* wynd. — *Herzég.* setaliste. — *Holl.* laan, toegang. — *Ital.* viale d'alberi. — *Javan.* banjar. — *Malais* pri djalan. — *Montén.* setaliste. — *Norv.* Allee. — *Polon.* chód, dlea. — *Port.* avenida. — *Roum.* alei. — *Russe* alleia. — *Sanscr.* gati. - *Serbe* setaliste. — *Slovène* drevoréd. — *Suéd.* tilltrade. — *Tchèq.* cesta, chodba, chouze. — *Turc* getschid & sejirdim.

☞ allée, boulevard, corridor, couloir, passage.

B

BAIE. — Additions & notes.
Esper. golfeto. — 𝔼 GPM.

baie, sfs; enfoncement profond dans la côte. — La grandeur de la *baie* varie entre le golfe & l'anse. — Les *baies* sont les débouchés ordinaires des petits tributaires des océans.

Achanti faka, konton. — Alaska dek. — Aléoutien ouda, ouddak. — Allem. bai, kleiner bucht, meerbusen Seebucht. — Angl. bay, balk, bend, berry, bight, creek, frick, roadstead. — Anglo-sax. fleot. — Annam. koun & vouong. — Arabe dubat. — Archip. Moro sougour. — Banton nsoukou & soukou. — Bosniaq. zaljev. — Breton aber. — Cafre inqoubon, itegou, nqoubou, tegou. — Cambodg. au stremot. — Celtiq. aber. — Chinois hae you, hai kau, hai ouan, hai yan. — Congo nsoukou & soukou. — Coréen man, nan-toman. — Cornique aber, pol, poll, pouill. — Crétois makri yalo. — Croate zaljev. — Cymriq. aber, aper. — Dalmate zaljev. — Danois Bugt, Fjord, Gab, Havbugt, Vig & Vik. — Égyptien goûn. — Escla-v. zaljev. — Espag. bahia, ensenada, saco & seno. — Esquimau iterlekhson & iterjeng. — Finnois lahti, pahli & selku. — Flam. baai, baay, bocht, inwijk & kreek. — Franç. vx bée. — Gaéliq. abbor, camus, firth, loch, lough, ob, oban, pol, poll & pouill. — Gallois aber. — Grec ormos. — Herzég. zaljev. — Holl. baai, baay, bocht, inwijk, kreek. — Hongr. tengerobol. — Ibér. baya. — Irland. loch, lough. — Ital. ansa, baia, baja, cala, foce, seno. — Japon. nada, oura, van. — Latin bacca. — Malais telak, telok & tillo. — Malgac. houala, lovoka. — Montén. zaljev. — Norv. Bugt, Fjord, Gab, Havbugt, Vig & Vik. — Polon. zatoka. — Port. abra, angra, bahia, enseada, foz. — Provenç. baca. — Roum. sénul de mare, sin. — Russe boukhta, gouba, iavoda, zalif, zaliv, zaved. — Scandinave bugt. — Sénégalais marigot. — Serbe zaljev. — Shetland wick. — Siam. au, laum. — Singal. kouddaoua. — Souaheti ghoubba, hori. — Suéd. bugt, bukt, fiord, fjard, fjord, hafsvig, vik. — Syriaq. tchoun. — Thibét. ing. — Tamoul kouda. — Turc atchik, keurfouz, koi, koyun & liman. — Zoulou inqoubon, itebou, nqoubou, tegou.

☞ aber, abri, accul, ajoupa, alise, anse, asile, barachois, bassin, bouche, calangue, cale sèche, carangue, carbet, carénage, crique, darse, darsine, débarcadère, embarcadère, enfoncement, escale, estacade, ester, esterre, estuaire, golfe, havre, jetée, môle, ouvert, port, quai, rade, recran, refuge, relâche, relâcher, rivage, sac, syrte.

☆

bailliage, sms; ancienne province féodale gouvernée par un bailli. — Les *bailliages* sont encore une forme territoriale dans les royaumes scandinaves & dans les états de Charlemagne.

Allem. Amt, Amtsbezirk, Büttel, Landvogdey. — *Anglais* bailiwick. — *Croate, bosniaq., dalm.* sluzba, ured. — *Danois* Amt, Amtshus, Overovrighedskredsene. — *Égypt.* memûri'je, wazife (wazâjif). — *Esclav.* sluzba, ured. — *Espag.* alcaida, bailia & bailiage. — *Finnois* virka. — *Flam.* baljuwschap. — *Franç.* vx bailliage, baillie. — *Gaélic* bailiary. — *Herzég.* sluzba, ured. — *Holl.* baljuwschap. — *Ital.* magistrato, podesteria. — *Latin* balliva. — *Malais* djaouatau. — *Monténégr.* sluzba, ured. — *Norv.* Amt, Amtshus & Overovrighedskredsene. — *Polon.* bailego. — *Port.* baliado. — *Provenç.* bailiatge, baylia, biele. — *Roman* bayerie. — *Russe* ouizdi. — *Samoan* faiva, tofiga. — *Scandin.* amt. — *Serbe* sluzba & ured. — *Slovène* sluzba & urad. — *Suéd.* amt. — *Syriaq.* mamûri'je, waziti (wazâjif). — *Turc* vilayet.

☞ canton, cercle, circonscription, département, district, gouvernement, juridiction, paroisse, province, territoire.

☆

BAIE. — Additions & notes.
Esper. golfeto. — ʁ GPM.

BAILLIAGE. — Additions & notes.
Esper.

BANC. — Additions & notes.

Esper. rifo. — ℒ LKV.

banc, sms; élévation du sol au-dessus du niveau moyen des eaux de la mer. — Les pilotes doivent connaître l'emplacement exact des *bancs* qui encombrent les estuaires, les ports & les rades.

Achanti auo, asoukou, mpoauo, nsou-ano. — *Afriq. australe & orient.* foungou. — *Allemand* Bank, Gestade, Ofer, Over, Riff & Ufer. — *Annam.* ghê. — *Angl.* bank, beach, bench, reef & shoal. — *Anglo-sax.* stædh. — *Arabe* banc, beiyat & knd. — *Bantou* dambou, ekoumou, eshimou, itali, koumou, udambou, shimou & tali. — *Bas latin* bancus. — *Berbère* asarim & esalim. — *Bosniaque* obalama, prud. — *Breton* skaon; (moyen) scaffn). — *Catalan* banc. — *Chinois* c'âng-tang. — *Congo* lambou & nlambou. — *Coréen* pho. — *Croate*, dalm. obalama & prud. — *Danois* Flak, Skjær. — *Deccan* gat, gatti, bandara & varam. — *Egypt.* touchat. — *Esclav.* obalama, prud. — *Espag.* bajio, banco, cayo, escaladero, escollo & ribera. — *Fan* bedzi. — *Flam.* bank & oever. — *Giryama* goka & ngoka. — *Hausa* baki-n-roua. — *Herzég.* obalama, prud. — *Hindoust.* balou-danda, uditir. — *Holl.* bank & oever. — *Hongrois* mart & part. — *Ibo* ippere. — *Island.* stödh. — *Ital.* banco. lido, panca, proda, ripa & sponda. — *Japon.* se. — *Latin* scamnum. — *Malais* bangko, bating gousong & karang. — *Monten.* obalama & prud. — *Niger*, ippere. — *Norv.* Flak & Skjær. — *Polon.* bank. — *Port.* baixo, banco. — *Provenç.* banc (bancx). — *Roum.* banca. — *Russe* banka. — *Samoan* a'au. — *Sanscr.* pratir. — *Scandin.* bank. — *Serbe* obalama & prud. — *Slovaque* lavica. — *Slovène* klop. — *Songhaï* chesou & me. — *Souahéli* kipoua, mpoua, pouani & (vipoua). — *Suéd.* bank & ref. — *Syriaq.* tacht & touchouti. — *Tamoul* param, varam. — *Thibét.* choutram, choumta, ka & tram. — *Touareg* asarim, esalim. — *Turc* kash, sighi. — *Soudan* pangouadi.

☞ accore, allaise, amer, banche, bande, banquereau, banquise, barrage, barre, bas-fond, basse, bassier, brisant, casse-cou, caye, coureau, écueil, étoc, faraillon, formique, frange de récifs, glace, haie, haut-fond, passe, placel, récif, rescif, ressif, roc, roche, rocher, roquet, sèche, sommail, traverse, vigie.

☆

Lorsque les bancs sont escarpés ou très élevés, peu accessibles, ils prennent les noms spéciaux de :

Angl. steep banks, high steep bank & high walled bank. — *Dano-norv.* Knude. — *Hindoust.* arâra & karâra. — *Indiens Amér. N.* esopus & punkhokkie. — *Russe* kroutoïar.

BANC DE GLACE. — Additions, notes.

Esper. glacia rifo. — ℒ DFKG.

banc de glace, bloc de glace fixe ou flottant dans les mers glaciales. — Les icebergs sont des *bancs de glace*.

Allem. Eisbank. — *Angl.* field, field of ice, ice-berg. — *Danois* Isbjerg. — *Espagn.* banco de hielo. — *Flam.-holl.* ijsbank. — *Ital.* banco di diaccio. — *Malais* ajer bakou. — *Norv.* Isbjerg. — *Polon.* lodbank. — *Port.* banco de gelo. — *Suéd.* isberg, isbjörn.

☞ iceberg, débâcle, glaçon & les mots cités sous « banc ».

☆

BANC DE RÉCIFS. — Additions, notes.

banc de récifs, ☞ banc, banc de roche, roc, roche, rocher.

☆

BANC DE ROCHE. — Additions, notes.

Esper. stona rifo. — ℒ DRCF.

banc de roche, sms; bloc rocheux fixé dans les cours d'eau. — Les *bancs de roche* sont d'autant plus dangereux qu'ils n'affleurent, souvent, qu'à la surface des eaux.

Allem. Riff & Rock. — *Angl.* hard bank, reef & rock. — *Arabe* aik, aika, facht, hagar, ssakr & ssakrat. — *Bosniaq. croate. dalm.* prud. — *Danois* Klippe. — *Égypt.* soutre. — *Esclav.* prud. — *Espag.* banco de pena. — *Finnois* moutton & takki. — *Flam.* klip. — *Herzég.* prud. — *Hindoustani* tchatân. — *Holl.* klip. — *Ital.* rupe & scoglio. — *Malais* kain kapan. — *Montén.* prud. — *Norv.* Klippe. — *Portug.* banco de rochedo & travessâo. — *Samoan* n'au. — *Serbe* prud. — *Slovaq.* kabat. — *Slovène* souknja. — *Souahéli* kipoma, (vipoma). — *Suéd.* ref & refvel. — *Syriaq.* sitra.

☞ murex, pic, rocaille & les mots cités sous « banc ».

☆

banc de sable, sms; un amas de sable formé dans le lit des cours d'eau. — Les *bancs de sable* abondent dans les bouches tortueuses de l'Escaut.

Allem. Sandbank. — *Angl.* sandbank, shoal. — *Anglo-indon* tchourr. — *Arabe* beiyat, halat, kad, kinasat, najouach Bengali tchar. — *Bosniaq.* prud. — *Chinois* cha-sien & cha-tan. — *Congo* useghe & seghe. — *Croate, dalm.* prud. — *Danois* Ore, Rev, Revle & Sandbanke. — *Égypt.* touchat. — *Esclav.* prud. — *Espag.* banco de arena, barra. — *Fan* nseghe & seghe. — *Finnois* kloupou, louoto. — *Flam.* zandbank. — *Herzég.* prud. — *Hindoust.* balou-danda, réti ka tila. — *Holl.* zandbank. — *Italien* banchi d'arena, banco di sabbia, barra, renajo. — *Latin* vadum. — *Malais* beting & gesoung. — *Montég.* prud. — *Norv.* Ore, Rev, Revle & Sandbanke. — *Polon.* piasekbank, tawy piaskou. — *Port.* banco d'areia, barra. — *Roman* waide. — *Roum.* banca de nisip. — *Russe* konmsal, mel, meli pesoki. — *Samoan* 'ofou tele, peleue. — *Serbe* prud. — *Siam.* hat, hatsai. — *Souahéli* foungou, (mafoungou). — *Suéd.* bank, (bankar). — *Syriaq.* tacht, touchoûti.

☞ assablement, banc, bas-fond, basse, bassier, batture, engravement, faraillon, obstacle, passe, sable, sables mouvants, sirte, syrte, traverse, barre.

☆

banlieue, sfs; territoire formant ceinture autour d'une cité. — La ville & ses faubourgs forment une agglomération industrielle ou une *banlieue* administrative.

Allem. Bahnmeile, Umgegungen, Umgegend, Weichbild. — *Angl.* outskirts & suburb. — *Arabe* maouah. — *Bantou & Congol.* ganzou, ngauzou. — *Danois* Omegn. — *Espagn.* distrito, salida. — *Flam.* omtrek, stadsgebied, uitebuurt. — *Franç. vx* bannerie, paix de la ville. — *Hindoust.* nagaropant. — *Holl.* omtrek, stadsgebied, uiterbuurt. — *Italien* distretto. — *Norv.* Omegn. — *Port.* arrabalde & suburbio. — *Rouchi* balieue. — *Roum.* preajma. — *Russe* predmyestie, posad, sloboda, slobodka & svoboda.

☞ barrière, ceinture, enceinte, faubourg, pourtour, suburbain, ville.

☆

banquise, sfs; énorme bloc de glace errant dans les mers polaires. — A l'époque de la débâcle glaciaire, des masses de glaces ou *banquises* se détachent du massif principal & se fraient un chemin vers les mers libres.

BANC DE ROCHE. — Additions, notes.

BANC DE SABLE. — Additions, notes.

Esper. sabla rifo. — ɫ DRSW.

Les Arabes donnent le nom de *marakat* à un banc de sable situé sur le fond peu résistant d'un cours d'eau.

Barrancas, mot vénézolan, se dit d'un banc de sable très incliné.

BANLIEUE. — Additions & notes.

— *Esper.* circaunajo, circauurbo.

Les compagnies de chemins de fer ont une zone de *banlieue* souvent considérable; autour de Paris, cette zone atteint 80 kilom. de rayon.

BANQUISE. — Additions & notes.

Esper. glacia rifo. — ɫ DFKC.

BANQUISE. — Additions, notes.

Allem. Eisbank. — *Anglais* fast sea, ice-berg & pack. — *Danois* Isbjerg & Ishavet. — *Espagnol* banco de hielo. - *Flam.-holl.* ijsbank. — *Italien* banco di diaccio. — *Malais* ajer bakoû. — *Norv.* Isbjerg & Ishavet. — *Polon.* lódbank. — *Port.* banco de gelo, geleira. — *Russe* polyana. — *Suéd.* baukis & isbank.

☞ banc, banc de glace, débâcle, glace, glace flottante, glaçon, iceberg.

☆

BARRADINE. — Additions & notes.

barradine, sfs; un trou creusé sur la pente d'une montagne pour aider à la descente des pluies.

☞ barrage, barrière, conduit, dépôt, écluse, puits, silo.

☆

BARRAGE. — Additions & notes.

barrage, sms; barrière dans un chemin pour interdire la circulation. — Les *bar= rages* de rivières ont pour but d'établir des niveaux d'eau successifs le long des voies navigables, en terrain accidenté.

Allem. Damm. — *Anglais* barrier, burrock, dam, small weir, toll-bar. — *Anglo-sax.* beorg. — *Arabe* rsoum, gom= rok. — *Croate, bosniaq., dalmate* unsip, sip. — *Danois* Af= sperring. — *Égypt.* gisr. — *Esclav.* nasip, sip. *Espagn.* barrera. — *Flam.* kade & stuw. — *Herzég.* nasi & sip. — *Holl.* kade, stuw. — *Hongr.* puschta & töltés. — *Ibér.* bar. — *Indou* bound. — *Ital.* dazio. — *Malais* tembok & terbis. — *Montén.* nasip, sip. — *Norv.* Afspærring. — *Port.* bar= reira. — *Samoan* ai. — *Serbe* nasip & sip. — *Suéd.* damm. — *Syriaq.* soudd.

☞ écluse, herse, van, vanne.

☆

BAS. — Additions & notes.

Esper. malsuprajo (subst.) & malalta (adj.).
☜ pav.

bas, ce qui est peu élevé, inférieur. — Au *bas* de la muraille, l'herbe croissait. Les terres *basses* sont soumises aux ca= prices des inondations.

Alban. post. — *Allem.* nieder, niedrig, unter. — *Angl.* inferior, lower, low, mean, nether, shallow & under. — *Arabe* asfal, gasjr, ouati, tahtani, tatani. — *Bosniaq.* nizak. — *Breton* bâz, Jinz, is, izel; (vx isel). — *Catal.* bax; (vx bas). — *Celtiq.* endsello, endso. — *Chinois* chien, hia, hsia & siu. — *Corniq.* ysel & yssel. — *Croate* nizak. — *Cymriq.* is & isel. — *Dalmate* donji, nizak. — *Danois* lavt, ned, ne= de, nedre & sagte. — *Égypt.* taht. — *Esclav.* Nizak. — *Es= pag.* bajo, baxo. — *Flam.* beneden, laag, neder, onder. — *Franç.* vx bas, jus & jyus. — *Gaéliq.* ios. — *Gallois* is. — *Gothiq.* oundar. — *Grec* chamêlos, kato. — *Herzég.* nizak. — *Holl.* beneden, laag, neder, onder. — *Hongr.* alá, alsó & alacsony. — *Indo-europ.* ndhs. — *Irland.* sios; (vx i-s). — *Ital.* abbietto, (bassi) & bas. — *Japon.* foukai & hikoui. — *Kouei-chan* nie. — *Latin* imus, intimus & infrà. — *Malais* rinda. - *Miao-tsé* nie. — *Montenég.* nizak. — *Norv.* lavt, ned, nede, nedre & sagte. — *Persan* paln. — *Polon.* kraju, nadgnily, niski, zmiekly. — *Port.* baixo. — *Provenç.* bas. — *Roman* baix. — *Roum.* aplecat & jos. — *Russe* melki, nigounii, nijuii, nizkii & prezricheliniei. — *Samoan* lalo. — *Sanscr.* kshoudra, nica. — *Serbe* nizak. — *Siamois* lang. — *Silésien.* slave dolni. - *Slovaq.* pod. — *Slovène* nizek. — *Souahéli* chini & ya. — *Suéd.* lag, lagt, ned & nedre. — *Syriaq.* taht, ouâti. — *Tcheq.* dolui, nizki & nizky. — *Turc* altin, asaga, ashagha, astin, astyn, ayag, past. — *Yunnan* pie.

☞ affouillement, au-dessous, à vau-l'eau, aval, baisse, cave, déclin, dépres=

sion, dessous, en-dessous, étiage, infère, inférieur, pied, raz, rez-de-chaussée & talon.

☆

bassin, sms; fond d'un port abrité où les navires manutentionnent les marchandises. C'est dans la partie la plus accessible du *bassin* qu'embarquent & débarquent les passagers.

Achanti eko. — *Allem.* Becken, Galle, Kessel, Kettle & Rinne. — *Angl.* basin, ditch, gully, pond, pool, tide dock. *Arabe* birne, ghadir, meshera, sahrij & tchoûn. — *Berbère* agolmin. — *Bosniaq.* zaljev. — *Cafre* iciba. — *Catal.* baci. — *Celtiq.* conc, poul. — *Chinois* heü hâi & ouân. — *Croate, dalmate* zaljev. — *Danois* Bækken. — *Deccan* gouula. — *Égyptien* goûn. — *Esclac.* zaljev. — *Espag.* bacia, bacin, cuenca, darsena. — *Flam.* bekken, dok, gebied. — *Franç.* ex baschin & polet. — *Gallois* llyn. — *Gaulois* bacchinon. *Giryama* ziya. — *Hausa* kourdoudouffi. — *Herzég.* zaljev. — *Holl.* bekken, dok, gebied. — *Hongr.* tó. — *Ind. Amér. Nord* mimipik. — *Italien* bacino. — *Japon.* ike. — *Kabyle* gelta. — *Latin* pelvis. — *Loango* henga & lihenga. — *Malais* loubok. — *Monten.* zaljev. — *Mossi* bakka & barabido. — *Norm.* pollet. — *Norv.* Bækken. — *Ouganda* dago, henga & lihenga. — *Pali* pallada. — *Polon.* basen, miednika. — *Port.* bacia & bacio. — *Provençal* bacin. — *Riv. Sobat* moya. — *Roman* barquiau. — *Russe* basseine & tchacha. — *Sanscrit* hrad & kound. — *Serbe* zaljev. — *Soudan fr.* bakka, barabido. — *Souaheli* hori. — *Suéd.* becken, fjord. — *Syriaq.* tchoûn. — *Turc* abriz & avras. — *Yorouba* abata.

☞ aber, abri, accul, ajoupa, alise, anse, asile, avant-port, bâclage, baie, barachois, bassin, bateau-porte, bouche, calangue, cale sèche, carangue, carbet, carénage, crique, cul-de-sac, darse, darsine, débarcadère, embarcadère, enfoncement, escale, estacade, ester, esterre, estuaire, garage, goulet, havre, hogue, jetée, môle, ouvert, passe, port, quai, rade, radoub, recran, refuge, relâche, relâcher, rivage, sirte, syrte.

☆

bassin de fleuve, sms; ensemble des terres arrosées par un fleuve & par tous ses affluents. — Le *bassin de fleuve* est aussi appelé « bassin hydrographique ».

Allem. Flussbecken, Flussgebiet. | *Angl.* basin of the river. — *Caucas., circass.* bassar. — *Danois* Flodbækken. — *Espag.* bacia de rio. — *Flam.-holl.* stroomgebied. — *Ital.* bacino de fiume. — *Norv.* Flodbækken. — *Port.* bacia de ribeira. — *Suéd.* becken. — *Tcherk.* bassar.

☞ aire, bassin, étendue, hydraulique, développement, hydrographie, hydrologie, surface.

☆

bataille, sfs; géographiquement ce mot figure sur les cartes pour désigner les tueries d'hommes. — La Russie enterra

BASSIN. — Additions & notes.
Esper. doko, kuvego & markuvego.
℣. CSQT.

Lorsque le bassin est entouré de montagnes, il prend les noms spéciaux de :
Angl. basin surrounded by mounts. — *Arabe* chabet.

BASSIN DE FLEUVE.
            Additions & notes
Esper. riverkuvego.

BATAILLE. — Additions & notes.
Esper. batalo. — ℣. CKVR.

BATAILLE. — Additions & notes.

ses armées dans tous les champs de *bataille* de la Mandchourie & dans les eaux japonaises.

Allem. Schlacht, Sturm. — *Angl.* battle. — *Anglo-saxon* storm. — *Arabe* maâreut, mahrabat. — *Bosniaq.* bitka, boj. — *Breton* stourm. — *Croate, dalm.* bitka & boj. — *Danois* Festlag & Strid. — *Égypt.* nó & zóba'a. — *Esclav.* bitka & boj. — *Espag.* batalla. — *Finnois* myrsky. — *Flam.* slag. — *Herzég.* bitka & boj. — *Hindoust.* tchoudh & laràï. — *Holl.* slag. — *Island.* bardata. — *Ital.* battaglia. — *Malais* peprangan, prang & prangle. — *Montén.* bitka & boj. — *Norv.* Festlag & Strid. — *Polon.* batalia, bitwa, potyczka. — *Port., provenç.* batalha. — *Roman* berouche. — *Roum.* bataia. — *Russe* bachalia. - *Samoan* afā, matagi. — *Sanscrit* rana. — *Serbe* bitka & boj. — *Slave* bitka. — *Slovaq.* bitka & vojna. — *Slovène* bitka. — *Souaheli* mapigano. — *Suéd.* slag. — *Syriaq.* nau & zauba'a. — *Tchèq.* bitva. — *Turc* boghaslamak, hora, fourtouna, kesmek.

☞ abattoir, armée, assassinat, combat, rencontre, tuerie.

☆

berge, sfs; le bord relevé d'un cours d'eau. — Les roseaux croissent le long des *berges* des rivières solitaires.

Allem. Abhang, Fluss jabe, Küste, Rand. — *Angl.* bank, beach & embankment. — *Arabe* sathi & sahel. — *Bas latin* beria. — *Croate, bosniaq., dalm.* primorje. — *Danois* Steil nabred. — *Égypt.* cháti, chatt, sâhil & (sawâhil). — *Esclav.* primorje. — *Espagn.* barga & ribazo. — *Finnois* hyras. — *Flam.* steile oever & steile kant. — *Herzég.* primorje. — *Holl.* steile oever & steile kant. — *Ital.* argine, ripa, spondi di fiume. — *Montén.* primorje. — *Norv.* Steil aabred. — *Picard* vergue. — *Polon.* brzeg & nadbrzeze urwiste. — *Port.* encosta. — *Provenç.* berja. — *Roum.* coasta, malul & riva. — *Russe* bererie & kroulol. — *Samoan* ifo'aï. — *Serbe* primorje. — *Slave* v.c brégou. — *Slovene* brdo. — *Souaheli* pindo (mapindo). — *Suéd.* sluttning. — *Syriaq.* cháti, chatt & sâhil (sawâhil).

☞ bord, côte, franc-bord, grave, grève, lais, littoral, marchepied, plage, quai, rivage, rive, sourive.

☆

BERGE. — Additions & notes.

Esper.

Les rochers qui émergent légèrement de l'eau sont, pour les marins, des *berges* redoutables.

☆

blanc, adj.; couleur qui ressemble à celle de la neige. — Les religieux cloîtrés ont souvent les vêtements *blancs*.

Afriq. or, allem. vera & wera. — *Alban.* barth. — *Allem.* wejss (rx blanch). — *Angl.* white, blank & clean. — *Arabe* abiad, abiodh, abyad, beidha, beida, (biad), biod. — *Aryen* alb, alb & alp. — *Baya* apouar. — *Bosniaq.* belo. — *Breton* gwenn & kann. — *Buly.* bièlo. — *Catal.* blanc. — *Celtique* alb, can, guenn, venn & windo. — *Chinois* (khao), pai, pé, péi & po. — *Cornique* alp, can, guyn & kando. — *Croate* belo. — *Cymriq.* can & gwyn. — *Dalmate* belo. — *Danakil* ad & ado. — *Danois* hvid. — *Égypt.* abjad. — *Esclav.* beli & belo. — *Espag.* albo & blanco. — *Finnois* valken & valkoinen. — *Flam.* wit. — *Franç.* rx albe, alp & alpe. — *Gaélig.* ban, fionn & geal. — *Gaul.* canto & vindos. — *Grec* aspro & lefkos. — *Hawaïen* kea. — *Herzég.* belo. — *Hindoust.* sufèd. — *Holl.* wit. — *Hongr.* fehér & fejer. — *Indou* davala. — *Irland.* geal & fionn; (rx find, gel, luach). — *Island.* hvita. — *Ital.* albo, albugine & bianco. — *Japonais* hakou, shiroi, siro & ziro. — *Kourde* spi. — *L. Tchad* boul. — *Latin* albinus & albus. — *Malais* putih. — *Mandchou* soungari. — *Mandingue* khoun. — *Masaï* ebor. — *Mongol* chagan tsagan & tsahan. — *Montén.* belo. — *Norv.* hvid. — *Persan* sufeid, safid & séfid. — *Picard* cague. — — *Polon.* biale & biały. — *Port.* alvo, branco. — *Provenç.*

BLANC. — Additions & notes.

Esper. Blanca.

JPK.

albau, albas, albugine, albugiuea, albuginenc & blanc. — *Rhétien* alb. — *Rir.* Sassandra plou. — *Roum.* alb, alba. — *Russe* bela, beliy, bielo, boliei & byeli. — *Samoan* sinasina. — *Sonscrit* candrá. — *Serbe* belo. — *Slave* bjeli. — *Slovaq.* biély. — *Slovène* bel. — *Somali* ad, ado. — *Souahili* eupe. — *Suéd.* hvitt. — *Syriaque* abjad & khouara. *Tchèque* bily. — *Thibét.* karpo, lo karpo & nagpo. — *Turc* ak, akja & beyaz. — *Yndon* chin avok.

☞ albâtre, albinos, albugine, blafard, blanchâtre, blancheur, chenu, déalbation, hermine, lactescent.

☆

bleu, adj.; couleur ressemblant à l'azur. — En Italie, le ciel est presque toujours d'un *bleu* pur.

Allem. blau. — *Angl.* blue. — *Anglo-sax.* bleo. — *Arabe* azrak, azreg, samaui & zerga. — *Armén.* gabndag. — *Baya* boua. — *Béarn.* blu. — *Bosniaque* modar, plav. — *Breton* glas, glâz & pers; (moyen & vx glas). — *Catal.* blau. — *Celtiq.* glas & glasto. — *Chinois* nani & ts'ing. — *Croate, dalmate* modar & plav. — *Danois* blaa. — *Égypt.* azrak, zarka & (zourk). — *Esclav.* modar & plav. — *Espag.* azul, blavo. — *Finnois* sininen. — *Flam.* blanuw. — *Franç.* vx bloi, bloz, pers & ynde. — *Gaëliq.* gorm. — *German.* blau. — *Herzég.* modar & plav. — *Hindoust.* Nilâ. — *Holl.* blaauw. — *Ibérien* blu. — *Irland.* vx glass. — *Ital.* turchino. — *Latin* cæruleus. — *Lithuan.* melynas. — *Malais* birou. — *Mongol* koukou. — *Monién.* modar & plav. — *Norv.* blaa. — *Persan* nil. — *Polon.* blekitny, lazurek & niebieski. — *Port.* azul. — *Provenç.* blau. — *Roman* blois, pers & ynde. — *Roum.* albastru. — *Russe* golouboï, goloubiei, sini, sinie — *Serbe* modar, plav. — *Slovaq.* modry. — *Slovène* moder & plav. — *Suéd.* bla. — *Syriaq.* azrak, zarka, (zourk). — *Thibet.* koko & koukou. — *Turc* geok & gokje.

☞ azur, azurescent, bleuâtre, cobalt, cyan, indigo, pers, saphir & turquoise.

☆

bois, sms; endroit planté d'arbres. — Les petits *bois* sont des bosquets; les *bois* de grande étendue sont des forêts.

Achanti ahaban & ekoue. — *Afriq. centr.* finda, kouni, makouni, mfinda, mouitou & mvitoou. — *Afriq. orient.* hitou, mhitou. — *Allem.* Busch, Hain, Holz, Wald; (vx witu). — *Annam.* roung. — *Angl.* wood. — *Anglo-sax.* widu, wudu. — *Arabe* gabat, herç & kibri. — *Armén.* phajd. — *Auvergn.* bou. — *Bali* makop. — *Banjan* ebe. — *Bantou* finda, hitou, isitou, mfinda, mhitou, mousitou, msiton, oumousitou, mtengo, pamiengo & sitou. — *Bas latin* boscum. — *Baya* kombo, té. — *Béarn.* bosc. — *Berbère* tagnnua. — *Birman* ta. — *Bosniaq.* drvo, lug, suma. — *Bourg.* bos. — *Breton* koat. — *Cameroun* ebe, ejidi, makop. — *Cambodg.* pre. — *Celtique* cond, coet, fuz, keito & widu. — *Chinois* chima, gouiang, hohou, liu, ling, louchau, mou, ouchau, sou-lln, si, sidzau (sud oumai). — *Congol.* sapala. — *Corniq.* cuit. — *Croate* drvo, lug, suma. — *Cymriq.* coed, coit. — *Danois* Skov, Træ. — *Égypt.* (ahrach), hirch. — *Esclav.* drvo, lug & suma. — *Espag.* bosque & monte. — *Finnois* metsa. — *Flam.* bosch, hout & woud. — *Foula* souade. — *Fr.-comtois* bos. — *Franç.* vx abateis, bos, bosches, bosc, brueil, brueille, croisie, fusta, fust, fustiage, fuz, gaudine, gaut, haie, laie, laigue, laiguie, laye, rapurevoir... — *Gallois* coed, goed & goedwig. — *Gascon* bos. — *Gaulois* ceto. — *Gothiq.* busch. — *Grec* dasos, drumos, xulon & xylon. — *Haut Nil* dzamba, kibri. — *Hausa* (koucurmi), kourimi & kourmi. — *Herzév.* drvo, lug & suma. — *Hindoust.* jungal & joungle. — *Holl.* bosch, hout & woud. — *Hongr.* fa & erdo. — *Hou-ni* hohou & ouchau. — *Ind. Amér. Nord* manarokta. — *Ibérien* bosc. — *Irland.* vx coill & ross. — *Ital.* boscata & bosco. — *Japon.* mori & rin. — *Kan-sou* pag. —

L'adjectif « blanche » diffère du masculin en quelques cas :

Afghan safed. — *Arabe* béida. — *Bosniaq.* biel. — *Chinois* pek. — *Croate, dalmate* biel. — *Égypt.* béda, (bid). — *Esclav.* piel. — *Franç.* vx blance. — *Herzég.* biel. — *Hongrois* tud. — *Ital.* bianca, bianche. — *Latin* alba, albina, liliosa. — *Montén.* biel. — *Roman* blanche. — *Serbe* biel.

BLEU. — Additions & notes.
Esper. blua.
♚ JPQ.

BOIS. — Additions & notes.
Esper. arbareto.
♚ FDTL.

BOIS. — Additions & notes.

Esper. arbetaro. — *Chan* poung-mai. — *Dalmate* drvo, lug & suma.
℣ FDTL.

Les Espagnols & les Portugais disent « parque », pour désigner un *bois enclôté*.

Latin ceto, ligna, lignis, lignum, nemus, silva & sylva. — *Limous.* bos. — *Lolo* louchau, si & sidzau. — *Lomoué* mouhikou. — *Loango* mitsourou. — *Malais* houtan, oulan, rimba. — *Mahrat.* rann. — *Malgac.* ala. — *Manding.* birsa & boursa. — *Mangbatt.* noma. — *Maroc.* gruba. — *Monten.* drvo, lug, suma. — *Mossi* kare. — *Mozamb.* mouhikou. — *Nika* dzaka, irou, kadzaka, kiniafoungo, mouirou & niafoungo. — *Nissan* do. — *Norm.* broil, gaut. — *Norv.* Skov & Træ. — *Ouganda* mitsourou. — *Paï* oumai. — *Philipp.* goubat. — *Picard* bos, bou, laignis, plessier & plessis. — *Polon.* bór, dezewo, las, lesa. — *Port.* bosque & selva. — *Poula* chima. — *Provenç.* bayssada, bosc, boscal, bosquina. — *Roman* anoit, arboie, arbriere, boixe, bos, chanal, fust, fustage, laigne, loignes, touche, touschaige. — *Rouchi* bos. — *Russe* drova, lesa & liesir. — *Samoan* vao. — *Sanscr.* aranya, atavi, bani, darou, jangal, joungle, vana. — *Saxon* vx goualt. — *Serbe* drvo, lug & suma. — *Siam.* pa. — *Slave* drovo & goia. — *Slovaq.* hora. — *Slovène* gozd & suma. — *Songhai* koubou. — *Soning.* itillemou. — *Soudan fr.* kare, nnaki, ngon & nvoi. — *Souahéli* mti. — *Suéd.* skog. — *Syriaq.* (ahrâch) & birch. — *Tagal* goubat. — *Tangout* chaug & nach. — *Tchèq.* les. — *Thibét.* ngas. — *Touar.* tagama. — *Turc* agach, iagach, tokai & orman. — *Vosgien* bos. — *Yao* gouiang. — *Zambèze* mtengo & pamtengo.

☞ accrue, bocage, boqueteau, bosquet, bouquet, buisson, cépée, clairière, coupe, couvert, écrue, épinier, essartage, étalon, forêt, fort, fourré, futaie, garenne, gault, gruage, massif, parc, percée, pueil, rabine, randon, remise, rond-point, savane, ségrairie, sous-bois, taillis, tayon, trouée, verderie.

☆

BORNE. — Additions & notes.

Esper. limstone. — *Abbadi & Haut Nil* ragham. —

borne. sfs; bloc de pierre ou poteau en bois indiquant les limites territoriales de deux états contigus. — Les couleurs nationales sont peintes sur les *bornes*-frontières.

Achanti ofouhye & tia. — *Afrique orient.* inauo & mouinano. — *Allem.* Flurstein, grauzpfal, grenzestein, mark. — *Amax.* da, oumda. — *Angl.* bound, bourn, boundary, boundary stone, frontier, landmark, limit, limitstone, mile-pool, march, mile-stone. — *Anglo-sax.* burn & m arc. — *Arabe* hadd, hodoud. — *Bantou* bambi, mbambi, (mipaka), mpaka & paka. — *Bas latin* bodina. — *Bosniaq.* granica & megja. — *Breton* bonu, harz. — *Cafre* da, isikaulo, kaulo, oumda. — *Chinois* hién, kiai. — *Congol.* bambi, mbambi. — *Croate & dalm.* granica & megja. — *Danois* grændsesten, milepæl — *Égypt.* hadd, (houdoûd). — *Esclav.* granica & megja. — *Espag.* limite, poyo de limite & raya. — *Finnois* raja. — *Flam.* grens, grenspaal, landpaal, paal, mijlpaal. — *Franç.* vx boune, marche & mette. — *Gaéliq.* march. — *Giryama* baka & mouhaka. — *Gothiq.* marka. — *Herzég.* granica & megja. — *Hindoust.* gad & hadd. — *Holl.* grens, landpaal, mijlpaal & paal. — *Hongr.* hatàr & peeze. — *Ibo* oke. — *Indo-europ.* mark. — *Ital.* filastrino, limite, marca & termine. — *Lac Chiroua* mikagano. — *Latin* meta, terminus, margo. — *Lomoué* mikagano. — *Makoua* inano, mouinano. — *Malais* peminggir. — *Monten.* granica, megja. — *Niger.* oke. — *Nika* mouvaka & vaka. — *Norm.* deviæ & merc. — *Norvég.* Grændsesten & milepæl. — *Polon.* granica. — *Port.* limite, raia, marco. — *Provenç.* bola, boula, bozola. — *Roman* borne, enclave, mete & peyres finantes. — *Rouchi* assens. — *Russe* grani & granicha. — *Samoan* touaoi. — *Serbe* granica & megja. — *Slave* kamen. — *Slovène* meja. — *Souahéli* (kinga), (mipaka) & mpaka. — *Suéd.* gransmarke. — *Syriaq.* hadd, (houdoûd). — *Tchèq.* hraniciti. — *Thibet* mou. — *Turc* chit. — *Yorouba* ala, atete-ba & bebè.

☞ abornement, barrière, bord, bornage, confins, circonvoisin, délimitation, démarcation, fin, limite, limitrophe, lisière, marche, mitoyen, perdriau, poteau rain, séparation, tenant, terme, toral.

☆

bosquet, sms; petit bois. — Les touffes ou bouquets d'arbres sont des *bosquets*. Très ombragé, un *bosquet* devient un bocage.

Achanti alaban & ekouae. — *Allemand* Gebüsch, Gehölz, Hain & Waldchen. — *Anglais* bush, copse, grove, small wood & thicket. — *Arabe* bouira. — *Bantou* evouangi & vouangi. — *Bosniaque* gaj & sumica. — *Brésilien* (capões). — *Cafre* dada & oudnda. — *Congolais* sapala. — *Croate* & *dalmate* gaj & sumica. — *Dano-norvégien* Lund & Lystskov. — *Deccan* oupavan. — *Esclav.* gaj & sumica. — *Espagnol* bosquecillo, bosquete, floresta & mata. — *Flam.* boschje. — *Franç.* œ boqueteau, bruellet. — *Hausa* koumchi. — *Herzég.* gaj & sumica. — *Holland.* boschje. — *Ital.* boschetto, macchia. — *Latin* sylvula. — *Montén.* gaj & sumica. — *Nika* foufou. — *Norv.* Lund, Lystskov. — *Polon.* gai. — *Port.* arvoredo, bosquete & mata. — *Provenç.* bosquet, brulhet & buguet. — *Roman* broillot, bruil, busquet, touche & touschaige. — *Russe* rochtcha. — *Serbe* gaj & sumica. — *Slovène* les. — *Suédois* skog. — *Tchèque* krovi. — *Vosgien* baigis. — *Yorouba* oshouso.

☞ le mot « bois » & ses références.

☆

bouche de cours d'eau, sfs. — Issue d'un fleuve ou d'une rivière dans la mer. — Les *bouches* du Danube forment un delta △ sur les côtes de la mer Noire.

Alaska chaget, kaget & kakat. — *Allem.* Einfahrt, flüssmund & mündung. — *Angl.* entrance, inlet, mouth, pill & rivers's mouth. — *Annamite* kouo. — *Arabe* fomm, foum, hanak & mseb. — *Armén.* peran & pieran. — *Bantou* bouila & ebouila. — *Baya* n'mou. — *Bornéo* mouara. — *Bosniaque* usce. — *Breton* aber & génou. — *Cambodg.* pak & peam. — *Cambrien* how. — *Catal.* boca. — *Celtique* boch, bock, genow, stamen. — *Chinois* fou, kau, keu, kow, kéou, khou & ma-teu. — *Cingal.* modara & tota. — *Corniq.* genau. — *Croate* usce. — *Cymrique* ceg, genau & safu. — *Dahomey* nou. — *Dalm.* usce. — *Danois* Aabning, Mund. — *Égypt.* foumm. — *Esclav.* usce. — *Espag.* boca, embocadero, ria. — *Finnois* so, suu. — *Flam.* mond, riviermond. — *Français* œ avoyement, boce, boch, boche, goule, hoguette. — *Gadtiq.*, *gallois* aber, pwll. — *Gascon* bouca. — *Gaulois* genava. — *Herzég.* usce. — *Hindoust.* mouhana & mounh. — *Holl.* mond, monde, (monden) & riviermond. — *Ibérien* bouco, bouko & buko. — *Irlandais vieux* boun & gin. — *Island.* vik. — *Italien* abboccatoio, bocca d'un fiume (bocche) & foce. — *Japon.* gouchi & kouchi. — *Latin* aditus, bucca & os. — *Malais* kouala, koualla, kaouoala, pak & moulout. — *Montén.* usce. — *Norm.* goule & guerbière. — *Norv.* Aabning & mund. — *Philipp.* ilogan. — *Picard* bec, bouke, bouque, brègne, gueule, guiffe & orine. — *Polon.* uptyw rzeki & usta. — *Port.* bocca, boca & foz. — *Provenç.* boca & bouco. — *Roman* boce, boche & bouke. — *Rouchi* baia & bouke. — *Roum.* gura. — *Russe* ouschiériki, oust & oustié. — *Saharien* kaï. — *Samoan* fofoga & goutou. — *Sanscrit* moukha. — *Serbe* usce. — *Siam.* paknam & ta. — *Slovaq.* ùsta. — *Slovène* izliv & ustje. — *Souahéli* (makanoua, kanoua, kinoua (vinoua). — *Suéd.* bugt. — *Syriaq.* toumm. — *Tagal* ilogan. — *Tchèq.* ùsta. — *Thibét.* joug, ka & mjoung. — *Tripoli* foum. — *Turc* aghys. — *Youkon* kaget, chaget & kakat.

BORNE. — Additions & notes.

BOSQUET. — Additions & notes.

Esper. arbetaro. — *Hindoust.* & *sanscrit* van. — ☪ DCBQ.

BOUCHE DE COURS D'EAU.
Additions & notes.

☪ DKPW.
Esper. elfluejo. — *Fan* nou.

BOUCHE DE VOLCAN.
Additions & notes.

bouche de volcan, sfs; ☞ cratère.

☆

BOURG. — Additions & notes.
Esper. urbeto. — *Mandchou* gachan.

Depuis la création des communes, en tant qu'unité géographique & administrative, le terme « bourg » a perdu la signification qu'il avait autrefois.

Cependant, dans les départements de la France, beaucoup de gens se servent encore du mot *bourg* pour désigner l'endroit où sont réunis les services publics : la mairie, l'école, le marché, l'église, &a.

bourg, sms; gros village, habituellement le chef-lieu de la commune. — Les *bourgs* nous viennent du moyen-âge, en Germanie.

Achanti omamma. — *Allem.* Flecken & Marktflecken. — *Angl.* borough, kraal & small market. — *Anglo-sax.* burh, beorg & burg. — *Arabe* borg, hellat, kasba & kéria. — *Armén.* mitchnapert. — *Bosniaq.* dvor, komad & miesto. — *Breton* bourc'h, gwik, kéar & ker; (moyen caer). — *Cafre* inxoulouma, isixeto, nxoulouma & xeto. — *Catal.* vx borc. — *Chin Hills* im nou. — *Chinois* chang, chuang, tcheng, ho-to, tchan, thoun, thsoun & tsi. — *Coréen* tchón. — *Cornique* caer, gwic. — *Croate* dvor, komad, miesto. — *Cymriq.* caer, gwik. — *Dalmate* dvor, komad & miesto. — *Danois* Flœkke, liden By. — *Esclav.* dvor, komad, miesto. — *Espag.* borgo, burgo, lugar, pueblo, villa. — *Finnois* linna. — *Flam.* vlek. — *Franç.* vx borc, bors, bos, guich, maisnié, mesnié, teneone, tenion, tenone & tesnone. — *Gaélig.* cathair. — *Herség.* dvor, komad, miesto. — *Hindoust.* gâon. — *Holl.* vlek. — *Indo-chinois* dinh. — *Irlandais* cathair. — *Ital.* borgata, borghetto & borgo. — *Kanem* béri, koura. — *Lac Tchad* béri. — *Latin* burgus, castra, locus, pagus & vicus. — *Malais* kampoung. — *Mongol* balgas. — *Montén.* dvor, komad, miesto. — *Norv.* Flœkke, liden By. — *Périgourd.* teneone, tenion, tenone & tesnone. — *Polon.* grod, miasteczko & miescina. — *Port.* burgo, villa. — *Provenç.* borc. — *Pundjab* kasba. — *Roman* burc. — *Roum.* târgu & târgusoru. — *Russe* gorod, posad & mieschetchko. — *Samoan* ila. — *Sanscr.* anka. — *Serbe* dvor, komad, palanka & miesto. — *Slovaq.* mesto — *Slolène* grad. — *Suéd.* borg & köping. — *Souahéli* gereza, ngome. — *Tchéq.* hrad. — *Turc* keui. — *Zoulou* inxoulouma & nxoulouma.

☞ bourgade, centre, chef-lieu de commune, commune, faubourg, village & villette.

☆

BRAS DE FLEUVE.
Additions & notes.

bras de fleuve, sms; nom de chacune des branches du delta d'un cours d'eau.

Les *bras de fleuve* existent principalement à l'embouchure du cours d'eau; les îlots sont ces petites parcelles de terre situées entre les *bras de fleuves* ou les *bras de rivière*.

Achanti abomma. — *Allem.* Arm. — *Anglais* arm of the river & shallow creek. — *Arabe* draâ. — *Armén.* aghkhad. *Bas latin* braccia. — *Baya* baka. — *Bosniaq.* misica & ruka. — *Breton* bréac'h. — *Cafre* ingone, ingonono, ngone — *Catalan* bras. — *Celtiq.* arm & brèche. —*Corniq.* brech. — *Croate* misica & ruka. — *Cymrique* braich. — *Dalmate* misica & ruka. — *Danois* Arm & Flodarm. — *Egypt.* dirâ', (idron'). — *Esclav.* misica & ruka. — *Espag.* brazo de rio. — *Finnois* köyha. — *Flam.* arm. — *Franç.* vx arm, brèche & mahut. — *Hausa* faddama. — *Herrero* okouoko (omaoko). — *Herség.* misika & ruka. — *Holl.* arm. — *Hongrois* szegény. — *Italien* braccio di fiume, corno. — *Latin* brachium. — *Malais* meskin, papa. — *Manding.* boulou, khole, kholle, koule. — *Montén.* misica & ruka. — *Norv.* Arm & Flodarm. — *Polon.* ramie, reka & renka. — *Port.* praço de rio. — *Provenç.* bratz, toch. — *Roman* haoué. — *Roum.* bratul (bratele). — *Russe* rouka, roukav, routka. — *Sahar.* adar-n-Eghiréu. — *Samoan* lima. — *Sanscr.* bâhou, bhoujou & daridra. — *Serbe* misica & ruka. — *Sénégal.* marigot. — *Slovaque* rameno. — *Slovène* rama & roka. — *Soninque* khollelleme. — *Souahéli* fakiri, foukara, masikini. — *Suéd.* arm. — *Syriaque* drâ' (idru'). — *Tchèque* chud. — *Thibét.* lag. — *Turc* kol. — *Zoulou* ingone, ingonono & ngone.

☞ baie, bouche, cours d'eau, delta, embouchure, fleuve & leurs références.

☆

brisant, sms; rocher à fleur d'eau. — Ce genre d'écueil, le *brisant*, est à redouter le long des côtes maritimes déchiquetées de l'Armorique & de la Norvège.
Allem. Riff, (Klippen), Brandung & (Seebrand). — *Angl.* (breakers). — *Bosniaq.*, croate & dalmate bibavica & prud. — *Danois* Klipper, Skjær & Skjulte. — *Egypt.* soutre. — *Esclav.* bibavica & prud. — *Espagn.* rompiente. — *Finnois* kallio. — *Flam.* branding, (brandinggolven), zeepaal. — *Herzég.* bibavica & prud. — *Hindoust.* tchatân. — *Holl.* branding & zeepaal. — *Ital.* (fraugenti) & ondette fraugenti. — *Malais* karang. — *Monten.* bibavica & prud. — *Norvég.* Klipper, Skjær & Skjulte. — *Polon.* skaty sterczaze z wody. — *Port.* cachopo. — *Roumain* (ghierdapuri). — *Russe* bourounie. — *Samoan* a'au. — *Serbe* bibavica & prud. —

☞ banc & ses mots analogues.

☆

brise-lames, sms; digue ou jetée construite au-dessus du niveau des hautes marées pour empêcher les lames de pénétrer dans un port. — Les *brise-lames* sont généralement de forme elliptique.
Allem. Wellenbrecher. — *Angl.* break-water. — *Danois* Bolgebrider. — *Espagn.* rompeloma. — *Flam.-holl.* baar. — *Italien* spezzamento di onde. — *Norvég.* Bolgebrider. — *Port.* quebravaga. — *Suéd.* vagbrytare.

☆

broussailles, sfp; un amas de plantes sauvages & d'herbes folles qui croissent pêle-mêle dans des bois abandonnés ou le long des chemins mal tenus. — Les *broussailles* ne rapportent rien à leurs propriétaires.
Achanti oura. — *Afriq. centrale* msezo, misezo, sezo. — *Allem.* Buschwerk, Gestrauch, Gestrüpp, Strauchenbusch; (væ ling). — *Angl.* brambles, brushwood, bush, copse, low bush, scrub, thicket. — *Annam.* ioung. — *Arabe* ghaba & raba. — *Arch. Bism.* poupoui & rapoui. — *Bantou* evouangi, irou, kanta, misezo, mouirou, mousitou, msitou, msezo, uka, oumousitou, sezo, sitou & vouangi. — *Bosniaque* gric, sikara & siprag. — *Brésilien* carrascos. — *Breton* picholou. — *Catal.* brolin, brossa & brusca. — *Chinois* ouchau. — *Congol.* fouta, kanta, nka, sapala. — *Croate*, dalm. gric, sikara & siprag. — *Danois* Buske & Krat. — *Egypt.* goubb & 'ulléka. — *Esclav.* gric, sikara & siprag. — *Espag.* broza, maleza & soto. — *Flam.* kreupelbosch & struiken. — *Franç.* væ barte, broce, brossailles, bruelle, bruellet, essart, garrigues, rapailles. — *Foula* souade. — *Hausa* kourmi. — *Herzég.* gric, sikara & siprag. — *Hindoust.* jaritu. — *Holl.* kreupelbosch, struiken. — *Hou-ni* ouchau. — *Ind. Amériq. N.* ua yach. — *Ital.* macchie, macquie & prunaie. — *Latin* fruteta & sylvula. — *Malais* semak. — *Manding.* kongo. — *Maroc.* ghaba. — *Monten.* gric, sikara & siprag. — *Nissan* nalo. — *Norm.* essart. — *Norv.* Buske & Krat. — *Neo-guinéen* nallo. — *Polon.* krzaki ciernie. — *Port.* brenhas, brulha. — *Provenç.* barta, brossa, bruelha, brul=

BRAS DE FLEUVE. — Additions, notes.

BRISANT. — Additions & notes.
ℒ LMP. — *Esper.* subakva rompilo. — *Souahéli* kipoua, (vipoua). — *Suéd.* branningar. — *Syriaq.* sitra.
On appelle aussi *brisants* des vagues agitées par des convulsions violentes & soudaines.

BRISE-LAMES. — Additions & notes.
Esper. oud'rompilo. — ℒ CMFS.

BROUSSAILLES. — Additions & notes.
Esper. dorna arbetajo. — ℒ CMND.

Dans les vastes contrées de l'Afrique, la *broussaille* couvre d'immenses étendues de terre : c'est la brousse.

BROUSSAILLES. — Additions & notes.

het, brucilla & brusca. — *Roman* arbout, arbroys, bresque, broce, broil, broisse & rapailles. — *Russe* chvorochnikia & ernik. — *Samoan* vao. — *Serbe* gric, sikara & siprag — *Slave* souma. — *Slovène* grmovje. — *Songhaï* koubou. — *Soninq.* itillemou. — *Soudan. fr.* kare. — *Souahéli* kijiti, (vijiti). — *Suéd.* (buscar). — *Syriaq.* tchoubb, 'ullai'ka. — *Turc* tchaly.

☞ accrue, arbuste, arbrisseau, bois, buisson, essartage, fourré, jachère, lande, rabine, savane, terrain vague, terre inculte.

☆

BRUN. — Additions & notes.
Esper. bruna. — ⚥ CMLJ.

brun, sms; couleur mixte entre le noir & le rouge. — Les Slaves balkaniques ont la peau *brune*, vigoureuse & chaude à l'œil.

Afriq. or. nyiro. — *Allem.* Braun. — *Angl.* brown. — *Anglo-sax.* brun. — *Arabe* asmar. — *Béarn.* bru. — *Bosniaq.* smedj. — *Breton* gell. — *Chinois* tsung-sik. — *Croate* smedj. — *Cymriq.* llai. — *Dalmate* smedj. — *Danois* Brun. — *Égypt.* asmar, asmarâni, gôzi. — *Esclav.* smedj. — *Espagn.* baso, bruno, moreno & trigueno. — *Finnois.* ruskea & ruuni. — *Flam.* bruin. — *Français vx* brun. — *Herrero* saona. — *Herzég.* smedj. — *Hindoust.* bhûrâ. — *Holland.* — *Ibérien* bru. — *Ital.* bigio & bruno. — *Malais* hitam manis. — *Masaï* nyiro. — *Monten.* smedj. — *Norv.* Brun. — *Oshindonga* outiligane. — *Polon.* brunatny & ciemny. — *Port.* moreno & pardo. — *Provenç.* bis & brun. — *Roman* aquilant & brus. — *Roum.* brun & cafeniu. — *Russe* bouriei & smougliei. — *Samoan* 'e'ena. — *Serbe* smedj. — *Slovène* rjav. — *Suédois* brun. — *Syriaque* asmar, asmarâni & tchauzi.

☞ alezan, bai, brunâtre, chocolat, fauve, feuille-morte, hâle, marengo, marron, mordoré, obscur, puce, roussâtre, roux, sombre.

☆

BRUYÈRE. — Additions & notes.
Esper. eriko.

bruyère, sfs; sous-arbrisseau des terrains incultes & de quelques forêts. — Lieu où croît la bruyère.

Les terres sablonneuses & légères conviennent aux *bruyères*, toujours vertes.

Allem. heide, heidel, heideplatz, (vx ling). — *Angl.* heather, heath, moor, moorage, moorland. — *Bas-latin* bruca. — *Bosniaq.* pustara. — *Breton* brûg, brûk. — *Brésil* charneca. — *Cafre* ilindle, lindle & ndle. — *Celtiq.* brug, rhos, ros, rus & wroika. — *Corniq.* grig. — *Croate* pustara. — *Cymriq.* grûg. — *Dalmate* pustara. — *Danois* Lyng, Lynghede. — *Égypt.* 'âbid elasnâm ('abaded elasnâm). — *Esclav.* pustara. — *Espag.* arbusto, arenal in culto, brezo. — *Flam.* heide, heyde. — *Franç. vx* bruc, brugue, brus. — *Herzég.* pustara. — *Holland.* heide & heyde. — *Hongr.* puszta. — *Irland. vx* froech. — *Ital.* brughiera, erica, landa, macchain, palude & scopetino. — *Japon.* hara. — *Latin* erice, myrica. — *Monten.* pustara. — *Norv.* Lyng, Lynghede. — *Picard* breviaire & broce. — *Polon.* krzak, stepy. — *Port.* charneca. — *Provenç.* brus. — *Roman* broce, rapailles. — *Russe* pouschotiei, poustok. — *Serbe* pustara. — *Suéd.* hedning. — *Syriaq.* 'âbid ilasnâm, ('abadit ilasnâm). — *Turc* patik & patkak. — *Yorouba* isoko. — *Zoulou* ilindle, lindle & ndle. — *Gallois* maes.

☞ brande, broussailles, brousse, bruc, callune, camarine, inculte, lande.

☆

buissière, sfs; plantation de buis. — Les *buissières* fournissent les branchilles de buis qui sont vendues aux fidèles, sous le porche des églises catholiques, le Dimanche des Rameaux ou des Pâques fleuries.

Catal. boxeda. — *Espag.* buxeda. — *Latin* buxetum. — *Port.* buxol. — *Provenç.* boissera. — *Roman* boessière & buissière.

☞ buis, buissaie, houx-frelon, nille.

☆

buisson, sms; haie ou touffe de petits arbustes sauvages. — Beaucoup d'oiseaux font leurs nids dans les *buissons*.

Un *buissonnet* est un petit buisson.

Achanti ahaban, denkese & ekouae. — *Afriq. centr.* kalango, mikongo & nkalango. — *Afriq. or. all.* itou, mhitou, pori. — *Allem.* Busch, Gebüsch & Strauch. — *Amaxosa* hlandhlo & oumhlandhlo. — *Angl.* bush, copse & thicket. — *Arabe* houira. — *Archipel Bism.* poupoui & rapoui. — *Bantou* hitou, kalango, kanka, mhitou, nka & nkalango. — *Bosniaq.* chun, grm. — *Breton* bôd. — *Cafre* dada, hlandhlo, oumhlandhlo. — *Camer.* ejidi. — *Celtiq.* brug. — *Chinois* gouiang. — *Congol.* kanka, nka. — *Corniq.* bos. — *Croate & dalm.* chun & grm. — *Danois* Busk. — *Égypt.* goubb & 'ulleka. — *Esclav.* chun & grm. — *Espag.* brena, espinal, mata, zarzal. — *Finnois* pensas. — *Flam.* boschje, braambosch, haagbosch & struik. — *Franç. vx* aiglentier, boisson, baraninde & haisse. — *Hausa* kaya. — *Haut Nil* gesh, maïen. — *Herzég.* chun & grm. — *Holl.* boschje, bosje & braambosch. — *Ind. Amér. Nord* na yach. — *Isère* agi. — *Island.* busk. — *Italien* buscione, cespuglio & macchia. — *Kourde* rel. — *Manding.* birsa & boursa. — *Mangbatt.* nopi. — *Montén.* chun & grm. — *Nika* foufou & kafoufou. — *Nissan* nallo. — *Norv.* Busk. — *Neo-Guinéen* nallo. — *Picard* bouchel, breuil & hallo. — *Polon.* krzak & krzew. — *Port.* espinal & mata. — *Provenç.* aiglentina, batta, boisse, boisson & boysho. — *Roman* bosco, bouchel, breil, breuil, bruellet, bruil, rapaille & triage. — *Russe* boukie. — *Samoan* vao. — *Serbe* chun & grm. — *Slovène* grm, girmovje. — *Somali* ged. — *Soudan.* pe. — *Souahéli* kijiti, (vijiti). — *Suéd.* buske. — *Syriaq.* tchoubb, 'ullaj'ka. — *Tchèq.* krovi. — *Turc* tokai. — *Iaïa* goulang.

☞ arbrisseau, arbuste, broussailles, buis, buissaie, buissière, églantier, haie, touffe.

☆

bureau de la douane, sms; service fiscal établi le long des frontières d'état, pour la perception des droits & la répression des fraudes. — Les vexations de la *douane* sont un des signes de la prospérité d'un peuple.

Allem. Zollamt, Zollhaus & zollkammer. — *Anglais* custom-house. — *Armén.* makhssadoun. — *Bosniaq.* carinara. — *Chinois* chui gouan. — *Croate, dalmate* carinara. — *Danois* Toldhus. — *Égypt.* goumrouk. — *Esclav.* carinara. — *Espag.* oficina de aduana. — *Flam.* tolhuis. — *Herzég.* carinara. — *Hindoust.* fourza & maudoui. — *Holl.* tolhuis. — *Ital.* uffizio di dogana. — *Malais* pabejan. — *Montén.* carinara. — *Norv.* Toldhus. — *Polon.* urzad celny. — *Port.* officio de aduana. — *Samoan* telona. — *Serbe* carinara. — *Souahéli* fortha. — *Suéd.* tullkammare. — *Syriaq.* koumrouk. — *Turc* geumruk.

☆

BUISSIÈRE. — Additions & notes.

Esper. buksaro.

On dit aussi une *buissaie*.

BUISSON. — Additions & notes.

Esper. arbetajo.
Buisson épineux. — *Esper.* dorna arbetajo.

BUREAU DE LA DOUANE.
Additions & notes.

Esper. limdepagejo.

BUREAU DE POSTE.
Additions & notes.

bureau de poste, sms; bureau public chargé de l'expédition & de la distribution des correspondances à domicile. — Les attributions des *bureaux de poste* sont déterminées par des lois & exécutées sous la garantie du gouvernement.

Allem. postamt, postanstalt. — *Anglais* post-office, posthouse. — *Breton* buro bost. — *Chinois* cha & chin djü. — *Danois* brevpost, posthus, postkontor. — *Espag.* oficina de correos. — *Esperanto* postejo & postoficejo. — *Finnois* postikonttori. — *Flamand, Hollandais* postkantoor. — *Ital.* uffizio della posta. — *Norv.* brevpost, posthus, postkontor, *Port.* casa de correio. — *Roum.* oficiul postal, biroul postal. — *Russe* pochtamt. — *Suédois* postkontor. — *Thibét.* sa-tsig & tarjam.

☞ office postal, perception postale, relais postal, sous-perception postale.

☆

BUREAU DES TÉLÉGRAPHES.
Additions & notes.
Esper. telegrafoficejo.

bureau des télégraphes, sms; bureau public chargé de la transmission & de la distribution des télégrammes, sous la responsabilité du gouvernement. — Les *bureaux des télégraphes* sont souventes fois installés aux perceptions postales & dans les dépendances des chemins de fer.

Allem. telegraphenamt. — *Anglais* telegraphic-office. — *Danois* telegrafiskhus. — *Égypt.* baró' ettelegràf. — *Espag.* oficina de telegrafos. — *Flam.-holl.* telegraphisch kantoor. — *Ital.* uffizio del telegrafo. — *Norvég.* telegrafiskhus. — *Polon.* urzad telegraficzny. — *Port.* casa de telegrapho. — *Roum.* biroul telegrafic. — *Suéd.* telegrafkontor. — *Syriaque* biro ittilgràf.

☞ office télégraphique, perception télégraphique, sémaphore, station télégraphique, télégraphie.

☆

BUREAU DES TÉLÉPHONES.
Additions & notes.
Cette réflexion faite au sujet d'Edison s'applique à tous les inventeurs célèbres.

bureau des téléphones, sms; cabines publiques dans lesquelles deux personnes éloignées l'une de l'autre échangent des paroles au moyen de deux appareils électriques. — Le portrait d'Edison & sa biographie devraient être exposés dans tous les *bureaux des téléphones*.

Allem. Fernsprechamt. — *Angl.* téléphonic-office. — *Danois* Telefoniskhus. — *Espag.* oficina de telefonos, estacion telefonica. — *Flam.-holl.* telefonisch kantoor. — *Ital.* uffizio del telefono. — *Norv.* Telefoniskhus. — *Port.* casa de telephono. — *Suéd.* telefonstation.

☞ cabine téléphonique, poste téléphonique, téléphonie.

☆

BUTTE. — Additions & notes.
Esper. tera monteto.

butte, sfs; forte motte de terre isolée. Dans certaines villes, les *buttes* sont aménagées en points de vue pittoresques ou en observatoires.

Allem. Erdhügel. — *Angl.* hill & knoll. — *Anglo-saxon* hreoc. — *Arabe* gabal, guemaa & saghir. — *Bosniaq.* bre=

zuljak, hum. — *Bressan* poype. — *Breton* krugel, reûzeûlen, torgen & tucheu; (*vx* cruc). — *Celtiq*. krouta, ri, rin. — *Cornique* cruc. — *Croate* brezuljak, hum. — *Cymrique* crûg. — *Dalmate* brezuljak, hum. — *Danois* liden Jordhōi. — *Égypt*. tell, telle (tulûl). — *Esclav*. brezuljak & hum. — *Espag*. terremontero. — *É. U. Amér. N.* picacho. — *Flam*. heuveltje. — *Gaéliq*. cruach. — *Herzég*. brezuljak, hum. — *Hindoust*. tekrā. — *Holl*. heuveltje. — *Irland*. cruach. — *Island. vx* brûga. — *Ital*. greppa. — *Latin* torus. — *Montén*. brezuljak, hum. — *Normand* hantier. — *Norv*. liden Jordhōi. — *Picard* crinket & cronkelet. — *Polon*. pagorek & wzgorek. — *Port*. morro. — *Roum*. movila. — *Samoan* maupu'epu'e. — *Serbe* brezuljak, hum. — *Slovène* holm & hrib. — *Souahéli* kisougoulou & (visougoulou). — *Suédois* kulle. — *Syriaque* tall, talli, (tlàl). — *Tartare* kourgan. — *Tchèq*. kopec, pahorek.

☞ les références du mot « montagne ».

☆

C

câble sous-marin, sms; fils métalliques enfermés dans des isolateurs, enfouis sous les eaux & destinés à la transmission des dépêches télégraphiques. — Des conventions internationales protègent les *câbles sous-marins*.
    Allem. unterseeisch Kabeltau. — *Angl*. submarine cable. — *Danois* undersöisk Kabeltoug. — *Espag*. maroma submarino. — *Flam.-holl*. onderzeeschkabel. — *Ital*. gomona sottomarino. — *Norvég*. undersöisk Kabeltoug. — *Portug*. amarra submarino.

☞ câble télégraphique, câble transatlantique, télégraphie.

☆

câble télégraphique, sms; fils métalliques suspendus à des poteaux, le long des routes & destinés à la transmission des correspondances télégraphiques. — Toutes les lignes de chemin de fer sont longées par les *câbles télégraphiques*.
    Allem. (telegraphen-kabel). — *Angl*. (telegraph cables). — *Bosniaq., croate, dalm*. brzojavni trostrucnik. — *Danois* telegrafisk Kabeltoug. — *Esclav*. brzojavni trostrucnik. — *Espag*. maroma telegratico. — *Flam*. telegrafisch kabel. — *Herzég*. brzojavni trostrucnik. — *Holl*. telegrafisch kabel. — *Ital*. (cavi telegrafici). — *Montén*. brzojavni trostrucnik. — *Norv*. telegrafisk Kabeltoug. — *Port*. amarra telegrafico. — *Serbe* brzojavni trostrucnik.

☆

calvaire, sms; petit chemin de terre, en pente, au point culminant duquel se dresse une croix. — Les *calvaires* sont des lieux de dévotion.
    Allem. Golgatha, kreuzstætte. — *Anglais* calvary, sepulchral mound. — *Anglo-saxon* barrow & beorh. — *Danois*

BUTTE. — Additions & notes.

CABLE SOUS-MARIN.
               Additions & notes.
Esper. submara telegraf' fadeno.

CABLE TÉLÉGRAPHIQUE.
               Additions & notes.
Esper. telegraf' fadeno.

CALVAIRE. — Additions & notes.
Esper. Kalvario.

CALVAIRE. — Additions & notes.

Golgata. — *Égyptien* eggoul'goula. — *Espagn.* calvario. — *Flam.-holl.* kruisberg. — *Ital.* calvario. — *Norv.* Golgata. — *Port.* calvario. — *Syriaq.* idchoul'dchoula.

☞ chemin de la Croix, gibet, Golgotha, sépulcre.

☆

CAMP. — Additions & notes.

Esper. toudaro.

Les Arabes désignent le « camp du grand chef » par : (mezemelin), smala, (zemoul), zmala & (zmoul).

camp, sms; réunion de tentes & de baraques destinées au logement provisoire d'une armée en campagne. — Lever le *camp*, c'est abandonner l'endroit où l'on a campé.

Achànti insirem. — *Allem.* Feldlager, Kampf & Lagerung. — *Angl.* camp. — *Anglais vx* caster. — *Arabe* ard, manzil, mascara, masker, mounsil, smala. — *Armén.* pauag. — *Bantou* do & ndo. — *Baya* bakara. — *Bosniaque* logor, loza, skladiste. — *Catalan* camp. — *Chan* pang. — *Chinois* chai, kouan, so & ying. — *Congo* langa. — *Croate & dalmate* logor, loza & skladiste. — *Danakil* safara. — *Danois* Flade. — *Égypt.* kitâl. — *Érytréen* safara. — *Esclav.* logor, loza, skladiste. — *Espag.* acampamento, campo. — *Ferghana* yeilau & yeilik. — *Flam.* kamp, laager & legerplaats. — *Franç. vx* hère. — *Giryama* cheugo. — *Haussa* sansanne, zango, zougo. — *Herzég.* logor, loza & skladiste. — *Hindoust.* ourdou. — *Holl.* kamp, laager & legerplaats. — *Hongr.* fek. — *Italien* campo. — *Kirghiz* aul. — *Lac Rodolphe* doum. — *Latin* campus & castra. — *Lokoub* doum. — *Malais* tampat & tantara. — *Mandch.* kôaran. — *Manding.* biringo. — *Maroc.* ghiem. — *Mercian* cester. — *Monténé.* logor, loza & skladiste. — *Norv.* Flade. — *Polon.* bój, obos, obosze potycka. — *Port.* acampamento & campo. — *Provenç.* cambo & camp. — *Russe* lechoutchii, schanie, stan, stanitsa & stanoviche. — *Samoan* fagatouaga. — *Sanscrit* youddha. — *Saxon* chester. — *Serbe* logor, loza, skladiste. — *Serer* dal & gad. — *Slovaque* vojna. — *Songhaï* zoumbou. — *Soninque* dakha. — *Suéd.* kamp. — *Syriaque* kitâl. — *Thibét.* brang, brang-sa, dang, daug-sa, gar, sgar. — *Turc* ourdou, yaïlac. — *Wolof* dal, gadde. — *Yorouba* bouda, boude & boudo.

☞ baraques, baraquements, bivouac, campement, logement, quartier, retranchement, tente.

☆

CAMPAGNE. — Additions & notes.

campagne, sfs; territoire en dehors des localités, généralement couvert de cultures ou de bois. — La *campagne* suppose un pays étendu, des champs.

Afrique centr. maziko, mdima, ndema, nga, panga, ziko. — *Allem.* Feld, Land. — *Angl.* country, country field. — *Arabe* dar, diyar. — *Armén.* pauag. — *Bambar.* kauda. — *Bantou* dima, dziko, elabo, elapo, idziko, ikisou, iko, impanga, insi, inzi, kisou, labo, lapo, maziko, mdima, moumpanga, mousi, udema, ndima, nga, panga, si, ziko. — *Bosniaq.* kopno & zemlja. — *Breton* méaz & ploué (moy. maes) & (vx pluiv). — *Cafre* ilizoua, zoua. — *Chinois* ti. — *Congol. fr.* afau, fau, lam, (mefan), nlam. — *Corniq.* ma, mês, plew, plu, plui. — *Croate* kopno & zemlja. — *Cynriq.* ma, plwy & plwyf. — *Dalmate* kopno & zemlja. — *Danois* Egn, land, mark. — *Égyptien* hakli (hukûl). — *Esclav.* kopno & zemlja. — *Espagn.* campo. — *Esper.* kamparo. — *Fan* lam, nlam. — *Finnois* maa. — *Flam.* veld & vlakte. — *Foula* leidi. — *Gaëliq.* magh. — *Gaulois* magos. — *Giryama* tsi. — *Hausa* gari. — *Haut Sobat* palopan. — *Herzég.* kopno & zemlja. — *Holl.* veld & vlakte. — *Indou* khand. — *Irland.* magh (vx mag). — *Island.* syssel. — *Italien* campagna. — *Latin* campus, plebes, rus. — *Malais* dousoun & tanah. — *Mandingue* biringa, dougou & kongo. — *Monténé.* kopno &

zemlja. — *Norvég.* Egn, Land & Mark. — *Persan* dihat. — *Polon.* lad, wies & ziemia. — *Port.* campanha. — *Samoan* 'ele'ele, nu'u. — *Sanscr.* désa & kshetra. — *Serbe* kopno & zemlja. — *Siam.* htoong. — *Sierra Leone* lahoun. — *Slova= que.* krajina. — *Songhaï* fari & gandə. — *Soning.* jumana. — *Soudan.* kanda. — *Suéd.* hærad & land. — *Syriaq.* hakli (hukúl). — *Tchéq.* pole & zeme. — *Turc* keui. — *Yambo* palopan.

☞ accourres, bien-fonds, bocage, bois, bordière, bruyère, champ, clos, cru, cul= tures, essarts, essartages, extra-muros, fonds de terre, forière, gagnage, glèbe, guéret, hameau, jachère, labour, lande, lopin de terre, oche, pays, perpètres, piè= ces de terre, plantation, plateau, plat pays, sol, terre, terroir.

☆

CAMPAGNE. — Additions & notes.

canal, sms; cours d'eau artificiel creu= sé spécialement dans les contrées indus= trielles pour le transport, à bon marché, des matières pondéreuses. — Certains *ca= naux* sont des rivières *canalisées* dont le débit a été réglé.

Achânti obonka. — *Afrique orient.* lango & mlango. — *Allem.* Kanal, Graben & Rinne. — *Angl.* canal, channel, conduit, ditch, fairway, gut, strait. — *Arabe* ganaiat, kalig, magra, medjra, mejra. — *Bantou* lango & mlango. — *Bos= niaq.* kanal. — *Breton* kân, kanol, nauz & san. — *Caucas.* arkh. — *Chinois* chouan, kou, sui-lu & sui-tao. — *Croate & dalmate* kanal. — *Danois* Kanal, Löb & Rende. — *Égypt.* tir'a (tira'). — *Esclavon* Kanal. — *Espagn.* acequia, canal & hoja. — *Esper.* kanalo. — *Esquim.* ighazekhsoa & igha= zeng. — *Finnois* kanuli & kanava. — *Flam.* binnenwater, gracht, kanaal, kil, slaak & vaart. — *Franç.* *vx* bief, es= chéncaux, navile & toul. — *Galla* lougga. — *Grec moderne* dioryx. — *Herzég.* kanal. — *Hindoust.* baha, nadaha, nala. — *Holl.* gracht, kanaal, kil, slaak & vaart. — *Hongr.* csa= torna. — *Ind. Amér. N.* at. -- *Ital.* alveo, canale, doccio, dutto, naviglio. — *Japon.* seto. — *Latin* canalis & meatus. *Malais* klaoung, klong, salat & trousan. — *Montén.* kanal. — *Norv.* Kanal, Löb & Rende. — *Picard* noc & senɛronde. — *Persan* ab-gouzar. -- *Philipp.* silanga. — *Polon.* kanal. — *Port.* canal. — *Roman* besal, buise, chenal, echenal, meat, vatregan. — *Roum.* canal. — *Russe* farvater, kanal, kanalie, rouchka & sredchvo. — *Serbe* kanal. — *Siamois* khlong, klaoung, klong. — *Slovaque* kanal. — *Songhaï* go= rou. — *Suéd.* kanal. — *Syriaq.* sâkiji (sawâki). — *Thibét.* your-ba. — *Turc* ostang & yol.

☞ anguiller, aqueduc, arrugie, auge, bief, biez, bittonnière, boyau, buse, cana= let, canalicule, châtière, chenal, conduit, cornière, coulisse, coupure, coursier, da= lot, drain, échenal, égout, émissaire, étier, friou, galerie, gargouille, goulette, grau, irrigation, navile, passage, passe, pertuis, pierrée, rigole, roubine, ru, sai= gnée, sas, touc, tranchée, veine, voie de communication, voie navigable.

☆

canal d'irrigation, sms; une conduite chargée d'amener les eaux des rivières

CANAL. — Additions & notes.

Persan kore.

CANAL D'IRRIGATION.
Additions & notes.

CANAL D'IRRIGATION.
Additions & notes.

dans les cultures. — Les *canaux d'irrigation* prennent souvent le nom de « rigoles ».

Allem. bewæsserung Kanal. — *Angl.* irrigation canal. — *Arabe* sagin, sakia & segia. — *Bosniaque, croate & dalmate* oplava kanal. — *Danois* Vandledning. — *Égypt.* sikâje. — *Esclavon* oplava kanal. — *Espagn.* acequia & regadera. — *Flam.* bewatering gracht. — *Herségov.* oplava kanal. — *Holland.* bewatering gracht. — *Italien* bealera. — *Latin* canalis. — *Maroc.* saka. — *Montén.* oplava kanal. — *Normand* dalle. — *Norv.* Vandledning. — *Port.* canal de irrigação. — *Provenç.* adaguador. — *Serbe* oplava kanal. — *Slovaq.* kanal. — *Suéd.* kanal. — *Syriaq.* sikâji. — *Tartare* aryk. — *Turc* urik, aryk.

☞ les références sous le mot « canal ».

☆

CANCER. — Additions & notes.

Cancer, ☞ tropique.

CANNAIE. — Additions & notes.

cannaie, sfs; lieu planté de cannes à sucre. — Les *cannaies* sont originaires de l'Asie.

Angl. land on which sugar-cane has been grown. — *Baya* n'goka. — *Cafre* isoba & oba. — *Hindoustani* baratha. — *Persan* maistan. — *Zoulou* isoba & oba.

☞ jonchaie, moyère, plantation, roselière.

☆

CANTON. — Additions & notes.

Le canton n'a pas, en réalité, de traduction. Sa signification française « groupe de communes », n'a de valeur que si les autres États ont une organisation administrative identique & des attributions analogues.

Il faut donc s'en rapporter aux noms officiels choisis, dans chaque État, pour désigner leurs divisions & subdivisions territoriales.

canton, sms; une des divisions administratives d'un arrondissement. — Le *canton* représente le premier groupement de communes.

Allem. bezirk, gau & kanton; (r.x gate, gau). — *Annam.* toung. — *Angl.* canton, lathe, rape. — *Arabe* ferka. — *Bosniaq.* kotar & okrug. — *Cambodge* srok, troung. — *Croate, dalmate* kotar & okrug. — *Danois* Kanton. — *Esclav.* kotar & okrug. — *Espagn.* canton. — *Esper.* kantono. — *Flam.* kanton. — *Herség.* kotar & okrug. — *Holl.* kanton. — *Italien* cantone. — *Latin* cantonum. — *Malais* dairah, dairat. — *Montén.* kotar & okrug. — *Norvég.* Kanton. — *Polon.* kanton, okrag & powiat. — *Port.* cantão. — *Roman* huis, laure, pieve & xamé. — *Russe* ouiezdi, stan. — *Serbe* kotar & okrug. — *Slovène* okraj. — *Suéd.* harad. — *Turc* nahiyé. — *Indou* hoblis.

☞ arrondissement, bailliage, circonscription, district, division, étendue, juridiction, parage, quartier, région, section, subdivision, zone.

×

CAP. — Additions & notes.

cap, sms; une pointe de terre ou de roche qui s'avance dans la mer. — Le *cap* Horn, avec ses tempêtes continuelles, est un passage des plus périlleux.

Abyssin ras (rouous). — *Alaska* tan. — *Aléout.* chiniak. *Allem.* Cap, Kap, Kopf, Landspitze, Vorgebirge. — *Angl.* cape, head, headland, hence, nose, troon. — *Annam.* biên, moui. — *Arabe* duce, marfag, menkeb, mogaddam, nazer, ras, ruz, rouiset, (rouous, rous), tarf. — *Armén.* klouch & sarwant. — *Bantou* esounsou, etoukoulou, sounsou & tou=

koulou. — *Berbère* ras. — *Bosniaq.* glavina, prigorje. — *Breton* min. — *Cambodg.* chroui. — *Celtiq.* mikno, né, néo, ness, ros, ross. — *Chinois* chia, haï-kio, haï-ko, kio, koh, ko, koué, t'eu, ting, ti-tau, tsoui. — *Croate* glavina & prigorje. — *Cymrique* trwyn. — *Dalmate* glavina & prigorje. *Danois* Hage, Horn, Hoved, Kun, Næs & Odde. - *Egyptien* râs. — *Esclav.* glavina & prigorje. — *Espagn.* cabo, farellon, repunta. — *Esper.* promontoro. — *Esquim.* ghangakhsou & ghaugeng. — *Finnois* karta, njarga & pææ. — *Flam.* hoofd, knap (kapen). — *Franç.* vx carabouron. — *Gaéliq.* ceann, chau, maol, moull, ness, rou, roudha, sron. — *Gallois* pen. — *Grec* akra, akri, akroterion, akrôtirion & kavo. — *Hawaïen* lae. — *Herzég.* glavina, prigorje. — *Hindoust.* mourdhâ. — *Holland.* hoofd, hoek, kaap (kapen), neus. — *Hongrois* elöhegy & fok. — *Irland.* maol. — *Island.* nes. — *Ital.* capo. — *Japon.* hana, misaki, saki, zaki. — *Javan.* koujoung. — *Kabyle* iklif. — *Kirghiz* mouroun. — *Kiouai* mouba. — *Latin* caput. — *Malais* oudjoung, oujong, tandjoung, tangong, tanjong & tanjoung. — *Malgache* tanzouna. — *Marquis.* lac. — *Mekeo* ikou. — *Mentaouei* tounan. — *Monten.* glavina & prigorje. — *Norv.* Hage, Horn, Hoved, Kun, Næs & Odde. — *Néo-guinéen* ikou & mouba. — *Persan* ras. — *Philipp.* ongot. — *Polon.* glowa & przyladek. — *Port.* cabo, pontal. — *Roum.* cap, capu. — *Russe* gouolova, miisie, mis, mouis, mouiss, mys, myss & nos. — *Samoan* oulou. — *Sanscrit* mourdhâ, moûrdhau & siras. — *Scandin.* næs. — *Serbe* glavina & prigorje. — *Siam.* lem. — *Slovène* glava. — *Songhaï* bongo. — *Souahéli* rasi. — *Suéd.* farö, hodde & udde. — *Syriaque* râs. — *Tagal* ongot. — *Tchèq.* hlava. — *Turc* bournou, bouroun.

☞ acrotère, avancée, bec, chef, fin de terre, nez, pointe, pointe de terre, promontoire, tête.

CAP. — Additions & notes.

☆

capitale, sfs; siège des services chargés de la direction des affaires publiques d'un État. — Le siège du pouvoir législatif est dans la *capitale*.

Achânti koroum, kouro-kese, kourou, krom, krou, kroum — *Agni* kouro & krom. — *Allem.* Hauptstadt & residenzstadt. — *Amax.* botoué & ibotoué. — *Angl.* capital & chiefcity. — *Arabe* aâsimat, korsilmanlacat & misr. — *Bantou* banza, boma & mbanza. — *Bosniaq.* glavni varos. — *Cafre* botoué & ibotoué. — *Chinois* chaug-tou, ching, djing, king, tchong & tou. — *Croate* & *dalmate* glavni varos. — *Danois* Hovedstad. — *Égyptien* 'âsimc. — *Esclavon* glavni varos. — *Espagnol* capital. — *Finnois* pææupunki. — *Flamand* hoofdstad. — *Gonja* kade. — *Hausa* birni & serkigari. — *Herzég.* glavni varos. — *Holland.* hoofdstad. — *Hongr.* fovaros. — *Ital.* capitale. — *Japon.* kio & kyo. — *Lac Tchad* karnak. — *Malais* ibou negri & negri jaug portama. — *Manding.* fama-dougou, massa-dougou & massasou. — *Monten.* glavni varos. — *Mossi* naïri & natenga. — *Norv.* Hovedstad. — *Polon.* samok & stolica. — *Port.* capital. — *Roum.* capitala. — *Russe* scholicha, stolitsa & zamok. — *Samoan* laumoua. — *Serbe* glavni varos. — *Soudanais franç.* naïri & natengou. — *Soudan. égyptien* boka. — *Suéd.* hufvudstad. — *Syriaq.* 'âsimi. — *Tcheq.* hlavniho mesta & hlavni mesto. — *Yorouba* illou-ula. — *Zoulou* botoué & ibotoué.

☞ chef-lieu, commune, gouvernement, métropole, pouvoir central, résidence, siège, ville principale.

CAPITALE. — Additions & notes.
Esper. cefurbo.

☆

Capricorne, ☞ Tropique.

☆

CAPRICORNE. — Additions & notes.

CARREFOUR. — Additions & notes.

carrefour, sms; endroit où aboutissent plusieurs voies de communication. — Les *carrefours* ont la réputation d'être mal fréquentés.

Allem. Kreuzweg. — *Angl.* crossing-place, cross-roads & cross-ways. — *Arabe* mech'aa. — *Bosniaq.* krizanje, raz=krsce. — *Chinois* tcha dau. — *Croate & dalmate* krizanje & razkrsce. — *Danois* Korsvei. — *Esclav.* krizanje, razkrsce. — *Espag.* encrucijada. — *Finnois* ristitie. — *Flam.* dries, driesch & overpad. — *Hausa* marraraba. — *Herzég.* krizanje, razkrsce. — *Hindoust.* chauraha. — *Holl.* overpad. — *Italien* capocroce, crocevia & crocicchio. — *Latin* quadrifureum. — *Loango* tsingira. — *Malais* sempang. — *Montén.* krizanje, razkrsce. — *Norv.* Korsvei. — *Ouganda* tsingira. — *Persan* chauraha. — *Portug.* encruzilhada. — *Roum.* respantia. — *Serbe* krizanje & razkrsce. — *Souahéli* kivouko, nda, njia-panda, panda, (vivouko), vouko. — *Suéd.* skærningspunkt. — *Yorouba* itametta.

☞ bifurcation, biviaire, bivoie, chemin, croisement, embranchement, étoile, fêtes compitales, fourche, intersection, jonction, patte d'oie, place publique, routes, rond-point, triviaire.

☆

CARRIÈRE. — Additions & notes.

carrière, sfs; endroit d'ou l'on tire les pierres. — Beaucoup de *carrières* sont à ciel ouvert.

Achánti. abom. — *Allem.* Bruch, Grube, Steinbruch, Steingrube. — *Angl.* ditch, mine, pit, quarry, shaft, stone pit, stony ground & well. — *Arabe* joubb, mekta & mokta. *Bantou* ewoumba & woumba. — *Basque* lab. harrobia. — *Bosniaq.* kameniste. — *Breton* mengleùz. — *Croate* kameniste. — *Cymriq.* mwyn-glawdd — *Dalmate* kameniste. — *Danois* Stenbrud. — *Esclav.* kameniste. — *Espag.* cantera. *Esper.* minejo. — *Finnois* kivirikos. — *Flam.* steengroeve, groeve. — *Herzég.* kameniste. — *Holland.* groeve & steengroeve. — *Ital.* aringo, cava, petriera. — *Latin* carrus. — *Montén.* kameniste. — *Norv.* Stenbrud. — *Persan* chah. — *Polon.* kopalnia kupienie. — *Portug.* pedreira. — *Roman* pairiere, pairlire, pairlire, peliere, pelyre, perriere, pierriere. — *Russe* kamenolomnia. — *Sanscr.* akar. — *Serbe* kameniste. — *Siam.* baw. — *Souahéli* chimo. — *Suédois* stenbrott. — *Turc* madan & maden.

☞ ardoisière, banc de pierres, catacombes, étanfiche, excavation, falunière, filon, lit, marbrière, meulière, mine, molière, perrière, plâtrière, puits, trou.

☆

CARTE DES CHEMINS DE FER. Additions & notes.

Les *cartes de chemins de fer* sont, en général, mal construites, parce qu'elles ne donnent aucune idée de la configuration des sols & parce qu'elles ne tiennent pas compte de la réalité des tracés.

carte des chemins de fer, sfs; feuille de papier sur laquelle l'on a représenté un territoire avec toutes les lignes de chemins de fer qui y sont construites, en construction ou projetées & qui indique toutes les localités situées sur le parcours de ces voies ferrées.

Allem. Eisenbahnkarte. — *Angl.* railways map. — *Bosniaq., croate, dalmate* zeljeznika karta. — *Danois* jernbaner Kort. — *Esclav.* zeljeznica karta. — *Espagn.* mapa de ferro carril. — *Esper.* fervoja karto. — *Finnois* rautatie kartta. — *Flam.* spoorwegen kaart. — *Herzégov.* zeljeznica karta. — *Holland.* spoorwegen kaart. — *Italien* carta dei ferrovie. — *Montén.* zeljeznica karta. — *Norvég.* Jernbaner Kort. — *Polon.* zelazna kolej karta. — *Port.* mappa de caminho de ferro. — *Serbe* zeljeznica karta. — *Suéd.* jærn= vægskarta.

☞ coupe des chemins de fer, plan des chemins de fer, profil des chemins de fer & réseau des chemins de fer.

☆

carte des télégraphes, sfs; feuille de papier représentant un territoire avec les localités reliées entre elles par les fils té= légraphiques. — Le public connaît peu les *cartes des télégraphes*.

<small>*Allem.* Telegraphen Karte. — *Anglais* telegraph map. — *Bosniaq., croate, dalmate* brzojavni karta. — *Danois* Tele= grafkort. — *Esclav.* brzojavni karta. — *Espag.* mapa tele= grafico. — *Esperanto* telegrafa karto. — *Finnois* telegrafi kartta. — *Flam.* telegrafisch kaart. — *Herség.* brzojavni karta. — *Holl.* telegrafisch kaart. — *Italien* carta telegra= fico. — *Monten.* brzojavni karta. — *Norv.* Telegrafkort. — *Polon.* telegraf karto. — *Port.* mappa telegraphico. — *Serbe* brzojavni karta. — *Suéd.* telegraphkarta.</small>

☞ carte du réseau télégraphique.

☆

carte des voies de communication, sfs; feuille de papier représentant un ter= ritoire avec toutes les localités desservies par les canaux, chemins, chemins de fer, fleuves, malles-poste, messageries, riviè= res, ports, services postaux, services ma= ritimes, services télégraphiques & télé= phoniques, tramways, &a. — Les *cartes des voies de communication* d'un pays devraient orner les murs de toute école.

<small>*Allem.* Verbindungsweg Karte. — *Angl.* ways map. — *Danois* Forbindelseskort. — *Espag.* mapa de vias de comu= nicacion. — *Flam.-holl.* mededeelspoorkaart. — *Ital.* carta de via de comunicazione. — *Norvég.* Forbindelsekort. — *Portug.* mappa de vias de communicação. — *Suéd.* kommu= nikakionerkarta.</small>

☞ carte routière.

☆

carte géographique, sfs; feuille de pa= pier reproduisant la forme d'un territoi= re, ses limites, ses divisions territoriales ou autres, ses voies de communications, ses montagnes, ses altitudes, ses points de latitude & de longitude, son orienta= tion par rapport au pôle Nord, la nature du sol, les ouvrages d'art importants : aqueducs, ponts, tunnels, viaducs, passa= ges d'eau; ses villes & villages. — Des *cartes géographiques* spéciales sont des= tinées aux études plus spéciales.

<small>*Allem.* Landkarte. — *Angl.* chart & map. — *Bosniaque, croate & dalmate* zemaljski karka. — *Danois* Landkort. — *Esclav.* zemaljski karta. — *Espag.* carta geografica, mapa.</small>

CARTE DES CHEMINS DE FER.
Additions & notes.

CARTE DES TÉLÉGRAPHES.
Additions & notes.

CARTE DES VOIES DE COMMUNICA-
TION. — Additions & notes.

Ces cartes existent pour tous les États; les signes & les termes y sont expliqués, dans la langue de chaque peuple, sous la légende; que de difficultés seraient vain= cues pour les voyageurs & les exporta= teurs si tous ces mots étrangers avaient un sens pour eux. — Le présent *Cours* résout toutes ces difficultés.

CARTE GÉOGRAPHIQUE.
Additions & notes.

CARTE GÉOGRAPHIQUE.
Additions & notes.

— *Esper.* geografia karto. — *Finnois* geografia kartta & maantiede kartta. — *Flam.* landkaart. — *Herzég.* zemalj=ski karta. — *Holland.* landkaart. — *Ital.* carta géografico. — *Latin* charta. — *Montén.* zemaljski karta. — *Norvég.* Landkort. — *Port.* carta geographica. — *Serbe* zemaljski karta. — *Suéd.* landkarta.

☞ atlas géographique, cartographie.

☆

CASCADE. — Additions & notes.

cascade, sms; une chute d'eau vive. — Des *cascades* artificielles sont souvent installées dans de vastes jardins.

Allem. Wasserfall. — *Angl.* cascade & water-fall. — *Arabe* chershar & sobba. — *Bantou* nteleka & teleka. — *Bosniaq.* pad. — *Celtiq.* linn. — *Congo* nteleka & teleka. — *Croate, dalmate* pad. — *Danois* Vandfald. — *Égyptien* schalâl. — *Esclav.* pad. — *Espag.* cascada & vertiente. — *Esper.* akvo=falo. — *Finnois* putous. — *Flam.* waterval. — *Herzégov.* pad. — *Hindoust.* nir-jhar, vâri-pravâh. — *Holland.* water=val. — *Indien Amér. Nord* koho. — *Ital.* cascata. — *Malais* pantjouran ajer. — *Malgache* riana. — *Monténég.* pad. — *Mossi* soudouga. — *Norvég.* Vandfald. — *Persan* abshâr. — *Polon.* kaskada & przypadek. — *Port.* cascata. — *Rou=main* cascada. — *Russe* kaskada, vodopadi. — *Samoan* afou. — *Sanscrit* nir-jhar & vâri-pravâh. — *Serbe* pad. — *Soudan fr.* soudouga. — *Suéd.* vattenfall. — *Syriaq.* chil=lâl. — *Thibét.* chouzar. — *Yorouba* oshoro.

☞ buffet, cascatelle, catadoupe, cata=racte, chute d'eau, perron, rapide, saut.

☆

CATARACTE. — Additions & notes.

cataracte, sfs; chute d'eau d'une hau=teur considérable. — La *cataracte* est au grand fleuve ce que la cascade est à la rivière.

Achânti aouoro. — *Allem.* cataract, wasserfall. — *Angl.* cataract & waterfall. — *Bantou* eji, kieji, nteleka & teleka. — *Bosniaq.* slap & vodopad. — *Congo* eji, kieji, nteleka & teleka. — *Croate & dalmate* slap & vodopad. — *Danois* Ca=taract. — *Égypt.* chalâl. — *Esclav.* slap & vodopad. — *Es=pagn.* catarata, salto de agua, vertiente. — *Esper.* akvofa=lego. — *Finnois* vesiputous. — *Flam.* waterval. — *Gallois* rhaiadr & rhayadr. — *Grec* kataraktês. — *Herzégov.* slap & vodopad. — *Holland.* waterval. — *Ital.* cateratta. — *Malais* pantjuran ajer. — *Montén.* slap & vodopad. — *Norv.* Cata=ract. — *Persan* abshâr. — *Polon.* Katarakta przypadek. — *Port.* cataracta. — *Roum.* cataracta. — *Russe* padoun, po=rog & vodopadi. — *Samoan* afou. — *Serbe* slap & vodopad. — *Suéd.* vattenfall. — *Syriaq.* chillâl. — *Yorouba* oshoro.

☞ buffet, cascade, cascatelle, catadou=pe, chute d'eau, perron, rapide, rupture, saut.

☆

CAVERNE. — Additions & notes.

caverne, sfs; creux considérable formé sous la terre ou dans un rocher. — Les premières habitations humaines furent des *cavernes*.

Allem. Höhle. — *Angl.* cavern, den, ditch, hole, howe, hollow pit, water-hole. — *Arabe* arak, (arkan), gar, ghar, gelta, (ghiram), gouelta, kheloua, mrara & r'ar. — *Bosniq.* pecina, spilja, supljina. — *Breton* mougéo. — *Catalan* bal=ma. — *Celtique* wokowyo. — *Chinois* doung kou & yen. — *Croate* pecina, spilja & supljina. — *Cymrig.* gorof. — *Dal=mate* pecina, spilja, supljina. — *Danois* Hule, Rœverkule. *Égypt.* (marâjir), marâra, (murr). — *Esclav.* pecina, spilja, supljina. — *Espag.* caverna. — *Esper.* kaverno. — *Flam. hol.* — *Franç.* vx balme, crouste, croustée, spelonque. — *Herzégov.* pecina, spilja & supljina. — *Hindoust.* khoh. — *Holland.* hol & spelouk. — *Ital.* caverna & speco. — *Latin* caverna & spelunca. — *Malais* gouah. — *Malgache* ava. — *Montén.* pecina, spilja, supljina. [*Norv.* Hule, Rœverkule. *Ougand.* echori. — *Persan* chak. — *Picard* écraigne. — *Polon.* taskinia. — *Port.* caverna. — *Prov.* balma. — *Roman* balme, baxme, escriene. — *Russe* pechera, pechtchéra. — *Samoan* ana. — *Sanscrit* gara & gouha. — *Serbe* pecina, spilja & supljina. — *Somali* god. — *Souahéli* augo & paango. — *Suéd.* hala. — *Syriaq.* (maràjir, murr), maràra. *Thibét.* poug. — *Turc* oungour.

☞ abîme, alcôve, anfractuosité, antre, catacombes, cave, caveau, citerne, craque, creux, crevasse, enfoncement, géode, gouffre, grotte, poche, puisard, silo, souterrain, tanière & trou.

CAVERNE. — Additions & notes.

☆

cercle, sms; subdivision territoriale & administrative en usage dans plusieurs États. — Les *cercles*, en Prusse, correspondent à nos cantons.

Allem. Kreis. — *Angl.* circle. — *Arabe* gahua, gahuat, halagat, kosusja, magmaä, taug. — *Armén.* madni. — *Bosniaq.* kolo & okrug. — *Breton* gwêden, kant, kelc'h, lagaden. — *Celtiq.* kamblo & kanto. — *Croate* kolo & okrug. — *Cymriq.* cant & cyrch. — *Dalmate* kolo & okrug. — *Danois* Cirkel. — *Égypt.* (dawâir), dàire. — *Esclav.* kolo & okrug. *Espag.* circulo, esfera. — *Esper.* rondo. — *Flam.* cirkel & kring. — *Gaul.* Cantus. — *Grec* kyklos. — *Herzég.* kolo & okrug. — *Hindoust.* mandal. — *Holland.* cirkel, kreits & kring. — *Hongr.* kör. — *Ital.* cerchio, circolo. — *Latin* circlus, circulus. — *Malais* bulat, tjakra. — *Montén.* kolo, okrug. — *Norv.* Cirkel. — *Polon.* cyrcut. — *Port.* circulo. *Roman* cernelière & cherchel. — *Roumain* cerc. — *Russe* okrouvi. — *Sanscrit* maudanla. — *Serbe* kolo & okrug. — *Suédois* cirkel & omrade. — *Syriaque* dàjri & (dawàjir). — *Turc* daïre & dchemi'jet.

☞ anneau, canton, cerceau, circonférence, circonscription, circulaire, concentrique, contour, cyclade, cycle, juridiction, limite, orbe, révolution, rond, roue, sphère, tour, zone.

CERCLE. — Additions & notes.
Grec cuclos & cyclos.

Ligne courbe dont tous les points sont à égale distance d'un point fixe appelé « centre ». — Ligne imaginaire tracée sur le globe terrestre à distance égale des pôles & des tropiques.

Le *cercle* antarctique sépare la zone tempérée de l'Océan glacial du Sud & le *cercle* arctique sépare la zone tempérée de l'Océan glacial du Nord.

☆

cercle polaire, sms; limite idéale entre les zones glaciales & tempérées, & situées à 23° 28' des pôles. — Les *cercles polaires* sont parallèles aux Tropiques & à l'Équateur.

Allem. Polarkreis. — *Angl.* polar circle. — *Danois* nordlig Cirkel. — *Espag.* circulo polar. — *Esper.* polusa rondo. — *Flam.-holl.* poolcirkel. — *Ital.* circolo polare. — *Norv.* nordlig Cirkel. — *Polon.* biegun potnoeny. — *Port.* circulo polar. — *Russe* siverniie, polousie. — *Suéd.* polcirkel.

☞ limite, Pôle Nord, Pôle Sud, zone.

CERCLE POLAIRE. — Additions, notes.

Les *cercles polaires* sont les limites très approximatives des régions glaciales du Nord & du Sud.

☆

chaîne de montagnes, sfs; une suite ininterrompue de montagnes. — Les Andes, dans l'Amérique du Sud, sont une

CHAINE DE MONTAGNES.
Additions & notes.

CHAINE DE MONTAGNES.
Additions & notes.

Chaîne de collines :
Anglais chain of hills. — *Arabe* dra, draa & selsela. — *Chinois* ling.

Chaîne de petites dunes :
Angl. chain of small dunes. — *Arabe* dra, draa, habilat & selsela.

chaîne de montagnes longue de 700 kilomètres.
Abyssin gara. — *Alban.* malj. — *Allem.* Gebirgskette & tauern. — *Angl.* chain of mountains & mountain range. — *Arabe* djèbal, djèbel. — *Bosniaq.* lanac gorski. — *Chinois* chan-ting. — *Croate*, dalmate lanac gorski. — *Danois* aas, bjergkjæde. — *Esclav.* lanac gorski. — *Espag.* cordillera, cuchillas, sierra. — *Esper.* monto-ceno. — *Flam.* bergketen. — *Galla* gara. — *Herzég.* lanac gorski. — *Holl.* bergketen, keten & (ketengebergten). — *Indou* avali, ghat & ghaut. — *Italien* catena di montagne. — *Monténég.* lanac gorski. — *Oualamo* gara. — *Polon.* gora lancuch. — *Port.* cordilheira. — *Roum.* sir de munti. — *Russe* khrebet. — *Serbe* lanac gorski. — *Suéd.* as & fjællkedja. — *Turc* balkan.

☞ axe, cordillère, contrefort, embranchement, nœud, rameau, ramification, rideau, versant.

☆

CHAMP. — Additions & notes.

Champs agrestes :
Brésil. campos agrestes. — *Rhétien* ma & matt.

Petit champ :
Ind. Amér. Nord dilla.

champ, sms; pièce de terre destinée aux cultures. — L'on dit fréquemment, pour désigner la campagne : les *champs*.
Afghan ker. — *Agni* sisim. — *Allem.* acker, feld, flur, lager. — *Amax.* diza & idiza. — *Angl.* acre & field. — *Anglo-sax.* æcer, weorthig, worth, worthig, worthig. — *Arabe* ard & fahs. — *Armén.* panag & taschd. — *Azande* bina. — *Bantou* evia & via. — *Bosniaq.* polje. — *Breton* park. — *Cafre* diza, idiza. — *Catalan* camp. — *Celtiq.* cort, ghorto, mages & magestu. — *Chinois* tien. — *Cornique* eru & parc. — *Côte d'Ivoire* sisim. — *Croate* polje. — *Cymriq.* erw, maes & parc. — *Dalmate* polje. — *Danois* Ager, Kant & Mark. — *Égypt.* (arzâk), hakli & rizk. — *Esclav.* polje. — *Espagn.* campo. — *Esper.* kampo. — *Fan* bifagh, efagh & fagh. — *Finnois* pelto. — *Flam.* veld. — *Foula* ugesa. — *Gaélique* ach, auch, ich, och, paire & raon. — *Gallois* maes. — *Gaulois* mag. — *Gers* camp. — *Gothiq.* haithi & koiti. — *Grec* agros. — *Hassania* harifa. — *Herzég.* polje. — *Holl.* veld. — *Hongr.* föld, meso, mezö. — *Irland.* achadh, agh, magh, maghera, paire, raon. — *Italien* campo. — *Ja-louo* poudtho. — *Japon.* ta. — *Kabyle* tiggert. — *Kouei-chau* laili. — *Latin* arvum & campus. — *Malais* tanah. — *Malgache* vala. — *Manding.* fourou, fouto-fourou, tol, toli. — *Miaotse* laili. — *Monten.* polje. — *Norv.* Ager, Kant, Mark. — *Ouganda* alo, oumoualo & poudtho. — *Ouolof* tol & toli. — *Picard* camp. — *Polon.* pole. — *Port.* campo. — *Provenç.* cambo & camp. — *Roman* camp & champ. — *Rouchi* camp. — *Roum.* câmpu. — *Russe* polé, polyana. — *Samoan* lauapi. — *Sanscr.* kedar, khet, ksétra & sayana. — *Scandinave* camp. — *Serbe* polje. — *Serer* khol. — *Siamois* na. — *Slave* polyc. — *Slovaq.* pole. — *Slovène* polje. — *Songhaï* fari. — *Souahéli* gounda, koondé, (makoondé) & mgounda. — *Suéd.* hælt. — *Syriaq.* (arzâk), hakli & rizk. — *Tchèq.* pole. — *Telegou* (chelou), chenou. — *Turc* tarla. — *Yao* gounda, mgounda.

☞ accoures, agricole, agriculture, agronomie, bien-fonds, bordière, bruyères, champeau, champs, chaume, clos, cru, cultures, enclos, essartages, essarts, fonds de terre, forière, gagnage, glèbe, guéret, herbage, jachère, labour, landes, lopin de terre, novale, oche, perpètre, pièce de terre, plaine, plantation, planteau, prairie, pré, rural, rustique, ségalas, sol, terrain, terre, terreau, terroir, varenne, vignoble.

chapelle, sfs; petit monument à l'intérieur duquel est dressé un autel en l'honneur d'un personnage religieux. — Dans les campagnes, à la patte d'oie des chemins, les *chapelles* sont de très utiles points de repère.

Allem. Kapelle. — *Angl.* chapel, church-plate. — *Arabe* koubba. — *Bosniaq.* bogomolja. — *Catal.* capella. — *Celtique* loc. — *Croate & dalmate* bogomolja. — *Danois* Kapel. *Égypt.* chaloue & zâwije. — *Esclav.* bogomolja. — *Espagn.* capilla & oratorio. — *Esper.* pregejeto. — *Finnois* kappeli. — *Flam.* kapel & kappel. — *Gallois* capel. — *Grec* hieron. — *Herség.* bogomolja. — *Holl.* kapel & kappel. — *Irland.* vx nemed. — *Ital.* cappella, chiesetta. — *Latin* capella. — *Montén.* bogomolja. — *Norv.* selios. — *Norv.* Kapel. — *Picard* capelle. — *Polon.* kaplica. — *Port.* capela, capella. — *Prov.* capella. — *Roman* capelle. — *Roum.* capela, kapela & paraclis. — *Russe* kapelliya & tchassovnia. — *Serbe* bogomolja. — *Sued.* kapèll. — *Syriaq.* chaloui & zâouji. — *Turc* kutchuk klisse.

☞ aide, annexe, aumônerie, chapellenie, diaconie, maison de Dieu, oratoire, paroisse & succursale.

CHAPELLE. — Additions & notes.

☆

châtaigneraie, sfs; plantation de châtaigniers. — Elles ont une bonne réputation les *châtaigneraies* du Limousin.

Allem. Kastanienwældchen. — *Angl.* chesnut-grove. — *Bosniaq., croate, dalmate* kestenik. — *Danois* Kastanieskov. — *Esclav.* kestenik. — *Espag.* castanar & castanedo. — *Flam.* kastanjebosch. — *Herség.* kestenik. — *Holland.* kastanjebosch. — *Ital.* castagneto. — *Montén.* kestenik. — *Norv.* Kastanieskov. — *Port.* castanhal. — *Roum.* castanul. — *Serbe* kestenik. — *Sued.* kastanjetræd.

CHATAIGNERAIE. — Additions, notes.
Brésil. castanhaes.

☆

château, sms; une demeure luxueuse & vaste, construite à la campagne, avec dépendances, parc, pièce d'eau, &a. — Beaucoup de *châteaux* ressemblent aux constructions féodales & du Moyen-âge.

Achânti aban-kese. — *Afriq. austr. & orient.* geneza. — *Allem.* Kastell, Schloss. — *Angl.* castle, hall & mansion. — *Arabe* gash, golea, hissar, kalu, kila, (kalajat), kalat, kasr, kile, koulah, (ksour) & qula't. — *Armén.* balad & pjert. — *Bosniaque* brava & dvor. — *Celtique* car, kaer & ker. — *Croate & dalmate* brava & dvor. — *Danois* Borg, Herregaard & Slot. — *Deccan* mauri. — *Égypt.* saràja. — *Esclav.* brava & dvor. — *Espag.* castillo. — *Finnois* linna & lukko. *Flam.* kasteel & burg. — *Grec* kastelli, kastro, kastron & pyrgos. — *Herség.* brava & dvor. — *Hindoust.* garh. — *Holl.* burg & kasteel. — *Hongr.* var. — *Ital.* castello. — *Japonais* siro & ziro. — *Latin* castellum & casterulum. — *Malais* kountji. — *Montén.* brava & dvor. — *Norv.* Borg, Herregaard & Slot. — *Persan* diz, hissar, kala, kalat, kila, (kalajat), kile & raz. — *Picard* castel, catcheu, catiau & catien (vx castiau). — *Polon.* zamek. — *Port.* castillo. — *Prov.* castel. — *Roman* (chaceulx), chastel, (chastiaulx) & chatel. — *Roum.* castelul. — *Russe* kriposchi & zamok. — *Sanscr.* gadh. — *Scandin.* borg. — *Serbe* brava & dvor. — *Souahéli* gome & ngome. — *Sued.* borg, læs & slott. — *Syriaque* saràja. — *Tangout* ra. — *Tcheque* hrad & zàmek. — *Thibét.* kyams. — *Turc* hissar, kalé, kalessi, kila & kilissa.

CHATEAU. — Additions & notes.

CHATEAU-FORT. — Additions & notes.
Arabe kasbah. — *Slave* kremlin.

château-fort, sms; ancienne citadelle féodale, abandonnée pour les murs d'enceinte. — Les *châteaux-forts* renaissent sous le nom moderne de « fort détaché ».

Achânti aban-kese. — *Allem.* Burg. — *Anglais* bury & strong castle. — *Arabe* kalan & menea. — *Armén.* mitchapert. — *Bosniaq.* dvor. — *Chellouq.* ighir. — *Croate, dalmate* dvor. — *Danois* Borg. — *Esclav.* dvor. — *Espag.* fortaleza. — *Esper.* fortikaja kastelo. — *Finnois* linna. — *Flam.* burg. — *Grec* akra & kastron. — *Herzég.* dvor. — *Holland.* burg. — *Hongr.* var & várad. — *Ital.* castello. — *Maroc.* ighir. — *Monten.* dvor. — *Norv.* Borg. — *Persan* diz & hissar. — *Port.* castello. — *Russe* krepost. — *Scandin.* borg. — *Serbe* dvor. — *Suéd.* slott. — *Tchèq.* hrad. — *Thibét.* kur. — *Turc.* kal'a & kalé.

☞ acropole, antestature, barricade, bastide, bastille, bastion, bicoque, blockhaus, capitole, castel, chartagne, citadelle, défense, étoile, fascinage, ferté, fort, forteresse, fortification, fortin, palanque, place d'armes, place fortifiée, polygone, redan, redoute, réduit, rempart, retranchement, tranchée, turelure.

✣

CHAUSSÉE. — Additions & notes.

chaussée, sfs; partie pavée & élevée d'une route. — Les *chaussées*, comme voies de grande communication, appartiennent à l'État.

Allem. Hochstrasse, Hochweg, Landstrasse & Steinweg. *Angl.* causeway, high road, highway, main road & road. — *Arabe* djisr, chari, minhaj, resif. — *Bantou* mauene, nene. — *Bosniaq.* put. — *Cafre* mendo & oumendo. — *Congolais* koka. — *Croate & dalmate* put. — *Danois* Kjœrevei paa en gade, Hovedvei. — *Égypt.* darb sultâni. — *Esclav.* put. — *Espag.* calzada, carretera. — *Finnois* korkea tie. — *Flam.* landstraat, steenweg & straatweg. — *Gallois* sarn, ystrad. — *Giryama* chinjira, enjira & njira-bomou. — *Herzégov.* put. — *Hindoust.* bat & path. — *Holl.* landstraat, steenweg & straatweg. — *Ital.* argine, ciottolato, rialzo, strada lastrica & stradone. — *Kossova* chinjira, enjira, njira bomou. — *Latin* calceata, strata. — *Malais* sempang, tinggi-djalan & tinggi-lebôh. — *Monten.* put. — *Norm.* pauche. — *Norv.* Hovedvei, Kjœrevei paa en gade. — *Ouganda* chinjira, enjira & njira bomou. — *Persan* dara & poul. — *Picard* castiche, catiche, cauchie & keuchie. — *Polon.* droga szosowa, szosse. — *Port.* calçada & estrada. — *Prov.* caussada. — *Roman* cauchiée, chaussie. — *Russe* bolshaia doroga, chosse. — *Samoan* ala. — *Sanscr.* path. — *Serbe* put. — *Suéd.* Landsvæg. — *Syriaq.* darb sultâni. — *Thibét.* cha lam. — *Zoulou* mendo & oumendo.

☞ allée, avenue, boulevard, carrefour, chemin, communication, débouché, duit, embranchement, étoile, issue, jetée, levée, macadam, passage, patte d'oie, pavé, promenade, quai, route, rue, turcie & voie publique.

✩

CHEF-LIEU. — Additions & notes.

chef-lieu, sms; siège de certaines administrations publiques. — La résidence des fonctionnaires est aux *chefs-lieux*.

Afriq, or. allem. kouikourou. — *Allem.* Hauptort. — *Anglais* chief-city, chief-town, country seat & magisterial town. — *Bantou* boma. — *Birman* maing & meng. — *Bosniaque* glavni varos. — *Chinois* sen. — *Coréen* koel. — *Croate & dalmate* glavni varos. — *Danois* Hovedstad. — *Égypt.* 'àsime. — *Esclav.* glavni varos. — *Espag.* cabeza. — *Finnois* pæækaupunki. — *Flamand* hoofdplaats. — *Gonja* kade. — *Hausa* serki-gari. — *Herzégov.* glavni varos. — *Holland.* hoofdplaats. — *Indo-chinois* dinh. — *Ital.* capoluogo, casino. — *Malais* desa, ibou negri, negri jang portama. — *Manding.* bougou. — *Monten.* glavni varos. — *Mossi* iri & tenga. — *Norv.* Hovedstad. — *Polon.* samok & stolica. — *Port.* cabeça de comarca. — *Roman* chefmez & estoc. — *Samoan* laumoua. — *Serbe* glavni varos. — *Soudan. fr.* tenga. — *Suéd.* hufvudstad. — *Syriaq.* 'àsimi. — *Tchèq.* hlavni mesto. — *Turc* merkes, paitacht. — *Yorouba* illou-nla.

☞ administration, arrondissement, capitale, bourg, canton, cercle, commune, circonscription, département, district, division, état, gouvernement, préfecture, province, sous-préfecture, ville, zone.

CHEF-LIEU. — Additions & notes.

☆

chemin, sms; voie publique non pavée. — Les *chemins* sont les rues de la campagne.

Achànti okouan. — *Allem.* Bahn, Schlippe, Strass & Weg. — *Angl.* lane, municipal road, path, road & way. — *Arabe* (afunin, masalik), nahaj, nahj, samt, seccat, tarik, tarjgh & (tourouk). — *Armén.* dchampuj & dchanabahr. — *Bantou* eyendelo, yendelo. — *Baya* liour. — *Béarn.* cami. *Bornou* oungala. — *Bosniaq.* put. — *Breton* hent, (moyen hent), 'ræ hint). — *Cafre* dlela & indlela. — *Catal.* cami. — *Celtiq.* camen, pa & sento. — *Chin Hills* lam & lam-kha. — *Chinois* lou, lù. — *Corniq.* hins. — *Croate* put. — *Cymriq.* hynt. — *Dalmate* put. — *Danois* Vei. — *Égypt.* darb, (sikak), sikke. — *Esclav.* put. — *Espag.* camino. — *Esper.* vojo. — *Finnois* tie. — *Flam.* weg. — *Franç. vx* avoyement & trac. — *Gaël.* saod & seud. — *Gaulois* kengmino. *Gascon* cami. — *Gothiq.* sinths. — *Hausa* tafariki. — *Herzégov.* put. — *Hindoust.* mag, rah & rasta. — *Holl.* weg. — *Hongr.* út. — *Ibérien* cami. — *Indo-chinois* cheltang. — *Irland. vx.* sét. — *Island.* gata. — *Ital.* calle, camino, camminare, cammino & strada. — *Latin* camminus, iter, semita, stratum & via. — *Malais* djalan. — *Mandara* oungala. — *Monten.* put. — *Norm.* vaie & viette (à *Valognes*: racourci). — *Norv.* Vei. — *Ourdou* rasta. — *Persan* rasta & rah. — *Philipp.* laudas. — *Picard* camin, estrée, kemin, keriable. — *Polon.* droga. — *Port.* caminho. — *Provençal* cami, camin. — *Quercin.* cami. — *Roman* adrece, adresce, cami, camin, cavin, conduit, estrade, estrée, kemin, oirre, quemin & voirie. — *Rouchi* kemin. — *Russe* doroga, pout, kamen. — *Samoan* ala & auala. — *Sanscr.* márga. — *Serbe* put. — *Suéd.* gata & væg. — *Syriaq.* darb, tarik, (tourouk), tourkât). — *Tagal* laudas. — *Tchèq.* cesta. — *Thibét.* lam, lam-kha. — *Turc* iol. — *Yorouba* ikpa & onus.

☞ allée, avenue, boulevard, carrefour, chemin, communication, débouché, duit, embranchement, étoile, issue, jetée, levée, macadam, passage, patte d'oie, pavé, promenade, quai, route, rue, turcie & voie publique.

CHEMIN. — Additions & notes.

Huron pah.

☆

chemin de fer, sms; grande voie publique clôturée & pourvue de paires de

CHEMIN DE FER. — Additions, notes.

CHEMIN DE FER. Additions & notes.

rails en acier sur lesquels circulent des voitures mues par la vapeur ou par l'électricité. — La première ligne de *chemin de fer* du monde fut ouverte à l'exploitation, en Angleterre, entre Stockton & Darlington, par MM. Stephenson père & fils, en 1825.

Allem. Eisenbahn. — *Angl.* railroad & railway. — *Bosniaq., croate, dalmate* zeljeznica. — *Chinois* houo-loûn. — *Danois* Jernbane. — *Égypt.* sikket elhadid. — *Esclav.* zeljeznica. — *Espag.* camino de hierro, ferro-carril. — *Esper.* fervojo. — *Finnois* rautatie. — *Flam.* spoorweg. — *Herzégov.* zeljeznica. — *Holl.* spoorweg. — *Hongr.* allamvasutak & vaspalya. — *Italien* ferrovia & strada ferrata. — *Japon.* joki cha. — *Malais* djalan besi. — *Montén.* zeljeznica. — *Norv.* Jernbane. — *Polon.* droga zelazna, zelazna kolej. — *Port.* caminho de ferro. — *Roumain* (cal ferate), cale de ferata & drumul de fier. — *Russe* dorova gelizo & jelyeznaia doroga. — *Samoan* ala ouamea & nofa'a afi. — *Serbe* zeljeznica. — *Suéd.* jærnvæg. — *Tchéq.* zelesnice. — *Turc* demir-jolou, démir-iol.

☞ ligne ferrée & voie ferrée.

☆

CHEMIN EMPIERRÉ. Additions & notes.

chemin empierré, sms; voie publique de campagne construite en pierraille. — Les *chemins empierrés* tiennent le milieu entre la chaussée & le chemin de terre.

Allem. Steinweg. — *Angl.* way. — *Bosniaq., croate, dalmate* kameniput. — *Danois* Brodstenvei. — *Esclav.* kameniput. — *Espag.* camino enlosado. — *Esper.* stona vojo. — *Finnois* kivitie. — *Flam.* steenweg. — *Herzég.* kameniput. — *Holl.* steenweg. — *Ital.* ciammino lastrico. — *Montén.* kameniput. — *Port.* calçada. — *Samoan* ala. — *Serbe* kameniput. — *Suéd.* stenvæg. — *Norv.* Brodstenvei.

☞ les références sous le mot chemin.

☆

CHEMIN PAVÉ. — Additions & notes.

chemin pavé, sms; voie publique de banlieue ou de campagne, construit au moyen de pavés assemblés. — Les *chemins pavés* sont des petites chaussées.

Allem. Steinweg. — *Angl.* road & way. — *Bosniaq., dalmate & croate* kameniput. — *Danois* Brodstenvei. — *Égypt.* darb sultâni. — *Esclav.* kameniput. — *Espag.* camino enlosado. — *Esper.* pavima vojo. — *Finnois* kivitie. — *Flam.* steenweg. — *Herzég.* kameniput. — *Holland.* steenweg. — *Ital.* cammino lastrico. — *Montén.* kameniput. — *Norvég.* Brodstenvei. — *Port.* calçada. — *Samoan* ala. — *Serbe* kameniput. — *Suéd.* stenvæg. — *Syriaq.* darb sultâni.

☞ les références sous le mot chemin.

☆

CHEMIN RURAL. Additions & notes.

chemin rural, sms; voie publique qui relie deux villages. — Les *chemins ruraux* sont établis & entretenus par les communes.

Allem. Lændlichweg & Landweg. — *Angl.* parish way. — *Bosniaq., croate & dalmate* seoski put. — *Danois* Landligvei. — *Esclav.* seoski put. — *Espag.* camino rural. — *Esperanto* intervilaga vojo. — *Finnois* maantie. — *Flam.* landelijkweg. — *Herzég.* seoski put. — *Holl.* landelijkweg.

CHEMIN RURAL	TERMES GÉOGRAPHIQUES	CHUTE D'EAU

— *Italien* cammino rurale. — *Malais* djalan raja & halaman. — *Montén.* seoski put. — *Port.* caminho rustico. — *Samoan* ala. — *Serbe* seoski put. — *Suéd.* landtlig væg & landsvæg.

☞ les références du mot « chemin ».

CHEMIN RURAL.

Additions & notes.

☆

chemin vicinal, sms; voie publique pavée reliant une ville à un village. — Les chemins de fer économiques empruntent souvent les *chemins vicinaux*.

Allem. Vizinalweg. — *Angl.* parish road. — *Bosniaque, croate, dalmate* susjedski put. — *Dancois* Sidevei. — *Esclav.* susjedski put. — *Espag.* camino vecinal. — *Flam.* buurtweg. — *Herzég.* susjedski put. — *Holl.* buurtweg. — *Ital.* cammino vicinale. — *Montén.* susjedski put. — *Norv.* Sidevei. — *Port.* caminho vicinal. — *Serbe* susjedski put. — *Suéd.* landsvæg.

☞ les références du mot « chemin ».

CHEMIN VICINAL.

Additions & notes.

☆

chenal, sms; passage étroit où pénètre la mer à l'entrée d'un port, entre des îles ou des roches. — Les *chenaux* doivent permettre la circulation des navires.

Allem. Fahrwasser & rinne. — *Anglais* channel, gully, strait, track. — *Arabe* ganaiat, kalig & magra. — *Bosniaq.* kanal. — *Breton* kanol. — *Croate & dalmate* kanal. — *Danois* Fart & Rende. — *Égypt.* tir'a, (tira'). — *Esclav.* kanal. — *Espag.* canal. — *Esper.* kanalo. — *Finnois* kanava. — *Flam.* kil, vaarwater & zeearmen. — *Herzég.* kanal. — *Holl.* kil, vaarwater & zeearmen. — *Ital.* canale. — *Latin* canalis. — *Montén.* kanal. — *Norv.* Fart & Rende. — *Polon.* kanal. — *Port.* canal. — *Roman* achanau, cheneau & échenal. — *Scandin.* sund. — *Serbe* kanal. — *Suéd.* farvatten. — *Syriaq.* sûkiji (saouâki). — *Provenç.* canal.

☞ les références du mot « canal ».

CHENAL.

Additions & notes.

☆

Chute d'eau, sfs; affaissement brusque du lit d'un cours d'eau. — Les cascades, les cataractes & les rapides sont des *chutes d'eau*.

Allem. Fall & Wasserfall. — *Amax.* gxangxasi & ingxangxasi. — *Angl.* downfall, fall, falling & waterfall. — *Arabe* chershar, galath & katha. — *Bantou* nteleka, teleka. *Bosniaq.* pad. — *Breton* diskar, kouéz (*moy.* coczaff). — *Cafre* gxangxasi, ingxangxasi, inxauxasi & nxauxasi. — *Catal.* abatiment. — *Celtiq.* kadtri, kassri, linn. — *Chinois* choui chouan. — *Congol.* nteleka & teleka. — *Congol. fr.* asogh, (mesogh) & sogh. — *Corniq.* codhie. — *Croate* pad. — *Cymriq.* cwyddo. — *Dalmate* pad. — *Danois* Fald, Fos, Vandfald. — *Deccan* darela. — *Égypt.* clalâl & ouak'a. — *Esclav.* pad. — *Espag.* abatimiento, caida, salto de agua & vertiente. — *Esper.* falo & akvofalo. — *Fan* asogh, (mesogh) & sogh. — *Finnois* putous. — *Flam.* val & waterval. — *Franç.* vx queche. — *Gallois* pistyll. — *Herzég.* pad. — *Hindoust.* nir-jhar. — *Holl.* val & waterval. — *Ind. Amér.* Nord honnk, koho & petankounk. — *Island.* fall & foss. — *Ital.* abbatimento, fallo & cascata. — *Japon.* takai & taki. — *Latin* lapsus. — *Lomoué* eparaoué. — *Malais* pantjouran ajer. — *Malgache* hapotrabana. — *Montenég.* pad. — *Mossi* soudouga. — *Mozamb.* eparaoué, kouli & nikouli. — *Norse* fors & foss. — *Norv.* fald, fos, Vandfald. — *Ombrien* force. — *Persan* abshar. — *Polon.* kascada, przypadek. — *Port.* abatimento, cachoeira, cahida, cascata. — *Provençal*

CHUTE D'EAU.

Additions & notes.

CHUTE D'EAU.

Additions & notes.

abatemen. — *Roman* chéante, checoite & gouterat. — *Russe* kaskada, padoun & vodopadi. — *Samoan* afou. — *Sanscr.* nir-jahr. — *Serbe* pad. — *Soudan. fr.* soudouga. — *Suéd.* fall, fors & vattenfall. — *Syriaq.* chillâl & ouak'a. — *Tchèque* padati. — *Thibét.* chouzar. — *Turc* aqan, sou & tepeden. — *Yorouba* oshoro. — *Zoulou* inxanxasi & uxanxasi.

☞ buffet, cascade, cascatelle, catadoupe, cataracte, perron, rapide, rupture & saut.

☆

CIME.

Additions & notes.

cime, sfs; le point le plus élevé d'un arbre, d'une montagne, d'un rocher. — Les *cimes* de beaucoup de monts de l'Himalaya sont inaccessibles.

Alban. cjafe. — *Allem.* Bergspitze, Gipfel, Grat, Spitze. — *Angl.* bar, cop, nab, nabb, ridge, summit & top. — *Anglo-sax.* koppet. — *Arabe* delan, dhahr, dhahret & ras. — *Assyr.* sakoummata. — *Berbère* tademalt. — *Bosniaq.* siljak, vrhunak & vrsak. — *Breton* blin, krouzel. — *Catalan* cim. — *Chinois* kang. — *Croate, dalmate* siljak, vrhunac, vrsak. — *Danois* Aas, Tinde & Top. — *Deccan* secoual. — *Égypt.* râs (rouûs). — *Esclavon* siljak, vrhunac & vrsak. — *Espag.* cima & cumbre. — *Esper.* pinto. — *Finnois* huippu, kærti & pitsi. — *Flam.* kop, spitse & toppunt. — *Franç. vx* cacumine & cyme. — *Gaélique* beann. — *Grec* akron. — *Herzég.* siljak, vrhunac & vrsak. — *Holland.* kop & kruin. — *Hongrois* csúcs. — *Ibérien* soum. — *Irland.* beann (vx benn). — *Island.* nabbi. — *Italien* altura, cima. — *Japon.* daka & dake. — *Latin* cacumen, cyma & kaput. — *Malais* pountjak. — *Malgache* tendrou. — *Montén.* siljak, vrhunac & vrsak. — *Norm.* coupet. — *Norv.* Aas, Tinde, Top. — *Persan* ser. — *Picard.* coupet, coupinette & couplet. — *Polon.* cypel, konczaty & spiczasty. — *Port.* cimo & cume. — *Provençal* cim, cima, coupé, sim & sima. — *Roman* copet. — *Russe* verchina. — *Sahar.* thuiye & tuie. — *Samoan* toumoutoumou. — *Sanscrit* sikhara, sringa. — *Serbe* siljak, vrhunac & vrsak. — *Slave* vrch. — *Suéd.* spets & topp. — *Syriaque* râs, (rouûs). — *Thibét.* tse. — *Turc* sirt & toupe.

☞ aiguille, altitude, bouton, chef, coupeau, couronne, crête, extrémité, faîte, hauteur, nuée, pic, pinacle, point culminant, pointe, proéminence, sommet, sommité, terminus & tête.

☆

CIMETIÈRE.

Additions & notes.

cimetière, sms; lieu où l'on enterre les morts. — Les *cimetières* des grandes villes, avec leur luxe insolent, sont une preuve de l'hypocrisie humaine.

Allem. Friedhof & kirchhof. — *Angl.* burial-ground, cemetery, churchyard. — *Arabe* makbar, mashhad, mogbarat & torbat. — *Asie centrale* gabristau. — *Bosniaq.* grobje. — *Breton* béred; (moy. bezret). — *Chinois* c'ùng-ti, feu di. — *Croate & dalmate* grobje. — *Danois* Kirkegaard. — *Égypt.* tourbe. — *Esclav.* grobje. — *Espagn.* Campos Eliseos, cementerio, cimenterio. — *Esper.* tombejo. — *Finnois* kirkkotarha. — *Flam.* begrafsplaats, kerkhof. — *Gaéliq.* cladh. — *Grec* koimètèrion. — *Herzég.* grobje. — *Holl.* begrafplaats & kerkhof. — *Ital.* Campi Elisi & cimitero. — *Latin* Elysios Campos & cœmeterium. — *Malais* pekoubourau & tampat koubour. — *Montén.* grobje. — *Norv.* Kirkegaard. — *Polon.* lmentarz. — *Port.* Campos Eliseos, cemiterio. — *Provenç.* aliscamps & alisquamps. — *Rouchi* aire. — *Roumain* cimitirul. — *Russe* kladbichtché. — *Samoan* fanoua oti — *Serbe* grobje. — *Suéd.* kyrkogard. — *Syriaque* makbara & tirbi. — *Turc* mesarlyk.

CIMETIÈRE.

☞ asile des morts, catacombes, champ de repos, Champs Élysées, nécropole.

☆

citadelle, sfs; construction de défense militaire établie sur une hauteur. — Les *citadelles* ont la mission de protéger les villes ouvertes étendue à leur base.

Algér. kasba. — *Allem.* Zwingburg. — *Anglais* citadel & strong castle. — *Arabe* kasba, kasbah. — *Armén.* mitchna=pert. — *Assyr.* souloukhou. — *Berbère* kasba. — *Bosniaq.* tvrdja & tvrdjava. — *Chinois* pou. — *Croate, dalmate* tvr=dja & tvrdjava. — *Danois* Citadel. — *Esclav.* tvrdja & tvr=dja & trvdjava. — *Espag.* ciudadela. — *Esper.* citadelo. — *Finnois* linna. — *Flam.* citadel & kasteel. — *Grec* akropo=lis, kastron & phrourion. — *Herzég.* trvdja & trvdjava. — *Holl.* citadel & kasteel. — *Ibér.* citadelo. — *Ital.* cittadella. — *Latin* arx. — *Montén.* trvdja & trvdjava. — *Polon.* ci=tadela. — *Port.* citadella. — *Provenç.* artenalh & arx. — *Roum.* cetatea. — *Russe* chichadeli & ostrog. — *Serbe* trv=dja & trvdjava. — *Thibét.* kar.
Norv. Citadel.

☞ acropole, banquette, bastide, bas=tille, bastion, blockhaus, castel, château-fort, châtelet, défense, donjon, enceinte, étoile, ferté, fort, fortification, fortin, kremlin, pâté, redan, redoute, réduit, re=tirade, siège & turelure.

CITADELLE.

Additions & notes.

☆

cité, sfs; une très grande ville indus=trielle & commerciale. — La *cité* d'une métropole représente surtout le cœur de la ville ou le noyau des premières cons=tructions autour desquelles la commune s'est développée.

Achànti kouro-kese. — *Allem.* Altstadt & Stadt. — *Angl.* city, pur & township. — *Arabe* bandar, (belad), beled, ma=dina, medine & misr. — *Asie centr.* sahir. — *Assyr.* ourou. — *Bantou* banza & mbanza. — *Birman* keug. — *Bosniaq.* grad & varos. — *Chinois* c'ing, chou, king, sèng. — *Croate & dalmate* grad & varos. — *Danois* Stad. — *Deccan* patam. — *Egypt.* beled, medine & (moudn). — *Esclav.* grad, varos. — *Espagn.* ciudad & pueblo. — *Esper.* urbo. — *État Chan* kiang. — *Finnois* kaupunki. — *Flam.* stad. — *Franç.* vx cité & ker. — *Gallois* car. — *Grec* ple, pol, poli & polis. — *Herzég.* grad & varos. — *Holland.* stad. — *Ibérien* bilo. — *Indou* nagar, nagari, naggar, nagor, pore & sahir. — *Ital.* città. — *Laotien* chieng. — *Latin* civitas & urbs. — *Malais* bendar & negri. — *Mongol* balgas. — *Montén.* grad, varos. — *Norv.* Stad. — *Persan* chahr. — *Phénic.* cartha. — *Po=lon.* miastie & miasto. — *Port.* cidade. — *Prov.* ciutat. — *Roum.* cetatea. — *Russe* gorokd, vorodi. — *Samoan* aai & 'ai. — *Sanscrit* nagara, pattan, pore, pour, poura & pourī. — *Serbe* grad & varos. — *Siam.* bouri & chieng. — *Suéd.* stad. — *Syriaq.* balad, mdini & (mudn). — *Tamoul* patam. — *Tchèq.* mesto. — *Turc* chehir & memleket.

☞ Babylone, banlieue, bourg, capitale, chef-lieu, commune, enceinte, faubourg, métropole, paroisse, quartier, villace & ville.

☆

CITE.

Additions & notes.

Lorsque vous consultez un plan de ville quelconque, vous reconnaîtrez immédia=tement la *cité* ou la *vieille ville* aux for=mes irrégulières des rues & venelles tor=tueuses qui s'enchevêtrent sur un espace restreint, presque toujours au bord de l'eau.

Au delà apparaissent les longues voies publiques, droites, qui mènent aux gares, aux faubourgs, aux *cités* ouvrières, aux casernes, aux guinguettes; franchissent les murs d'enceinte, se prolongent dans le bruit des usines, passent devant les masures des gagne-petit & des peintres socialistes, desservent des maisons de santé & vont achever leur course mono=tone dans des terrains vagues, à proxi=mité d'un cimetière ou dans des champs.

Généralement, un tramway cueille sur cette longue voie publique des échantil=lons des divers éléments qui forment la population de la *ville neuve*.

CLAIRIÈRE.

Additions & notes.

clairière, sfs; espace non arboré dans un bois ou dans une forêt. — La lumière éclatante des *clairières* met au bout des allées sombres un point clair, mystérieux.

Allem. lichte Stelle, Lichtung & Waldklarung. — *Angl.* clearing in a forest, forest glade, glade, ley, thwaite & twaite. — *Anglo-sax.* thweotan, thwitam. — *Bosniaq.* cistina & progalina. — *Cafre* isiquato & quato. — *Congol.* li, ouli. — *Croate, dalmate* cistina, progalina. — *Danois* Lysning i en Skov. — *Esclav.* cistina & progalina. — *Espag.* claravia, claro & tranzon. — *Fan* li & ouli. — *Flam.* laar & opening in het woud. — *Gaétiq.* blair & lanark. — *Herzégov.* cistina & progalina. — *Hindoust.* chaud. — *Holland.* laar. — *Ital.* luogo in bosco & radura. — *Montén.* cistina & progalina. — *Nika* anche & dzanche. — *Norse* thveit. — *Norv.* Lysning i en Skov. — *Polon.* las przerzedzony. — *Port.* clareira. — *Roum.* poëna. — *Russe* polyana & provalina vi lisou. — *Serbe* cistina & progalina. — *Siam.* rai. — *Zoulou* isiquato & quato.

☞ accourres, agistement, coupe, déboisement, éclaircie, escarre, essart, essartage, percée & trouée.

☆

COL.

Hongr. szoros.

Additions & notes.

col, sms; passage étroit sur le sommet d'une montagne. — Les *cols* jouent un très grand rôle dans les campagnes militaires.

Algérien tizi. — *Allem.* Engpass, Gebirgspass, Kamm, Pass & Schlucht. — *Angl.* col, collar, neck, ridge, saddle. — *Annam.* dèo. — *Arabe* faija, fedj, gabalaiat, kanan, medhig, nakb, tall, ténia, teniet, thrik & tizi. — *Balouche* bidronng. — *Berbère* tizi. — *Bosniaq.* putni list & putovnica. *Breton* coletta. — *Cafre* inkalo, isikoumbou, kalo, koumbou, mango, oumango. — *Chinois* aï, ling. — *Coréen* hang, & yeng. — *Croate & dalmate* putni list & putovnica. — *Danois* Bjergpas. — *Égypt.* sarg & (sourong). — *Esclav.* putni list & putovnica. — *Espagn.* collada puerto, cuello, cumbre & paso. — *Esper.* surmonta pasejo. — *Finnois* kaulus & satula. — *Flam.* halsband, kam & nek. — *Franç.* vœ cuel. — *Gaélique* cul & cull. — *Hausa* kouiya. — *Herzég.* putni list & putovnica. — *Hollandais* halsband, kam & nek. — *Indou* la. — *Island.* höfdi. — *Ital.* colle, giogaja, nicola. — *Japon.* togè & togué. — *Kabyle* aukik. — *Latin* collis & collum. — *Malais* djourang. — *Malgache* hadilanana. — *Mongol* daban & dalin. — *Montén.* putni list & putovnica. — *Norvég.* Bjergpas. — *Persan* teng. — *Polon.* siodlo. — *Port.* destilladeiro. — *Prov.* coll. — *Rhétiq.* joch. — *Russe* péréval. — *Samoan* amo. — *Songhaï* jinde. — *Suéd.* bergpass. — *Syriaque* sardch & (sroùdch). — *Thibét.* ding, la & sdings. — *Turc* bel, bouyan & gedik. — *Zoulou* inkalo, isikoumbou, kalo & koumbou.

☞ boyau, conduit, défilé, étranguillon, étranglement, filière, gorge, pas, passage & passe.

☆

COLLINE.

Bénoué douchi.

Additions & notes.

colline, sfs; petite montagne à pente douce. — L'Aréopage tenait ses assises judiciaires sur la *colline* de Mars, à Athènes.

TRADUCTIONS :

Abbadi ginna & moudargag,
Abyssin aselli, gara & ouar.

COLLINE   TERMES GÉOGRAPHIQUES   COLLINE

Achânti bepo, ekolo, koko & pampa.
Albanais kodra.
Allem. Abhang, Hügel, Kogel, Kopf & Zaung.
Anglais cashion-shaped, doune, down, hill, hillock, hummock, knock, knoll, knowl, neck, meal & slope.
Annamite gô, hon & moi.
Anglo-saxon barrow, beorh, berry, cnol & hlaw.
Arabe akba, gabalaia, koudia, tall, tel, tella & (tell).
Arakan moue & mouen.
Archipel Bismarck rabouana & ralouana.
Arménien plour.
Assyrien ille.
Azande gangala & gangara.
Bantou ako, augo, chidunda, chiloundi, foumvou, ga, ima, iloundi, kaga, kifoumvou, kiima, loundi, mongo, mouago, mouako, mouaugo & ongo.
Basque an & heguia.
Bénoué douchi.
Berbère eddahereth, oudherer, ougouden & tadakt.
Birman (choung), taung, thoung & toung.
Bosniaque brezuljak & hum.
Breton bré, krec'hen, rûn, tûn; (*moy.* reûn).
Cambodgien dambok & vnam.
Catalan coll.
Celtique brow, don, duu, il, man, men, ri, rin, roino & tun.
Chaouia oudherer.
Chinbon soung.
Chin Hills moua, choung, taung, thoung & toung.
Chinois chan, pan, san & ting.
Cingalais gala & kanda-hela.
Congolais loude, mongo, ongou & tomboka.
Congolais français ga & kaga.
Coréen chan, hang & san.
Cornique bry.
Croate brezuljak & hum.
Cymrique bré & brynn.
Dalmate brezuljak & hum.
Danois Bakke, Bakki, Hei, Hœi & Hój.
Égyptien tell, telle & (touloûl).
Esclavon brezuljak & hum.
Espagnol cerro, colina, collado & loma.
Esperanto monteto.
État de Chan ka & loi.
États-Unis Amérique N. monadnock.
Etbaï ginna, moudargag.
Finnois æyræs.
Flamand heuvel, hoogte & kop.
Formose pourongo & vinayo.
Foula toulde.
Français vieux hogue, moce, tertre & tertrie.
Franc-comtois grimpette.
Gaélique braighe, cnoc, hill, knock, learg, monadh, mont & nock.
Galla gara.
Gallopa ouar.
Gaulois berg & brig.
Giryama mourima & rima.
Grec bounon, oros, pagos & vounos.
Hassania zira.
Hausa koudouma, koudounin, touddou, toudou & tsauni.
Haute-Égypte moudargag.
Hawaien kouahiui.
Herzégovinien brezuljak & hum.
Hindoustani dang, garh, giri, hounga, pahar & par.
Hollandais heuvel, hoogte & kop.
Hongrois domb, halom & kopec.
Ibo ougou.
Iles Salomon mbotou, mboutou.
Indiens Amérique N. chat ta oua, da no, guai, habe, hoe est, kouitahououn, on, ouparache, pat & pigh guai.
Indiens Californie chou lou, he oui, hol la ma.
Indo-chinois phou.
Indou maluad.
Irlandais larg, moni & nock; (*vieux* ben & bri).
Islandais bakke & bakki.

Italien colle, collina & poggio.
Jabali ougouden.
Ja-louo got.
Japonais chan & san.
Javanais goumouk.
Jibali eddahereth.
Kabyle ighil, iril, tighilt & tirilt.
Kalmouk daban.
Kiouai podo.
Kirghiz kir.
Kossova oumoutienyi & tienyi.
Kourde chia.
Kousage mbotou & mboutou.
Lac Rodolphe souef.
Laotien pou.
Latin collis, (colles) & tumulus.
Loango chikoulou.
Lokoub souef.
Lomoué namouago.
Lough gara.
Malais boukit & cukit.
Malgache havouana.
Mandchou alin.
Mandingue tindi, tindila, tinti, tound & toundo.
Marocain tisi.
Marovo mbotou & mboutou.
Mentaouei leleu.
Miao-tsé pau ga.
Monténégrin brezuljak & hum.
Mossi tindila.
Mozambique namouago.
Nandi toulouet.
Néo-guinéen podo.
Nika gongo, kilima, kirima & rima.
Normand hogue.
Norvégien Hei, Hœi & Hój.
Oualamo gara.
Ouolof tindi, tindila, tinti, tound & toundo.
Ouganda chikoulou, got, oumoutienyi, tienyi, toulouet.
Pazzehe vinayo.
Pei-po vinayo.
Picard bove & grimpette.
Polonais pagorek, wzgorze & wzgorek.
Portugais collina.
Provençal agarda, augarda, engarda & coll.
Pundjab tilla.
Roumain colina, movila & munte.
Russe bouvorie, cholmie, holm, khollmm & kholm.
Saharien merkeb.
Samoan maupou'epou'e.
Sanscrit giriouar & ouncha.
Saxon don & dun.
Scythe ille.
Serbe brezuljak & hum.
Sénégalais pimb aneu.
Serer pimb aneu.
Siamois khào, phou & pou.
Slave chloum & gora.
Slovaque holm.
Sokolo douchi.
Slovène holm & hrib.
Somali ghoumbour, goumbour & kouret.
Songhaï gonre.
Soninque doundou.
Souahéli kilima, lima, molima & rima.
Soudanais franc. tindila.
Suédois kulle.
Syriaque tall, talli & (tlâl).
Tamoul malai.
Taungtha mouen.
Tchèque kopek & pahorek.
Thibétain doung & rdoung.
Tonga chiloundi & loundi.
Touareg tadakt.
Turc bayer, doung, kir & tèpè.
Welaung aroui.

COLLINE. — Additions & notes.
Kouenam maoun.

Yorouba oke.
Yunnan pau ga.

☞ acropole, ballon, butte, calvaire, chaîne de collines, chaîne de montagnes, col, cône, côte, crête, croupe, descente, dune, élévation, éminence, faîte, glacier, hauteur, mamelon, mondrain, montagne, mont, montagnette, monticule, morne, motte, ondulation, pagnote, penchant, pente, plateau, rameau, rampe, roidil=lon, taupinière, tertre & versant.

☆

COLONIE. — Additions & notes.

colonie, ☞ possessions.

☆

COLONIE. — Additions & notes.
Latin colonia.

colonie, sfs; population d'un État ou d'une race installée dans un autre État.

Les territoires américains ont été peu=plés par des gens venus de tous les points de l'Europe surpeuplée; la réunion de ces émigrants d'une même souche, dans un certain rayon, est une *colonie*.

Allem. Kolonie, Niederlassung & pflanzstadt. — *Angl.* colony & settlement. — *Bosniaq., croate, dalmate* naseoba. — *Danois* Koloni. — *Esclav.* naseoba. — *Espag.* colonia. — *Flam.* kolonie. — *Herzég.* naseoba. — *Holl.* kolonie. — *Ital.* colonia — *Montén.* naseoba. — *Norv.* Koloni. — *Po=lon.* kolonia. — *Port.* colonia. — *Roum.* colonia. — *Russe* kalonia, possélenié & vouiselok. — *Serbe* naseoba. — *Sué=dois* koloni.

☞ comptoir, concession, créole, éta=blissement, émigration, habitation, im=migration, migration, plantage, terre.

☆

COMMUNE.
Additions & notes.

commune, sfs; ensemble de personnes & de leurs biens, situés sur un territoire, gérés par une administration dont les membres sont élus par les administrés.

La *commune* est, dans la société mo=derne, l'unité géographique & la base de tous les groupements économiques & d'u=tilité publique.

Allem. Dorfschaft, Gemeinde, Ortschaft. — *Angl.* town=ship. — *Arabe* nahiet. — *Bosniaq.* obcina. — *Celtiq.* plé, pleu, pló & plou. — *Chinois* hiang & sou. — *Croate & dal=mate* obcina. — *Danois* Kommune & Sogn. — *Egypt.* beled & kafr. — *Esclav.* obcina. — *Espag.* ayuntamiento, comu=nidad & comuna. — *Finnois* kyla & paikka. — *Flam.* ge=meente. — *Herzég.* obcina. — *Holl.* gemeente. — *Hongr.* rozség. — *Ital.* comune. — *Malais* dousoun & mouang. — *Montén.* obcina. — *Nika* moutha. — *Norvég.* Kommune & Sogn. — *Polon.* gmiua. — *Port* ayuntamento, comuna & concelho. — *Provençal* villa. — *Russe* mir. — *Samoan* fa'apotopatoga. — *Sanscr.* grâma. — *Serbe* obcina. — *Suéd.* församling. — *Syriaq.* dai'a & (dija). — *Tchéq.* obec.

☞ administration communale, bourg, bourgade, clan, édilité, faubourg, ha=

meau, hôtel-de-ville, libatte, mairie, mé=
nil, paroisse, quartier, trou, vergne, vil=
lage & ville.

☆

comté, sms; anciennement : terres &
gens réunis sous la domination d'un
comte. — Aujourd'hui, c'est le nom que
quelques États donnent à leurs provinces
ou départements.
Les royaumes anglais & hongrois sont
divisés en *comtés*.

Allem. Grafschaft. — *Anglais* county, earldom, shire
— *Bosniaq.* grofija. — *Catal.* vx contat. — *Coréen* pou. —
Croate & *dalmate* grofija. — *Danois* Amt & Grefskab. —
Esclav. grofija. — *Espag.* condado & contado. — *Flamand*
grafschap. — *Herzég.* grofija. — *Holl.* grafschap. — *Hon=
grois* comitat. — *Ital.* contado, contea & contera. — *Mon=
tén.* grofija. — *Norv.* Amt & Grefskab. — *Philipp.* bayan.
— *Polon.* hrabstvo. — *Port.* condado & contado. — *Prov.*
comtat, comtiu & contat. — *Roman* conteit. — *Roum.* co=
mitat & comitatul. — *Russe* gourafchvo. — *Serbe* grofija. —
Suéd. grefskap & læn. — *Tagal* bayan.

☞ département; État, gouvernement,
préfecture, province, puissance, souve=
raineté, territoire & vicomté.

☆

confins, smp; les limites d'une terre,
d'un État, &a. — La science recule d'heu=
re en heure les *confins* de l'inconnu.

Allem. Ende & Grenzen. — *Amax.* da & oumda. — *Angl.*
borders, boundary, confines & limits. — *Arabe* hadd, takm.
— *Bosniaq.* graniciiy, kraj & megjiti. — *Cafre* da, oumda.
— *Chinois* hién. — *Croate, dalmate* graniciti, kraj & meg=
jiti. — *Danois* Grænser. — *Égypt.* hadd, (houdoûd). — *Es=
clavon* graniciti, kraj & megjiti. — *Espagnol* confines. —
Finnois raja. — *Flam.* grenzen. — *Herzég.* graniciti, kraj
& megjiti. — *Holl.* grenzeu. — *Ital.* confini. — *Malais* pe=
minggir. — *Norv.* Grænser. — *Polon.* granica. — *Portug.*
confins. — *Prov.* confinitatz. — *Roman* bosmes & fries. —
Russe prediliie. — *Samoan* touaoi. — *Sanscrit* pâra. —
Serbe graniciti, kraj, megjiti. — *Suéd.* grænsa till. — *Sy=
riaq.* hadd, (houdoûd). — *Tchèque* hraniciti. — *Turc* chît &
iaka. — *Yorouba* ala.

☞ abornement, barrière, bord, bor=
nage, borne, circonvoisin, délimitation,
démarcation, fin, limite, limitrophe, li=
sière, marche, mitoyenneté, orée, poteau,
perdriau, rain, séparation, tenant, terme
terminus & toral.

☆

confluent, sms; point de jonction de
deux cours d'eau. — Le *confluent* de=
vrait avoir pour complément logique le
mot *confluence* = ce qui conflue.

Achánti aboe. — *Allem.* Zuzammenfluss. — *Angl.* con=
fluence & running together. — *Annam.* nia ba. — *Arabe*
malka, melka, mogran, mohabar & moltagakorein. — *Ban=
tou* bouila, boulangiana, ebouila, kimpanbouila, mboulan=

COMMUNE. Additions & notes.

COMTÉ. Additions & notes.

CONFINS. Additions & notes.

CONFLUENT. Additions & notes.

CONFLUENT.

Additions & notes.

gioua, mpanbouila. — *Birman* pang. — *Bosniaq.* druztvo. — *Breton* aber & kemher. — *Cambodgien* peam & prek. — *Catal.* vx condate. — *Celtiq.* kimber, kemper & kimper. — *Chinois* kéou. — *Congol.* kimpanbouila & mpanbouila. — *Corniq.* aber. — *Croate* druztvo. — *Cymriq.* aper. — *Dalmate* druztvo. — *Danois* Floders sammenløbssted. — *Egypt.* dchama' & ouasal. — *Esclav.* druztvo. — *Espagnol* confluencia. — *Fan* dzigha & (migha). — *Finnois* yhdistys. — *Foula* tepe. — *Flam.* samenloop. — *Franç.* vx cande, condat, coudate & condé. — *Gaéliq.* abhor, aber & inver. — *Gallois* aber. — *Hausa* magangamou. — *Herzég.* druztvo. — *Hindoust.* mouhana. — *Holl.* samenloop. — *Irland.* aber. — *Ital.* confluente. — *Malais* kouala & pak. — *Manding.* bafoulabe. — *Montén.* druztvo. — *Norvég.* Floders sammenløbssted. — *Port.* confluencia. — *Russe* sliianié. — *Sahar.* kai. — *Samoan* fa'atusi. — *Sanscr.* veni. — *Serbe* druztvo. — *Siam.* pak & sou. — *Songhai* jinde. — *Suédois* sammanflod. — *Syriaq.* dchama' & ouasal. — *Thibét.* do, mdo & soun-do. — *Turc* chat, katilich, koch & kochlach.

☞ aber, affuent, bec, bras, branche, calangue, conjonction, contact, courant, embouchure, fusion, jonction, mélange, réunion & union.

☆

CONTINENT.

Additions & notes.

L'ancien *continent*, comprend l'Afrique, l'Asie & l'Europe; les Amériques sont le nouveau *continent*. — Ces désignations trop anciennes sont délaissées par les géographes sérieux. Même observation pour le « nouveau monde » & le « monde ancien ».

continent, sms; immense étendue de terre d'un seul tenant. — L'Asie & l'Europe ne forment qu'un *continent*, parce qu'on peut les parcourir sans quitter la terre ferme.

Allem. Festland & Kontinent. — *Angl.* continent, mainland. — *Arabe* ardel-âmar, barr & maskunnat. — *Bosniaq.* kopno. — *Chinois* choung youen. — *Croate* & *dalmate* kopno. — *Danois* Fastland & Kontinent. — *Egypt.* barr. — *Esclav.* kopno. — *Espag.* continente. — *Flam.* vasteland. — *Grec* epiros. — *Herzég.* kopno. — *Holland.* vasteland. — *Italien* continente. — *Malais* tanna besar. — *Montén.* kopno. — *Nika* bara & dzi. — *Norv.* Fastland & Kontinent. — *Polon.* kontynent. — *Port.* continente. — *Roum.* continentul. — *Russe* vosdergauie. — *Samoan* konetinete. — *Serbe* kopno. — *Souahéli* merima & rima. — *Suéd.* Fastland. — *Syriaq.* barr. — *Tchéq.* pevnina, souse & zeme.

☞ contrée, Occident, Orient, partie du monde, pays, zone.

☆

CONTRÉE.

Additions & notes.

contrée, sfs; vaste territoire. — Les individus, les sols, les produits de la terre & la faune varient suivant les *contrées*.

Afrique centr. impanga, maziko, mdima, moupanga, nga, ndema, panga, ziko. — *Allem.* Gau, Gebiet, Gegend, Land. *Angl.* country & shore. — *Arabe* (akalin), balad, bar, beldah, (belad), beled, bilad, blad, bled, bou, dar, diyar, khittat, moulk, nahiya & ouatan. — *Bambara* kanda. — *Bantou* alo, alou, anza, aro, arou, chalo, charou, chialou, dima, dema, dziko, elabo, elapo, idziko, ikisou, iko, insi, inzi, kisou, labo, lapo, louanza, maziko, mdima, moumpanga, mousi, udema, udima, si, ziko — *Bosniaq.* oblast, priedjel. — *Cafre* ilizoua & zoua. — *Catal.* vx encontrada. — *Celtiq.* læn. — *Congol* fr. afan, fan, lam, (mefan), mvogh & nlam. *Croate* & *dalmate* oblast & priedjel. — *Danois* Eng & Landstrækning. — *Esclav.* oblast & priedjel. — *Espag.* comarca, contrada & encontrada. — *Fan* afan, fan, lam, (mefan), mvogh & nlam. — *Finnois* seutu. — *Flam.* landskap, streken. — *Foula* leidi. — *Gaélique* tyre. — *Gallois* wlad. — *Giryama* tsi. — *Grec* méros. — *Hausa* gari & ouoche. — *Haut-Nil* fan. — *Haut-Sobat* païopan. — *Herzég.* oblast &

CONTRÉE.

Additions & notes.

priedjel. — *Hindoust.* bhoum & moulk. — *Holl.* landschap, streken. — *Hongr.* orszàg. — *Ind. Amériq. N.* steep. — *Ind. Californ.* oue ah. — *Indou* khand. — *Island.* syssel. — *Italien* contrada, cospicue, encontrada & paese. — *Ja-louo* penyi. — *Japon.* kouni. — *Javan.* baouah, pa-lemah-han, pasiten. — *Kabyle* tamourt. — *Kiriouina* valou & vilo. — *Kossova* riroua & rooua. — *Laotien* za khon. — *Malais* banoûoua & benoûoua. — *Malgache* tani. — *Manding.* dougou & kongo. — *Montén.* oblast & priedjel. — *Mossi* tenga. — *Néo-guinéen* valou & vilo. — *Nika* dzi. — *Norv.* Eng & Landstrækning. — *Ouganda* bounik, penyi, riroua & rooua. — *Ouolof* reu. — *Persan* dihat & boûm. — *Polon.* kraina, kraj, okolica & wies. — *Port.* paiz. — *Provenç.* contrada, encontrada. — *Roman* alce & finage. — *Roum.* tara. — *Russe* strana. — *Sunscr.* bhoùmi & dis. — *Serbe* oblast & priedjel. — *Sierra Leone* lahoun. — *Slovène* kraj, okolica. *Songhaï* fari & ganda. — *Soninque* diamane & jamana. — *Souahéli* chi, inchi, nti & ti. — *Soudan. fr.* kanda & tenga. *Suédois* hærad. — *Tchèque* krajina. — *Telegou* nadou. — *Thibét.* chog, de, sa & sde. — *Turc* il, il & yer. — *Yambo* païopan. — *Yorouba* illou.

☞ colonie, État, gouvernement, latitude, nation, parages, pays, province, région, terre, zone.

☆

COTE.

Additions & notes.

côte, sfs; rivage de la mer & des fonds qui l'avoisinent. — Une flottille de guerre surveille les *côtes* des pays maritimes.

Une côte est aussi la montée, le versant ou la pente d'une hauteur. — Les chalets sont généralement construits à *mi-côte* des montagnes.

Afrique or. mrima & rima. — *Allem.* Abhang, Bergseite, Küste; Meeresufer, Meerküste, Rand, Rippe & Strand. — *Angl.* beach, coast, hill-side, rib, shore, sea-shore & seaside. — *Arabe* âigat, chatt, gobbat, henak, nahiya, naouah, rif, sahel. — *Archip. Bismarck* oualien, ouaoualien, raoualien. — *Bantou* chimou, dambou, echimou, ekoumou, koumou, mrima, ndambou & rima. — *Bosniaque* primorje. — *Breton* arvôr & kostézen. — *Catal.* costa (*vx* costa). — *Celtique* il. — *Cingal.* ouerala. — *Croate & dalmate* primorje. — *Danois* Bjærgside, Kyst, Ribbe, Sœen Kyst. — *Deccan* bandara. — *Égypt.* châti & chatt. — *Esclav.* primorje. — *Espag.* costa, costa maritima, orilla & playa. — *Finnois* æyræs. — *Flam.* kust, oever & zeekust. — *Franc-comtois* montée. — *Franç. vx* costa. — *Herzég.* primorje. — *Holl.* kust, oever & zeekust. — *Hongr.* mart & part. — *Ibo* raka, ikpere. — *Ital.* costa, lido, spiaggia & spiggia. — *Latin* costa. — *Malais* pantei, tépi, tépilaut, toulang rousouk. — *Mekeo* mape. — *Montén.* primorje. — *Néo-guinéen* mape & raka. — *Niger.* ikpere. — *Nika* poa. — *Norv.* Bjærgside, Kyst & Ribbe. — *Persan* leb & yaloub. — *Picard* montée. — *Polon.* brzeg. — *Port.* costa & costa maritima. — *Prov.* costa. — *Roman* coustier, montée. — *Roum.* coasta, costa. — *Russe* bereg, lichera, priberejie, priberezhie & znakie. — *Samoan* 'auva'a. — *Serbe* primorje. — *Slovaq.* zavisct' & zavisim. — *Souahéli* mpoua, mrima, pouani, rima. — *Suéd.* kusten. — *Syriaq.* châti & chatt. — *Tartare* khot. — *Tchèq.* stran. — *Turc* kélé.

☞ coteau, descente, dos, élévation, flanc, mi-côte, montée, ondulation, penchant, pente, rampe, roidillon, thalweg, versant.

☆

coteau, sms; une petite côte de colline.

COTEAU. — Additions & notes.

COTEAU.

Abyssin aselli.

Additions & notes.

Les *coteaux* du Beaujolais sont tapissés de vignes qui forment des vignobles de grande étendue.

Allem. Abhang & Hügel. — *Angl.* down & small hill. — *Bosniaq.*, *croate* & *dalmate* obronak & strmen. — *Danois* Hœi & Skrænt. — *Égypt.* tell, telle & (touloûl). — *Esclav.* obronak, stremen. — *Espag.* ribazo. — *Finland.* œyræs. | *Flam.* helling & heuvel. — *Franç.* vx teltre. — *Gaulois* dunum. — *Herzég.* obronak & stremen. — *Holl.* helling & heuvel. — *Ital.* Poggio. — *Latin* colliculus. — *Malais* boukit. — *Montén.* obronak & strmen. — *Norv.* Hœi, Strænt. — *Ouelaung* aroui. — *Polon.* pagórek & wzgórek. — *Port.* outeiro. — *Prov.* costal. — *Roman* teltre. — *Roum.* délu. *Samoan* ifoa'i, maupou'epou'e. — *Serbe* obronak, strmen. — *Suéd.* kull. — *Syriaq.* tall, talli & (tlâl). — *Tchèq.* strán. — *Turc* bayer.

☞ les références de « côte ».

☆

COTONNERIE.

Additions & notes.

cotonnerie, sfs; plantation de cotonniers. — Le *cotonnier* est originaire de l'Inde; mais c'est en Amérique que les *cotonneries* ont le plus grand développe=ment.

Allem. Baumwollenfeld. — *Angl.* cotton grove. — *Bosniaq.*, *croate* & *dalmate* pamuk polje. — *Danois* Bomuldsskov. — *Esclav.* pamuk polje. — *Espag.* algodonal & algodoneria. — *Flam.* katoenplantaadje. — *Herzégov.* pamuk polje. — *Holl.* katoenplantaadje. — *Italien* cotone piantagione. — *Montén.* pamuk polje. — *Norv.* Bomuldsskov. — *Philippin* boulakan. — *Portug.* algodoaria. — *Serbe* pamuk polje.

☞ arbre, cotonnier, plantation, plante textile & pépinière.

☆

COUCHANT.

Croate & *dalmate* vece.

Additions & notes.

couchant, sms; le point de l'horizon où la terre rompt, en tournant, son contact avec la lumière solaire. — Souvent, une nappe de feu semble planer sur le soleil *couchant*.

Allem. Abend, Untergang & Westen. — *Angl.* setting & west. — *Armén.* irigoun. — *Bosniaq.* propast, vece, vecer, zapad. — *Catal.* oers. — *Chinois* ouàn. — *Croate*, *dalmate* propast, vecer & zapad. — *Danois* Solnedgang & Vesten. — *Égypt.* marrib. — *Esclav.* propast, vece, vecer & zapad. — *Espagn.* cierzo, poniente. — *Finland.* ulasmeno. — *Flam.* ondergang & western. — *Herzégor.* propast, vece, vecer & zapad. — *Holl.* ondergang & westen. — *Italien* occidente & ponente. — *Latin* cercius. — *Malais* petang & sore. — *Maroc.* moghreb. — *Montén.* propast, vece, vecer & zapad. — *Polon.* upadek & zachod. — *Port.* occaso, poente & velhice. — *Prov.* cers. — *Roum.* apusul. — *Russe* vetcherie & zapadie. — *Samoan* afiafi. — *Sanscr.* kshaya. — *Serbe* propast, vece, vecer & zapad. — *Suéd.* undergang. — *Syriaque* marrib. — *Tchèq.* vecer. — *Turc* gunech batmassy.

☞ boussole, crépuscule, chute du jour, déclin, horizon, obscurité, Occident, ouest, point cardinal, rose des vents, soir, soirée, soleil couchant & ténèbres.

☆

COURANT. — Additions & notes.

courant, sms; le mouvement naturel de l'eau. — Le *courant* impétueux de certaines rivières les rend innavigables.

Achánti ofoueam. — *Allem.* Drift, Lauf, Strom, Strö=mung & Zug. — *Anglais* current, flowing stream, fort, running, tide. — *Anglo-sax.* sic, sich & stream. — *Arabe* tial, gari, medjra, mejra, msil, sail & saiyal. — *Bantou* ditsitsi, elondou, gougoula, koukou, londo, lotsitsi, ngoungoula, nkoukou & tsitsi. — *Bornou* ngada. — *Bosniaque* matica, rieka, tek, trk & vlak. -- *Breton* raz. — *Cambodg.* stoung, — *Celtique* dour, ga, naut & sroutou. — *Congol.* elondon, koukou, londo & nkoukou. — *Croate* & *dalmate* matica, rieka, tek & vlak. — *Danois* Gang & Strom. — *Egyptien* (gari). — *Esclav.* matica, rieka, tek, trk, vlak. — *Espagnol* corriente, venage. — *Fan* asighele osou. — *Finnois* virta. — *Flam.* drift, stroom & vloed. — *Germaniq.* sraumaz. — *Herzégov.* matica, rieka, tek, trk & vlak. — *Holl.* drift & stroom. — *Hongr.* folyas & fût. — *Ibér.* i. — *Ind. Amériq.* Nord at. — *Italien* calo & corrente. — *Japon.* sivo. — *Kanouri* ngada. — *Lac Tchad* ammaoua & ngada. — *Latin* rivus. — *Malais* arus & laras. — *Montén.* matica, rieka, tek, trk, vlak. — *Norm.* doui & fleur; (à Bayeux verhaule). — *Norv.* Gang & Strom. — *Orange* drift. — *Philipp.* agos. — *Polon.* bieg. — *Port.* corrente, correnteza. — *Provenç.* corrent de l'aiga. — *Roum.* curent. — *Russe* ostrovu, potok & techenie. — *Samoan* vaitafe. — *Sanscrit* (kshaya), nadi, srou & srouti. — *Serbe* matica, rieka, tek, trk & vlak. — *Setchouana* ditsitsi, lotsitsi & tsitsi. — *Slovène* reka. — *Souahéli* kijito, mto. — *Suéd.* strom. — *Syriaq.* gura, (gari) & rakad. — *Tagal* agos. — *Tchèque* vlak. — *Transv.* drift. — *Turc* akynty. — *Yorouba* ishan-omi.

☞ affluence, cascade, charriage, contre-courant, coulage, course, débit, débord, débordement, décharge, découlement, chute, dégorgement, descente, déversement, écoulement, effluence, épanchement, fil de l'eau, filet, flot, flottage, flux, fuite, mouvance, navigation, rapide reflux, roulement, surgeon, train, vague, vau-l'eau (à), versement.

☆

coudraie, sfs; lieu planté de coudres ou de coudriers. — Les petites *coudraies* sont des *coudrettes*.

Allemand Haselgebüsch. Haselgestræuch. — *Anglais* hazel grove. — *Croate, bosniaque & dalmate* ljeskovnik. — *Danois* Hasselbukskov. — *Esclav.* ljeskovnik. — *Espag.* avellanar. — *Flam.* hazelaarsbosch. — *Herzég.* ljeskovnik. — *Holl.* hazelaarsbosch. — *Ital.* corileto. — *Montén.* ljeskovnik. — *Norv.* Hasselbukskov. — *Port.* aveleiral. — *Serbe* ljeskovnik. — *Suéd.* hasselnott.

☞ arbre, cocdre, coudrier, noisetier, pépinière & plantation.

☆

coudrette, ☞ coudraie.

☆

cours, sms; la course ou l'itinéraire d'un cours d'eau ou d'une route. — Beaucoup de personnes confondent le *cours* & le *courant*; j'établirai, dans le courant de ce cours, la différence entre ces expressions courantes qui se retrouvent dans le cours de nos études; je serai court.

COURANT.

Égyptien gara.

Additions & notes.

COUDRAIE.

Breton kilvid. — *Gallois* gelli.

Additions & notes.

COUDRETTE. — Additions & notes.

COURS. — Additions & notes.

COURS.

Erse riothaim & rethim.

Additions & notes.

Allem. Lauf. — *Angl.* course. — *Arabe* gari, maçi, saïr. — *Bosniaq.* trk. — *Breton* réd. — *Catal.* curs; (*vx* decorriment). — *Celtiq.* reto. — *Croate* trk. — *Cymrique* rhed & rhedu. — *Dalmate* trk. — *Danois* Lœb. — *Egyptien* gara & (gari). — *Esclav.* trk. — *Espag.* curso; (*vx* decorrimiento). — *Finland.* virta. — *Flam.* Loop. — *Franç. vx* cors. — *Gaéliq.* ruith. — *Herzég.* trk. — *Holl.* Loop. — *Hongrois* fût. — *Irland.* riothaim; (*vx* rethim). — *Ital.* corsa, corso & scorrimento. — *Latin* cursus. — *Lithuan.* ritù. — *Malais* laras. — *Monténégr.* trk. — *Norv.* Lœb. — *Polon.* bieg. — *Port.* curso. — *Prov.* corrensa, cors, corsa & decorremen. *Russe* checuie riki, techouie. — *Samoan* vaitafe. — *Sanscr.* gati & nadi. — *Serbe* trk. — *Suéd.* lopp. — *Syriaque* gara, (gari) & rakad. — *Tchèq.* vlak.

☞ circulation, course, itinéraire, marche, parcours, train, va-et-vient, voyage, acheminement.

☆

cours d'eau, sms. — Terme générique pour désigner toute eau courante. — Une ville sans *cours d'eau* est une ville ratée.

Afrique centr. gouaso, mikong'e & nkong'e.
Afrique orient. bache & taua.
Albanais loumi.
Allemand Bach, Brunnen, Fluss, Lauf, Runs, Runse & Strom.
Anglais ald, bourn, brook, channel, ford, gully, stream, track & water-course.
Anglo-saxon bourn & burn.
Annamite choui, khe, rach & sông.
Arabe (anhar, aoudia), cheba, jarour, kor, mejra, nahr, ouad, ouadi, oued, (ouidan), ouidian, seil, seraf, touraa.
Asie centrale tarim.
Bambara fala & fara.
Bantou diba, izi, koko, kong'e, koukou, lambou, longa, madiba, mkong'e, moulonga, mourouga, nkong'e, nkoukou, nsoulo, ourouizi, ousoumbi, ronga, soulou, soumbi.
Baya bali & bari.
Béarnais gave.
Birman chaung, hoai, nyit & var.
Bornéen long.
Bosniaque potok.
Brésilien corrego.
Breton réd.
Cafre isipaloukana, isipalouko, lambo, oumlambo & palouko.
Cambodgien au & troli.
Cameroun diba, madiba & mounja.
Caucasien tkhali.
Celtique reto.
Chin Hills loung & var.
Chinois chiang, chou, chouan, hô, keng, kiang, kong, oula & tchouen.
Congolais koko, kong'e, koukou, lambou, mikong'e, nkoko, nkong'e, nkoukou, nlambou, nsoulo & soulo.
Congolais français (aton), nana, oton & ton.
Coréen gyoi, kyoi & moul.
Croate potok & reka.
Cymrique rhed & rhedu.
Dahoman to.
Dalmate potok & reka.
Danois Flod, Qviste & Vandlœp.
Deccan kaloua.
Egyptien ennahr', moije & nahr.
Erse dobur, rethim, riothaim, tober & tubber.
Esclavon potok & reka.
Espagnol rio.
État de Chan hor, houe & nam.
Fan (aton), oton, to & ton.
Finlandais joki, puro & virta.
Flamand stroom, vaart & vliet.

COURS D'EAU.

Additions & notes.

☞ aber, affluent, amont, aval, bassin, bouche, canal, canalet, cascade, cataractes, chute d'eau, confluent, courant, crue débâcle, eau, eau vive, effluent, estuaire, fleuve, flot, flottage, flottaison, gave, irrigation, lac, lagon, lagunes, marigot, pertuis, rade, rapide, rigole, rivière, ru, ruisseau & torrent.

Foula tialougel.
Gaélique allt, ruith, tiobart & tohar.
Galla laga.
Gallois dwfr, dyfr & gouy.
Grec potamos.
Hassania dakhla.
Hausa koogi & koramma.
Haut-Nil maliba & mokrou.
Herzégovinien potok & reka.
Hessois boru.
Hindoustani baha & hatha.
Hollandais stroom, vaart & vliet.
Hongrois fehervag, kut & uj.
Hottentot ab.
Indiens Amérique N. jewoun & poka.
Indiens Californie pola.
Indo-chinois hoil, ia, louong, nam & tam.
Indou vàri-pravàh.
Irlandais dobur, riothaim, tober, tubber; (*vieux* rethim).
Islandais fljót.
Italien corrente, fiume & rio.
Japonais kaoua & ko-gaoua.
Javanais bengaouan, bennaoui, kali & lépen.
Kabyle igzer.
Khas Chos hoil.
Kouenam ang.
Kourde chom & roubar.
Lac Tchad lagham.
Latin flumen, fluvis & rivus.
Lithuanien ritù.
Malais àyer, kali, klaoung, klong, soungei & soungi.
Malinque fala, fara & koboulo.
Mandingue khole, kholle & koule.
Mangbattou kibali & nemaio.
Mentaouei chiopak & sopak.
Min-kia kau le.
Mittou kodda.
Mongol gol, mouren & mourin.
Monténégrin potok & reka.
Normand (à Bayeux : verhaule).
Norvégien Flod, Qviste & Vauløep.

COURS D'EAU.
             Additions & notes.

Ouolof mar.
Persan ab-guzar, abrah, jo & jou; (*vx* gui).
Philippin agos.
Pokomo tann.
Polonais potok & strumien.
Portugais corrente d'agua, ribeiro & rio.
Rhétique runs & runse.
Rivière Noire louong & nam.
Rivière Rouge nam-ia.
Roman hawê.
Roumain riu.
Russe reka.
Samoan vaitafe.
Sanscrit gang, nadi & vàri-pravàh.
Saxon ê & ie.
Sénégalais kho & ko.
Serbe potok & reka.
Serer band.
Siamois klaoung, klong & nam.
Soninque khollelleme.
Soudanais makoua, ouellé & ouilidi.
Soudan central dille.
Suédois flod & ström.
Sumatra sopak.
Syriaque hanuahr', moi & nahr.
Tagal agos.
Tangout toungesi.
Tchèque potok & reka.
Thibétain gang, chouan, gron-ba, gyoun, hoai, loungma, loung pa, kron-ba, mouren & mourin.
Turc nahr, sou & tchaï.
Yunnan kau le.
Zoulou isipaloukana, isipalouko & palouko.

☆

course, ☞ cours.

☆

cratère, sms; la bouche d'un volcan. — La forme du *cratère* représente un cône tronqué, irrégulier.

Allem. Krater, Trichter. — *Angl.* crater, funnel, mouth of the volcano. — *Arabe* kama'. — *Croate, bosniaq. & dalmate* grlo, lievak, zdrielo & zjalo. — *Danois* Krater & Vulkanmuudig. — *Égypt.* kama'. — *Esclav.* grlo, lievak, zdrielo & zjalo. — *Espagn.* boca de volcan & cratera. — *Flam.* krater & mond van glasoven. — *Hausa* makogoro. — *Herrero* ombako. — *Herzégov.* grlo, lievak, zdrielo & zjalo. — *Holl.* krater & mond van glasoven. — *Italien* bocca di vulcana & cratere. — *Javan.* papandajan. — *Latin* crater. — *Malais* karengkungan & tjoroug. — *Montén.* grlo, lievak, zdrielo & zjalo. — *Norv.* Krater, Vulkanmuudig. — *Oshindonga* ombako. — *Port.* bocca de vulcão, cratera. — *Roumain* craterul. — *Serbe* grlo, lievak, zdrielo, zjalo. — *Suéd.* svalg, tratt, vulkàn. — *Syriaq.* kama'. — *Tcheq.* jiceu-cnu. — *Turc* chouni.

☞ bouche de volcan, crevasse, fissure, éruption, fumerolle, orifice, orle & volcan.

CRATÈRE. — Additions & notes.

☆

crête, sfs; arête ou saillie qui couronne les montagnes étendues, notamment sur

CRÊTE. — Additions & notes.

CRÊTE. — Additions & notes.

Erse crocen. — *Provenç.* cresta & cristal.

chaînes de montagnes. — Lorsque plusieurs *crêtes* se réunissent, le point de leur fusion s'appelle un « nœud ».

Allem. Gebirgskamm, Kamm, Rand, Rücken & Spitze. — *Angl.* crest, edge, ridge. — *Anglo-sax.* hrycg & top. — *Arabe* dera & kaf. — *Bosniaq.* cesalj & vrhunac. — *Breton* klipen, kribel & kriben. — *Chinois* sou-tsi. — *Croate, dalmate* cesalje & vrhunac. — *Danois* Tind & Top. — *Égypt.* micht. — *Esclav.* cesalje & vrhunac. — *Espag.* cresta, cuspide & pinaculo. — *Finland.* kampa & kumpu. — *Flam.* kam, kant, rand, spits & top. — *Franç. vx* creteal & cribeste. — *Grec* kresta. — *Herzégovin.* cesalje & vrhunac. — *Holl.* kam, kant, rand, spits & top. — *Hongrois* sarok. — *Irland.* crocen (*vx* crocen). — *Ital.* ciglione, cresta & crina. — *Javan.* joungknt & serat. — *Latin* crista. — *Malais* pountjak. — *Montén.* cesalje & vrhunac. — *Norse* hryggr. — *Norvég.* Tind & Top. — *Polonais* brzeg, kouczaty, kraj & spiczasty. — *Portugais* cume. — *Roumain.* creasta & muntelui. — *Russe* grebègne. — *Samoan* selou & toumoutoumou. — *Serbe* cesalje & vrhunac. — *Slovène* cesovnik & glavnik. — *Souahéli* kingo, ncha, nta & oukingo. — *Soudan.* pangoua. — *Suéd.* bergskam. — *Syriaque* moucht. — *Tchèq.* vrchol. — *Thibét.* po & spo. — *Turc* sirt & tépé. —

☞ angle, arête, bord, cime, dent, dentelure, diptère, dos, éminence, raphé, rebord, saillant & saillie.

☆

CREVASSE. Additions & notes.

Etbaï erk.

crevasse, sfs; déchirure du sol. — La chaleur & la gelée excessives sont les causes ordinaires & permanentes qui produisent ces *crevasses* énormes dans les pays montagneux.

Abbadi erk. — *Allem.* Bergschrund, Kluft, Rinne, Riss, Schrunde, Spalt & Sprung. — *Angl.* cleft, crack, crevice. — *Anglo-sax.* cinu. — *Arabe* chegga, choukf & choukif. — *Bosniaque* provala, pukotina & stupac. — *Breton* bolzeu, fral & skarr. — *Catal. vx* crebadura. — *Celtiq.* skarso. — *Croate & dalmate* provala, pukotina & stupac. — *Danois* Revne & Sprække. — *Égyptien* chakk. — *Esclav.* provala, pukotina, stupac. — *Espagn.* abertura, grieta, quebradura. — *Finland.* hyppæys & juoksu. — *Flam.* kluft & scheur. — *Franç. vx* bolzène. — *Herzég.* provala, pukotina, stupac. — *Holl.* kluft & scheur. — *Ital.* crepatura. — *Montén.* provala, pukotina & stupac. — *Norv.* Revne & Sprække. — *Picard* carnache. — *Polon.* szpara. — *Port.* fenda & quebradura. — *Prov.* crebadura, crebassa. — *Roman* rimaye. — *Russe* rachelina. — *Samoan* pou. — *Serbe* provala, pukotina & stupac. — *Suéd.* klyfta. — *Syriaq.* chakk.

☞ abime, cassure, coupure, déchirure, entaille, étoile, évent, faille, fêlure, fente, fissure, fracture, gélivure, interstice, lézarde, ouvert, ouverture, palamie, pore, raie, solution de continuité, suture & les références d' « abri ».

☆

CRIQUE. Additions & notes.

Annam. vin. — *Bengali* khal. — *Anglo-améric.* rincon & run. — *Polon.* szapara. — *Russe* cheli & rachelina.

crique, sfs; petit enfoncement naturel dans une côte maritime. — Les *criques* sont des petites baies.

Achanti oka. — *Afrique orient.* khari. — *Alaska* dek. — *Allem.* Pfutze, Schlupfhagen & Wassergraben. — *Anglais* bight, cove, creek, recess, roadstead, wick & wyke. — *Anglo-sax.* fleot & wic. — *Anglo-indou* noullah. — *Arabe* aigat, bot-ho, cherm, gauf, gobbat, khaur, khor, khououar,

| CRIQUE | TERMES GÉOGRAPHIQUES | CRUE |

kra & rejl. — *Australie occid.* gilli. — *Bantou* ila, mouila, nsoukou & soukou. — *Birman* chaung. — *Bisayan* kauit. — *Bosniaq.* zaljev. — *Breton* aber. — *Cafre* ingoue, ingonono & ngone. — *Chinois* fau-tau, haï-kau & ouan. — *Congolais* ila, mouila, nsoukou & soukou. — *Coréen* gyŏi, kyŏl. — *Croate & dalmate* zaljev. — *Danois* Havbugt, Kile, Vig, Vaag & Vik. — *Égypt.* goûn. — *Esclav.* zaljev. — *Espagn.* cala, caleta, ensenada & estero. — *Esper.* golfeto. — *Esquimau* iglou. — *Finland.* luhti. — *Flam.* inwijk & kreek. — *Foula* illagoul & tiangol. — *Gaéliq.* camus, ob & oban. — *Hausa* faddama. — *Herzégov.* zaljev. — *Hindoust.* nadi. — *Holl.* inwijk & kreek. — *Indiens Amérique N.* kill, poughkeepsie & siipou. — *Indou* noullah. — *Island.* vik. — *Ital.* ansa, caletta, gomito & seno. — *Malais* chourang, jourang, klaoung, klong, telak & telouk. — *Montén.* zaljev. — *Niha* dzidzi, kadzidzi & loudzidzi. — *Norse* vik & wick. — *Norv.* Havbugt, Kile, Vaag, Vig & Vik. — *Philippin* kauit. — *Polonais* kaluza & przystan. — *Port.* abra & ensenda. — *Russe* bouchta, bouchtochka & rouchka. — *Sahara* adar-n-Eghirrèu. — *Serbe* zaljev. — *Sénégal.* marigot. — *Siamois* klaoung, khlong, klong & lnam. — *Suéd.* bukt, kil, vik. — *Syriaq.* dchoûn. — *Tagal* kauit. — *Turc* koyan. — *Zoulou* ingone, ingonono & ngone.

☞ aber, abri, anse, accul, asile, baie, bassin, carbet, darse, golfe, havre, môle, port, rade, refuge.

☆

croisement, ☞ carrefour.

CROISEMENT. — Additions & notes.

☆

croupe, sfs; le sommet arrondi d'une montagne. — Les *croupes* prennent fréquemment les noms de « dôme » & « mamelon ».

CROUPE.

Additions & notes.

Allem. Bergrücken. — *Angl.* crupper. — *Arabe* djebel. — *Basque* biz, bizcarra & bizq. — *Bosniaq.* kicma & ledja. — *Breton* krouzel & talier. — *Catal.* gropa. — *Croate & dalmate* kicma & ledja. — *Danois* Bjergtop. — *Égypt.* gebel & (gibâl). — *Esclav.* kicma & ledja. — *Espag.* cima de una sierra & grupa. — *Finland.* huippu, kærki & pitsi. — *Flam.* kruin. — *Germaniq.* kruppa. — *Herzég.* kicma & ledja. — *Holl.* kruin. — *Ital.* giogo & groppa. — *Montén.* kicma & ledja. — *Norv.* Bjergtop. — *Port.* cume, garupa & garuppa. — *Provenç.* corpa & cropa. — *Serbe* kicma, ledja. — *Suéd.* kulle. — *Syriaq.* dchabal & (dchibâl).

☞ les références de « montagne ».

☆

crue, sfs; élévation anormale du niveau des eaux. — Le dégel & les pluies abondantes provoquent les *crues* & les inondations.

CRUE.

Additions & notes.

Allem. Anwachs, Anwuchs, Anlauf & Steigen. — *Anglai* flood, flood-tide, freshet & high flood. — *Bosniaq.* narastak penjati, popeti. — *Chapour* kang. — *Chinois* k'i. — *Croat & dalmate* narastak, penjati & popeti. — *Danois* Stigen. — *Deccan* ŏdam. — *Esclav.* narastak, penjati, popeti. — *Espagnol* avenida & crescente. — *Finland.* astua, yletæ & nousta. — *Flam.* aanwas & wasdom. — *Franç.* vœ crois. — *Hausa* chicooun. — *Herzég.* narastak, penjati & popeti. — *Holland.* aanwas & wasdom. — *Italien* crescimento, piena. — *Javan.* hinggah & hounggah. — *Mekeo* founga. — *Montén.* narastak, penjati & popeti. — *Néo-guinéen* founga. — *Norm.* crétine. — *Norv.* Stigen. — *Philipp.* baha. — *Port.* cheia & enchente. — *Provenç.* creguda & creys. — *Pundjab* kang. — *Russe* priliv. — *Serbe* narastak, penjati & popeti. — *Souahéli* paa. — *Suéd.* vattnet stiger. — *Tagal*

CRUE.

Additions & notes.

baha. — *Tamoul* ôdam. — *Turc* binmek & tchikmak.

☞ accroissement, accrue, augmentation, charriage, courant, débâcle, débit, débordement, débouché, décharge, eau, flot, fluvial, gonflement, grossissement, hausse, inondation, lavine, mascaret, rapide, sous-berme, tirage & torrent.

☆

CULTURE.

Additions & notes.

culture, sfs; terre préparée & travaillée en vue d'obtenir les céréales, les légumes, les fruits, les plantes fourragères & industrielles nécessaires aux besoins de l'homme. — Les *cultures* de la Normandie sont renommées pour leur fécondité.

Achánti & *Agni* sisim. — *Allem.* Angebautes Feld & Bestellung. — *Angl.* cultivation, cultivated ground, culture & keeping. — *Arabe* (mazaraat). — *Bantou* chi & nchi. — *Bosniaq.* nàruchina. — *Catal.* cultura. — *Celtiq.* ghorto. — *Chinois* tien. — *Congol.* chi & nchi. — *Croate* & *dalmate* nàruchina. — *Danois* Dyrkning & Uddanelse. — *Égyptien* tausije. — *Esclav.* nàruchina. — *Espag.* crianza, cultura & tierra cultivada. — *Flam.* nanbouw, belouwte & veld. — *Franç. u.c* couture. — *Giryama* mounda, ndn. — *Hassania* trab. — *Herzég.* nàruchina. — *Hindoust.* nij-jot. — *Holl.* annbouw, belouwte & veld. — *Ital.* coltivazione, coltura & terra cultivata. — *Latin* cultura & cultus. — *Maling.* lougan. — *Manding.* konkosou. — *Mongol* taren. — *Monten.* nàruchina. — *Mossi* ououiri, tang, tenkal. — *Norv.* Dyrkning & Uddanelse. — *Ouolof* souf. — *Persan* abad. — *Polon.* ziemla uprawima. — *Port.*, prov. cultura. — *Pundjab* rarhi. — *Russe* tchernozemie. — *Sanscrit* nij-jot. — *Serbe* nàruchina. — *Sénég.* lougan. — *Sierre* togoda. — *Souahéli* gounda, kooude, (mukoonde) & mgounda. — *Soudan. fr.* ououiri, tangu & tenkal. — *Suéd.* bestæ'llning. — *Syriaque* tòusji. — *Thibét.* zhing. — *Yao* gounda & mgounda.

☞ agriculture, ameublissement, assolement, binage, buttage, cassaille, céréales, crû, défonçage, défrichement, essart, essartage, exploitation, fermage, gagnages, guéret, jachères, jectisses, labour, moisson, novale, oche, plantage, plantation, récolte, ségalas, semailles, sillon, sole, terre, glèbe & vendanges.

☆

CYPRIÈRE.

Additions & notes.

cyprière, sfs; plantation de cyprès. — Les *cyprières* fournissent aux cimetières ces arbustes résineux, toujours verts, qui projettent leur ombre, rare & triste, sur les tombes de nos nécropoles.

Allem. Zypressenwald. *Angl.* cypress grow. — *Danois* Cypreslund. — *Espag.* plantacion de ciprès. — *Flam.-holl.* cipressenbosch. — *Ital.* cipressi plantagione. — *Norv.* Cypreslund. — *Port.* cyprestal.

☞ arbre, arbuste, bois, cyprès, pépinière & plantation.

☆

D

darse, sfs; bassin d'un port destiné à la conservation des navires. — Les *darses* sont, en réalité, des *bassins* de réserve pour la marine de guerre.

Allem. Becken, darsena, innere Hafen & Kumme. — *Anglais* tide dock. — *Bosniaq., croate, dalmate* zaljev. — *Danois* Bækken. — *Esclavon* zaljev. — *Espagnol* darsena. — *Flam.* dok & voorhaven. — *Herség.* zaljev. — *Holl.* dok & voorhaven. — *Italien* darsena. — *Montén.* zaljev. — *Norv.* Bækken. — *Port.* bacia. — *Serbe* zaljev. — *Suéd.* bæcken. — *Turc* lejen.

☞ les références du mot « bassin ».

DARSE.

Additions & notes.

☆

débarcadère, sms; la partie d'un port affectée à l'embarquement & au débarquement des voyageurs. — Les *débarcadères* pour marchandises s'appellent des « quais ».

Allem. Ausladungsplatz, Landungsplatz & Löschplatz. — *Anglais* brink, ferry, floating landing-place, landing-place, mart, shore, staith & roadstead. — *Anglo-saxon* stædh. — *Bantou* esau, etombouelo, sau & tombouelo. — *Calabar* vx ikot. — *Congol.* esau, etombouelo, sau & tombouelo. — *Danois* Losseplads. — *Efik* ikot. — *Espagn.* desambarcadero. — *Flam.* loosplants & steiger. — *Hausa* mafitsi, mafoutsi. — *Holl.* loosplaats & steiger. — *Island.* stædh. — *Ital.* approdo, proda, sbarcatojo & scalo. — *Japon.* hatoba. — *Malais* bâgan, pangkalan. — *Niger.* ikot. — *Norv.* Losseplads. — *Persan* bandar, poul & poul-bandi. — *Port.* desambarcadouro. — *Russe* bouyan, myesto, plot & vouigrouzki. — *Siam.* hta & ta. — *Souahéli* diko, ko, liko, (madiko & maliko). — *Suéd.* landningsplats. — *Turc* iskele. — *Yorouba* eboute.

☞ échelle, escale & les références des mots « bassin », « port » & « quai ».

DÉBARCADÈRE.

Additions & notes.

☆

déclivité, sfs; en pente, dépression. — La *déclivité* rapide d'une côte la rend impropre à la culture.

Allem. Abdachung, Abhængigkeit, Abhang, Abschüssigkeit, Felsabhang, leite. — *Angl.* ascent, declivity, hollow, inclination, rake, side, slope. — *Arabe* hendoura. — *Bosniaq.* odvisnost & strmenitost. — *Congol. fr.* ye & (be). — *Croate & dalmate* odvisnost & strmenitost. — *Danois* Skraaning. — *Esclav.* odvisnost & strmenitost. — *Espag.* declive, declividad. — *Fan* ye & (be). — *Flam.* glooijing, helling,

DÉCLIVITÉ.

Additions & notes.

DÉCLIVITÉ.

Additions & notes.

— *Gaéliq.* fan. — *Herzég.* odvisnost & strmenitost. — *Hindoust.* dhal. — *Holl.* plooijing, helling. — *Island.* brekka. — *Ital.* calata, calo, china & pendio. — *Monténé.* odvisnost, stremenitost. — *Namaqua* llnob. — *Norvég.* Skraaning. — *Persan* nasheb, ragh & sheb. — *Port.* declividade, declivio & ladeira. — *Pundjab* tnt. — *Samoan* ifo'ai. — *Serbe* odvisnost & strmenitost. — *Slovène* brdo. — *Suéd.* sluttning. — *Turc* iokouch.

☞ abaissement, baisse, déclin, dépression, descente, dévalaison, fléchissement, côte, inclinaison, mi-côte, montée, pente, penchant, roidillon, tassement, versant.

×

DÉFILÉ.

Additions & notes.

Franç. vx trau. — *Prov.* bocal.

défilé, sms; passage très étroit entre de hautes montagnes. — Le passage d'un *défilé* est, pour un corps d'armée, une opération lente & périlleuse.

Achánti afae. — *Afghan* tang. — *Allem.* Engpass, Hohlweg, Klamm, Klause, Pass & Schlucht. — *Anglais* defile, filing off, narrow pass & pass. — *Anglo-améric.* notch. — *Annam.* dàng hep. — *Arabe* bab, (biban), fedj, foum, kheneg, medinh, nokb, nokol, salik, tenia, teniet, thrik, tizi. — *Armén.* guirdj. — *Bosniaq.* uzad. — *Catal.* gorg. — *Chinois* aï, gouan kou & onoo. — *Coréen* yeng. — *Croate*, *dalmate* uzak. — *Danois* Defilering & Snævring. — *Erse* bealach. — *Esclav.* uzak. — *Espag.* desfiladero, estrecho, garganta, hoz & paso. — *Flam.* engte & naauwte. — *Gaélique* bealach. — *Grec* klisoura, monopati. — *Holl.* engte, bergengte & naauwte. — *Ind. Amérique Nord* asto. — *Irland.* bealach. — *Island.* geil. — *Ital.* gola, gorgo, passo, stretto. — *Kabyle* ankik. — *Kermanji* tang & tangi. — *Kourde* ghelli, tang & tangi. — *Latin* gula. — *Malais* journag, surat maaf & surat pas. — *Montén.* uzak. — *Mossi* segoma. — *Norv.* Défilering & Snævring. — *Persan* tang, taugi & tengui. — *Port.* desfiladeiro. — *Prov.* gola, golet, gorc & guola. — *Russe* ouchtchélié. — *Saharien* aguelad. — *Serbe* tesnatz & uzak. — *Soudan. fr.* segoma. — *Souahéli* cheti & (vyeti). — *Suéd.* pass. — *Thibét.* nya rong & rong. — *Tripoli* foum. — *Turc* bogasi, boghàz, derbend, déré, dervent, dhar-iol, djick & kapou.

☞ boyau, col, conduit, étranglement, étranguillon, filière, gorge, pas, passage, passe & resserrement.

☆

DEGRÉ.

Additions & notes.

Grec climax. — *Roum.* gradul.

degré, sms; mesure de la 360ᵉ partie de la circonférence terrestre. — Le *degré* vaut 20 lieues marines ou 60 milles marins, donc 111,120 mètres.

Allem. Grad. — *Angl.* degree & grade. — *Arabe* daradchi. — *Catal.* grada & grau. — *Danois* Grad. — *Egyptien* darage & (daragàt). — *Espagn.* grada & grado. — *Finland.* aste. — *Flam.-holl.* graad. — *Ital.* grado & stadio. — *Latin* gradus. — *Malais* daradjat. — *Norv.* Grad. — *Port.* gráo, degráo & grudo. — *Prov.* degra, degrat, gra, grasa, grat & graza. — *Suédois* grad. — *Syriaq.* daradchât. — *Turc* deredche.

☞ atmosphère, centigrade, échelle, étendue, globe, gradation, heure, latitude longitude, méridien, minute, mille géographique, mille marin, lieue, monde, nonius, point, quarte, rang, scrupule, seconde, stade, Terre, tierce & vernier.

DELTA

delta, sms; terre de forme triangulaire formée par les branches d'un cours d'eau en deçà de son embouchure dans la mer. Le Gange forme un *delta* dans le golfe de Bengale.

Ce mot grec reste le même dans toutes les langues.

☞ aber, bassin, bouche de cours d'eau, branche, embouchure, enclave, friou, île, presqu'île, terre, zone.

☆

demeure, sfs; une habitation. — Les premières *demeures* furent des trous, des cavernes; des habitations troglodytiques existent encore en Touraine.

Achânti odan.
Afrique orient. allem. tembe.
Allemand Aufenthalt, Büren, Heim, Weiler, Wohnort, Wohnsitz & Wohnung. | *Allem. vx* Heim & Heriberg.
Andalou casa.
Anglais abode, bure, dwelling, home, homestead, house, mansion, place & residence.
Anglo-saxon ham.
Arabe dar, haloui, ikamat, makan, manzil, maoua, masakin & masoua.
Aragonais casa.
Bali ndap.
Banjan eket.
Bantou tembe.
Basari (adi) & goudi.
Baya toua.
Bosniaque stan.
Breton ham; (vx treb & treff).
Cambodge paillotte.
Cameroun eket & ndap.
Castillan casa.
Catalan casa; (vx albergaria).
Celtique ham.
Chaldéen ham.
Chamba (dididi) & gouddi.
Chinois fou-sang & sé.
Croate stan.
Dalmate stan.
Danois Bolig, By, Hjem & Ophold.
Egyptien bêt.
Erse bal, balla, bally, brugh & bud.
Esclavon stan.
Espagnol aire, albergueria, casa, domicilio, estancia, habitacion, mansiou, mesou & morada; (vx albergaria).
Fanti odan.
Finlandais asounto.
Flamand buren, heim, woning & woonplaats.
Français vx arretance, case, demeurance, demoiraison, estal, habitage, hebergement, hebergerie, maisnié, mesnié, (mesniéz) & remaigne.
Francique heriberga & heribergon.
Gaélique brugh.
Galla makani & marra.
Gallois bettws.
Gothique haims.
Hausa gida, & halita.
Herségovinien stan.
Herrero ondyuo & (ozondyuo).
Hindoustani bas-bas, basobi, bâti, galiyara, ghar, ok & vâti.
Hollandais buren, heim, woning & woonplaats.
Hongrois ház & lak.

DELTA.

Additions & notes.

DEMEURE.

Additions & notes.

Le mot *demeure* doit être pris ici dans son sens générique & désigne toute habitation humaine : abbaye, ajoupa, antre, appartement, auberge, baraque, bastide, bâtiment, bauge, béguinage, bicoque, bonbonnière, bouge, buron, cabane, cabanon, cabine, cabinet, cahuette, cahute, caravansérail, case, caserne, castel, catacombes, cave, caveau, caverne, cellule, chalet, chambre, chambrette, chartreuse, château, châtelet, chézeau, chaumière, chaume, chaumine, cloître, couvent, domaine, domicile, édifice, entresol, ermitage, fabrique, ferme, fort, fortin, garçonnière, gentilhommière, gîte, grenier, grotte, gynécée, habitacle, habitation, haillon, harem, hôpital, hospice, hôtellerie, hôtel, hutte, immeuble, lazaret, loge, logement, logette, logis, maison, maison

DEMEURE.

Additions & notes.

conventuelle, maisonnette, maison Tellier, manoir, mansarde, masure, ménil, mission, monastère, morgue, palais, pavillon, pension, pensionnat, phalanstère, pied-à-terre, plessis, pouillier, prison, propriété, quartier, refuge, repaire, résidence, retraite, roulotte, séjour, séminaire, sérail, soupente, taudion, taupinée, taverne, tente, termitière, toit, usine & villa.

Erse dét.

Indiens Californie tena.
Indo-chinois loun.
Irlandais bal, balla, bally, bol, brugh & bud.
Islandais heimr.
Italien abitazione, abitazzio, albergamento, alberghe, aria, casa, dimora, domicilio, soggiorno & stanza; (vx aire).
Javanais griya, hêmah-han, homah, homah-han, panggên-nan & panggon-nan.
Khas Chos loun.
Latin burgus, casa, domus, locus & mansio.
Latin (bas-) burum & heribergus.
Malais tampat duduk & tampat kadudukan.
Monténégrin stan.
Namaqua ómi & lharù-òmi.
Normand bœuf, borde, bu, bur & mansel.
Norvégien Bolig, By, Hjem & Ophold.
Oshindonga oudyuo.
Ouolof kour.
Picard hen.
Polonais mieszkanie.
Portugais albergaria, aria, casa, (habitaçoes), morada & sitio; (vx albergamento).
Provençal aire, aize, aizi, alberc, albergamen, alberguaria, alberguatge, casa, casalatge, casamen, chasamen.
Roman demeurance, demoraige, demorance, demourance, estal, habitacle, habitage, hauberge, laure, maiguée, mainiée, manage, manaige, mansion & mesnil.
Roumain casa & locuinti.
Roussillon casa.
Russe guiliche & iourte.
Saharien tarasham.
Samoan fale.
Sanscrit alaya, bati, greh, griha & vati.
Saxon vx ham.
Scandinave bear, beer & bere.
Sénégalais mbin.
Serbe stan.
Serer mbin.
Slave bus.
Slovaque dom.
Slovène stanovanje.
Soninque ka.
Souahéli kani, makani, makao, makasi & masikani.
Suédois bostad & by.
Syriaque bait.
Tchèque dum.
Thibétain sa.
Togo kaba.
Tudesque ham.
Turc ew & oui.
Yorouba boujoko & bouso.

☆

DENT.

Additions & notes.

dent, sfs; aspérité ou saillie en forme de dent se détachant d'un glacier. — Le chemin de la *Dent* de Naye gravit le Mont-Caux, monte aux chalets de Chamossalles situés au pied de la *Dent* de Merdasson, à 1,681 mètres (Lac de Genève).

Allem. Scharte, Zahn & Zand; (vx zant). — *Angl.* peak & tooth. — *Anglo-sax.* tòth & touth. — *Baya* ini. — *Bosniaq.* zùb. — *Breton* dant. — *Catalan* dent. — *Celtique* dant. — *Chinois* tchi. — *Cornig.* dans. — *Croate* zùb. — *Cymrique* dant. — *Dalmate* zùb. — *Danois* Skaar, tak, tand. — *Egyptien* (isuàn). — *Esclav.* zùb. — *Espag.* diente. — *Finland.* hammas. — *Flam.* taud. — *Gothiq.* tunthus. — *Grec* odons & odonto. — *Hausa* hakkori & (hakkora). — *Herrero* eyo & (omayo). — *Herzég.* zùb. — *Holl.* tand. — *Irland.* vx dét. — *Island.* dentus. — *Ital.* dente & tacca. — *Javan.* hountou. — *Latin* dens, dente & dentem. — *Luxemb.* zant. —

DENT   TERMES GÉOGRAPHIQUES   DÉPRESSION

Malais gigi. — *Montén.* zůb. — *Namaq.* llgub. — *Norm.* (à Caen : crique); à Valognes : criquette). — *Norv.* Skarr, Tak & Tand. — *Oshind.* eyego. -- *Picard* deint. — *Polon.* zab, zabek & zomb. — *Port.* dente. — *Prov.* dent. — *Roumain* dintele. — *Russe* sub & zoubi. — *Samoan* nifo. — *Sunscr.* dánt & danta. — *Serbe, slave & stovaq.* zůb. — *Slovène* zob. — *Souahéli* jino, (meno). — *Suéd.* tand. — *Syriaque* (adras), dirs, sinn & (snán). - *Tchèque* zub. — *Turc* dich.

☞ aiguille, glace, glacier, obélisque, pic, pointe & saillie.

☆

département, sms; une division territoriale ayant rang de province. Le territoire français est divisé en 86 *départements*.

Un ministère, une grande administration publique prennent fréquemment le titre de *département*.

Allem. Departement. — *Angl.* department. — *Arabe* ard & (arâ'di). — *Bosniaq.* kotar, okrug. — *Chinois* chau, chou & fou. — *Coréen* pou. — *Croate & dalmate* kotar & okrug. — *Danois* Landsdel. — *Égypt.* ard & (arâ'di). — *Esclavon* kotar & okrug. — *Espag.* departamento & departimiento. — *Flam.* amt, departement & landdrostschap. — *Herzég.* kotar & okrug. — *Holl.* amt, departement, landdrostschap. — *Italien* dipartimento. — *Japon.* ken. — *Norv.* Landsdel. — *Polon.* departament. — *Port.* departamento. — *Roumain* judetulu. — *Russe* deparchameuchi. — *Serbe* kotar, okrug. — *Suéd.* departemént & len. — *Syriaq.* ard & (arâ'di).

☞ ambact, bailliage, canton, cercle, circonscription, département, diocèse, district, finage, gouvernement, juridiction, pantière, paroisse, province, rayon, régence, ressort, subdivision, triage, verderie & zone.

☆

dépression, sfs; affaissement du sol. — Le travail continuel des eaux est une des causes permanentes des *dépressions* du sol.

Allem. Niederung, Senkung & Vertiefung. — *Angl.* depression. — *Arabe* batnah, betha, daiat, dasti, (rekaim) & rekama. — *Bosniaq.* dubljina. — *Breton* stou (moy. stouff). — *Croate* dubljina. — *Cymriq.* ystwng. — *Dalmate* dubljina. — *Danois* Nedtrykning. — *Égypt.* dist. — *Esclavon* dubljina. — *Espagn.* depresion. -- *Flam.* druk & indrukking. — *Herzég.* dubljina. — *Holl.* druk & indrukking. — *Ital.* abbassamento & depressione. -- *Montén.* dubljina. — *Norv.* Nedtrykning. — *Port.* caldeira, depressão. — *Serbe* dubljina. — *Suédois* laglæud mark. — *Syriaque* chilkin. -- *Thibét.* ding & sdings. — *Turc* kasau.

☞ abaissement, affaissement, affouillement, baisse, compression, creux, déclin, descente, dévalement, enfoncement, faille, fléchissement, inclinaison, procombant, ravalement, surbaissement & tassement.

☆

DENT.

Additions & notes.

DÉPARTEMENT.

Additions & notes.

Le *département* n'a pas, en réalité, de traduction adhéquate. Ce mot n'est usité qu'en France, depuis la Révolution française.

Il faut donc consulter les noms étrangers qui ont la signification de « provinces ».

DÉPRESSION.

Additions & notes.

DÉRIVATION.

Castill. derivacion.

Additions & notes.

dérivation, sfs; détournement du courant d'un cours d'eau ou captation d'une partie de ces eaux. — La Meuse, dans sa partie française, offre une foule de sinuosités que l'on a supprimées en pratiquant des *dérivations*, dites « coupures ».

Allem. Ableitung, Abstammung, Herleitung, Umleitung. — *Angl.* derivation. — *Bosniaq., croate & dalmate* odvod, porieklo. — *Danois* Afleduing. — *Esclav.* odvod, porieklo. — *Espag.* derivacion. — *Flam.* afleiding. — *Herzég.* odvod & porieklo. — *Holl.* afleiding. — *Ital.* derivazione. — *Monténég.* odvod & porieklo. — *Norv.* afleduing. — *Port.* derivação. — *Serbe* odvod & porieklo.

☞ artère, aviraison, biais, bief, biez, bifurcation, buse, canal, canal latéral, caniveau, captation, chatière, chenal, conduit, conduite, coude, coupure, courant, cours, cours d'eau, coursier, crochet, dalot, décharge, déchargeoir, dégorgement, détour, détournement, déversoir, déviation, écart, embranchement, émissaire, enchenot, épanchoir, étier, étrive, euripe, fourche, galerie, goulette, grau, irrigation, méandre, navile, passage, pli, prise d'eau, réfraction, remous, ressaut, rigole, rivière, riviérette, ru, ruisseau, saignée, section, serpentement, sinuosité, touc, tranchée, tuyau, tuyère, tunnel, veine, voie navigable, renard & roubine.

✥

DÉSERT.

Additions & notes.

Castill. desierto. — *Franç. vx* eremodice. — *Latin* solitudo.

désert, sms; une contrée inhabitée. — Le Sahara, le plus grand *désert* du globe, perd de son étendue, sous la poussée des peuples qui envahissent méthodiquement ses frontières.

Abyssin alla. — *Achánti* nkyerekyera. — *Afghan* choul. — *Afrique or.* pouri. — *Afrique or. allem.* otako. — *Allem.* Wüste, Wüstenei. — *Angl.* desert. — *Annam.* chôn quanh qué. — *Arabe* aghma, ama, badie, badiya, baida, chaul, falat, faire, mufaza, naam, sahara, sahra & tih. — *Arménien* anabad. — *Bantou* orove, rove & (sitove). — *Berbère* ufelle & sahara. — *Bosniaq.* pustara & pustinja. — *Cafre* ouquato & quato. — *Catal.* desert. — *Changalla* halla. — *Chinois* hang kong pe & cha-mo. — *Croate & dalmate* pustara & pustinja. — *Danois* Œrken. — *Égyptien* chala. — *Esclavon* pustara & pustinja. — *Espag.* desierto, yermo. — *Finland.* erømarken & korwesa. — *Flam.* woest & woestijn. — *Gabouu* orove, rove & (sitove). — *Galla* bouuga. — *Grec* crémos. — *Hausa* dava. — *Hassania* khele. — *Herzégov.* pustara & pustinja. — *Hindoust.* uir-jal. — *Holland.* woest & woestijn. — *Ital.* deserto & diserto. — *Lac Chiroua* etoro. — *Latin* desertum. — *Lomoué* etoro. — *Makoua* otako. — *Malais* belantara, gouron & rimba belantara. — *Min-hia* ghi ta hé. — *Mongol* dala, kosouu, tala & tara. — *Montén.* pustara & pustinja. — *Mpongoué* orove, rove & (sitove). — *Norv.* Œrken. — *Ouolof* alle & manding. — *Persan* besha, bisha, biyàbàn, chang, choul, dacht, deoht, hamoûn, kevir, sahrà. — *Polon.* pustynia. — *Port.* deserto. — *Provençal* desert & ermage. — *Roum.* desert & pustie. — *Russe* nouchinie, poustynia & chepie. — *Sanscrit* kanau, marou, nirjal. — *Serbe* pustara & pustinja. — *Serer* kob. — *Slave* pus=

tynja. — *Slovène* puscava. — *Songhaï* ganji. — *Soninque* goune. — *Souahéli* jungoua, (majangoua) & ouangoua. — *Suéd.* Œken. — *Syriaq.* chaul. — *Thibét.* stong & tong. — *Touareg* afelle. — *Turc* chel, cheul & koum. — *Yorouba* ijou. — *Yunnan* ghi ta hé. — *Zoulou* ouquato & quato.

☞ bois, écart, ermitage, forêt, isolement, jungle, maquis, mirage, pampas, pays perdu, sables, savane, solitude, steppes & toundra.

DÉSERT.

Additions & notes.

☆

détroit, sms; une partie de mer serrée entre deux terres. — Le *détroit* de Behring sépare les continents de l'Amérique & de l'Asie.

Allem. Enge, Engpass, Meerenge, Pass, Strasse. — *Anglais* channel, frith, sound, & trait. — *Annam.* pha biên. — *Arabe* bab, (biban), khaur & mouzik. — *Arménien* phoghoths. — *Bosniaq.* putni list, putovnica, zdrielo. — *Breton* râz, strec'h, stric'h & striz. — *Catal.* bras. — *Celtiq.* ben, pen, penn & ras. — *Chinois* hia-kau. — *Croate & dalmate* putni list, putovnica & zdrielo. — *Danois* Belt, Fiord, Stræde & Sund. — *Égyptien* boráz. — *Esclav.* putni list, putovnica & zdrielo. — *Espag.* brazo, estrecho, freo, freu. — *Esquim.* ighazekhsoa & ighazeng. — *Fanti* isoua. — *Finland.* rauma. — *Flam.* straat. — *Gaéliq.* caolns & firth. — *Herzégov.* putni list, putovnica & zdrielo. — *Hindoust.* ghati. — *Holl.* straat & zee-enge. — *Ital.* braccio, fauci & stretto. — *Japonais* seto. — *Latin* brachium & strictus. — *Malais* selat. — *Montén.* putni list, putovnica & zdrielo. — *Norv.* Fiord. — *Persan* taugi, tengui. — *Philipp.* silanga. — *Port.* braço & estreito. — *Prov.* bratz. — *Roum.* strimtoare. — *Russe* pratif & prolif. — *Scandin.* sund. — *Serbe* putni list, putovnica & zdrielo. — *Siam.* choung & chong. — *Suéd.* fjærd & sund. — *Syriaq.* boráz. — *Turc* boghaz & tar.

☞ bosphore, bouque, boyau, bras de mer, canal, canalet, crique, défilé, eau, embouchure, estuaire, étranglement, filière, friou, gorge, goulet, manche, mer, mouillage, navigation, pas, passage, passes, pertuis, resserrement & rétrécissement.

DÉTROIT.

Additions & notes.

Franç. vx descrois. — *Castill.* estrecho. *Latin* fretum.

☆

Dieu, sms; Être suprême. — Le sacré nom de *Dieu* entre dans la composition d'un grand nombre de noms & de mots géographiques.

Albanais Perendia.
Allemand Gott; (vx Got).
Aneityoum Atoua.
Andalou Dios.
Anglais God.
Annamite Phat thi.
Arabe Abou & Allah.
Aragonais Dios.
Arménien Aasdoudsoj & Aasdouads.
Auvergnat Diou.
Aymara Diosaja.
Basque labourdin Jaincoac.
Basque souletin Jaincouac.
Battak Debata.
Baya Só.
Béarnais Diu.
Bengali Ishouar.

DIEU.

Additions & notes.

Berbère Allah.
Bosniaque Bogu.
Breton Doué.
Bourguignon Deu.
Bulgare Bog.
Cafre Outixo.
Castillan Dios.
Catalan Deu.
Celtique Diu & Esus.
Ceylanais Deos.
Chinois Sang-ti & T'ien-coù.
Cri Muneto.
Croate Bogu.
Dalmate Bogu.
Danois Gud.
Dayak Hatalla.
Doualla Muna.
Doubs Due.
Égyptien Abba.
Erse Dia.
Esclav. Bogu.
Espagnol Dios.
Eoué Maoué.
Esquimau Gudib.
Esthonien Jummal.
Faté Atoua.
Fidjien Kalou.
Finlandais Jumala.
Flamand God.
Français vx Deu, Dex, Dieu, Dior, Druthin, Goi, Goy, Goye.
Franc-comtois Deu.
Gaélique Dia.
Galla Oumasa.
Gallois Duw.
Gaulois Diu.
Ghâ Nyongmo.
Gothique As & (Asar).
Grec Déos.
Groenlandais Gudib.
Haoussa Alla.
Hébreu Adonaj, Éloïm & Jéhovah.
Herrero Moukourou.
Herzégovinien Bogu.
Hollandais God.
Hongrois Isten.
Iata Khong.
Ibo Tsou kou.
Ile d'York Nara.
Indo-portugais Deos.
Irlandais Dia.
Iroquois Niio.
Islandais Gud.
Italien Dio & Iddio; (vx Deo).
Javanais Dèoua & Dèoui.
Kabyle Rebbi.
Khassia Ou Blei.
Kimboundu Nzambi.
Lapon Jubmel.
Latin Deus.
Liégeois Binamébondieu.
Lifou Akôtesie.
Lithuanien Diews.
Livonien Deews.
Luxembourgeois Gott.
Malais Allah.
Malgache Andriamanitra.
Maliset Nukskam.
Maltais Alla.

Mandingue Alla.
Manx Jee.
Maori Atoua.
Maré Macaze.
Marquisien Atoua.
Maya Dioz.
Mende Ngéouo.
Mic-Mac Nicscam.
Mohawh Yehovah.
Monténégrin Bogu.
Murray Ade.
Namaqua Eloba & Tsou.
Nancéen Due.
Narrinyeri Jehovah.
Négro-anglais Gado.
Ngonnais Supe.
Niouean Atua.
Norrégien Gud.
Nouvelle-Bretagne Kalou.
Odji Kulounga & Onyankôpon.
Oshindonga Kalouga.
Ourdou Khoudâ.
Pedi Modimo.
Persan Abbas.
Picard Deu, Dieu, Dieux, Diex, Diu & Djiu.
Piémontais Iddiou.
Polonais Bog.
Portugais Deos & Deus.
Provençal Dieu & Diou.
Rarotongais Atoua.
Roman Deu, Dex, Dieu, Diex, Diez, Dius & Goi.
Romanche Deiz, Deus & Dieu.
Rotuma Ojitou.
Roumain Dumnezeu.
Russe Bog.
Ruthène Bog.
Samoan Atoua.
Samogitien Diewas.
Sangirais Rouata.
Sanscrit Déva & Ram.
Santeux Muneto.
Savoisien Djeu.
Saxon God.
Scandinave Gud.
Serbe Bogu.
Sessouto Molimo.
Sétchouana Morimo.
Slave Bog & Bogu.
Slavé Niotsi.
Slovaque Boh.
Slovène Bog & Buh.
Souahéli Moungou & (Mioungou).
Suédois Gud.
Suève As & (Asar).
Syriaque Abba.
Taïtien Atoua.
Tchèque Buh.
Temne K'Ooruo.
Thibétain Lha.
Tinné Keshamounedoo.
Tonga Otoua.
Toudoukh Vittukoochanchyo.
Turc Alla, Allah, Eb & Ebou.
Vaudois Diou.
Wende Bog, Bôg & Boh.
Yahgan God.
Yorouba Oloroun.
Zoulou Uu Tixo.

digue, sfs; chaussée élevée le long de la mer ou d'un cours d'eau. — Le but de le digue est d'empêcher l'envahissement des terres par les eaux.

Allem. Damm, Deich & Schuttung. — *Angl.* dam, dike & embankment. — *Anglo-sax.* dic. — *Arabe* gisr & resif. — *Azande* gangala & gangara. — *Bantou* mouvou & vou. — *Bosniaq.* nasip & sip. — *Chinois* che, ki, kou, ti & yen. — *Congol.* mouvou & vou. — *Croate & dalmate* nasip & sip. — *Danois* Dæmning & dige. — *Egypt.* gisr. — *Esclav.* nasip, & sip. — *Espagn.* dique & malecon. — *Flam.* dam, dijk & kade. — *Herzég.* nasip & sip. — *Hindoust.* barro. — *Holl.* dam, dijk & kade. — *Hongr.* gàt. — *Ital.* argine & diga. — *Malais* alor, ampang, tembok & terbis. — *Montén.* nasip & sip. — *Norm.* (à Valognes : élavare). — *Norv.* Dæmning & Dige. — *Persan* baud, puul. — *Picard* castiche & catiche. — *Polon.* tama. — *Port.* adufa, dique, molhe. — *Provenç.* dic. — *Roum.* dig & zagaz. — *Russe* oplochi, plochina & rov. — *Samoan* ai. — *Serbe* nasip & sip. — *Suéd.* damm. — *Syriaq.* soudd. — *Turc* bend.

☞ barrage, barre, barrière, batardeau, clôture, endiguement, enrayage, entraves, frein, obstacle, rempart, turcie & wateringue.

DIGUE.

Additions & notes.

Franç. vx levade, levée, leveye. — *Latin* moles. — *Roman* vayne. — *Vendéen* abo.

☆

diocèse, sms; division d'un archevêché ou groupe de doyennés. — Les *diocèses* sont administrés par des évêques; ce sont alors des évêchés.

Il y a des diocèses administrés par des archevêques & même par des cardinaux; ils portent le titre d'archevêchés.

Allem. Diöcese, kirchlich Gebiet, Kirchsprengel, Sprengel & Stift. — *Angl.* diocose. — *Bosniaq.* kotar, podrucje — *Catal.* diocesis. — *Croate & dalmate* kotar & producje. — *Danois* Bispedœmme & Stift. — *Esclav.* kotar, producje. — *Espagn.* diocesis. — *Flam.* bisdom, kerkelijk gebied & kerspel. — *Grec* dioikèsis. — *Herzég.* kotar & podrucje. — *Holl.* bisdom, kerkelijk gebied & kerspel. — *Ital.* diocesi. — *Latin* diœcesis. — *Montén.* kotar & podrucje. — *Norv.* Bispedœmme & Stift. — *Polon.* dyeceyza. — *Port.* diocese. — *Provençal* deital, diocesa & diocezi. — *Russe* eparchiia. — *Scandin.* stift. — *Serbe* kotar & podrucje. — *Suéd.* stift.

☞ archevêché, arrondissement, bailliage, canton, circonscription, culte, cure, curie, département, district, doyenné, éparchie, évêché, gouvernement, nome, papauté, paroisse, province, quartier, Saint-Siège, section, subdivision & succursale.

DIOCÈSE.

Additions & notes.

Castill. diocesis.

Ces divisions ne sont géographiques que pour les États qui ont maintenu les subdivisions religieuses dans l'organisation politique de leur territoire.

☆

district, sms; subdivision administrative ou territoriale employée dans l'organisation des services publics de plusieurs États. — Un *district* minier représente un petit territoire dont les exploitations minières sont soumises à la surveillance d'un même agent.

Allem. distrikt, Gau & Landschaft. — *Angl.* district. —

DISTRICT.

Additions & notes.

DISTRICT　　　　　　　　　TERMES GÉOGRAPHIQUES　　　　　　　　DUCHÉ

DISTRICT.

Achânti afam & apa.

Additions & notes.

Annamite huyen. — *Arabe* aoulad, aulad, hauma, houma, nahiya, naouah & oulad. — *Asie centrale* ouyasd. - *Bambara* kanda. — *Bantou* alo, alou, aro, arou, chalo, charou, chialou, insi & inzi. — *Bosniaq.* kotar & okrusje. — *Cambodg.* khet. — *Castill.* distrito. — *Catal.* destret. — *Celtique* bro & man. — *Chinois* chiou, chou, hièu, ouei & tin. — *Coréen* djou & tjyou. — *Croate* & *dalm.* kotar & okrusje. — *Danois* Distrikt. — *Égypt.* me-mûri'je, (ouazâ=if), ouazife. *Esclav.* kotar & okrusje. — *Espag.* coto, distrito & partido. — *État Chan* panna. — *Finland.* virka. — *Flam.* distrikt & gebied. — *Foula* leidi. — *Franç. vx* ressort. — *Hausa* koto. — *Herzég.* kotar & okrusje. — *Hindoust.* ganon, ganou & gaon. — *Holl.* district & gebied. — *Hongr.* kerület, vidék. — *Indou* sirkar. — *Island.* syssel. — *Ital.* distretto. *Japon.* chiou & gori. — *Kossova* rirooua & rooua. — *Malais* bâgan & penghoulou. — *Malgache* tani. — *Maroc.* ida, sok. *Mongol* aimak. — *Montén.* kotar, okrusje. | *Norv.* Distrikt. *Ouganda* rirooua, rooua. — *Persan* marz. — *Polon.* ujazd. *Port.* comarca, districto, freguezia. | *Prov.* destrech, destret *Roman* alinguance, assisiage, baucage, destrait & destroit. — *Roum.* districtu, districtul & (judetzi). — *Russe* okroug & poustina. — *Samoan* faiva & tufiga. — *Sanscrit* ganon, ganou & gaon. — *Serbe* kotar & okrusje. — *Slovaq.* krajina. — *Slovène* okraj. — *Soudan.* kanda & khot. — *Souahéli* uti & ti. — *Suéd.* distrikt, domsaga, hærad, omrade. — *Syriaq.* ma=mûri'ji, (ouazâjif) & ouazifi. — *Tchèq.* krajina. — *Teuton* gou & gay. — *Thibét.* de, gling, ling & sde. — *Turc* cazas & sandink. — *Yorouba* odo.

District indépendant :

Caucasien & russe otdyel.

District inhabité :

Angl. uninhabited district. — *Cafre & zoulou* ihlane.

District montagnard :

Angl. mountainous district. — *Espag.* serrania.

☞ ambact, arrondissement, bailliage, canton, châtellenie, circonscription, comtés, comitat, dème, dépendance, département, division, éparchie, finage, gouvernement, juridiction, nome, pays, provinces, quartier, rayon, région, ressort, secteur, section, subdivision, verderie, zone.

☆

DOCK.

Additions & notes.

dock, sms.; ☞ darse, débarcadère & quai.

☆

DOLMEN.

Additions & notes.

dolmen, sms; table de pierre posée à plat sur d'autres pierres. — La Bretagne abonde en *dolmens* qui servaient d'autels aux Druides pour leurs monstrueux sacrifices religieux.

Allem. Dolmen, Druidenstein. — *Angl.* dolmen. — *Breton & celtique* tolmen. — *Danois* forkeltisk Stendysse. — *Flam.-holland.* celtische grafrots. — *Norv.* forkeltisk Stendysse. — *Port.* dolmen.

☞ autel, barbarie, druidique, holocauste, pierre druidique, religion, sacrificateur, sacrifice, victimaire.

☆

DOUANE. — Additions & notes.

douane, ☞ bureau de douane.

☆

DUCHÉ.

Additions & notes.

duché, sms; territoire administré souverainement par un duc ou par une duchesse. — Les *duchés* sont une des survivances du régime féodal.

Allem. Herzogtum. — *Angl.* duchy, dukedom. — *Bosn.*

DUCHÉ.

vojvodina & vojvodstvo. — *Castill.* ducado. — *Catal.* ducat. — *Chinois* goung ie gouo. — *Croate & dalmate* vojvodina, vojvodstvo. — *Danois* Hertugdœmmet. — *Esclavon* vojvodina & vojvodstvo. — *Espag.* ducado. — *Flam.* Hertogdom. — *Herzég.* vojvodina & vojvodstvo. — *Holl.* hertogdom. — *Ital.* ducato. — *Latin* ducatus. — *Montén.* vojvodina, vojvodstvo. — *Norvég.* Hertugdœmmet. — *Port.* ducado. — *Prov.* ducat & dugat. — *Roman* duchey & duchy. — *Roum.* ducat & ducatul. — *Russe* guertsoguestvo. — *Serbe* vojvodina & vojvodstvo. — *Suéd.* hertugdôme.

☞ bailliage, département, État, gouvernement, préfecture, province, puissance, comté, marquisat, pairie, souveraineté, seigneurie, territoire & vicomté.

☆

dune, sfs; colline de sable fin formée au bord de la mer & couverte d'une végétation chiche & instable. — Les *dunes* sont mouvantes : la mer en modifie la forme à tout instant.

Allem. Düne. — *Amérique Sud* guadal. — *Angl.* below, downe, down, meal & small sandy hill. — *Arabe* oreg, erg. *Bantou* mongo & ongo. — *Berbère* (ighidi). — *Bosniaque* nasip. — *Breton* tûn. — *Castill.* duna. — *Celtique* dun. — *Congol.* mongo & ongo. — *Croate & dalm.* nasip. — *Danois* Dyne & Klit. — *Esclav.* nasip. — *Espagn.* duna. — *Flam.* duin. — *Franç. vx* dunum. — *Gaulois* dunum. — *Herzég.* nasip. — *Holland.* duin. — *Ital.* duna. — *Latin* dunum. — *Monténégr.* nasip. — *Norv.* Dyne, Klit. — *Polon.* piaszczyste wzgorza. — *Port.* collina de area. — *Roum.* prundisul. — *Russe* pestchani bouvrie. — *Sahara* ghourd. — *Serbe* nasip. — *Songhaï* goure & hondou. — *Soudan. égypt.* (gizan) & goz. — *Suéd.* (dyner), sandas. — *Thibét.* og, yog.

☞ ballon, butte, chaîne de collines, chaîne de dunes, chaîne de montagnes, col, cône, côte, crête, croupe, élévation, éminence, faîte, hauteur, mamelon, mondrain, montagne, montagnette, monticule, morne, motte, nœud, ondulation, penchant, pente, plateau, rameau, ramification, rampe, roidillon, tertre, tumulus & versant.

☆

E

eau, sfs; l'un des deux éléments qui forment notre planète. — Les *eaux* occupent les 2/3 de la surface du globe.

Abba gibya.
Abyssin ancho, aiya, bechi, bouff, hata, noko & tana.
Achanti insou.
Afrique centrale domais, gouaso, mari, masi, mazi & ri.
Afrique orient. ngari; *(allem.* gogo, kigogo, marenga & renga); *(anglaise* ang'are & couaso).
Alaska to & wu.

DUCHÉ.

Additions & notes.

C'est toujours dans l'organisation de l'Allemagne arriérée que l'on retrouve ces petits états du Moyen-âge qui vivent, militairement, sous le régime du reître.

Il existe, en Grande-Bretagne, des titres de noblesse qui portent le nom de *duché-pairie*.

DUNE.

Additions & notes.

EAU.

Additions & notes.

EAU · TERMES GÉOGRAPHIQUES · EAU

Alfouras akere & aki.
Allemand A, Aa, Ach, Au, Aue & Wasser; (vx a, aa, æ, aha).
Andalou agua.
Anglais water.
Anglo-saxon ea & æ.
Angola ovava & va.
Arabe bahar, bahr, boheira, ma, (miah) & moye.
Aragonais agua.
Arménien jour & tchour.
Aroma nalou.
Attie me.
Australien gabbi & yourri.
Azande di & ime.
Aztèque atle.
Bafo di & madi.
Bakoundou lifa & malifa.
Bali usi.
Bambara ji & jini.
Banda ngou.
Banjan mania.
Bantou akame, amaji, amansi, amasi, amazi, amensi, asi, auingo, dzi, domasi, ekam, eounso, evounso, gogo, gome, ije, inzi, ji, kam, kigogo, langou, liba, madzi, mai, maije, mainji, maji, mansi, manzi, marenga, mari, masi, maliba, mazi, me, mensi, mezi, minsi, minzi, ngome, ningo, nlango, nsi, nzi, ovava, renga, ri, si, va, zi.
Basari niem.
Basque labourdin ouoa & our.
Basque souletin ura.
Batta be & bi.
Baya li & ri.
Béarnais aigo.
Bihe ovava & va.
Bornou chari & sari.
Bosniaque voda.
Breton dour.
Cafre amanzi, manzi & nzi.
Cambodgien dik, thoui, thouk & tien-thoui.
Cameroun di, lifa, madi, malifa, mania & usi.
Castillan agua.
Catalan aygua.
Celtique axe, dour, dubro, el, esk, exe, is, o, ouz, uisjh, wysg.
Chamba mounjou.
Chin Hills toui.
Chinois ake, chou, chouan, chouei, choui, hae, iavou, ii, ouom & outiou.
Chong chia-tsé ram.
Chongkia roum.
Congolais giroungou, gome, liba, maliba & ngome.
Congolais français medzim & nana.
Colorado pa.
Cornique dofer & dour.
Côte d'Ivoire me.
Côte de Sumatra oinan.
Croate voda.
Cymrique dubr, dwfr & wy.
Dalmate voda.
Dankali le.
Danois Vand.
Dauphinois (âges).
Ebon dreu.
Engadine aua.
Égyptien moije.
Erse abh, dobhar & uisgebeatha.
Esclavon voda.
Espagnol agua.
Esquimau mouk.
État de Chan nam, noum & roum.
Fan chi, machi & medzim.
Finlandais vesi.
Flamand water.
Français vx acques, age, agne, aigue, aique, aive, aix, aixe, ardone, ardonne, dour, durum, esve, esvie, eve, jave, yare & yave.

Franc-comtois iau.
Gaélique abh, aff, an, av, dar, der, dobhar, dur, dwr & loue.
Galla bisham, bissani & bouff.
Gallois douvre, dur, dwfr, dwr, dyfr & gouy.
Gaulois dubron.
Gothique ahva.
Grec (aa), hudôr, hydor, nero & udor.
Hammer koki noko.
Hausa eghirréu & roua.
Haute-Marne acqs, age, ageville & ax.
Haut-Niger dhiouliba & joliba.
Haut-Nil emba & lei.
Hébreu ee.
Herrero omeva.
Herzégovinien voda.
Hindoustani pani & vàri.
Hollandais water.
Hongrois viz.
Hottentot ab, ap, eb, ep, ib, ip, ob, op, oub.
Hou-ni outiou.
Ibérion aigo.
Indiens Amérique Nord aha, aououa, bee, ma pa, mine, nouch, okla, po & ti.
Indiens Californie ha, is sha, k'ha, kik, mehm, pa ha & ta-nam.
Indo-chinois louong, nam & ya.
Indou to.
Ingalik tou.
Irlandais lo & uisgebeatha.
Isérois (âges).
Islandais vatn.
Italien acqua & aqua; (vx aigua).
Ja-louo pi.
Japonais midzou & mitsou.
Javanais bannu & toya.
Jibou nia.
Kabadi veina.
Kerepounou nanou.
Ketoche kamechi.
Kilimane ije & manije.
Kiouai obo.
Kirghiz sou.
Kiriouina sopi.
Kotoko chari & sari.
Kouchkohnim to.
Kouka fittri.
Kourde ava.
Lac Chiroua ota.
Lac Rodolphe gibi, gibya & nianam.
Lac Tchad ava, ba, chad, chari, fittri, mane, nki, saghe, sari, toutou, tsad, tsadhe.
Laotien noum.
Lapon tana.
Latin aqua, aquæ & aquas.
Libien tana.
Loango langou & nlangou.
Lolo ii.
Lomoué ota.
Maiva vei.
Malais ajer & âyer.
Malgache rano.
Mandchou mouke.
Maori ouaï.
Marocain aman.
Masaï ngari.
Mentaouei jiojia & oinan.
Mésopotamien anah.
Mexicain atle & atte.
Monyol ousou.
Monténégrin voda.
Mossi kom.
Motoumotou ranou.
Mpongoué aningo & ningo.
Namaqua llguni.
Nandi pek.

EAU — TERMES GÉOGRAPHIQUES — ÉCHANCRURE

Néo-guinéen ennene, goila, gou, koummene, nalou, nia, nanou, obo, ouai, ranou, sopi, uo, vei, veina, yak, you, yannekat, yo & yooui.
Nongo noum.
Normand doui, iau, vieille & yau.
Norvégien Vand.
Nubien oto.
Odji omea.
Oshindonga omea.
Oualamo hata.
Ouganda akipi, bek, kamechi, pek & pi.
Ouolof ndokh.
Palestine anah.
Persan ab, daria & darya.
Picard iau & ieu.
Polonais woda.
Polynésien ouai, vai & voi.
Portugais agua.
Poula javou.
Pouma basso.
Provençal aiga & aigua.
Rivière Noire louong & nam.
Rivière Rouge nam-ta & ram.
Rivière Sobat fli.
Roman aleaiwe, aigue, aluwe, awe, dour, dur, iau, (iauves), ieu, (yauves), yave, yawe.
Rouchi iau & yauc.
Roumain apa.
Russe voda.
Saharien eyi & mi.
Samoan vai.
Sanscrit ala, amblias, (ambu), ap, apa, (apas), âvaya, jala, nivara, pâuiya & vâri.
Sara mane & toutou.
Scythe ow.
Serbe voda.
Serer fof.
Siamois nam.
Slave ava, voda & woda.
Slovaque voda.
Slovène voda.
Socotra diho.
Somali biya & biyo.
Songhaï hari & isa.
Soninque ji & jini.
Soudanais di & ngou.
Soudan français ji & kom.
Souahéli maji.
Suédois vatten.
Syriaque mia, moi & moiji.
Tahitien pape.
Tamoul toyam.
Tangout chsiou & tosou.
Tchèque voda.
Teda eyi.
Temashight eghirrèu.
Terauye eyi & mi.
Thibétain chou & ousou.
Togo nju.
Turc ab & sou.
Turkana gibi.
Utah pa.
Yambo fli.
Yayo ouom.
Yorouba kouara & omi.
Yunnan ram.
Zambèze dzi & madzi.
Zoulou amanzi & nzi.

☆

ebe, sms; ☞ jusant.

☆

échancrure, sfs; ☞ crevasse.

EAU.

Additions & notes.

☞ abreuvoir, aiguade, aiguail, amas d'eau, amphibie, anse, aquarium, avalasse, baie, bain, bassin, canal, canalet, canalicule, carré d'eau, cascade, cataracte, château d'eau, chute d'eau, citerne, clepsydre, cours d'eau, crique, déluge, dock, dois, eau dormante, eau douce, eau stagnante, eau thermale, embouchure, encyclie, estuaire, étang, fil de l'eau, filet d'eau, flaque, fleuve, flot, flottage, flux, fontaine, geyser, giboulée, glace, glacier, golfe, goutte, grain, inondation, irrigation, lac, lacustre, lagon, lagune, liquide, marais, mare, marécage, marée, mer, nappe d'eau, navigation, neige, noue, nuage, océan, onde, ondée, pièce d'eau, pluie, pompe, port, puisard, puits, rade, ravine, raz de marée, reflux, réservoir, rigole, rivière, riviérette, ruisseau, ruisselet, rosée, source, tempête, thermes torrent, trombe, typhon, vapeur, à vau-l'eau, veine, vivier, voie d'eau & voie navigable.

EBE. — Additions & notes.

ÉCHANCRURE. — Additions & notes.

ÉCHELLE.

Grec climax. — *Roman* chet.

Additions & notes.

échelle, sfs; ligne droite tracée sur un plan ou sur une carte & divisée en plusieurs parties conventionnelles pour permettre l'évaluation d'une distance ou les proportions d'un dessin. — Les *échelles* ont pour base l'unité de longueur en usage dans chaque État.

Allem. Massstab. — *Angl.* scale of map. — *Bosniaque* mjerilo. — *Breton* skeúl. — *Castillan & catalan* escala. — *Croate* mjerilo. — *Cymriq.* ysgol. — *Dalm.* mjerilo. — *Danois* Maalestok & Stige. — *Esclav.* mjerilo. — *Espagn.* escala. — *Flam.* schaal. — *Herzég.* mjerilo. — *Holl.* schaal. — *Ital.* scala. — *Latin* scala. — *Monténi.* mjerilo. — *Norv.* Maalestok & Stige. — *Picard* ékelle. — *Portug.* escala. — *Prov.* escala & scala. — *Roum.* scara. — *Russe* trape. — *Serbe* mjerilo. — *Suéd.* skala.

☞ aire, altitude, centigrade, degré, dimensions, division, échelette, échelon, étendue, gradation, grade, hauteur, largeur, latitude, longitude, longueur, mesure, mesurage, métrage, mètre, mille, minute, nonius, pied, profondeur, quarte, schéma, scrupule, seconde, système métrique, tierce, vernier & diagramme.

☆

ECLUSE.

Prov. stauca.

Additions & notes.

écluse, sfs; petit bassin à deux portes dans lequel un bateau franchit sans danger les obstacles & différences de niveau d'un cours d'eau. — Des vannes pratiquées aux portes des *écluses* laissent passer l'eau pour emplir ou vider le bassin.

Allem. Schleuse. — *Angl.* flood-gate, lock & sluice. — *Arabe* gisr, resif & toura. — *Bantou* kakou & nkakou. — *Bosniaq.* ustava. — *Castill.* esclusa. — *Catal.* resclosa. — *Chinois* che, ki, kou, ti & yen. — *Congol.* kakou & nkakou. *Croate & dalmate* ustava. — *Danois* Sluse & Sluseport. — *Esclav.* ustava. — *Espagnol* azud, esclusa & presa. — *Fan* aya, (meya). — *Finland.* sulku. — *Flam.* dam, kade, spui & sluis. — *Herség.* ustava. — *Holl.* dam, kade, sluis, spui. — *Hongr.* gát. — *Ital.* cateratta, chiusa, conca & imposta. — *Latin* claudere. — *Malais* ampang. — *Monténi.* ustava. — *Norm.* essiau; (à Vire : prince). — *Norv.* Sluse & Sluseport. — *Persan* band & bound. — *Picard* heventelle. — *Polon.* sluza. — *Port.* comporta, dique & represa. — *Prov.* resclauza. — *Roum.* stavilar. — *Russe* chlgouzi & zakol. — *Serbe* ustava. — *Soudan.* gangala, gangara. — *Suéd.* sluss.

☞ barrage, barrage éclusé, bassin, bateau-porte, bief, canal, chambre, chute, cours d'eau, digue, eau, écluse de chasse, écluse de fuite, éclusette, hydraulique, niveau, radier, rivière, sas & vanne.

☆

ÉCLUSE A MARÉE.

Additions & notes.

écluse à marée, sfs; ☞ varaigne.

☆

ÉCLUSETTE.

Additions & notes.

éclusette, sfs; une petite écluse. — Les *éclusettes* sont employées dans les irrigations.

| ÉCLUSETTE | TERMES GÉOGRAPHIQUES | ÉGLISE |

ÉCLUSETTE.

Additions & notes.

Allem. kleiner Schleuse. — *Angl.* little lock, little sluice. — *Danois* lideu Sluse. — *Flam.-holl.* klein-dam & verlaat. — *Norv.* liden Sluse.

☞ écluse.

☆

écueil, sms; obstacle dangereux dans un cours d'eau & dans les parages des côtes maritimes. La présence des *écueils* est signalée aux navigateurs au moyen d'amers : balises, bouées, feux, &a.

ÉCUEIL.

Additions & notes.

Allem. Klippe, Meerfels & Riff. — *Amax.* debi & idebi. — *Angl.* reef, rock, shallow & shelf. — *Bosniaq.* greben & prud. — *Breton* kurrek. — *Cafre* debi & idebi. — *Castill.* escollo. — *Catal. vx* escoll. — *Celtique* karsekki. — *Chinois* chien. — *Corniq.* carrag. — *Croate* greben & prud. — *Cymrique* careg & carrecc. — *Dalmate* greben & prud. — *Danois* Fare, Klippe & Skjær. — *Erse* carraig. — *Esclavon* greben & prud. — *Espag.* escollo, honda, hondo. — *Esper.* rifo. — *Finland.* kallio. — *Flam.* klip, rif. — *Gaéliq.* carraig. — *Grec* skopélos. — *Herzég.* greben & prud. — *Holl.* klip & rif. — *Irland.* carraig; (*vx* carric). — *Ital.* scoglio, secca. — *Japon.* asai. — *Kouei-chau* nie. — *Latin* fundus & scopulus. — *Malais* karang. — *Miao-tsé* nie. — *Monténg.* greben & prud. — *Norv.* Fare, Klippe & Skjær. — *Polon.* skała w morzu. — *Portug.* abrolho, cachopo & escolho. — *Prov.* escuelh, escueyll. — *Roum.* scopel. — *Russe* melki, rifia & skala. — *Samoan* a'au. — *Serbe* greben & prud. — *Slovène* nevarnost. — *Souahéli* kipoua & (vipoua). — *Suéd.* klippa, ref & refvel.

☞ abîme, accore, achoppement, allaise, amarque, amer, assablement, balisage, balise, banche, banquereau, banquise, barrage, barre, bas-fond, basse, bassier, batture, bouée, brisant, casse-cou, caye, banc, chenal, coureau, danger, écore, estoc, débris, épave, étoc, faraillon, fascine, formique, gouffre, haie, obstacle, passe, pieu, placel, précipice, récif, rescif, roc, roche, rocher, roquet, sable, sèche, sirte, sommail, tourbillon, traverse, trou, vigie & haut-fond.

☆

église, sfs; édifice destiné aux pratiques d'un culte. — La clocher de l'*église* catholique montrait au loin sa croix latine, dorée.

ÉGLISE.

Additions & notes.

Allem. Kirche. — *Anglais* church & kirk. — *Arabe* kenise. — *Basque* Élizu. — *Bosniaque* crkva. — *Breton* ilis, iliz & lau; (*moyen* ilis). — *Castill.* & *catal.* iglesia. — *Celtique* kil. — *Charente-Infér.* bazauges. — *Chinois* djiautang & li-pai-t'ang. — *Cornique* églos. — *Croate* crkva. — *Cymriq.* eglwys. — *Dalmate* crkva. — *Danois* Kirke. — *Égypt.* kenise, (kenâ=is). — *Erse* eglwys. — *Esclav.* crkva. — *Espagnol* iglesia. — *Finland.* kirkko. — *Flam.* kerk. — *Franç. vx* basilque, mostier & poiche. — *Gadlique* eccles, eglwys & kirk. — *Gallois* eglwys & llau. — *Gers* bazugues. — *Grec* ecclisia & ekklesia. — *Haute-Vienne* bazeuge. — *Herrero* ondyuo y'omambo & ongerki. — *Herzégov.* crkva. — *Holl.* kerk. — *Hongr.* égyház & templon. — *Ille-et-Vilaine* bazouges. — *Irland.* eglwys. — *Island.* kyrkja. — *Italien* chiesa. — *Latin* basilica, domus, ecclesia. — *Malais* gredja

ÉGLISE. Additions & notes.

& kaniset. — *Montén.* crkva. — *Motoum.* doubou. — *Nu= bien* kilisa & kilissé. — *Orne* baroche. — *Persan* kanisa. — *Polon.* cerkiew & kosciol. — *Port.* igreja. — *Provençal* gleiza, gleysa, glieia, glieyza. — *Roman* anglise, biserica, domerie, esglixe, esglye, kyriac, moutier, mouty & yglisse. — *Roum.* biserica. — *Russe* tserkov, tzerkov & zerkhof. — *Serbe* crkva. — *Slovaq.* kostol. — *Slovène* cerkev. — *Souahéli* kanisa & (makauisa). — *Suéd.* kirka, kyrka. — *Syriaque* (knâjis) & knisi. — *Tchèq.* kostel. — *Turc* klissé.

☞ abbaye, aide, annexe, baptistère, basilique, bazoche, bazoge, bazoque, ca=thédrale, catholicité, chapelle, chapellenie collégiale, cure, diaconie, dominique, lieu saint, maison de Dieu, métropole, mina=ret, mosquée, moutier, oratoire, paroisse, sanctuaire, succursale, synagogue, tem=ple.

☆

ÉLÉVATION. — Additions & notes.

élévation, sfs; ☞ hauteur.

☆

EMBARCADÈRE. — Additions & notes.

embarcadère, sms; ☞ débarcadère.

☆

EMBOUCHURE. — Additions & notes.

embouchure, sfs; ☞ bouche de cours d'eau.

☆

EMBRANCHEMENT. Additions & notes.

Castill., espagn. ramal. — *Nika* dana & koudana.

embranchement, sms; voie de terre ou d'eau secondaire dépendant d'une voie principale. — Les *embranchements* des chemins de fer n'ont souvent qu'une voie pour la circulation des trains.

Allem. Abzweigung, Flügel, Nebenweg, Verbindung & Verzweigung. — *Anglais* branching & branchline. — *Bos= niaq., croate & dalm.* krilo. — *Danois* Sidebane. — *Égypt.* (agnhe) & ganâh. — *Esclav.* krilo. — *Espag.* encrusijada, ramificacion. — *Flam.* verbinding, vertakking. — *Herrero* otyivava. — *Herzég.* krilo. — *Holl.* verbinding & vertak=king. — *Ital.* diramazione & tronco. — *Montén.* krilo. — *Namaq.* llgaouòb. — *Norv.* Sidebane. — *Odji.* oshindonga oluuaua & (oouaua). — *Port.* entroncamento & ramificação. — *Serbe* krilo. — *Souahéli* baoua & (mahooua). — *Suédois* förbindelse. — *Syriaque* dchinâh & (idchuihi). — *Tchèque* kridlo. — *Turc* kauad.

☞ allée, avenue, barrière, bifurcation, affluent, branche, bras, chaussé, issue, biviaire, bivoie, boulevard, carrefour, chemin, chemin de fer, communication, contre-allée, contre-voie, coupure, croise=ment, cul-de-sac, débouché, détour, déri=vation, diramation, direction, division, duit, écharpe, enfilade, étoile, fourche, galerie, halage, impasse, impraticable, itinéraire, jetée, jonction, laie, levée, mail, parcours, passage, passe, passerelle, patte d'oie, pavé, place publique, rameau ramification, randon, réunion, rond-point section, sente, sentier, sentine, tortille, tortillère, trajet, traverse, trivière, trivoie, tronçon, turcie, rue, ruelle, venelle, vicinal, voie, voie ferrée, voie navigable, voie publique & voirie.

☆

éminence, sfs; ☞ hauteur.

☆

empire, sms; État gouverné despotiquement par un empereur. — L'*empire*. conduit militairement par un soudard vaniteux, jésuite, querelleur & malfaisant, sombra dans le mépris public.

Allem. Kaiserreich, Kaisertum, Reich & Reichtum. — *Angl.* empire. — *Armén.* arkhajuthiun, harrussd & thakaworuthium. — *Bosniaq.* carevina, carstvo. — *Castill.* imperio. — *Catalan* imperi. — *Chinois* fou, houang di gouo, koué & kouo. — *Croate & dalm.* carevina, castivo. — *Danois* Keiserdœmme. — *Egypt.* dôle. — *Esclav.* carevina & carstvo. — *Espag.* imperio. — *Finland.* rikkaus & valtakounta. — *Flam.* keiserrijk & rijk. — *Franç.* vx ampière, maistrie. — *Grec* autokratia. — *Hansa* arshiki. — *Herrero* omoutoumbé & (ovatoumbé). — *Herzég.* carevina & carstvo. *Holl.* keiserrijk & rijk. — *Ital.* dominio, imperio & impero. *Javan.* ka-sougih-han & sougih. — *Latin* imperium. — *Malais* kaja. — *Monten.* carevina & carstvo. — *Namaq.* !khù, !khù-hà & !khùsib. — *Norv.* Keiserdœmme. — *Odji*, oshindonga omoulinaoum. — *Polon.* bogactwo & bogati. — *Prov.* empier, emperi, enperi & imper. — *Roum.* imperiu & imperiul. — *Russe* imperia & tsaristvo. — *Samoan* malo, 'oa, 'oloa. — *Sanscrit* artha, arthavat, dhanin & vitta. — *Serbe* carevina & carstvo. — *Slovaq.* bohaty & bohatstvo. — *Slovène* bogustvo & bogàt. — *Souaheli* enyi mali, mali mengi, oukouasi & outajiri. — *Suéd.* rike & rikedom. — *Syriaque* dauli (dououal) & rina. — *Tchèq.* bohat. — *Turc* sengin & sengillik. — *Port.* imperio.

☞ absolutisme, autocratie, Bas-empire, califat, Céleste empire, constitution, czarisme, cultes, démocratie, despotisme, électorat, état, gouvernement, monarchie, pouvoir, principauté, puissance, domination, anarchie, religion, république, règne, royaume, royauté, Saint-Empire, souveraineté, sultanat, tétrarchie & tyrannie.

☆

enceinte, sfs; clôture d'un endroit au moyen de murs, de haies ou de fossés en vue d'une défense ou d'une délimitation. Le lieu entouré s'appelle également *enceinte*.

Achânti ukoban. — *Afrique du Nord* zériba & zariba. — *Allem.* einzæunung, hag, hecke & zaun; (vx zùn). — *Angl.* enclosure, encircle, fence, gard, hedge, precints, stockade, ton & yard. — *Anglo-saxon* geard, hlaw, tun & tynan. *Arabe* hait. — *Bantou* kraal, oua & (nyoua). — *Bosnique* obor, ograda & plot. — *Breton* kaé; (vx caiou). — *Castillan* clausura. — *Catal.* clausura & closen. — *Celtiq.* dun, kago, tun. — *Chinois* cheng, ouié, sin. — *Congol.* jeta. — *Croate* obor, ograda, plot. — *Cymriq.* cae. — *Dalm.* obor, ograda,

EMBRANCHEMENT.
Additions & notes.

ÉMINENCE. — Additions & notes.

EMPIRE.
Additions & notes.

ENCEINTE.
Additions & notes.

ENCEINTE.

Additions & notes.

Suéd. tuua.

plot. — *Danois* Mur omkring, Omhegning, Slutning, Toft. *Égypt.* zerébak. — *Erse* rath. — *Esclav.* obor, ograda, plot. — *Espag.* cerco, muralla; (*Amér. sud* caapau). — *Finland.* aita. — *Flam.* kriug, omkring & omvang. — *Français vx* herse & hersie. — *Gaëlique* rath. — *Germanique* haga. — *Herrero* otyitome. — *Herzég.* obor, ograda & plot. — *Holl.* kring, omkring & omvang. — *Indiens Amérique N.* mamakating. — *Ital.* chiusura, circuito, guscio & riciuto. — *Lac Chiroua* vamakoumanelo. — *Latin* clausura & septum; (*baslatin* bersa). — *Loango* litoulo. — *Lomoué* vamakoumanelo. *Malgache* valn. — *Montén.* obor, ograda & plot. — *Nandi* yabogot. — *Nika* kouva. — *Norm.* pastou & tot. — *Norse* tot. — *Norv.* Mur omkring & Toft. — *Ouganda* litoulo & yabogot. — *Phénic.* hippo. — *Polon.* plot. — *Port.* casca, cêrca, circuito, clausura & reciuto. — *Prov.* clauzura, clos & closc. — *Roman* ascin, canchel, closure, échalier, fermeteit & septaine. — *Roum.* zidul. — *Russe* agrada. — *Samoan* 'ai & 'aupa. — *Serbe* obor, ograda & plot. — *Slovène* ograja & plot. — *Souahéli* kilima, lima, (nyoua), oua, rima. — *Suéd.* gærdsgurd. — *Syriaque* hà=it. — *Tripoli* heushir. — *Turc* douary, tchaly & tchit.

☞ autour, banlieue, barrière, barricade, blocus, bordure, brise-vent, cancel, ceinture, charmille, chaussée, circuit, claie, cloison, contour, cordon, échalier, écrille, encadrement, enclave, enclos, entourage, enveloppement, estacade, fermeture, galandage, garde-fou, grillage, grille, haie, herse, investissement, levée, lice, mur, muraille, parapet, perchis, porte, rempart, retranchement, ridelle, ronceraie, ronde, sarrasine, séparation, traque & les références de « château-fort, citadelle, fort & fortification ».

☆

ENCLAVE.

Additions & notes.

enclave, sfs; petite terre isolée dans un territoire voisin. — C'est dans le régime forestier que nous voyons le plus d'*enclaves*.

Allem. eingeschlossenes Gut, Enklave, Umfang. — *Angl.* enclosing & isolated settlement. — *Bosniaq.* obkoljen, zatvoren. — *Breton* trêf. — *Croate & dalm.* obkoljen & zatvoren. — *Danois* Stykke Lands beliggenhed i et andet. — *Esclav.* obkoljen & zatvoren. — *Espag.* anclavada. — *Finlandais* ympærys. — *Flam.* ingesloten grond & omtrek. — *Herzég.* obkoljen & zatvoren. — *Holl.* ingesloten grond & omtrek. — *Ital.* distretto, incassatura & incavo. — *Montén.* obkoljen & zatvoren. — *Norv.* Stykke Lands beliggenhed i et andet. — *Port.* encravação & encravamento. — *Serbe* obkoljen & zatvoren. — *Slovène* obsêg.

☞ ambact, annexe, bois, coupe, dépendance, district, forêt, juridiction, pourpris, emprise, ressort, succursale, terrain terre & territoire.

★

ENCLOS.

Additions & notes.

enclos, sms; un endroit clôturé par un mur, par une haie, par un fossé, par un treillage ou par un rideau d'arbres. — Les vergers offrent tous les spécimens d'*enclos*.

ENCLOS.

Picard pourprins.

Additions & notes.

Achánti akoban. — *Afriq. Nord* zariba, zeriba — *Afriq. orient. allem.* eriga. — *Allem.* eingezæunter Raum, Hecke, Gehæge, Umzæunung, Zaun; (*vx* zun). — *Angl.* court, enclosed place, enclosure, fence, gard, land, paling, park, stockade, ton & yard. — *Anglo-saxon.* geard, tùn, tynan & worth. -- *Arabe* haït, haouita, hitah & magful. — *Bambara* din. — *Bantou* kraal, (nyoua) & oua. — *Basque* gortca. — *Bosniaq.* obor, ograda & plot. — *Bourguig.* corti. — *Breton* kuè & klóz; (*vx* caiou). — *Cafre* intendeleko & tendeleko. — *Castill.* clausura. — *Catal.* clausura & closca. — *Celtique* cor, cort, dun, ghorto, kago, landa, lisso, plisso & tun. — *Ceylan.* corral. — *Champen.* courtil. — *Chinois* sin, cheng, ouié. — *Congol.* jeta. — *Croate* obor, ograda, plot. — *Cymriq.* cae. — *Dalm.* obor, ograda & plot. — *Danois* Hage, inhegnet Plads & Toft. — *Égypt.* zerébak. — *Erse* lann & rath. — *Esclav.* obor, ograda & plot. - *Espag.* encerradura. - *Finl.* aita. | *Flam.* beslotene ruimte, boordsel & omheining. — *Franç. vx* clos, enclous, herse, hersie, pourpris & pourquis. — *Franc-comtois* courtil. — *Gaélique* lann & rath. — *Gallois* llan — *German.* haga. — *Herrero* otyitome. — *Herzég.* obor, ogradu, plot. — *Holl.* beslotene ruimte, boordsel & omheining. — *Indiens Amériq. N.* mamakating. — *Indo-europ.* landhâ. — *Irland.* lann & rath. — *Island.* gardhr. — *Italien* chiuso, chiusura, circuito, corte, guscio & ricinto. — *Jurassin* courtil. — *Lac Chiroua* vamakoumanelo. — *Latin* clausus & septum; (*bas-latin* bersa). — *Loango* cheanyi & litoulo. — *Lomoué* vamakoumanelo. — *Makoua* eriga. -- *Malais* kampong. — *Malgache* vala. — *Manding.* din. — *Montèn.* obor, ograda, plot. — *Nondi* yabogot. — *Niha* kouva. — *Norm.* courtil, pastou & tot. — *Norse* tot. — *Norv.* Hage, indhegnet Plads & Toft. — *Ouganda* cheanyi, choula, litoulo & yabogot. — *Phénic.* gadir & hippo. — *Picard* corti, cortiex, courtieu, courtil & courtiu. — *Polon.* plot. — *Port.* casca, cérca, cerrado, circuito, clausura, muro, recinto, sebe & tapada. — *Provençal* claus, clausura, clauzura, clos & close. — *Roman* ascin, canchel, closure, échalier, fermeteit, hors, hours, maix, meis, meix, metz, mex, pourpry & septaine. — *Roum.* zidul. — *Russe* agrada. — *Samoan* 'ai & 'aupa. — *Serbe* obor, ograda, plot. — *Slovène* ograja & plot. — *Soudan. d'Égypte* (hishan) & hoch. - *Souahéli* anja, kilima, kitalou, ouanja, llma, rima, talou & (vitalou). — *Suédois* gærdsgard, hage & tuna. -- *Syriaq.* húsit. — *Thibét.* raba & raoua. — *Tripoli* henshir. — *Turc* donary, tchaly & tchit. — *Vaudois & wallon* corti. — *Zoulou* intendeleko & tendeleko.

☞ clos, closerie, clôture, cour, fermeture, verger & les références de « château-fort, citadelle, enceinte, fort & fortification ».

☆

ENDROIT.

endroit, sms; terme générique pour désigner un lieu quelconque. — Les coutumes varient selon les *endroits*.

Additions & notes.

Allem. Ort, Platz, Stætte, Stelle. — *Angl.* locality, place, spot & stend. -- *Anglo-saxon* stede. — *Arabe* badalau-an, gamb, kerabeb, kerboub, magam, mahall, makan, matrah & rotbat. — *Armén.* diegh. -- *Azande* ba. — *Bosniaq.* mjesto. — *Cafre* dnouo, indaouo. — *Carolin.* (îles) uan. — *Chinois* hiang, tchang-tsé & ti-fang. -- *Congol. fr.* vom. — *Croate & dalm.* mjesto. — *Danois* Plads & Sted. — *Égypt.* (mahallàt) & móda'. — *Esclav.* mjesto. — *Espag.* paraje, sitio. — *Fan* vom. — *Fidjien* viria. — *Finland.* paikka. — *Flam.* stede & plaats. — *Franç. vx* avoyement, lie, liez. — *Franc-comt.* take. — *Grec* topos. — *Hausa* ouri & wouri. — *Hawaïen* kau iho. — *Herrero* onganda, otyirongo. — *Herzég.* mjesto. *Holl.* plaats & stede. — *Ibo* ibe & nga. — *Ital.* lato, luogo & parte. — *Javan.* henggeu & henggon. — *Kossova* rogongo & orogongo. -- *Latin* locus. — *Malais* leboh & medan. — *Mbau* viria. — *Monténégr.* mjesto. — *Namaq.* !keis. — *Nandi* ieto. — *Niger.* ibe & nga. — *Norv.* Plads & Sted. -- *Odji & oshindong.* egonmbo. — *Ouganda* ahandou, handou,

ENDROIT — TERMES GÉOGRAPHIQUES — ÉPAVE

ENDROIT.

Dano-norv. Oplagshavn.

Additions & notes.

ieto, orogongo & rogongo. — *Pali* pada. — *Persan* stan. — *Picard* take. — *Polon.* miejsce. — *Polynésien* nasoua. — *Port.* lado, logar, parte & sitio. — *Prov.* endreg & endreit. — *Pundjab* jaga. — *Roman* leus & lian. — *Rotouma* nasoua. — *Roubian.* popoa. — *Roum.* piata. — *Russe* pyatuo. — *Salomon (îles)* popoa. — *Samoan* mea. — *Sanscr.* sthâna. — *Serbe* mjesto. — *Slovène* kraj & mesto. — *Souahéli* mahali, pahali. — *Suéd.* ort. — *Syriaq.* mahall, (mahallát), (matârih), matrah & maudaʿ. — *Tchèq.* misto. — *Turc* jer, mahall & yer.

☞ commune, dépendance, destination, écart, emplacement, espace, ferme, hameau, foyer, lieu, lieu dit, local, localité, maison isolée, parage, place, poste, scène, site, situation, station, village & ville.

☆

ENTRÉE.

Additions & notes.

entrée, sfs; ☞ bouche de cours d'eau, embouchure.

☆

ENTREPOT.

Additions & notes.

entrepôt, sms; vaste bâtiment public où sont déposées les marchandises destinées au départ & à l'arrivée. — Tous les ports sont pourvus d'*entrepôts* administrés, généralement, par les chambres de commerce.

Allem. Lagerhaus, Niederlage, Packhaus, Stapel, Stapelplatz & Warenlager. — *Angl.* bonding-warehouse, repository, shop, staple, storehouse & warehouse. — *Anglo-indou* gedown & gounge. — *Arabe* kazamat & makzan. — *Bengali* ganj. — *Bosniaq.* poraz, skladiste & stovariste. — *Chinois* doui fang. — *Croate & dalm.* poraz, skladiste & stovariste. — *Danois* Bod, Oplagssted, Pakhus, Sjöbod & Sœbod. — *Égypt.* (machâzin) & machzan. — *Esclav.* poraz, skladiste & stovariste. — *Espagn.* almacen, deposito & interpuesto. — *Flam.* entrepot, magazijn & stapelplaats. — *Herzég.* poraz, skladiste & stovariste. — *Hindoust.* mandi. — *Holl.* entrepôt, magazijn & stapelplaats. — *Ital.* depositeria, deposito & magazzino. — *Javan* pabaris-san & pambaris-san. — *Malais* alahan, gedong & gedown. — *Montén.* poraz, skladiste & stovariste — *Norv.* Bod, Oplagssted, Packhus, Sjöbod & Sœbod. — *Persan* sarai. — *Philipp.* kamalig. | *Polon.* magazyn w stanu & sklad. — *Port.* armazem de deposito, emporio & entreposto. — *Pundjab* bhandar. — *Russe* moscho skladki chovarovi. — *Samoan* tagalauapi. — *Serbe* poraz, skladiste & stovariste — *Suéd.* lager & nederlng. — *Syriaq.* machzin (mchâzin). — *Tagal* kamalig. — *Tripoli* foundouk. — *Turc* maghasa & serai.

☞ chambre de commerce, consigne, consignation, dépôt, dédouanement, dock douane, entrepositaire, hangar, magasin, port, quai, remise, warrant.

☆

ÉPAVE.

Angl. estray.

Additions & notes.

épave, sfs; objet quelconque provenant d'un naufrage. — La mer jette à la côte beaucoup d'*épaves* qui établissent l'identité de certains bâtiments engloutis dans les flots.

Allem. Seetriften, Strandgut & wrack. — *Angl.* waif & wreck. — *Croate, bosniaq., dalm.* razbijen brod. — *Danois* Gjestaud & Kaset op af Havet. — *Esclav.* razbijen brod. — *Flam.* strandvond. — *Franç. vx* espave & espavie. — *Her-*

zégov. razbijen brod. — *Holl.* strandvond. — *Ital.* resti de un naufragio. — *Monten.* razbijen brod. — *Norv.* Gjestand & Kaset op af Havet. — *Port.* fragmentos de naufragio. — *Roman* escheve & yffuwe. — *Serbe* razbijen brod. — *Suéd.* strandgods & vrak.

☞ agan, balayures, débris, herpes, lagan & sparies.

☆

équateur, sms; cercle imaginaire qui est placé à distance égale entre les deux pôles; l'*équateur*, qui partage la Terre en deux parties rigoureusement égales dans le sens longitudinal, est divisé en 360 degrés.

La latitude de cette circonférence — la plus longue du Globe — s'exprime ainsi : 0° 0' 0".

Allem. Æquator. — *Angl.* Équator. — *Arabe* kattel asteua. — *Croate, bosniaq. & dalm.* polutnik. — *Danois* Ækvator. — *Esclavon* polutnik. — *Espagn.* ecuador. — *Flam.* evenaar & evennachtslijn. — *Herzég.* polutnik. — *Hindoustani* chatt i istiouâ. — *Holl.* equateur, evenaar, evennachtslijn. — *Ital.* equatore. — *Malais* chatt istiouâ. — *Monten.* polutnik. — *Port.* equador. — *Roum.* ecuatorul. — *Russe* ékvator. — *Serbe* polutnik. — *Suéd.* ekvator.

☞ cercle, circonférence, globe, hémisphère, latitude, longitude, méridien, mètre, sphère & Terre.

☆

éruption, sfs; sortie violente & soudaine de lave volcanique. — Que de catastrophes les *éruptions* de l'Etna ont produites!

Allem. Ausbruch. — *Angl.* breaking out & eruption. — *Croate, bosniaq. & dalm.* provala. — *Danois* Udbrud & Udslæt. — *Esclav.* provala. — *Espag.* erupcion. — *Flam.* uitbreking & brand. — *Herzég.* provala. — *Holl.* brand, uitbreking. — *Ital.* eruzione, sortita & uscita. — *Latin* eruptio. — *Monten.* provala. — *Norv* Udbrud, Udslæt. — *Port.* erupção. — *Roum.* eruptiunea. — *Russe* izverjénié. — *Serbe* provala. — *Suéd.* utbrott. — *Turc* asimet & hareket.

☞ bouche de volcan, coulée, cratère, crevasse, déflagration, éruption, fissure, fumerolle, lave, orifice, orle, sciarre & volcan.

☆

escale, sfs; un endroit maritime où les bâtiments au long cours s'arrêtent pour se ravitailler. — Aux *escales*, les navires ne séjournent pas.

Allem. Erfrischungshafen & Nothafen. — *Angl.* calling & scale. — *Danois* Handelsplads & Havn. — *Espagn.* escala. — *Flam.-holl.* aandoen. — *Ital.* scala. — *Norv.* Handelsplads & Havn. — *Port.* escala.

☞ débarcadère, dock, écale, échelle, embarcadère, port, port d'attache, quai, ravitaillement & remise.

ÉPAVE.

Additions & notes.

Hindoust. & sanscrit nirakch.

ÉQUATEUR.

Additions & notes.

Tous les méridiens passent par l'*équateur*.

Le cercle *équatorial* mesure 40,000,000 de mètres.

ÉRUPTION.

Additions & notes.

ESCALE.

Additions & notes.

ESCARPEMENT.
Additions & notes.

escarpement, sms; la pente très rude d'une élévation. — Les *escarpements* abondent dans les fins de terre armoricaines.

Allem. Abdachung, Klippe, jæher Abhang, Steilabfall & Steil Böschung. *Angl.* bluff, escarpment & steep place. *Anglo-améric.* bluff. — *Arabe* djeurf, jerf, jorf, kaf. — *Berbère* agadir & (igoudar). — *Bosniaq.* greben. — *Caucasien* kala. — *Croate. dalm.* greben. — *Danois* Knude, steil Stranning. — *Esclav.* greben. — *Espag.* escarpadura & escarpe. *États-Unis Amér. Nord* ceja. *Fan* metelè. — *Finland.* kallio. — *Flam.* steilte. — *Gallois* allt & alt. — *Herségov.* greben. — *Holl.* steilte. — *Ital.* ertezza, erto & scarpa. — *Malais* karang. — *Montén.* greben. — *Norv.* Knude, steil Straaning. *Port.* declivio, escarpa & pendor. — *Roum.* vertejul. — *Russe* kroutoï. — *Samoan* a'au. — *Serbe* greben. — *Suéd.* klippa.

☞ accident, accore, aplomb, ardu, arête, bord, bordure, chef, cime, côte, coteau, crête, écore, falaise, hauteur, hérissé, inclinaison, levée, montagne, montée, penchant, pente, pic, plomb, raide, raideur, rampe, roc, roche, rocher, roidillon, sommet, versant, abrupt.

☆

ESSART. — Additions & notes.

essart, sms; ☞ cultures & défrichement.

☆

EST.
Additions & notes.

Est, sms; le point cardinal situé à la droite d'une personne qui regarde le pôle Nord; il est placé sur la boussole, comme direction de vent, entre l'Est 1/2 Nord & l'Est 1/2 Sud. — Nos voisins de l'*Est* sont pauvres & querelleurs.

Achânti boca. — *Allem.* Ost & Osten. — *Angl.* east. — *Arabe* cargh, chark, charq, cherg. machrik, maçregh, sabah & matla. — *Aroma* oualau. — *Bosniaque* istok. — *Cambody.* dong. — *Canara* moutli. — *Cap Sud* vaeau. — *Chinois* doung fang, tang, tong, toung. — *Coréen* tong, toung. *Croate. dalm.* iztok. — *Danois* Œst, Œsten, Œster, Œstre. — *Ebon* rear. — *Égypt.* chark. — *Esclav.* iztok. — *Espag.* este, leste & oriente. — *Fidjien* thake. — *Finland.* itä. — *Flam.* oost & oosten. — *Grec* anatoli & apeliotes. — *Hausa* gabbaz & gabbes. — *Hawaïen* hikina. — *Herség.* iztok. — *Hindoust.* agmanà, machrak, moutli & pourab. — *Holland.* oost & oosten. — *Hongr.* kelet. — *Iaibo* ouhoua. — *Island.* ayst. — *Ital.* est, levante, oriente. — *Ja-louo* ouangicheng. *Japon.* higachi, higasi & tó. — *Javan.* ouétan. — *Kabadi* kaeaona. — *Kereponn.* abouano. — *Kouei-chau* ngthai ta. — *Lac Chiroua & Iomoué* ohicho. — *Maiva* tototaina. — *Malais* timor. — *Malgache* antsinanana. — *Mandchou* dergy & toung. — ☜ DB. — *Miao-tsé* ngthai ta. — *Min-kia tourh* — *Mongol* barong. — *Montén.* iztok. — *Mossi* yanga. — *Motouni.* kauritoupe & maireveina. — *Nandi* olindoror. — *Néo-guinéen* kaeaona, kauritoupe, maireveina, ouhoua, oualau, tototaina & vaeau. — *Niouean* tokilau. — *Norvég.* Œst, Œsten, Œster, Œstre. — *Nyasa* ohicho. — *Ouganda.* eououkoue, olindoror & ouangicheng. — *Polon.* wschod. — *Polynésien* rear & tokilau. — *Portug.* ésto, léste, levante & oriente. — *Roman* est. — *Roum.* estul. — *Russe* vostok. — *Saharien* chergi. — *Samoan* susa'e. — *Serbe* iztok. — *Siamois* taouv-ok, thit-thaoun-ok. — *Slovène* vzhod. — *Somali* barri. — *Soudan. d'Égypte* sabah. — *Suéd.* Œster. — *Syriaque* chark. — *Tamoul* jutirau. — *Tchèque* vychod, —

Thibét. char, ike. — *Tongo* hahake. — *Turc* goun-dogousi & charki. — *Yunnan* tourh.

☞ aire de vent, aurore, levant, lit du vent, orient & soleil levant.

EST. Additions & notes.

☆

estacade, sfs; long pont en bois formant un chemin sur la mer. — Sur l'extrémité de l'*estacade* appelée « musoir », brille, pendant la nuit, un des feux fixes du port.

Afrique or. allem. eriga. — *Allem.* Hafen pfahlwerk, Pfahlwerk & Wassersperre. — *Angl.* boom, fence, palissading on a embankment, stockade, stow & straccado. — *Anglo-sax.* stow. — *Arabe* lakar-kot, zarb, zarjbat. — *Danois* Havnedæmning. — *Espag.* estacada, palizada — *Flam.* palissadering, hoofd & staketsel. — *Franç. vx* estacade. — *Holl.* hoofd, palissadering & staketsel. — *Ital.* palizzata & steccato. — *Latin* vallatio. — *Lithuan.* stowe. — *Makoua* eriga. — *Malais* kota & koubou. — *Maori* pa. — *Nika* kouva. — *Norse* sto. — *Norv.* Havnedæmning. — *Philippin* kotta. — *Polon.* grobla. — *Port.* estacada & palissada. — *Prov.* estacatge. — *Russe* boni & vachie. — *Sahara* keffi. — *Tagal* kotta.

☞ avant-duc, brise-lames, chapeau, courçon, digue, drôme, épi, garde-fou, jetée, musoir, palissade, pieu, pilotis, piquets, pont en bois & radeau.

ESTACADE. Additions & notes.

☆

est 1/2 nord, direction de vent entre l'est & l'est q nord-est.
✵ CV.
☞ aire de vent.

EST 1/2 NORD. — Additions & notes.

☆

est 1/2 sud, direction de vent entre l'est & l'est q sud-est.
✵ DC.
☞ aire de vent.

EST 1/2 SUD. — Additions & notes.

☆

esterre, ☞ abri, baie, crique.

ESTERRE. — Additions & notes.

☆

est-nord-est, direction de vent entre l'est-nord-est 1/2 nord & l'est-nord-est 1/2 est.
✵ CR.
☞ aire de vent.

EST-NORD-EST. — Additions & notes.

☆

est-nord-est 1/2 est, direction de vent entre l'est-nord-est & l'est q nord-est.
✵ CS.
☞ aire de vent.

EST-NORD-EST 1/2 EST. Additions & notes.

☆

EST-NORD-EST 1/2 Nord.
   Additions & notes.

est-nord-est 1/2 nord, la direction de vent entre l'est-nord-est & le nord-est q est.
☞ CQ.
☞ aire de vent.

☆

EST Q NORD-EST. — Additions, notes.

est q nord-est, direction de vent entre l'est 1/2 nord & l'est-nord-est 1/2 est.
☞ CT.
☞ aire de vent.

☆

EST Q SUD-EST.
   Additions & notes.

est q sud-est, direction de vent entre l'est 1/2 sud & l'est-sud-est 1/2 est.
☞ DF.
☞ aire de vent.

☆

ESTRADE. — Additions & notes.

estrade, sfs; ☞ chemin.

☆

ESTRAN.
   Additions & notes.

estran, sms; côte plate & sablonneuse.
Angl. strand. — *Flam.-holl.* opene kust.
☞ les références de « côte, grève, plage ».

☆

EST-SUD-EST. — Additions & notes.

est-sud-est, la direction de vent entre l'est-sud-est 1/2 est & l'est-sud-est 1/2 sud.
☞ DH.
☞ aire de vent.

☆

EST-SUD-EST 1/2 EST.
   Additions & notes.

est-sud-est 1/2 est, direction de vent entre l'est-sud-est & l'est q sud-est.
☞ DG.
☞ aire de vent.

☆

EST-SUD-EST 1/2 SUD.
   Additions & notes.

est-sud-est 1/2 sud, direction de vent entre l'est-sud-est & le sud-est q est.
☞ DJ.
☞ aire de vent.

☆

ESTUAIRE.
   Additions & notes.

estuaire, sms; bouche sinueuse d'un fleuve, peu profonde à marée basse. — Les bâtiments profitent des marées hautes pour franchir les *estuaires*.

Allem. Bucht, Münding, Seebucht & Seelache. — *Angl.* bight, estuary & strait. — *Annam.* coua & kouo. — *Bosniaq.* usce. — *Cafre* itegou & tegou. — *Cambodgien* pak & peam. — *Chinois* haï-moun, ma-teu. — *Croate, dalm.* usce. *Danois* Flodarm & Munding. — *Égypt.* foumm. — *Esclav.* ustre. — *Finland.* ivando & so. — *Flam.* inham. — *Gaëliq.*

ESTUAIRE

firth & frith. — *Gallois* draeth. — *Grec* liman. — *Herzég.* usce. — *Hindoust.* mouhana. — *Holl.* inham. — *Latin* æstuarium. — *Malais* pak. — *Monlén.* usce. — *Norv.* Flodarm, Mundung. — *Port.* estuario. — *Russe* liman. — *Serbe* usce. — *Siam.* ta. — *Suédois* bukt. — *Syriaque* toumm. — *Turc* boghaz & liman. — *Zoulou* itegou & tegou.

☞ aber, anse, baie, bassin, bétoire, bouche, calanque, canal, carbet, crique, cours d'eau, débouché, déiscence, delta, déversoir, eau, échappement, embouchure, enfoncement, entonnoir, fleuve, golfe, gave, gueule, havre, issue, mer, ouvert, ouverture, pertuis, port, rade, rivière, sortie, voie d'eau, canalet & canalicule.

ESTUAIRE.

Additions & notes.

☆

étale, sms; le temps pendant lequel la mer ne monte ni ne descend. — La durée de l'*étale* n'est pas longue & n'est qu'apparente.

Allem. Stehendes Wasser bei der Ebbe und Flut. — *Angl.* settled of wind & slack of tide. — *Flam.-holl.* staande, stil.

☞ barre, basse mer, eau, eau vive, ebbe, èbe, élef d'eau, ételles, flot, flux, hautes eaux, jusant, macrée, maline, marée, mer, mer morte, raf, raz de marée, reflux, reverdie & syzygie.

ÉTALE.

Additions & notes.

☆

étang, sms; lac de peu d'étendue. — Le voisinage d'un *étang* d'eau stagnante est dangereux.

Achânti eko. — *Allem.* Damme, Galle, Teich & Weiher. *Angl.* pond & pool. — *Anglo-saxon* dic, hlinna & pól. — *Annam.* ao. — *Arabe* (birket), birue, burak, garaa, ghadir, gassdjr, guera'a, gouerah, maa-gamed, meshera, sahrjg. — *Bantou* ezi & mouezi. — *Béarn.* estank. — *Berbère* abeng, ngolmin. — *Bosniaq.* vodeniste. — *Breton* leun, poul, pouill & stank. — *Cafre* iciba. — *Cambodg.* nong. — *Castill.* estanque. — *Catal.* estany. — *Celtiq.* linnos, loc, loch, loc'h, *Chillouq.* moya. — *Chinois* che, choui, tchi. — *Corniq.* lin & stanc. — *Croate* vodeniste. — *Cymriq.* llyn & pwll. — *Dalmate* vodeniste. — *Danois* Dam, Park & Vand. — *Dauphinois* ages. — *Deccan* gounta. — *Egyptien* birke. — *Erse* linn. — *Esclav.* vodeniste. — *Espag.* balsa & estanque (*vx* estanco). — *Espan.-amér.* balsa. — *Flam.* koelbak, pan & poel. — *Franç. vx* aix. — *Gaéliq.* linn & poll. — *Gallois* llyn. — *Giryam.* ziya. — *Grec* limné & limni. — *Haute-Marne* acqs, age, ageville, ax. — *Hausa* kourdoudouffi. — *Herrero* erindi, (omarindi). — *Herzég.* vodeniste. — *Hindoust.* dabar, dabra. — *Holl.* koelbak, pan & poel. — *Hongrois* tó. — *Ibérien* estank. — *Iboko* isabékéla. — *Indiens Amérique N.* mimipik. — *Irland.* linn; (vx lind & poll). — *Isérois* (ages). — *Italien* staguo. — *Japon.* ike. — *Kabyle* gelta. — *Latin* stagnum. — *Loango* henga & lihenga. — *Malais* koulam, lonbok & telaga. — *Monlén.* vodeniste. — *Mossi* bakka, barabido. — *Norm.* acques, douve. — *Norv.* Dam, Park & Vand. — *Odji* oshind, evia. — *Ouganda* dago, henga & lihenga. — *Pati* pallada. — *Poton.* staw. — *Port.* albufeira & tanque. — *Prov.* estanc, estanh, estaynch & stanc. — *Rivière* obat moya. — *Roman* yauve, vivy & (vivys). — *Roum.* balta & elesteu. — *Russe* proud. — *Samoon* vailepa. — *Sanscrit* hrad, hrada, kound & saras. — *Serbe* plato & vodeniste. — *Siam.* nong. — *Soudan. fr.* ba-

ÉTANG.

Additions & notes.

ÉTANG.

Additions & notes.

rabido & bakkn. — *Souahéli* mazioua & zioua. — *Suéd.* dam & fiskdam. — *Syriaq.* radir. — *Tchèq.* rybnik. — *Touareg* abeng. — *Turc* eguerk & geul. - - *Vieux franç.* estang. — *Yorouba* abata.

☞ alevinier, alvier, bassin, boulbène, by, carpier, carpière, daraise, eau, eau dormante, eau morte, eau stagnante, estuaire, évolage, flaque, forcière, lac, lagon, lagune, marais, mare, marécage, réservoir, vivier & volage.

☆

ÉTAT.

Additions & notes.

État, sms; terme générique pour désigner une forme quelconque de gouvernement. — Les formes d'*États* les plus employées sont : l'autocratie, la baronnie, la colonie, le comté, le czarisme, le duché, l'empire, l'État indépendant, l'État libre, l'Église, le grand-duché, le marquisat, la monarchie, la principauté, la régence, la république, le royaume, le Saint Siège, la seigneurie, le sultanat, la ville libre.

Allem. Staat. — *Angl.* state. — *Arabe* dauli & hokumat. — *Argentine* puesto. — *Bosniaq.* drzava. — *Breton* stad. — *Castill.* estado. — *Catal.* estat. — *Chinois* kouo. — *Croate* drzava. — *Cymriq.* ystad. — *Dalm.* drzava. — *Danois* Stat. *Égyptien* dôle. — *Esclav.* drzava. — *Espag.* estado. — *Finland.* valtio. — *Flam.* staat. - - *Herzégov.* drzava. — *Holl.* staat. — *Ital.* stato. — *Latin* civitas, status & toparchia. — *Montén.* drzava. — *Norv.* Stat. — *Polon.* kraj & panstwo. — *Port.* estado & estuto. — *Prov.* estat & état. — *Romam* toparchie. — *Roum.* statul. — *Russe* gosoudarstvo, chtate. — *Serbe* drzava. — *Siam.* meuang. — *Slovène* drzava. — *Suéd.* stat. — *Syriaq.* dauli. — *Turc* devlet. — *Vénéz.* ato.

☞ aristocratie, coétat, constitution, cosmocratie, démocratie, dictature, féodalité, nation, national, nationalisme, parti, patrie, plutocratie, politique, polysynodie, parlementarisme, pouvoir, régime, souveraineté, stratocratie, triumvirat, tyrannie = assiette au beurre.

☆

ÉTIER.

Additions & notes.

étier, sms; petite crique. — Les *étiers* peuvent abriter quelques batelets de faible tonnage.

☞ les références de « baie, anse, bouche, crique, havre, golfe, port ».

☆

ÉTIER.

Additions & notes.

étier, sms; canalet qui amène l'eau de mer dans les marais salants. — L'*étier* porte quelquefois le nom d'*estier*.

Allem. Zuleitungsgraben. — *Angl.* etier. — *Espagn.* canal. — *Flam.-holl.* kanaaltje voor het zeewater. — *Italien* canale delle saline. — *Latin* æstuarium.

☞ les références de « canal ».

☆

euphorbaie, sfs; plantation d'euphorbes. — Toutes les latitudes conviennent aux *euphorbaies*.
Angl. euphorbias grow. — *Somali* hassadanie.
☞ arbre, euphorbe, pépinière, plantation & résine.

EUPHORBAIE. Additions & notes.

☆

euzière, sfs; une plantation d'yeuses. — En Algérie, les euzières, toujours vertes, développent jusqu'à 20 mètres de hauteur.
Prov. euziera.
☞ arbre, pépinière, plantation, yeuse.

EUZIÈRE. Additions & notes.

☆

évêché, sms; territoire administré, au point de vue religieux, par un évêque.
Les *évêchés* sont divisés en doyennés.
Le terme « diocèse » est préféré; le mot « évêché » désigne plus spécialement les locaux occupés par l'évêque.
☞ diocèse.

ÉVÊCHÉ. Additions & notes.

☆

excavation, sfs; trou profond provenant d'un affaissement du sol. — Les grottes sont des *excavations*.
Allem. Aushölung & Vertiefung. — *Angl.* ditch, excavation & pit. — *Arabe* gurat, hafir, hofra & nograd. — *Bosniaque* dubljina. — *Castill.* excavacion. — *Chinois* doung kou. — *Croate & dalmate* dubljina. — *Danois* Udhuling. — *Esclav.* dubljina. — *Espagn.* excavacion. — *Flamand* diep uitgraving, holte, uitdieping. — *Herzég.* dubljina. — *Holl.* diep uitgraving, holte & uitdieping. — *Italien* cavamento, escavazione, scavamento & scavo. — *Montén.* dubljina. — *Norv.* Udhuling. — *Port.* excavação. — *Prov.* cavement. — *Roum.* pestera. — *Serbe* dubljina. — *Souahéli* chimo. — *Thibét.* choung.
☞ abîme, affaissement, anfractuosité, antre, caverne, cavité, creux, dépression, effondrement, enfoncement, fosse, fossé, gouffre, grotte, mine, ouverture, précipice, puits, ravin, tranchée, trou.

EXCAVATION. Additions & notes.

☆

F

FAGNE. — Additions & notes.

fagne, sfs; ☞ fange.

☆

FAITE. — Additions & notes.

faite, ☞ cime.

FALAISE.
Additions & notes.
Etbaï nasb. — *Polon.* rodzina.

falaise, sfs cóte rocheuse, élevée & es= carpée, le long de l'Océan. — Certaines *falaises*, taillées à pic dans la roche, sont inaccessibles.

Abbadi nasb. — *A:'àn* abosam. *Afrique or. allem.* oupalla & palla. — *Allemand* Brandung, Klippe & Scheere; (*haut-allem.* felisu & felsen). — *Anglais* bluff, cliff, cloud, clud, headland. — *Anglo-sax.* clùd. — *Arabe* arak, (arkan), chershaf, choukf & choukif. — *Bambara* mann. *Bantou* ala, louala, oupalla, palla. — *Bosniaq.* bibavica. — *Breton* tévenn & tûn. — *Cafre* ilioua & lioua. — *Caucas.* kala. — *Celtique* fel. — *Chinois* chau-tau, hiou & tsiau-pi. — *Con= gol.* mbeka. — *Corniq.* towan. — *Croate* bibavica. — *Cym= rique* allt & tywyn. — *Dalmate* bibavica. — *Danois* steil Klint. — *Esclav.* bibavica. | *Espag.* cortada, derrumbadero. — *État-Unis Amér. N.* ceja. — *Finland.* apara klippo, kal= lio & pakso. — *Flam.* klip, krantz & steile kust. — *Franç.* vx dunum. — *Grec* brachos. — *Hausa* kososobe. — *Haut-Nil* nasb. — *Herzég.* bibavica. — *Holl.* klip, krantz & steile kust. — *Italien* balza, costa scoscesa, dirupo, scogliera & spiaggia alta. — *Japon.* gate & se. — *Latin* falesia. — *Ma= lais* karang. — *Monten.* bibavica. — *Norv.* steil Klint. — *Port.* penhasco. — *Provenç.* caudol. — *Roum.* vèrtejul. — *Russe* navolok & utes. — *Samoan* galou — *Serbe* bibavica. — *Souahéli* maouimbi. — *Suéd.* klippa & (brœnningar). — *Syriaque* china. — *Tamoul* kailou. — *Thibétain* gad-pa. — *Turc* kaya & kajajat charpan dalgha. — *Zoulou* ilioua & lioua.

☞ les références d' « escarpement ».

☆

FAMILLE.
Additions & notes.

famille, sfs; un groupe de personnes, issues de la même race ou du même sang. — La nation est l'image agrandie de la *famille.*

Achánti obousoua-kou. — *Allem.* Familie. — *Angl.* fa= mily. — *Arabe* ahl, ailat, àl, bait, goum, kabila. — *Bantou* aoua, eknuda, kanda, louvila & vila. — *Bosniaque* obitelj, porodica & vrst. — *Cafre* onlanga & tlanga. — *Cameroun* bona. — *Castill.* & *catal.* familia. — *Chahpour* zat. — *Chi= nois* chia & tchuan djia. — *Congol.* louvila, vila. — *Croate* & *dalmate* obitelj, porodica & vrst. — *Danois* Familie. — *Égypt.* ahlelbét, à=ile & (ijâl). — *Esclav.* obitelj, porodica,

FALAISE — TERMES GÉOGRAPHIQUES — FAUBOURG

verst. — *Espag.* aire & familia. — *Finland.* pere. — *Flam.* familie, geslacht, gezin & huisgezien. *Franç. vx* muignie & meguie. — *Gaeliq.* clan, clann. — *Giryama* kolo & lou-kolo. — *Hausa* cyali & moutanen gida. — *Herzég.* obitelj, porodica & vrst. — *Holl.* familie, geslacht, gezin & huisgezien. — *Ital.* aria & famiglia; (*vx* aire). — *Japon.* hau. — *Javan.* santana & sentana. — *Kavirondo* ka & yaka. — *Latin* familia. — *Malais* isi roumah. — *Mongol* otok. — *Monténégr.* obitelj, pleme, porodica & vrst. — *Norv.* Familie. — *Nyasa* aoua. — *Ouganda* aoua; ja, ka & yaka. — *Polon.* familia. — *Port.* aria & familia. — *Pouchtou* kōl. — *Prov.* aire & familla. — *Pundjab* kaum, kom & zat. — *Roum.* familia. — *Russe* semiia. — *Sahar.* auchi. — *Samoan* aiga. — *Sanscrit* koula. — *Serbe* obitelj, porodica & vrst. — *Slovène* pleme, rod. — *Suéd.* familj. — *Syriaq.* ahl, ahlilbait', ajli, (ijāl). — *Tchéq.* druh, rod. — *Thibét.* pa. — *Turc* ew, aile, familia & oulous.

☞ branche, clan, croisement, descendance, dynastie, engeance, espèce, extraction, fourchage, foyer, généalogie, génération, genre, lignage, maison, maisonnée, origine, parenté, postérité, progéniture, race, rameau, souche, tige, toit, tribu & variété.

☆

fanal, sms; ☞ phare.

☆

fange, sfs; amalgame de terre, d'eau malpropre & d'ordures. — La fange ? c'est le Sénat des pourceaux.

Achânti dechie & detsie. — *Allem.* Gassenkoth, Kot & Schlamm. — *Angl.* dirt, marsh, mire, mud, ooze, slime. *Arabe* kettan & thjn. — *Armén.* tzerg. — *Bosniaq.* glib & mulj. — *Breton* frigas & kampoulen. — *Castill.* fango. — *Catal.* brac, fanc & fang. — *Celtiq.* rakia. — *Chinois* ni. — *Croate* glib, mulj. — *Dahoman* ko. — *Dalmate* glib, mulj. — *Danois* Dynd, Ler, Skarn. — *Égypt.* negâse. — *Esclav. Espag.* fango, limo & lodo. — *Esper.* koto & slimo. — *Finland.* atala. — *Flam.* modder, slib & slijk. — *Franç. vx* boë, bray, braye, fanc, loinguingne & longuigne. — *Giryama* rovo & torovo. — *Gothique* fauj. — *Grec* borboros. — *Hausa* laka & 'tabo. — *Herrero* omourova. — *Herzég.* glib, mulj. — *Hindoustani* hil. — *Holl.* modder, slib & slijk. — *Island.* leir. — *Ital.* brago, brazo, fango, limaccio & limo. — *Japon.* doro. — *Kourde* hari. — *Latin* limus & lutum. — *Lorrain* margouillis. — *Malais* loumpor. — *Monténégr.* glib & mulj. — *Norm.* fancue, fanque & vatre; (à Rouen : pivat); (à St-Lô fougue); (à Valognes poumon). — *Norvég.* Dynd, Ler & Skarn. — *Odji* & *oshind.* eloiya. — *Picard* badrouille, baue, margouillis & rake. — *Polon.* il & namul. — *Port.* lama & lodo. — *Provenç.* brac, faigua, fang, fanc, fang, fangua, fanh, fanha & limo. — *Roman* boe, bousou & bray. — *Roum.* glodul. — *Russe* gryaz & il. — *Samoan* 'moa & palapala. — *Serbe* glib & mulj. — *Siam.* khlon. — *Slovène* blato. — *Somali* dourie. — *Suéd.* gyttja, ler, slam & ☞muts. — *Syr.* nidchâsi, wahl. — *Turc* tchamour. — *Yao* ni.

☞ bauge, boue, bourbe, bourbier, cloaque, crotte, fagne, fondrière, gâchis, immondice, lie, limon, marie-salope, ordure, égout, ruisseau, salce, saleté, souille, souillure & vase.

☆

faubourg, sms; ☞ banlieue.

☆

FALAISE. Additions & notes.

FANAL. — Adnitions & notes.

FANGE. Additions & notes.

FAUBOURG. — Additions & notes.

FÉLURE | TERMES GÉOGRAPHIQUES | FER

FÉLURE. — Additions & notes.

fêlure, ☞ crevasse, fente.

☆

FEMME. Additions & notes.

femme, sfs; la compagne de l'homme. — La *femme*, malgré les civilisations hypocrites, est restée l'esclave des instincts du plus monstrueux des animaux : l'homme.

Allem. Frau & Weib. — *Angl.* woman. — *Arabe* emraat, hormat, imraat, onsa, onta, zaugat. — *Basq.* cato. — *Baya* bouko. — *Béarn.* cato & hemno. — *Bosniaque* gospodja & gospoja. — *Chinois* nu jen & niu. — *Croate* & *dalm.* gospodja & gospoja. — *Danois* Kvinde. — *Égyptien* (imra=a), mar=a & (nisouân). — *Esclav.* gospodja, gospoja. — *Espag.* hembra & mujer. — *Finland.* rouva. — *Flam.* vrouw. — *Grec* guné & gyné. — *Hausa* mache & (mata). — *Herrero* omoukazendou, (ovakazendou). — *Herzég.* gospodja & gospoja. — *Holl.* vrouw. — *Ibôko* mamoâdji. — *Ital.* donna, femmina & moglie. — *Javan.* tiyang hestri, wadon & wong. — *Latin* femina & mulier. — *Malais* orang peramponan & oroopinnoo. — *Mongol* ame, katoun. — *Montén.* gospodja, gospoja. — *Namaq.* aos. — *Norv.* Kvinde. — *Odji,* oshin=donga omoukiinton. — *Polon.* kobieta, kobietcha, niewiasta, zona. — *Port.* mulher. — *Prov.* doua, feme. — *Roum.* femea, femee. — *Russe* baba, guenchina, jéna, jenchtchina, chenna. — *Samoan* fafine. — *Sanscr.* bhâryâ, stri. — *Serbe* gospodja & gospoja. — *Slovaque* pani & zena. — *Slovéne* gospa, zena. — *Souahéli* mke, mouanamke, mtounke, (ouamaounke, ouake & ouatouounake). — *Suéd.* fru & kvinna. — *Syriaque* mara, (nisa & nisouân). — *Tchèque* pani. — *Turc* hanum, kadyn & kary.

☞ créature, dame, demoiselle, femelle, enfant, épouse, fille, jeune fille, jouvencelle, madame, matrone, mère, personne, sexe & sirène.

☆

FENTE. — Additions & notes.

fente, sfs; ☞ crevasse.

☆

FER. Additions & notes.

fer, sms; métal gris, ductile, grenu, malléable & enfoui dans le sol sous forme de carbonates, d'oxydes & de sulfures. — Le *fer* est le métal le plus utile à l'homme.

Allem. Eisen. — *Angl.* iron. — *Arabe* adid, hadid, hadjd. *Armén.* jergath. — *Bambara* bele. — *Baya* boro. — *Bosniaq.* gvozdje & zeljezo. — *Breton* houarn; (vx hoiarn). — *Cambodg.* dek. — *Catal.* ferru; (vx ferre). — *Celtiq.* eisarno. — *Chinois* ti, tie & t'iet. — *Cornique* hoern. — *Croate* gvozdje & zeljezo. — *Cymriq.* haiarn & hearn. — *Dalmate* gvozdje & zeljezo. — *Danois* Jern. — *Égyptien* hadid. — *Erse* iarann & iarn. — *Esclav.* gvozdje & zeljezo. — *Espag.* hierro; (vx fierro). — *Finland.* rauta. — *Flamand* ijzer. — *Gaëliq.* iarunn. — *Gaulois* isarnon. — *German.* eisarn. — *Grec* sideros. — *Hausa* karfi, karifi & kassa. — *Herrero* otyitenda. — *Herzégov.* gvozdje & zeljezo. — *Holl.* ijzer. — *Indo-europ.* aïs. — *Irland.* iarann. — *Island.* vx raudi. — *Ital.* ferro. — *Japon.* tetsou. — *Latin* aes, ferri & ferrum. *Malais* besi & (bessi). — *Maling.* beie. — *Montén.* gvozdje & zeljezo. — *Mongol* toumour. — *Namaq.* lurib. — *Norv.* Jern. — *Odji & oshind.* (iyeela) & osheela. — *Polon.* zelazo. — *Port.* ferro. — *Prov.* ferr & ferre. — *Roum.* fierul. — *Russe* jélézo, jelyezo & zhelyezo. — *Samoan* uamea. — *Sanscrit* ayas. — *Serbe* gvozdje, zeljezo. — *Slovaq., slovéne* zelezo. — *Soudan.* mare. — *Souahéli* chouma. — *Suédois*

FER	TERMES GÉOGRAPHIQUES	FEU

jærn & jern. — *Syriaq.* hadid. — *Tartare* témir. — *Tchèq.* zelezo. — *Turc* démir.

☞ acier, ferraille, fonderie, fonte, forge, haut-fourneau, lame, laminoir, limaille, mâchefer, métal, métallurgie, mine, oligiste, pyrite, souchon, sulfate, tôle, tréfilerie & usine.

FER.

Additions & notes.

☆

ferme, sfs; domaine rural qui contient des bâtiments, des bestiaux, des terres labourables, des bois, des prés, quelquefois des étangs, exploités, en vertu d'un bail, par un fermier. — Des *fermes-modèles* sont entretenues par certains gouvernements pour développer l'enseignement des sciences agricoles.

FERME.

Additions & notes.

Achanti koua. — *Allem.* Hof, Meierhof, Pacht. — *Angl.* farm, ham, home & manse. — *Anglo-sax.* weorthig, worth, worthi & worthig. — *Arabe* haouch, hauch, zmala, (zmoul). — *Bantou* ana & kiana. — *Béarn.* barre. — *Bosniaque* zakup. — *Cafre* inxioua & nxioua. — *Celtiq.* statero & stato. — *Chinois* t'ing. — *Croate* zakup. — *Cymriq.* sad & sedr. *Dalmate* zakup. — *Danois* Forpagtergaard & Gaard. — *Égypt.* hôch. — *Esclav.* zakup. — *Espag.* alqueria, cortijo, firme, fuente, granja & quinta. — *Finland.* talo. — *Flam.* hoeve, landhoeve & pacht. — *Franç.* ux bordel, maisnié, mesnié, tenure & vaagnaige. — *Gaélique* ho. — *Giryama* mounda & uda. — *Hausa* dandali, gona & gounki. — *Herzégov.* zakup. — *Holl.* hoeve, landhoeve & pacht. — *Hongrois* tanya. — *Ibér.* barre. — *Island.* bær. — *Ital.* cascina, fermo, masseria, podere & possessione. — *Javan.* kadaton & karaton. — *Kabyle* azib & (tiazibin). — *Latin* firmus; (*bas-latin* fazio & mansa). — *Malais* halaman. — *Malgache* vala. — *Maroc.* agib & azib. — *Montén.* zakup. — *Norvég.* Forpagtergaard & Gaard. — *Polon.* dwor. — *Port.* arrendamento & herdade. — *Prov.* fazio & locature. — *Roman* affar, alcareria, boerie, borderie, gagnage & vaingnage. — *Russe* ferma, khoutor, ousadba, zastyenk. — *Scandin.* bear, beer & bere. — *Serbe* zakup. — *Siamois* ban. — *Slovaq.* dvor. — *Slovène* pristava. — *Souahéli* oua, (nyoua), ouanda & ouanja. — *Suéd.* arrénde & arréudegard. — *Syriaq.* hauch. — *Tchèq.* dvora, dvoru & dvur. — *Turc* tchiflick, idchare & kira. — *Vénéz.* ato. — *Zoulou* inxioua, nxioua.

☞ accense, arendation, bergerie, bordage, borde, borderie, campagne, cense, censière, champs, chaumière, clos, closerie, colon, école agricole, écurie, engagiste, étable, exploitation, faisance, fenil, fermage, grangerie, habitation, labour, location, louage, maisonnette, masure, maison rustique, métairie, moison, plantation, laboratoire agronomique, sous-ferme, station agronomique & tenure.

☆

feu, sms; combustion par développement de chaleur. — Les fanaux & les phares sont des *feux* de port à l'usage des bâtiments de mer; ils servent aussi de

FEU.

Additions & notes.

FEU.

Erse. teine.

Additions & notes.

signaux entre les navires & les côtes.
Allem. Brand & Feuer. — *Anglais* fire. — *Anglo-sax.* aeled. — *Arabe* nar. — *Armén.* grag. — *Baya* souei. — *Bosniaq.* oganj & vatra. — *Breton* môg & tân; (*vx* tan). — *Castill.* fuego. — *Catal.* fog. — *Celtiq.* muko & tenos. — *Chinois* houo. — *Corniq.* moc, tan & tâu. — *Croate* oganj & vatra. — *Cymriq.* mwg, tân, ufel & uwel. — *Dalm.* oganj & vatra. — *Danois* Brand & Ild. — *Égypt.* nâr. — *Esclav.* oganj & vatra. — *Espagn.* fuego. — *Finland.* valkea. — *Flam.* brand & vuur. — *Franç.* *vx* fec, fio, floque, fu, fuée. — *Franc-comt.* fu. — *Gaélique* teine. — *Gaulois* aedui. — *Grec* pur & pyr. — *Hausa* outa. — *Hébreu* ur. — *Herrero* omouriro. — *Herzég.* oganj & vatra. — *Holl.* brand, vuur. — *Irland.* teine; (aed, ân, oibel, tene). — *Ital.* foco, fuoco. — *Javan.* genni, gni & latou. — *Latin* focus & ignis. — *Lithuan.* ugnis. — *Malais* api. — *Montén.* oganj & vatra. — *Namaq.* lais. — *Norv.* Brand, Ild. — *Odji* & oshind. (omililo) & omoulilo. — *Picard* fu. — *Polon.* ogien. — *Portug.* fogo & lume. — *Provenç.* foc, foch, fuec & fuoc. — *Roman* brandon & fu. — *Roum.* focul. — *Russe* agogne. — *Samoan* afi. — *Sanscrit* agni & dahana. — *Serbe* oganj & vatra. — *Slave vx* ognji. — *Slovaq.* ohen. — *Slovène* požar. — *Souahéli* (mioto) & moto. — *Suéd.* eld. — *Syriaq.* nâr. — *Tchéq.* ohen. — *Turc* atech.

☞ artifice, brandon, brasero, brasier, calorique, déflagration, embrasement, fanal, flambage, flambée, flamme, fournaise, foudre, foyer, gaz, grisou, ignition, incandescence, incendie, lueur, lumière, lampe, phare, pyrotechnie, réchaud, tison, torche & volcan.

☆

FISSURE.

Additions & notes.

fissure, sfs; ☞ crevasse, fente, ouverture.

☆

FJORD.

Additions & notes.

fjord; ce mot n'est pas français; il est scandinave. — ☞ baie.

☆

FLANC.

Additions & notes.

flanc, sms; ☞ côté.

☆

FLACHÈRE.

Additions & notes.

flachère, sfs; un ensemble de flaques.
Normand plache & plaque.
☞ flaque & ses références.

☆

FLAQUE.

Additions & notes.

flaque, sfs; une petite nappe d'eau. — Une *flaquée* est une petite *flaque*.
Allem. Lache & Pfütze. — *Anglais* place watered, pond, pool & puddle. — *Arabe* chorrafa, guédir & r'dir. — *Bosniaq.* bara. — *Breton* & *celtiq.* flaco. — *Croate, dalm.* bara. — *Danois* pyt. — *Esclav.* bara. — *Espag.* aguazal. — *Flam.* flake, plas & poel. — *Franç. vx* flache, flash & flasque. — *Hausa* baki n roua. — *Herzég.* bara. — *Ital.* lagnua, pozza & pozzanghera. — *Meuse* pocha. — *Montén.* bara. — *Norm.* dalle, flake. — *Norv.* Pyt. — *Ouganda* eoueri & iseoueri. *Picard* flake, pichot. — *Polon.* kaluza. — *Port.* charco, lagôuzinha & poça d'agua estagnada. — *Roman* flake, flaque, fluquais, gascars, gasche, gascher, gascous. — *Rouchi* flake. — *Roum.* fleasca. — *Russe* louja. — *Saharien* r'dir. —

| FLAQUE | TERMES GÉOGRAPHIQUES | FLEUVE |

Serbe barn. — *Souahéli* kidimboui & (vidimboui). — *Suéd.* pôl & puss.

☞ croupissement, eau, eau dormante, flachère, flaquée, lagune, liquide, mare, nappe d'eau, noue, pluie.

FLAQUE.
Additions & notes.

☆

flaquée, sfs; une petite flaque.
☞ flachère & les références de « flaque ».

FLAQUÉE. — Additions & notes.

☆

fleuve, sms; grand cours d'eau communiquant avec la mer. — Les *fleuves* sont les plus belles voies de communication.

FLEUVE.
Additions & notes.

Achânti asou-bouteu.
Afghan rod & sin.
Aïno poronai.
Allem. Fluss & Strom.
Anglais big river, great river, large river, river, stream.
Annamite giang, sòng & tom.
Arabe bahr, bakhèr, chat, chatt, (inhour), kor, nahr & ouadi.
Araucanien foutaleufou.
Arménien arrou, kied & kjed.
Bantou nzadi & zadi.
Basari egbenu & (mgbenu).
Basque akarka.
Baya bali, bari, li & ri.
Birman myit gyi.
Bosniaque rieka & tok.
Brésil. aouari, aragari, oyaki, oyapok, oyari & yari.
Cambodgien toulé.
Castillan rio.
Catalan aygua; (vx flum & fluvl).
Celtique aveu, avon & dan.
Chamba (egbe) & mgabe.
Chin Hills mali kha.
Chinois hé, ho, kiang & kong.
Congolais giroungou, uzadi & zadi
Congolais français ulo neu.
Coréen kang.
Croate rieka & tok.
Dalmate rieka & tok.
Danois stor Flod & Strom.
Egyptien nahr.
Esclavon rieka & tok.
Espagnol agua & rio.
Fan ulo neu.
Finlandais joki & virta.
Flamand stroom.
Français vx ague, fléves, fluix, flum & flume.
Fuégien foutaleufou.
Géorgien mdinare.
Grec potamos.
Hausa goulbi.
Herrero oudoudou & (ozoudoudou).
Herzégovinien rieka & tok.
Hollandais stroom.
Hongrois folyam & folyo.
Ibôko ébâli.
Indiens Amérique Nord kitchaouan.
Indiens Pimo akim a.
Indou di & ganga.
Italien aqua, fiumana, fiume & fluvio; (vx aigua).
Japonais gama, gava, gawa.
Javanais bengaouan & benusoui.
Kabadi akena.

Fleuve Amurat :
Persan Mourad tchaï

Fleuve arabe :
Arabe chat-el arab.

Fleuve boueux :
Alaska choushitna.

Fleuve de montagne :
Flam.-holl. bergstroom.

Fleuve de plaine :
Flam.-holl. vlaktestroom.

Fleuve jaune :
Chinois Houang-Ho.

FLEUVE.

Additions & notes.

Fleuve noir :
Chinois Khé-Lountsian. — *Mandchou* sakhalin oula. — *Mongol* kara mouran.

Kirghiz irmak & tchaï.
Kouka fittri.
Lac Tchad fittri.
Laotien mé.
Latin amnis, aqua, flumen & fluvius.
Malais batang, besar, kali & soungey.
Mandchou bira, dian & oula.
Marocain asif & ussif.
Mongol chool, mourau, mouren & mourin.
Monténégrin rieka & tok.
Mossi chenga & koulou.
Namaqua !ab.
Norvégien stor Flod & Strom.
Odji omoulonga.
Oshindonga omoulonga.
Patagon foutaleufou.
Persan daria, deria, idjou, djoui, djoui-bar, tchaï, roud.
Polon. rzeka.
Portugais agua, ribeira, ribeirão & rio.
Provençal aiga, aigua, flum, fluvi & fluvis.
Roman nigue.
Roumain fluviu & riu.
Russe reka.
Sakhalin poronaï.
Samoan vaitafe.
Sanscrit nadi, sràva & sravât.
Scandinave elf.
Serbe rieka & tok.
Siamois klong, mé & paknam.
Slave rieka.
Slovaque rieka.
Slovène reka.
Somali oueb, ouebbe & ouebi.
Soudanais ba.
Soudanais français chenga & koulou.
Souahéli (mito) & mto.
Suédois elf, flod & ström.
Syriaque nahr.
Tchèque reka.
Thibétain mouren & mourin.
Togo gaboungji.
Turc irmak, nehr & tchaï.
Yorouba omi nla.

☞ abreuvoir, aiguade, aiguail, amas d'eau, anse, avalasse, baie, bassin, bouche, chute d'eau, cours d'eau, courant, crique, dock, dois, embouchure, estuaire, flot, flottage, flux, golfe, inondation, irrigation, lagune, marée, mer, navigation, océan, port, rade, raz de marée, reflux, rigole, rivière, riviérette, ruisseau, ruisselet, source, sous-affluent, torrent, voie navigable, affluent, amont, aval, effluent & canalisation.

☆

FLOT.

Additions & notes.

Flot de marée :
Russe priliv.

Flots houleux :
Mongol dolgo.

flot, sms; le mouvement ascensionnel des vagues vers les côtes. — Les *flots* de la mer rongent continuellement les côtes maritimes.

Afrique centrale do, dou, lo & ro. — *Allem.* Flut, Fluth, Welle, Woge. — *Angl.* crowd, flood, flow, wave. — *Arabe* madd, maugat & tajar. — *Bosniaq.* plima & poplav. — *Breton* chal, gwagen, lano, lanv, réd, tonn; (*vx* tonn). — *Cafre* dlambi, idlumbi. — *Castill.* fluxo. — *Catal.* flux (*vx* decurriment). — *Celtiq.* reto. — *Chinois* lang. — *Croate* plima & poplav. — *Cymriq.* llanw, llif, rhed & rhedu. — *Dalmate* plima & poplav. — *Danois* Bœlge, Flod & Flux. — *Deccan*

FLOT.

ódan. — *Égypt.* madd. — *Erse* rethim, riothaim & tonn. — *Esclav.* plima & poplav. — *Espag.* flujo, fluxo, ola, oleada; (vx decorrimiento). — *Finland.* aalto. — *Flamand* baar & vloed. — *Franç. vx* eles, elesie, elez, gort. — *Gaéliq.* tonn & ruith. — *Hausa* tosai n goulbi. — *Herzég.* plima, poplav. — *Holl.* baar & vloed. — *Ibóko* (mioulon) & moûla. — *Indiens Amériq. N.* homoouak. — *Italien* fiotto, flusso, flutto, fragente, onda & scorrimento. — *Javan.* herob & rob. — *Latin* fluctus & fluxus. — *Lithuan.* ritù. — *Malais* ajer pasang, ombak & pasang naik. — *Mongol* dolgo. — *Monten.* plima, poplav. — *Namaq.* !gaouib. — *Néo-guinéen* damele. — *Norm.* flot. — *Norv.* Bœlge, Flod, Flux. — *Polon.* fala. — *Port.* fluxo, maré, onda & vaga. — *Prov.* corrensa, decorremen, fluctz. — *Roman* gort. — *Roum.* fluxul & (valurile). — *Russe* bolshaïar & prilif. — *Samoan* lolo & tai. — *Sanscrit* arna. — *Serbe* plima & poplav. — *Slovène* val. — *Souahéli* gharika, (mavimbi) & vimbi. — *Suéd.* flod & flode. — *Syriaq.* madd. — *Tamoul* odán. — *Turc* tachmassy.

☞ baisse, basse-mer, contre-marée, eau, eau montante, èbe, ebbe, élef d'eau, étale, ételles, fleuve, flux, haute marée, macrée, maline, marée, marée montante, jusant, mascaret, mort de l'eau, mouvance, océan, onde, perdant de l'eau, raf, raz de marée, reflux, retrait, reverdie, rivière, syzygie, vague, vif de l'eau & wolfe.

Additions & notes.

Kabadi comaku.

☆

flux, sms; ☞ flot.

FLUX.

Additions & notes.

☆

fond, sms; la partie la plus basse d'une chose creuse; l'arrière-plan d'un site; le lointain. — Du *fond* de la mine en feu où ils étaient ensevelis depuis vingt jours, treize mineurs furent remontés vivants.

FOND.

Additions & notes.

Allem. Boden & Grund. — *Angl.* back, behind, bottom, deep, ground, hollow. — *Anglo-sax.* botm, holg & holh. — *Arabe* aker, åmgh, dhar, dhabret & gaér. — *Bosniaq.* temelje & grunt. — *Breton* denn, gwéled, stråd & tâl; (moyen goelet, strad). — *Corniq.* strad. — *Croate* grunt & temelje. — *Cymrique* cefn & gwaelod. — *Dalmate* grund & temelje. *Danois* Bund, Dyb & Grund. — *Égypt.* (asbâb) & seheb. — *Esclav.* grunt & temelje. — *Espag.* fondo. — *Finland.* perustus & pohja. — *Flam.* achtergrond, bodem & grond. — *Foula* illagoul. — *Gaéliq.* cul & cull. — *Grec* bathos, bussos. — *Herzég.* grunt & temelje. — *Holl.* achtergrond, bodem & grond. — *Ital.* fondo & sostanza. — *Javan.* haouit, lemah & ouit. — *Latin* fundus. — *Malgache* bodi & vodi. — *Monten.* grunt & temelje. — *Norv.* Bund, Dyb & Grund. — *Polon.* dno & grunt. — *Portug.* fundo. — *Russe* dno. — *Sanscrit* bhûtala, hetou & tala. — *Serbe* grunt & temelje. — *Slovaq.* dno. — *Slovène* dno & tla. — *Souahéli* ajili, chini, houja, inchi, maana & sabahou. — *Suéd.* grund & mark. — *Syriaq.* asl, (ishâd), ka'b & sabad. — *Tchéq.* dno, podlaha, pricina, puda. — *Turc* alt, arka, dib, emiak, moulk, sebeb.

☞ abîme, arrière-plan, bas, base, cul, crone, effondrement, encaissement, entrailles, bas-fond, fin, fondation, fondement, fosse, gouffre, gué, haut-fond, lointain, profondeur, recoin, reculée, renfoncement, sondage, tréfonds & trou.

Fond de vallée :
Achánti abonse. — *Angl.* bottom of a valley. - *Thibét.* do.

Fond d'un bois :
Angl. bottom of a wood.

Fond d'une baie :
Angl. deep-water bay. — *Arabe* koubbat.

☆

FOND DE L'EAU.

Additions & notes.

fond de l'eau, sms; le lit d'un cours d'eau.

Afrique orient. allem. & port. voouisha. — *Angl.* deep water. — *Canada* timagami. — *Fan* eugan. — *Lac Chiroua & Iomoué* oririmela. — *Makoua* voouisha.

☞ eau, fond & lit.

☆

FONDRIÈRE.

Additions & notes.

Arabe terbia.

fondrière, sfs; défoncement du sol. — Les terres landaises sont de vastes *fon= drières*.

Achánti binin & denkye. — *Allem.* Schlucht & Sumpf. — *Amax.* gxoboza & ingxoboza. — *Angl.* bog & quagmire. — *Arabe* belan, kholdj & nogat. — *Bosniaque* blato, gudura, klanac & mocvara. — *Breton* gwagren. — *Cafre* bityi, gxo= boza, boukou, ingxoboza, oubityi & ouboukou. — *Chinois* hsi. — *Croate & dalm.* blato, gudura, klanac & mocvara. — *Danois* Mosehul. — *Égypt.* batiha nazaz. — *Esclavon* blato, gudura, klanac & mocvara. — *Espag.* barranco, hondonada; (*Amériq. sud* trembladeral). — *Finland.* suo. — *Flamand* modderpoel. — *Franç. vx* bari-ave, croliz & croullière. — *Giryama* dhidha & kidhidha. — *Hassan.* lazar. — *Herség.* blato, gudura, klanac & mocvara. — *Holl.* modderpoel. — *Indien Amérique N.* akumna. — *Ital.* frana, palude & pan= tano. — *Latin* gurge. — *Lithuan.* lutynas. — *Malais* paja. *Montén.* blato, gudura, klanac & mocvara. — *Norm.* (à St-Lô: croulans). — *Norv.* Mosehul. — *Ouolof* deg. — *Polon.* bagno & oparzelisko. — *Portug.* barránco, lagóa, pantano, pego & tremedal. — *Roman* baricave, crolis, tral, trau & trô. — *Russe* rytvina. — *Samoan* palapala. — *Serbe* blato, gudura, klanac & mocvara. — *Slave* jasor. — *Slovaque* mo= carina. — *Slovène* mocvirje. — *Soning.* khare. — *Suédois* kœrr, klyftn & træsk. — *Syriaq.* na's. — *Tchèque* bahno & mocal. — *Thibét.* hdam. — *Turc* batak, boghas & dere. — *Yorouba* chakata, erre kpotokpoto. — *Zoulou* bityi & oubi= tyi.

☞ affaissement, affouillement, anfrac= tuosité, anglet, antre, caverne, creux, crevasse, dépression, effondrement, fen= te, enfoncement, enrue, excavation, fla= che, fondis, fontis, fosse, fouille, gouffre, gour, grotte, noue, ornière, orygma, ra= vin, rhagade, scrobe, silo, trace & trou.

☆

FONTAINE.

Arabe haudh.

Fontaine sèche :
Turc kourou-tchechmé.

Fontaine froide :
Grec Kria-brusi.

Fontaine des dieux :
Prov. diuna, diune, divona, divoue, duiona.

Fontaine jaillissante :
Russe klioutch.

Additions & notes.

fontaine, sfs; eau vive qui s'échappe d'un appareil destiné à cet usage. — Les *fontaines* naturelles dont l'eau surgit de la terre ou d'une fissure rocheuse portent le nom de « sources ».

Allem. Brunnen & Quelle. — *Anglais* bourn, fountain & well. — *Arabe* aïn, aïoun, berka, en, hassi, naba, sebil & sabjl. — *Baya* naouia. — *Berbère* thala. — *Bosniaq.* bunar & studenac. — *Breton* feunteun. — *Cafre* oumtombo, tom= bo. — *Catal.* font (*vx* fontana). — *Celtiq.* fynnen. — *Chi= nois* sing & tsing. — *Croate & dalm.* bunar & studenac. — *Danois* Skilde & Springvand. — *Égypt.* en. — *Esclav.* bu= nar & studenac. — *Espag.* fontana, fuente & houtana; (*vx* fonts). — *Finland.* lœhde. — *Flam.* bron, fontein, spring= bron & wel. — *Franç. vx* fontana, fonteine, fonteie, fyn= nen & vonn. — *Grec* brusi, vrici & vrysi. — *Hassan.* hasi & hassi. — *Hausa* idanou n roua. — *Herrero* oroui, orouha= roui, (otoui & otouharoui). — *Herség.* bunar & studenac. — *Hindoust.* mandal. — *Holl.* bron, fontein, springbron, wel. — *Island.* brunnr. — *Ital.* cannella, fontana & fonte. — *Ja=*

matc. xaimaka. — *Javan.* houmboul-lau. — *Kabyle* tala. — *Latin* fons. fontem; (*bas-latin* fontana). — *Malais* houlou sounge & mata ajer. — *Malgache* louharano. — *Mongol* (namaga), namekha & namik. — *Montén.* bunar & studenac. — *Namaq.* lous. — *Norv.* Skilde & Springvand. — *Odji* & oshindonga eziu. — *Ouolof* ten. -- *Persan* tchashma, tches= mé. — *Polon.* krynica & zdrój. — *Port.* chafariz, fonte & nascente. — *Prov.* font, fontana & fontayno. — *Roum.* fin= tina. — *Russe* klioutch. — *Samoan* pounavai. — *Sanscrit* koûpa. — *Serbe* bunar, isvor, studenac. — *Slovène* izvirek, vir. — *Songhaï* harimo. — *Soninq.* gede. — *Souahéli* chem= chem & jicho la maji. — *Suédois* kœlla. — *Syriaque* ain, ('ijoûn), ('oujoûn), naba & (ounboû'a). — *Tchèq.* pramen & zdroj. — *Turc* aïn, bounar, tchechmé. — *Yorouba* orishon.

☞ bac, bassin, borne-fontaine, chute d'eau, coupe, cuvette, eau, eau vive, fon= tanelle, filtre, jet d'eau, niche, puits, ré= servoir, robinet, source, vanne & vasque.

☆

fontanelle, sfs; une petite fontaine.
☞ les références de « fontaine ».

☆

fontis, ☞ fondrière.

☆

forêt, sfs; un bois de très grande éten= due. — L'industrie a décimé un grand nombre de *forêts*.
Achánti ahaban & ekouae.
Afghan zengel.
Afrique centrale behe, kouni, latala, mabehe, makouni, mikongo, misezo, mongo, mouitou, msaugou, msezo, msitou, okounda, ongo, osambene, oulousingi, oumou= sito, saugou, sezo, singi & t'hengo.
Albanais poul.
Allemand Forst, Wald; (*vx* hart).
Anglais forest & wood.
Annam. fa & roung.
Arabe gabat, ghabat, haiga, kibri & raba.
Arménien andar.
Assyrien kharsanou.
Azande bire.
Bali makop.
Bambara oulo & ouloto.
Banjan ebe.
Bantou behe, chonde, etapa, finda, ichonde, irou, isitou, mabehe, maudzou, mfinda, misezo, mongo, mouirou, mouitou, mousitou, msaugou, msezo, mto, oudzou, ongo, oulousingi, oumousitou, saugou, sezo, singi, tapa msitou, sitou & timto.
Baya kombo.
Béarnais bosc.
Berbère tagama.
Birman ta.
Bosniaque lug & suma.
Breton koat.
Cafre hlati, ihlatana, ihlati, isiquato & quato.
Cameroun cbo, ejidi & makop.
Castillan floresta & selva.
Catalan brolla & floresta.
Celtique coad, coet & keito.
Chinois chima, fanza, hobon, lin, san-lin & sidzou.
Congolais finda & mfinda.
Cornique cuit.
Croate lug & suma.
Cymrique coed, coit & kelydhon.
Dalmate lug & suma.

FONTAINE
Additions & notes.

FONTANELLE. — Additions & notes.

FONTIS. — Additions & notes.

FORÊT.
Additions & notes.

Forêt d'arbres jaunes :
Angl. yellow-wood trees.   *Cafre* isikoba & koba.

Forêt dénudée :
États-Unis Amérique N. bald.

Forêt épaisse & impénétrable :
Angl. dense & impenetrable forest. — *Hausa* koumchi. — *Yorouba* egan.

Forêt épineuse :
Angl. prickly forest. — *Yorouba* egan ochoucha.

Forêt profonde :
Anglais deep forest. — *Asie centrale* kottek. — *Siamois* daoung.

Forêt sauvage :
Angl. wild savage forest. — *Bornou* karaga.

Forêt tropicale :
Angl. tropical forest. — *Cubain* manigoua.

FORÊT

Additions & notes.

Forêt vierge :
Anglais wild forest. — *Hausa* dazhi. — *Malais* outan & rimba. — *Somali* nag.

Forêt de chênes :
Russe doubrava.

accrue, bocage, boqueteau, bosquet, bois, bouquet, buisson, cépée, clairière, coupe, couvert, écrue, épinier, essartage, essart, étalon, fourré, futaie, garenne, gault, gruage, massif, massif, parc, pucil, rabine, randon, remise, rond-point, ségrairie, sous-bois, taillis, tayon, trouée & verderie.

Danois Skov.
Égyptien (ahrâch) & hirch.
Esclavon lug & suma.
Espagnol bosque, espesura, floresta, monte & selva.
Esperanto arbaro.
Finlandais metsæ.
Flamand woud.
Français vieux abateis, bocal, bos, brel, brêle, brueil, brueille, bruellet, croisie, forest, gaud, gaude, gaudine, gaulte, gaut, gautier, laie, laigue, laye, laiguie, plesseis, plessier, rapurevoir, selve & selvie.
Gaélique mark.
Gaulois ceto.
Germanique Forst.
Giryama tsaka.
Gothique busch & walthus.
Grec lougos.
Hausa jeji, kourimi & (kouurmi).
Hawaïen veihe.
Haut-Nil dzamba & kibri.
Herzégovinien lug & suma.
Hindoustani jangal.
Hollandais woud.
Hongrois erdö, fûrö & liget.
Hou-ni hohou.
Iaibo ounououa.
Ibérien bosc.
Indiens Amérique N. eto, ka, manarokta, na yach & ok.
Indo-chinois bro, chin-toil, pha & toung.
Italien boscata, besco, foresta & selva.
Japonais fijasi & ki.
Jibou ouilbokbok.
Khas chos toung.
Kiouai toumou.
Kossova linani.
Lac Tchad kaga.
Latin ceto, silva & sylva.
Loango mitsouro & oumitsouro.
Lolo sidzau.
Lomoué mouhikou.
Mahoua etakoua.
Malais alas, houtan, outan & rimba.
Malgache ala.
Mandingue biringa, kongo, tou & touro.
Mangbattou noma.
Marquisien veihe.
Miao-tsé gheo lou.
Mongol naghsal & oi.
Monténégrin lug & suma.
Mossi kare.
Mozambique mouhikou.
Namaqua Iloês, Igom-heixa & Ikeis.
Néo-guinéen nallo, ouilbokbok, ounououa & toumo.
Nika aka, dzaka, irou, kiniafoungo, mouirou, niafoungo.
Nissan do & nallo.
Normand gault; (à Mortain : plesse).
Norvégien Skov.
Ouganda dimba, linani, mitsourou, oumitsourou, mto & timto.
Ouolof al & alle.
Persan besha & bisha.
Philippin goubat.
Picard gault.
Polonais bor & las.
Portugais bosque, brulha, floresta, luco, matta & selva.
Poula chima.
Provençal arborelh, bayssada, bosc, boscal, bosquina, brulha, brulhet, bruoilla, forest, foresta, forestaria, gas, gau, gaudina, plais & plaissat.
Rivière Noire pha.
Roman anoit, arboie, arbrière, chanal, faye, gaudine, gault, gaut & selve.
Roumain padura & padure.
Russe léss, lyes, padourea, polyana & rostcha.
Samoan vao.
Sanscrit aranya, atavi, jangal, joungle, kanan & vana.

Sara kaga.
Saxon vieux guult.
Serbe lug & suma.
Serer kob.
Slave bor & suma.
Slovaque hora.
Slovène gozd & suma.
Somali doud & hedd.
Songhaï ganji, koubou & sao.
Soninque gounne.
Soudanais nvoi; (*franç.* kare & tou).
Souahéli mouitou & msitou.
Suédois skog.
Syriaque (abrâch) & hirch.
Tagal goubat.
Tungout chang & nach.
Tchèque les.
Thibétain nags & ngas.
Touareg tagama.
Turc orman & yaghach.
Yunnan gheo lou.
Zoulou iziqualo & quato.

FORÊT.

Additions & notes.

☆

formique, smp; réunion d'îlots; réu=
nion, sous l'eau, de petites roches. — La
côte bretonne est semée de ces dangereux
formiques qui obstruent la navigation.
☞ écueil.

FORMIQUES. — Additions & notes.

☆

fort, sms; construction militaire éle=
vée en vue d'arrêter la marche d'une ar=
mée. — Les *forts*, pourvus de canons à
longue portée, commandent les routes &
les cours d'eau d'une zone déterminée.

Afghan kala. — *Allem.* Burg, Fest, Festung & Schanze.
— *Angl.* fort. — *Arabe* bordj, galât, hissar, hosn kal'a.
Armén. pjert. — *Buya* bambam, n'gai n'gai. — *Bosniaque*
grâd, obkop, tvrdja. — *Catal.* fort. — *Celtique* dou, dun &
tun. — *Chillouq.* ighir. — *Chinois* pau-tai & pao. — *Croate*
dalm. grâd, obkop, tvrdja. — *Danois* Fæstning, Skandse.
— *Egypt.* kal'a. — *Erse* lis & rath. — *Esclav.* grâd, obkop
& tvrdja. — *Espag.* fuerte. — *Finland.* fastingi. — *Flam.*
schans & vesting. — *Franç. vx* dum, dun & fort. — *Gaélig.*
rath. — *Grec* géros. — *Hassan.* gasba. — *Herzégov.* grâd,
obkop & tvrdja. — *Hindoust.* garh. — *Holl.* schans & ves=
ting. — *Hongr.* eröd & vár. — *Indou* kot & kote. — *Italien*
forte. — *Japonais* daibo. — *Latin* arx & fortis. — *Malais*
kota & koubou. — *Maroc.* ighir. — *Montén.* grâb, obkop &
tvrdja. — *Norv.* Fæstning & Skandse. — *Persan* bender,
hissar & kourd. — *Philippin* kotta. — *Polon.* forteca. —
Portug. fortaleza & forte. — *Prov.* arlenalh, arx & fort. —
Roman bastille, palanque & ver. — *Roum.* fortul. — *Russe*
krepost, ostrog & onkreplénié. — *Saxon* don, dun. — *Serbe*
grâd, obkop & tvrdja. — *Slovène* féstenga & trdnjava. —
Soning. khobe. — *Souahéli* gereza, gome & ngome. — *Sué=
dois* fæstning. — *Syriaque* kal'a. — *Tagal* kotta. — *Tchèq.*
hrad. — *Thibét.* dzong. joug, khar, mkar, pi-hou, rdzoug &
tai. — *Turc* hissar, kal'e, kourghan & palanka. — *Yorouba*
odi.

☞ acropole, antestature, barricade,
bastide, bastille, bastion, bicoque, block=
haus, capitole, chartagne, château-fort,
citadelle, défense, étoile, fascinage, ferté,
forteresse, fortification, fortin, palanque,

FORT. Additions & notes.

FORT.
Additions & notes.

Fort nouveau :
Indou noakot.

Fort sur une colline :
Soudan égyptien gala, galat.

Fort en bois :
Angl. wooden fort. — *Yorouba* agbara.

FORTERESSE.
Additions & notes.

place d'armes, place forte, place fortifiée, polygone, redan, redoute, réduit, rempart, retranchement, tranchée, turelure.

☆

forteresse, sfs; un grand fort avec une garnison permanente. — Les officiers qui sont punis pour des fautes graves sont internés dans les *forteresses*.

Afghan kala, kaud. — *Allem.* Festung. — *Angl.* fortress & stronghold. — *Annam.* dòn lay & than — *Arabe* bordj, hissar, hosn, housn, kala, kalaa, (kalajat), kalat, kassr, (kila), kile, ksar, (ksour), qala't. — *Armén.* pjert. — *Baya* bambam & n'gai n'gai. — *Bosniaque* grâd & tvrdjava. — *Breton* ker. | *Cafre* innquaba, nquaba. — *Cambodg.* bantéai & paudai. — *Catalan* forsa. — *Celtique* peel. — *Challonque* ighir. — *Chinois* kouan, onei, paou, pau-tai, tai, tchang & tchai. — *Coréen* ieng. — *Croate* & *dalm.* grâd & tvrdjava. — *Danois* Fæstning. — *Égypt.* kal'a. — *Esclav.* tvrdjava & grâd. — *Espag* castro, fortaleza, fuerte, fuerza; (tæ forza). — *Finland.* fastingi. — *Flam.* vest & vesting. — *Franç.* tæ barraux, bertesche, breteche, fermetez, ferté, fortiresse. — *Gallois* caer & dinas. — *Grec* akra, akropolis, kastro, ormilirion & kastron. — *Hassan.* gasba. — *Herzég.* grâd & tvrdjava. — *Hindoustani* garh. — *Holl.* vest & vesting. — *Hongr.* eröd & vár. — *Indou* kote, koté & mahl. — *Italien* bastia, bastita, bertesca, fortezza & forza. — *Japon.* daibo & siro. — *Latin* arx & firmitatem, -- *Malais* kota, koula & koubou. — *Maroc.* ighir. — *Montén.* grâd & tvrdjava. — *Norm.* baille & baillie. — *Norv.* Fæstning. — *Persan* diz, kala, kala'a, (kalajat), (kila) & kile. — *Picard* ferté. — *Polon.* forteca. — *Port.* força & fortaleza. — *Prov.* artenalh, arx, bertescea, fermaria, fermetat, forsa, fortalessa, fortaleza, forssa, fortaressa, forteza & forza. — *Roman* bretèche & ferté. — *Roum.* fortareata. — *Russe* krepost. — *Sanscrit* gadh. — *Saxon* tæ don & duu. — *Serbe* grâd & tvrdjava. — *Slovène* féstenga & trânjava. — *Souahéli* gereza, gome & ngome. — *Suéd.* fæstning. — *Syriaq.* kal'a. — *Tagal* kotta. *Tamoul* illakei. — *Tartare* kerman & krem. — *Tchèque* hrad. — *Thibétain* dzong & rdzong. — *Turc* balik, hissar, kala, kale, kalessi, kila, kilissa & palanka. — *Yorouba* odi.

☞ fort & ses références.

☆

FORTIFICATION.
Additions & notes.

fortification, sfs; terme générique qui désigne tous les ouvrages édifiés par le génie militaire pour la défense des places.

☞ les références de « fort ».

☆

FOSSE.
Additions & notes.

Somali kabr.

Fosse, sfs; un trou dans le sol. — Une *fossette* est une petite *fosse*.

Allem. Grube & Loch. — *Angl.* grave, hole & moat. — *Anglo-sax.* pôl. — *Arabe* hofra, kaudagh & tchoûra. — *Asie centrale* gour. — *Bosniaq.* jama. — *Breton* bèz & poull. — *Castill.* fosa. — *Catal.* fossa. — *Celtique* bedo. — *Cornique* bedh. — *Croate* jama. — *Cymrique* bedd, cladd, clawdd & pwll. — *Dalm.* jama. — *Danois* Brond, Grav & Grœft. —

Égypt. goûra. — *Erse* poll. — *Esclavon* jama. — *Espagn.* fosa, foso & hoyo; (*vx* fossa). — *Flam.* graf, groeve, hol & kuil. — *Franç. v.x* basi & bazy. — *Gaéliq.* poll. — *Gallois* bedd. — *Grec* orugma & oryct. — *Herzégov.* jama. *Holl.* graf, groeve, hol & kuil. — *Island.* hol. — *Italien* cavata, fossata & fosso. — *Latin* fossa & fovea. — *Lette* bedre. — *Montén.* jama. — *Norm.* haule. — *Norrég.* Brond, Grav & Grœft. — *Polon.* dol & kopalnia. — *Portug.* buraco, cova, fossa & fosso. — *Provenç.* fossa — *Roman* hawé. — *Russe* Samoan outou & loua. — *Sanscrit* gara — *Serbe* jama. — *Slovaq.* jama. — *Slovène* jama & lukuja. — *Suédois* grufva. — *Syriaq.* tchoûra. — *Turc* tchoukour.

☞ abîme, augelot, auget, basse-fosse, bouldure, by, cavité, creux, cul, cuvette, douve, écharpe, échaux, enfoncement, euripe, excavation, faulde, fondation, fossé, fouille, gouffre, haha, louvière, ou= bliette, précipice, profondeur, puits, pui= sard, retranchement, rigole, saignée, saut de loup, sillon, silo, souterrain, tom= be, tranchée & trou.

☆

fossé, sms; grande tranchée ou fosse prolongée. — Des *fossés* servent souvent à limiter les propriétés qui bordent les chemins & les routes.

FOSSÉ.

Additions & notes.

Allem. Graben. — *Angl.* drain, ditch & moat. — *Arabe* bachach, hafir, hofairt, hofra & khandak. — *Azande* doue. — *Bantou* mouvou & vou. — *Bosniaque* jarak. — *Breton* kleûz. — *Celtiq.* klado. — *Chinois* hao & keng. — *Congol.* mouvo & vou. — *Corniq.* claud. — *Croate, dalm.* jarak. — *Danois* Grœft. — *Égypt.* bachach & hafar. — *Esclav.* jarak. — *Espag.* barranco, foso, fossado & zanja. — *Finland.* kai= vaa. — *Flam.* gracht & sloot. — *Franç. vx* cude & toul. — *Gallois* clawdd. — *Hausa* ganoua. — *Herrero* houpoura. — *Herzég.* jarak. — *Holl.* gracht & sloot. — *Hongr.* arok. — *Iaibo* gabai. — *Ital.* cavata, fossa & fossato. — *Latin* cavus & fossatum. — *Malais* parit. — *Malgache* hadi & kadi. — *Montén.* jarak. — *Namaq.* llaroh & !khanûb. — *Néo-guin.* gabai. — *Niha* foulo & loufoulo. — *Norm.* cavin. — *Norv.* Grœft. — *Odji & oshind.* houpa. — *Polon.* dol & kopalnia. — *Port.* covn, fossado & fosso. — *Prov.* fossat & fosset. — *Roman* beal. (échaux) & (fousseis). — *Russe* rov. — *Sa= moan* eli. — *Sanscrit* gara. — *Serbe* jarak. — *Slovaq.* prie= kopa. — *Slovène* jama. — *Somali* hool. — *Songhai* gonsou. *Souahéli* chimo, handaki & (machimo). — *Suédois* graf. — *Syriaque* bachach & hafar. — *Thibétain* louanga. — *Turc* abriz, avras, hendek & ostang.

☞ fort, forteresse, fortification & les références de « fosse ».

☆

Fossé plein d'eau, sms; une tranchée d'eau stagnante autour de beaucoup de forts.

FOSSÉ PLEIN D'EAU.

Additions & notes.

Breton douez & douvez. — *Normand* douve (à Cherbourg lime).

☞ fort, forteresse & les références de « fossé & tranchée ».

☆

FOUGERAIE.
Additions & notes.

fougeraie, sfs; plantation de fougères. Les terres légères conviennent aux *fougeraies*.

Allem. Farnkrautfeld. — *Angl.* brake. — *Bosniaq., dalmate & croate* paprat nasad. — *Erse* money e muine. — *Esclav.* paprat nasad. *Espag.* helechar. — *Flam.* veld met varen bezet. — *Herzég.* paprat nasad. — *Holland.* veld met varen bezet. — *Ital.* felceto, felciaia & felciaja. — *Montén. & serbe* paprat nasad.

☞ arbre, arbuste, fougère, pépinière.

☆

FOURCHE. — Additions & notes.

fourche, sfs; ☞ bifurcation & croisement.

☆

FOURRE.
Additions & notes.

fourré, sms; la partie très touffue de la forêt. — C'est dans les *fourrés* que le gibier poursuivi par les chiens cherche un refuge éphémère.

Afrique centr. kalango & nkalango. — *Allem.* Gebüsch. — *Angl.* copse & thicket. — *Arabe* boghât. — *Bantou* kalango, kanka, uka, nkalango. — *Bosniaque* chun, grm. — *Chinois* gouiang. — *Congol.* kauka & uka. — *Croate, dalm.* chun & grm. — *Danois* Skindforet. — *Esclav.* chun & grm. *Espag.* forrado & mata. — *Flam.* digte plaats in het bosch. — *Franç.* vx broil. — *Hausa* koumchi. — *Herrero* otyihoua & (ovihoua). — *Herzég.* chun & grm. — *Holl.* digte plaats in het bosch. — *Ital.* boscoso, fitto d'un bosco & macchia. — *Montén.* chun, grm. — *Nika* foufou, kafoufou. — *Norv.* Skindforet. — *Odgi & oshind.* oshioua. — *Portug.* bosque, mata & matto. — *Serbe* chun & grm. — *Slovène* grmovje. — *Suéd.* buskar. — *Tchèq.* krovi. — *Turc* tchaly.

☞ arbre, arbrisseau & les références de « bois & forêt ».

☆

FRANGE DE RÉCIFS.
Additions & notes·

frange de récifs, sfs; ☞ écueil.

☆

FRONDAISON.
Additions & notes.

frondaison, sfs; ☞ feuillage.

☆

FRONTIÈRE.
Additions & notes.

frontière, sfs; limites administratives ou naturelles d'un État. — Les *frontières* des divisions d'un État sont des « limites ».

Achánti apa & ofouhye. — *Afriq. or. allem.* inano, mouinano. — *Allem.* Grenze, Marke & Rainstein. — *Amaxosa* da & oumda. — *Angl.* border, boundary, frontier, limit & march. — *Anglo-sax.* mearc. — *Arabe* hadd, hedudel-mamlakat & (houdoûd). — *Bantou* bambi, mbambi, (mipaka), mpaka & paka. — *Bosniaque* granica & megja. — *Breton* marz; (moyen mars). — *Cafre* da, isikaulo, kaulo, oumda, oumzimandlela & zimandlela. — *Chinois* kata, kiai & hién. — *Congol.* bambi & mbambi. — *Croate & dalm.* granica & megja. — *Danois* Græuse. — *Égypt.* hadd & (houdoûd). — *Esclav.* granica & megja. — *Espag.* frontera & término. — *Finland.* raja. — *Flam.* grens. — *Franç. vx.* marche. — *Gaélique* march. — *Germaniq.* mark. — *Giryama* haka & mouhaka. — *Gothique* marka. — *Herzég.* granica & megja. — *Holl.* grens. — *Hongr.* batár. — *Ibo* oke. — *Indo-europ.* mark. — *Ital.* frontiera & marca. — *Javan.* waket & wates.

— *Lac Chiroua* mikagano. — *Latin* margo & terminus. — *Lomoué* mikagano. — *Makoua* inano, mouinano. — *Malais* peminggir. — *Montén.* granica & megja. — *Namaqua* ăm-!gâb, !khârib & !năm-ămi. — *Niger.* oke. — *Nika* mouvaka & vaka. — *Northumb.* twistle. — *Norv.* grænse. — *Persan* marz. — *Polon.* granica. — *Port.* fronteira, raia. — *Prov.* bola, boula, bozola & (dechs). — *Roman* marche. — *Roum.* frontiera. — *Russe* oukraïna & ourochische. — *Samoan* touaoi. — *Serbe* granica, granitsa, megja. — *Slovène* meja. — *Souahéli* kinga, (mipaka), mpaka, paka. — *Suéd.* grœus. — *Syriaq.* hadd & houdoûd). — *Tchèq.* hraniciti. — *Thibét.* mou & samtsam. — *Turc* chit, houdoud, jaka & sinir. — *Yorouba* ala & atete-ba. — *Zoulou* oumzimandlela, zimand=lela.

☞ abornement, barrière, bord, borna=ges, borne, confin, circonvoisin, délimi=tations, démarcation, fin, finage, limite, limitrophe, lisière, marche, mitoyen, per=driau, poteau, rain, séparation, tenant, terme, terminus & toral.

FRONTIÈRE.

Additions & notes.

☆

futaie, sfs; forêt ou bois dont les arbres ont acquis leur développement complet. Une demi *futaie* comprend les arbres qui ont de 80 à 150 ans; les vieilles *futaies* ne comptent que des sujets de 150 à 300 ans.

Allem. Hochwald. — *Angl.* forest trees. — *Arabe* gabat & herç. — *Danois* Overskov. — *Espag.* arbolado & oquedal. — *Flam.* hoog geboomte. — *Franç. vx* futaye, rapurevoir. — *Holl.* hoog geboomte. — *Ital.* bosco d'alberi d'alto fusto, fusto. — *Norv.* Overskov. — *Port.* matta de arvores altas. — *Russe* staryi laiss. — *Suédois* högskog & lund. — *Turc* orman.

☞ les références de « bois & forêt ».

FUTAIE.

Additions & notes.

☆

G

gare, sfs; ☞ station.

GARE.

Additions & notes.

☆

garigue, sfs; ☞ garrigue.

GARIGUE. — Additions & notes.

☆

garnison, sfs; l'ensemble des militaires casernés dans une ville. — la localité où séjournent les troupes s'appelle aussi la *garnison*.

GARNISON.

Additions & notes.

GARNISON. — Additions & notes.

Allem. Besatzung, Garnison. — *Angl.* garrison. — *Arabe* mahrousa & nouba. — *Bosniaq.* posada. — *Catal.* guarnicio (*vx* garnison). — *Croate & dalm.* posadu. — *Danois* Garnison. — *Esclav.* posada. — *Espag.* guarnicion. — *Flam.* bezetting. — *Franç. vx* garison. — *Herzég.* posada. — *Holl.* bezetting. — *Ital.* guarnigione, guarnizione & presidio. — *Mont.* posadn. — *Norv.* Garnison. — *Polon.* garnizon, zaloga. — *Port.* guardas, guarnição & presidio. — *Provenç.* garniso. — *Roum.* garnisona. — *Russe* garnizóne. — *Serbe* posada. — *Suéd.* besæ'tning & garnisón.

☞ armée, bastion, blockhaus, camp, campement, casemate, caserne, casernement, citadelle, fort, fortification, fortin, garde, militaire, place forte, place fortifiée, polygone, redoute, siège, soldats, troupes.

☆

GARRIGUE. — Additions & notes.

garrigue, sfs; lande dans la France méridionale. — Il y a beaucoup de garrigues dans le pays cévenole.

Ariège artigat. — *Béarn.* artigue. — *Breton* karrek. — *Gascon & prov.* artigue.

☞ aride, erme, frau, friche, gastine, gâtine, inculture, infertilité, lande, ramier, sauvagerie, savart, steppe & varenne.

☆

GASTINE. — Additions & notes.

gastine, sfs; ☞ lande.

☆

GAZON. — Additions & notes.

gazon, sms; herbe courte & menue. — Les gazons épais font un superbe cadre aux fleurs des parterres.

Abyssin eti. — *Achanti* almouin & sarc pereda. — *Afriq. centrale* dinyasi, einyasi, iriso, isore, isota, lashi, malashi, riso, sono, sore & sote. — *Allem.* rasen. — *Angl.* grass & turf. — *Arabe* hachich. — *Aroma* regi. — *Bantou* asi, dinyasi, dzou, elenga, iriso, isoa, isore, isote, lenga, klasi, lashi, linyasi, malashi, manasi, manyasi, masoa, masoua, moudzou, nasi, nyasi, oudzou, ousoua, outeka, soa, sore, sote, riso, soua, teka & yasi. — *Baya* béré. — *Bornou* kajoum. — *Bosniaq.* busen. — *Breton* léton & létoun. — *Cafre* isiquato & quato. — *Castill. & catal.* grama. — *Chinois* tsao. — *Congol.* fouta. — *Croate & dalm.* busen. — *Danakil* aissou. — *Danois* Grœnsvær. — *Esclav.* buzen. — *Espag.* césped & grama. — *Fan* bilogh, elogh & logh. — *Flam.* gras & zode. — *Foula* souade. — *Français vx* wason. — *Galla* oka. — *Giryama* dzouho & kadzouo. — *Haut-Nil* gech & gzin. — *Herzég.* busen. — *Holland.* grns & zode. — *Indien Amérique N.* cos & mouskiikoul. — *Indiens Calif.* katsa, kla kan & kole. — *Italien* gramigna, zolla di terra & zolla erbosa. — *Ittou-galla* éti. — *Kabadi* reina. — *Kerepounou* legi. — *Lac Rodolphe* goujeta. — *Lac Tchad* ngele. — *Latin* agróstis, gramen, graminis & herba. — *Lokoub* goujeta. — *Maiva* touvou. — *Mandingue* birsa & boursa. — *Montén.* busen. — *Mossi* momasu. — *Motœum* kavourou & reina. — *Néo-guin.* kavourou, legi, reina, touvou. — *Nika* dzouho & kadzouo. — *Norm.* motte; (à St-Lô quouane). — *Norv.* Grœnsvær. — *Ouolof* niakh. — *Polon.* darn, darnina & murawa. — *Port.* grama, leiva, relva, verdura. — *Provençal* gram. — *Rivière Sobat* loum. — *Russe* diorne. — *Sara* ngeie. — *Sénég.* sokke. — *Serbe* busen. *Serer* dad. — *Slovène* trata. — *Somali* aissou & geda. — *Soning.* itil=

Afrique centr. isoa, masoa, masoua, ousoua, soa & soua.

GAZON	TERMES GÉOGRAPHIQUES	GÉOGRAPHIE

lemou, sokke. — *Soudan.* nvoa; *(franç.* momasa). — *Souahéli* jani, majani & nyasi. — *Suédois* græsmatta. — *Tchèque* drn & travnik. — *Thibét.* loungma & tsa. — *Turc* han, out, sarik. — *Yambo* loum. — *Zambèze* ousoua & soua. — *Zoulou* isiquato & quato.

☞ boulingrin, graminée, grass, herbe, herbue, parterre, pelouse, plate-bande, ray-grass, statice, talus, verdure & vertugadin.

GAZON.

Additions & notes.

☆

Genèse (la); titre du livre premier de la *Bible*. — La *Genèse* peut être considérée comme le premier cours de géographie sorti de la pensée de l'homme & transmis aux générations, dans la forme hébraïque, depuis Moïse (17° siècle avant J.-C.

Allem., angl. Genesis. — *Arabe* taurat ou torat. — *Catal. danois, espag., flam., grec* & *holl.* Genesis. *Ital.* Genesi. — *Latin, norv. & port.* Genesis. — *Prov.* Genesi. — *Roumain & suéd.* Genesis.

☞ Ancien Testament, Bible, Décalogue, Pentateuque, Moïse, Tables de la Loi.

GENÈSE.

Additions & notes.

☆

genêtière, sfs; une plantation de genêts. — Les genêtières sont communes en Europe.

Norm. (à Bayeux : viguet).

☞ arbre, arbrisseau, genêt, pépinière, plantation.

GENÊTIÈRE.

Additions & notes.

☆

genévrière, sfs; plantation de genévriers. — Les genévrières appartiennent à l'Asie septentrionale & à toute l'Europe.

☞ Arbre, arbrisseau, arbuste, genévrier, pépinière & plantation.

GENÉVRIÈRE.

Additions & notes.

☆

Géographie, sfs; science qui a pour but la description de la planète Terre. — Les livres qui enseignent les sciences géographiques sont des *géographies*.

Allem. Erdbeschreibung. — *Angl.* geography. — *Arabe* hai-at-al-ard & rasm. — *Armén.* achcharhakrouthiounn. — *Bosniaq., croate, dalm.* zemljopis. — *Danois* Geografi. — *Esclav.* zemljopis. — *Espag.* geografía. — *Flam.* aardrijkskunde. — *Herzég.* zemljopis. — *Holl.* aardrijkskunde. — *Ital.* geografia. — *Montén.* zemljopis. — *Norv.* Geografi. — *Polon.* geografía, opiznnie ziemi. — *Portug.* geographia. — *Roum.* geografia & geografie. — *Russe* guéografia. — *Serbe* zemljopis. — *Slovène* zemlja opis.

☞ astronomie, cosmogonie, cosmographie, aérostation, géologie, hydrologie,

GÉOGRAPHIE.

Additions & notes.

GÉOGRAPHIE.
Additions & notes.

commerce, gouvernement, histoire, histoire naturelle, industries, navigation, religions, zoologie.

☆

GEYSER.
Additions & notes.

Bas-latin fumariolum.

geyser, sms; une gigantesque fontaine d'eau brûlante. — Le sol islandais possède beaucoup de *geysers*, comparables à des volcans d'eau.

<small>*Allemand* Geyser. — *Angl.* geyser. — *Danois* vulkausk Kilde. — *États-Unis Amérique N.* foumarole. | *Island.* geyser. — *Norv.* vulkausk Kilde. — *Port.* geyser.</small>

☞ colonne d'eau, éruption, fontaine, fumerolle, lave, source, volcan.

☆

GLACE.
Additions & notes.

glace, sfs; eau solidifiée par le froid. — Les contrées polaires sont couvertes de glaces éternelles.

<small>*Allem.* Eis. — *Angl.* ice. — *Anglo-sax.* is. — *Annamite* gia. — *Arabe* barad, baraf, galid & tchalid. — *Arménien* ssarouiths. — *Baya* mazoli. — *Bosniaque* led. — *Breton* riel, sklas & skourn; (*moyen* clezrenn & sclacenn). — *Catal.* glas; (*vx* glaça). — *Celtiq.* yagi. — *Chinois* biug & ping. — *Croate & dalm.* led. — *Danois* Is, Iis & Jise. — *Égyptien* gelid. — *Erse* aig & aigred. — *Esclav.* led. — *Espag.* hielo. — *Esper.* glacia. — *Finland.* jææ. — *Flam.* ijs. — *Hébreu* keret. — *Herzég.* led. — *Holl.* ijs. — *Hongr.* jég. — *Islandais* is; (*vx* jaki). — *Italien* ghiaccia & ghiaccio. — *Latin* glacies. — *Malais* ajer bakou, ajer hatou. — *Mongol* moussoun. — *Montén.* led. — *Namaq.* !gômi. — *Norv.* Is, Iis & Jise. — *Persan* yak. — *Polon.* lod. — *Port.* gelo & neve. — *Prov.* glacha, glas, glassa & glatz. — *Roum.* ghiata. — *Russe* led & liod. — *Sanscr.* him & hima. — *Serbe & slave* led. — *Slovaq.* lad. — *Slovène* led. — *Suéd.* is. — *Syriaq.* tchalid. — *Tchèque* led. — *Thibétain* gang. — *Turc* bouz & mouz.</small>

☞ banc de glace, banquise, bourguignon, bousin, champlure, chandelle, clarière, congélation, débâcle, dégel, embâcle, fonte, frimas, froid, gel, gelée, gélivure, gerçure, givre, glacial, glaciaire, glacier, glaçon, glissière, glissoire, grêle, grêlon, grésil, moraine, névé, pôles & verglas.

Les Islandais disent « jökull » pour désigner la glace qui recouvre un plateau de montagne.

☆

GLACE FLOTTANTE.
Additions & notes.

glace flottante, sfs; ☞ banquise & iceberg.

☆

GLACIER.
Additions & notes.

Allem. vx kees.

glacier, sms; couche épaisse de glace dans les défilés des montagnes. — Tous les *glaciers* sont situés entre les cimes des monts.

<small>*Allem.* Gletscher. — *Angl.* glacier, icedealer & ice-water mountain. — *Croate, bosniaq. & dalmate* lednjak & plaz. — *Danois* Bræ, Isbræ & jøkel. — *Esclavon* lednja & plaz. — *Espag.* nevera. — *Esquimau* sermiakhsou. — *Flam.* gletcher & ijsbereider. — *Herzég.* lednjak & plaz. — *Holland.*</small>

GLACIER	TERMES GÉOGRAPHIQUES	GOLFE

gletcher & ijsbereider. — *Hongr.* jéghalom. — *Island.* vx jökull. — *Italien* ghiacciaja. — *Montén.* lednjak & plaz. — *Norvég.* Brœ, Isbræ & Jökel. — *Persan* kouh yak ab. — *Portug.* geleira & neveiro. — *Roum.* ghetarul. — *Russe* lednik. — *Scandin.* Bræen. — *Serbe* lednjak, plaz. — *Suéd.* isberg & jökel. — *Turc* çora & choum-kar-kuchka.

☞ les références de « glace ».

GLACIER.

Additions & notes.

☆

glaçon, sms; bloc de glace. — A l'époque de la fonte des neiges, nos rivières sont embâclées par des *glaçons* inquiétants.

Allem. eisscholle. — *Anglais* iceblock & icicle. — *Anglosax.* gicel. — *Danois* Isflag. — *Espag.* carambano & tempano. — *Flam.-holl.* ijsschol & ijsschots. — *Italien* ghiacciuolo & pezzo di ghiaccio. — *Norv.* Isflag. — *Port.* carambano, caramelo & pedaço de gelo. — *Russe* ldina. — *Suéd.* isstycke.

☞ les références de « glace ».

GLAÇON.

Additions & notes.

☆

globe terrestre, sms; la planète Terre. — La superficie du *globe* est :

en terres : 144,500,000 de kilom.□;
en eaux : 365,500,000   id.
―――――
Le globe : 510,000,000   id.

Allem. Erde, Erdekügel, Globus, Kugel. — *Angl.* globe. — *Arabe* acarat, ard, (arà,di) corrat, (kilal), killi. — *Bantou* nza & za. — *Baya* nou. — *Bosniaque* kruglja, zemlja & zrno. — *Castill.* tierra. — *Catal.* terra. — *Chinois* k'ieû-tsi, kouk-tsi, ti, ti-fang & t'û. — *Congol.* nza & za; (franç. si). — *Croate* & *dalmate* kruglja & zemlja. — *Danois* Globus, Jordkloden, Klode & Kugle. — *Deccan* mandau. — *Égypt.* kôra (kouval). — *Esclav.* kruglja & zemlja. — *Espag.* globo & globulo. — *Fan* si. — *Finlandais* maa & maanpallo. — *Flam.* aardbol, aardglobe & globe. — *Hausa* kasa. — *Herrero* ehi. — *Herzégov.* kruglja & zemlja. — *Holl.* aardbol, aardglobe & globe. — *Ital.* globo. — *Javan.* boumi sanskr. & jagad sanskr. — *Latin* globus. — *Malais* bolah & boumi. — *Montén.* kruglja, zemlja. — *Namaq.* !hùb-eib. — *Norv.* Globus, Jordkloden, Klode & Kugle. — *Odji* & *oshindonga* evi. — *Polon.* kula & ziemia. — *Port.* globo. — *Prov.* glo bel & terra. — *Roum.* globul terestru, pamèntesc & pamèntul. — *Russe* globouss & zemlya. — *Samoan* lalolagi & poulou. — *Sanscr.* bhoûmi. — *Serbe* kruglja & zemlja. — *Slovaq.* zem. — *Slovène* zemlja. — *Souahéli* dounia, inchi, oudongo, oulimouengou, poopoo & risassi ya boundouki. — *Suéd.* jordglob, jordklot & kula. — *Syriaque* ard, (arà'di), (kilal) & killi. — *Tchéq.* koule & zeme. — *Turc* doûnja, jer & toprak.

☞ hémisphère, monde, planisphère, sphère & terre.

GLOBE TERRESTRE.

Additions & notes.

☆

golfe, sms; un vaste enfoncement dans la côte maritime. — Le *golfe* de Gascogne est creusé dans les terres espagnoles & françaises.

Achânti faka & konton. — *Aléout.* ouda & ouddak. — *Allem.* Golf & Meerbusen. — *Anglais* embayment & gulf. — *Arabe* djoun, gdir, gobbat, gun, khalidj, khour, khrour, rdir. — *Arménien* khorch. — *Bantou* nsoukou & soukou. — *Bosniaq.* zaliev & zaton. — *Breton* ouf. — *Castill.* golfo.

GOLFE.

Arabe kor.

Additions & notes.

GOLFE.

Additions & notes.

Franç. vx trau. — Gaéliq. bealach. — Prov. golayro.

Gorge rocheuse :
Angl. stone gorge. — Chinois chin hou.

Catalan golf. — Chinois haï ouan & haï yau. — Congolais usoukou & soukou. — Croate & dalmate zaliev & zaton. — Danois Bugt, Havbugt, Havn, Vig & vik. — Égypt. goûn. — Esclav. zaliev & zaton. — Espag. golfo & seno. — Esquimau iterlekhsoa & iterleng. — Finlandais pahli. — Flam. golf, zeebogt & zeeboezem. — Gaéliq. firth, ob & oban. — Grec kolpos. — Hawaïen kaavai & kaikueno. — Herzégov. zaliev & zaton. — Holl. golf, zeebogt & zeeboezem. — Hongrois tengeröböl. — Ital. golfo & seno. — Japon. oumi. — Javan. buloun. — Malais telok, télouk. — Malgache houala. Marquis. kaavai & kaikueno. — Mongol kachor. — Monténég. zaliev & zaton. — Norv. Bugt, Havbugt, Havn, Vig, Vik. — Persan kolzoum. — Port. & prov. golfo. — Roman traith. — Roum. golf & sin. — Russe gouba, liman, zalif, zaliv & zavod. — Serbe zaliev & zaton. — Songhaï goun — Suéd. bugt & hafsvik. — Syriaq. tchoûn. — Thibét. doug & kyog. — Turc bogas, boghaz, keurfaz, keurfezi, kiourfez & limau.

☞ aber, abri, accul, ajoupa, alise, anse, aisle, baie, barachois, bassin, bouche, bouque, calanque, cale sèche, carangue, carbet, carénage, conche, crique, darse, darsine, débarcadère, embarcadère, enfoncement, escale, estacade, ester, esterre, estuaire, étier, havre, jetée, môle, ouvert, port, quai, rade, recran, refuge, relâche, relâcher, rivage, sac & syrte.

☆

GORGE.

Additions & notes.

gorge, sfs; un passage étroit entre des montagnes. — Les *gorges* du Tarn sont intéressantes à visiter.

Achânti nammonkoro. — Afghan tang. — Allem. Engpass, Gebirgspass, Hohlweg & Schlucht. — Angl. chasm, defile & gorge. — Arabe al-balgh, dekhla, dhign, gasabat, khanga, khanget, louj & (xheneg). — Bantou eyenga, kariba, kariva, loupata, pata, riba, riva & yenga. — Bosniaq. gudura & klanac. — Breton vx brehaut. — Catal. gorg (vx golaro, gorga & gorja). — Celtique glen. — Chinois hou & kon-kou. — Croate & dalmate gudura & klanac. — Danois Bjergpas. — Erse bealach. — Esclav. gudura & klanac. — Espag. abra, desfiladero, garganta, gorga, gorja & hoz. — Espag.-améric. canon. — États-Unis Amérique N. clove. — Flam. bergengte & pas. — Giryama deto. — Herzég. gudura & klanac. — Holl. bergengte & pas. — Italien cavetto, collo, gola, gorga, gorjia, gorgo, guscio, seno & strette. — Kabyle ankik. — Malais djourang. — Monténég. gudura & klanac. — Norv. Bjergpas. — Port. abertura, desfiladeiro, estreito. — Prov. golet, gorga & gorja. — Roum. gâllejul. — Russe ouchtchélié. — Samoan vanou. — Serbe gudura & klanac. — Songhaï boko, jinde, kalmeno & karra. — Suéd. klyfta. — Tartare tamak. — Thibétain ké, nya rong, rong. — Turc boghas, déré & tar. — Zambèze kariba, kariva, loupata, pata, riba & riva.

☞ boyau, col, conduit, crevasse, entonnoir, étranguillon, étranglement, filière, goulet, goulette, goulot, pas, passage, passe & resserrement.

☆

GOUFFRE.

Additions & notes.

gouffre, sms; excavation profonde. — Les richesses englouties dans les *gouffres* de l'Océan sont incalculables.

Allem. Abgrund, Schlund. — Angl. abyss, chasm, cloud, depth & precipice. — Arabe hofra, louj & zerdeb. — Bantou

GOUFFRE.

eyenga, lounengenenge, nengenenge & yenga. — *Bosniaq.* grlo, zjalo. — *Breton* lonk & tróen. — *Bulgare* propast. — *Catal.* gorg. — *Congol.* lounengenenge & nengenenge. — *Croate & dalmate* grlo & zjalo. — *Danois* Afgrund, Dyb & Svælg. — *Égypt.* houfra. — *Esclav.* grlo & zjalo. — *Espag.* abismo & voladero. — *Flam.* afgrond & krautz. — *Franç. vx* gort. — *Giryama* dete. — *Grec* katavothra. — *Hausa* kososobe & makogoro. — *Herzég.* grlo & zjalo. — *Hindoustani* dang. — *Holl.* afgrond, krautz. — *Ital.* abisso, gorgo & voragine. — *Latin* gurges. — *Malais* karengkoungan & toubir. — *Malgache* hantsana. — *Montén.* grlo & zjalo. — *Néo-guin.* lada. — *Norv.* Afgrund, Dyb & Svælg. — *Polon.* otchlan & przepasc. — *Port.* abysmo, pégo, sorvedouro & voragem. — *Prov.* gorc & gorglh. — *Roum.* prapastia. — *Russe* bezdna, poutchina, propast. — *Samoan* fafa, moana. — *Serbe* grlo & zjalo. — *Slovène* brezdno. — *Souahéli* keto, kouenda & onketo. — *Suéd.* afgrund & svalg. — *Syriaque* houfra. — *Tchèq.* jicen-cnu. — *Turc* boghas.

☞ affaissement, abîme, anfractuosité, antre, bas-fond, creux, crevasse, effondrement, excavation, fond, fracture, oubliette, précipice, profondeur, rupture, tournant, tourbillon, trou & wolfe.

Additions & notes.

☆

GOULET.

goulet, sms; l'entrée étroite d'un port. — L'accès de Port-Arthur débute par un *goulet*.

Allem. enge Einfahrt eines Hafen. — *Angl.* inlet & narrow entrance. — *Bosniaq., croate, dalm. & esclav* ulazak & uvoz. — *Espagn.* abertura & gollete. — *Flam.* naauwe invaart. — *Franç. vx* hoguette. — *Herzég.* ulazak & uvoz. — *Holl.* naauwe invaart. — *Ital.* gola, goletta & imboccatura stretta d'un porto. — *Montén.* ulazak & uvoz. — *Port.* emboccadura. — *Prov.* golet & goleta.

☞ bouche, col, embouchure, entonnoir, entrée, estuaire, étranglement, étroit, canal, goulette, goulot, havre, port & rade.

Additions & notes.

☆

GOULETTE.

goulette, sfs; ☞ goulet. — Le port tunisien de « La Goulette » tire son nom de la forme de son embouchure en goulot.

Additions & notes.

☆

gouvernement

gouvernement, sms; l'administration d'un État. — Les formes de *gouvernement* sont nombreuses.

Allem. Regierung. — *Angl.* government. — *Arabe* daulat, hokumat & moutesarriflik. — *Bosniaque* vlada. — *Catal. vx* gobernament. — *Chinois* kouo & kouân-li. — *Croate & dalm.* vlada. — *Danois* Bestyrelse, Ledelse & Regjering. — *Égypt.* houkoûme. — *Esclav.* vlada. — *Espag.* gobierno; (*vx* gobernamiento). — *Flam.* bestuur, bewind & regering. — *Franç. vx* gouverne & regement. — *Ital.* governamiento & governo. — *Japon.* ken. — *Javan.* goupèrmèn & paréntah. — *Latin* administratio. — *Malais* parentah & pemarentahan. — *Montén.* vlada. — *Norv.* Bestyrelse, Ledelse & Regjering. — *Polon.* rzad, rzadzenie & zarzad. — *Portug.* governo. — *Prov.* baillimeut, biele, govern, governament. — *Roman* regemen. — *Russe* gouberniya. — *Serbe*, *slovène* vlada. — *Souahéli* daulati & serkuli. — *Suédois* rege-

Hausa sarauta. — *Herzég.* vlada. — *Holl.* bestuur, bewind & regering.

GOUVERNEMENT.

Additions & notes.

ring. — *Syriaq.* houkoùmi & hkoùmi. — *Tchèque* vlada. — *Turc* moutesarriflik.

☞ les références de « État ».

☆

GRAND.

Additions & notes.

Le terme « grand » n'est géographique que parce qu'il entre dans la composition d'une foule de noms.

grand, sms; de taille élevée, de dimen=sions étendues. — Les Grecs furent le plus *grand* peuple de la Terre.

Achânti koti, oso & osso.
Afrique centrale chi, gorongo, kalamba, kouroumba, la, mpiti & nene.
Aïno poro.
Albanais math.
Aléoutien aigak.
Allemand gross; (*vx* grosz).
Amoï tai.
Anglais great & large.
Annamite toulé, lon, cúa, vinh.
Arabe kabir, (kbar), kébir & ómdat.
Arménien meds.
Azande bakere & hihidi.
Bantou kalamba, koulou, kouloungoua, kourou, kouroumba, kouroungou & ukourou.
Basque lucea & lucia.
Baya bambam.
Birman gya, gyan & gyi.
Bornou kora.
Bosniaque velik.
Breton bras, bràz, bré & meûr; (*vx* maur).
Cambodgien sap & thom.
Catalan gran.
Celtique brassos, maro, mawr & mor.
Chin Hills alen & mali.
Chinois kiang, ta & tai.
Congolais ebene.
Cornique bras & maur.
Croate velik.
Cymrique bras & mawr.
Dalmate velik.
Danhali kadda.
Danois stor.
Ebon ellap.
Égyptien kebir.
Erse bras, mar & mòr.
Esclavon velik.
Espagnol gran & grande.
Esquimau pak & pouk.
Fanti oso & osso.
Fidgien lévou.
Finlandais isa & suuri.
Flamand groot.
Français vieux grant, veré & vérée.
Gaélique mor.
Gaulois mara & maros.
Gothique magan & mers.
Gouarani gouasso.
Grec mégalo & mégas.
Harem ghe.
Hausa (baba), girima & mainya.
Hawaïen loa & noui.
Herrero nene.
Herzégovinien velik.
Hindoustani maha.
Hollandais groot.
Hongrois goru, magas & nagy.
Indiens Amérique N. cha.
Indo-chinois bouk, ghé & pout.
Indou maha.
Italien grande.
Japonais dai, o, oho, oki, oumi & tai.
Javanais gédé, ghédé & hageng.
Kanem koura.
Khas chos pout.

GRAND.

Kiriwina veaka.
Kouénam lyeu.
Lac Tchad dema & ngolo.
Lao-kai kho, lao & lo.
Laotien guaï.
Latin grandis, grossus, magna & magnus.
Luxembourgeois grosz.
Malais besar & telouk.
Malgache bé & lehibe.
Manahiki rahi.
Man-soung lo.
Maori noui.
Marquisien noui.
Mashona ka.
Mbau levou.
Mongol ike, ikhe & iki.
Monténégrin velik.
Morave velka.
Namaqua géi & géitsi.
Néo-guinéen veaka.
Nhan kho.
Norvégien stor.
Noung lao.
Odji nene.
Oshindonga nene.
Ouelaung lyen.
Persan kalan & kavir.
Polonais duzy, ogromny & wielki.
Polynésien lahi, mata, noui & tiou.
Portugais grande.
Provençal gran & grande.
Rarotongais mata.
Rivière Sobat pale.
Roman (grant) & ver.
Rotouma tiou.
Roumain mare.
Russe bol'choï, velikiï & vysoki.
Sakhalien poro.
Samoan sili & télé.
Sanscrit maha, mahant, mahat & visâla.
Scandinave stor.
Serbe velik.
Siamois louong, sap & yal.
Silésien velke.
Slave vx mérù.
Slovaque velky.
Slovène velik.
Somali der, ouein & oueine.
Songhaï ber.
Souahéli bora, kouboua & kouou.
Soudanais makkoreu.
Suédois stor, stora.
Syriaque kbir & kebir.
Tahitien noui & rahi.
Taungtha alen.
Tchèque veliky & vysoki.
Thibétain gya, gyan & gyi.
Tonga lahi.
Turc beuyouk, bouyouk, chong, oulou & oulough.
Yambo pale.
Yorouba lan & nla.

☞ altier, altitude, ample, ampleur, amplitude, colossal, colosse, élévation, élevé, énorme, énormité, étendue, géant, gigantesque, grandeur, grandiose, haut, hauteur, large, largeur, long, longueur, magnanime, majestueux, spacieux, vaste & volumineux.

☆

grand-duché, sms; État administré souverainement par un grand-duc ou par

Additions & notes.

Le mot « grande » est traduit comme le mot « grand ».

GRAND-DUCHÉ.

Additions & notes.

GRAND-DUCHÉ.
Additions & notes.

une grande-duchesse. — Le *grand-duché* de Luxembourg forme un petit État-tampon entre la France & l'Allemagne.

Allem. Grossherzogtum. — *Anglais* grand-duchy & great dukedom. — *Bosniaq.*, *croate & dalmate* nadvojvodstvo. — *Danois.* Storhertugdœmmet. — *Esclav.* nadvojvodstvo. — *Espag.* gran ducado. — *Flam.* groot-hertogdom. — *Herzé= gov.* nadvojvodstvo. — *Holl.* groot-hertogdom. — *Italien* gran ducato. — *Monten.* nadvojvodstvo. — *Norv.* Storher= tugdœmmet. — *Port.* grão ducado. — *Prov.* gran ducado. — *Roumain* marele-ducat. — *Russe* veliko-kniajeski. — *Serbe* nadvojvodstvo. — *Suéd.* storhertigdôme.

☞ les références de « État ».

☆

GRAND'PLACE.
Additions & notes.

grand'place, sfs; la place principale d'une localité. — L'hôtel-de-ville, souventes fois l'église ou le temple, quelquefois l'école, & toujours le marché, sont réunis sur les *grand'places* des villages.

Achânti egoua
Allem. Markt, Marktplatz.
Anglais high place, market.
Anglo-indien gounge.
Annamite cho.
Arabe bandar, bender, fondouk, kahn, saha, sok, sough, soug, souk & souq.
Bantou bongo, domba, ezandou, libongo, lououongo, ndomba, ouongo & zandou.
Bengali ganj.
Birman maou & ze.
Bornou souk.
Bosniaque pazar, pazariste, pijaca, sajam, sajmiste, trg & vasar.
Breton marc'had.
Cambodgien cho & psa.
Chinois chang, chi, hiou, kaï, ki, lau, pho, toun.
Cochinchinois cho.
Congolais lououongo & ouongo.
Croate & dalmate pazar, pazariste, pijaca, sajam, sajmis= te, trg, vasar.
Danois Kjœb, Kjœbing & Storplads.
Egyptien saha.
Esclavon pazar, pazariste, pijaca, sajam, sajmiste, trg & vasar.
Espagnol mercado & plaza; (*vx* mercadal).
État de Chan kaï.
Fan ekaza & kaza.
Finlandais markkinat.
Flamand markt.
Français vieux feur, fiere, foar & marchiet.
Galla gaba & gabiye.
Giryama chete & ete.
Grec agora.
Hai-nan chitong, kai, kia-lau, moi-he-oun, tam-son.
Hausa kasoua.
Herzégovinien pazar, pazariste, pijaca, sajam, sajmiste, trg & vasar.
Hindoustani hatt & ourdou.
Hollandais markt.
Hongrois vasar & vasr.
Indou gandj.
Italien mercato & piazza.
Javanais pasar & peken.
Lac Tchad kasoukou.
Latin forum, mercatus & nundinæ.
Loango chiiro.
Malais pakau & pasar.
Malgache zoma.
Marocain sok.

Fréquemment, le mot « marché » est employé pour *grand'place*. — On dit aussi « place communale ».

Catal. mercadal & mercat. — *Prov.* mercadal & mercat.

Monténégrin pazar, pazariste, pijaca, sajam, sajmiste, trg & vasar.
Mossi rahra.
Namaqua llamâ-!keis.
Nandi siro.
Nika chede & edc.
Normand (à Valognes : tripot).
Norvégien Kjœb, Kjœbing & Storplads.
Ouganda chiiro & siro.
Ouolof die.
Persan bazar, char-sou & kou.
Philippin pariau.
Polonais targ.
Portugais mercado, praça & praça principal.
Pundjab bajar.
Roman apport & nondine.
Roumain piata, targu & targul.
Russe myestechko, plochtchad, rinok & torg.
Samoan malae.
Serbe pazar, pazariste, pijaca, sajam, sajmiste, trg, vasar.
Serer komb.
Siamois ta-lat.
Slave rynok & wiki.
Slovaque trh.
Slovène semenj & trg.
Songhaï yobou.
Soninque sakha & sakka.
Souahéli (masoko) & soko.
Soudanais rarha, kakha & sakku.
Suédois köping & torg.
Syriaque sâha.
Tchèque trh.
Teuton root.
Thibétain krom & tom.
Turc basar, bazar, kassaba, maidan, ourdou & tcharly.

☞ Agora, apport, bazar, bretèque, carrefour, centre, cours, foire, forum, marché, nundine, parvis, place, place publique & réunion.

GRAND'PLACE.

Additions & notes.

☆

grand-route, sfs; ☞ chaussée.

GRAND-ROUTE. — Additions & notes.

☆

grève, sfs; plage faite de sable & de gravier très fins. — La mer, après le reflux, laisse sur la *grève* une multitude de coquillages & des épaves variées.

Allem. Strand. Sandufer & meergegend. — *Angl.* beach, sandy beach & strand. - *Arabe* châti, roumel & sifa. — *Bosniaq., croate & dalm.* morska obala. — *Danois* sandig Strand. — *Egyptien* châti. — *Erse* tra. — *Esclavon* morska obala. — *Espagn.* arenal, orilla del mar & palaya del mar. — *Finland.* ranta. — *Flam.* oever, strand & zeeoever. — *Gaéliq.* traigh. — *Gallois* traeth. — *Herzég.* morska obala. — *Holl.* oever, strand & zeeoever. — *Ital.* spiaggia arenosa. — *Montég.* morska obala. — *Norv.* sandig Strand. — *Polonais* brzeg morski, pobrzeze & pomorze. — *Port.* praia arenosa. — *Prov.* arener, grava & graviera. — *Roum.* malul, prundul & térmul. — *Russe* lovniie moeskoi & moscho. — *Serbe* morska obala. — *Suéd.* strand. — *Syriaq.* châti. — *Turc* denys keuary, jaly & kyjy.

☞ bâche, bougues, côte, dune, estran, galet, grave, littoral, mer, plage, rivage, rive & sable.

GRÈVE.

Additions & notes.

☆

GROTTE. — Additions & notes.

grotte, sfs; ☞ caverne.

☆

GUÉ.
        Additions & notes.

gué, sms; endroit où un piéton peut traverser un cours d'eau. — Les *gués* ne se présentent que sur les riviérettes & les ruisseaux.

Abyssin melka. — *Afrique centrale* chiko, ko & riko. — *Allem.* furt & durchwatplatz. — *Angl.* ford. — *Arabe* mabar, mâddjat, makadhat, makhade, makta, méchera, medjaz, medjez, mejaz, mejez, meshra, mibar & moumir. — *Assyrien* oubbourou. — *Bantou* chiko, chito, esau, ko, riko, to & sau. — *Baya* dana. — *Béarn.* naou. — *Bénoué* boumanda. — *Berbère* teaouent. — *Bosniaq.* brod. — *Breton* gwé. *Cafre* izibouko & zibouko. — *Castill.* vado. — *Catal.* gual; (vx guau). — *Celtiq.* bel. — *Chinois* tou. — *Congol.* esau & sau. — *Croate, dalm.* brod. — *Danois* Vadested. — *Égypt.* chôd. — *Erse* ath. — *Esclavon* brod. — *Espagn.* esguazo & vado; (*Amérique sud* picada). — *Flam.* doorwaadsplaats & waadbareplaats. — *Foula* dioude & joude. — *Franç.* vx ribletis, rith, rithe & ryth. — *Galla* melka. — *Gallois* rhyd. *Hanovre* forde. — *Herzég.* brod. — *Holl.* ondiepte, wadde, waadbareplaats & doorwaadsplaats. — *Hongrois* gazlo. — *Ibér.* naou. — *Ital.* guado, guazzo & vado. — *Latin* vadum. — *Malais* aroung & langde. — *Manding.* dankari, joube & joubela. — *Miao-tsé* yang. — *Mongol* olom. — *Monténégr.* brod. — *Norm.* ruine. — *Norv.* Vadested. — *Ouolof* khousoukoi. — *Persan* ab-gouzar. — *Polon.* brod. — *Port.* vão. — *Prov.* ga, gah, gua & rift. — *Roman* rit, rith, ryd, vey, vé, voez, vui, waide, wargnée & wey. — *Roumain* vad. — *Russe* brodi. — *Sanscr.* gadha. — *Serbe* brod & gazovi. — *Slave, slovaq.* & *slovène* brod. — *Soninque* dioube & joube. — *Souahéli* kivouko, (vivouko) & vouko. — *Suéd.* vad. — *Syriaque* muchâda. — *Thibét.* gal, rab & rgal. — *Touareg* teaouent. — *Turc* gouetchid & kichik. — *Yunnan* yang.

Gué pour véhicules :
Russe konnyi brodi.

☞ allaise, duit, eau, macrée, maigre, passage d'eau, rivière, riviérette, ruisseau & ruisselet.

H

HABITANT.
        Additions & notes.

habitant, sms; un citoyen à demeure dans un pays quelconque. — L'Inde britannique compte 300 millions d'*habitants* des deux sexes.

Afrique occid. ke & nke. — *Allem.* Einwohner. — *Angl.* inhabitant, resident & tenant. — *Arabe* saken. — *Berbère* kel. — *Bornou* billa. — *Bošniaq.* stanovnik. — *Catal.* habitador; (vx incola). — *Congolais* echi & nchi. — *Croate & dalm.* stanovnik. — *Danois* Beboer & Indbygger. — *Égyptien* soukkân. — *Esclav.* stanovnik. — *Espagn.* habitador, habitant & incola. — *Flam.* bewoner & inwoner. — *Franç.* vx habiteur & habiteour. — *Haut-Niger* ke & nke. — *Herzégov.* stanovnik. — *Holl.* bewoner & inwoner. — *Hongr.* lakos. — *Ital.* abitante, abitatore & incola. — *Kabyle* aït. — *Latin* habitator & incola. — *Malgache* (anta). — *Manding.* ke & nke. — *Montén.* stanovnik. — *Namaq.* llansabeb. — *Norv.* Beboer, Indbygger. — *Persan* abadan. — *Polonais* myeszkaniec & obywatel. — *Portug.* habitador, habitante & incola. — *Prov.* abitador, abitaire, estagan, estaigan, estat-

HABITANT TERMES GÉOGRAPHIQUES HAMEAU

gau, habitador, habitaire & incola. — *Roman* manau & menan. — *Russe* abitatel. — *Sahara* em, im, ke, kel & nke. — *Serbe* stanovnik. — *Slovaque* obyvatel. — *Slovène* prebivavec. — *Soudan* ke & nke. — *Suéd.* bo & invanare. — *Syriaq.* ahâli, sâkin & (soukkân). — *Tchèq.* obyvatel — *Tripoli* sia. — *Turc* ehali.

☞ aborigène, âme, arendateur, autochtone, autonome, aventurier, bourgeois, campagnard, chapeton, citadin, citoyen, civilisé, colon, compatriote, concitoyen, cosmopolitain, cosmopolite, créole, domicilié, élu, émigrant, ethnique, étranger, enfant, femme, gautier, gentilé, habituaire, homme, hospitalier, hôte, hylémides, immigrant, indigène, individu, insulaire, métis, mulâtre, natif, nationaux, naturel, nègre, négroïde, nomade, non-résident, occupant, faubourien, octavon, passager, passant, paysan, peuplade, peuple, populace, population, potamite, por-terrien, provincial, quarteron, regnicole, amnicole, résidant, ripicole, ripuaire, riverain, bordier, rural, sauvage, stagiaire, sujet, sylvicole, villageois & villégiateur.

☆

haie, sfs; une clôture faite de buissons ou d'arbustes. — Les *haies vives* sont celles qui verdissent; les *haies mortes* ou *sèches* sont en bois mort.

Allem. hag & hecke. — *Angl.* fence, haigh, hedge, quicset-hedge & row. — *Arabe* çauk, hâ=it, zarjbat & zerb. — *Bantou* (nyoua) & oua. — *Bosniaq.* zivica. — *Breton* garz, kaé, kleûz; (*vx* caiou). — *Celtiq.* garto, gorto, kago, klado. — *Corniq.* claud. — *Croate* zivica. — *Cymriq.* cae, garth & gwrych. — *Dalmate* zivica. — *Danois* Hegu & Række. — *Égypt.* hû=it. — *Erse* fal. — *Esclav.* zivica. — *Espag.* seto. — *Flam.* hage, heg, hegge. — *Franç. vx* baraulade, haye, maisure, seif, soife. — *Gallois* clawdd. — *Germaniq.* hoga & hage. — *Herzégov.* zivica. — *Holl.* hag, heg & hegge. — *Isérois* agi. — *Island.* hagi. — *Ital.* fratta & siepe. — *Latin* macerie, sæpes & sepes. — *Malais* pagar. — *Montén.* zivica. — *Nika* kouva. — *Norvég.* Hegu & Række. — *Picard* hayure. — *Port.* ala, cerca & sebe. — *Prov.* bartha & idesa. — *Roman* maisière & sappe. — *Roumain* gardul. — *Russe* izgorod. — *Samoan* 'aupa. — *Serbe* zivica. — *Slovène* plot & ograja. — *Souahéli* (nyoua) & oua. — *Suéd.* hæck. — *Syriaq.* hâ=it. — *Turc* douar, tchaly & tchit.

☞ agave, arbrisseau, arbuste, buisson, charmille, claie, clôture, échalier, épines, perchis, ronceraie, treillage & barthe.

☆

hallier, ☞ fourré.

☆

hameau, sms; section d'une commune située en dehors de l'agglomération principale. — Certains *hameaux* sont plus

HABITANT.
Additions & notes.

Habitant de cabane :
Franç. vx calybte & kalibote.

Habitant de pays bas :
Roman avalois.

Habitante : ce terme est traduit comme « habitant ».

HAIE.
Additions & notes.

Petite haie :
Orne haïou.

Haie de ronces :
Franç. vx ronceroi.

Haie morte, haie sèche :
Allem. zaun.

HALLIER. — Additions & notes.

HAMEAU.
Additions & notes.

HAMEAU.

Additions & notes.

Petit hameau :
Hindoust. gauntiya.

importants que les communes dont ils dé=
pendent.

Allem. Dörfchen & Weiler. — *Angl.* hamlet. — *Anglo-saxon* ham. — *Annamite* thon. — *Arabe* kafr & nezlet. — *Bagirmi* yooued. — *Bantou* dzi, moudzi & mousi. — *Bos-niaq.* poselica & zaselak. — *Breton* touinel. — *Cambodgien* bhoum. — *Chinbon* adek. — *Chinois* fang, kia, li & tsoun. — *Croate & dalm.* poselica & zaselak. — *Dankali* safara. — *Danois* liden Landsby. — *Égypt.* ezbach. — *Érytréen* safa-ra. — *Esclav.* poselica & zaselak. — *Espag.* aldéa, caserio, lugarejo, villar & villorrio. — *Flam.* buurt, dries, gehucht. — *Foula* (rougga). — *Franç.* vx hamel. — *Hausa* gouni. — *Herzégov.* poselica & zaselak. — *Hindoust.* chota gam. — *Holl.* buurt & gehucht. — *Hongr.* szallas & tanya. — *Indou* taraf. — *Island.* trop & throp. — *Ital.* borghetto & casale. — *Malais* dousin. — *Miao-tsé* lai gheng. — *Montén.* pose-lica & zaselak. — *Mossi* timbila. — *Norm.* ham. — *Norv.* liden Landsby. — *Picard* ham & hem. — *Port.* aldéa, bur-go. — *Roman* casal, ham, hameau, hamel, hem & laure. — *Roumain* cătun & cotuna. — *Russe* poselok & vysëlok. — *Serbe* poselica & zaselak. — *Soudan. fr.* timbila. — *Suéd.* gard & torp. — *Turc* keui & kioi. — *Yorouba* illou-kejo. — *Yunnan* lai gheng.

☞ les références de « commune ».

☆

HAUT.

Additions & notes.

Celtique alto.

haut, sms; la partie supérieure ou éle=
vée d'un objet. — Le *haut* de la colline
est couvert de villas. — Haut est aussi un
adjectif, avec le même sens; les hommes
du Nord sont de *haute* stature, générale=
ment.

Achănti aouoa, oso & osso. — *Albanais* siper. — *Allem.* Hoch, Hochgelegen & ober; (*vieux* auf, hoch, uf). — *Angl.* elevated, height, high, lofty, tall, top, up, upper. — *Anglo-saxon* heah. — *Arabe* âali, al, ala, fokani, foukani. — *Bas-que* gora. — *Béarn.* haout. — *Bosniaq.* gornji & visok. — *Breton* huel, luez, uc'h, uc'hel, us; (*moyen* uhel). — *Cam-bodg.* kpo. — *Carinthie* gornja. — *Castill.* alto. — *Catalan* alt & altisme. — *Celtiq.* ard, oukselo & oupselo. — *Chinois* chang, kao & rao. — *Cornique* huhel, uch & us. — *Croate & dalm.* gornji & visok. — *Cymriq.* ban, uch & uchel. — *Danois* hœi, oplœftet, œvre, ovrebö & udmærket. — *Égypt.* 'âli. — *Erse* ouasal. — *Esclav.* gornji & visok. — *Espagnol* alta & alto. — *Esper.* alt. — *Fanti* oso & osso. — *Finland.* korkea. — *Flam.* boven & hoogte. — *Franç.* vx al, alte, altus, amont, halt, halz, sommecon, uchel. — *Gaéliq.* airde & ouasal. — *Gaulois* uxellos. — *Grec* ano, epano, gornia & hypsilos. — *Hébreu* ram & rim. — *Herzég.* gornji & visok. — *Holl.* boven & hoog. — *Hongr.* felsö, goro & magas. — *Ibérien* haout. — *Ibôko* ikôlo. — *Island.* hjalt & op. — *Ital.* alta, alto & altismo. — *Japon.* kami, takai, také. — *Javan.* douwour, hinggil, pandouwour & panhinggil. — *Laotien* souong. — *Latin* altus & celsus. — *Luxemb.* héch. — *Ma-lais* tinggi. — *Min-kia* ka. — *Monténég.* gornji & visok. — *Morave* horni. — *Namaqua* lgaoui. — *Normand* amont. — *Norv.* hœi, oplœftet, œvre, ovrebö & udmærket. — *Picard* amont. — *Polon.* gorny, gornyi, wysoki & wyzszy. — *Port.* alta, alto, altura, auge & cume. — *Prov.* alt, aut, auta, aval & naut. — *Roman* halt. — *Roum.* inalt & sussu. — *Russe* verchne, verchnoi, verkhnii, vijni, vychni, vychny & vy-soki. — *Samoan* maualouga. — *Serbe* gornji. — *Siamois* bon. — *Slave* gorny, gornyi & visoki. — *Slovaque* na, po & vysoki. — *Slovène* visok. — *Somali* der. — *Souahéli* refou & kouboua. — *Suéd.* hög. — *Syriaq.* 'âli. — *Tchèq.* horni & vysoki. — *Thibét.* tod & yarou. — *Turc* igiz, iouksek, ou-lough, oustoun & yokara. — *Yunnan* ka.

☞ les références de « butte, cime, col=
line & montagne ».

HAUTEUR   TERMES GÉOGRAPHIQUES   HAVRE

hauteur, ☞ haut & les références de « butte, cime, colline & montagne ».

HAUTEUR. — Additions & notes.

☆

haute futaie, ☞ futaie.

HAUTE FUTAIE. — Additions & notes.

☆

haute mer, ☞ pleine mer.

HAUTE MER. — Additions & notes.

☆

haut-fond, sms; endroit, dans la mer ou dans un cours d'eau, où l'eau est peu profonde. — Les *hauts-fonds* entravent la navigation.

HAUT-FOND. Additions & notes.

Allem. Seichtergrund & untiefe. — *Amax.* debi & idebi. — *Angl.* ground shallow bank & shoal. — *Arabe* chab, kinasat, ka'b & kad. — *Bosniaq.* osnov & plitkoca. — *Cafre* debi & idebi. — *Chinois* cha-sien & chien. — *Croate, dalm.* osnov & plitkoca. — *Danois* Bane & Grund. — *Égypt.* ka'b. — *Esclav.* osnov & plitkoca. — *Espag.* bajio, honda, hondo & hondonada. — *Finland.* perustus, pohja & emmare. — *Flam.* ondiepte & scheer. — *Herzég.* osnov & plitkoca. — *Hindoust.* tapou. — *Holland.* ondiepte & scheer. — *Island.* grounn. — *Ital.* alto fondo. — *Japon.* asai & se. — *Javan.* lemah & siti. — *Kouei-chau* nie. — *Latin* fundus. — *Malais* beting, karang & troumbou. — *Miao-tsé* nie. — *Monténégr.* osnov & plitkoca. — *Norv.* Baae & Grund. — *Persan* naizar. — *Polon.* duo & grunt. — *Port.* baixo, banco, chopo & escolho. — *Roum.* vadul. — *Russe* banca, laida & melki. — *Sanscr.* hetou. — *Serbe* osnov & plitkoca. — *Slovaq., slovène* duo. — *Souahéli* ajili, huja, maana & sababou. — *Suédois* grund. — *Syriaq.* ka'b. — *Tchèq.* dno & pricina. — *Turc* alt, dib & sebeb

☞ les références de « banc, écueil, eau, fleuve, mer & rivière ».

☆

havre, sms; petit port abrité par une jetée. — Un *havre* peut être considéré comme un avant-port.

HAVRE. Additions & notes.

Allem. Fluthafen & Hafen. — *Anglais* harbour, haven & hithe. — *Anglo-sax.* hydh. — *Arabe* bandar, eskeli, marsa, (mijan) & mina. — *Bosniaq.* luka & pristaniste. — *Breton & celtique* aber. — *Chinois* hai kou. — *Cingal.* ouarayn. — *Corniq.* aber. — *Croate* luka, pristaniste. — *Cymriq.* aper. — *Dolmate* luka, pristaniste. — *Danois* Sœhavn. — *Égyptien* eskele. — *Esclav.* luka & pristaniste. — *Espag.* abra & puerto. — *Finland.* satama. — *Flam.* inham & zeehaven. — *Franç.* vx habbe, hable & havaire. — *Gaéliq.* abhor, aber, ob & oban. — *Gallois* aber. — *Grec* porto. — *Herzég.* luka, pristaniste. — *Hindoust.* mandal. — *Holl.* inham & zeehaven. — *Indou* ghat. — *Island.* höfn. — *Ital.* porto di mare. — *Japon.* kou, minato & tsou. — *Javan.* pa-labouh-han. — *Malais* pelabouhan, telak & telouk. — *Monten.* luka & pristauiste. — *Norv.* Sœhavn. — *Polon.* przystan. — *Portug.* abra, abrigada, angra, barra, enseada & porto. — *Roman* hable, haule & havre. — *Roum.* portul. — *Russe* pristan. — *Samoan* 'ava & taulaga. — *Serbe* luka & pristaniste. — *Slovène* pomorska luka. — *Souahéli* bandari & boundari. — *Suéd.* hamn. — *Syriaq.* eskeli, (mijan) & mina. — *Tudesque* hafen. — *Turc* iskélé.

aber, abri, accul, ajoupa, alise, allaise, anse, asile, avant-port, bâclage, baie, barachois, bassin, bouche, calangue, cale sèche, carangue, carbet, carénage, crique, crône, cul-de-sac, darse, darsine, dé=

HAVRE.
Additions & notes.

barcadère, embarcadère, enfoncement, escale, estacade, ester, esterre, estuaire, garage, golfe, goulet, goulette, goulot, hogue, jetée, môle, mouillage, ouvert, passe, port, quai, rade, radoub, recran, refuge, relâche, relâcher, remise, rivage, sac, sirte, syrte, embouchure, hivernage.

☆

HECTARE.
Additions & notes.

hectare, sms; mesure de superficie basée sur le système métrique. — Un *hectare* vaut 100 ares ou 10,000 mètres ☐.

Allem. Hektare. — *Angl.* hectare. — *Danois* hektar. — *Espag.* hectarea. — *Flam.* hectare. — *Ital.* ettaro. — *Port.* hectare. — *Roum.* ectar.

☞ are, centiare, mètre, mètre carré, mesure, superficie, surface, système métrique.

☆

HEGIRE.
Additions & notes.

hégire, sfs; l'ère des Mahométans. — L'*hégire* commença en l'an 622 de l'ère chrétienne.

Allem. Hedschra & Hegira. — *Arabe* hegireth.

☞ calendrier, ère, fuite, Mahomet ou Mohammed (le nom exact), musulman.

☆

HÉMISPHÈRE.
Additions & notes.

hémisphère, sfs; reproduction de la moitié de la sphère terrestre. — Tous les atlas nous montrent les *hémisphères* accolées.

Allem. Halbkugel & Hemisphære. — *Angl.* Hemisphere. *Bosniaq.* polutka. — *Catal.* hemisferi. — *Croate & dalmate* polutka. — *Danois* Halvkugle. — *Esclav.* polutka. — *Espagnol* hemisferio. — *Flam.* halfrond. — *Grec* hemisphaira. *Herzég.* polutka. — *Holl.* halfrond. — *Ital.* emisfero, emisperio & emispero. — *Latin* hemisphærium. — *Monién.* polutka. — *Norv.* Halfkugle. — *Port.* emisferio & hemispherio. — *Prov.* emysperi. — *Roum.* emisfera. — *Russe* poloucharié. — *Serbe* polutka.

☞ carte, géographie, globe, hémisphère austral, hémisphère boréal, hémisphère occidental, hémisphère oriental, monde & sphère.

☆

HERBAGE.
Additions & notes.

herbage, sms; ☞ gazon & herbe.

☆

HERBE. — Additions & notes.

herbe, ☞ gazon & herbage.

☆

HÉTRAIE.
Additions & notes.

Petite hétraie :
Norm. troche.

L'on écrit aussi « hêtrée ».

hétraie, sfs; une plantation de hêtres. — Il n'est pas rare de contempler des *hétraies* hautes de 40 mètres.

Allem. Buchenwald. — *Français vx* foutelaie. — *Picard* faine. — *Prov.* faia & faya.

☞ arbre, hêtre, pépinière & plantation.

HEURE.

heure, sfs; division de temps équiva=
lant à la 24ᵉ partie du jour astronomique.
— L'horométrie est la science qui mesure
& divise les *heures*.

Allem. Stunde. — *Angl.* hour. — *Arabe* soat, nakt, uaght.
— *Bosniaq.* cas, sahât, sat & ura. — *Breton* heur. — *Catal.*
hora. — *Chinois* coung, dian dehjoung & tchin. — *Croate* &
dalmate cas, sahât, sat & ura. — *Danois* Klokkeslet, Time,
Œieblik. — *Égypt.* sâ'a & (sâ'ât). — *Esclav.* cas, sahât, sat
& ura. — *Espag.* hora. — *Finland.* tunti. — *Flam.* oogen=
blik, stond & uur. — *Franç. vx* eurre & here. — *Hausa*
sa-a. — *Herrero* oire. — *Herzég.* cas, sahât, sat & ura. —
Holl. oogenblik, stond & uur. — *Hongr.* ora. — *Ital.* ora &
tempo. — *Javan.* jam & wanci. — *Latin* hora. — *Malais*
djam. — *Montén.* cas, sahât, sat & ura. — *Norv.* Klokke=
slet, Œieblik & Time. — *Polon.* godzina. — *Port.* hora. —
Prov. hora & ora. — *Roman* ore. — *Roum.* céns & ora. —
Russe tchass. — *Samoan* itou. — *Slovaq.* hodina. — *Slovène*
ura. — *Souahéli* saa. — *Suéd.* klocka & timme. — *Syriaque*
sâ'â & (sâ,ât). — *Tchèq.* hodina. — *Turc* sa'at.

☞ cadran, complies, équation, horaire,
laudes, matines, midi, minuit, minute,
moment, montre, none, prime, quarte,
quinte, seconde, sexte, temps astronomi=
que, temps moyen, temps vrai, tierce &
vêpres.

Additions & notes.

☆

HOMME.

homme, sms; être humain, mâle. —
L'*homme* descend du singe, a écrit Dar=
win.

Aïno aino. — *Allem.* Mann. — *Angl.* man. — *Anglo-sax.*
guma & man. — *Arabe* dhacar, ensan, jin, ragel & sin. —
Baya hui & hwi. — *Béarn.* umi. — *Bosniaq.* covjek, muz.
— *Bouriate* hounn. — *Breton* den. — *Catal.* haro; (*vx* hom).
— *Celtique* wair. — *Chinois* jen & jin. — *Croate* & *dalmate*
covjek & muz. — *Danois* Mand. — *Égypt.* râgil & (rigâle).
— *Esclav.* covjek, muz. — *Espag.* hombre; (*vx* ome, omne).
— *Finland.* mies. — *Flam.* man. — *Franç. vx* homs, hons
& ume. — *Grec* andros, aner & anthrôpos. — *Hausa* (mou=
tane) & moutoum. — *Herrero* omouroumendou & (ovarou=
mendou). — *Herzég.* covjek & muz. — *Hindoust.* chin. —
Holl. man. — *Hongr.* ember. — *Hottent.* khoi, (khoikhon).
Ibérien umi. — *Island.* mann. — *Italien* uomo; (*vx* uom). —
Japon. mozin. — *Javan.* ouong & tiyang. — *Latin* hominis,
homo, vir, viri & virum. — *Malais* orang. — *Mongol* ere.
— *Montén.* covjek & muz. — *Namaq.* aob, khoib. — *Norv.*
Mand. — *Odji* & *oshind.* omouloumentou, (omoushoungou).
— *Persan* jin & sin. — *Polon.* maz & mezczyzna. — *Port.*
homem; (*vx* home). — *Prov.* hom, home & om. — *Roman*
(hons). — *Roum.* om. — *Russe* tchélovek. — *Samoan* ta=
gata & tamaloa. — *Sanscrit* nara & poums. — *Serbe* covjek
& muz. — *Slovaq.* chlap & muz. — *Slovène* moz. — *Soua=
héli* mouanamoume, mlou, (ouaanaume), (ouatou) & tou. —
Soudan. ma. — *Suéd.* mæn. — *Syriaque* (ridchâl) & ridchâl.
— *Tchèq.* muz. — *Turc* adam & erdek.

Adam, androgyne, anthropophage,
cannibale, citoyen, créature, garçon, gen=
re humain, hermaphrodite, hommeau,
humain, humanité, individu, ivrogne,
mâle, mammifère, masculin, Monsieur,
mortel, monstre, père, préadamite, race,
sauvage, sodomite, vieillard & vieux.

Additions & notes.

☆

HORIZON.
Additions & notes.

Danois Horizont. — *Port.* Horizonte.

horizon, sms; point fictif qui sert de limite entre le Ciel & la Terre. — Les *horizons* varient suivant la vue de chaque individu.

Allem. Gesichtskreis & Horizont. — *Anglais* horizon. — *Arabe.* kala, madannazar, ofgh & oufk. — *Bosniaq.* obzor. — *Breton* dremwél. — *Congol.* jetouela. — *Croate & dalm.* obzor. — *Égyptien* oufk. — *Esclavon* obzor. — *Espag.* horizonte. - *Flam.* horizont & kim. — *Grec* horizôn. — *Herzégov.* obzor. — *Holl.* gezichteinder & kim. — *Italien* orizzonte. — *Monten.* obzor. — *Norv.* Horizont. — *Polon.* horyzont & widnokrag. — *Roum.* orizontul. — *Russe* nébassklonc. — *Samoan* tafatafa i lagi. — *Serbe & slovène* obzor. — *Suéd.* horisont. — *Syriaque* oufk. — *Turc* ortalyk & oufouk.

☞ aurore, cercle de la vue, champ de la vue, ciel, couchant, est, étendue de vision, falloise, horizontal, levant, limite, occident, ouest, séparation, terre & vue.

☆

HOTEL-DE-VILLE.
Additions & notes.

hôtel-de-ville, sms; siège de l'administration communale. — Les *hôtels-de-ville* portent, en France, le nom de « mairie ».

Allem. Gemeindehaus, Rathaus & Stadthaus. — *Anglais* town-hall & townhouse. — *Croate, bosniaq., dalm.* varoska kuca & viecnica. — *Danois* Raadhus. — *Esclavon* varoska kuca & viecnica. — *Espagn.* casa de ayuntamiento. — *Finland.* raastupa & raatihuone. — *Flam.* stadhuis. — *Herzég.* varosta kuca & viecnica. — *Holl.* stadhuis. — *Ital.* palazzo municipale & palazzo della citta. — *Javan.* bale rouwang & roumah bitjara. — *Monténég.* varoska kuca & viecnica. — *Norv.* Raadhus. — *Port.* camara municipal, casa da camara & senado. — *Roum.* palatul municipal. — *Russe* ratoucha. — *Serbe* varoska kuca, viecnica. — *Suéd.* radhus. — *Tchèque* raduice.

☞ administration communale, conseil communal, édilité, magistrature communal & mairie.

☆

HUMAIN. — Additions & notes.

humain, ☞ femme, homme, humanité.

☆

HUTTE.
Additions & notes.

Petite hutte :
Danois Rœnne. — *Picard & rouchi* hutelotte.
Hutte en bois :
Danois Træhytte. — *Kamchadale* yourte.
Hutte au ras du sol :
Kamchadale yourte.
Hutte de branchages :
Angl. hut of boughs. — *Somali* gouri.
Hutte de pierre :
Bornou kousi.
Hutte de roseaux en rotonde :
Angl. round bell-shaped hut in reeds.   *Ouadai* mahareb & samavi.
Hutte estivale :
Angl. summer hut. — *Zirian* chom & choum.

hutte, sfs; logette provisoire chez les sauvages nomades. — Les chasseurs & les bûcherons dressent souvent des *huttes* dans les forêts.

Allem. Hütte. — *Angl.* cabin, hovel, hut, shed. — *Arabe* chouss, èccat, gourbi & gourgui. — *Baya* toua. — *Bosniaq.* koliba. — *Chinois* chiau zau fang. — *Cingalais* pela. — *Croate & dalm.* koliba. — *Danois* Hytte. — *Deccan* goursi. — *Égypt.* 'ichiche. — *Esclav.* koliba. — *Espagn.* barraca, borda & choza. — *Flam.* hut. — *Herzégov.* koliba. — *Hindoust.* madhaiya. — *Holl.* hut. — *Hongrois* kouny-ho. — *Ital.* capanna & casotto. — *Javan.* goubong. — *Malais* pondok. — *Monten.* koliba. — *Mossi* rogo. — *Norv.* Hytte. — *Polon.* chata & chalupa. — *Port.* barraca, cabana, choça, choupana & tugurio. — *Roman* hute & kaze. — *Russe* izba. — *Samoan* apitaga. — *Serbe* koliba. — *Sibérien* barrakbie. — *Slave* buda. — *Slovène* bajta, huta, kalupa & koca. — *Somali* gourgi. — *Soudan. franç.* rogo. — *Souahèli* banda, kibanga, (mabanda) & (vibanda). — *Suéd.* hydda & koja. —

HUTTE   TERMES GÉOGRAPHIQUES   ILE

Syriaq. chouss. — *Tamoul* koudil. — *Turc* kapa & kouliba. *Congol. fr.* & *fan* menda & nda.

☞ les références de « maison ».

HUTTE.   Additions & notes.

Hutte lacustre :
Angl. hut ou piles. — *Kamchadale* balagan.

Hutte ronde :
Angl. round hut. — *Haut-Nil* toukoul.

I

île, sfs; une terre entièrement entourée d'eau. — L'Australie est la plus grande *île* de notre planète.

ILE.   Additions & notes.

Achanti soupo.
Afrique centr. kidila, kilela, kirira, nsoua, soua, sououa.
Alaska gornoi, kad-jak, kekour, kightak, kikhtak, ko= diak, koudiak, shaman.
Aléoutien chiniak & tangik.
Allemand Eiland & Insel.
Anglais island, isle & sheep.
Arabe djezira, djezireh, djéziré, dzira, gazirat, (jazar), jazirah, (jezaïr), jezira, (zaïr) & zira.
Arménien gsi & guêgh'zi.
Bantou chigounda, chiloua, chinga, chiroua, chiroumba, chisi, chisioua, dila, dzisi, cjondi, cjoundi, eyondi, gounda, ichinga, itifa, jondi, joundi, kidila, kilela, ki= rira, kiroua, kiroumba, nga, nsoua, roumba, sioua, soua, sououa, tifa & zioua.
Birman gyoun & kyoung.
Bosniaque ostrvo & otok.
Breton enez & (inizi).
Cafre isiquiti & quiti.
Cambodgien ka, kho & koh.
Cameroun ejondi, ejoundi, eyondi, jondi, joundi & yondi.
Castillan, catalan isla.
Celtique enez, inisch, inissi & iniz.
Chinois chou, hai-tao, hea-taou, siao-tao, tao & tau.
Congolais sanga.
Coréen do, syem, syom, tao & to.
Cornique enys.
Croate ostrvo & otok.
Cymrique ynys.
Dalmate ostrvo & otok.
Danois Bispchue, Holm Œ, (Œrne).
Égyptien (dgezâ=ir) & dgezire.
Erse ennis, inch & inis.
Esclavon ostrvo & otok.
Espagnol isla.
Esquimau ghegherтakhson, ghegherтakhsou, gheghertа= rong, gheghertеn, kad-jak, kightak, kikhtak & kodiak.
Fan (binyi), enyi & nyi.
Finlandais holma.
Flamand eiland.
Franç. vx insule & isle.
Frison oge.
Gaélique eilean, ellan, inch & innis.
Grec (nesoi), nèsos, nici, nisi, nisia & niços.
Hausa chebiri & goungou.
Haut-Nil taouf.
Herségovinien ostrvo & otok.   [tapou.
Hindoustani dip, diu, diva, dvip, jingira, lauka, tada &
Hollandais eiland.
Hongrois sziget.
Iaïbo boivi.

ILE.   Additions & notes.

Annamite cù, hou, koulao & lao.

Grande île :
Gaëliq. innismore.

Iles coralliennes :
Angl. coral islands. — *Maldives* atoll.

Ile de rivière :
Bantou chisoua & soua.

Ile d'herbes :
Angl. sedd.

Ile flottante :
Ibóko esoúlou.

ILE.

Additions & notes.

Ile longue :
Baie d'Hudson kanikouiniku.

Ile rocheuse :
Alaska kouliougiak. — *Angl.* rocky island. — *Espagnol* isleo.

Ile sainte :
Allem., danois & norv. heligoland.

Ibóko iánga.
Iles Salomon nousa & tousou.
Indiens de Californie de le ba ron & o me koutl.
Indiens Amérique Nord a mouu hive, ben na, ououitka & poyare.
Indou diu.
Italien isola.
Jalouo kout.
Jamaïcien xaimaka.
Japonais chima, jima, sima & to.
Javanais nonngsa, noungsoua, nousa, nousoua, nousya, poulo.
Kirghiz aral.
Laotien koh.
Latin insula.
Loango chinya & lichinya.
Malais kaou, poulan, poulau & poulo.
Malgache nosi & nossi.
Maltais noussa, (poulan) & poulo.
Marovo tousou.
Marquisien fenoua & motou.
Mekeo keleipoua.
Mongol kourœ.
Monténégrin ostrvo & otok.
Norvégien Bispehue, Holm, Œ & (Œrne).
Néo-Géorgien nousa.
Néo-guinéen keleipoua, mios & mis.
Ouganda chinya, kout & lichinya.
Persan djezire.
Philippin poio.
Polonais ostrow & wyspa.
Polynésien motou.
Portugais ilha.
Provençal ilha, illa & isla.
Pundjab barani.
Roman (alvets), (avueltz) & insule.
Roumain insula & (insulele).
Russe osstrof, ostrof, ostrov & ostrovu.
Samoan nou'ou motou.
Sandwich (îles) fenoua & motou.
Sanscrit poulin.
Saxon ea.
Scandinave ö & œ.
Serbe ostrvo & otok.
Siamois ko & koh.
Sibérien kekour & shamau.
Slovène otok.
Songhaï goungou.
Souahéli kisioua, sioua & (visioua).
Suédois holme, ô, œ, ön, (öar) & (œarna).
Syriaque (djzâjir) & djazíré.
Tagal poio.
Teuton (aire), ay & ey.
Touareg autel & berber.
Turc ada, (adalar), adasi, adha, aral, ata & djezaïr).
Yorouba ada-do & erekousou.

☞ archipel, attole, attolon, caïque, caye, chersonèse, core, cyclades, delta, groupe d'îles, îlet, îlette, îlot, insulaire, isthme & javeau.

☆

ILET. — Additions & notes.

îlet, ☞ îlot.

☆

ILETTE. — Additions & notes.

Ilette de marais :
Angl. island of marsh. — *Soudan. d'Égypte* dabba.

îlette, sfs; une petite île. — Les *îlettes* des rivières non navigables appartiennent aux communes.

Aléout. tangidak. — *Allem.* Holm & Iuselchen. — *Angl.* islet. — *Anglo-sax.* holm & holme. — *Chinois* siao-tao. — *Danois* Ey, Holme, Kalv & liden Œ. — *Espag.* cayo, isleta

& islote. — *Finland.* kari. — *Flam.* eilandje. — *Français* vx insulette, islet & islote. — *Gaélique* innis beg. — *Holl.* eilandje. — *Ibóko* ioúbia. — *Ital.* isoletta, isolotto. — *Norv.* Ey, Holme, Kalv, liden Œ. — *Polon* kemtsa. — *Polynés.* motou-iti. — *Port.* ilhazinha & ilhota. — *Russe* osstrof. — *Suéd.* holme. — *Teuton* ait & eyot. — *Turc* araloha.

☞ les références d' « île ».

ILETTE. — Additions & notes.

☆

îlot, ☞ îlette & les références d' « île ».

ILOT. — Additions & notes.

☆

inculte, adj.; qui n'est point cultivé. — Toutes les terres *incultes* ne sont pas défrichables.

Allem. unangebaut, wild & wüst. — *Angl.* uncultivated. — *Arabe* bared, chmoûz, saghjl & takjn. — *Berbere* arkıt. — *Bosniaq.* divlji & pust. — *Breton* fraost. — *Chinois* nou & ts'ou. — *Croate & dalm.* divlji & pust. — *Danois* udannet & udyrket. — *Egypt.* chamoûs. — *Esclav.* divlji & pust. — *Espag.* inculto. — *Finland.* kesytœn, raivokas & tuima. — *Flam.* onbebouwd. — *Franç. vx* gastée. — *Herzég.* divlji & pust. — *Holl.* onbebouwd. — *Ital.* frusto, incolto, inculto & rozzo. — *Latin* inculta. — *Mahratte* rann. — *Malais* liar & houtan. — *Monténég.* divlji & pust. — *Namaq.* !kou. — *Norvég.* udannet & udyrket. — *Polon.* dziki, lesny, pusty & rozwiazly. — *Port.* inculto. — *Roman* trayxe. — *Roum.* stepa. — *Russe* névozdiélannyï. — *Samoan* auvao & fe'ai. — *Serbe* divlji & pust. — *Slovaq.* divo & divy. — *Slovène* divjacina. — *Souahéli* gougou & kali. — *Suéd.* œde & vild. — *Syriaq.* chmoûz. — *Tchèq.* divoky. — *Touareg* arkit. — *Turc* jaban, jabany & kyr. — *Vieux franç.* frost.

☞ abandonné, alpage, aride, brande, brut, brousse, bruyère, défrichement, désert, écobuage, essart, essartage, essoucher, frau, friche, fruste, garrigue, gastine, illabourable, infertile, jachère, jafupière, jungle, lande, maquis, marais, maremme, nudité, ramier, sarclure, sart, sauvage, savane, savart, steppe, terrain vague, varenne & vierge.

INCULTE. — Additions & notes.

☆

indigène, sms; l'habitant d'un pays où il est né. — Les *indigènes* Herrero ont été massacrés par les Allemands.

Allem. inlænder. — *Angl.* native. — *Arabe* ahli & baladi. — *Bosniaq.* ovozemac. — *Breton vx* coguenou. — *Croate & dalm.* ovozemac. — *Danois* Indfœdt. — *Escluvon* ovozemac. — *Espag.* indigena. — *Flam.* inlandsch. — *Herzégov.* ovozemac. — *Holl.* inlandsch. — *Ital.* indigeno. — *Latin* indigena. — *Montén.* ovozemac. — *Norv.* Indfœdt. — *Port.* indigena. — *Prov.* estagau, estaigau & estatgan. — *Roman* indigene. — *Russe* touzemnyï. — *Serbe* ovozemac. — *Slovène* Iomac. — *Suéd.* infœding. — *Turc* yerli.

☞ les références d' « habitant ».

INDIGÈNE. — Additions & notes.

☆

inférieur, adj.; ☞ bas.

INFÉRIEUR. — Additions & notes.

☆

inondation, sfs; irruption des eaux de la mer ou d'une rivière hors de leur lit.

INONDATION. — Additions & notes.

INONDATION.
Additions & notes.

— Les *inondations* sont fréquentes au seuil du printemps.

Allem. Ueberschwemmung. — *Angl.* flood, inundation, overflow & sudden flood. — *Arabe* madd, saghi & tathuif. — *Asie centrale* sil. — *Bosniaq.* poplava. — *Breton* livaden. — *Castill.* diluvio. — *Catal.* diluvi; (ayguada). — *Congol.* langa. — *Croate & dalm.* poplava. — *Danois* Oversvœmmelse. — *Égypt.* madd. — *Erse* lie. — *Esclavon* poplava. — *Espag.* diluvio & inundacion. — *Finland.* tulvailu, vedenpaisumus, vedentulva. — *Flam.* overstrooming. — *Franç.* væ cretiue, deluve & ragas. — *Gaëliq.* lighe. — *Hausa* chikooua. — *Herzég.* poplava. — *Holl.* overstrooming. — *Island.* kaf. — *Ital.* allagamento, diluvio, effuzione, inondazione, piena & scorreria. — *Latin* alluvies, diluvium & exundatio. — *Mekeo* fouuga. — *Montén.* poplava. — *Néo-guinéen* fouuga. — *Norv.* Oversbœmmelse. — *Philipp.* baha. — *Polon.* wylen. — *Port.* diluvio, enchente & inundação. — *Prov.* aygunda, dilu vi, dulivi, esdilovi, esdoluvi, lavaci. — *Roman* ragas. — *Roum.* innec & inundatiune. — *Russe* navodnenie & vodopol. — *Serbe* poplava. — *Slovaque* povoden & povodne. — *Souahéli* gharika. — *Suéd.* œfversvæmning. — *Syriaq.* madd. — *Tagal* baha. — *Tchéq.* povoden, povodne. — *Turc* sou basma & tachkoun.

☞ antédiluvien, baigner, cataclysme, cataracte, crue, débondement, débordement, déluge, diluvien, eau, fleuve, fonte de neiges, flot, flux, irruption, javeau, lit, marée, mer, noyade, pluie, raz-de-marée, rivière, rupture & submersion.

☆

INSULAIRE.
Additions & notes.

insulaire, sms; l'habitant d'une île. — Les Candiotes sont des *insulaires*.

Allem. Insulaner. — *Angl.* insular. — *Arabe* gazairi. — *Danois* Insulaner & Œboer. — *Espagn.* insular. — *Flam. & holl.* eilander. — *Ital.* isolano. — *Port.* insular. — *Russe* asstravitianine.

☞ aborigène, habitant, homme, indigène, péninsulaire & septinsulaire.

☆

INTERFLEUVE.
Additions & notes.

interfleuve, sms; une bande de terre entre deux cours d'eau parallèles.
— Les terrains compris entre la Meuse & les nombreuses coupures du « Canal de l'Est » sont des *interfleuves*.

☆

IRRIGATION.
Additions & notes.

irrigation, sfs; arrosage d'une terre au moyen de rigoles. — Le système d'*irrigations* est d'un usage fort répandu.

Allem. Besprengung & Bewässerung. — *Angl.* trench & rill. — *Arabe* saghial-ard & sikâji. — *Bosniaq.* oplava. — *Catal.* ayguera. — *Croate & dalm.* oplava. — *Danois* Rende & Rille til plantning. — *Égypt.* sikâje. — *Esclavon* oplava. — *Espag.* regadio & riego. — *Flam.* besproeijing & hewatering. — *Herzég.* oplava. — *Holl.* besproeijing & bewatering. — *Italien* irrigazione. — *Montén.* oplava. — *Norvég.* Rende, Rille til plantning. — *Port.* irrigação. — *Provenç.* aiguiera. — *Roum.* canalul. — *Russe* arachénié. — *Serbe* oplava. — *Syriaq.* sikâji.

☞ abreuvage, arrosage, aspersion, billom, canal d'irrigation, dérivation, déversement, échaux, irroration, mouillage, noria, ondoiement, prise d'eau, rigole. rosée, saignée, sècheron, submersion.

IRRIGATION. — Additions & notes.

☆

isthme, sms; une terre étroite qui sépare deux mers. — L'*isthme* de Panama qui unit les deux Amériques, a séparé beaucoup de Français.

Allem. Isthmus, Landenge. — *Angl.* isthmus. — *Anglosax.* tarbat & tarbert. — *Arabe* barzak & lesanbarr. — *Bosniaq.* prevlaka. — *Chinois* ouimoti. — *Croate, dalm.* prevlaka. *Danois* Isthme, Jordhals & Jordtange. — *Esclav.* prevlaka. — *Espag.* istmo. — *Finland.* mankinla. — *Flam.* landengte. — *Gaéliq.* tairbeart. — *Grec* isthmos. — *Herzég.* prevlaka. — *Holl.* landengte. — *Ital.* istmo. — *Latin* isthmus. - *Monténegr.* prevlaka. — *Norv.* Isthme, Jordhals & Jordtange. — *Polon.* misdzy morzo. — *Port.* istmo. | *Roman* isthme. — *Roum.* istm. -- *Russe* péréchéék, peresheck & volok. -- *Serbe* prevlaka. - *Suéd.* næs. — *Thibét.* boyon & choubar. — *Turc* dil.

☞ bande de terre, continent, langue de terre, languette, ruban & zone.

ISTHME.

Additions & notes.

☆

itinéraire, ☞ chemin, parcours & route.

ITINÉRAIRE.

Additions & notes.

J

jachère, sfs; une terre labourable non ensemencée, au repos. — Avec les assolements modernes, les *jachères* sont supprimées.

Allem. Brachfeld. — *Angl.* fallow ground & layland. — *Bosniaq.* ledinav. — *Breton* brellé, léton, létoun. — *Cafre* fouso. — *Croate & dalm.* ledinav. — *Danois* Brakliggen. — *Esclav.* ledinav. — *Espag.* barbecho. — *Flam.* braakland. — *Franç. vx* jacert & jacerie. — *Herzég.* ledinav. — *Holl.* braakland. -- *Italien* maggese & novale. — *Latin* jacere & vacariæ. — *Montén.* ledinav. — *Norm.* (à Caen : brisé). — *Picard* gachière, gukière & jakière. — *Port.* alquieve. — *Roman* jacheres, jacheries, jakière, somair, sommart, versaine. — *Serbe* ledinav. — *Suéd.* træde. — *Turc* kyr, ova.

JACHÈRE.

Additions & notes.

☞ amendement, ameublissement, assolement, cassaille, chaulage, culture, défrichement, demi-jachère, essart, essartage, friche, guéret, jafupière, novale, refroissi, repos, sole & terre.

☆

JARDIN.

Additions & notes.

jardin, sms; petite pièce de terre servant à la culture des fleurs, des fruits, des plantes de luxe & des petits légumes. — Les légumes des *jardins* coûtent plus cher que ceux des champs.

Allaman garten.
Allemand Garten.
Amaxosa diliya, hlanhlo, isidiliya, oumdiliya, oumhlanhlo & sidiliya.
Anglais garden.
Arabe boustân, (bsâtin), djénan, genenat, jenan & jenieu.
Arménien bardez.
Aroma laraga.
Bantou ana & kiana.
Bosniaque basca & vrt.
Breton garz & liorz.
Cafre diliya, hlanhlo, isidiliya, oaïa, oumdiliya, oumhlanhlo & sidiliya.
Castillan jardin.

Grand jardin :
Gaélique lismore.

Catalan jardi.
Celtique gardd, garto, gorto & lubigorto.
Chinois youen & youén-koa.
Congolais franç. aban, ban & (meban).
Cornique lowarth & luworth.
Croate basca & vrt.
Cymrique garth & lluarth.
Dalmate basca & vrt.
Dahoman dekame.
Danois Have.

Jardin zoologique :
Allem. Thiergarten.

Égyptien (bsâtin), boustân, (genénât) & genene.
Erse lios & lubgort.
Esclavon basca & vrt.
Espagnol cortijo, huerta, huerto & jardin.
Fan aban, ban & (meban).
Finlandais puutarha.
Foula ngesa.
Flamand garden, hof & tuin.

Jardinet, un petit jardin :
Cafre isitya & tya. — *Franç. vx* closeau, cortil & courtillage. — *Latin* hortulus. — *Zoulou* isitya & tya.

Français vieux amase, cortil, courtieux, courtil, gard, gar, ort, orte & pourpris.
Gaélique lios & lis.
Gallois gardd.
Giryama mounda & nda.
Gothique gards & garten.
Grec kipos.
Hassania harifa.
Hausa danga, garika, gerka & loumbou.
Herrero otyikounino.
Herzégovinien basca & vrt.
Hindoustani baghistan, buti & vati.
Hollandais garden, hof & tuin.
Hongrois kert.
Iles Salomon chinggo & hinigala.
Indou mahal.
Islandais gard.
Italien giardino.
Javanais banjar.
Kabadi ropa.
Kan-sou pag.
Kusage hinigala & inouma.
Laotien chou henn.
Latin horti, hortus & ortus.
Lithuanien garda.
Malais kebou & taman.
Mandingue fourou, fouto-fourou, tol & toli.
Marocain riad.

Jardin fruitier, *ux* verger.

Marovo chinggo.
Monténégrin basca & vrt.
Motoumotou orou.
Namaqua hanab.
Néo-guinéen laraga, orou, ouma & ropa.
Normand courtil & gardin.
Norvégien Have.
Odji epyn.

JARDIN

Oshindonga epya.
Ouolof tol & toli.
Persan absal, bagh & boustan.
Picard cotherio, gardin, guerdin & metz.
Polonais ogrod.
Portugais jardim.
Provençal cortil, gerzi, giardina & jardin.
Roman courtille, courtis, gardin, gerding, ort & plessis.
Rouchi gardin.
Roubiana inouma.
Roumain gradina.
Russe sad.
Samoan fa'atoaga.
Sanscrit bati, oudyâna & vati.
Serbe basca & vrt.
Serer khol.
Slovaque zahrada.
Slovène vrt.
Souahéli boustani & chamba.
Soudanais franç. bagare.
Suédois trædgard.
Syriaque boustân, (bsâtin), (tchnainât) & tchnaini.
Tchèque zahrada.
Thibétain ling.
Turc baghtché, bagtcha, bakhtcha, baktché & bostan.

☞ adonide, ados, berceau, charmille, clos, closeau, closerie, courtil, courtillage, courtille, courtis, Éden, paradis, Eldorado, fruitier, gulistan, ousche, nymphée, orangerie, parc, quinconce, serre, square, terrasse, tonnelle, verdouse & verger.

☆

jetée, sfs; chemin construit sur la mer pour faciliter l'accès d'un port. — Les petites *jetées* sont souvent faites sur des pilotis.

Allem. Damm & Hafendamm. — *Angl.* bridge, jetty, pier & mole. — *Arabe* dakkat, gesr & rasjf — *Bantou* amvou & kiamvou. — *Bosniaque* nasip & sip. — *Chinois* ma-tau. — *Congol.* kiamvou. — *Croate & dalm.* nasip & sip. — *Danois* Havnedæmning. — *Egypt.* gisr. — *Esclav.* nasip & sip. — *Espag.* escollera, espigon & muelle. — *Flam.* kisting, steiger, havenhoofd, steene gloeing & pier. — *Herzég.* nasip & sip. — *Holl.* havenhoofd, kisting, pier, steene gloeing, steiger. — *Ital.* gettata, ghiniata, ghiajata, gittata & molo. — *Malais* jembâtan, tembok & terbis. — *Montén.* nasip & sip. — *Norv.* Havnedæmning. — *Philipp.* pantalan. — *Polon.* gruz rzucany w wodeń. — *Port.* dique & molho. — *Roum.* dig. — *Russe* namechi & platina. — *Samoan* ai. — *Serbe* nasip & sip. — *Suéd.* hamnarm. — *Syriaq.* soudd. — *Tagal* pantalan. — *Turc* bend & iskélé.

☞ avant-duc, brise-lames, chapeau, courçon, digue, drôme, épi, estacade, garde-fou, môle, musoir, palissade, pieu, pilotis, piquets, pont en bois & radeau.

☆

jonchaie, sfs; un lieu où croissent les joncs. — Les marais sont favorables au développement des *jonchaies*.

Allem. Binsengebüsch, Binsenplatz, rohr. — *Angl.* bank of rushes, rushy & rush-bed. — *Arabe* kasab. — *Bosniaq., croate & dalm.* ciev & trska. — *Danois* sivbegroet Sted. — *Egypt.* kasab. — *Esclav.* ciev & trska. — *Espag.* juncal. —

TERMES GÉOGRAPHIQUES

JARDIN.
Additions & notes.

Jardin marécageux :
Picard amiénois hortillon & hortillonage.

Jardin public :
Adamaoua belbel. — *Allem.* œffentlicher Garten, Volksgarten & Thiergarten. — *Anglais* square. — *Javan.* aloun-aloun. — *Persan* kou. — *Roum.* gradina publica.

JETÉE.
Additions & notes.

JONCHAIE.
Additions & notes.

JONCHAIE — TERMES GÉOGRAPHIQUES — JUSANT

JONCHAIE.
Additions & notes.

Flam. biesbosch. — *Herzégov.* ciev & trska. — *Holl.* bies= bosch. — *Italien* giuncheto & guincaia. — *Montén.* ciev & trska. — *Norv.* sivhegroet Sted. — *Polon.* mieysce napet= nione sitowiem. — *Port.* juncal. — *Prov.* jangar & rauza. — *Russe* miascha. — *Serbe* ciev & trska. — *Suéd.* rœr. — *Syriaq.* kasab. — *Turc* kamych & tchibouk.

☞ arbre, arbrisseau, arbuste, jonc, marais, jonchère, pépinière, plantation, roseau & roselière.

☆

JONCHÈRE. — Additions & notes.

jonchère, sfs; ☞ jonchaie.

☆

JONCTION. — Additions & notes.

jonction, sfs; ☞ bifurcation.

☆

JOUR.
Additions & notes.
Grec émera.
Le *jour* astronomique & civil dure de minuit à minuit; le *jour* maritime commence à midi.

jour, sms; espace de 24 heures. — Le *jour* est le temps que met la Terre pour accomplir sa révolution sur elle-même. C'est un peu plus que la 365ᵉ partie de l'ellipse que décrit notre planète autour du Soleil.

Allem. Tag; (*vx* tac). — *Angl.* day. — *Anglo sax.* dæg. — *Arabe* iaum, (ijâm), jaum, nahar & nahr. — *Armén.* ór. — *Assyrien* oumou. — *Baya* osgi. — *Béarnais* di & dio. — *Bosniaq.* dan. — *Breton* deiz. — *Castill.* dia. — *Catal.* dia & (*vx* jorn). — *Celtique* diyes. — *Chinois* tian & zit. — *Corniq.* dét. — *Croate* dan. — *Cymriq.* dydd. — *Dalmate* dan. — *Danois* Dag, Daglys & Udvei. — *Égypt.* (ijâm) & jom. — *Erse* dia & dic. — *Esclav.* dan. — *Espagn.* dia. — *Finland.* pæivæ. — *Flam.* dag. — *Franç.* vx diés, dis, dise, jour & jurn. — *Gaéliq.* di. — *Gers* jaur & jor. — *Gothique* dags. — *Hausa* rana. — *Herrero* eyouva & (omayouva). — *Herzég.* dan. — *Holl.* dag. — *Ibérien* dio. — *Ital.* di, dia, giorno; (*vx* dia & jorno). — *Javan.* dina, dinna, dinten, haouan, rahhinna, rah-hinten, rinna, rinten. — *Latin* diés. — *Lombard* di. — *Luxemb.* dåch. — *Malais* hari. — *Mongol* oedour. — *Montén.* dan. — *Namaqua* tséh. — *Norvég.* Dag, Daglys & Udvei. — *Odji* & oshind. etango. — *Picard* di, jaur & jor. — *Piémont.* di. — *Polon.* dzien. — *Port.* dia. — *Prov.* dia, jor, jore & joru. — *Roman* jor. — *Roum.* dile, zi & (zilele). — *Roussillon* di. — *Russe* degne. — *Sanoan* ao. — *Sanscr.* ahan, dina, divasa & dyaus. — *Savoisien* jour & jor. — *Serbe & slave* dan. — *Slovaq.* den & dna. — *Slovène* dan. — *Souahéli* sikou. — *Suéd.* dag. — *Syriaq.* (ijâm) & jaum. — *Tchèque* den & dne. — *Turc* goun. — *Var* di. — *Vendéen* jour.

☞ aube, calendrier, ère, intercalaire, journalier, journée, point du jour, quotidien, sansculottide & sidéral.

☆

JUNGLE. — Additions & notes.

jungle, sfs; ☞ broussailles, buisson, fourré & taillis.

☆

JUSANT. — Additions & notes.

jusant, sms; ☞ reflux.

☆

K

kilomètre, sms; mesure de longueur de 1,000 mètres. — Le *kilomètre* est devenu la mesure d'itinéraire dans presque tous les États.
Allem. Kilometer. — *Angl.* kilometre (= 1,093 yards). — *Arabe* ulfmetr & kilómitr. — *Danois* Kilometer. — *Égypt.* kilómitr. — *Espag.* kilometro. — *Flam.-holl.* kilometer. — *Ital.* chilometro. — *Norv.* Kilometer. — *Port.* kilometro. — *Roum.* kilometre. — *Slovaq.* kilometr. — *Suéd.* kilométer. — *Syriaq.* kilómitr. — *Tchèq.* kilometr. — *Turc* kilometro.

☞ degré, distance, échelle, étendue, lieue, longueur, mètre, mille, mille géographique, mille marin, nœud, système métrique.

KILOMÈTRE. Additions & notes.

Le kilomètre carré conserve son nom français dans presque toutes les langues.
Flam.-holl. vierkante kilometer.
Statistique kil. □.

L

lac, sms; grande masse d'eau entourée de terre. — Le plus grand *lac* du monde, le lac Supérieur, sur le territoire du Canada & des États-Unis, mesure 84,445 kil. □; soit la superficie de plus de deux fois la Suisse.
Abyssin abaia, abala, abbu, abbala, abbata, abbaya, hora.
Achánti eko.
Afrique orientale naiposha & naivasha.
Afrique orient. allem. erou & louero.
Alaska ououn.
Albanais ljiceni.
Algérie gera.
Allemand See.
Anglais lake, loch & mere.
Anglo-indien jeel & jhil.
Anglo-saxon fleot, lugu & mere.
Aourimi inyanza & nzanza.
Arabe bahar, bahira, bahr, bheira, birke, bohaireh, buhaira, rahad, chott, rahat & sebkha.
Arménien lidj.
Annamite ao & hô.
Asie centrale koul.
Assyrien agamma.
Bantou anju, auza, asa, elioua, erou, eyanga, itale, lioua, kamana, louerou, mana, mimana, moumana, nyanja, nyanza, nyasa, nyaza, soumbi & yanga.
Baya li & ri.
Bengali bheel.
Berbère abeng.
Birman in.
Bornou abge.
Bosniaque more & jezero.
Breton lagen.

LAC. Additions & notes.

Grand lac :
Chinois hai. — *Turc* dengiz & deniz.

Lac d'eau douce :
Arabe berka.

Lac Blanc :
Suéd. Huitarvatn. — *Turc* Ak-gol.

LAC.

Additions & notes.

Lac Bleu :
Mongol, tartare & thibét. Koko-nor.

Lac bordé de marais :
Angl. lake with swamps. — *Persan* chang & hamoun.

Lac d'eau douce :
Angl. freshwater lake. — *Japonais* kosoui-kō, kó-kosoui, midsou-oumi.

Lac des Gazelles :
Arabe Bahr-el-Ghazal.

Lac des Oies :
Angl. Goose lake. — *Kirghiz* Gaze koul.

Lac des Tchoudes :
Russe Tchoudskoé-ozero.

Lac du Beurre :
Angl. butter-lake. — *Mongol & thibét.* tosou-nor.

Lac du Chien.
Tartare iet-koul.

Lac marécageux :
Suéd. træsk.

Lac poissonneux :
Suéd. fiskivötn.

Cambodgien nong & tonlé.
Castillan lago.
Catalan vieux llac.
Celtique loc, loc'h, loch & lough.
Chinois hai, hoo, hou, koul, mare, omo, po, tung, yeu.
Congolais français elioua & lioua.
Coréen ti.
Cornique lagen.
Croate jezero & more.
Dahomen to.
Dalmate jezero & more.
Danois ludsœ, Sœen, Vand & Vatn.
Égyptien behêra.
Erse loch & lough.
Esclavon jezero & more.
Espagnol albuhera & lago.
Esquimau nanimouk, tasarnormeng, taseraktedling, tasiouza.
Esthonien jærvi.
Fan to.
Finlandais jærvi, jaur & vesi.
Flamand meer.
Français vieux lac.
Gaélique loch & lough.
Gallois llyn.
Giryama ziya.
Grec lacou, limné & limni.
Hassania daia & dea.
Hausa kogi & (kogoûna).
Haut-Nil nzige.
Herzégovinien jezero & more.
Hollandais meer.
Hongrois lak, tava & tó.
Ibérien lac.
Indiens Californie cho pol, go, ka cho, lego, memuite & poolok.
Indiens Amérique Nord gan, hashakout, indimnalahik, nepese & pokoua.
Indou tal & tar.
Ingalique ououn.
Islandais vatn & vœtu.
Italien lago.
Ja-louo nam.
Japonais gata, katn & kosoui.
Javanais segara & telaga.
Ketoch litioua & tioua.
Kirghiz denghiz.
Lac Tchad daga & koulougou.
Lapon jaur & javre.
Latin lacus.
Livonien esser.
Lomoué antia.
Lou-ouanga inyanza & nyanza.
Makoua nrata.
Malais danau, loubok, tasék & tasik.
Malgache farihi.
Mandingue badala, badla, bafala, dala & dla.
Maori roto.
Masai naiposha & naivasha.
Min-kia peng la.
Mongol gol, koul, nor & nourr.
Monténégrin jezero & more.
Mozambique antia & nrata.
Namaqua hurib.
Nandi nianset.
Nika kisin, kizia, sia & zia.
Norvégien ludsœ, Sœen, Vand & Vatn.
Néo-zélandais roto.
Ouakan chot.
Ouganda ekare, inyanza, lienga, litioua, nam, nga, nianset, nyanza, tioua & yao.
Ouolof deg.
Persan god & talab.
Polonais jezioro.
Portugais lago & lagoa.
Provençal lac.

LAC TERMES GÉOGRAPHIQUES LAGON

Roumain lac, lacu & lacul.
Russe bakan & ozéro.
Saharien ajelmam & aleg.
Samoan sami.
Sanscrit jala & hrad.
Scandinave afban & sïœn.
Serbe iesero, jezero & more.
Sénégalais mbel.
Serer mbel.
Siamois naoung, nong, paknam, tha-lé & tonlé.
Slave jezero.
Slovaque more.
Slovène jezero.
Somali deshek.
Songhai bangou & hari.
Soninque khare.
Souahéli (mazioua) & zioua la maji.
Suédois haf, insjö, sjœ, sjön, sœ, træsk & vatten.
Syriaque bouhaira.
Tartare kol, koul & noor.
Tatare kol & nour.
Tchèque more.
Thibétain chaka, cho, mtso, nor, tsho & tso.
Touareg abeng.
Turc dengis, denis, geul, gheul, ghol, goel, gol, gueul & koul.
Yunnan peng la.

☞ amas d'eau, bassin, carré d'eau, cataracte, chute d'eau, cours d'eau, eau dormante, eau douce, eau stagnante, étang, flaque, glace, inondation, irrigation, lacustre, lagon, lagune, marais, marécage, mare, nappe d'eau, navigation, onde, pièce d'eau, puits, réservoir, rigoles, rivière, riviérette, ruisseau, source, vivier, voie d'eau & voie navigable.

☆

lacustre, adj.; qui vit sur l'eau. — Les cités *lacustres* datent de l'époque préhistorique.
Allem. sumpfig. — *Angl.* lacustre. — *Arabe* na's. — *Bosniaq., croate & dalm.* blatan & mocvaran. — *Égypt.* batiha nazaz. — *Esclav.* blatan & mocvaran. — *Flam.* aan het water groeijende. — *Herzég.* blatan & mocvaran. — *Holl.* aan het water groeijende. — *Monténég.* blatan & mocvaran. — *Prov.* lacual. — *Serbe* blatan & mocvaran. — *Suéd.* træsk, sumpig. — *Syriaq.* na's. — *Turc* batakly.

☞ demeure, habitation, lacustral, stagnicole.

☆

lagon, sms; petit lac d'eau de mer. — Le delta du Rhône est formé de *lagons*.
Allem. kleiner See. — *Angl.* salted pool. — *Bantou* bongo & chibongo. — *Bosniaq.* morski jezero. — *Chinois* tien. — *Congol.* yangayanga. — *Croate* morski jezero. — *Dahoman* to. — *Dalmate* morski jezero. — *Danois* Vand. — *Esclav.* morski jezero. — *Fan* to. — *Aausa* kourdoudouffi. — *Herzégov.* morski jezero. — *Itindoust.* vari. — *Monténég.* morski jezero. — *Néo-hébrid.* vat. — *Niha* kisia, kizia, sia, zia. - *Norvég.* Vand. — *Pundjab* sar. — *Sanscrit* vari.

☞ les références d' « cau, lac, lagune.

☆

LAC.
    Additions & notes.

Lac près de la côte :
 Angl. lac near the coast. — *Japon.* gata.

Lac profond :
 Allem. Bodensee.

Lac riche :
 Mongol & thibét. wayan-nor.

Lac salé :
 Allem. Salzsee. — *Anglais* lagoon, salt-lake & saltpan. — *Arabe* chott & sebkha. — *Turc* touz koul.

LACUSTRE.
    Additions & notes.

LAGON.
    Additions & notes.

Lagon de montagne :
 Angl. tarn. — *Norse* tjærn.

LAGUNE — TERMES GÉOGRAPHIQUES — LANGUE

LAGUNE.
Additions & notes.

lagune, sfs; passage peu profond entre des hauts-fonds ou des îlots. — Venise est construite sur les *lagunes* de l'Adriatique.

Allem. Lache & lagune. — *Amax.* choueba & ichoueba. — *Angl.* fleet & lagoon. — *Anglo-indou* bhil, jeel, jhil. — *Anglo-sax.* fleot. — *Bahr-el-Ghazal* mela. — *Bengali* bheel. — *Bosniaq.* lokva. — *Cafre* choueba & ichoueba. — *Croate & dalm.* lokva. — *Danois* Lagune. — *Esclav.* lokva. — *Espagn.* albuhera, estero & laguna; (*Amérique Sud* banado. — *Flam.* lagune & moeras. — *Herzég.* lokva. — *Holl.* lagune & moeras. — *Ile Salomon* sousouka. — *Italien* laguna. — *Kiouai* obo. — *Lithuan.* mares. — *Montén.* lokva. — *Néoguinéen* obo. — *Norv.* Lagune. — *Portug.* lagôazinha & laguna. — *Roubiana* sousouka. — *Russe* malenki ozero. — *Serbe* lokva.

Lagune d'eau douce :
Espag. charca, laguna & pantano.

☞ les références de « eau & lac ».

☆

LANDE.
Additions & notes.

lande, sfs; lieu aride, broussailleux & marécageux. — Les *landes* gasconnes ont donné leur nom mélancolique à un département français occupé par les Lanusquets.

Petite lande :
Franç. vx & roman landon. — *Latin* terra sabulosa.

Achánti denkye. — *Allem.* Heide. — *Angl.* heath, moor, moorage, moorland, sandy grounds. — *Arabe* ardh-sahlat, sahra & touarès. — *Bosniaq.* pustara. — *Brésil* charneca. — *Breton* karrek. — *Cafre* ilindle, lindle & ndle. — *Croate & dalm.* pustara. — *Danois* Hede. — *Esclavon* pustara. — *Espag.* cienaga, paramo, yermo. — *Flam.* heide, heigrond. — *Franç. vx* claue, elaneffe, laud & oudor. — *Gallois* brogilum. — *Gothiq.* lant. — *Herzég.* pustara. — *Holl.* heide, heigrond. — *Hongr.* puszta. — *Ital.* landa, palude, pianura & steppa. — *Japon.* hara. — *Latin* brogilum & sabuletum. — *Montén.* pustara. — *Norvég.* Hede. — *Picard* larris. — *Polon.* poganin. — *Port.* charneca & ermo. — *Prov.* landa. — *Roman* ardlier, lande & (larris). — *Roum.* pustie. — *Russe* ljadina, poustock & step'. — *Serbe* pustara. — *Slave vieux* ledina. — *Suéd.* hed & hedning. — *Turc* kjafir, patik, patkak, poutperest. — *Yorouba* isoko. — *Zoulou* ndle, ilindle & lindle.

☞ accrue, brande, broussailles, bruc, brousse, callune, camarine, inculture, marais, marécage, palustre, rabine, savane, steppe, terrain vague & terre inculte.

☆

LANGAGE.
Additions & notes.

LANGUE.
Additions & notes.

langage (sms) & langue (sfs), l'idiome d'un peuple. — Chaque État se sert d'une *langue* officielle & les peuples de ces États ont des *langages* issus de leur race d'origine.

Adamaoux uchi. — *Allem.* Sprache. — *Angl.* language. — *Arabe* lahgat, lisan, loggat & rathanat. — *Bantou* ki & lou. — *Batta* chi, uchi. — *Béarn.* lengue. — *Bénoué* uchi. — *Bosniaq.* govor & jèzik. — *Breton* iéz; (*moyen* yez). — *Catal.* lenguatge, llengua. — *Celtiq.* yekti. — *Champenois* lingue. — *Chinois* je. — *Congol.* lou. — *Croate & dalmate* govor & jèzik. — *Danois* Sprog. — *Egypt.* (alsine), kelâm & lisâu. — *Esclav.* govor & jèzik. — *Espag.* lengua & lenguaje. — *Finland.* kieli. — *Flam.* spraak & taal. — *Franç. vx* bec, langaige & parlure. — *Herzég.* govor & jèzik. — *Holl.* spraak & taal. — *Ital.* lingua & linguaggio. — *Javan.* basa & cara. — *Kavirondo* tho. — *Latin* lingua. — *Lorrain*

lingue. — *Luxemb.* spröchen. — *Montén.* govor & jezik.
— *Namaq.* khôms. — *Norv.* Sprog. — *Ouganda* lou & tho.
— *Picard* lingue. — *Polon.* glos, jezyk & mowa. — *Portug.*
lingoa, lingoagem & lingua. — *Prov.* bec, lenga, lengadge,
lengage, lengatche, lengua, lenguatge. — *Roum.* limba. —
Russe iazyk. — *Samoan* gagaua & tautala. — *Serbe* govor &
jezik. — *Slovaq.* jazyk & rec. — *Slovène* jezik. — *Songhaï
& Sonahéli* ki. — *Suéd.* sprak. — *Syriaque* (ilsini), kalâm,
lisân lourat & (lourât). — *Tchèq.* jazyk, rec. — *Turc* lisan.

☞ argot, baragouin, baragouinage, charabia, dialecte, élocution, goffe, idiome, bagou, galimatias, jargon, locution, mâcher de la paille, parlage, parler, parlotte, patois, pasilalie, philologie, sabir, style, vache espagnole.

LANGUE.
Additions & notes.

☆

langue de sable, sfs. — Les *langues de sable* sont des fins de dunes.
Allem. Landzunge. — *Angl.* spit of sand. — *Turc.* dil.

LANGUE DE SABLE.
Additions & notes.

☆

langue de terre, sfs; ☞ fin de terre & isthme.

LANGUE DE TERRE.
Additions & notes.

☆

large, adj.; étendu, dans un sens horizontal. — La rade, *large* & profonde, accueillait les navires de tous tonnages.
Achánti koti. — *Allem.* breit. — *Angl.* broad, large & wide. — *Annam.* lou & louong. — *Arabe* 'arid, arjdh, ganb & ounsee. — *Arakan* lenpou. — *Asie centr.* katia. — *Baya* boum. — *Bosniaque* sirok. — *Breton* lédan; (*vx* litan). — *Cafre* banzi. — *Cambodg.* thom. — *Catal.* llarg. - *Celtiq.* litano & plitano. — *Chinbon* alyen. — *Chinbok* atem nou. — *Chin Hills* alen. — *Chinois* kiang & kouang. — *Congol.* ebene. — *Croate* sirok. — *Cymriq.* llydan. — *Dalmate* sirok. — *Dankali* kudda. — *Danois* bred, gavmild, rummelig & vid. - *Égypt.* 'arid. — *Erse* leathan & lethan. — *Esclav.* sirok. — *Espag.* ancho, largo & lato. — *Finland.* levexæ. — *Flam.* breed, ruim & wijk. — *Franç. vx* graut, lé, lés & lez. — *Gaélic* leathan. — *Gaulois* litanos. — *Grec* eurus, eury, platus, platy. — *Hausa* fadi, maifadi. — *Herrero* paranga. — *Hervzég.* sirok. — *Holl.* breed, ruim & wijd. — *Ital.* largo & lato. — *Japon.* dai, o, oki & tai. — *Kouénam* lyen. — *Lac Tchad* dema, ngolo. — *Lao-haï* kho, lao & lo. — *Laotien* gnai. — *Latin* largus, lati, latum & latus. — *Malais* besar & lebar. — *Malgache* be & lehibe. — *Mansoung* lo. — *Mongol* ike, ikhe, iki & yike. — *Montén.* sirok. — *Namaq.* hara. — *Nhan* kho. — *Nika* alamou. — *Norvég.* bred, gavmild, rummelig & vid. — *Noung* lao. — *Odji* & *oshind.* handyoulouka. — *Ouélaung* lyen. — *Polon.* mocnyi, obszerny & szeroki. — *Port.* largo. — *Prov.* lada, larc, larg, lat & (latz¹. — *Roman* lé. - *Roum.* larg & lat. — *Russe* chirokié, chirokii, krepkoi & prochrannié. — *Samoan* lau, lautélé & télé. — *Serbe* sirok. — *Siam.* louong & yai. — *Slovaq.* siroky. — *Slovène* sirok. — *Soudan.* makkoren. — *Souahéli* pana. — *Suéd.* bred. — *Syriaq.* 'arid. — *Taungtha* alen. — *Tchèq.* siroko & siroky. — *Turc* euli. — *Y'indou Chin* aug vai

☞ ample, ampleur, amplitude, diamètre, élargissement, élargissure, étendue, extension, eurypyge, évasement, grand, gros, latitude & platyure.

LARGE.
Additions & notes.

☆

LARGE. — Additions & notes.

large, sms; ☞ pleine mer.

☆

LATITUDE. — Additions & notes.

latitude, sfs; distance, en degrés, d'un endroit à l'Équateur. — Les *latitudes* se comptent sur les méridiens.

<small>Allemand Breite. — Angl. latitude. — Arabe 'ard, ârdh, 'ourd & ueseé. — Bosniaq. prostrti & siriti. — Catal. latitut. — Croate & dalm. prostrti & siriti. — Danois Bredde, Breddegard, Polhœide & Vidde. — Égypt. 'ard & 'ourd. — Esclav. prostrti & siriti. — Espag. latitud. — Finland. leveys. — Flam. breedte. — Herzégovin. prostrti & siriti. — Holl. breedte. — Hongr. szélesség. — Ital. latitudine. — Latin latitudo. — Monten. prostrti & siriti. — Norv. Bredegrad, Bredde, Polhœide & Vidde. — Polon. szevoskose. — Port. latitude. — Prov. latitut. — Roum. latitudinea. — Russe chirata & prochnchivo. — Serbe prostrti & siriti. — Suéd. bredd, latitud & polhöjd. — Syriaq. 'ard & 'ourd. — Turc en & enlilik.</small>

☞ degré, distance, étendue, Équateur, espace, méridien, pôle & sphère.

☆

LAVE. — Additions & notes.

lave, sfs; la matière en fusion qui s'échappe d'un volcan. — La *lave* se vitrifie dès sa sortie du cratère.

<small>Le mot latin *lava* est employé dans toutes les langues.</small>

☞ coulée, cratère, éruption, fumerolle, salce, sciarro & volcan.

☆

LÉ. — Additions & notes.

lé, sfs; ☞ chemin de halage.

☆

LEVANT. — Additions & notes.

levant, sms; le point cardinal qui désigne l'est ou l'orient. — Le *levant* est situé à la droite d'une personne tournée vers le pôle Nord.

<small>Achânti boka. — Allem. Levante. — Angl. east. — Arabe blâd ischark', çargh, machrak, maçregh. — Bosniaq. iztok. — Catal. llevar; (vx levar). — Chinois toung. — Croate & dalm. iztok. — Danois Œst. — Égyptien bilâd eschark'. — Esclav. iztok. — Espag. levante, llevar; (vx levar). — Finland. itæ. — Flam. levant & oosten. — Hausa gabbes. — Herzég. iztok. — Holl. levant & oosten. — Italien levante, levare & oriente. — Javanais ouetan. — Malais timour. — Monten. iztok. — Norvég. Œst. — Polon. wschód. — Port. levante, levar. — Prov. levan & levant. — Roum. levantul & rasaritul. — Russe vasstok. — Samoan sasae. — Serbe iztok. — Slovène vzhod. — Suéd. levanten. — Syriaq. blâd ischark'. — Tchéq. vychod. — Turc charg & goun doghousou.</small>

☞ aire de vent, aurore, boussole, est, lit du vent, orient, point cardinal, rose des vents & soleil levant.

☆

LÉZARDE. — Additions & notes.

lézarde, sfs; ☞ crevasse, fente & ouverture.

☆

LIEU. — Additions & notes.

lieu, sms; ☞ endroit, localité, place & site.

lieue, sfs; mesure itinéraire employée en géographie, en France & en Belgique. — La *lieue* terrestre vaut 4,444 mètres; c'est la 25ᵉ partie du degré. — La *lieue* marine mesure 5,555 mètres; c'est la 20ᵉ partie du degré. — La *lieue* de poste est de 3,898 mètres. — La *lieue* française n'exige que 4 kilomètres. — La *lieue* de Belgique déploie 5,000 mètres. — Il faut 1 heure, en moyenne, pour couvrir ces *lieues* terrestres, à pied.

Breton léô; (moyen leau). — *Castill.* legua. — *Catalan* llegua (vx llega). — *Celtiq.* leu'. — *Espag.* legua. — *Français* vx loée & luie. — *Ital.* lega. — *Latin* leuca. — *Picard* liue. — *Port.* legoa. — *Prov.* lega & legua. — *Roman* liue, loée & luwe. — *Roum.* leghe.

☆

ligne, ☞ équateur.

☆

limicole, adj.; qui vit dans le limon. — Les porcs sont des animaux *limicoles*; Les nénuphars sont les plantes *limicoles* de nos grenouillères.

☆

limite, sfs; signe de démarcation entre les territoires d'États limitrophes ou entre les divisions territoriales d'un pays quelconque. — Dans ce dernier cas, les *limites* déterminent l'étendue des juridictions.

Achânti apa & ofouhye. — *Allem.* Grenze. — *Amaxosa* da & oumda. — *Angl.* borders, boundary & limit. — *Arabe* hadd & (houdoûd). — *Bantou* bambi, mbambi, (mipaka), mpaka & paka. — *Bosniaque* granica & megja. — *Breton* (harzou); (vx hin). — *Cafre* da, isikaulo, kaulo & oumda. — *Catal.* limit, llata & llimit. — *Chinois* hiéu, kén & kiai. — *Congol.* bambi & mbambi. — *Croate* & *dalm.* granica, megja. — *Danois* Grænse. — *Egypt.* hadd & (houdoûd). — *Esclav.* granica & megja. — *Espag.* acirate, afrontacion, lata, limite & término. — *Esperanto* raudo. — *Finland.* raja. — *Flam.* grens. — *Franç.* vx marche & mête. — *Giryama* haka & mouhaka. — *Herzégovinien* granica & megja. — *Hongrois* hatar & szél. — *Ibo* oke. — *Indo-europ.* mark. — *Irland.* vx crich. — *Ital.* confine, limite & marca. — *Javan.* ouaket & ouates. — *Lac Chiroua* mikagano. — *Latin* itis, limes, limitem, limitis & meta. — *Lomoué* mikagano. — *Malais* peminggir. — *Montén.* granica, megja. — *Namaq.* am-!gâb, lkharib & !nam-ami. — *Niger.* oke. — *Nika* mouvaka, vaka. — *Norm.* (limes). — *Norv.* Grænse. — *Polon.* granica. — *Port.* confin, limite & raia. — *Prov.* afrountazos, bola, boula, bozola, (dechs), fin, fis, lata & limit. — *Roman* (bonnes, besmes, enclaves), marche & mete. — *Russe* granitsa, oukraïna & ourochiche. — *Samoan* touaoi. — *Sanscr.* anta. — *Serbe* granica & megja. — *Slovène* meja. — *Souahéli* kinga, (mipaka), mpaka & paka. — *Suédois* græus. — *Syriaq.* hadd & (houdoûd). — *Tchèq.* (hraniciti). — *Thibét.* mou. — *Turc* chit, houdoud, iaka & sinir. — *Yorouba* ala, atete-ba.

☞ abornement, barrière, bord, bordures, bornage, borne, confin, circonvoisin,

LIEUE.   Additions & notes.

LIGNE. — Additions & notes.

LIMICOLE.   Additions & notes.

LIMITE.   Additions & notes.

Cornique urriau. — *Erse* crich. — *Holl.* grens.

LIMITE.

Additions & notes.

voisin, délimitation, démarcation, fin, finage, limite, limitrophe, lisière, marche, mitoyen, perdriau, poteau, rain, séparation, tenant, terme, terminus, toral, voisinage.

☆

LIMITROPHE.

Additions & notes.

limitrophe, adj.; situé à la limite. — Les États *limitrophes* de la France sont : l'Espagne, l'Italie, la Suisse, l'Allemagne, le Luxembourg & la Belgique.

Allem. angrenzend. — *Angl.* adjacent, bordering, contiguous & neighbouring. — *Arabe* mogauer & mohaded. — *Danois* tilgrænsende. — *Espagn.* limitrofe. — *Flam.-holl.* aangrenzend. — *Ital.* limitrofo. — *Latin* finitimus & limitrophus. — *Norv.* tilgrænsende. — *Portug.* limitrophe. — *Roman* unitrophe. — *Roum.* (limitrofa). — *Russe* smejnost.

☞ aboutissant, adjacent, circonjacent, contigu, tenant & les références de « limite ».

☆

LIMON.

Additions & notes.

limon, sms; dépôt fangeux. — Le *limon* déposé par les eaux est un engrais excellent.

Achánti dechie & detsie. — *Allem.* Schlamm & Gassenkoth. — *Angl.* dirt, mud, ooze & slime. — *Arabe* lim, ouahl. — *Armén.* tzerg. — *Bosniaq.* glib & mulj. — *Castill.* lodo. — *Catal.* lim & llot. — *Chinois* ni. — *Croate* glib & mulj. — *Dahoman* ko. — *Dalmate* glib & mulj. — *Danois* Dynd & Ler. — *Égypt.* ouahl. — *Esclav.* glib & mulj. — *Espagn.* limo, limosidad & lodo. — *Finland.* atala. — *Flam.* modder, slib & slijk. — *Giryama* rovo, torovo. — *Grec* borboros. — *Hausa* laka & tabo. — *Herrero* omourova. - *Herzég.* glib & mulj. — *Hindoust.* hil. — *Holl.* modder, slib & slijk. - *Island.* leir. — *Italien* acquitrino, limo, limosita, limositade, limositate & loto. — *Japonais* doro. — *Kourde* hari. — *Latin* limositatem, limus & lutum. — *Malais* loumpor. — *Montnég.* glib & mulj. — *Norvég.* Dynd & Ler. — *Odji* & *oshind.* eloiya. — *Polon.* il & namul. — *Port.* lama, limo & lodo. — *Prov.* limauha, limo, limon, limositat, lot. — *Roum.* glodul & namolul. — *Russe* il, gryaz & tina. — *Samoan* palapala. — *Serbe* glib & mulj. — *Siamois* baw & khlon. — *Slovène* blato. — *Somali* dourie. - *Suéd.* gyttja & ler, slam. — *Syriaq.* ouahl. — *Turc* batak & tchamour. — *Yayo* ni.

boue, bourbe, bourbier, crotte, égout, fange, gâchis, gadoue, gargouillis, immondice, lie, marais, margouillis, ordures, patrouillis, salce, saleté & souille.

☆

LISIÈRE.

Additions & notes.

lisière, sfs; le bord d'un bois, d'une terre. — La chapelle, érigée à la *lisière* des Mirlondaines, fut saccagée.

Allem. Grenze, Rand & Saum. — *Angl.* edge, outskirts & selvedge. — *Anglo-sax.* haga. — *Arabe* hadd, haffi, takm & taraf. — *Bosniaq.* kraj & okrajak. — *Breton* léz & lézen. — *Catal.* banda & faxa. — *Croate* & *dalm.* kraj & okrajak. — *Danois* Jords & Lands Rand. — *Égypt.* haffe. — *Esclavon* kraj & okrajak. — *Espagnol* banda, confin, faja & raya. — *Flam.* grens & rand. — *Franç.* væ, orière & rain. — *Herzég.* kraj & okrajak. — *Holl.* grens & rand. — *Ital.* banda,

LISIÈRE.
Additions & notes.

Monten. kraj & okrajak. — *Norm.* orière. — *Norv.* Jords, & Lands Rand. — *Picard* couturieu, forière, magière, rain. — *Polon.* kraj. — *Port.* banda, faixa, faxa, listra & rain. — *Prov.* auriera, bauda, benda, fayssas, lisera & listre. — *Roman* oraille, orée, oriere & rain. — *Russe* kraj. — *Serbe* kraj & okrajak. — *Slovène* rob. — *Souahéli* kingo & oukingo. — *Soudan.* pangoua. — *Suédois* rand. — *Syriaque* hafti & taraf. — *Turc* kenar.

☞ les références de « limite ».

☆

LIT DE LA RIVIÈRE.
Additions & notes.

Lit de gravier :
 Angl. gravelly bed. — *Ital.* ghiariccio.

Lit de la mer :
 Catal. vx estatge. — *Ital.* staggio. — *Prov.* estage.

Lit de roseaux :
 Angl. reeds bed & rush-bed. — *Persan* naizar.

Lit desséché :
 Angl. creek & dry stream bed. — *Arabe* ouadys. — *Galla* gogeti. — *Mdou* nullah.

Lit de torrent :
 Angl. torrent bed. — *Bantou* boulou & louboulou. — *Congol.* boulou, louboulou & yasa.

lit de la rivière, sms; creux qui contient les eaux d'une rivière. — Au printemps, les torrents sortent parfois de leur *lit*.

Achanti obon. — *Afrique orient. allem. & port.* vooulsha. — *Allem.* Bachmutter, Strombett & thalweg. — *Angl.* river bed, stream bed. — *Anglo-saxon* bed. — *Arabe* (aoudia), ouad, oued, (ouidan). — *Berbère* enneri. — *Bosniaq.* rieka. — *Bourguign.* chalé. — *Breton* noz & naoz. — *Canada* tímagami. — *Croate & dalm.* rieka. — *Danois* Flods Leie. — *Egypt.* serir. — *Esclav.* ricka. — *Espag.* madre del rio. — *Fan* engan. — *Finland.* virta. — *Flam.* boden, dalweg & groud. — *Franc-comt.* chalé. — *Herzégov.* rieka. — *Hindoust.* mouhana. — *Holl.* boden, dulweg, groud. — *Island.* bedr. — *Ital.* letto di fiume & strato. — *Lac Chirona* orirímela. — *Latin* bedum. — *Lomoué* orirímela. — *Mahona* vooulsha. — *Mashona.* foura. — *Monten.* rieka. — *Norm.* (Orne : bauge); (Pont-l'Évêque : bédière). — *Norv.* Flods Leie. — *Picard* calit. — *Polon.* bagno rzekaie & toze. — *Portug.* alveo de rio, leito & madre de rio. — *Prov.* mayre. — *Roman* chalit. — *Rouchi* calit. — *Roum.* albia. — *Russe* boloda reka & logee riki. — *Sanscr.* vauk. — *Serbe* rieka. — *Slovène* reka. — *Somali* tong. — *Songhaï* gorou. — *Soudan d'Égypte* khor. — *Suéd.* bædd & sæug. — *Syriaque* farchi. — *Turc* deuchek & jatak.

☞ bas, base, bas-fond, cul, crône, effondrement, encaissement, entrailles, fin, fond, fondation, fondement, fosse, gué, couche, haut-fond, profondeur, renfoncement, fleuve, rive, rivage, rivière, sondage, débordement, inondation, tréfonds, trou.

☆

LIT DU VENT. — Additions & notes.

Lit pierreux :
 Franç. vx & prov. crau.

lit du vent, sms; ☞ aire de vent.
 Allem. Windstrich. — *Angl.* channel.

☆

LITTORAL.
Additions & notes.

littoral, sms; large zone de terre située le long de la mer. — La température est plus douce sur le *littoral* qu'à l'intérieur des terres.

Allem. Küstenland & Ufer. — *Angl.* const & littoral. — *Arabe* çatt, djedda, ganb, harf, rif, sahal, sahel, (saouâhil). — *Bosniaq., croate & dalmate* obala & primorje. — *Danois* Kyststrækning. — *Egypt.* châti & chatt. — *Esclav.* obala & primorje. — *Espagn.* litoral. — *Finland.* rauta. — *Flam.* kustland. — *Herzég.* obala & primorje. — *Holl.* kustland. — *Ital.* costa & spaggia. — *Latin* littoris & littus. — *Malais* pante, pasisir & pinggir laut. — *Monten.* obala & primorje. — *Norv.* Kyststrækning. — *Polon.* brzeg. — *Port.* littoral. — *Roum.* malul, riva & termul. — *Russe* pobérejié & prìbréjié. — *Samoan* 'auvai. — *Sanscrit* tira. — *Serbe* obala & primorje. — *Slovène* breg. — *Souahéli* ng'ambo. — *Suédois* kustlandet. — *Syriaq.* châti & chatt. — *Turc* denys kenary, jaly & sahil.

LITTORAL.

Additions & notes.

☞ alluvial, bain de mer, balnéaire, berge, bord de la mer, bougues, côte, dune, estran, étrain, estuaire, falaise, franc-bord, grave, grève, lais, laisse, plage, relais, rivage & rive.

☆

LOCALITÉ.

Additions & notes.

localité, sfs; terme générique pour désigner un endroit quelconque. — Les administrations des postes doivent modifier sans cesse la liste des *localités* de leur pays.

Localité centrale :
Anglais central locality. — *Cafre & zoulou* azoulou, isazoulou & isazouzou.

Localité humide :
Arabe mader.

Achânti ahe. — *Allem.* lokalitæt, ort, ortlichkeit, ortschaft. — *Angl.* locality & spot. — *Arabe* mahall & maskan. — *Armén.* degh. — *Bosniaq.* mjestnost & mjesto. — *Cafre* daoua & indaoua. — *Chine* liang & li. — *Congol. fr.* vom. — *Croate & dalmate* mjestnost & mjesto. — *Danois* Lokalitet & Sted. — *Ébon* likete. — *Égypt.* (mahallât) & môda'. — *Esclav.* mjestnost & mjesto. — *Espagnol* localidad. — *Fan* vom. — *Fidjien* viria. — *Finland.* paikka. — *Flamand* lokaliteit & stede. — *Herrero* onganda. — *Herzég.* mjestnost & mjesto. — *Holl.* lokaliteit & stede. — *Ital.* localita. — *Javan.* henggèn & henggon. — *Latin* locus. — *Manding.* dougou. — *Mbau* viria. — *Montén.* mjestnost & mjesto. — *Namaq.* !kèis. — *Niha* lalo. — *Norv.* Lokalitet & Sted. — *Odji, Oshindonga* egoumbo. — *Pali* pada. — *Polon.* miejsce. — *Polynés.* likete. — *Port.* localidade. — *Roman* leus & liau. — *Roum.* locuinta, (localitati). — *Russe* mesnost, mesto. — *Samoan* aai & mea. — *Sanscr.* sthâna. — *Serbe* mjesto & mjestuost. — *Slovène* kraj & mesto. — *Somali* le. — *Suéd.* lokalitét & ort. — *Syriaq.* mahall, (mahallât), matrah, (matârih) & mauda'. — *Turc* jer, mahall & yer.

☞ commune, dépendance, écart, dépendance, emplacement, endroit, espace, ferme, foyer, hameau, lieu, local, lieu dit, maison isolée, parage, place, poste, scène, site, situation, station, village & ville.

☆

LONG.

Additions & notes.

Erse issius, sir & sith.

Long cap :
Japon. nagasaki.

long, adj.; ce qui est étendu. — Dans les steppes russes, les routes paraissent *longues*, sans fin.

Allem. lang; (*vx* lanc). — *Angl.* long. — *Anglo-saxon* sid & side. — *Arabe* taouil, thauil, touil & touila. — *Arménien* jergaju. — *Bosniaq.* dug. — *Breton* ar, hir; (*vx* hir). — *Catal. vx* llonch. — *Celtiq.* hir. — *Chinois* c'ângtik, chang, tchâng & tcheng. — *Cyrnique* hir. — *Croate* dug. — *Cymrique* hir. — *Dalmate* dug. — *Danois* lang. — *Égypt.* taouil & (touoûâl). — *Esclav.* dug. — *Espagn.* largo; (*vx* luengo). — *Erse* sior. — *Fidjien* mbatavou. — *Flam.* lang. — *Franç. vx.* long. — *Gaëliq.* fad & sior. — *Gaulois* arc. — *Grec* makro. — *Herrero* re. — *Herzég.* dug. — *Holl.* lang. — *Irland. vx.* issius, sir & sith. — *Ital.* lungo. — *Japon.* naga, nagai & naugai. — *Javan.* daoua & panjang. — *Latin* longus. — *Luxemb.* lank. — *Malais* pandjang. — *Malgache* lava. — *Monténég.* dug. — *Namaq.* gxou & géixou. — *Norv.* lang. — *Odji, oshindonga* le. — *Polon.* dlugo & dtugi. — *Portug.* comprido, largo & longo. — *Prov.* loing & lonc (loncs). — *Roman* loing & loré. — *Roum.* lung & luugu. — *Russe* dlinnyî, dolgi & dolgil. — *Samoan* oumi. — *Serbe* dug. — *Slo-*

vaq. dlho, dlhy. — *Slovène* dolg. — *Somali* der. — *Souahéli* refou. — *Suéd.* lang. — *Syriaq.* taouil & (tououal). — *Tchèq.* dlouhy. — *Turc* ouzonu.

☞ chaîne, continu, courant, détour, développement, dimension, effilé, élongation, étendu, grand, haut, kilomètre, large, longitude, longueur, longimétrie, macomètre, mesure, mètre, moisson, oblong, prolongation, prolonge & prolongement.

LONG.

Additions & notes.

☆

longitude, sfs; c'est la distance du méridien d'un lieu à un autre méridien.

Le diamètre de la Terre étant de 360 degrés, il y a, de chaque côté d'un lieu, 180 degrés de *longitude*, soit à l'ouest, soit à l'est.

Allem. geographische Længe. — *Angl.* longitude. — *Arabe* mada & thoul. — *Armén.* ergajnouthioun. — *Bosniaq.* duljina & duzina. — *Catal.* longitut. — *Croate & dalmate* duljina & duzina. — *Danois* geografisk Længde. — *Égypt.* toûl. — *Esclav.* duljina & duzina. — *Espagnol* longitud. — *Flam.* lengte. — *Herzég.* duljina & duzina. — *Holl.* lengte. — *Hongr.* sokaig. — *Ital.* longitudine. — *Latin* longitudo. — *Monténégr.* duljina & duzina. — *Norv.* geografisk Længde. — *Port.* longitude. — *Prov.* longitud. — *Roum.* longitudinea. — *Russe* dalgata. — *Samoan* oumi. — *Serbe* duljina & duzina. — *Suéd.* longitud. — *Syriaq.* toûl. — *Turc* toul.

☞ degrés, diamètre, distance, étendue, long, longitudinal, longueur, méridien, mesure, sphère & Terre.

LONGITUDE.

Additions & notes.

ᗰ

madrague, sfs; partie de mer clôturée par un vaste filet pour pêcher le thon dans la Méditerranée.

MADRAGUE.

Additions & notes.

Flam.-holl. tonijnnet. — *Ital.* tonnara. — *Port.* almadrava.

☆

mairie, sfs; ☞ hôtel-de-ville.

MAIRIE.

Additions & notes.

☆

maison, sfs; une construction qui sert d'abri à l'homme. — L'architecture est l'art d'édifier les *maisons*.

MAISON.

Additions & notes.

MAISON   TERMES GÉOGRAPHIQUES   MAISON

MAISON.

Additions & notes.

Achánti odan.
Afriq. orient. allem. ajou, jou, (majou) & tembe.
Allem. büren, dach, dekken, haus &‡heim; (*vx* búr & hús).
Anglais home, homestead, house & mansion.
Anglo-indou buugalow.¶
Anglo-saxon bold, bord, bottle, herse & thæc.
Annamite nhà.
Arabe bait, béit, bet, (blout), dair,¶dâr, haouili, ikamat, kousr, mahall, makan, manzil, maoua, masoua & rahl.
Ardennes manjou.
Arménien doun.
Asie centrale chadir.
Assyrien miscounou.
Austrasien mason.
Bakounda domandavo.
Bali ndap.
Banjou eket.
Bantou adya, ajou, dako, do, esika, jou, (majou), moadya, ndo, ndako, sika & tembe.
Bosari (adi) & goudi.
Baya toua.
Béarnais caso.
Bornou fatto.
Bosniaque dom & kuca.
Bourguignon magion.
Breton kear, ker & ti; (*vx* tig).
Cafre dlou & indlou.
Cameroun domandavo, eket & ndap.
Castillan casa.
Catalan casa, estar, mansio, mausion, mas; (*vx* borda).
Celtique caer, ker & teges.
Chamba (dididi) & gouddi.
Charente méjou.
Chinois chia, fang, fanza & kia.
Chong-chia-tsé rau.
Cingalais ge & geya.
Congolais adya & moadya.
Copte mansuo.
Coréen chibi.
Cornique ti.
Chin Hills im.
Croate dom & kuca.
Cymrique bod, bos & ty.
Dalmate dom & kuca.
Dankali banglata.
Danois by, hjem, hus & huus.
Ebon im.
Egyptien hêt.
Erse bal, balla, bally, leucht, teach, tech, teg.
Esclavon dom & kuca.
Espagnol casa, estar, mansion, mesou, posada, rincon.
Esquimau iglou.
Fanti odan.
Finlandais asounto, huone & huoneus.
Flamand buren & huis.
Foula kalle.
Français vieux aitre, borie, borde, case, estre, estréaz, estries, haus, hause, hausen, manaige, mainade, managie, maignie, mégnie, menil, menille, mesnie, mesnil, mez, osté & thum.
Franc-comtois mason.
Frison blod.
Gaélique teuch, tigh & ty.
Galla makani & marra.
Gallois bettws & ty.
Grec ikos, oikos & spiti.
Hangchek rau.
Harem ker nor.
Hassania tikit.
Hausa gida, gidda, halita, kandaki, ouourou & ouourro.
Hébreu beth.
Herzégovinien dom & kuca.

Maison (vieille) :

Picard basois.

Maison champêtre :

Franç. vx ménil & mesnil. — *Latin* (bas mesnilum). — *Norm. & picard* mesuil. — *Prov.* maionil.

Maison champêtre :

Flam. huismanswoning. — *Franç. vx* ménil & mesuil. — *Holl.* huismanswoning. — *Latin* (bas mesnilum). *Norm.* cour & mesnil. — *Picard* mesuil. — *Provenç.* maionil. — *Russe* izba.

Maison de boue :

Angl. mud-house. — *Lac Tchad* bé.

Maison de Dieu :

Arabe Allah-cheber..

Maison de fermier :

Angl. farmhouse. — *Port.* villar. — *Vénézuéla* ato.

Maison de garde :

Allem. Forsthaus. — *Angl.* guard-post & watch-house. — *Turc* karaul.

Maison de la Lune :

Arabe Dair-el-Kamar.

Maison de pierres :

Achánti aban. — *Angl.* hall, sal, sall & stone-house. — *Anglo-sax.* heall, sael, sal, salu, sel. — *Asie centrale* chadir tach. — *Lac Tchad* be. — *Turc* kjargir. — *Zambèze* simbaboué.

Hindoustani bas-bas, basobas, bati, galiyara, geh, ghar, mandir, ok, vas & vati.
Hollandais buren & huis.
Hongrois has, haz, haza, lak & udvar.
Ibérien caso.
Ibo oulo.
Indiens Californie cha & mi.
Indo-chinois ker nor, loun & rau.
Indou dera.
Islandais heim & hus.
Italien casa, magione, mansione & stare.
Ja-louo ot.
Japonais iye.
Khas chos loun.
Kiriouina boala.
Kossova eniouma.
Kouei-chau ha gourh.
Latin borda, bordis, casa, domus, mansio, stare, tegurium, tugurium & ædes; (bas massa).
Lomoué emba.
Lou-ouanga inzou & nzou.
Maiva itou.
Makoua emoumba.
Malais gadong & roumah.
Mandingue bougou & boun.
Marovo ouanoua.
Mentaouei ouma.
Min-kia ha gourh.
Mongol djerr, djirr, ger & gerr.
Monténégrin dom & kuca.
Mossi iri & rogo.
Motoumotou ouvi.
Mozambique emba & emoumba.
Nandi kot.
Néo-guinéen amb, itou, kabike, kadda, nouma, ouvi, tal & ya.
Niger oulo.
Normand bœuf; (à Gruyères : méjon).
Norse bold & bottle.
Norvégien by, hjem, hus & huus.
Ouganda eniouma, inzou, kot, nzou, ot.
Ouolof kour & neg.
Persan abad, choda, seraï, khané, khûneh, saraï; (vx charaï).
Philippin bahai, balai & bahandin.
Picard hen, mageon, majon, mansion, mason, moeson, moison & mon.
Polonais dom.
Polynésien fae, fale, fare, ri & vale.
Portugais casa, estar & herdade.
Provençal aizi, bastida, borda, casa, estar, istar, maio, maiso, maizo, mas, mayson, mayzo & star.
Roman amasement, bastide, chefau, chevedage, manage, manaige, maxon, ostée, ostex, ostiex, ostille & thum.
Rotouma ri.
Roubiana vetou.
Rouchi mason.
Roumain casa.
Russe dom.
Saharien tarasham.
Salomon (îles) ouanoua & vetou.
Samoan fale.
Sanscrit alaya, bati, damas, greh, mandir, vas, vastu, vati.
Savoisien maijou & majon.
Saxon bord.
Scandinave bear, beer & bere.
Sénégalais mbin.
Serbe dom & kuca.
Serer mbin.
Siamois ban.
Slave bous, dom & jaza.
Slovaque dom.
Slovène stanovanje.
Somali akhal.

MAISON.

Rarotongais ara.

Additions & notes.

Maison de planteur :
Allem. Pflanzerhaus.

Maison du coin :
Angl. house-corner.

Maison du père :
Persan abbas-abad.

Maison du roi :
Persan chah-abad. — *Latin* regia familia.

Maison en bois :
Allem. Holzhaus. — *Lac Tchad* & *sara* manbate. — *Turc* tachta bina.

MAISON.
Additions & notes.

Maison forestière :
Allem. Forsthaus.

Maison fortifiée :
Arabe bordj. — *Grec* pyrgos.

Maison isolée :
Angl. isolated house. — *Français vx* manse, mansie, mansion & masne. — *Latin* insula.

Maisonnette d'éclusier :
Angl. lock-out house. — *Espag.* garita.

Maison neuve :
Allem. Neuhaus. — *Angl.* new house. — *Flam.-holl.* nieuw huis. — *Espagnol* casa nuevo. — *Ital.* casa nuovo. — *Port.* casa novo. — *Thibét.* kang-sar.

MAISON COMMUNALE.
Additions & notes.

MAISON DE CAMPAGNE.
Additions & notes.

Latin domus rustica.

Songhaï fou, hou & ouindi.
Soninque ka & kompe.
Souahéli kani, makao, makani & makazi.
Soudanais françzis rogo.
Suédois by, hem & hus.
Sumatra bale, ouma & sopo.
Syriaque bait, (bijoût), dar, hára & (hârât').
Tagal bahai, bahaudin & balai.
Tangout ra.
Tartare iourt.
Tchèque hauz.
Thibétain kang, kyams, rabdan & sa.
Togo kaba.
Turc dar, ev, hané, khana, khane & oui.
Yorouba boujoko & bouso.
Yunnan ran.
Zambèze noumba & (simba).

☞ abbaye, ajoupa, antre, auberge, baraque, bastide, bâtiment, bauge, béguinage, bicoque, bouge, buron, cabane, cabanon, cabine, cabinet, cahuette, cahute, caravansérail, case, caserne, castel, catacombe, cave, caveau, caverne, cellule, chalet, chambre, chartreuse, château, châtelet, chézeau, chaume, chaumière, chaumine, cloître, couvent, demeure, domaine, domicile, édifice, ermitage, fabrique, ferme, fort, fortin, garçonnière, gentilhommière, grenier, gîte, grotte, gynécée, habitacle, habitation, haillon, harem, hôpital, hospice, hôtel, hôtellerie, hutte, immeuble, lazaret, local, loge, logement, logette, logis, manoir, mansarde, masure, ménil, mission, monastère, morgue, palais, pavillon, pensionnat, phalanstère, pied-à-terre, plessis, pouillier, prison, propriété, quartier, refuge, repaire, résidence, retraite, roulotte, séjour, séminaire, sérail, taudion, taupinée, taverne, tente, termitière, toit, tribune, usine & villa.

☆

maison communale, ☞ hôtel-de-ville.

☆

maison de campagne, sfs; habitation luxueuse à la campagne. — Beaucoup de *maisons de campagne* ne sont que de grotesques bâtisses bourgeoises.
Allem. Landhaus. — *Angl.* cottage & country house. — *Bosniaq., croate, dalmate & esclav.* zemaljski dom. — *Espag.* casa de campo, granja & quinta. — *Flam.* buitenplaats, buitenverblijf & lusthuis. — *Grec* pyrgos. — *Herzég.* zemaljski dom. — *Holl.* buitenplaats, buitenverblijf & lusthuis. — *Ital.* villa. — *Kabyle & marocain* azib.

Port. quinta. — *Roman* menandrie. — *Russe* datcha & mouiza. — *Serbe* zemaljski dom.

☞ les références de « maison ».

☆

maisonnette, sfs; une petite maison. — Sur toutes les voies ferrées, des *mai= sonnettes* abritent les gardes-barrières.
Allem. Hæuschen. — *Angl.* small house & sentry-box. — *Arabe* douera & douira. — *Berrich.* choutrin. — *Bos= niaq.*, *croate* & *dalmate* kucina. — *Danois* lidet Hus. — *Esclav.* kucica. — *Espagnol* caseta. — *Flam.* huisje. — *Franç. vx* borde, cabuette, escrinée. — *Herzég.* kucica. — *Holl.* huisje. — *Ital.* abitazioncella, casotto, casuccia. — *Latin* casa parva, casula, hoba & mansiouculn; (*bas-baugeum*). — *Montén.* kucica. — *Norv.* borde & cotin. — *Norv.* lidet Hus. — *Picard* bagnole. — *Port.* casinha & tugurio. — *Prov.* bordoles, hostalet, maizoneta, mayo= ueta. — *Roman* borde, casal, hute, maisoucelle, maxe= nate & maxonate. — *Russe* domik. — *Serbe* kucica. — *Souahéli* kijumba & (vijumba). — *Suéd.* liten hem, liten hus.

☞ aubette, édicule & les références de « maison ».

☆

mamelon, sms; colline dont le faîte est arrondi. — Le coteau ainsi *mame= lonné* semblait un dôme de verdure.
Abbadi ginna. — *Allem.* rundlicher Hügel. — *Anglais* breast, pap, rounded hill. — *Arabe* dra, draa, hammar. *Bosniaque*, *croate* & *dalm.* okrugao brezuljak. — *Danois* rund Høei. — *Égypt.* moudau'var telle. — *Esclav.* okru= gao brezuljak. — *Espag.* cerro. — *Etbaï* ginna. — *Flam.* tepel. — *Herzégov.* okrugao brezuljak. — *Holl.* tepel. — *Ital.* papilla & poggio. — *Montén.* okrugao brezuljak. — *Norv.* rund Høei. — *Port.* bico, cabeça, eminencia, ma= millo. — *Russe* kholme. — *Serbe* okrugao brezuljak. — *Suéd.* rund kulle. — *Syriaq.* moudauvar tall, moudauvar talli. — *Turc* jouvarlak tépé.

☞ les références de « montagne ».

☆

manche, sfs; ☞ détroit.

☆

manoir, sms; une grande habitation entourée de ses terres. — Sous la Féo= dalité, les *manoirs* étaient des châ= teaux-forts sans donjon.
Allem. Burg & Wohnsitz. — *Angl.* manor. — *Arabe* balad & maskan. — *Bosniaque* obitaliste. — *Breton* ma= ner & sâl. — *Celtiq.* car, kaer & ker. — *Croate* & *dalm.* obitaliste. — *Danois* Ridderborg. — *Égyptien* beled. — *Esclavon* obitaliste. — *Espagnol* habitacion. — *Finland.* asunto. — *Flam.* woning. — *Franç. vx* maneir, maner, manoir. — *Hausa* gida. — *Herzég.* obitaliste. — *Holl.* woning. — *Hongr.* var & udvar. — *Ital.* abitazione, di= mora. — *Latin* manere. — *Montén.* obitaliste. — *Norv.* Ridderborg. — *Picard* manage. — *Port.* herdada, man= são. — *Prov.* maner. — *Roman* estoc, herbergage, me= nandrie. — *Russe* ousadha & zamok. — *Samoan* fale. — *Serbe* obitaliste. — *Slovaque* stan. — *Slovène* stanovanje.

MAISON DE CAMPAGNE.
Additions & notes.

MAISONNETTE.
Additions & notes.
Latin ædiculæ & parva domus.

Maisonnette de garde :
Allem. Forsthaus. — *Angl.* guard-house, guard-post & watch-house. — *Chinois* so. — *Japon.* sibausho. — *Turc* karaul.

MAMELON.
Additions & notes.
Anglo-améric. sandia.

MANCHE. — Additions & notes.

MANOIR.
Additions & notes.
Latin domicilium, domus & mansio.

MANOIR.
Additions & notes.

— *Souahéli* gereza & ngome. — *Suéd.* borg. — *Syriaque* balad. — *Tchèq.* hrad.

☞ les références de « château, domaine & habitation ».

☆

MAPPEMONDE.
Additions & notes.

mappemonde, sfs; ☞ sphère.

☆

MARAICHIN. — Additions & notes.

maraîchin, sms; l'habitant des marais. — Dans le département des Landes, les bergers *maraîchins*, montés sur leurs longues échasses, portent le nom de « lanusquets ».

☆

MARAIS.
Additions & notes.

marais, sms; terre couverte d'eaux stagnantes. — Le voisinage des *marais* est malsain.
Achánti binin & denkye.
Allem. Bruch, Marsch, Moos, Morast & Sumpf; (*vx* muor).
Amaxosa dibonga, gxoboza, indibonga, ingxoboza & oumgxoboza.
Amérique Sud tembladeral.
Anglais bog, fen, marsh, mere, moor & swamp.
Anglian moss.
Anglo-américain muskeg.
Anglo-indou bhil.
Anglo-saxon bog, fen, méos, mere & mór.
Annamite ao.
Arabe bassah, balaa, birke, gueraa, merdj, merja-toue, nogat, terbia.
Asie centrale baital.
Bantou ntaba & taba.
Bosniaque blato & mocvara.
Breton geün, gweün & paluden.
Cafre dibonga, ibityi, boukou, gxoboza, ingxoboza, indibonga, oumgxoboza, oubityi, oubouko & bityi.
Cambodgien nong.
Celtique makui, romme, ruimme & wagna.
Chinois hsi & tang.
Congolais ntaba, nyaba & taba.
Cornique cors.
Croate blato & mocvara.
Dahoman ko.
Dalmate blato & mocvara.
Danois Morads & Sump.
Égyptien batiha nazaz.
Erse currech, loth & sesceun.
Esclavon blato & mocvara.
Espagnol cienaga, humedal, lavajo, marjal & pantano.
Finlandais suo.
Flamand broek, moeras & poel.
Français vieux marchaiz, mareschure, marois, noe, marest, palouse & palus.
Gallois morfa & morva.
Grec balta, limné, limni & vallos.
Hassania lazar.
Haut-Sobat agula.
Haut-Nil potto-potto.
Herzégovinien blato & mocvara.
Hindoustani dabar, dabra, gujjar & garan.
Hollandais broek, moeras & poel.
Hongrois mocsar.
Indiens Amérique Nord akumna, matountougge, neskotak, petobeg & potzae.

Marais asséché & endigué.
Flam.-holl. polder.

Marais couvert de végétation :
Angl. swamp with growth of bushes. — *Anglo-amér.* baygall. — *Congol. fr.* & *fan* (nzam & minzam).

Marais de papyrus :
Angl. papyrus marsh. — *Congo* boudi.

Marais saumâtre :

MARAIS

Italien acqua morta, acquitrino, palude & pantano.
Japonais nouma.
Latin palus & vaqus; (bas groua).
Malais lalap, paja, paya & raoua.
Malgache hounahouna.
Mandingue badala, badla, bafala, dala & dla.
Mangbattou nepolo.
Mentaouei ounajia.
Mongol bulack & pattik.
Monténégrin blato & mocvara.
Mossi bakka.
Normand hazé & noe.
Norvégien Morads & Sump.
Ouolof deg.
Persan hamoun.
Polonais bagno & oparzelisko.
Portugais brejo, charco, paûl & pantano.
Provençal jangar & marex.
Roman bessière, bosquiline, maraischiere & mareschière.
Roumain balta, biltacaia & mlastina.
Russe boloto, poustok & toundra.
Samoan palapala.
Scandinave træsk.
Serbe blato, mocvara, pisholina & rit.
Sénégalais mbel.
Serer mbel.
Siamois naoung & nong.
Slave blato & jasor.
Slovaque mocarina.
Slovène mocvirje.
Songhaï botogo.
Soninque khare.
Soudanais togoro; (franç. bakka).
Suédois kœrr, moras & trask.
Sumatra ounajia.
Syriaque na's.
Tchèque bahno & mocal.
Thibétain dam, gram & hdam.
Turc batak, chorak, patik & patkak.
Yambo agoula.
Yorouba abata, chatata, erre, ira & kpotokpotok.
Zoulou bityi, boukou, oubityi & ouboukou.

☞ alevinier, alvier, bassin, boulbène, by, carpier, carpière, daraise, eau dormante, eau morte, eau stagnante, estuaire, étang, évolage, flaque, forcière, lac, lagon, lagune, mare, marécage, masse d'eau, réservoir, vivier, volage.

☆

marais salant, sms; terre préparée pour recevoir l'eau de mer & pour en recueillir le sel qu'elle contient. — Les *marais salants* prennent aussi le nom de « salines ».

Allem. Salzgraben & Salzmorast. — *Angl.* salt marsh, saline swamp, saltpan, salt pool. — *Arabe* chott, kafr & sebkha. — *Croate, bosniaq. & dalm.* solani blato, solani mocvara. — *Danois* saltdam. — *Esclavon* solani blato & solani mocvara. — *Espag.* marisma. — *Flam.* zoutpoel. — *Gallois* pwllheli. — *Herzég.* solani blato, solani mocvara. — *Hindoust.* (lonar). *Holl.* zoutpoel. — *Italien* maremma & salina. — *Montén.* solani blato & solani mocvara. — *Norv.* saltdam. — *Port.* salina. — *Serbe* solani blato & solani mocvara.

☞ aire, anternon, aviraison, barne, brassour, conche, croisure, étier, étia

MARAIS.
Additions & notes.

MARAIS SALANT.
Additions & notes.

MARAIS SALANT.
Additions & notes.

Latin salinæ.

ge, havelée, iode, jas, lanterneau, lède, meulon, mort, muant, muire, mulon, parc, pilot, puits salant, quin, roubine, salage, saleron, salifère, salinage, saline, salorge, saumâtre, saumure, saunage, saunerie, schlot, sel, table, vache, varaigne, vasière & vette.

☆

MARCHE.
Additions & notes.

Latin fines, limites, regio.

marche, sfs; frontière, limite. — Le mot *marche* n'est guère employé dans ce sens; il a vieilli.

Allem. Mark. — *Angl.* march. — *Anglo-saxon* mearc. — *Danois* Marsch. — *Espag.* marca. — *Gaélique* march. — *Gothiq.* marka. — *Ital.* marca. — *Latin* marca, marchia, margo. — *Norv.* marsch. — *Port.* marca. — *Prov.* marca, marcha & marqua. — *Roman* marche.

☞ abornement, barrière, bord, bornage, borne, confin, circonvoisin, délimitation, démarcation, fin, finage, limitation, frontière, limite, limitrophe, limitation, lisière, marche, mitoyen, orée, perdriau, poteau, rain, séparation, tenant, terme, terminus, toral, voisin & voisinage.

☆

MARCHÉ.
Additions & notes.

Annamite cho.

marché, sms; place publique où se vendent toutes espèces de marchandises. — La grand'place d'une commune est le lieu destiné habituellement aux opérations des *marchés*.

Achanti egoua.
Allemand Markt, Marktplatz; (*bas* Stapel).
Anglais market, stable & staple.
Anglo-indien gounge.
Arabe bandar, bender, fondouk, kahn, sok, soug, souk, & souq.
Bantou bougo, domba, ezandou, libongo, louonengo, ndomba, ouongo & zandou.
Bengali ganj.
Birman maou & ze.
Bornou souk.
Bosniaq. pazar, pazariste, pijaca, sajam, sajmiste, trg & vasar.
Breton marc'had.
Cambodgien cho & psa.
Catalan mercadal & mercat.
Chinois chang, chi, hiou, kaï, ki, pho & toun.
Cochinchinois cho.
Congolais lououongo & ouongo.
Croate & dalmate pazar, pazariste, pijaca, sajam, sajmiste, trg & vasar.
Danois Kjœb & Kjœbing.
Esclavon pazar, pazariste, pijaca, sajam, sajmiste, trg & vasar.
Espagnol mercado; (*vx* mercadal).
État Chan kal.
Fon ekaza & kaza.
Finlandais markkinat.
Flamand markt.
Français vx feur, fiere, foare & marchiet.

Galla gaba & gobiye.
Giryama chete & ete.
Grec agora.
Haï-nan chitong, kaï, kia-lan, moï-he-oun & tam-son.
Herségovinien pazar, pazariste, pijaca, sajam, sajmis=
te, trg & vasar.
Hindoustani hatt & ourdou.
Hollandais markt.
Hongrois vasar & vasr.
Indou gandj.
Italien mercato.
Lac Tchad kasoukou.
Latin emporium, forum, macellum, mercatus, nundinæ
Loango chiiro.
Malais pakau & pasar.
Malgache zoma.
Marocain sok.
Monténégrin pazar, pazariste, pijaca, sajam, sajmiste,
trg & vasar.
Mossi rahra.
Nandi siro.
Nika chede & ede.
Normand (à Valognes : tripot).
Norvégien Kjœb & Kjœbing.
Ouganda chiiro & siro.
Ouolof die.
Persan bazar, char-sou.
Philippin parian.
Polonais targ.
Portugais mercado & praça.
Provençal mercadal & mercat.
Pundjab bajar.
Roman apport & nondine.
Roumain targu & targul.
Russe rinok & torg.
Serbe pazar, pazariste, pijaca, sajam, sajmiste, trg &
vasar.
Serer komb.
Siamois talat.
Slave rynok & wiki.
Songhai yobou.
Soninque sakha & sakka.
Soudanais rarha, sakha & sakka.
Souahéli (masoko) & soko.
Suédois köping.
Teuton root.
Thibétain krom & tom.
Turc basar, bazar & ourdou.

☞ Agora, apport, bazar, bretèque, carreau, carrefour, centre, cours, étal, criée, foire, forum, grand'place, halle, nundine, parvis, pavillon, place, place communale, place publique & réunion.

☆

mare, sfs; petite étendue d'eau crou=
pie. — Les fortes pluies forment sou=
vent des *mares* que le soleil assèche
rapidement.
Achanti binin & denkye. — *Allem.* pfütze, pfuhle &
lache. — *Amaxosa* ingxboza & gxoboza. — *Angl.* pool,
pond. — *Anglo-indou* bhil. — *Arabe* bassah & nogat. —
Asie centrale baital. — *Bosniaq.* bara. — *Breton* lagen.
— *Cafre* bityi, gxoboza, ingxboza & oubityi. — *Cam=
bodg.* nong. — *Chinois* hsi. — *Corniq.* lageu. — *Croate
& dalm.* bara. — *Danois* Pœl & Pyt. — *Esclav.* bara. —
Espagn. balsa, cienaga, laguna & marjal. — *Flam.* poel.
— *Franç.* vx marchaiz. — *Girond.* lette. — *Hausa* baki
n roua. — *Herzég.* bara. — *Hindoust.* dabar & dabra. —
Holl. poel. — *Indien Amérique N.* akuma & potzne. —

MARCHÉ.

Additions & notes.

Nouveau marché :
Allem. Neumarkt. — *Angl.* new-market. — *Birman* bha-maou. — *Chinois* sin-kaï.

Marché au blé :
Franç. vx bladerie. — *Prov.* bladaria.
Latin forum frumentarium.

Marché couvert :
Arabe fondouk.

Marché dans un désert :
Anglais market in the wilderness. — *Bornou* souk-el-karaga.

Marché d'ivoire & de bétail :
Angl. market for ivory & cattle. — *Giryama* kiko, ko & riko.

MARE.

Additions & notes.

MARE.
Latin imber collectus & marra.

Mare blanche :
Asie centrale ak-baïtal.

Petite mare :
Meuse pocha & patrouillat. - *Picard* marette.

MARÉCAGE.
Additions & notes.

MARÉE.
Additions & notes.

Latin æstus maris. - - *Prov.* fluctz.

MARÉE BASSE.
Additions & notes.

Latin æstu maris decrescente & æstu maris decedente.

Ital. fossa, palude, pantano & pozza. — *Latin* lacus. — *Manding.* dala & dla. — *Montén.* bara. — *Norm.* (à St-Lô : croulans). — *Norvég.* Pœl & Pyt. — *Picard* bache, flot. — *Polon.* kaluza. — *Port.* charco, lamaçal & pantano. — *Prov.* lona & marcx. — *Roum.* fleasca. — *Russe* louja. — *Serbe* bara. — *Sénégal.* & sever mbel. — *Siam.* nong. — *Slave* blato. — *Soudan.* togoro. — *Souahéli* kidimboui, (mazioua), (vidimboui) & zioua. — *Suéd.* pöl & puss. — *Thibét.* dam & hdam. — *Yorouba* abata & erre. *Franç.* vx croliz & croulière.

☞ flaquée & les références de « eau & étang.

☆

marécage, sms; ☞ marais.

☆

marée, sfs; mouvement périodique & régulier de la mer dont les eaux s'élèvent & s'abaissent deux fois dans un même lieu, entre deux passages consécutifs de la lune au même méridien.

Allem. Ebbe, Flut. — *Angl.* flood-tide, tide. — *Arabe* maddugazr. — *Aroma* lina. — *Bosniaq.* osjeka, plima & poplav. — *Breton* maré. — *Cafre* dobela & idobela. — *Croate & dalm.* osjeka, plima & poplav. — *Danois* Ebbe, Flod & Tidvande. — *Égypt.* madd, gazr. — *Esclav.* osjeka, plima & poplav. — *Espag.* marea. — *Flam.* eb, getij & vloed. — *Herzég.* osjeka, plima & poplav. — *Holl.* eb, getij & vloed. — *I. Salomon* totolo. — *Italien* marea. — *Japon.* ko siouo, siouo & sivo. — *Javanais* heroh, rob & sourout. — *Kiouaï* obo oriro. — *Malais* ajer djato, ajer pasang, ajer sourout, pasang naik & pasang touroun. — *Marovo* totolo. — *Meheo* founga. — *Montén.* osjeka, poplav & plima. — *Motoum.* komatogui. — *Néo-guinéen* founga, iesiva, komatogui, lina, magou & obo oriro. — *Norvég.* Ebbe, Flod & Tidvande. — *Polon.* odplyw. — *Port.* maré. — *Roum.* marii. — *Russe* atlif & prilive. — *Samoan* tai. — *Serbe* osjeka, plima & poplav. — *Souahéli* maji. — *Suéd.* ebb & flod. — *Syriaq.* madd & tchazr. — *Turc* denisin artmassy, tachkoun & tachmassy. — *Yorouba* ichau-omi. — *Zoulou* dobela & idobela.

☞ bas de l'eau, basse mer, étale, flot, flux, jusant, laisse de mer, marée, marée basse, marée descendante, marée haute, marée de quadrature, marée de syzygie, marée montante, mascaret, haute mer, mer, mer basse, mer haute, plein de l'eau, pleine mer, quadrature, reflux & reverdies.

☆

marée basse, sfs; descente des eaux de mer qui a lieu deux fois entre deux passages consécutifs de la lune au même méridien. — Les *marées basses* sont le reflux.

Allem. Ebbe. — *Angl.* low-tide. — *Bosniaq.* osjeka. — *Breton* duéré; (moy. dazré). — *Croate & dalm.* osjeka. — *Danois* Ebbe. — *Esclavon* osjeka. — *Espag.* reflujo. — *Flam.* laag getij. — *Herzég.* osjeka. — *Holl.* laag getij.

— *Italien* bassa marea. - *Javan.* sourout. — *Monténég.* osjeka. — *Norv.* Ebbe. — *Polon.* odplyw. — *Port.* refluxo. — *Roum.* reflucsul. — *Russe* atlif, oubaulain voda & soukhaia voda. — *Samoan* 'oua pe le tai. — *Serbe* osjeka. — *Souahéli* maji koujaa. — *Suéd.* ebb.

☞ les références de « marée ».

☆

marée descendante, sfs; ☞ marée basse.

☆

marée haute, sfs; mouvement régulier d'ascension du flot vers la terre. — Les fortes *marées hautes* sont appelées « reverdies ».
Allem. Flut. — *Angl.* high-water & spring-time. — *Bosniaq.* plima & poplav. — *Breton* rêverzi. — *Croate & dalm.* plima & poplav. — *Espagn.* flujo. — *Flam.* hoog getij. — *Herzég.* plima & poplav. — *Hindoust.* jarita. — *Holl.* hoog getij. — *Ital.* acque piene & flusso. — *Javan.* herob & rob. — *Monién.* plima & poplav. — *Norv.* Flod. — *Port.* fluxo. — *Roum.* flucsul. — *Russe* polnaia voda, polovodye, prilif. — *Samoan* 'oua fana'e le tai. — *Serbe* plima & poplav. — *Souahéli* maji koupoua. — *Suéd.* flod.

☞ crue & les références de « marée ».

☆

marée montante, sfs; ☞ la « marée haute ».

☆

maremme, sfs; sol terraqué au bord de la mer. — Cette expression est originaire de la Toscane.
Italien maremma.

☆

marge, sfs; ☞ bord, frontière, limites, lisière & marche.

☆

margraviat, sms; territoire frontière (Allemagne féodale) administré par un margrave ou par un marquis. — Les *margraviats* n'existent plus.
Allem. Markgrafschaft. — *Angl.* margraviate. — *Danois* Markgrevskab. — *Flam.-holl.* markgraaf. — *Italien* margraviate. — *Norv.* Markgrevskab. — *Port.* estado de margrave.

☞ état, féodalité, gouvernement, marche, marge, marquisat, province.

☆

marine, sfs; l'ensemble des services de la navigation maritime. — La *marine* marchande est administrée par les

MARÉE BASSE.
Additions & notes.
Danois Elod. — *Erse* robarti. — *Esclav.* plima & poplav. — *Latin* æstu maris crescente.

MARÉE DESCENDANTE.
Additions & notes.

MARÉE HAUTE.
Additions & notes.

Grande marée :
Breton rêverzi. — *Erse* robarti.

MARÉE MONTANTE.
Additions & notes.

MAREMME. — Additions & notes.

MARGE. — Additions & notes.

MARGRAVIAT.
Additions & notes.

MARINE.
Additions & notes.

MARINE.

Additions & notes.

Latin marina.

Chambres de commerce (en France).

Allem. Marine, Seemacht & Seewesen. — *Angl.* navy & navigation. — *Arabe* safaral-bahr. — *Bosniaq., croate & dalmate* mornarstvo. — *Danois* Flaade & Sœvæsen. — *Esclavon* mornarstvo.' — *Espagn.* marina. — *Flam.* zeemagt & zeewesen. — *Herzég.* mornarstvo. — *Holl.* zeemagt & zeewesen. — *Ital.* marineria, marina & navigazione. — *Malais* karangkapan kapal. — *Monténég.* mornarstvo. — *Norv.* Flaade & Sœvæsen. — *Polon.* narody wojownicky. — *Port.* maresia, marinha. — *Prov.* navejamen. — *Roumain* marina. — *Russe* moréplavanié. — *Serbe* mornarstvo. — *Suéd.* marin. — *Turc* bachrije.

☞ amirauté, armada, armadille, armement, chantier, corsaire, course, division, équipage, escadre, escorte, flottille, flotte, forces navales, galères, ligne, cabotage, marine de guerre, marine marchande, marine militaire, maritime, naval, navigation, parc, port, préfecture, prise, inscription maritime & colonial.

☆

MARINETTE. — Additions & notes.

marinette, sfs; c'est le nom ancien que portait la boussole dans les ports océaniques.

☆

MARITIME.

Additions & notes.

Breton, cornouail., léon., trécorr. & vannet. móraer & mordéad.

maritime, adj.; ce qui concerne la mer, ce qui la touche. — Le cabotage est la navigation d'un port à l'autre de la même côte *maritime*.

Allem. au der See ligend. — *Angl.* maritime & shipping. — *Arabe* bahr. — *Bosniaq.* more. — *Castill.* marítimo. — *Catal.* maritim. — *Chinois* hai. — *Croate, dalmate* more. — *Danois* beliggende ved Sœn. — *Égyptien* behéra. — *Esclav.* more. — *Espag.* marítimo. — *Finlandais* meri. — *Flam.* aan de zee liggende. — *Franç.* vx armorique, bahari. — *Hausa* roua n gisheri. — *Herzég.* more. — *Holl.* aan de zee liggend. — *Ital.* marittimo. — *Javan.* seganten & segara. — *Latin* maritimus. — *Malais* danau & tasik. — *Monténé.* more. — *Namaq.* hourib. — *Polon.* morze. — *Port.* maritimo. — *Prov.* maritim & maritimal. — *Roum.* marea. — *Russe* morskoi. — *Samoan* moana. — *Serbe & slovaq.* more. — *Slovène* jèzero. — *Souahéli* bahari. — *Suéd.* sjœ. — *Syriaque* bahr. — *Tchèq.* more. — *Turc* denis.

☞ les références de « eau, marine & mer ».

☆

MARNIÈRE.

Additions & notes.

marnière, sfs; carrière de marne. — Toutes les contrées contiennent des *marnières*.

Allem. Mergelgrube. — *Angl.* marlpit. — *Bosniaque, croate & dalmate* lapor jama. — *Danois* Mergelgrav. — *Esclav.* lapor jama. — *Espag.* cantera de marga. — *Flamand* mergelgroeve. — *Herzégov.* lapor jama. — *Holl.* mergelgroeve. — *Ital.* fosso di marga. — *Latin* lapidicina margam. — *Monten.* lapor jama. — *Norv.* Mergelgrav. — *Picard* marlière. — *Portug.* barreira de marna. — *Roman* maillière & marnière. — *Serbe* lapor jama. — *Suéd.* margelbrott.

☞ argile, calcaire, carrière, labour, marnage, marne, marneux & terre.

☆

marquisat, sms; territoire administré par un marquis. — Les *marquisats* ont disparu de la géographie politique.
Allemand Marquisat. — *Angl.* marquisate. — *Danois* Markis's Gods & Værdighet. — *Espagn.* marquesado. — *Flam.* markgraafschap. — *Franç.* vx marche. — *Holl.* markgraafschap. — *Ital.* marchesato. — *Latin* marchionatus. — *Norv.* Markis's Gods & Værdighet. — *Portug.* marqueza. — *Prov.* marcho. — *Roum.* marchisat.

☞ état, Féodalité, gouvernement, marche, marquis, province, seigneurie, souverain, terre, territoire & titre.

☆

massif, sms; un ensemble de montagnes. — Le *massif* du Pâmir est souvent appelé le « Toit du Monde ».
Allem. Gruppe. — *Angl.* grove. — *Bosniaq.* gromada. — *Chinois* chán. — *Croate & dalm.* gromada. — *Danois* Gruppe. — *Esclav.* gromada. — *Espag.* sierra. — *Flam.* klompgebergte. — *Herzég.* gromada. — *Holl.* klompgebergte. — *Ital.* gruppo. — *Mongol* ola. — *Monlén.* gromada. — *Polonais* grupa. — *Portug.* grupo. — *Russe* tchachtcha. — *Serbe* gromada. — *Suéd.* grupp.

☞ agglomérat, agglomération, agrégat, agrégation, assemblage, bloc, colline, compacte, compagnie, ensemble, jonction, liaison, masse, montagne, monticule, rapprochement, rassemblement, groupe, groupement, réunion & troupe.

☆

méditerranée, ☞ mer méditerranée.

☆

menhir, sms; un bloc de pierre très élevé. — Les *menhirs* sont des vestiges de l'époque celtique.
Menhir dans toutes les langues.

☆

mer, sfs; c'est l'ensemble des grandes masses d'eau qui couvrent les deux tiers de la surface du globe. — Les lacs & les cours d'eau ne sont pas compris dans l'évaluation de la superficie des *mers*.

MARNIÈRE.
Additions & notes.

MARQUISAT.
Additions & notes.

MASSIF.
Additions & notes.
Danois & norv. tæt Masse Træer.

MÉDITERRANÉE. — Additions, notes.

MENHIR.
Additions & notes.

MER.
Additions & notes.
Cornouaill. mour. — *Léon.*, trécorr. & vannet. môr.

MER | TERMES GÉOGRAPHIQUES | MER

MER.

Additions & notes.

Achanti apou, bosonopo & bosoropo.
Allemand Meer & See.
Andalou mar.
Anglais mere & sea.
Annamite biên.
Arabe babar, bahira, bahr, bhar, (bhoùr), boheira & louji.
Aragonais mar.
Arménien dsov.
Bantou anja, diba, louanja & madiba.
Baya li & ri.
Bosniaque more.
Breton môr; (*vx* guirdglas).
Cafre andle, louandle, oulouandle.
Cameroun diba, madiba & mounja.
Castillan mar.
Catalan mar & marina; (*vx* pelech).
Celtique môr & mori.
Chinois haï, mo, tang & yang.
Congolais (miouou) & mouou; (*franç.* asou, osou, sou).
Coréen pata.
Cornique mor.
Croate more.
Cymrique mor.
Dalmate more.
Danois Hav, Sjœ & Sœ.
Ebon laugith.
Égyptien bihàr.
Erse lough & muir.
Esclavon more.
Espagnol mar & marina.
Fakaafo moana.
Fan enyiu, nyiu, osou & sou.
Fidjien ouaitoui.
Finlandais mari & meri.
Flamand zee.
Français vieux armor, marine & mer.
Gaélique muir.
Gallois mor.
Giryama madzi-manji.
Gothique marei.
Grec pelagos, pontos & thalassa.
Hang-chek nam-chemout.
Hausa goulbi & roua n gisheri.
Hawaïen kaï.
Herzégovinien more.
Hollandais zee.
Hongrois tenger.
Ibérien ma.
Indiens du Brésil para.
Indiens californiens katome, lee oua, ouo les, piska.
Indiens Amérique N. ahathlouo, kihittououn, menni= kere, poso & ha tats.
Indo-chinois dak chemout, do chemout, nam chemout.
Italien mare, marina & pelago.
Japonais kaï, nada, nami & oumi.
Javanais seganten & segara.
Jibou ouourau.
Kabadi kavara.
Kiouaï obo oromoito.
Kiriouina bolita.
Latin lacus, mare salum & pelagus.
Lithuanien mâres.
Maiva akou.
Malais laut, lautbesar & tâsek.
Malgache ranoumasina.
Mandchou maderi.
Marquisien kaï.
Mbau ouaitoui.
Mekeo au.
Min-kia gau-gau.
Mongol nor.
Monténégrin more.
Mossi kossoboulougou
Motoumotou davara & saea.

Petite mer :
Angl. small sea. — *Arabe* bouhaira.

Mer abandonnée :
Aléout. chiniak. — *Angl.* wretched sea.

Mer basse, ☞ marée basse.

Mer d'eau douce, ☞ lac.

Mer de glace :
Allem. Eismeer. — *Suéd.* ishafvet.

Mer de sable :
Angl. sea of sand. — *Chinois* kan-haï. — *Mongol* han-haï.

Mer fermée :
Latin mare clausum.

MER TERMES GÉOGRAPHIQUES MÉRIDIEN

Namaqua hourib.
Nandi nianset.
Néo-guinéen akou, bolita, gabogabo, kavara, obo oro=
    moito, ouourau, rama & saea.
Normand mer.
Norvégien Hav, Sjœ & sœ.
Ouganda nianset.
Ouolof gej.
Persan daria, darya & deria.
Philippin dagat.
Polonais morze.
Polynésien kai, laugith, sas, tahi & tai.
Portugais mar, marinha & pelago.
Provençal mar, marina, peleagre, pelec & peleg.
Pundjab sagar.
Rotouma sas.
Roumain mare & marea.
Russe moré.
Samoan moana & sami.
Sanscrit javanambou.
Sénégalais dioua.
Serbe more.
Serer dioua.
Siamois tha le.
Slave (vx morje).
Slovaque more.
Slovène morje.
Songhaï hari, isa ber, isa haribi, isa horno, issa hon=
    no.
Souahéli bahari, (mazioua) & zioua la maji.
Soudanais franç. kossoboulougou.
Suédois haf, hafvet, sjö & sö.
Syriaque bahr & (bhoŭr).
Tagal dagat.
Tchèque more.
Turc bahr, dengis, degnys, devis, deniz & denys.
Yorouba okoun.
Yunnan gau-gau.

☞ eau, globe, marées, maritime, large, océan & terre.

MER.

Additions & notes.

✧

méridien, sms; grand cercle (imagi=
naire) qui va directement d'un pôle à
l'autre en coupant l'équateur à angle
droit. — Le nombre de *méridiens* est
indéterminé.

Allem. Meridian, mittagskreis. — *Angl.* meridian. —
Bosniaq. podnevnik. — *Catal.* meridia. — *Croate, dal=
mate* podnevnik. — *Danois* Meridian & Middagskreds.
— *Esclavon* podnevnik. — *Espagn.* meridiano. — *Flam.*
meridiaan, middagcirkel & middaglijn. — *Herzég.* pod=
nevnik. — *Holl.* meridiaan, middagcirkel & middaglijn.
— *Ital.* meridiano. — *Latin* meridianus. — *Malais* dai=
rat nésif ennahar. — *Monién.* podnevnik. — *Norvégien*
Meridian & Middagskreds. — *Polon.* potudnik. — *Port.*
meridiano. — *Prov.* meridia. — *Roum.* meridianul. —
Russe paloudennyi. — *Serbe* podnevnik. — *Suéd.* meri=
dian & meridiem.

☞ amphiscien, analème, antécien,
antichtone, antipode, antiscien, ascien,
austral, boréal, boussole, cardinal, cli=
mat, compas, degré, équateur, globe,
hauteur, horizon, hétéroscien, latitude,
ligne, longitude, Mercator, méridienne,
monde, nadir, orientation, parallèles,
périœscien, périscien, polaire, pôle,

MÉRIDIEN.

Additions & notes.

MÉRIDIEN. — Additions & notes.

sphère, subtropical & zénith.

☆

MÉRIDIONAL.
Additions & notes.

méridional, adj.; du midi. — Les dialectes *méridionaux* n'ont pas la rudesse des langues septentrionales.

Allem. südlich. — *Angl.* meridional & southerly. — *Arabe* ganoubi, ghebli. — *Baya* soui. — *Bosniaq.* juzni. — *Castill.* & *catal.* meridional. — *Chinois* nan. — *Coréen* nam. — *Croate* & *dalm.* juzni. — *Danois* sydlig. — *Esclav.* juzni. — *Espag.* meridional. — *Finland.* etelæinen. — *Flam.* zuidelijk. — *Hausa* goussoum & kodou. — *Herzégov.* juzni. — *Holl.* zuidelijk. — *Ital.* meridionale. — *Japon.* sannan. — *Latin* meridionalis. — *Monténégr.* juzni. — *Norv.* sydlig. — *Polon.* poludniowy. — *Port.* & *prov.* meridional. — *Roum.* miazu-zi, sudul. — *Russe* ioujnyi. — *Samoan* saute. — *Serbe* juzni. — *Slovène* juzen. — *Souahéli* kousini & souheli. — *Suéd.* söder & södra. — *Tchéq.* jizni. — *Turc* jenjoub & tchenoubi.

☞ antarctique, auster, austral, autan, midi, méridien & sud.

☆

MER INTÉRIEURE.
Additions & notes.

mer intérieure, sfs; ☞ méditerranée.

☆

MESURE.
Additions & notes.

Breton, cornouail., léon., trécorr., vannet. gór, kemm & ment.

mesure, sfs; l'évaluation des dimensions d'un objet ou d'un acte quelconque. C'est aussi le terme générique des objets qui servent à mesurer.

Allem. Mass & Massstab. — *Angl.* measure. — *Arabe* ghias, kadd, kadr, kail, kjàs & uazn. — *Bosniaq.* mjera. *Breton* gonvor & muzul. — *Catal.* mesura. — *Celtique* bria. — *Chinois* liang. — *Croate* & *dalm.* mjera. — *Danois* Maal. — *Égypt.* kijàs. — *Esclav.* mjera. — *Espagn.* medida & mesura. — *Erse* mess. — *Finland.* mitta. — *Flam.* maat. — *Grec* métron. — *Hausa* auna. — *Herzég.* mjera. — *Holl.* maat. — *Island.* kauna. — *Ital.* misura. — *Latin* mensura. — *Malais* soukat & soukatan. — *Monténégr.* mjera. — *Picard* cauette. — *Polon.* mieruy. — *Port.* dimensão, medida. — *Prov.* mensura, mesura, mezura. — *Roum.* (mesuri). — *Russe* mera & mérilo. — *Serbe* mjera. — *Slovène* mera. — *Souahéli* cheo, kadri, kiasi & kipimo. — *Suéd.* matt. — *Syriaq.* kadd, kadr & kjàs. — *Tchéq.* mira. — *Turc* eultchu.

☞ agrimensation, arpentage, apomécométrie, aréage, asymétrie, aunage, brassiage, cadastre, calibre, capacité, commensurabilité, compas, contenance, cubage, degré, dimension, distance, dosage, échelle, épaisseur, étalon, étendue, géodésie, grandeur, grosseur, hauteur, jauge, jaugeage, largeur, longimétrie, longueur, mécomètre, mécométrie, membrure, mensurabilité, mensuration, mesurage, métrage, métrique, métrographie, métrologie, métronome, micromètre, module, moison, périmètre, pied, pithomètre, poids, pouce-évent, précision, profondeur, proportion, prorata, quantité, ration, règle, stature, surface, surmesure, système métrique, tâche, toise, toisé, unités, valeur, veltage, verge, verle, volume & mètre.

☆

mesures agraires, sfpl; les mesures pour évaluer les superficies : champs, terres, &a. — L'are est l'unité des *mesures agraires* pour les États qui ont adopté le système métrique français.

L'are vaut 100 m□; — l'hectare vaut 100 ares ou 10,000 m□; — le centiare est la 100ᵉ partie de l'are & représente 1 m□.

☆

mesures de longueur, sfpl; mesures pour évaluer les distances. — Le mètre est l'unité des *mesures de longueur* pour les États qui ont adopté le système métrique français (☞ mesure & mètre).

Angl. measure of lenght. — *Chinois* fotoi & li. — *Ital.* misure di longhezza. — *Malais* boutour & houkouran. — *Turc* fotoi.

☞ centimètre, décamètre, decimètre, étendue, hectomètre, kilomètre, kilométrique, latitude, long, longitude, longueur, mesure, métrage, mètre, métré, millaire, mille, millimètre & myriamètre.

☆

mesures légales, sfpl; ce sont les mesures dont l'usage est imposé par le gouvernement, à l'exclusion de toutes autres.

☆

métairie, sfs; petite ferme donnée à bail moyennant un loyer payable en fruits. — Le tenancier d'une *métairie* est un métayer.

Allem. Gehöft, Meierei, Meierhof, Vorwerk. — *Angl.* small farm. — *Anglo-sax.* bord & croft. — *Berbère* agib. — *Bosniaque* majur & salus. — *Catal.* casal; (*vx* borda). — *Celtique* car, kaer & ker. — *Croate* & *dalm.* majur & salus. — *Danois* liden Gnard & Meieri. — *Esclav.* majur

MESURE.
Additions & notes.

MESURES AGRAIRES.
Additions & notes.

MESURES DE LONGUEUR.
Additions & notes.

MESURES LÉGALES.
Additions & notes.

MÉTAIRIE.
Additions & notes.

MÉTAIRIE.
Additions & notes.

Petite métairie :
Latin prædiolum & villula. — *Prov.* cazalet.

Métairie principale :
Prov. capcasal.

& salas. — *Espag.* alqueria, cortijo & granja; (*vx* casal). — *Flamand* boerderijj, hoef & landhoeve. — *Franç. vx* borde, bordel, borie, bourriage, chazal, cortil & kasel. — *Herzég.* majur & salas. — *Holl.* boerderij, hoef, landhoeve. — *Ital.* casale, masseria mezzadria & podere affittato. — *Kabyle* ajib. — *Latin* borda, bordis, colonia, prædium & villa; (*bas* boria & fazio). — *Maroc.* agib. — *Monten.* majur & salas. — *Norv.* liden Gaard & Meieri. — *Polon.* dzierzawa. -- *Port.* quinta arrendada; (*vx* casal). — *Prov.* afars, bastida, borda, borde, bordil, boria, casal, casau, cortil, fazio & mas. — *Roman* affar, alcarreria, borderie, boerie, gagnage, gaingnage, mas, meix, moitresse & tenement. — *Russe* folverok & pamestié. — *Serbe* majur & salas. — *Slovène* pristava. — *Suéd.* landtgard. — *Tchèq.* dvur & dvora. *Turc* tchiftlik.

☞ accense, admodiation, affermage, arendation, bordage, borde, borderie, cense, closerie, colonage, partiaire, fermage, ferme, garnafe, grangeage, location, louage, loyer, maison rustique, moison, plantation, ténement & tenure.

☆

MÈTRE.
Additions & notes.

(*) Les États qui ont adopté le système métrique français sont : la France & ses colonies; — l'Allemagne; — l'Argentine; - l'Autriche-Hongrie; — la Belgique; — la Bolivie; — le Brésil; — la Colombie; - Costa-Rica; — le Danemark; — l'Espagne; — la Finlande; — la Grèce; — la Hollande; — la république de Honduras, l'Italie, le Luxembourg, le Mexique, Monaco, le Monténégro, le Nicaragua, la Norvège, le Paraguay, le Pérou, le Portugal, la Roumanie, la Russie, Saint-Domingue, le Salvador, la Serbie, la Suè 'e, la Suisse, la Turquie, l'Uruguay & le Vénézuéla.

mètre, sms; unité de mesure & base du système métrique.

Le mètre est la longueur, à la température de 0, du prototype international, en platine iridié, qui a été sanctionné par la Conférence générale des Poids & Mesures tenue à Paris en 1889, & qui est déposé au Pavillon de Breteuil, à Sèvres, en France.

La copie nº 8 de ce prototype international, déposée aux Archives Nationales, à Paris, est l'étalon légal pour la France & pour les États qui ont adopté officiellement le système métrique (*).

La longueur du *mètre* est, très approximativement, la 40,000,000ᵉ partie du méridien terrestre.

Allem. Meter. — *Angl.* metre. — *Arabe* metr & mitr. — *Bosniaq., croate* & *dalm.* metar. — *Danois* Meter. — *Egyptien* metr. — *Esclavon* metar. - *Espag.* metro. — *Flam.* meter. — *Grec* metron. — *Herzégov.* metar. — *Holl.* meter. — *Ital.* metro. — *Malais* ello & meter. — *Monténég.* metar. — *Norv.* Meter. — *Portug.* metro. — *Roum.* metru. — *Russe* metre. — *Serbe* metar. — *Slovène* & *suéd.* meter. — *Syriaq.* mitr. — *Tchèq.* metr. — *Turc* métro.

☞ are, borne, centiare, centimètre, décamètre, degré, distance, étendue, hectare, hectomètre, heure, kilomètre, latitude, lieue, longitude, altitude, longueur, mesure, métrage, métré, métrique, millaire, mille, millimètre, minute, monnaie, myriamètre, nœud, poids, seconde, stère, système métrique & tierce.

mètre carré, sms; ☞ mesures agraires.

☆

métropole, sfs; la cité la plus importante d'un état après la capitale. — La Haye est la capitale de la Hollande & Amsterdam en est la *métropole*.
Allem. Mutterstaat. — *Amaxosa* botoué & ibotoué. — *Angl*. metropolis. — *Arabe* 'âsimi. — *Bosniaque* materinski drzava. — *Cafre* botoué & ibotoué. — *Croate* & *dalm*. materinski drzava. — *Danois* Moderstat. — *Egyptien* 'âsime. — *Esclavon* materinski drzava. — *Espagn*. metrópoli. — *Flam*. hoofdstad. — *Grec* mêtêr. — *Herzégov*. materinski drzava. — *Holl*. hoofdstad. — *Ital*. metropoli. — *Latin* mater urbium & metropolis. — *Malais* ibou negri. — *Montén*. materinski drzava. — *Norv*. Moderstad. — *Polon*. samok & stolica. — *Port*. metropole. — *Roum*. mitropolia. — *Russe* métrapolia. — *Serbe* materinski drzava. — *Slovène* matere mesto & mati mesto. — *Suéd*. hufvudstad. — *Syriaq*. 'âsimi. — *Turc* païtak. — *Zoulou* botoué & ibotoué.

☆

midi, sms; ☞ austral & sud.

☆

milieu, sms; le point central. — La chaussée occupe le *milieu* de la rue.
Allem. Mitte & Mittel. — *Angl*. middle, midst. — *Arabe* noss, (ouasâjit), ouâsta, oust. — *Bosniaq*. sredina, srieda & sredstvo. — *Breton* kreiz; (moy. métou); (bas mitan). — *Castill*. medio. — *Catal*. medi. — *Celtiq*. krdyo & kridyo. — *Chinois* cung & tchang. — *Croate* sredina, rsedstvo & srieda. — *Cymriq*. craidd. — *Dalm*. sredina, sredstvo & srieda. — *Danois* Mellem & Midte. — *Egypt*. ouasâ-it. — *Erse* cride, croidhe & mide. — *Esclav*. sredina, sredstvo & srieda. — *Espag*. medio. — *Flam*. middel & midden. — *Franç*. vx ami, ammi, enni, mez, mi & mitte. — *Gaéliq*. cridhe. — *Gaulois* medios. — *Gothique* hairto. — *Grec* meson & mesos. — *Herzég*. sredina, srieda & sredstvo. — *Holl*. middel & midden. — *Hongrois* közép & orta. — *Ital*. mezzo. — *Japon*. naka, tchoung & tsiou. — *Javan*. jalarran, sarana & srana. — *Latin* cor, cordis, media, medio, medium, medius, pars. — *Lithuanien* szirdis. — *Mongol* toumta. — *Monténég*. sredina, sredstvo & srieda. — *Norm*. mitan. — *Norv*. mellem & midte. — *Persan* mian. — *Picard* emmi, meyu & mitan. — *Polon*. sposòb & srodek. — *Port*. meio. — *Prov*. meg, mei, meich, meig, mei loc, meitz, miech, miei, mieg, mieg luoc mieh luoc, mieig, miciz, mietz & miey. — *Roman* main, mey, mez & mitan. — *Roum*. mijloc & mijlocul. — *Russe* sereda. — *Sanscrit* madhya & upâya. — *Serbe* sredina, sredstvo & srieda. — *Slave* srieda & (vx srëda). — *Slovaque* srdce. — *Slovène* pomocek, sreda & sredstvo. — *Souahéli* kati & njia. — *Suédois* medel. — *Syriaque* (ouasâjit) & ouâsta. — *Thibét*. bou & dbous. — *Tudesq*. mittan. — *Turc* ara, jol, orta, ortassy, otra, outra, ourta & tchare.

☞ âme, axe, central, centre, cœur, concentration, focal, foyer, médiaire, médian, médiane, mésaule, mésolabe,

MÈTRE CARRÉ. Additions & notes.

MÉTROPOLE. Additions & notes.

MIDI. — Additions & notes.

MILIEU. Additions & notes.

MILIEU. — Additions & notes.

mixte, moyen, moyeu & trognon.

☆

MILLE.
Additions & notes.

Les *milles* valent :

en Allemagne	7,500	mètres
en Grande-Bretagne	1,609	»
en Autriche	7,586	»
au grand-duché de Bade	8,889	»
en Bavière	7,426	»
en Danemark	7,532	»
géographique	605	»
en Lombardie	2,534	»
marin	1,852	»
en Norvège	11,250	»
en Prusse	7,532	»
romain	1,472	»
en Suède	10,688	»

mille, sms; nom géographique de certaines distances. — Les marins ne comptent que par nœuds & par *milles*.
Allem. Meilen. — *Angl.* mile. — *Arabe* (amjàl) & mil. — *Bosniaque* milja. — *Castill.* millar. — *Catal.* milla & miller. | *Chinois* li. | *Croate, dalm.* milja. | *Danois* mil. *Égypt.* (amjàl) & mil. — *Esclav.* milja. — *Espag.* milla, millar. — *Finland.* peníkulma. — *Flam.* mijl. — *Grec* chilioi. — *Herzég.* milja. — *Holl.* mijl. — *Ital.* miglio. — *Javan.* pal. — *Latin* millia, milliare & milliarum. — *Montén.* milja. — *Norv.* Mil. — *Polon.* mila. — *Portug.* milha & millar. — *Prov.* milha, milla, millar. — *Roum.* mila. *Russe* milia. — *Samoan* maila. — *Serbe* milja. — *Slovaq.* mila. — *Slovène* milja. — *Suéd.* mil. — *Syriaq.* (amjàl) & mil. — *Tchèq.* mile. — *Turc* mil.

☞ distance, étendue, kilomètre, longueur, nœud, mesurage, mesure, mètre, système métrique.

☆

MINARET.
Additions & notes.

minaret, sms; tourelle construite à côté d'une mosquée. — C'est du haut du *minaret* que l'heure de la prière est annoncée aux Mahométans.
Allem. Moscheethurm. — *Angl.* minaret. — *Arabe* mauarat, madjne, madnat, màdni, (meàdin) & soumaa. *Croate, bosniaq. & dalm.* munara. — *Danois* Minaret. — *Égypt.* mâdne. — *Esclav.* munara. — *Espagn.* minarete. — *Flam.* torentje op de moskeën. — *Herzég.* munara. — *Holl.* torentje op de moskeën. — *Italien* minaretto. — *Montén.* munara. — *Norvég.* minaret. — *Serbe* munara. — *Songhaï* soro. — *Syriaq.* màdni & (meàdin). — *Turc* minare.

☞ beffroi, campanile, clocher, coupole, dôme, donjon, tourelle, tournelle.

☆

MINE.
Additions & notes.

mine, sfs; un endroit du sous-sol qui contient des minerais, des métaux, de la houille, &a.
Abbadi bahat. — *Allem.* Bergwerk, Grube & Mine. — *Angl.* mine. — *Arabe* mâden & moadan. — *Bantou* eououmba & ououmba. — *Bosniaq.* jama & ruda. — *Breton* mengleûz. — *Catal.* mina; (*vx* miner). — *Chinois* tchaug. — *Cornique* huel. — *Croate* jama & ruda. — *Cymrique* mwyn-glawdd. — *Dalm.* jama & ruda. — *Danois* Grube & Mine. — *Égypt.* goura. — *Esclav.* jama & ruda. — *Espagnol* mina & minejo (*vx* minera). — *Etbaï* bahat. — *Flam.* bergstofgroeve, bergwerk, groef & mijn. — *Herzégov.* jama & ruda. — *Holl.* bergstofgroeve, bergwerk, groef & mijn. — *Hongr.* banya. — *Ital.* mina & miniera. — *Latin* fodina, metallum & minera. — *Malais* kilian & tambang. — *Machona* foura. — *Montén.* jama & ruda. — *Norvég.* Grube & Mine. — *Persan* chak. — *Polon.* dol, kopalnia & mina. — *Portug.* caretas, mina & mineira. — *Prov.* dezapit, mena, mener, menera, menier, meniera & mina. — *Roum.* baiea & mina. — *Russe* rouda & roudokopnia. — *Samoan* loua & outa. — *Sanscrit* akar, khan. — *Serbe* jama & ruda. — *Siam.* baw. — *Slave* rudnik. —

MINE.

Additions & notes.

Slovaque & slovène jama & ruda. — *Souahéli* madini. — *Suéd.* grufva. - *Syriaq.* tchoûra. — *Turc* madan & maden & tchoukour. — *Vannet.* menglé.

☞ airure, arrugie, banc, bure, carrière, cristallière, égougeoire, faille, feuillère, filon, galerie, gisement, longuesse, houillère, minerai, minière, placer, puits, rognon, soufrière, taille, tranchée, tréfonds & veine.

☆

MINUTE.

Additions & notes.

minute, sms; c'est la 60ᵉ partie d'un degré ou de l'heure. — La *minute* (¹) vaut 1 mille marin.

Allem. & angl. Minute. — *Arabe* mofarrag & tafrigh. — *Armén.* ouajrgian. — *Bosniaq.* cas. — *Chinois* boéi. — *Croate & dalm.* cas. - *Danois* Minut & Œieblik. — *Égypt.* dakâ=ik. — *Esclavon* cas. — *Espagn.* minuto. — *Flam.* minuut. — *Herzég.* cas. — *Holl.* minuut. — *Hongrois* percz. — *Italien* minuto. — *Latin* momentum. — *Malais* minit. — *Montén.* cas. — *Norvég.* Minut & Œieblik. — *Polon.* minuta. — *Portug.* minuta & minuto. — *Roum.* minut. — *Russe* minouta. — *Serbe* cas. — *Slovaq.* mensina. — *Slovène* minuta. — *Souahéli* dakika. — *Suéd.* minût. — *Syriaq.* dakika (dakâjik). — *Tchéq.* minuta. — *Turc* dakika.

☞ degré, heure, latitude, longitude, demi, quarte, quinte, seconde, temps & tierce.

☆

MOIS.

Additions & notes.

mois, sms; 12ᵉ partie de l'année astronomique. — De tous temps, la longueur uniforme des *mois* n'a pu être obtenue.

Allem. Monat. — *Angl.* month. — *Arabe* cahr. — *Assyrien* arhou. — *Bosniaq.* mjesec. — *Breton* miz; (moy. mis. — *Catal.* mes. — *Celtique* mens & mius. — *Chinois* youet. — *Cornique* mis. — *Cornouailles* miz. — *Croate* mjesec. — *Cymrique* mis. — *Dalmate* mjesec. - *Danois* Manned. — *Égypt.* char. — *Erse* mi. — *Esclav.* mjesec. — *Espag.* mes. — *Finland.* kuukausi. — *Flam.* maand. — *Hausa* ouota, ouotta & (ouotlana). — *Herrero* omoueze & (omieze). — *Herzégov.* mjesec. — *Holl.* maand. — *Hongr.* ho & honap. — *Ital.* mesata & mese. — *Javan.* ououlan & sasi. — *Latin* mensis. — *Léonais* miz. — *Malais* boulan. — *Monténég.* mjesec — *Namaq.* Ilkhab. — *Norv.* Maaned. — *Odjt* & *oshind.* omouezi & (oomouezi). — *Polon.* miesiac. — *Port.* mes, mez, mezada. — *Prov.* mes. — *Roum.* luna & (lunile). — *Russe* messiats. *Samoan* masina. — *Sanscrit* mâsa. — *Serbe* mjesec. — *Slovaq.* mesiac. — *Slovène* mesec. — *Souahéli* mouezi & (miezi). — *Suédois* mauad. — *Syriaque* char, chour & (ichour). — *Tchéq.* mesic. — *Trécorr.* miz. — *Turc* ai. — *Vannet.* miz.

☞ an, année, anomalistique, août, avril, bimensuel, brumaire, calendes, calendrier, décembre, embolisme, fabaries, fervidor, février, floréal, frimaire, fructidor, germinal, janvier, lunaire, lunaison, lune, mai, mars, mensuel, mépologe, messidor, nivôse, novembre,

MOIS.
Additions & notes.

pluviôse, semestre, semestriel, septem=
bre, septimestre, thermidor, vendé=
miaire & ventôse.

☆

MOLE.
Additions & notes.

môle, sms; ouvrage avancé dans la
mer, à l'entrée d'un port. — La fonc-
tion des *môles* est celle des brise-lames.

Allem. Hafendamn & Wehrdamn. — *Anglais* mole &
pier. — *Arabe* dakkat, gesr & rasjf. — *Bosniaq.* gat.
— *Breton & cornouail.* bann, kalédan-gik & saô-mein.
— *Croate, dalm.* gat. — *Danois* Havnedæmning. — *Esclav.*
gat. — *Espagn.* muelle. — *Flam.* moelje & havenhoofd.
— *Grec* glossa. — *Herzég.* gat. — *Holl.* moelje. — *Ital.*
molo. — *Latin* moles. — *Léonais* bann, kalédan-gik &
saô-mein. — *Malais* jembatan. — *Montén.* gat. — *Norv.*
Havnedæmning. — *Philipp.* pantalan. — *Port.* mola &
molhe. — *Russe* mola. — *Serbe* gat. — *Suéd.* hamnarm.
— *Tagal* pantalan. — *Trécorr. & vannet.* bann, kalédan-
gik & saô-mein.

☆

MOLLE MER. — Additions & notes.

molle mer, sfs; ☞ étale.

☆

MONARCHIE.
Additions & notes.

monarchie, sfs; gouvernement d'un
État par un maître. — Le danger d'une
monarchie absolue peut être atténué
par les limites d'une Constitution.

Allem. Alleinherrschaft, Monarchie. — *Angl.* monar=
chy. — *Bosniaq.* monarhija. — *Breton* rouantélez. —
Catal. monarquia. — *Cornouail.* rouantélez. — *Croate &
dalm.* monarhija. — *Danois* monarki. — *Esclav.* monar=
hija. — *Espag.* monarquia. — *Flam.* alleenheersching,
eenhoofdige regering. — *Herzég.* monarhija. — *Holland.*
alleenheersching & eenhoofdige regering. — *Ital.* mo=
narchia. — *Latin* monarchia. — *Léonais* rouantélez. —
Montén. monarhija. — *Norv.* Monarki. — *Polon.* mo=
narchia & samowladztwo. — *Portug.* monarchia, monar=
quia. — *Prov. & roum.* monarchia. — *Russe* monarkhia.
— *Serbe* monarhija. — *Slovéne* samovlada. — *Suéd.* mo=
narki. — *Trécor.* rouantélez. — *Vannet.* roantélec'h.

☞ absolutisme, anarchie, aristocra=
tie, autocratie, bailliage, Bas-empire,
baronnie, califat, coétat, caporalisme,
colonie, comté, constitution, cosmocra=
tie, czarisme, démocratie, despotisme,
consulat, dictature, duché. église, élec=
torat, empire, esclavage, état indépen=
dant, état libre, féodalité, gouverne=
ment, grand-duché, loyalisme, marche,
marquisat, nation, cléricalisme, parle=
mentarisme, opportunisme, parti, pa=
trie, ploutocratie, politique, polysyno=
die, pouvoir, principauté, régence, ré=
gime, république, royaume, royauté,
saint siège, papauté, seigneurie, souve=
raineté, stratocratie, sultanat, trium-

virat, tétrarchie, tyrannie, vice-royauté, hanse & ville libre === assiettes au beurre.

☆

monde, sms; ☞ Globe terrestre, Terre & Univres.

☆

mont, (sms) & montagne (sfs), très grande masse de terre ou de roche fort élevée. — Les élévations de moins de 300 mètres d'altitude sont des collines; celles plus élevées sont des *montagnes*.

Abyssin goum.
Achanti be, bepo & koko.
Afghan gar, ghour & koh.
Afrique orientale doenyo, donyo, eldonyo, impiri, lima, mlima & piri.
Alaska boulshaia.
Albonais maya.
Allemand Berg, Gebirge; (*vx* berc).
Andalou montana.
Anglais mount, mountain; (*vx* down).
Anglo-saxon beord, beorgh, berg & law.
Annamite nui, pho, pnom & so'n.
Arabe (djebal), djébel, gabal, heid, jebel, (jibal), nifenser & tor.
Aragonais montana.
Archipel Bismarck rabouana & ralouana.
Arménien chan, ler, lerr, liarn, llearn & sar.
Aroma golo.
Assyrien pile.
Ataiyal regyahou.
Auvergnat puy.
Aztèque teptl & teptel.
Bambara koulou & kourou.
Bantou ako, amagamba, amapiri, amba, ango, chitoumbi, donda, ekoundze, enkoulou, foumvou, ga, gamba, ichipiri, igamba, impiri, kaga, kiamba, klima, kidonda, kifoumvou, koulou, koundze, lima, litoumbi, loukoulou, loupiri, mlina, mougo, monougo, mouago, mouako, mouango, mouongo, mkoulou, ntando, ongo, onougo, piri, roupiri, taba, tando & ima.
Bassouto thaba.
Baya n'gato.
Basque audhia, handia, mendia & orri.
Béarnais ber & penno.
Bénoué duebi.
Berbère adrar, lilbaden, ouadrar, oudgha, oujar, ourir.
Birman dhang, dolok, dong, taong-ji & taung.
Betchouana thaba.
Bornou ouvra.
Bosniaque brdo, brieg & gora.
Botol ouoro.
Breton ménez; (*vx* monid).
Bulgare gora.
Cambodgien phrom, pnom, son & vnam.
Cameroun moukourri & tako.
Castillan montana.
Catalan montanya; (*vx* mont & munt).
Caucasien dagh & tagh.
Célèbes bountou.
Celtique dun, menez, mon, meniyo & mynydd.
Ceylanais kouta.
Chignan jir.
Chinois alin, beu, boma, chan, hada, iama, kouang,

MONARCHIE.

Additions & notes.

MONDE.

Additions & notes.

MONT.

(suite)

loe, loi, mitang, pau, potsaug, sau, sopa, tao, tau & tim.
Chong-kia-tsé lilang.
Cingalais gala & kanda-hela.
Congolais mongo & ongo; (*franç.* ga & kaga).
Coréen ak, chan, moul & san.
Cornique menedh.
Croate brdo, brieg & gora.
Cymrique mynydd.
Dalmate brdo, brieg & gora.
Danois Bjærg, Bjerg, Fjæld, Fjeld & Jökel.
Ebon tol.
Égypte djébel & (djibel).
Erse monadh, more, sliabh, slieve & slievh.
Esclavon brdo, brieg & gora.
Espagnol cerro, montana, monte & sierra.
Esperanto mont.
Fidjien oulounivanoua.
Finlandais ahtatalki, voorat & vuori.
Flamand berg, (gebergten).
Formose gado, gadou, ivavao, ouoro, pourongo, re gyahou, rivos, rounan, toukos & vinayo.
Foula hossere & toulde.
Français vieux hogue, mons, mont & (vaux).
Gaélique ben, cenn, hill, ken, monadh, mont & slieve.
Galla taba & toulou.
Gallois mynydd.
Gaulois menios.
Géorgien mta.
Giryama mourima & rima.
Grec bounon, hagios, orcos, (oré), oros & vouno.
Hai-nan ao, lea, tea-gna & toi-lea.
Haïtien (haïti).
Harem nkant.
Hausa touddou & tsauni.
Haut-Nil kibogo, moha & omoua.
Hawaien kouahini, marma, mauna & maouna.
Herrero ondoundou & (ozondoundou).
Herzégovinien brdo, brieg & gora.
Hindoustani giri, pahâr & par.
Hollandais berg & (gebergten).
Hongrois bércz, (etchek), hégy, hegység, mal & marton.
Hou-ni hote, mitang & potsang.
Iaibo boivi.
Ibérien ber, penne, penno & pile.
Ibo ougou.
Ibôko ugómba.
Ile de Amis toukos.
Iles Salomon toa.
Ile Tobago ouoro.
Indiens Amérique N. da no, babe, ohi, ououd & ououjou.
Indiens Californie chou lou, he oui & hol la ma.
Indiens Pino tou ouak.
Indo-chinois eung, koug, nkant & phou.
Indou dhar, ghiri & koh.
Islandais fjæll & fjall.

MONT.
Additions & notes.

Grande montagne :
Chinois ta-chan. — Malgache ivohibe.

Montagne à sommet arrondi :
Angl. mountain with a round summit. — Cymrique dodd. — *cf.* croupe, mamelon, montagne.

Montagne avec glacier :
Dano-norv. Jôkel.

Montagne boisée :
Allem. Harz. — Angl. wooded mountain. — Turc balkan. — Koréen selga.

Montagne conique :
Allem. kofel & kogel.

Montagne de glace :
Allem. Eisberg. — Angl. iceberg & icemountain. — Russe ledyanaya gora. — Scandinave floetberg & iceberg. — Suédois isberg. — Turc mouztagh.

Montagne de sable :
Arabe ghourd.

Montagne haute :
Angl. big mountain & highland. — Bantou iloundi & loundi. — Celtiq. & gaulois alp. — Persan mir kalan.

Montagne embrumée :
Angl. mist mountain. — Aztèq. popokatepetl. — Masai kenia & kenya.

Montagne escarpée :
Cafre oumquenquelezi & quenquelezi. — Norm. butée. — Meuse buté. — Picard butée. — Zoulou oumquenquelezi & quenquelezi.

Italien montagna & monte.
Ja-louo got.
Japonais chau, jama, mine, nobori, sau, yama & zan.
Javanais gounoung, hardi, redi.
Jibali lilbuden.
Jibou doro.
Kabyle aurir.
Kamba ima & kiima.
Kereponnou golo & olo.
Kikouyou kirima.
Kionai podo.
Kirghis dagh, tau, tioubé & touba.
Kiriouina koia.
Kossova oumoutienyi & tienyi.
Kouei chau kou pau.
Kourde cha, chia, ser & tcha.
Kouvaraoun ivavao.
Lac Tchad ale.
Laotien doi, khao & pou.
Latin eminere, mons, montem, montes, montis, monts, podium.
Léonais menez.
Loango chikoulou, moncugo, monongo, ongo, oncugo.
Lolo sopa.
Luxembourgeois berech.
Maiva oeo.
Malais batou, gounon, gounong & gounoung.
Malgache bohi, vohitra & vouhitra.
Malinque koulou & kourou.
Mandara ouvra.
Mandchou aline.
Mandingue bere, kongo, konke & koukili.
Mangbattou nekopi.
Manx slieu.
Marocain deren.
Marquisien marma.
Mbau oulounivanoua.
Mekeo ikou.
Miao-tsé kou pau.
Min hia church kouie.
Mongol achola, dag, dagh, gola, ola, oul, oula, tag & tau.
Monténégrin brdo, brieg & gora.
Motoumotou laepa & orooro.
Mzaki ourir.
Namaqua lhômi & luib.
Nandi touloueñyo & touloueт.
Néo-géorgien toa.
Néo-guinéen aapou, doro, golo, ikou, (kabadi), koia, laepa, oeo, olo, orooro, oudououron & podo.
Norvégien Bjerg, Fjæld, Fjeld & Jôkel.
Nubien jebel & ouraba.
Odji ondoundou.
Oshindonga ondoundou.
Ouganda chikoulou, got, kirima, oumoutienyi, tienyi, touloueñyo & touloueт.
Paï kouang, laï, loe & loi.
Pazzehe vinayo.
Pei-po ivavao & vinayo.
Persan dagh, koh, kouh, maz & mir.
Philippin bondog & bondok.
Polonais gora, goraaz & gory.
Polynésien mauna, solo & tol.
Portugais montanha, monte, serra & serrania.
Poula boma.
Pouyouma rouman.
Provençal mon, mont, montaga, montanha, montayna & mun.
Roman (mons), puech & pui.
Rotouma solo.
Roumain dealu, munte & (muntii).
Russe gara, gora, góry & vora.
Saharien adrar, djébel & emi.
Samoan atoumauga & mauga.
Samoïède khoï, our, paé & paï.

Sanscrit giri, giriouar, kedar & prabit.
Sénégalais kediat & pimb.
Serbe brdo, brieg & gora
Sever pimb.
Siamois doi, dooui, khâo, phou, pou & tong.
Slave brdo, gora & planina.
Slovaque vrch.
Slovène gora & vrh.
Sokotra fedehan.
Sokoto duchi.
Somali bour.
Songhaï tondi ber.
Soninque dounde.
Souahéli kilima, lima, (malima), mlima & rima.
Soudanais fa, fana, nbia & of; *(franç.* mbia, tanga & tangouani).
Suédois berg, fiell, fjæll, fjall & fjeld.
Syriaque (djibâl), djébel & toura.
Tagal bondog & bondok.
Taï fo, lai & pou.
Taïta foumvou & kifoumvou.
Tamoul malai.
Tartare tagh.
Tchèque hora, kopec, vrch, vrchol & vrh.
Thibétain ri.
Thos pho.
Turc dag, dagh, dong, tach, tag, tagh, tau & taou.
Turkmène tépé.
Volapük bel & belem.
Vonoum rivos.
Yayo tim.
Yorouba oke.
Yunnan lilaug, loe, loi & nui.

☞ accident de terrain, acropole, aiguille, ballon, barre, bosse, butte, calvaire, chaîne de collines, chaîne de dunes, chaîne de montagnes, col, colline, cône, côte, crête, croupe, descente, dune, élévation, éminence, faîte, glacier, hauteur, mamelon, mondrain, mont, montagne, montagnette, montée, monticule, morne, motte, nœud, obélisque, ondulation, pagnote, penchant, pente, pic, piton, plateau, rameau, ramification, pli de terrain, rampe, roidillon, talus, taupinière, tertre, tumulus, versant, alpage, amphithéâtre, ascension, escarpement, rocailles & surélévation.

☆

montagnette, sfs; ☞ colline & monticule.

☆

montain, adj.; qui vit sur les montagnes. — ☞ montagnard & monticole.

☆

montée, sfs; un chemin qui s'élève. La *montée* qui nous conduisit à la citadelle fut lente & pénible.
Allem. Abhang & Steigung. — *Angl.* ascent & stairs. — *Arabe* akaba, akabet & akba. — *Bosniaq.* obrouak &

MONT.

Additions & notes.

Setchouana thaba. — *Tonga* touços. — *Trécorrois* & *vannet.* ménez.

Montagne couverte de neige :
Allem. Schneekopf & Schneeberg. — *Angl.* snowy mountain. — *Espag.* sierra nevada. — *Népaul* baujoung & langour. — *Tartare* mous-tagh. — *Thibét.* gangri. — *Turc* mous-tagh.

Montagne nue :
Angl. bare of mountain. — *Kirghiz* yellang.

Montagne rocheuse :
Allem. Felsengebirge. — *Angl.* rocky mountain, rugged mountain. — *Espag.* penon & sierra. — *Mongol* dag. — *Sahara* (tibesti). — *Thibét.* brag & tag. — *Turc* dag.

Montagne tronquée :
Angl. striped mountain. — *Masaï* donyo geri.

Montagne vierge :
Allem. Urgebirge.

Montagne verte :
Ibérien ber.

MONTAGNETTE. — Additions & notes.

MONTAIN. — Additions & notes.

MONTÉE.

Additions & notes.

MONTÉE. — Additions & notes.

strmen. — *Breton* kréac'h, saô & torgen; (*moy.* saff). — *Cornouaille* kréac'h, saô & torgen. — *Croate & dalmate* obronak & strmen. — *Danois* Opstigning & Vej opad. — *Esclav.* obronak & stremen. — *Espag.* cuesta & subida. — *Flam.* opgang. — *Franc-comt.* grimpette. — *Haute-Saône* grap. — *Herzég.* obronak & strmen. — *Holl.* op= gang. — *Italien* ascendimento, erta, montata, salita. — *Latin* ascensus. — *Léon.* kréac'h, saô & torgen. — *Monténégr.* obronak & strmen. — *Namaqua* lluob. — *Norv.* Opstigning & Vej opad. — *Picard* grimpette. — *Portug.* ascenso, subida. — *Prov.* montada. — *Russe* vasskhote. — *Samoan* ifo'ai. — *Serbe* obronak, strmen. — *Slovène* brdo. — *Suéd.* sluttning & stigning. — *Trécorr.* kréac'h, saô & torgen. — *Turc* jokouch. — *Vannet.* kréac'h, saô, torgen.

☞ les références de « mont ».

☆

MONTICOLE. — Additions & notes.

monticole, adj.; qui vit sur les mon= tagnes. — ☞ montagnard & montain.
Latin monticola.

☆

MONTICULE. — Additions & notes.

Monticule de pierres :
Angl. mound of stones. — *Kirghiz* tou.

Monticule de sable :
Angl. sandy hillock, sandy knoll & knoll of sand. — *Arabe* haishat & zebara.

Monticule pointu :
Angl. breast & pointed hillock. — *Somali* nas.

monticule, sms; une petite monta= gne.
Achánti pampa & pempe. — *Allem.* kleiner Hügel & Holper. — *Angl.* hillock, rising ground, knoll & mound. — *Anglo-améric.* morne. — *Anglo-saxon* law. — *Arabe* akamat, gabal saghir, gemaa, hammar, koudia, koudiat, & tall. — *Bantou* gougo & kigongo. — *Béarn.* bosse. — *Bosniaq.* mali brezuljak & mali hum. — *Bressan* poype. — *Cafre* gqouma, intatyana, isigqouma, sigqouma & ta= tyana. — *Catal.* artiga. — *Chinbon* soung. — *Croate & dalm.* mali brezuljak & mali hum. — *Danois* Hœi & lidet Bjerg. — *Esclav.* mali brezuljak & mali hum. — *Espag.* artigua; (*vx* levada). — *Flam.* bergje, kopje & heuvel. — *Franç. vx* angarde, tertre & tertrie. — *Gaéliq.* cnoc. — *Hausa* touddou. — *Herzégov.* mali brezuljak & mali hum. — *Hindoust.* damka. — *Holl.* bergje, heuvel, kop= je, krocht & kroft. — *Hongrois* domb & kis-marton. — *Ibérien* bosse. — *Island.* bali, haug & hóll. — *Ital.* le= vata, monticellino & rialto. — *Kabyle* tighilt. — *Latin* collis & monticulum; (bas artiga). — *Malais* boukit. — *Manding.* tindi, tindila, tinti, tound & toundo. — *Monténégrin* mali brezuljak & mali hum. — *Mossi* tindila. — *Namag.* !uòmis & !nouh. — *Nancéen* gripot. — *Norvég.* Hœi & lidet Bjerg. — *Nyam-nyam* gongo & kigongo. — *Ouolof* tindi, tindila, tinti, tound & toundo. — *Persan* pouchta. — *Picard* turet. — *Polon.* pagorek & Wzgorek. — *Port.* levada & monticulo. — *Prov.* agarda, angarda, artigua, engarda & levada.
Pundjab thal & tilla. — *Roum.* délu. — *Russe* gorka. — *Sahar.* merkeb. — *Samoan* maupou'epou'e. — *Serbe* mali brezuljak & mali hum. — *Sénégal.* & *sever* pimb aucu. — *Slovène* holm & hrib. — *Somali* ghoumbour & goumbour. — *Souahéli* kilima & (vilima). — *Soudan. fr.* tindila. — *Soukouma* gongo & kigongo. — *Suéd.* miudre kulle. — *Tchéq.* pahorek. — *Turc* euyouk & kendik. — *Verdun.* gripet. — *Yorouba* ebe. — *Zoulou* gqouma, isigqouma & sigqouma.

☞ les références de « mont ».

☆

MOSQUÉE. — Additions & notes.

mosquée, sfs; l'église des adeptes de la religion de Mohammed. — La *mos= quée* où l'on prie est complétée par le minaret d'où l'on invite à la prière.

MOSQUÉE.

Additions & notes.

Adamaoua jourdide. — *Allem.* moschee. — *Angl.* mosque. — *Arabe* djama, djéma, gamee, jam, jami, jamia, masjid, mesged, mesghed & mesjid. — *Bosniaq., croate & dalm.* dzamija & mecet. — *Danois* moske. — *Egyptien* gâmi' & (gaouâmi'). — *Esclav.* dzamija & mecet. — *Espagn.* mezquita. — *Flam.* moskee. — *Franç. vx* mahomonie, meschite & musquette. — *Guinée fr.* missidi. — *Hassania* jama. — *Herzégov.* dzamija & mecet. — *Holl.* moskee. — *Ital.* moschea. — *Latin* fanum & mahometanorum templum. — *Malais* mesdjid. — *Montén.* dzamija & mecet. — *Norv.* Moske. — *Ouolof* jouma. — *Palestine* jamia. — *Polon.* meczet. — *Port.* mesquita. — *Provenç.* baffumaria & bafomairia. — *Roman* mahomerie & musquette. — *Russe* metchet, tserkov & zerkhof. — *Serbe* dzamija & mecet. — *Sénégal. & sever* jouma. — *Songhaï* jingere-ber. — *Souahéli* mesjid, meskiti & moskiti. — *Suéd.* moske. — *Syriaque* djâmi' & (djaouâmi'). — *Turc* djâmi & jami. — *Vieux franç.* glazon.

☞ abbaye, aide, annexe, baptistère, basilique, bazoche, bazoge, bazoque, cathédrale, chapelle, chapellenie, collégiale, cure, diaconie, dominique, lieu saint, Koran, Mahomet, mahométan, maison de Dieu, métropole, minaret, Mohammed, moutier, oratoire, paroisse, prieuré, sanctuaire, succursale, synagogue & temple.

☆

MOTTE DE TERRE.

Additions & notes.

motte de terre, sfs; très petite levée de terre. — Des terres en tas, des carrés de gazon sont des *mottes*.

Allem. Erdscholle. — *Angl.* clod, small hillock, lump of earth. — *Arabe* akamat, gabal saghir & tall. — *Bosniaq.* grumen. — *Breton* keûneûd-douar, krugel, mouden, taouarc'hen; (*moyen* moten); (*vx* tuorchennou). — *Cafre* gqounyana, isigqounyana & sigqounyana. — *Cornouaill.* keûneûd-douar, mouden, krugel & taouarc'hen. — *Croate* grumen. — *Cymrique* tywarchen. — *Dalmate* grumen. — *Danois* Jordklump. — *Esclav.* grumen. — *Espag.* mogote & terron. — *Flam.* klomp aarde & kluit aarde. — *Gaélique* lod & lodan. — *Herzég.* grumen. — *Holl.* klomp aarde & kluit aarde. — *Italien* colle, gleba, monticello & zolla. — *Latin* gleba; (*bas* blesta). — *Léon.* keûneûd-dour, krugel, mouden & taouarc'hen. — *Monténégr.* grumen. — *Norm.* bleste, gazon & motte. — *Norvég.* Jordklump. — *Picard* gazon, motte, roke & rokette. — *Polon.* kepa bruzde. — *Port.* eminencia, outeiro, terrão. — *Russe* glyba & vliiba zemlia. — *Serbe* grumen. — *Trécorrois & vannet.* keûneûd-douar, krugel, mouden & taouarc'hen. — *zoulou* gqounyana, isigqounyana & sigqounyana.

☞ les références de « mont ».

☆

MOUILLAGE.

Additions & notes.

mouillage, sms; endroit où un bâtiment peut jeter l'ancre. — Le *mouillage* est la résidence momentanée d'un navire; son domicile est au port d'attache.

Allem. ankergrund & ankerplatz. — *Angl.* anchorage. — *Arabe* marsa, mers, mersa & rusumel-marsa. — *Danois* Ankerplads. — *Espag.* anklage, ancoraje. — *Flam. holl.* ankergrond. — *Ital.* ancoraggio. — *Javan.* labouh.

MOUILLAGE.
Additions & notes.

— *Latin* appulsus. — *Malais* labouan & labouhan. — *Mentaouei* pousaouat. — *Norv.* Ankerplads. — *Portug.* ancoradouro. — *Russe* pristan & yakornoe myesto. — *Siam.* thi-thort-samor. — *Sumatra* pousaouat.

☞ les références de « port ».

☆

MOULIN.
Additions & notes.

moulin, sms; bâtiment où l'on broie certaines matières : les céréales, des plantes industrielles, des métaux, des pierres. — Les *moulins* sont mis en mouvement par le vent, l'eau, la vapeur, l'électricité, l'homme & les animaux.

Petit moulin :
Prov. molina. — *Roman* molinet.

Moulin flottant :
Allem. Schiffmühle. — *Angl.* floating mill.

Allem. Mühle. — *Andalou* molino. — *Angl.* mill. — *Arabe* masara, (taouahin), tahoune, thahouu. — *Aragon.* molino. — *Béarn.* mylen. — *Bosniaque* mlin. — *Breton* milin. — *Castill.* molino. — *Catal.* moli. — *Celtiq.* meulin & mélin. — *Champen.* molin. — *Cornouaill.* milin. — *Croate* & *dalm.* mlin. — *Danois* Mølle. — *Égyptien* tahoune. — *Erse* mullen. — *Esclav.* mlin. — *Espag.* molino. — *Finland.* mylly. — *Flam.* molen. — *Franç.* ex moliner. — *Franç-comt.* molin. — *Gallois* mélin & meulin. — *Gers* moline. — *Grec* mulos. — *Herzég.* mlin. — *Holl.* molen. — *Hongr.* malom. — *Ibér.* mylen. — *Ital.* molino & mulino. — *Kabyle* tazirt. — *Latin* moletrina, molinum & pistrinum; (bas molina). — *Léon.* milin. — *Malais* kelang, penggilingan. — *Monten.* mlin. — *Norvég.* Mølle. — *Picard* clipan, mélin, moulin & molin. — *Polon.* mlyn. — *Port.* moinho. — *Prov.* moli & molin. — *Roman* molin, molinel & mollin. — *Russe* melnitsa. *Samoan* 'olo & fale 'olo. — *Serbe* mlin. — *Slave* mlin, mlinek & mlyn. — *Slovaque* mlyn. — *Slovène* mlin. — *Souahéli* kinou & (vinou). — *Suéd.* kvarn. — *Syriaq.* tahoune. — *Tchèq.* mlyn. — *Thibét.* raug-tag. — *Trécorr.* milin. — *Turc* déirmen, degirmen, dejirmen, dermen & tougourmen. — *Vannet.* mélin. — *Wallon* molin.

☞ abée, banal, bocard, crécelle, détritoir, écoute-s'il-pleut, huilerie, maillerie, meule, meunerie, minoterie, moulinet, panémore, pistrine, tordoir, torgeoir, torgerie, tournoir & usine.

☆

MOULIN A EAU.
Additions & notes.

moulin à eau, sms; moulin mû par un courant d'eau amené sur une roue. — On dit aussi « *moulin* hydraulique.

Allem. Wassermühle. — *Angl.* water-mill. — *Bosniaque, croate* & *dalm.* vodenica. — *Danois* Vandmølle. — *Esclav.* vodenica. — *Espag.* acena & molino de aguar. — *Finland.* vesimylly. — *Flam.* watermolen. — *Herzég.* vodenica. — *Holl.* stoommolen & watermolen. — *Italien* mulino a acqua. — *Latin* moletrina cujus molæ aquæ vi versantur. — *Monten.* vodenica. — *Norv.* Vandmølle. *Port.* azenha. — *Serbe* vodenica. — *Suéd.* vattenkvarn.

☞ les références de « moulin ».

☆

MOULIN A VENT.
Additions & notes.

moulin à vent, sms; moulin mû par le vent qui agit sur les grandes ailes extérieures du pivot. — Les *moulins à vent* disparaissent devant les moulins à vapeur & les minoteries électriques.

Allem. Windmühle. — *Angl.* wind-mill. — *Bosniaq., croate & dalm.* vjetrenjaca. — *Danois* Veirmølle. — *Esclavon* vjetrenjaca. — *Espag.* molino de viento. — *Finland.* tuulimylly. — *Flam.* windmolen. — *Grec* anemomulos. — *Herzég.* vjetrenjaca. — *Holl.* windmolen. — *Ital.* mulino a vento. — *Latin* moletrina cujus molæ velis & vento versantur. — *Montén.* vjetrenjaca. — *Norvég.* Veirmølle. — *Persan* asya-bad. — *Russe* vyetrennaia melnitsa. — *Serbe* vjetrenjaca. — *Suéd.* væderkvarn. — *Turc* iel déjrmeni.

☞ les références de « moulin ».

☆

mur (sms) & muraille (sfs); clôture en maçonnerie. — La construction des *murs & murailles* est soumise à des règlements communaux.

Allem. Mauer & Wand. — *Angl.* wall. — *Arabe* daier, djedar, haït, hauc & sur. — *Azande* dere. — *Béarnais* quai. — *Bosniaq.* zid. — *Breton* moager, môger & mûr; (*vx* macoer). — *Catal.* muralla & pared; (*vieux* mur). — *Chinois* tching & ts'iâng. — *Cornouaill.* môger & mûr. — *Croate* zid. — *Cymriq.* magwyr. — *Dalm.* zid. — *Danois* Mur. — *Égypt.* het. — *Esclav.* zid. — *Espag.* muro, muralla & pared. — *Finland.* muuri. — *Flam.* muur, vest, wal. *Franç. vx* barri, blocage, murail, (muriaux), palis, paries, pastis. — *Grec* pelagos & tikhion. — *Herrero* ekouma & (omakouma). — *Herzég.* zid. — *Holland.* muur, vest & wal. — *Ibér.* quai. — *Indiens Amériq. N.* wankonos. — *Ital.* muraglia, muro & parete. — *Ja-louo* palu. — *Latin* moenia, munimenta, murus, paries & parietis. — *Léon.* môger & mûr. — *Lou-ouanga* oulikooua. — *Malais* tembok. — *Montén.* zid. — *Mossi* lalaga. — *Nandi* keringet. — *Norv.* Mur. — *Odji, oshind.* isouini. — *Ouganda* keringet, oulikooua & pala. — *Polon.* mur. — *Port.* muralha & muro. — *Prov.* mur, mura, muralh & muralha. — *Roman* murtel. — *Roum.* paretele, zid & zidul. — *Russe* sténa. — *Samoan* pa. — *Serbe, slave, slovaque & slorène* zid. — *Souahéli* (kouta) & oukoula. — *Soudan. fr.* lalaga. — *Suéd.* mur. — *Syriaq.* hait (hitân). *Tchèq.* stena. — *Thibét.* pagra. — *Trécorr.* môger, mûr. *Turc* douomar & tam. — *Vannet.* môger & mûr. — *Yorouba* ogiri.

☞ allége, appui, avant-mur, ceinture, cloison, clôture, contre-fort, contre-mur, créneau, échiffre, enceinte, épaulement, espalier, fort, fortification, galandage, galandise, muraille, parapet, paroi, pignon, redan, rempart, ruine, soubassement, soutènement & tablette.

☆

muraille, sfs; ☞ mur.

☆

MOULIN A VENT.
    Additions & notes.

MUR, MURAILLE.
    Additions & notes.

Grande muraille :
Angl. great wall. — *Indiens Amérique N.* ouangoung.

Mur de boue formant enclos :
Anglais mud wall. — *Bambara* dan-dan & gouin. — *Hassania* chbar. — *Malinq.* dan-dan & gouin.

Mur de fortification :
Angl. defensive wall & wall of fortification. — *Achânti* akoban. — *Malais* kota. — *Mongol* balgarsoun. *Philippin* & *tagal* kotta.

Mur d'enceinte :
Angl. wall of an enclosure. — *Arabe* jedar & jedir. — *Danois-norv.* indhegnende Mur. — *Roman* canchel.

Mur de roche :
Angl. rock-walled. — *Mexicain* barranca.

Mur de ville :
Allem. Mauer einer Stadt & Stadtmauer. — *Angl.* citywall, town wall & walled town. — *Chinois* tcheug. — *Espag.* muro de una ciudad. — *Ital.* mura della città. — *Port.* muro d'uma cidade. — *Roum.* (zidul orasului). *Turc* sipil.

Mur en terre :
Picard muret.

MURAILLE. — Additions & notes.

Muraille penchée :
Angl. overhanging wall. — *Celtiq.* balm.

N

NAPPE D'EAU.   Additions & notes.

nappe d'eau, sfs; étendue d'eau. — La *nappe d'eau* est un lac en réduction. — La *nappe d'eau* désigne aussi l'eau au moment où elle franchit la cascade.

<small>*Allem.* Wasserflæche & Wasserlache. — *Angl.* field of water & sheet of water. — *Danois* rolig Vandflade. — *Espag.* loma de agua. — *Finland.* pinta & veden kalvo. — *Flam.* waterplas. — *Franç.* vx aigue & aix. — *Gaélique* avoch. — *Haute-Marne* acqs, nge, ageville & ax. — *Holl.* waterplas. — *Isérois* les âges. — *Ital.* specchio d'acqua. — *Latin* aquæ mappa. — *Norv.* rolig Vandflade. — *Port.* cascata. — *Roman* barquiau.</small>

☞ les références d' « eau ».

☆

NATION.   Additions & notes.

nation, sfs; l'ensemble des individus vivant sous les institutions d'un même gouvernement. — L'Angleterre &, la France sont depuis longtemps à la tête des *nations* civilisées.

<small>*Allem.* Nation & Volk. — *Angl.* nation. — *Arabe* ommat & tha-ifat. — *Bosniaq.* narod. — *Breton* bróad, tud & pobl. — *Cafre* isizoue, izoua, outlanga, tlanga, zoua & zoue. — *Catal.* nacio. — *Chinois* kouo, kouok, pek-sing. *Cornouaill.* bróad, pobl & tud. — *Croate* & *dalm.* narod. — *Danois* Folkefærd & nation. — *Egyptien* oumme. — *Espagn.* nacion. — *Finland.* tæysi. — *Flam.* natie. — *Herrero* otyiouana. — *Herség.* narod. — *Holl.* natie. — *Grec* ethnos. — *Ital.* nazione. — *Javan.* bungsa. — *Latin* natio. — *Léon.* bróad, pobl & tud. — *Malais* kaum & bangsa. — *Montén.* narod. — *Mossi* boudou. — *Namaq.* llois. — *Norvég.* Folkefærd & Nation. — *Odji* & *oshind.* oshiguoana. — *Polon.* narod. — *Port.* nação. — *Prov.* nacio, nassio & natio. — *Roumain* (natiunile). — *Russe* narode. — *Samoan* nou'ou. — *Serbe, slovaque & slovène* narod. — *Songhat* doumi. — *Soudan. franç.* boudo. — *Souahéli* (mataifa), taifa. — *Suéd.* folk. — *Syriaq.* cha'b, (chou'oûb), (oumam) & oummi. — *Tchèq.* narod. — *Trécorr.* bróad, pobl & tud. — *Turc* halk, millet & oulous. — *Vannet.* bróad, pobl & tud. — *Yorouba* illou.</small>

☞ les références de « peuple ».

☆

NATURE.   Additions & notes.

nature, sfs; l'ensemble des choses créées. — La *nature* ne fait pas de

monstres; les hommes en font beau=
coup.

Allem. Natur. — *Anglais* nature. — *Arabe* tabi'a. — *Arménien* pnouthioun. — *Bosniaque* narav & priroda. — *Breton* ganadur, natur & pennabek. — *Castill. & catalan* natura. — *Chinois* sing. — *Cornouaill.* ganadur, natur, pennabek. — *Croate & dalm.* narav & priroda. — *Danois* Natur. — *Égypt.* tabi'a. — *Esclav.* narav & priroda. — *Espagnol* natura & naturaleza. — *Finland.* luonto. — *Flam.* natuur. — *Franç.* vx naturie & neture. — *Grec* phusis & physis. — *Herzégov.* narav & prirodu. — *Holl.* natuur. — *Ital.* natura. — *Latin* natura. — *Léon.* gana= dur, natur & pennabek. — *Montén.* narav & priroda. — *Polon.* natura. — *Port.* natura & natureza. — *Prov.* na= tura. — *Roum. & russe* natura. — *Sanscr.* svabhâva. — *Serbe* narav & priroda. — *Slovène* narava & priroda. — *Souahéli* asili & tabia. — *Suéd.* natur. — *Syriaque* tabi'a. *Tchèq.* priroda. — *Trécorr.* ganadur, natur & pennabek. — *Turc* tabi'a. — *Vannet.* ganadur, natur & pennabek.

☞ brut, constitution, création, hu=
manité, innéité, instinct, matière, mon=
de, natif, naturel, Pan, panthéisme,
physiologie, physique, règne animal,
règne minéral, règne végétal, vérité.

NATURE.

Additions & notes.

☆

navigation, sfs; ☞ marine.

NAVIGATION. — Additions & notes.

☆

nécropole, sfs; ☞ cimetière.

NÉCROPOLE. — Additions & notes.

☆

neige, sfs; eau congelée qui tombe
du ciel. — La *neige* avait étendu sur la
contrée son éblouissant manteau d'her=
mine.

Allem. Schee. — *Angl.* snow. — *Arabe* talg & talgh. — *Bosniaque* snieg. — *Breton* erc'h. — *Catal.* neu. — *Chinois* siouet. — *Corniq.* irch & ircher. — *Cornouaill.* erc'h. — *Croate* snieg. — *Cymriq.* eira. — *Dalm.* snieg. — *Danois* Sne. — *Égyptien* telg & (toulouġ). — *Esclavon* snieg. — *Espag.* nevada & nieve. — *Finland.* loumi. — *Flam.* sneeuw. — *Franç.* vx nedge, nief, noif nois & noise. — *Grec* chiôn. — *Herzég.* snieg. — *Holl.* sneeuw. — *Hongr.* ho. — *Island.* snjo. — *Italien* neve. — *Japon.* youki. — *Latin* nivis & nix. — *Malais* zaldjou. — *Min= kia* chiou-ia. — *Mongol* sassoun. — *Montén.* snieg. — *Norv.* sne. — *Polon.* snieg. — *Port.* neve. — *Prov.* neu, niex & nieu. — *Pundjab* kakkar. — *Roum.* neaua & za= pada. — *Russe* sneg. — *Serbe* snieg. — *Slovaque* snah. *Slovène* sneg. — *Suéd.* snö. — *Syriaq.* taldch, (tloudch). — *Tangout* khan & kiu. — *Tchèq.* snehu & snih. — *Thi= bét.* an, ka, kaba & kaoua. — *Trécorrois* erc'h. — *Turc* kar. — *Vannet.* erc'h. — *Yunnan* chiou-ia.

☞ avalanche, flocon, frimas, gibou=
lée, givre, glacier, grêle, grêlon, gré=
sil, guilée, lavange, mouches d'hiver,
nivéal, nivéen & nivôse.

NEIGE.

Additions & notes.

Erse ladg. — *Léon.* erc'h.

☆

neuf, adj.; qui est nouveau, qui est

NEUF. — Additions & notes.

NEUF.

Additions & notes.

Vannetais naó, névez & névez gréat.
Yunnan chi.

☞ dernier, fraîcheur, inabordé, inconnu, inédit, innovation, intact, inusité, jeune, moderne, mue, naissant, néo-, néographie, néologie, néophobie, néophyte, néotérique, nouveau, nouveauté, nouvel, nouvelle, novale, novation, novice, noviciat, original, primeur, récent, recrue, renaissance, rénovation, verdeur, vierge & virginal.

☆

tout récent. La radiographie est une invention *nouvelle*.

Abyssin addis.
Allemand neu.
Anglais new.
Arabe djédid, gadjd, jadid & jedid.
Arménien nor.
Assyrien edesou.
Bambara koutale.
Basque berri & il.
Birman bha.
Bosniaque nov.
Breton naó, névez, névez gréat; (nouuid).
Cambodgien tau.
Catalan nou & novell.
Celtique nowio.
Chinois siu.
Cornouaillais naó, névez, névez gréat.
Croate nov.
Cymrique newydd.
Dalmate nov & novi.
Danois ny & uefareu.
Égyptien djedid, (djoudad) & djoudoud.
Erse nué.
Esclavon nov.
Espagnol novel & nuevo.
Finlandais uusi.
Flamand nieuw.
Français vieux noef, novel, novels, nuef & nuff.
Gaulois novio.
Géorgien akhal.
Gothique niujis.
Grec néo & néos.
Herrero -pe.
Herzégovinien nov.
Hollandais nieuw.
Hongrois új.
Indou nou.
Italien novello & nuovo.
Javanais hannar & hënggal.
Kouei-chau chi.
Latin novellus, novem, novius, novus, novum.
Léonais naó, névez & névez gréat.
Lithuanien uáujas.
Malais baharou & bhârou.
Miao-tsé chi.
Min-kia chi.
Monténégrin nov.
Namaqua lasa.
Norvégien ny & uefaren.
Odji -pe.
Oshindonga -pe.
Persan nau, nav, nev & tazé.
Picard neu & nouviau.
Polonais nowy.
Portugais novel & novo.
Provençal noel, nou, novelh, novell & nueu.
Roman frique, nouviau, nouvieu, noyel.
Roumain nou & noul.
Rouméliote éni.
Russe noviy, novo & novol.
Samoan fou.
Sanscrit nava & navya.
Serbe nov.
Siamois mai.
Slave væ novu.
Slovaque nov.
Slovène nov.
Souahéli pya.
Suédois ny.
Syriaque (djedad) & djédid.
Tchèque nové, novi & novy.
Thibétain sar.
Trécorrois naó, névez & névez gréat.
Turc chehr, iéni, iénidjé, jeni, yaugi, yani & yeni.

névé, sfs; amas de neige sur un glacier.

Allem. Firne. — *Angl.* coarse. — *Island.* jokull & (jö=klar). — *Latin* livis & nix. — *en Suisse* Firn. — *Espag.* ventisquero.

☞ eau, glace, glacier & neige.

NÉVÉ. — Additions & notes.

☆

nez, sms; terme employé pour cap, promontoire. — Les *nez* sont, dans ce sens, tombés en désuétude.

Allem. Nase. — *Anglais* naze, nose, noze & troon. — *Arabe* enf, khechem & menkar. — *Baya* djo & dzo. — *Bosniaq.* nos. — *Breton* dremm & fri. — *Chinois* pi. — *Cornouaillais* dremm & fri. — *Croate* nos. — *Cymrique* trwyn. | *Dalm.* nos. | *Danois* næse. — *Égypt.* (manâchir) & minchâr. — *Esclav.* nos. — *Espag.* nariz. — *Finland.* neuæ. — *Flam.* neus & voorsteven. — *Gaélique* noss & sron. — *Gothique* nasa. — *Grec* rhin, rin & rinos. — *Hausa* hanchi & (hautsochi). — *Herrero* eyourou, (oma=yourou). — *Herzég.* nos. — *Holl.* neus & voorsteven. — *Island.* nes. — *Italien* naso. — *Latin* nasi & nasus. — *Léon.* dremm & fri. — *Malais* houdjoung hidoung & hi=doung. — *Monten.* nos. — *Norv.* næs. — *Picard* nasieu; (en Artois : nake). — *Portug.* nariz. — *Roum.* nasul. — *Russe* noss. — *Samoan* isou, pogaisou. — *Sanscr.* nasa. — *Serbe, slave, slovaq., slovène* nos. — *Souahéli* poua & (mapoua). — *Suéd.* uæsa. — *Syriaq.* (manâchir) & min=châr. — *Trécorr.* dremm & fri. — *Turc* bournou, bou=roun. — *Vannet.* dremm & fri.

☞ cap, pointe & promontoire.

NEZ.

Additions & notes.

Anglo-saxon næs. — *Béarn., ibérien* nas. — *Kirghiz* mouroun. — *Polon.* nos — *Scandinave* næs.

☆

noir, adj.; de couleur très obscure. — Le *noir* rappelle les ténèbres de la nuit.

Abyssin choura.
Afghan siah.
Afrique orientale narok, zang & zanj.
Allemand schwarz.
Anglais black.
Anglo-saxon sweart.
Annamite den.
Arabe akhal, asouad, asoud, bhari, esoucd, kémi.
Baya boua.
Bosniaque crn.
Bourguignon macher.
Breton dû; (moyen duff).
Bulgare tzerno.
Catalan negre.
Celtique doubo, du & luko.
Chinois ana, (daus), hatou, hé, hei, hek.
Chin Htills aman.
Chong-kia-tsé ouan.
Cornique dhu, die, do, du, dubh, duw.
Cornouaillais dû.
Croate crn.
Cymrique du & dub.
Dalmate crn.
Danois sort.
Égyptien isouid (fém. sôdo).
Erse dhu, die, do, du, dub, dubh & loch.
Esclavon crn.
Espagnol negro.
Finlandais musta.
Flamand zwart.
Foula balleouo.
Gaélique die, dhu, do, du & dubh.
Gaulois dubis.

NOIR.

Additions & notes.

NOIR.

Additions & notes.

Grec mauro, mavri, mavro, melaina, mélas & perenos.
Hausa baki.
Herrero -zorondou.
Herzégovinien crn.
Hindoustani kala.
Hollandais zwart.
Hongrois fekete.
Indou kali.
Italien atro, negro, nero & nigro.
Japonais kouro & kouroi.
Javanais cemeng & hireng.
Kaffa choura.
Lac Tchad selim.
Laotion dam.
Latin ater, atra, niger, nigra & nigrum.
Léonais dû.
Malais etam, hitam & itam.
Mandchou sakhalin.
Mandingue fing.
Masai narok.
Mongol hara, kara & khara.
Monténégrin crn.
Norvégien sort.
Odji lououze.
Oshindonga lououze.
Persan siah, siya & siyah.
Picard morien.
Polonais czarny & kary.
Portugais negro & preto.
Provençal negre, ner & nier.
Roman brus.
Roumain negru.
Russe cherni, tcherniy & tchornyi.
Samoan ouliouli.
Serbe crn, tsr'no & tcherno.
Siamois dam.
Slave crni, czerna, czerny & tzerni.
Slovaque cierny.
Slovène crn.
Souahéli eusi.
Somali mado, madoba & madou.
Suédois svart.
Syriaque asouad & (soûd).
Tchèque cerny.
Trécorrois dû.
Turc kara & karaja.
Vannetais dû.
Yambo chol.
Yunnan ouan.

☞ bitume, deuil, foncé, fumé, hâle, jais, méladermie, nègre, nigrescence, noirâtre, noirceur, noircissure, nuit, obscurité, ombre, opacité, sable, sombre, suie, ténèbres & ténébreux.

☆

NOISERAIE.

Additions & notes.

noiseraie, sfs; plantation de noise=tiers. — Les *noiseraies* s'acclimatent dans les zones tempérées.

Angl. hazel grove. — *Danois* Hasselbusk Plantning. — *Espag.* plantacion de avellanos. — *Flam.* hazelaarsbosch. — *Gallois* collwyn & gelli. — *Holl.* hazelaarsbosch. — *Ital.* luogo piantato di noci. — *Norv.* Hasselbusk Plantning. — *Port.* planta de aveleiras.

☞ arbre, noisetier, noisette, pépinière & plantation.

☆

NORD. — Additions & notes.

nord, sms; le point du ciel marqué

par l'étoile polaire. — L'aiguille ai=
mantée est constamment tournée vers
le *nord*.

Allemand Nord & Norden.
Anglais north.
Arabe çamal, chemal, chimal & djaouf.
Bosniaque sjever.
Breton hanter-nôz, nord & stéren.
Cameroun pongo.
Canara gi.
Catalan septentrio.
Chinois pe, pé, pek, péï, pek & pih.
Coréen hoang, peuk, ponk & pouk.
Cornouaillais hanter-nôz, nord & stéren.
Croate sjever.
Dalmate sjever.
Danois Nœrdre, Nord & Norre.
Darfour bahar.
Ébon eung.
Égyptien chemal.
Esclavon sjever.
Espagnol norte.
Fidjien likou & voua.
Finlandais pohia, pohja.
Flamand noord.
Grec boreas, borras, vorras & vorrhâs.
Hausa aréoua & ariaoua.
Hawaïen akau.
Herzégovinien sjever.
Hindoustani gi & outtar.
Hollandais noord.
Hongrois ejszak.
Indou davala.
Italien nord, norde, norte & tramontana.
Japonais hokou, kita & kitta.
Javanais ler.
Kouei-chau pen.
Lac Chiroua opararini.
Lac Tchad berkemi.
Latin septentrio.
Léonais hanter-nôz, nord & stéren.
Lomoué opararini.
Malais outara.
Malgache ovaratra.
♈ CB.
Mbau voua likou.
Mekeo malaila.
Min-kia pen.
Monténégrin sjever.
Nandi murot.
Néo-guinéen malaila.
Norvégien Nœrdre, Nord & Norre.
Ouganda murot.
Polonais polnok.
Polynésie tokelau.
Portugais norte.
Provençal septentrio & setemptrio.
Roumain nordul.
Russe norde & sévère.
Samoan itou-i-tong & matou.
Sanscrit outtar.
Serbe sjever.
Siamois noua & thifnoua.
Slovène sever.
Songhaï diamau & jiji.
Soudanais égyptien safel.
Souahéli kaskazini & kiboula.
Suédois nor, norden & norr.
Syriaque chemal.
Tahitien apatoa.
Tamoul badaka, kouperan, vadaka & vadakkou.
Tchèque sever.
Thibétain byang & chang.
Tonga tokelau.

NORD.

Additions & notes.

Trécorrois hanter-nôz, nord & stéren.
Turc chimal & yildiz.
Vannetais hanter-nôz, nord & stéren.
Yorouba ottoto.

☆

☞ arctique, boréal, glace, glacial, hyperboréen, polaire, pôle Nord, sep=
tentrion & septentrional.

NORD-EST.

Additions & notes.

nord-est, sms; la direction de vent entre le nord-est 1/2 nord & le nord-est 1/2 est. — Le *nord-est* est le point de l'horizon entre le Pôle Nord & le Levant.

Allem. Nordost & Nordosten. — *Angl.* north east. — *Arabe* çamal-çargh & chemal-chark. — *Bosniaq.* sjever-iztok. — *Croate, dalm.* sjever-iztok. — *Danois* Nordost. — *Égypt.* chemal-chark. — *Esclav.* sjever-iztok. — *Espagn.* nordeste. — *Flam.* noordoost. — *Grec* meses & skiron. — *Herzég.* sjever-iztok. — *Holl.* noordoost. — *Ital.* grecale. — *Malais* timor-laut. — ☾ nordai. CM. — *Montén.* sjever-iztok. — *Norv.* Nordost. — *Port.* nordeste. — *Roum.* nordul-ostul. — *Russe* sévéro-vastok. — *Serbe* sjever-iztok. — *Suéd.* nordost. — *Syriaq.* & *turc* chemal-chark.

☞ aire de vent, nord & ouest.

☆

NORD-OUEST.

Coréen hoang-haï.

Additions & notes.

nord-ouest, sms; direction de vent entre le nord-ouest 1/2 ouest & le nord-ouest 1/2 nord.

Allem. Nordwest & Nordwesten. — *Angl.* north-west. — *Bosniaque* sjever-zapad. — *Breton* gwalarn, gwalern & gwalorn. — *Croate, dalm.* sjever-zapad. — *Danois* Nord-veste. — *Esclav.* sjever-zapad. — *Espagn.* nordoeste. — *Flam.* noordwest. — *Herzég.* sjever-zapad. — *Holland.* noordwest. — *Ital.* maestrale, maestro. — *Malais* baratlaut. — ☾ noroi & GM. — *Monténégr.* sjever-zapad. — *Norv.* nordveste. — *Port.* noroeste. — *Roman* oroest. — *Roum.* nordul-vestul. — *Russe* norde-veste & severo-zapade. — *Serbe* sjever-zapad. — *Suéd.* nordvest. — *Tchéq.* severozapad. — *Turc* chimal one gharb arassy.

☞ aire de vent, boussole, nord, ouest.

☆

NOUVEAU.

Erse nocht.

Additions & notes.

nouveau, ☞ neuf.

☆

NUIT.

Additions & notes.

nuit, sfs; temps compris entre le coucher & le lever du soleil; l'obscurité. — La durée des *nuits* est très variable.

Allem. Nacht. — *Angl.* night. — *Anglo-saxon* neaht & niht. — *Arabe* lail, lailat & (ljâlî). — *Baya* dzié. — *Béarn.* noueit. — *Bosniaq.* noc. — *Bourguign.* neut. — *Breton* nôz & nôzvez. — *Catal.* nit. — *Celtique* nokti. — *Chinois* yé. — *Corniq.* nos. — *Cornouaill.* nôz & nôzvez. — *Croate* noc. — *Cymriq.* nos. — *Dalm.* noc. — *Danois* nat. — *Égypt.* lêl, lèle & (lejâ'lî). — *Esclav.* noc. — *Espag.* noche. — *Finland.* yö & yötæ. — *Flam.* nacht. — *Franç.* vx anuit, nieu & nuet. — *Fr.-comtois* neut. — *Gaëliq.* nocht. — *Gothiq.* nahts. — *Grec* nuctos, nux & nyctos. — *Hausa* dele & dere. — *Herzég.* noc. — *Herero* outoukou. — *Holl.* nacht. — *Hongr.* éj & éjfel. — *Ibérien* noueit. — *Ibôko* mokôlo. — *Ital.* notte. — *Javan.* dalou & wengi. — *Latin* noctem, noctis, nona & nox. — *Lithuan.* naktis. — *Lorrain* neut. — *Malais* malam. — *Meusien* neut & nuffe. — *Montén.* noc. — *Norv.* nat. — *Odjî* & *oshind.* ouousikou & (omouousikou). — *Picard* & *piémont.* neuit. — *Polon.* noc. — *Port.* noite. — *Prov.* noich, nolg, noit, nuech, nueg, nueh, nuh, nuoit & nuot. — *Roman* neu, ueus, nutie & nuytée. — *Roum.* noaptea. — *Russe* notche. — *Samoan* po. — *Sanscr.* nakti, nisâ & râtri. — *Serbe* noc (vx nosti). — *Slovaq.* & *slovène* noc,

| NUIT | TERMES GÉOGRAPHIQUES | OBSERVATOIRE |

— *Souahéli* ousikou. — *Suéd.* natt. — *Syriaq.* laïl, laïli & (ljâli). — *Tchèque* noc. — *Trécorr.* nôz & nôzvez. — *Turc* gedché. — *Vannet.* nôz & nôzvez.

☞ brune, chute du jour, cimmérien, cimmérique, couvre-feu, crépuscule, demi-jour, éclipse, équinoxe, lygophile, minuit, nocturne, noir, nuitée, obscurité, ombre, sombre, ténèbres, veille, veillée & voiles.

NUIT.

Additions & notes.

☆

O

oasis, sfs; endroit frais & verdoyant dans un désert. — Les caravanes font arrêt dans les *oasis* du Sahara.

Allem. Oase. — *Angl.* oasis. — *Arabe* ouâh, ouahat, zab & (ziban). — *Bosniaq.* oaza. — *Copte* ouahe. — *Dalmate* & *croate* oaza. — *Danois* oase. — *Égypt.* ouâh. — *Esclav.* oaza. — *Espagn.* oasis. — *Flam.* oase. — *Grec* oasis. — *Herzég.* oaza. — *Holl.* oase. — *Ital.* oasi. — *Monten.* oaza. — *Norv.* Oase. — *Portug.* oasis. — *Russe* oaziss. — *Sahar.* touat. — *Serbe* oaza. — *Slovène* oaza & zelenica. — *Suéd.* oas. — *Syriaq.* ouâh.

☞ désert, fertile, jardin, végétation.

OASIS.

Additions & notes.

Oasis sans eau :
Arabe daya.

☆

observatoire, sms; un établissement pour l'étude des sciences astronomiques & météorologiques. — Les *observatoires* sont établis sur des endroits élevés & isolés.

Allem. Sternwarte. — *Anglais* observatory. — *Arabe* bait-arrasd, marsad, mendhra, nador, nazor. — *Bosniaq, croate* & *dalm.* zviezdara. — *Danois* Observatorium. — *Esclav.* zviezdara. — *Espag.* observatorio. — *Flam.* observatorium & sterrewacht. — *Herzég.* zviezdara. — *Holl.* observatorium & sterrewacht. — *Ital.* osservatoria. — *Latin* turris speculatoria; (bas observatorium). — *Monténégrin* zviezdara. — *Norv.* Observatorium. — *Portug.* observatorio. — *Prov.* espil. — *Roum.* observatoriul. — *Russe* abssérvatoria. — *Serbe* zviezdara. — *Suéd.* observatorium.

☞ astronomie, cadranerie, ciel, connaissance des temps, la cosmographie,

OBSERVATOIRE.

Additions & notes.

Kabyle timeri.

OBSERVATOIRE.

Additions & notes.

cosmolabe, météorologie, orréry, ura=
nognosie, uranographie, uranométrie
& uranorama.

☆

OCCIDENT.

Roum. apusul.

Additions & notes.

occident, sms; le point cardinal qui
correspond à l'ouest. — L'*occident* est
aussi appelé « couchant ».

Achánti ane & atoe-fam. — *Allem.* Occident. — *Angl.* occident. — *Arabe* maghrabi, maghred & marrib. — *Ar= mén.* irigonn. — *Bosniaq.* zapad. — *Breton* kûs-héol. — *Castill.* occidente. — *Catal.* occident. — *Chinois* si. — *Coréen* so. — *Cornouaill.* kûs-héol. — *Croate & dalmate* zapad. — *Danois* Occidenten. — *Égypt.* marrib. — *Es= clavon* zapad. — *Espagn.* ocaso & occidente. — *Finland.* alasmeno & lænsi. — *Flam.* westen. — *Hausa* yamma. — *Hérzég.* zapad. — *Holl.* westen. — *Ital.* occaso & oc= cidente. — *Latin* occasum, occidens & occidentem. — *Malais* barat. — *Maroc.* moghreb. — *Montén.* zapad. — *Norv.* occidenten. — *Polon.* wieczor & zachod. — *Port.* occidente. — *Provenç.* occident. — *Roman* hesperie. — *Roum.* occidentul. — *Russe* zapade. — *Samoan* sisifo. — *Sanscr.* kshaya. — *Serbe* zapad. — *Slovène* zahoden. — *Souahéli* maghribi. — *Suéd.* væster. — *Syriaq.* marrid. — *Tchéq.* zapad. — *Trécorr.* kûs-héol. — *Turc* gharb & maghrib. — *Vannet.* kûs-héol.

☞ boussole, chute du jour, couchant,
crépuscule, déclin, horizon, obscurité,
ouest, point cardinal, rose des vents,
soir, soirée, soleil couchant & vesprée.

☆

OCÉAN.

Additions & notes.

océan, sms; immense étendue d'eau
salée. — Les *océans* couvrent les 2/3
de la surface du Globe.

Achánti bosonopo & bosoropo. — *Allem.* Ocean & Weltmeer. — *Angl.* Ocean. — *Arabe* bahr azolmat, oki= anos, louj & muhit. — *Armén.* oougianos. — *Bosniaque* veliko more. — *Breton* mor. — *Chinois* da iang. — *Con= gol.* mbou, (miouou) & mouou. — *Cornouaill.* mour. — *Croate & dalm.* veliko more. — *Danois* Hav & Ocean. — *Esclav.* veliko more. — *Espag.* océano. — *Fakaafo* moa= na. — *Flam.* oceaan. — *Grec* oceanos & okéanos. — *Hausa* goulbi. — *Herzég.* veliko more. — *Holl.* oceaan. — *Iles Salomon* kolo. — *Ital.* oceano. — *Javan.* sagara, seganten & segara. — *Latin* mare magnum & oceanus. — *Malais* laut, lauthesar, mouhit & tasek. — *Malgache* ra= noumasina. — *Marovo* kolo. — *Montén.* veliko more. — *Motoum.* & *néo-guinéen* saea. — *Norv.* Hav & Ocean. — *Port.* oceano. — *Pundjab* sagar. — *Roum.* oceanul. — *Russe* akéan. — *Samoan* moana sausau. — *Sanscr.* sa= gara & samoudra. — *Serbe* veliko more. — *Suéd.* ocean. — *Trécorr.* & *vannet.* mor. — *Yorouba* ijou.

☞ abîme, atlantique, eau, globe, le
large, marée, maritime, mer, Ponant,
Terre & transatlantique.

☆

OLIVAIE.

Additions & notes.

olivaie, sfs; plantation d'oliviers. —
Il faut aux *olivaies* le coup de soleil
du Midi.

Latin olivetum. — *Prov.* oliu.

☞ arbuste, olive, pépinière & plantation.

OLIVAIE.

Additions & notes.

☆

ombrière, sfs; lieu ombragé.
Prov. ombreira & ombricira.

OMBRIÈRE.

Additions & notes.

☆

onde, ☞ flot & ses références.

ONDE.

Additions & notes.

☆

ondulation de terrain, sfs; légère surélévation du sol en forme de vague. — Les *ondulations* sont faites de lignes courbes.
Allem. wellenförmige Erhebung. — Angl. undulation. Arabe (toual, touil & touilet). — Danois bœlgende Bevægelse. — Espagn. undulacion. — Flam. & holl. golveuvormige beweking. — Ital. ondulazione. — Latin undulatus. — Norv. bœlgende Bevægelse. — Port. ondulação. — Roum. unda. — Russe voluénié.
☞ les références de montagne.

ONDULATION.

Additions & notes.

Ondulation faible :
Arabe choushel. — Angl. slight undulation.

☆

orée, sfs; la lisière d'un bois, d'une forêt, d'un champ. — La maisonnette du garde, assise à l'*orée* du bois, nous abrita pendant l'orage.
Allem. Rand. — Angl. skirts. — Bosniaque, croate, dalm. & esclavon kraj & okrajak. — Espagnol orilla. — Flam. zoom. — Franç. vx orière. Herzég. kraj, okrajak. — Hindoust. van-âut. — Holl. zoom. — Latin ora. — Montén. kraj & okrajak. — Norv. oriere. — Polon. brzeg & kraj. — Prov. auriera. — Roman oraille, orée & orière. — Russe kraï. — Sanscrit van-âut. — Serbe kraj & okrajak. — Slovène rob. — Souahéli pindo.
☞ les références de limite.

ORÉE.

Additions & notes.

Port. borda d'un bosque.

☆

orient, sms; point cardinal signifiant l'est. — L'*orient* est souvent appelé « levant ».
Afrique orient. allem. oti. — Allem. Orient & Osten. Angl. east. — Arabe çargh, machrak & macregh. — Bosniaq. iztok. — Breton réter, sâv-héol, sével-héol & zaohéol. — Castill. oriente. — Catal. orient. — Celtiq. areitero. — Chinois & coréen toung. — Cornouaill. sâv-héol & sével-héol. — Croate & dalm. iztok. — Danois Orienten. — Egypt. bilâd eschark. — Esclav. iztok. — Espag. oriente; (vx orient). — Finland. ïtæ. — Flam. oosten. — Gaéliq. nirther. — Hausa gabbes. — Herzégov. iztok. — Holl. oosten. — Island. eyst. | Ital. oriente. | Javan. ouétau. — Latin oriens & orientem. — Léon. sâv-héol & sével-héol. — Makona oti. — Malais tiinour. — Mandchou dergi & toung. — Montén. iztok. — Norv. Orienten. — Polon. kraj wschodni. — Port. oriente. — Prov. orien & orient. — Roman est & ost. — Roum. oriental. — Russe vasstok. — Samoan sasae. — Serbe iztok. — Slovène vzhod. — Suédois orienten. — Syriaque blâd ischark. — Tchèque vychod. — Trécorr. sâv-héol & sével-

ORIENT.

Additions & notes.

ORIENT. Additions & notes.

héol. -- *Turc* chark. — *Vannet.* sâv-héol & sével-héol.

☞ aurore, Échelles du Levant, est, levant & les références d'est.

☆

ORMAIE. Additions & notes.

ormaie, sfs; plantation d'ormes. — L'*ormaie* s'appelle aussi « ormoie ».
Allem Ulmenwældchen. — *Espag.* olmeda. — *Flam.* olmbosch. — *Franç. vx* ormaye, ormoye & oulmière. -- *Holl.* olmbosch. — *Ital.* olmeto. — *Latin* ulmarium. -- *Port.* olmedal & olmedo. — *Prov.* olmada.

☞ arbre, orme, ormeau, ormille, pépinière & plantation.

☆

ORMILLE. Additions & notes.

ormille, sfs; pépinière d'ormeaux.
☞ les références d'ormaie.

☆

OSERAIE. Additions & notes.
Allem. Weidenwældchen.

oseraie, sfs; endroit où croissent les osiers. — Les *oseraies* ne se trouvent que sur les sols humides, marécageux.
Allem. Weidengebüsch. -- *Espagnol* mimbreral. — *Flam.* rijsbosch, teenbosch. -- *Franç. vx* oseraye, oseroye & vismière. - *Holl.* rijsbosch & teenbosch. -- *Ital.* vincaia & vincheto. — *Latin* locus viminibus consitus; (bas ausaria). — *Picard* vergne. — *Portug.* vimeiro. — *Prov.* vimener. — *Russe* ivniak. — *Suéd.* videbuske. --

☞ arbre, osier, pépinière, plantation, jonc, jonchaie, saulaie, saule, saussaie, vime.

☆

OUEST. Additions & notes.

ouest, sms; point cardinal placé à la gauche de la personne tournée vers le nord. — La France est bornée à l'*ouest* par l'Océan Atlantique.
Abbadi dhahr. — *Achanti* aue. — *Allem.* West, Westen. *Angl.* west. — *Arabe* gharb, magrab, maghreb, marrib, mogreb & rarb. *Armén.* irigoun. — *Aroma* bagirioun. — *Bosniaq.* zapad. — *Breton* avel-izel, kornaouek, kûs-héol. — *Camer.* mbenge. — *Canara* kabli. — *Catal.* cers. — *Chinois* se & si. — *Coréen* se & so. — *Cornouaill.* avel-izel & kûs-héol. — *Croate* & *dalm.* zapad. — *Danois* Vest. — *Deccan* ouprata. — *Ébon* kabeloung. — *Égyptien* marrib & rarb. - — *Esclavon* zapad. — *Espag.* oeste. — *Etbaï* dhahr. -- *Fidjien* ra. — *Finland.* alasmeno & lænsi. — *Flam.* westen. — *Gaëliq.* iar & ier. — *Giryama* matsouerero, moutsouerero, outsouerero & tsouerero. — *Grec* dysis. — *Hausa* yamma. — *Hawaïen* komohana. — *Herzég.* zapad. -- *Hindoust.* kabli, pachcham. *Holl.* westen. — *Hongrois* nyugat. — *Ibôko* elódji. - *Ital.* ovest. — *Japon.* nishi, nisi & saï. — *Kerepoun.* avourigo. — *Kouei-chau* louh, ngthai. — *Latin* entis, occidens. — *Léon.* avel-izel, kûs-héol. — *Loango* mbo & moumbo. — *Maiva* tivotaina. — *Malais* bârat. — *Malgache* andrefana. — ৺ GB. — *Maroc.* moghreb. -- *Mbau* ra. — *Miao-tsé* louh & ngthai. — *Minkia* san. — *Mongol* joung. — *Monten.* zapad. — *Motoum.* diho & taho. — *Nandi* kaimen. — *Néo-guinéen* diho, eavana, taho & tivotaina. — *Niouean* mahifohifo. — *Norv.* vest.

— *Ouganda* kaimen, mbo & moumbo. — *Ouolof* kharfou. — *Picard* égro. — *Polon.* upadek & zachod. — *Polynés.* hikifou, kabeloung & mahifohifo. — *Port.* oéste. — *Provenç.* cers. — *Roum.* apusul, vestul. — *Russe* zapad. — *Samoan* sisifo. - - *Sanscr.* athmana. — *Serbe* zapad. — *Siam.* taoun-tok & tit-taoun-tok. — *Slave* zapad. — *Slovène*, zahoden. — *Somali* galbed. — *Soning.* kiukhenna. — *Souahéli* maghribi. — *Suéd.* væst, vest & vester. — *Syriaq.* marrib & rarb. — *Tamoul* merakou. — *Tchèque* zapad. — *Thibét.* bak & noub. — *Tonga* hikifou. — *Trécorr.* avel-izel & kûs-héol. — *Turc* bâti, garb & magreb. — *Vannet.* kûc'h-hiol. — *Yunnan* sau.

☞ ponent & les références de couchant.

☆

ouest-nord-ouest, sms; ☞ aire de vent.

OUEST-NORD-OUEST.
Additions & notes.

☆

ouest-sud-ouest, sms; ☞ aire de vent.

OUEST-SUD-OUEST.
Additions & notes.

☆

outre-mer, adv.; au-delà des mers. — Nos possessions d'*outre-mer* sont administrées par notre ministère des Colonies.
Allem. ultramarin. — *Angl.* ultra-marine. — *Bosniaq.* zamorski. — *Castill.* & *catal.* ultramar. — *Croate, dalm.* zamorski. — *Danois* ultramarin. — *Esclav.* zamorski. — *Espag.* ultramar, ultramarino. — *Flam.* ultramarijn. — *Franç.* væ ultre-marin. — *Herzég.* zamorski. — *Holland.* ultramarijn. — *Italien* oltremar & oltramarino. — *Latin Montén.* zamorski. — *Norv.* ultramarin. — *Port.* ultramar & ultramarino. — *Prov.* outra mar & outramarin. — *Roman* transmarin. — *Russe, serbe* & *slave* zamorski.

OUTRE-MER.
Additions & notes.

☞ mer, pays & transmarin.

☆

ouverture, sfs; ☞ bouche, embouchure, entrée, fente, forure, passage & trou.

OUVERTURE.
Additions & notes.

☆

P

pagode, sfs; temple païen des Asiatiques. — Certaines *pagodes* sont des merveilles d'architecture.

PAGODE.
Additions & notes.

PAGODE.
Additions & notes.

Allem. Pagode. — *Annam.* choua. — *Angl.* pagoda, sacred house. — *Aroma* roubou. — *Bosniaq.* pagodu. — *Cambodg.* ouat & vat. — *Chinois* miao, ta & tah. — *Dalmate & croate* pagoda. — *Danois* Pagode. — *Esclav., espagn.* pagoda. — *Flam.* indiaansche tempel. — *Herzég.* pagoda. — *Holl.* indiaansche tempel. — *Ital.* pagoda. — *Japon.* mia. — *Javan.* chandis. — *Kabadi* roa. — *Kerepoun.* loubou. — *Maiva* marea. — *Mongol* soberga. — *Montén.* pagoda. — *Motoum.* elamo. — *Néo-guin.* elamo, loubou, marea, roe & roubou. — *Norv. & port.* pagode. — *Russe & serbe* pagoda. — *Siam.* ouat & phra. — *Slave* pagoda

☞ chapelle, cultes, dieux, église, minaret, mosquée, religion, sanctuaire, sécos, synagogue, tabernacle & temple.

☆

PALISSADE.
Additions & notes.

Franç. vx estacade, hordir, alis & pals. — *Latin* vallatio. — *Roman* arce.

palissade, sms; obstacle fait de pieux plantés en terre. — La meute franchit la *palissade* qui barrait la route.

Allem. Pfahlwerk. — *Angl.* palisade. — *Arabe* zarjbat. *Bantou* boma. — *Catal.* palissada. — *Danois* Palisade. — *Espag.* empalizada, palizada, tranquera & vallado. — *Flam.* paalwerk & palissadering. — *Franç. vx* boucheture & lisse. — *Holl.* paalwerk & palissadering. — *Ital.* palizzata. — *Lac Tchad* kinga. — *Latin* palorum defixorum ordo; (bas postatum). — *Port.* paliçada & palissada. — *Prov.* palissada, paliza & postat. — *Roum.* (ingraditura cu pari). — *Russe* palissade. — *Sara* kinga.

☞ arène, banquette, barrière, champ clos, charmille, claie, clayonnage, cloison, clos, clôture, enceinte, espalier, haie, lattis, lice, obstacle, palée, palis, perchis, pieu, treillage & treillis.

☆

PALMERAIE.
Additions & notes.

palmeraie, sfs; plantation de palmiers. — Les *palmeraies* ne se trouvent que dans les régions chaudes.

Espag. palmeral. — *Latin* palmetum & palmosus.

☞ arbre, palmier, pépinière & plantation.

☆

PALMÉRIER.
Additions & notes.

palmérier, sms.; ☞ palmeraie.

☆

PARAGE.
Additions & notes.

Franç. vx parroie. — *Latin* paragium. — *Roman* paraige.

parage, sms; un endroit quelconque, une partie de pays. — Nous trouvâmes des chasseurs samoïèdes dans les *parages* de la Terre de François-Joseph.

Allem. Strich. — *Angl.* parts. — *Arabe* chatt. — *Bosniaq., croate & dalm.* mjesto. — *Danois* Sted. — *Egypt.* chatt. — *Esclavon* mjesto. — *Espag.* paraje. — *Flam.* stand. — *Grec* topos. — *Herzég.* mjesto. — *Holl.* stand. — *Ital.* paraggio. — *Latin* locus. — *Montén.* mjesto. — *Norv.* Sted. — *Port.* paragem. — *Provençal* paratge. — *Russe* mesto. — *Samoan* mea. — *Sanscrit* athâna. — *Serbe & slave* mjesto. — *Suéd.* streck. — *Syriaque* chatt. — *Tchéq.* misto.

☞ côté, emplacement, endroit, lieu, part, partie, place, point, région, station & zone.

PARAGE.
Additions & notes.

☆

parallèle, sfs; cercle parallèle à l'Équateur. — Les Tropiques & les Cercles polaires sont des *parallèles* fixes.
Allem. Parallele. — *Angl.* parallel. — *Arabe* motasaui & motauasi. — *Bosniaq.* poredica & sravnjivanje. — *Catal.* paralelo. — *Croate* & *dalmate* poredica & sravnjivanje. — *Danois* Parallel. — *Esclav.* poredica & sravnjivanje. — *Espay.* paralela & paralelo. — *Flam.* parallelkring & breedte cirkel. — *Herzég.* poredica & sravnjivanje. — *Ital.* paralella & paralello. — *Latin* parallelos. — *Norv.* Parallel. — *Portug.* parallela & parallelo. — *Prov.* paralel. — *Roum.* paralela. — *Russe* parallèle. — *Serbe* poredica & sravnjivanje. — *Suéd.* parallel. — *Turc* muteouasi.

PARALLÈLE.
Additions & notes.

Roum. paralel.

☞ cercle, colure, degré, latitude, longitude, méridien, tropique & zone.

☆

parc, sms; grande étendue de terre couverte d'arbres. — Les *parcs* sont souvent réservés pour la chasse.
Allem. Park. — *Angl.* fold & park. — *Arabe* sir. — *Bosniaque* perivoj. — *Breton* park & park-mógériet. — *Castill.* parque. — *Cornouaill.* park & park-mógériet. — *Croate* & *dalm.* perivoj. — *Danois* Park. — *Esclav.* perivoj. — *Espagn.* parque. — *Finland.* puisto. — *Flam.* park & perk. — *Herzég.* perivoj. — *Holl.* park & perk. — *Ital.* parco. — *Latin* vivarium. — *Léon.* park & parkmógériet. — *Montén.* perivoj. — *Norv.* Park. — *Port.* coutada & parque. — *Provenç.* parc & pargue. — *Roum.* parcul. — *Russe* park. — *Sanscrit* khalanga. — *Serbe* perivoj. — *Suédois* park. — *Trécorr.* & *vannet.* park & park-mógériet. — *Yorouba* abata.

PARC.
Additions & notes.

Norm. pastou. — *Picard* perc. — *Roman* perc, plessis.

Parc clos :
Roman chaigle.

☞ bois, chasse, forêt & les références de jardin.

☆

paroisse, sfs; subdivision d'une ville en quartiers religieux; l'ensemble des ouailles d'une même église. — Les pays scandinaves ont conservé au mot *paroisse* le sens de « la commune », qu'il avait autrefois.
Allem. Kirchspiel, Pfarrdorf, Pfarrei & Pfarrkirche. — *Angl.* parish & parish-church. — *Bosniaq.* parokija & zupa. — *Breton* iliz-parrez, parrez, pla, plé, pleù, plou, plo, ploué & plu. — *Catal.* parrochia. — *Celtiq.* plé, plô, pleu, plou. — *Cornouaill.* iliz-parrez & parrez. — *Dalm.* & *croate* parokija & zupa. — *Danois* Præstegjeld & sogn. — *Esclavon* parokija & zupa. — *Espagn.* parroquia. — *Flam.* kerspel & parochie. — *Gallois* plwyf. — *Herzég.* parokija & zupa. — *Holl.* kerspel & parochie. — *Italien* parrocchia & pieve. — *Latin* curia, parochia & parœcia. — *Léon.* iliz-parrez, parrez. — *Malais* moukim. — *Montén.* parokija & zupa. — *Norvég.* præstegjeld & sogn. — *Polon.* parafja. — *Port.* freguezia & parochia. — *Prov.* parrochia, parropia & parroquia. — *Roum.* parochia. —

PAROISSE.
Additions & notes.

Franç. rx mostier & poiche. — *Roman* parousse & peroche.

PAROISSE.
Additions & notes.

Russe pogost. — *Serbe* parokija, zupa. — *Suéd.* pastorat & socken. — *Trécorr.* parrez. — *Turc* nahié & nahij. — *Vannet.* iliz-parrez & parrez.

☞ les références de commune, église & diocèse.

☆

PARTIE DU MONDE.
Additions & notes.

partie du monde, sfs; ☞ continent.

☆

PAS.
Additions & notes.

pas, sms; un passage étroit entre des montagnes ou entre deux mers. — Le *Pas-de-Calais* est situé entre l'Angleterre & la France.

☞ les références de col, détroit, passage.

☆

PASSAGE.
Additions & notes.

Passage de montagne :
Arabe chib. — *Hispano-amér.* picada. — *Japon* toge.

Passage de montagne creusé par les pluies :
Hispano-améric. zanja.

Passage difficile :
Angl. difficult passage. — *Arabe* metallef. — *Persan* darband.

Passage entre des dunes :
Angl. passage between dunes. — *Arabe* bab, (biban & bououub).

Passage entre des îles :
Alaska aikak. — *Angl.* passage between islands.

Passage à travers un récif :
Angl. passage trough a reef. — *Iabo* oboi. — *Néo-guinéen* gooua & oboi. — *Néo-géorg.* & *îles Salom.* sangoua.

Passage escarpé :
Angl. steep pass. — *Sanscr.* gireoua.

Passage étroit :
Angl. narrow strait, narrow inlet. — *Danois* Fjördr, Fjord, Gabet & Gat. — *Espag.* garganta. — *Norv.* Fjördr, Fjord, Gabet & Gat.

Passage libre :
Angl. fairway. — *Dano-norv.* Löb.

Passage d'eau pour voitures :
Allem. Wagenfæhre. — *Angl.* ferry for wagons.

Petit passage de montagne creusé par les pluies :
Hispano-améric. zanjon.

passage, sms; endroit où l'on passe; voie de communication. — Il existe en certaines villes des rues couvertes, au service des piétons, appelées *passages*.

Achánti afae & manmonkoro. — *Aléout.* ouski. — *Allem.* Bahn, Pass & Weg. — *Angl.* passage. — *Anglosax.* geat. — *Arabe* bab, (biban), kathuat, koubbat, mibar & moumir. — *Assyr.* nebirou. — *Bantou* esau, sau. — *Basque* athea. — *Baya* dana. — *Bosniaq.* prolaz, putovnica & putni list. — *Catal.* passada, passament, passatge. — *Chinois* ling & men. — *Congol.* esnu & sau. — *Côte-d'Or (France)* trège & treje. — *Croate & dalm.* prolaz, putni list & putovnica. — *Danois* Gat & Passage. — *Erse* halloch. — *Esclav.* prolaz, putni list & putovnica. — *Espag.* pasada, pasaje, pasamiento & paso. — *Esper.* pasejo. — *Flam.* doorgang & passage. — *Gaélique* beajach & yel. — *Grec* embasis, poros. — *Hébreu* pâque. — *Herség.* prolaz, putni list & putovnica. — *Holl.* doorgang & passage. — *Ibér.* ned biru. — *Indou* ghat & ghaut. — *Ital.* passaggio, passamento, passata & passo. — *Japon.* seto. — *Kabyle* amtik. — *Latin* iter, itineris & transitus. — *Malais* trousan. — *Monten.* prolaz, putni list & putovnica. — *Norv.* Gat & Passage. — *Persan* dara & gouzur. — *Philipp.* silanga. — *Port.* passada, passagem & passamento. — *Prov.* passada, passador, passamen, passatge. — *Russe* pérèezde. — *Serbe* prolaz, putni list, putovnica. — *Suéd.* passage. — *Tagal* silanga. — *Turc* daban, davan, déré, kol & yol.

Breton. corniq., léon., trécorr. & *vannet.* odé. — *Jurass.* traige. — *Franç.* vx rith. — *Latin* vadum. — *Roman* passaige & rith.

☞ les références de « chemin & de détroit ».

☆

PASSAGE D'EAU.
Additions & notes.

passage d'eau, sms; le point d'une rivière où un bac transporte les gens d'une rive à l'autre. — La Marne offre quelques jolis *passages d'eau*, entre Château-Thierry & Meaux.

PASSAGE D'EAU

Allem. Fahrwasser & Kahnfæhre. — *Angl.* ferry by wherry, ford. — *Baya* dana. — *Flam.-holl.* doorvaert, overvaart, veer & vaarwater. — *Ja-louo* ouatth. — *Latin* meatus. *Norm.* vey. — *Ouganda* aiek, kiaiek, ouatth. — *Persan* ab-gouzar. — *Prov.* passatge. — *Roman* meat. — *Suéd.* farvatten.

☞ bac & gué.

☆

passe, sfs; passage étroit entre des terres ou des écueils. — Les *passes* de ce fleuve sont ensablées.

Achánti mammoukoro. — *Allem.* Engpass & Pass. — *Angl.* inlet, outlet channel, pass, strath & streight. — *Arabe* boráz, dekhla, mahar, mibar, moumir & noukh. — *Beni amer* katai. — *Berta* mintik. — *Bosniaque* putni list & putovnica. — *Chinois* kau, khou, kou & kow. — *Coréen* chi-hyeng, chi-nyeng, chi-ryeng, kokai, lyeng, lyong, nyeng, nyong, ryeng & ryong. — *Croate & dalm.* putni list & putovnica. — *Danois* Fart & Farvand. — *Égypt.* boráz. — *Erse* bealach & balloch. — *Esclav.* putovnica & putni list. — *Espag.* boquete & paso. — *Flam.* doorvaart, vaarwater, pass. — *Gaéliq.* bealach. — *Herzég.* putni list & putovnica. — *Hindoust.* ghati. — *Holl.* doorvaart, pass & vaarwater. — *Indou* douar, ghaut & ghat. — *Ital.* passo di mare. — *Kabyle* amtik. — *Maroc.* khuak & tisi. — *Mongol* daban & dalin. — *Monten.* putni list & putovnica. — *Norv.* Fart & Farvand. — *Ouakhan & pamir* in & ouou. — *Persan* goudar & kotal. — *Port.* canal estreito & passo. — *Russe* rouchka. — *Scandinave* sund. — *Serbe* putni list & putovnica. — *Somali* douss & karin. — *Souahin* katai. — *Soudan.* mintik. — *Souahéli* cheti & (vyeti). — *Suéd.* pass. — *Syriaq.* boráz. — *Thibét.* chong, la & koutoul. — *Turc* boghas, dervent, derbend & kapou.

☞ canal, détroit, pas & passage.

☆

patte d'oie, sfs; point d'intersection de plusieurs chemins. — Les *pattes-d'oie* sont à la campagne ce que les carrefours sont dans les villes.

Allem. Gænsefuss. — *Angl.* intersection of several roads. — *Espagn.* punto de reunion de muchos caminos. — *Flam.-holl.* vereenigingspunt van verschiedene lanen. — *Port.* ponto de onde divergem varias caminhos.

☞ les références de « carrefour ».

☆

pâturage, sms; terre couverte principalement de graminées où l'on fait paitre les bestiaux. — Les *pâturages* alpestres sont recherchés.

Allem. Weideland & Weideplatz. — *Angl.* pasturage, pasture & pasture ground. — *Arabe* (gob-mahal), marâ & meraa. — *Basque* larra. — *Bosniaq.* pasnjak. — *Breton* peür, peüri & peürvann. — *Cafre* irioua & rioua. — *Catal.* erbatge. — *Chinois* môu-ti. — *Cornouaill.* peür, peüri & peürvann. — *Croate & dalm.* pasnjak. — *Danois* Græsgang & Hage. — *Égypt.* safsâf. — *Esclav.* pasnjak. — *Erse* gelt & geltboth. — *Espag.* herbage, pasto, pastura, pasturage. — *Flam.* weide & weiland. — *Giryama* risa & sa. — *Haut-Nil* hagaba & raba. — *Herzég.* pasnjak. — *Hindoust.* (bathan & bagar). — *Hispano-amér.* invernada. — *Holl.* weide, weiland. — *Istéois* agi. — *Island.*

PASSAGE D'EAU.
Additions & notes.

PASSE.
Additions & notes.

Asie centrale beles & bilis.

Passé difficile :
Persan darband & derbend.

Passe du nord :
Thibét. choug-la.

Passe du Sud :
Chine nan-kou.

Passe étroite :
Abbadi dhaika. — *Afghan* bartaug. — *Allem.* Klemme. — *Angl.* frith, narrow pass & score. — *Chinois* koukou. — *Espag.* angostura & puerta. — *Etboï* dhaika. — *Holl.* priel. — *Island.* skor. — *Persan* bartang. — *Suéd.* fjærd.

Passe nouvelle :
Allem. Neupass. — *Chinois* ling. — *Mongol* daban. — *Thibét.* La-Sar. — *Turc* davan.

Passe rocheuse :
Angl. rocky pass. — *Somali* karin daga.

PATTE-D'OIE.
Additions & notes.

PATURAGE.
Additions & notes.

Latin pascua & pascuum. — *Normand* pastou. — *Picard* pastich; (*boulonais* pati). — *Roman* bughe, noue, nouée & pasti.

PATURAGE.

Additions & notes.

Franç. vx ethin, forriere, gangnesie, padoence, pasquis, pastoureauz, patissage & préage.

hagi. — *Ital.* cascina, erbaggio & pascolo. — *Latin* pabulum & pastura. — *Maroc.* rbia. — *Mongol* obsonu. — *Montén.* pasnjak. — *Niger* borgou. — *Norv.* Græsgang. & Hage. — *Odji* & *oshind.* risa. — *Persan* chaman. — *Polon.* pasza & pokarm. — *Port.* erbagem, herbagem & pasto. — *Prov.* conderser & erbatge. — *Roum.* pasuule. — *Russe* pajit & pastbichtché. — *Serbe* pasnjak. — *Slovène* pasa & pasnik. — *Suéd.* bete & hage. — *Syriaque* safsâf. — *Thibét.* doug & hbrog. — *Turc* mer'a & otlak. — *Yorouba* ikpakpa & kpakpa. — *Zoulou* iriooa, rioua.

☞ agistement, alpage, broutement, bruyère, engrais, estivage, glandée, herbage, lande, marchage, pacage, padouan, paissance, paisson, friche, paquis, parc, pâtis, pâture, prairie, pré, savart.

☆

PAYS.

Additions & notes.

Espag. aire. — *Franç.* vx aice. — *Ital.* aria; (vx aire). *Port.* aria. — *Prov.* aire. — *Roman* aire.

Pays accidenté :
Allem. Schollenland. — *Angl.* accidented country.

Pays bas :
Allem. Tiefland. — *Angl.* low lands. — *Hindoustani* khadar. — *Nubien* togana. — *Roum.* tèrile de jos. — *Thibét.* smad.

Pays boisé :
Allem. Waldland. — *Angl.* Woodland.

Pays central :
Japon. chiou gokou.

Pays chauds :
Angl. hot lands. — *Persan* garmsir.

Pays de dunes :
Arabe erg.

Pays étranger :
Allem. Ausland. — *Russe* tchoujbina.

Pays insoumis :
Marocain bled siba.

Pays natal :
Angl. home & homestead. — *Dano-norv.* hjem. — *Picard* heu. — *Yorouba* ille-babba.

Pays plat :
Allem. Niederung, Flache, Senke. — *Angl.* flat country, low country & plain country. — *Bahr-el-Ghazal* bilene. — *Catal.* plana. — *Espag.* plana. — *Esquim.* nakhsa. — *Ital.* piano. | *Min-kia* pitenge. | *Portug.* plana. — *Prov.* plaigna, plana & planha. — *Sanscrit* niouan. — *Yunnan* pitenge.

☞ plaine.

Pays soumis :
Maroc. bled maghzen.

pays, sms; partie d'un continent. — Le mot *pays* désigne aussi les « États ».

Achanti afam & apa. — *Allem.* Land; (vx Gate, Gau & Lant). — *Andalou* pais. — *Angl.* country & land. — *Arabe* akalin, (arazi), ardh, balad, bar, (belad), belda, beled, bilad, blâd, bled, bou, dár, diyar, erdh, kaa, khittat, moulk, nahiya & ouathan. — *Bambara* kanda. — *Bantou* abou, alo, anza, aro, arou, chalo, charou, chialon, dema, dima, dziko, elabo, elapo, idziko, ikisou, iko, impanga, insi, inzi, kisou, labo, lapo, louanza, maziko, mdima, mounpanga, mounpanga, mousi, ndema, ndima, nga, ntoto, ou, pangn, si, toto & ziko. — *Bosniaq.* kopno & zemlja. — *Breton* bró, pan & pann; (moyen glenn). — *Cafre* ilizoua & zoua. — *Camer.* moundi. — *Castillan* & *catal.* pais. — *Celtique* laen. — *Chinois* fang, mi, miho, jen, mitsa, pang, ti, tou & yuen. — *Cochinc.* ki. — *Congol.* afan, fan, lam, (mefan) mvogh, nlam, ntoto & toto. *Coréen* to. — *Cornique* bro. — *Cornouaill.* bró, pann & pau. — *Croate* kopno & zemlja. — *Cymriq.* bro, gwlâd & tûd. — *Dalm.* kopno & zemlja. — *Danois* Land. — *Ebon* em. — *Égypt.* bilâd & (bouldân). — *Erse* brug, brugh & mrug. — *Esclav.* kopno & zemlja. — *Espag.* pais. — *Fan* afan, fan, lam, (mefan), nlam, mvogh. — *Finland.* maa, maakunda. — *Flam.* land & landschap. — *Foula* leidi. — *Gaéliq.* brugh, tir & tyre — *Gallois* wlad. — *Gaulois* bro-. — *Giryam.* tsi. — *Hausa* gari, kasa, (kasashi) & ouoche. — *Haut-Nil* fan. — *Haut-Sobat* païopan. — *Herrero* okonti & (omakouti). — *Herség.* kopno & zemlja. — *Hindoust.* barahi, bhoum & moulk. — *Holl.* land, landschap. — *Hongr.* fod, föld & orszag. — *Hou-ni* mitsa. — *Ibóko* mokédji. — *Ind. Calif.* kirh, klich, ma, oue ab. — *Ind. Amér. N.* mahanke, nak, omout & steep. — *Indou* khand. — *Island.* syssel. — *Ital.* paese. — *Ja-lono* peuyi. — *Japon.* gokou, kouni, oka & sin. — *Javan.* tannah. — *Kabyle* tamourt. — *Kiriouin.* valou & vilo. — *Kossova* rirooua & rooua. — *Lac Tchad* ngaa. — *Laotien* za khon. — *Latin* pagus. — *Léon.* bró, pan & pann. — *Lolo* mi & miho. — *Luxemb.* Lant. — *Malais* banoña, benoûa, boumi, darat, negri, tanah & tanna. — *Malgache* tani. — *Manding.* dougou & kongo. — *Montén.* kopno & zemlja. — *Mossi* tenga. — *Namaq.* !gub & !hub. — *Néoguinéen* valou & vilo — *Niku* dzi. — *Norv.* Land. — *Odji* & *oshind.* okouti & (omakouti). — *Ougand.* bounik, penyi, rirooua & rooua. — *Ovolof* reu. — *Persan* au, boum & dihat. — *Philipp.* loupa. — *Polon.* lad, wies & ziemia. — *Polynés.* banuoua & benûa. — *Port.* pais & paiz. — *Prov.* paes, pahis, pais, pati & pays. — *Roman* lande. — *Roumain* teara. — *Russe* strana & zemlja. — *Samoan* 'ele'ele, fanoua & nou'ou. — *Sanscrit* bhoumi, desa & kshetra. — *Sara* ngaa. — *Serbe* kopno & zemlja. — *Sierra Leone* lahoun. — *Slovaq.* krajina. — *Slovène* dezela & zemlja. — *Songhaï* fari & ganda. — *Soninqué*

PAYS.

diamane & jamana. — *Soudan*. kanda & sande; (*français* tenga). — *Souahéli* chi, inchi, nti & ti. — *Suédois* land, hærad, mark & marken. — *Syriaque* (bildân) & blâd. - *Tagal* loupa. — *Tamoul* man. — *Tchéq*. krajina & zeme. *Télégou* nadou. — *Thibét*. chog, de, sa, sde. — *Trécorr*. bró, pan & panu. — *Turc* vilayet & yer. — *Vannet*. bró, pan & pann. — *Yambo* païopan. — *Yoroub*. ille & illou.

☞ nation, peuplade, peuple, région, terre, zone & les références d' « État ».

☆

péninsule, sfs; grande étendue de terre entourée d'eau sauf sur un côté. — L'Espagne & le Portugal forment la *péninsule* ibérique.

Allem. Halbinsel. — *Angl*. peninsula. — *Arabe* jazi= rah, (jezair), jezira, lezan-barr, (zair) & zira. — *Bosniaq*. poluostrvo. - *Breton* gour-ênez. — *Celtique* ros & ross. — *Chinois* king-chi-chau. — *Cornouaill*. gour-ênez. — *Croate, dalm*. poluostrvo. — *Danois* halvœ. — *Erytréen* houri. — *Esclavon* poluostrvo. — *Espagn*. peninsula. — *Finland*. puoli holma. — *Flam*. schiereiland. — *Grec* chersonesus. — *Herzégov*. poluostrvo. — *Holl*. schierei= land. — *Italien* penisola. — *Latin* peninsula. — *Léon*. gour-ênez. — *Malais* djeziret. — *Malgache* saiki-nosi. — *Montén*. poluostrvo. — *Norvég*. halvœ. — *Port*. penin= sula. — *Roum*. peninsulâ. — *Russe* poluoustrof. — *Sa= moan* moulinou'ou. — *Serbe* poluostrvo. — *Suéd*. halfó. *Trécorr*. gour-ênez. — *Turc* nim jezir. — *Vannet*. gour-ênez.

☞ cap, chersonèse, eau, île, pointe, presqu'île, promontoire, terre & les ré= férences d' « île ».

☆

PÉNINSULE.

pertuis, sms; un passage étroit entre des récifs. — Les percées faites dans les digues, pour l'évacuation des eaux, sont aussi des *pertuis*.

Allem. Durchfahrt, Engpass & Œffnung. — *Anglais* strait. — *Bosniaq*. prolaz. — *Breton, cornouaill*. digor & toull. — *Croate & dalm*. prolaz. — *Danois* Fart. *Esclav*. prolaz. — *Espag*. alfoz, canalizo, freo. — *Flam*. enge doorvaart & gat. — *Franç*. vœ perluz. — *Herzég*. prolaz. - - *Holl*. enge doorvaart & gat. — *Ital*. pertugio & pertuzo. — *Latin* pertusus. — *Léon*. digor & toull. — *Malais* djourang. — *Montén*. prolaz. — *Port*. abertura, estreito & passagem. — *Prov*. pertuis & pertus. — *Russe* atverstié. — *Scandin*. sund. — *Serbe* prolaz. — *Suédois* genomfart. — *Trécorr*. digor & toull. — *Turc* boghas & derbend. — *Vannet*. digor & toull.

☞ canal, pas, passage, passe & les références de « détroit ».

☆

PERTUIS.

petit, adj; qui a des dimensions peu considérables ou peu importantes. — L'avenir des *petits* pays est d'être ab= sorbés par les grandes puissances.

Achânti mounai. — *Afrique centr*. choko, ike, indou, mana, manavi, nandi, ndo, ngono & nini. — *Afrique or*. kiti. — *Alban*. vogelj. — *Allem*. klein. — *Annam*. nho.

PETIT.

PAYS.
Additions & notes.

PÉNINSULE.
Additions & notes.

PERTUIS.
Additions & notes.

PETIT.
Additions & notes.

Armén. bezdig & phokhr. — *Bar-le-Duc* piot.

PETIT.

Additions & notes.

Arménien. phokhr bezdig. — *Bar-le-Duc* piot. — *Celtiq.* nab. — *Latin* putus. — *Slovène.* — *Tahit.* iki.

— *Angl.* little, mean & small. — *Arabe* sogjr, saghir, seghir, seria, s'rir, sr'ir, srhir & zrir. — *Assyr.* zikirou. — *Bantou* alouga, dono, gono, mana, manavi, ngono, nini & nono. — *Baya* teckri, tekri & tikiri. — *Birman* nge. — *Bornou* goua & ghaua. — *Bosniaque* mali. — *Brésil* mirim. — *Breton* bihan, stumm, munud. — *Cambodg.* toi. — *Canton.* saï. — *Castill.* pequeno. — *Catal.* petit, poc & poquet. — *Celtiq.* bekko, bihan & minwo. — *Chinbok* ayaw & tha. — *Chin Hills* adi. — *Chinois* chao, seaou, siaó & yaô. — *Congo ind.* ki & oudouélo. — *Cornique* bechæn & byhan. *Cornouaill.* bihan, munud & stumm. — *Croate* mali. — *Cymriq.* bach, bychan, crach, man & pwt. — *Dalm.* mali. — *Danois* liden, lidet, lidt, lille & ringe. — *Égypt.* zouraijar, (zouraijerin) & (zourâr). — *Erse* becc, beg, cert, meanbh & menb. — *Esclav.* mali. — *Espag.* chico, pequeno, poco & poquito. *Fidj.* laila, laītat. — *Finland.* pieni, waha. — *Fiote* ondouélo. — *Flam.* klein. — *Franç.* væ pau, pauc, petit. — *Fr.-comt.* ptiot. — *Gaéliq.* beag & beg. — *Gallois* bach, fach & fechau. — *Géorg.* patara. — *Grec* mikros & poulo. — *Hausa* kalami & karami. — *Havem* didi. — *Herrero* titi. — *Herzég.* mali. — *Hindoust.* chhota & chota. — *Holl.* klein. — *Hongr.* apro, bak, csiri, kicsi, kicsi, kicsini & kis. — *Ibér.* chicou, chin & cin. — *Indo-chin.* didi, no & kou il. — *Island.* klien. — *Ital.* piccolo, pochetto, poco; (væ petita). — *Japon.* chisai & ko. — *Javan.* cilik, halit & hadikih. — *Khas chos* kou il. — *Kirionina* kikita. — *Kouénam* yol. — *Lac Tchad* gouna & mono. — *Lao-kai* i, phai. — *Luot.* nho, no. — *Latin* minor, minutus, parvulus, parvus, paucus; (væ petilus). — *Léon.* bihan, munud & stumm. — *Machona* si. — *Malais* kechil, ketjil & ketsil. — *Malgache* keli. — *Man sonng* phai. — *Masai* kiti. — *Mban* lailai. — *Mongol* baga, bagha & baka. — *Monténégrin* mali. — *Néo-guinéen* kikita. — *Nhan* no. — *Nika* ki, loudide & loutite. — *Niouean* tote. — *Norvég.* liden, lidet, lidt, lille, ringe. — *Nonng* i. — *Odji* chóua. — *Onélaung* yol. — *Picard* chocret, crécret, keukiot, kerchain, kiot, p'chot, piot, p'kiot, p'kot, p'tiot & quiot. — *Poton.* maly. — *Polyn.* iki, it, iti, itiiti, mea, ngiti, tote. — *Port.* pequeno & pouco. — *Prov.* pauc, pauquet, petit. — *Roman* minor & petiot. — *Rotouma* mea. — *Rouchi* ptiot. — *Roum.* mic & micu. — *Russe* malaya, malenki, malûj, malo & malve. — *Ruthène* maly. — *Samoan* itliti & laitiiti. — *Sanscrit* svalpa. — *Sara* mono. — *Serbe* mali & malo. — *Siam.* lek, naou-ei & naoui. — *Silés.* malé. — *Slave* mala, mali, maly & (væ minji). — *Slovaq.* maly. — *Slovène* majhen. — *Somali* yer. — *Souaheli* dogo. — *Suéd.* lilla, lille & liten. — *Syriaq.* (zrâr) & (zrir). — *Tahit.* iti. *Tangout* csoun. — *Tchèq.* mala & maly. — *Thibét.* chong & choung. — *Trécorr.* bihan, munud & stumm. — *Turc* koutchouk, kichik & oufak. — *Vannet.* bihan, munud, stumm. — *Yndou-chin* ai yaw. — *Yunnan* siao. — *Zambés.* gono & ngono.

☞ bas, étroit, exigu & menu.

☆

PEUPLADE.

Additions & notes.

peuplade, sfs; groupe de sauvages; groupe d'individus vivant hors de leur pays d'origine. — Les *peuplades* australiennes ont été massacrées par les civilisés européens.

Achánti abousoua-kou. — *Allem.* Vœlkerschaft. — *Annam.* moi. — *Angl.* colony & tribe. — *Barotse* m, ma. — *Bantou* noua ekanda, kanda, louvila, ova & vila. — *Breton* plé, pleu, plô & plou. — *Cafre* outlanga & tlanga. — *Celtique* plé, pleu, plô & plou. — *Chahp.* zat. — *Congol.* louvila & vila; (franç. mvogh). — *Damara* ova. — *Danois* Folkestamme. — *Espagn.* horda salvaje. — *Fan* mvogh. — *Flam.* horde & volkplanting. — *Franç.* væ ham. — *Giryam.* kolo & loukolo. — *Holl.* horde & volkplanting. — *Ital.* orda selvaggio. — *Japon.* han. — *Ka-*

virondo ka & yaka. — *Latin* vicus. — *Mongol* olos, otok. — *Monténn.* pleme. — *Norvég.* Folkestamme. — *Nyasa* noua. — *Ouganda* noua, ja, ka & yaka. — *Ouolof* uit. — *Port.* povoação. — *Pundj.* zat. — *Russe* plemia. — *Sahara* aushi. — *Somali* rag. — *Thibét.* lik & pa. — *Turc* oulous.

☞ bande, clan, colonie, famille, horde, groupe, peuple, race, sauvage, société, tribu, troupe.

☆

peuple, sms; l'ensemble des individus formant une nation distincte; la classe prolétaire. — Le *peuple* n'a que la force du nombre.

Afrique austr. mo. — *Afrique occid.* ké & nké. — *Allem.* Volk. — *Annamite* moi. — *Angl.* folk & people. — *Arabe* ahel, ahl, cha'b, (chou'oub), gamaat, jin, nas, ommat, (oumam), oummi & sin. — *Araucan.* ché. — *Armén.* zoghoourt. — *Azande* borau & bore. — *Bantou* ama, nutou, ntou, oua. — *Berbère* kel. — *Bornou* billa. — *Bosniaq.* narod & put. — *Breton* bobl, broad, pobl & tûd. — *Cafre* isizoue, izoua, zoua & zoue. — *Cameroun* bona. — *Catal.* plebe, poble. — *Celtique* leud, teuta & touta. — *Chan* ka. — *Chinois* chin & jin. — *Corniq.* pobel & pobyl. — *Cornouaill.* broad, pobl & tûd. — *Croate* narod & puk. — *Cymrig.* pobl. — *Dalm.* narod & puk. — *Danois* Folk. — *Égypt.* oumme. — *Erse* popul & tuath. — *Esclav.* narod & puk. — *Espag.* plebe, pueblo. — *Finland.* kansan. — *Flam.* volk. — *Franç.* væ gelde & plèbe. — *Gaéliq.* pobul & tuath. — *Gothiq.* thinda. — *Gourma* bi & bou. — *Haut-Niger* ké & nké. — *Herrero* otyiouana. — *Herzégov.* narod & puk. — *Hindoust.* chin & jin. — *Holl.* volk. — *Hottent.* koua. — *Ital.* geldra, plebe & popolo. — *Javan.* bongsa. — *Lac Tchad* be & bou. — *Latin* plebs, populo, populus, subditus; (bas poplus). — *Lette* tauta. — *Léon.* broad, pobl & tûd. — *Malais* bangsa. — *Malt.* orang. — *Manding.* nké. — *Monten.* narod, puk. — *Namaq.* llais. — *Norv.* Folk. — *Odji* ochigouana. — *Osque* tuvtu. — *Ouolof* nit. — *Pali* jana. — *Persan* jin, sin. — *Polon.* lud & narod. — *Port.* plebe & povo. — *Prov.* gelda, geuda, plebs poble & pobol. — *Pundjab* kaum & kom. — *Roman* leud & poble. — *Roum.* (popoare). — *Russe* narode. — *Sahar.* em, im, kel & nké. — *Samoan* nou'ou. — *Saxon* gild. — *Serbe* narod & puk. — *Sénégal.* sever ouiu. — *Slovaq.* lud. — *Slovène* ljudstvo. — *Somali* dad & rag. — *Songhaï* boroyo. — *Soning.* scre. — *Soudan.* nké. — *Suéd.* folk. — *Syriaq.* cha'b, (chou'oub), (oumam) & oummi. — *Tchèq.* lid & narod. — *Trécorrois* broad, pobl & tûd. — *Tripolit.* sia. — *Turc* halk & millet. — *Vannet.* broad, pobl & tûd. — *Yorouba* egba, ejba & illou. — *Zambéz.* antou & ntou.

☞ bourgeoisie, centurie, commun, croquant, curie, décurie, démocratie, ethnographie, faubourien, foule, gens, glèbe, habitant, horde, laocratie, lie, manant, masse, menuaille, monde, multitude, nation, pacant, peuplade, plèbe, populace, populaire, population, populosité, prolétaire, prolétariat, public, roture, sujet, tourbe, tribu, turbe vulgaire.

☆

PEUPLADE.

Additions & notes.

Bosniaq., croate, dalm., esclav., herzég., monténég. & serbe pleme.

Peuplade barbare :
Angl. barbarian people. — *Chinois* i-jiu.

PEUPLE.

Additions & notes.

Bantou bantou.

Peuple blanc :
Angl. white people. — *Esquim.* kablounak.

Peuple occidental :
Angl. people of the west. — *Bantou* bali, bimbali & mbali.

PEUPLERAIE. — Additions & notes.

peupleraie, sfs; plantation de peupliers.

PHARE.
Additions & notes.

Phare flottant :
Angl. lightship. — ☞ bateau-phare.

phare, sms; grand appareil d'éclairage dressé sur une tour construite en mer en vue de guider les navires pendant la nuit. — Les *phares* élevés sur les côtes servent à faciliter l'accès des ports.

Allem. Leuchtturm, leuchtfeuer. — *Angl.* light-house — *Arabe* fanar & manarat. — *Bosniaque* svjetionik. — *Breton* tân, tân-lec'h & tourtân. — *Catal.* vœ faro. — *Chinois* ho-toun & kouang-lau. — *Croate, dalm.* svjetionik. — *Danois* Fyrtaarn & Varde. — *Esclav.* svjetionik. — *Espag.* faro. — *Finland,* fyr-baki. — *Flam.* lichttoren. & vuurtoren. — *Grec* pharos. — *Herzég.* svjetionik. — *Holl.* lichttoren & vuurtoren. — *Ital.* faro. — *Japon.* tomio. — *Latin* pharus. — *Monlén.* svjetionik. — *Norvég.* Fyrtaarn & Varde. — *Port.* faro & pharol. — *Prov.* far. — *Roman* lampese & phare. — *Russe* mayak. — *Serbe* svjetionik. — *Suéd.* bak & fyrtorn. — *Turc* fanar, feuer.

☞ côte, éclairage, fanal, feu, foyer, lanterneau, tour & bateau-phare.

☆

PIC.
Additions & notes.

Pic de colline :
Chinois feng.

Pic de glace :
Angl. peaked island. — *Esquim.* yena.

Pic neigeux :
Allem. Schnee-kopf. — *Angl.* snow-peak. — *Amérique sud,* nevado. — *Mongol* mengkou.

Pic tronqué :
Angl. saw-peaked. — *Chinois* latse.

pic, sms; montagne étroite, très élevée & pointue. — Beaucoup de montagnes, en Suisse, ont des *pics* inaccessibles.

Abbadi nasala & nasla. — *Afrique nord* ich. — *Allem.* Berggipfel & Bergspitze. — *Angl.* horn, peak & pike. — *Arabe* gennar, gerroua, gern, (groun), karn, kef, (kifane), kourn, raknet & sha. — *Aragon.* puey. — *Auvergn.* puy. — *Bali* agoung. — *Bantou* kitountou, touutou. — *Berbère* tamgout. — *Birman* taung, (tchoung) & thoung. — *Breton* pic & pik. — *Castill.* pico. — *Catal.* pico & puig. — *Chin Hills* taung, (tchoung), thoung. — *Chinois* ting. — *Coréen* ak. — *Cornouaill.* pik. — *Danois* Bjergtop. — *Espagn.* pico. — *Esper.* pikilego. — *Etbat* nasala & nasla. — *Flam.* spitse berg. — *Gaélig.* sgor. — *Haut-Nil* nasala & nasla. — *Holl.* spitse berg. — *Hongr.* agy, csup, hegy & teto. — *Ind. Amériq. N.* toullou. — *Indochinois* ko. — *Island.* hyrna & nabbi. — *Ital.* picco, piccone & vetta. — *Japon.* daka, dake, mine & take. — *Kabyle* tangoura. — *Khas chos* ko. — *Kirghiz* kir. — *Léon.* pik. — *Malais* ponchak. — *Malgache* tendroumbouitra. — *Maroc.* tisi. — *Mekeo* & *néo-guin.* ikou. — *Norvég.* Bjergtop. — *Picard* picot. — *Port.* picão & pico. — *Prov.* pic. — *Russe* verkh. — *Siam.* yort. — *Somali* gol & gola. — *Souahéli* kilele & lela. — *Trécorr.* pik. — *Turc.* dorok, kir & torok. — *Tyrol.* piz. — *Vannet.* pik.

☞ aiguille, arête, cime, dent, extrémité, obélisque, piton, pointe, pyramide, sommet & tête.

☆

PIC rocheux.
Additions & notes.

Hongr. csucs, csucsos, hegy & magas.

pic rocheux, sms; rocher terminé en pointe.

Allem. Berggipfel, Bergspitze. — *Angl.* peak & headland. — *Arabe* gara, (gour), kaf & kef. — *Aragon.* puey. — *Berbère* tamgout. — *Bosniaq.* siljak & vrsak. — *Bre-*

PIC ROCHEUX

ton baleg & ben. — *Castill.* pico. — *Catal.* puig. — *Chinois* chow, funig & koh. — *Coréen* pong. — *Croate* siljak & vrsak. — *Cymriq.* bal. — *Dalm.* siljak & vrsak. — *Danois* Tind. — *Esclav.* siljak & vrsak. — *Espagnol* pico. — *Flam.* kegel, koepel & piek. — *Gaélique* ben, craig, croagh, croghan. — *Grec* akri & myti. — *Hawaï.* oumou. — *Herzeg.* siljak & vrsak. — *Holl.* kegel, koepel & piek. — *Ital.* picco, piz & pizzo. — *Japon.* daké, také. — *Latin* picus. — *Marquis.* oumou. — *Montén.* siljak & vrsak. — *Norv.* Tind. — *Serbe* siljak & vrsak. — *Somali* daga & gola. — *Suéd.* picka. — *Turc* insek dagh.

☞ les références de montagne.

☆

pierre, sfs; corps solide & dur que l'on extrait du sol. — Les *pierres* servent à la construction des maisons & au pavement des rues & des chaussées.
Achanti obo. — *Afghan* saug. — *Alban.* gour. — *Allem.* Stein. — *Angl.* flint & stone. — *Arabe* hadjar, (hadjâra), hagar, hajar & safar. — *Avoma* bau. — *Basq.* harria. — *Baya* ta. — *Bosniaque* kamen. — *Breton* liac'h, méan & men; (vw main). — *Cap Sud* veu. — *Castill.* piedra. — *Catal.* pedra. — *Celtiq.* lewink, maen, man, men. — *Chinois* che, chi & sik. — *Corniq.* & *cornouaill.* men. — *Croate* kamen. — *Cymriq.* maen. — *Dalm.* kamen. — *Dankali* da. — *Danois* Sten. — *Ébon* ejman. — *Egypt.* (ahgár) & hagar. — *Erse* claugh, cloch, clogh, clough & lia. — *Esclav.* kamen. — *Espag.* penn, piedra. — *Esper.* stona. — *Fakaafo* fatou. — *Fanti* obo. — *Fidj.* vatou. — *Finland.* kivi. — *Flam.* steen. — *Gaél.* clach, (clachan) & lia. — *Galla* daga & dagah. — *Gaul.* acaunum. — *Grec* lithos, petra & psèphos. — *Hausa* (douatsou), douchi & doutsi. — *Hawaïen* pahakou. — *Herrero* coue & (omaoue). — *Herzég.* kamen. — *Holl.* steen — *Hongr.* kö. — *Ibóko* ibânga. — *Ind. Amériq. N.* tar. — *Indou* tepehouane & vapavai. — *Island.* berg. — *Ital.* pietra, sasso & scoglio. — *Japon.* ichi. — *Javan.* ou atou. — *Kabadi* vakouna. — *Kerep.* vau. — *Latin* lapis, lipidis, petra, petram & saxum. — *Maiva* pihara. — *Malais* bâtou. — *Malgache* vato. — *Manahiki* fatou. — *Maori* tara. — *Maroc.* (nemiri). — *Marquisien* kea. — *M'bau* vatou. — *Mexic.* vapavai. — *Mongol* hato. — *Montén.* kamen. — *Mossi* kougouli & kougouri. — *Motoum.* fave & nadi. — *Néo-guin.* fave, nadi, pihara, vakouna, vau & veu. — *Niger* kabba. — *Niouean* ma'a & maka. — *Norv.* Sten. — *Odji* & oshind. emanya. — *Persan* saug & seng. — *Polon.* kamien. — *Polyn.* ejman, hoth, ma'a & maka. — *Port.* pedra. — *Prov.* anglar & petra. — *Roman* grave & peyre. — *Rotoum.* hotk. — *Roum.* piatra. — *Russe* kamen, piotre. — *Samoïéde* khoï. — *Samoan* fatou, ma'a & maka. — *Sanscrit* silâ. — *Serbe* kamen. — *Siam.* hin. — *Slave, slovaq. & slovène* kamen. — *Somali* daga & dagah. — *Soudan.* tondi; (franç. kougouli & kougouri). — *Souahéli* jioue, (maoue & majioue). — *Suéd.* sten. — *Syriaq.* hadjar & (hadjâra). — *Tahit.* o fai. — *Tchèq.* kamen. — *Thibét.* rdo. — *Tonga* ma'a & maka. — *Trécorr.* men. — *Turc* dach & tach. — *Vannet.* men.

☞ ballast, borne, caillou, carrière, dalle, filleule, garde, perdriau, jalle, meule, mont-joie, monolithe, mosaïque, pavé, perrier, pierraille, pierré, pierrette, roc, rocaille, roche & rocher.

☆

pieu, sms; long piquet de bois fiché en terre. — C'est sur des *pieux* ou pi=

PIC ROCHEUX.
Additions & notes.

Petit pic rocheux :
Arabe guiret.

PIERRE.
Additions & notes.

Franç. rx craig.

Grande pierre :
Gallois maen.

Pierre haute :
Allem. hoch Stein.

Pierre levée :
☞ cromlec'h, dolmen & menhir.

Pierre noire :
Afrique orient. & Lac Rodolphe lorgenaï.

Pierre plate :
Breton liach. — *Gallois* cromlech. — *Angl.* flat stone.

Grosse pierre plate :
Breton lec'h. — *Celtique* plkna. — *Cymrique* llech. — *Erse* lecc. — *Gaul.* licca.

Pierre tendre :
Norm. & prov. crau.

Pierre tombale :
Arabe mekam & (neza). — *Picard* lame.

Pierrette :
Catal. pedreta. — *Prov.* peyreta.

PIEU.
Additions & notes.

PIEU.	Additions & notes.	lotis que sont construites les jetées, les estacades, les habitations lacustres.
Indou nal.		*Allem.* Pfahl; (*vx* pfal). — *Angl.* pile, stake. — *Arabe* châzoûk, kasough, ouatad. — *Bantou* boma. — *Bosniaq.* kolac. — *Breton & cornouaill.* peûl. — *Croate* kolac. — *Cymriq.* pawl. — *Dalm.* kolac. — *Danois* pæl. — *Égypt.* châzoûk. — *Esclav.* kolac. — *Espagn.* estaca. — *Flam.* paal & staak. — *Franç. vx* pal & piex. — *Herzég.* kolac. — *Holl.* paal & staak. — *Italien* palo & piuolo. — *Latin* palus & vallus. — *Léon.* peûl. — *Luxemb.* pol. — *Montén.* kolac. — *Norv.* Pæl. — *Picard* entike & étake. — *Polon.* kol & pal. — *Port.* estaca. — *Prov.* paisselh, paysel & payssu. - *Roman* (assiches), égueille, estake, piex & pillot. *Russe* (blagotchestivyï) & svaia. — *Serbe* kolac. — *Soua'héli* (miti) & mti. — *Suéd.* pale. — *Syriaque* châzoûk. — *Trécorrois* peûl. — *Turc* kasyk. — *Vannet.* peûl.
Pieu pointu : *Roman* brochon.		☞ colonne, pal, pali, palissade, pilier & pilotis.
		☆
PILIER.	Additions & notes.	pilier, ☞ pieu.
		☆
PILOTIS.	Additions & notes.	pilotis, ☞ pieu.
		☆
PINÈDE.	Additions & notes.	pinède, sfs; forêt de pins. — Il y a de nombreuses espèces de *pinèdes*. *Angl.* pine-barrens. — *Flam.* pijnwouden. — *Gascon* pignade. — *Holl.* pijnwouden. — *Polon.* bor. — *Port. & prov.* peymeutada. ☞ arbre, pépinière, pineraie, pinière, forêt, plantation, sapin, sapinière & savane.
		☆
PINERAIE.	Additions & notes.	pineraie, sfs; ☞ pinède.
		☆
PINIÈRE.	Additions & notes.	pinière, ☞ pinède.
		☆
PIQUET.	Additions & notes.	piquet, ☞ pieu.
		☆
PISTE.	Additions & notes.	piste, ☞ sillon & trace.
		—
PITON.	Additions & notes.	piton, ☞ pic.
		—
PLACE.	Additions & notes.	place, sfs; endroit spacieux, souvent arboré, où aboutissent plusieurs voies

publiques. — La *place* principale d'une ville prend aussi les noms de « grand' place » & de « marché ».

Achânti abe. — *Agni* so. - *Allem.* platz. — *Angl.* place, space, spot, square. --- *Anglo-sax.* stow. -- *Arabe* fasahat, mahall, matrah, sahat. — *Armén.* deghi, diegh. — *Azande* ba. -- *Bantou* handou, kouma, (kouudou), ma & ndou. — *Bosniaq.* mjesto. — *Breton* lec'h. — *Cafre* daouo & iudaouo. — *Camer.* ouma. — *Castill.* plaza. — *Catal.* plassa. — *Chinois* li & ti-fang. — *Congol.* kouma, ma; (*franç.* vom). — *Côte Ivoir.* so. — *Cornouaill.* léc'h. — *Croate* mjeste. — *Cymrig.* man. — *Dalm.* mjesto. — *Danois* plads. — *Ébon* likete. — *Égypt.* mahall, matrah. — *Esclav.* mjesto. — *Espag.* plaza. — *Fan* vom. — *Fidjien* viriu. — *Flam.* plaats. — *Franç.* vx estal, lié & liez. — *Franc-comt.* take. — *Grec* agora. — *Hausa* ou ourou & ouourro. — *Hawaï.* kau iho. — *Herség.* mjesto. — *Holl.* plaats. — *Hongr.* tér. — *Ibo* ibe & nga. — *Iles Carolin.* nan. — *It. Salomon* popoa. — *Ind. Amériq. N.* oga. — *Ital.* piazza. — *Ja-touo* kamoro. — *Javan.* henggèn & henggon. — *Kikouy.* handou, (kouudou) & ndou. — *Kossova* orogougo & rogougo. — *Latin* atrium, forum, locus, mausio & platea. — *Léon.* kré, léac'h, leûr-ger & maun. — *Lithuan.* stowe. — *Machon.* inja. — *Malais* leboh & medan. — *Malgache* tana. — *Mandingue* so. — *Maroc.* sok. — *Mbau* viria. — *Mongol* kather. — *Montén.* mjesto. — *Mossi* ziga. — *Nandi* ièto. — *Nigér.* ibe & nga. — *Nika* lalo. — *Norse* sto. — *Norv.* Plads. — *Ougandu* ahaudou, handou, ieto, kamoro, orogongo, rogougo. — *Pali* pada. — *Persan* ja, lakh. — *Picard* take & plache. — *Polynés.* likete, nasoua, toulou & toukou. — *Port.* logar & praça. — *Prov.* estal, estau & plassa. — *Pundjab* jaga. — *Roman* carroy, estal, laitre, laitrie, lens, lian, plache, plaisse & plesse. — *Roubian.* popon. *Rotoum.* nasoua. — *Rouchi* plache. — *Roum.* piata. — *Russe* mesnost, mesto & pyatno. — *Samoan* ani & mea. — *Sanscrit* sthâna. — *Serbe* & *slave* mjesto. - - *Slovène* kraj & mesto. — *Somali* le, mel, mesha, meshi, meshou. — *Soudan.* (franç. ziga). — *Souahéli* mahali & pahali. — *Suéd.* plads. — *Syriaq.* mahall & matrah. — *Tanganika* nya. — *Tchèq.* misto. — *Thibét.* sa & sacha. — *Trécorr.* lec'h. — *Turc* yer. — *Vannet.* lec'h. — *Zambéz.* mya.

☞ endroit, grand'place, lieu, localité marché, siège & les références de ces mots.

☆

place communale, ☞ grand'place.

☆

place forte, ☞ fort & garnison.

☆

place publique, ☞ grand'place, place & marché.

☆

plage, sfs; rivage de la mer, fait de sable fin & de galets, que couvre & découvre le jusant. — Les *plages* sont, pendant l'été, les rendez-vous du monde qui se dit élégant.

Achânti anou, apou & mpoano. — *Allem.* flaches Ufer,

PLACE.
   Additions & notes.

Place d'armes :
Abyssin, arabe, indou, maroc & *persan* maidan.

Place d'assemblée :
Angl. place of assembly. — *Congol., bantou* ekoutilou & koutilou.

Place de commerce :
Allem. Handelsplatz. — *Angl.* place of commerce. — *Danois* Handelsplads. — *Mongol* bemaseu.

Place de guerre, ☞ fort & garnison.

Place étroite :
Allem. Schlippe. — *Kermanji* & *kourde* tang & tangi.

Place fermée :
Angl. enclosed place, gard, yard. — *Anglo-sax.* geard. — *Phénic.* cartha.

Place habitée :
Angl. inhabited place. — *Mongol* ourgo. — *Russe* ourga.

Place rocheuse :
Somali chidle.

PLACE COMMUNALE.
   Additions & notes.

PLACE FORTE.   Additions & notes.

PLACE PUBLIQUE.
   Additions & notes.

PLAGE.
   Additions & notes.

PLAGE.

Additions & notes.

Straud. — *Angl.* beach, coast, sea beach, shore, strand. *Arabe* catth, chott, rif & sahel. — *Arch.* Bismarck raoualien. — *Bayeus.* perrey. — *Bosniaq.* obala. — *Breton* aod & arvor. — *Catal.* platja. — *Cornouaill.* aod, arvor. — *Croate & dalm.* obala. — *Danois* flad Strandbred. — *Erse* tra. — *Esclav.* obala. — *Espag.* marina & playa. — *Finland.* ranta. — *Flam.* kust & strand. — *Franç.* vx marage. - *Gaéliq.* traigh. — *Gallois* traeth. — *Hausa* gaba n goulbi. — *Herzég.* obala. — *Holl.* kust & strand. — *Ibóko* épété & ibóngo. — *Italien* lido, marina, piaga, piaggia, spiaggia. — *Kiriouina* oloumata. — *Latin* plaga. — *Léon.* aod & arvor. — *Malais* pinggir & tepi. — *Montén.* obala. — *Néo-guinéen* oloumata. — *Norv.* flad Strandbred. — *Polon.* brzeg & lad. — *Port.* marinha, plaga, praia & praya. — *Prov.* maruge, maraje & playa. — *Roum.* riva & tarmul. — *Russe* berégue marskoï. — *Samoan* 'auvai. — *Sanscr.* tira. — *Serbe* obala. — *Slovène* breg. — *Souahéli* ng'ambo. — *Suéd.* strand. — *Trécorr.* aod & arvor. — *Turc* kenar. — *Vannet.* aod & arvor. —

☞ grève, rivage & rive.

☆

PLAINE.

Additions & notes.

Ibérien lano.

plaine, sfs; étendue de pays plat. — Les steppes sont des *plaines* arides & marécageuses.

Abyssin maidan. — *Achánti* perede. — *Alban.* fousa. *Allem.* Ebene, Flæche, Senke. — *Angl.* flat country, lowland & plain. — *Arabe* ardh-sahlat, ka, maidan, outa, merj, sahal, sahara, sahel & sahra. — *Bahr-el-Ghazal* bilene. — *Basq.* eruara. — *Béarn.* lano. — *Berbère* claras. — *Bosniaq.* planina & polié. — *Brésil.* (campos). — *Breton* kompézen & saouenn; (vx istrat). — *Bulgar.* planina. — *Cambodg.* tran. — *Castill.* plana. — *Catal.* pla & plana. — *Celtiq.* dal, dol, lan & machair. — *Chinois* ping & chie-ye. — *Coréen* beul, deul, peul, phyœng, phyeug, pœl & teul. — *Cornouaill.* kompézen & saouenn. — *Dolmate & croate* planina & polié. — *Danois* Slette. — *Deccan* khandal. — *Égypt.* sahle. — *Erse* machar, maghera & mauch. — *Esclav.* planina & polié. — *Espag.* llanada, llana, llano, llanura, pampa, plana, plano. — *Esquimau* nakhsa. — *Flam.* veld & vlakte. — *Franç.* vx dole, dolie, gaur, (plains & plainz). — *Gaélique* gleu, strath & magh. — *Gallois* glyn. — *Gothiq.* lant. — *Grec* pedias & pedhiadha. — *Hassan.* khord. — *Hébreu* charou. — *Herrero* oroutyandya & (otoutyandya). — *Herzég.* planina & polié — *Holl.* veld & vlakte. — *Hongr.* lapaly, siksag & sik. — *Ibóko* ngofunda. — *Ind. Amériq. N.* akou, dega, gahoste & to to au. — *Indon* maidan. — *Ital.* plana, piano & pianura. — *Japon.* hira, no, taira & tsi. — *Kabyle* tagit. — *Latin* æquor, planus & planities. — *Léon.* kompézen & saouenn. — *Malais* padang. — *Mandchou* boithan. — *Maroc.* maidan & outa. — *Min-kia* pitenge. — *Mongol* tala. — *Montén.* planina & polié. — *Mossi* zipele. — *Nika* herera. — *Norv.* Slette. — *Odji & oshind.* oloueuene & (omaheuene). — *Ouolof* dior. — *Persan* hamoun, chang, dacht, decht, maidan, medan & meidan. — *Polon.* płaszczyzna & rownina. — *Port.* campo, campina, chã, plaino, plana, planeza, planicie & plano. — *Prov.* pla, plaigna, plan, plana, planeza & planha. — *Roman* berrie & navag. - *Roum.* campie, sesul. — *Russe* ravnina & rovnina. — *Sahar.* ahaouag. — *Samoan* fanoua & laugatasi. — *Sanscr.* niouan & sthali. — *Serbe* planina & polié. — *Sever* kholan. — *Siam.* hthoong. — *Slave* plou, plouu & polié. — *Slovène* ravnina. - — *Somali* ado, bau. bonu & yer. — *Soning.* bera. — *Soudan. fr.* zippele. — *Suéd.* slætt. — *Syriaq.* sahl, suhli & (souhoul). — *Tangout* than. — *Tchéq.* rovina. — *Thibét.* sang & zheng. — *Touareg* etaras. - *Trécorr.* kompézen, saouenn. — *Turc* ova, qir & sahra. — *Vannet.* kompézen & saouenn. — *Yorouba* kpakpa & odan. — *Yunnan* pitenge.

☞ les références de « campagne ».

*

planisphère, sms; ☞ sphère.

☆

platanaie, sfs; plantation de plata=
nes.
Espag. platanar. — *Flam.-holl.* plataanbosch. — *Ital.* plataneto.

☆

plateau, sms; plaine élevée. Les hauts *plateaux* de l'Ardenne portent des tourbières appelées « fagnes ».
Abyssin amba. — *Allem.* Hochebene & Hochflæche. — *Angl.* flat hills-top, tableland & upland. — *Arabe* dour, guada, hamada, mitija, stah, steihat & tasili. — *Bantou* mongo, nzanza, ongo & zanza. — *Berbère* tasili & thak= soult. — *Bosniaq.* gorska ravnica & visocina. — *Breton* pladen-vénez, skudel-valans & taolen. — *Catal.* pla. — *Chinois* tai. — *Congol.* koudouloungou, mongo, nzanza, ongo, zanza. — *Cornouaill.* pladen-vénez, skudel-valans & taolen. — *Croate* gorska ravnica & visocina. — *Cymr.* rhos. — *Dalm.* gorska ravnica & visocina. — *Danois* Hœislette. — *Esclav.* gorska ravnica, visocina. — *Espag.* mesa, meseta & plano. — *Flam.* bergvlakte, hoogvlakte, hoogland & tafelberg. — *Franç.* vx plainz & platel. — *Grec* pédias. — *Herzégov.* gorska ravnica & visocina. — *Hindoust.* bangar. — *Holl.* bergvlakte, hoogvlakte, ta= felberg & hoogland. — *Ital.* altopiano, piano & spianata. — *Léon.* pladen-vénez, skudel-valans & taolen. — *Mon= tén.* gorska ravnica & visocina. — *Nika* gongo, kilima, kirima & rima. — *Norv.* Hœislette. — *Port.* altura, cu= miada, altura plana, plana, plano & planura. — *Prov.* pla & plau. — *Roum.* plaiulu. — *Russe* plaskogorié. — *Sahara* tasili. — *Sanscr.* prastha. — *Serbe* gorska ravni= ca & visocina. — *Somali* sarar. — *Suédois* högslætt. — *Tartare* syrt. — *Tátar* iaila. — *Trécorr.* & *vannet.* pla= den-vénez, skudel-valans & taolen.

☞ les références de « montagne » & de « pâturage ».

☆

plein de l'eau, sms; ☞ flux, marée & pleine mer.

☆

point cardinal, sms; nom de chacun des points de l'horizon qui correspon= dent au nord, à l'ouest, au sud, à l'est.
Allem. Himmelsgegend. — *Angl.* cardinal point. — *Espag.* punto cardinal. — *Flam.-holl.* (hoofdwindstre= ken). — *Ital.* punto cardinale. — *Port.* ponto cardinal.

☞ est, nord, ouest & sud.

☆

pointe, sfs; cap ou rocher qui s'a= vance dans la mer; l'extrémité d'une élévation.
Alaska tan. — *Allem.* Spitze. — *Angl.* cape, head land, point & spike. — *Arabe* cheshem, ras, (rous) & tarf. — *Armén.* dsajr. — *Auverg.* puy. — *Bosniaq.* savka, siljak & vrsak. — *Bressan* cuchot. — *Breton* bâr, bég, hek,

PLANISPHÈRE.
Additions & notes.

PLATANAIE.
Additions & notes.

PLATEAU.
Additions & notes.

Petit plateau :
Arabe guemaa.

Plateau des pâturages :
Allem. Alp. — *Turc* yaila. — ☞ alpage.

Plateau rocheux :
Angl. rocky tableland. — *Arabe* hamada. — *Berbère* tanezrouft. — *Scandin.* field.

Plateau tourbeux :
Ardennes fagne.

PLEIN DE L'EAU.
Additions & notes.

POINT CARDINAL.
Additions & notes.

POINTE.
Additions & notes.

Petite pointe :
Picard pointelette.

POINTE — TERMES GÉOGRAPHIQUES — POLE

POINTE.

Holl. hoorn.

Additions & notes.

broud, ék, hinkin & lammen. — *Cambodgien* chroui. — *Celtique* ag, akino, begade, né, néo, ness, ros & ross. — *Chalonn.* cuchot. — *Charon.* ceuche. — *Chinois* ko. — *Côte-d'Or (France)* cuchot. — *Cornouaill.* bâr, bék, ék & broud. — *Croate & dalm.* savka, siljak & vrsak. — *Danois* Odde & Spids. — *Erse* stuaic. — *Esclav.* savka, siljak & vrsak. — *Espagn.* punta & reputña. — *Finland.* karta. — *Flam.* punt & spits. — *Franç. vx* broke. — *Gaéliq.* ben, cape, rou, roudha. — *Gaul.* beccos, benna. — *Grec* acra, akron, akrôtirion, kolofon & myti. — *Herzégov.* savka, siljak & vrsak. — *Hindoust.* karou, moûrdha. — *Holl.* punt & spits. — *Ital.* punta & puntone. — *Latin* acies, acumen, mucro & puncta. — *Léon.* bâr, bék, broud & ék. — *Malais* oujong, tangong & tanjong. — *Mentaouei* tonnan. — *Montén.* savka, siljak & vrsak. — *Norv.* Odde & Spids. — *Philipp.* ongot. — *Port.* pontal. — *Prov.* agusin, bene, broca. — *Rhétiq.* piz. — *Roman* agueté, bescheron, bouylle, broque & spare. — *Russie* astréio. — *Sanscr.* bhrsti, moûrdhan & sikhara. — *Serbe* savka, siljak & vrsak. — *Siam.* lem. — *Souahéli* ncha & (nta). — *Suéd.* spets. — *Syriaq.* râs & (rous). — *Togal* ongot. — *Trécorr.* bâr, bék, broud & ék. — *Turc* tépé. — *Vannet.* bâr, bék, broud & ék. — *Yonn.* guche & guchot.

☞ les références d' « aiguille » & de « cap ».

Pointe aiguë :

Aléout. sagik. — *Angl.* point edge.

Pointe de rocher :

Angl. pointed rock. — *Island.* draugr. — *Port.* espigão.

☆

POLAIRE.

Additions & notes.

polaire, adj.; ☞ antarctique, arctique, austral, boréal, étoile polaire, glacial, hyperboréen, nord, pôle, pôle antarctique, pôle arctique, pôle nord, pôle sud, septentrion.

☆

POLDER.

Additions & notes.

polder, sms; terre conquise sur les eaux. — Le pays de Waes, au nord de la Flandre belge, est une terre *poldérienne* conquise sur la bande alluviale de l'Escaut.

☆

POLE.

Additions & notes.

pôle, sms; chacune des extrémités de l'axe imaginaire de la Terre. — Les *pôles* sont restés inaccessibles.

Allem. Pol. — *Angl.* pole. — *Arabe* kouttoub. — *Bosniaq.* pol & stozerina. — *Castill. & catal.* polo. — *Croate & dalm.* pole & stozerina. — *Danois* Pol. — *Esclav.* pol & stozerina. — *Espag.* polo. — *Flam.* aspunt & pool. — *Grec* pôlos. — *Herzég.* pol & stozerina. — *Holl.* aspunt & pool. — *Italien* polo. — *Latin* polus. — *Malais* koutoub. — *Montén.* pol & stozerina. — *Norv.* Pol. — *Port.* polo. *Prov.* pedilhar, pezilhar, pezillar, polus. — *Roum.* polul. — *Russe* poliouss. — *Serbe* pol & stozerina. — *Suéd.* pol. — *Turc* lech.

☞ aimant, axe, extrémité, nord, pivot, polographie & sud.

☆

POLE ANTARCTIQUE.

pôle antarctique, ☞ pôle Sud.

pôle arctique, ☞ pôle Nord.

POLE ARCTIQUE.
Additions & notes.

☆

pôle Nord, ☞ au volume des « Noms géographiques ».

POLE NORD.
Additions & notes

☆

pôle Sud, ☞ au volume des « Noms géographiques ».

POLE SUD.
Additions & notes.

☆

pommeraie, sfs; plantation de pom=
miers. — Les *pommeraies* sont nom=
breuses & belles en Normandie.
Allem. Apfelpflanzung. — *Angl.* applecrchard. — *Da=
nois* Æblehave. — *Espag.* pomar. — *Flam.-holl.* appel=
boomgaard. — *Italien* pomiero. — *Norv.* Æblehave. —
Port. pomar de maceiras.
· ☞ arbre, fruit, pépinière, plantation, pomme, pommier & verger.

POMMERAIE.
Additions & notes.

☆

ponceau, sms; petit pont. — C'est sur des *ponceaux* que les trains du che=
min de fer franchissent les petits cours d'eau.
Allem. kleiner Brücke & Steg. — *Angl.* small bridge.
— *Breton* & *cornouaill.* róz-aer. — *Espag.* puentecillo.
— *Flam.-holl.* bruggetje & steg. — *Italien* ponticello. —
Latin ponticulus. — *Léon.* róz-aer. — *Port.* pontezinha.
— *Roman* poncel. — *Trécorr.* & *vannet.* róz-aer.
☞ les références de « pont ».

PONCEAU.
Additions & notes.

☆

poncel, sms; ☞ ponceau.

PONCEL.
Additions & notes.

☆

ponent, sms; ☞ couchant & ouest.

PONENT.
Additions & notes.

☆

pont, sms; passage construit sur un cours d'eau. — La forme des *ponts* est très variable.
Albanais oura.
Allemand Brücke.
Anglais bridge & deck.
Anglais du nord brig.
Arabe djisr, djissr, gautharat, gesr, jisr, kantara, kan=
tarah, (knater) & kobri.
Arménien gamourdch.
Bantou amvou & kiamvou.
Baya daua.
Bosniaque most.
Breton pont & pount.
Cafre oumtantato & tantato.
Castillan puente.

PONT.
Additions & notes.

PONT.

Additions & notes.

Pont à bascule :
Angl. weigh-bridge. — Danois Vippebro.

Pont de bateaux :
Allem. Schiffbrücke. Angl. bridge of boats. — Espagn. puente de barcas. — Flam. holl. schipbrug.

Pont de cordages :
Angl. bridge of ropes. — Flam.-holl. touwbrug. — Ja-louo & ouganda oulalo.

Pont du chemin de fer :
Allem. Eisenbahnbrücke. — Angl. bridge of railway.

Pont en bois :
Allem. Holzbrücke. — Angl. wood bridge. — Flam.-holl. vlouder. — Norm. planque.

Pont en bois, portatif :
Franç. vx poncel & ponel.

Pont en fer :
Allem. Eisenbrücke. — Angl. iron bridge.

Pont en pierre :
Allem. Steinbrücke. Angl. stone-bridge. — Flam.-holl. steenenbrug.

Pont flottant :
Allem. Fliegende Fæhre. Angl. flying bridge. — Flam.-holl. gierbrug.

Pont-levis :
Allem. Zugbrücke. — Angl. draw-bridge. - Danois Vindebro. - Flam. ophaalbrug. — Franç. vx torneis. — Holl. ophaalbrück. — Ital. ponte levatoio. — Norv. Videbro. — Port. ponte levadiça. — Roman touroye.

Ponton :
Allem. Brückenschiff, ponton & Schiffbrücke. — Angl. pontoon. — Danois Brobaad & Ponton. — Flam.-holl. schipbrug. — Ital. pontono. — Norv. Brobaad & Ponton. — Port. pontão & presiganga.

Pont suspendu :
Allem. Hængebrücke. — Angl. suspension bridge. — Danois Hængebro. — Espagnol puente colgante. — Flam.-holl. hangbrug & kettingbrug. — Norvégien Hængebro.

Pont-tournant :
Allem. drehbrücke. — Angl. swing bridge, revolving bridge. — Danois Svingbro. — Espag. puente giratorio. — Flam.-holl. draaibrug. — Norv. Svingbro. — Roman tourneis.

Pont tubulaire :
Roum. pod tubular.

Catalan pout.
Chinois chino, chenou, kao, keaou, khino, kino & tuk-k'iao.
Congolais bedzi & kiamvou; franç. (minze), nze & ze.
Coréen tari.
Cornique pons.
Cornouaillais pont & pount.
Croate most.
Cymrique pont.
Dalmate most.
Danois Bro.
Égyptien kantara & (kanâtir).
Esclavon most.
Espagnol puente.
Fan abon, bedzi, bon. (mebon), (minze), nze & ze.
Finlandais silta.
Flamand brug.
Français vx brige, brug, bruge, (estés), (estez), (estiez) & pont.
Gallois pont.
Giryama moutatago & tatago.
Grec gephyri & yéphira.
Haï-nan keao, keo, kiao, kiao-kio & kio.
Hausa kadarouka, kaderkou & katarouka.
Herzégovinien most.
Hollandais brug.
Hongrois hid.
Islandais bryggia.
Italien ponte.
Japonais fami & hachi.
Javanais kroteg.
Jibou toto.
Latin pons, pontem & pontis.
Léonais pont & pount.
Lou-ouanga foungi & oumfoungi.
Malais gerta, jembâtan & titi.
Monténégrin most.
Néo-guinéen toto.
Normand brie.
Norvégien bro.
Ouganda etiet, foungi & oumfoungi.
Persan poul.
Polonais most.
Portugais ponte.
Provençal pon & pout.
Roman brug.
Roumain pod, podul, punte & puntea.
Russe moste.
Samoan auala laupapa & alavai.
Saxon brie.
Serbe most.
Slave most.
Slovène most.
Suédois bro & brygga.
Syriaque gisr.
Tchèque most.
Thibétain sumba & zam-pa.
Trécorrois pont & pount.
Turc chekmeje, keuprou, kioprou, koprou, kouprouk, kourpi.
Vannetais pont & pount.

☞ eau, harpe, passage, passage d'eau passerelle, ponceau, poncel, ponticule, ponton & viaduc.

☆

PONT.

Pont romain :
Angl. roman-bridge.

Pont sur un chemin de fer :
Allem. Wegüberführung. — *Angl.* bridge over a railway.

Pont-volant.
Angl. flying bridge. — *Espagnol* puente volante. — *Flam.-holl.* gierbrug.

population, sfs; L'ensemble des habitants d'un État, d'une ville, d'une région. — Dans toute *population* il faut distinguer entre la population de droit qui comprend les personnes domiciliées & la population de fait, c'est à dire les personnes présentes au moment du recensement.

Allem. Bevölkerung. — *Angl.* population. — *Bosniaq.* napucenje. — *Catal.* poblacio. — *Croate & dalm.* napucenje. — *Danois* Befolkning, Folkemængden. — *Esclav.* napucenje. — *Espag.* pablacion. — *Flam.* bevolking. *Herzég.* napucenje. — *Holl.* bevolking. — *Ital.* popolazione. — *Malais* segara isi negri. — *Montén.* napucenje. — *Norv.* Befolkning & Folkemængden. — *Polon.* ludnosc. — *Port.* população & povoação. — *Prov.* poblacio, poblacion. — *Russe* narodonasselenié. — *Serbe* napucenje. — *Slovène* ljudstvo. — *Suéd.* befolkning. — *Tripolit.* sia. — *Turc* chali.

☞ domiciliés, enfants, étrangers, habitants, femmes, gens, hommes, recensement, oiseaux de passage, résidents.

✣

port, sms; endroit situé au bord de la mer ou d'un cours d'eau & pourvu des installations nécessaires au trafic des voyageurs & des marchandises. — Marseille, Bordeaux, Le Havre sont des *ports* considérables.

Achânti hyen gyina-bea. — *Afrique équat.* bandar, bendar & dar. — *Afrique orientale* bandar, boudari & bounder. — *Allem.* Hafen. — *Annamite* bièn & cüa. — *Angl.* harbour, haven & port. — *Anglo-sax.* stædh. — *Arabe* bandar, bender, charm, marsa, marsala, mechra, mers, mersa, mina, mine & minet. — *Berbère* mersat. — *Bosniaq.* luka, pristaniste. — *Breton* aber, dalc'h, doug, pors & porz. — *Castill.* puerto. — *Catal.* port. — *Celtiq.* aber. — *Chinois* gau, hae & ma-tau. — *Cingal.* ouaraya. — *Coréen* hpo & po. — *Corniq.* porth. — *Cornouaillais* aber, dalc'h, doug, pors & porz. — *Croate* luka & pristaniste. — *Cymriq.* porth. — *Dalm.* luka & pristaniste. — *Danois* Havn & Havneplads. — *Égypt.* eskele. — *Erse* aber. — *Esclav.* luka & pristaniste. — *Espag.* puerto. — *Finland.* harmina & satama. — *Flam.* haven. — *Franç. vx* haule, haulée, hauleye, haulie & portus. — *Gaélique* aber. — *Grec* liman, limin, naulochos, porto. — *Herzég.* luka & pristaniste. — *Hindoust.* maudal. — *Holl.* haven. — *Indou* ghat. — *Island.* hœfn & stödh. — *Italien* porto. — *Japon.* gata, minato & tsou. — *Javan.* pa-labouh-han. — *Latin* portus. — *Léon.* aber, dalc'h, doug, pors, porz.

POPULATION.

Additions & notes.

PORT.

Additions & notes.

PORT.

Additions & notes.

— *Malais* labouan, làbouhan, pelaboulan, telak, telouk. — *Montén.* luka & pristaniste. — *Norv.* havn, havneplads. — *Persan* bandar & bender. — *Polon* przystan. — *Port.* porto. — *Provenç.* port. — *Roman* arivouer. — *Roum.* portu & portul. — *Russe* gavan, liman, porte & pristan. — *Samoan* 'ava & tanlaga. — *Serbe* luka & pristaniste. — *Slovène* pomorska luka. — *Songhaï* goume. — *Souahéli* bandari & bouadri. — *Suéd.* hamn. - *Syriaque* (mijan) & mina. — *Trécorr.* aber, dalc'h, doug, pors & porz. - *Tudesq.* hafen. — *Turc* hissar & liman. — *Vannet.* aber, dalc'h, doug, pors & porz.

☞ aber, abri, accul, anse, asile, baie, bassin, bouche, carbet, crique, darse, débarcadère, échelle, embarcadère, embouchure, enfoncement, escale, estuaire, golfe, havre, môle, quai, rade, refuge, relâche, relâcher, rivage & rive.

☆

PORTE.

Additions & notes.

Gaulois (dori).

porte, sfs; monument construit, dans les villes anciennes, sur une voie publique, à la limite de deux communes. — Les *portes* de ville sont généralement occupées par les services de l'octroi & de la douane.

Allem. Thor & Thür; (*vx* Thür). — *Angl.* cleft, door, gate & yet. — *Arabe* bab, (biban), (bououad), fath, mouuar. — *Anglo-sax.* duru. — *Armén.* tourr. — *Asie centrale* dârvase. — *Basque* athea. — *Béarn.* porto. — *Bosniaq.* kapija & vrata. — *Breton* dôr & pors; (*vx* dor & drus). — *Chinois* hou, kéou, koou, kouan, mén & moun. — *Corniq.* daras, darat & porth. — *Cornouaill.* dôr. — *Croate* kapija & vrata. — *Cymriq.* dôr, drws & porth. — *Dalm.* kapija & vrata. — *Danois* Dœr & Port. — *Egypt.* bâb & (ibouâb). — *Erse* dorus. — *Esclav.* kapija & vrata. — *Espag.* puerta & puerto. — *Finland.* portti. — *Flam.* deur, huis & poort. — *Franç. vx* deur, dore, huis, huiz, huys, (portaux), uisole, us, uscet & uz. — *Gaëliq.* dorus & yet. — *Gothiq.* daur. — *Grec* pulé, pylè, pyli, thurion, thyrion. — *Hausa* kéouelé. — *Herrero* (omivero), omouvero. — *Herzég.* kapija & vrata. — *Hindoust.* paul, pol. — *Holl.* deur, huis & poort. — *Hongr.* kapu. — *Ibér.* porto. — *Italien* porta & uscio. — *Jurass.* huis. — *Latin* forès, janua, ostium & porta. — *Léon.* dôr. — *Lorrain* hus. — *Luxemb.* dir. — *Malais* pintou. — *Mongol* khalga. — *Montén.* kapija & vrata. — *Norm.* hus; (Manche us). — *Norv.* Dœr & Port. — *Odji* & *oshind.* ochieelo. — *Persan* darouâza & der. — *Picard* hu, huis & uxe. — *Polon.* brama & wrota — *Port.* porta. — *Prov.* hus, us, ueis, uis & ussol. — *Roman* huche, huis, luche, luis, uche, us, uis, uxe & uxeriez. — *Rouchi* hui. — *Roum.* poarta, porta & usa. — *Russe* dver, varota & vorota. — *Sahara* bab. — *Samoan* faitotoa. — *Sanscr.* dvar & mûrkha. — *Serbe* kapija & vrata. — *Slave* vrata; (*vx* dvoru). — *Slovaq.* dvere & dvier. — *Slovène* vrata. — *Souahéli* milango) & mlango. — *Suéd.* dörr. — *Syriaque* bouâb, bâb, (ibouâb). — *Tartare* ichyk. — *Tchèq.* brana, dvere & vrata. — *Trécorr.* dôr. — *Turc* bosogha & kapou. — *Vannet.* dôr. — *Vosg.* heuche.

☞ accès, atticurgue, baie, claire-voie clôture, dégagement, entrée, guichet, huis, issue, ostière, portail, poterne, poutis, sortie, trou, vanne & vomitoire.

☆

| POSSESSION | TERMES GÉOGRAPHIQUES | POTELET |

possession, sfs; un territoire possédé par un État en dehors de celui de la nation. — L'Indo-Chine est une *possession* française en Asie.

<small>*Allem.* Besitz & Besitzthum. — *Angl.* colony, possession. — *Arabe* moulk. — *Armén.* inthsehkh. — *Bosniaq.* imanje & posjed. — *Catal.* possessió. — *Chinois* kia-tsi. — *Croate & dalm.* imanje, posjed. — *Danois* Besiddelse & Eiendom. — *Égypt.* moulk. — *Esclav.* imanje & posjed. — *Espag.* posesion. — *Flam.* bezit, genot. — *Francique* at. — *Herzégov.* imanje & posjed. — *Holl.* bezit & genot. — *Ital.* possessione & possesso. — *Javan.* handarbè-k-haké & handarbè-k-haken. — *Latin* possessionem. — *Montén.* imanje & posjed. — *Norv.* Besiddelse, Eiendom. — *Port.* possessão. — *Prov.* endomengadura, possecio & possession. — *Roum.* (posesiunele). — *Russe* vladenié & (possélenié). — *Samoan* tofi. — *Serbe* imanje & posjed. — *Slave* sedlo. — *Souahéli* mali, milki. — *Suéd.* besittning. — *Syriaq. & Turc* moulk.</small>

☞ appartenance, bien-tenant, colonie, domaine, éviction, occupant, occupation, paréage, saisine, tréfoncier & usurpation.

POSSESSION.

Additions & notes.

☆

poteau, sms; colonne en bois, en métal ou en pierre dressée à l'intersection des chemins & sur les carrefours pour indiquer les routes & les distances. — Les madriers auxquels sont accrochés les fils du télégraphe sont des *poteaux*.

<small>*Allem.* Guide-post, Landmark, Pfahl & Wegweiser. — *Angl.* finger post & post. — *Arabe* kasough & ouatad. — *Bosniaq.* kaziput & vodja. — *Breton* peûl & post. — *Catalan* forca & post. — *Corniq.* post. — *Cornoaill.* peûl. — *Croate* kaziput & vodja. — *Cymriq.* post. — *Dalmate* kaziput & vodja. — *Danois* Pæl & Stolpe. — *Esclav.* kaziput & vodja. — *Espag.* hito, horca, pillar & poste; (*ex* forca). — *Flam.* paal, post & stijl. — *Franç. ex* balise, forces & forques. — *Herzég.* kaziput & vodja. — *Holl.* paal, post & stijl. — *Ital.* palanca, palo & forca. — *Latin* postis. — *Léon.* peûl. — *Montén.* kaziput & vodja. — *Norv.* Pæl & Stolpe. — *Polon.* kól & pal. — *Port.* forca, mourão & poste. — *Prov.* forca, post & postel. — *Roman* estaiche & pilori. — *Rouchi* attaque. — *Russe* stolbe. — *Serbe* kaziput & vodja. — *Slovène* kazipot. — *Souahéli* (miti & mti). — *Suéd.* vægvisare. — *Trécorr.* peûl. — *Turc* kalavous. — *Vannet.* peûl.</small>

☞ atticurgue, balustre, chandelle, colonne, colonnette, columelle, dosseret, écriteau, lampadaire, madrier, monolithe, cippe, obélisque, pal, perche, phare, pieu, pilastre, pilier, pilori, pylône, piquet, potelet, pyramide, quintaine, signaleur, stèle & vigie.

POTEAU.

Additions & notes.

☆

potelet, sms; un petit poteau.

POTELET.

Additions & notes.

☆

POTERNE.
Additions & notes.

poterne, sfs; fausse porte; petite porte dans un ouvrage fortifié. — Les *poternes* favorisent la sortie secrète des troupes assiégées.

Allem. Ausfullthor & Nebenthor. — *Angl.* postern. — *Breton* & *cornouaill.* dôr-kûz, drâf & drâv. — *Danois* Udfaldsport. — *Espag.* poterna. — *Flam.-holl.* geheime poort, looze-poort & poortje. — *Franç. vx* poterne. — *Ital.* posta segreta & postierla. — *Léon.* dôr-kûz, drâf & drâv. — *Norv.* Udfaldsport. — *Picard* pethuis & petuis. — *Port.* porta falsa & postigo. — *Prov.* posterla. — *Roman* uscet. — *Russe* dvertsy. — *Trécorr.* & *vannet.* dôr-kûz, drâf & drâv.

☞ les références de « porte ».

☆

POULIER.
Additions & notes.

poulier, sms; banc de galets & de sables à l'entrée d'un cours d'eau. — Les *pouliers* sont des écueils dangereux.

Angl. shelves. — *Flam.-holl.* zandbank.

☞ les références de « banc ».

☆

PRADELLE.
Additions & notes.

pradelle, sfs; une prairie sur laquelle croissent, naturellement, les plantes fourragères. — Les *pradelles* donnent du coucou, de la lupuline, de la luzerne, de la minette, du ray-grass, du sainfoin, de la serradelle & des trèfles.

Prov. pradela.

☞ les références de « champ & prairie ».

☆

PRAIRIE.
Additions & notes.

prairie, sfs; terre couverte de plantes fourragères. — Les *prairies* où les plantes poussent spontanément sont des pradelles.

Allem. Au, Aue, Flur, Grasland, Matte & Wiese. — *Angl.* grassy plain, mead, meadow & veld. — *Anglo-saxon* ing, lea, leigh & ley. — *Arabe* gedal, merdj. — *Archip. Bism.* rakounei. — *Bosniaq.* livada, sjenokosn. — *Breton* foennek, gwaun & prâd. — *Castill.* prado. — *Catalan* praderia. — *Cornouaill.* foennek & prâd. — *Croate* & *dalm.* livada & sjenokosa. — *Danois* Au & Eng. — *Égypt.* merg, (mouroñg). — *Esclav.* livada & sjenokosa. — *Espagn.* pradera, praderia & prado; (*vx* pradal). — *Finland.* niitty. — *Flam.* weide & weiland. — *Franç. vx* pascour, porisme, pracel, prael, praerie, prailet, praillet. — *Giryama* anda, érou, ouérou & louanda. — *Grec* leimas, leimón, limas & linon. — *Herzég.* livada & sjenokosa. — *Hindoust.* tarai. — *Holl.* weide & weiland. — *Hongr.* rét. — *Ind. Amérique N.* hia. — *Ital.* prateria, prati & prato. — *Latin* pratum. — *Léon.* foennek & prâd. — *Malais* padang roumpout. — *Mandch.* golo. — *Mongol* namchoutou. — *Monten.* livada & sjenokosa. — *Nika* louanda. — *Norv.* Au & Eng. — *Persan* ragh. — *Port.* praderia, prado, ribeira. — *Prov.* pascor, prada, pradal, pradaria, pradela. — *Roman* prairie, preit & prey. — *Russe* loug, lougue & loujaica. — *Serbe* livada & sjenokosa. — *Slovaq.* luka. — *Slovène* travnik. — *Suéd.* æng.

— *Suisse* mat & matt. — *Syriaque* mardj & (moûrdj). — *Tchèque* louka. — *Thibét.* pang. — *Trécorr.* foennek & pràd. — *Turc* merdj, tchimeu. tchairlik, tchir. *Vannet.* foennek & pràd.

☞ champeau, chaume, gagnage, guimaux, herbage, jasse, pacage, padouan, pâtis, pâturage, pâture, pelouse, pradelle, pré, préau, savane, savart, sècheron & terre.

PRAIRIE.

Additions & notes.

☆

pré, sms; petite prairie. Un petit *pré* prend le nom de « préau ».

☞ les traductions & les références de « prairie ».

PRÉ.

Additions & notes.

☆

préau, sms; petit pré.
☞ pradelle, prairie & pré.

PRÉAU.

Additions & notes.

☆

précipice, sms; endroit escarpé au-dessus d'un gouffre. — Les Pyrénées & les Alpes se disputent l'horreur des *précipices*.

Achànti okou. — *Allem.* Abgrund & Schroffen. — *Angl.* break, chasm, cloud, dept & precipice. — *Anglosax.* clud & hlinna. — *Arabe* hauiat, hofrat, kef, (kifane), louj & zerdeb. — *Bantou* eyenga, godia, louengenenge, nengenenge, ngodia & yenga. — *Bosniaq.* bezdno & propast. — *Breton* lounk, torre-gouzouk & torrôd. — *Bulgare* propast. — *Cafre* ilioua, lioua. — *Congol.* louengenenge, nbeka & nengenenge. — *Cornouaill.* lounk, torr-gouzouk & torrôd. — *Croate* & *dalmate* bezdno, propast. — *Danois* Afgrund. — *Egyptien* houfra. — *Erse* linn. — *Esclav.* bezdno & propast. — *Espag.* sbarrancadero, precipicio & voladero. — *Flam.* afgrond, krantz. — *Franç.* vx desruban. — *Gaéliq.* linne. — *Gallois* allt & alt. — *Giryama* dete. — *Hausa* gibi & kososobe. — *Herzégov.* bezdno & propast. — *Hindoust.* dang. — *Holl.* afgrond & krantz. — *Island.* brekka. — *Ital.* balza, burrone, dirupamento & precipizio. — *Latin* loci præcipitis & præceps locus. — *Léon.* lounk, torr-gouzouk & torrôd. — *Malais* tenbir. — *Malgache* hantsana. — *Monten.* bezdno & propast. — *Néo-guinéen* lada. — *Norv.* Afgrund. — *Picard* cavin. — *Polon.* otchlan & przepasc. — *Port.* barranco & precipicio. — *Prov.* deruben. — *Pyrénées* emboussado. — *Roum.* prapastia. — *Russe* bezdna & propast. — *Samoan* fafa & nonna. — *Serbe* bezdno & propast. — *Slovène* brezdno. — *Souahéli* chini & kouenda. — *Suéd.* afgrund. — *Syriaq.* houfra. — *Trécorr.* lounk, torr-gouzouk & torrôd. — *Turc* outchouroum. — *Vannet.* lounk, torr-gouzouk & torrôd. — *Zoulou* ilioua & lioua.

☞ les références d'« abîme & gouffre ».

PRÉCIPICE.

Espag. derrubamiento.

Additions & notes.

☆

préfecture, sfs; partie de certains États administrée par un préfet; l'ensemble des services administratifs d'un

PRÉFECTURE.

Additions & notes.

PRÉFECTURE. — Additions & notes. — préfet & sa résidence officielle. — Les *préfectures* françaises sont installées au chef-lieu de chaque département.

Allem. Præfektur. — Angl. prefecture. — Arabe ba=caujat, modirjat, moudiria & oualaiat. — Chinois choun, fou, ling, tchéou, ting. — Coréen koun. — Danois Præ=fektur. — Espagn. prefectura. — Flam. prefektschap & prefektuur. — Grec eparchi. — Hai-nan ngaya & tea. — Haut-Nil moudirah & moudiri. — Holl. prefektschap & prefektuur. — Ital. prefettura. — Japon. ken. — Latin præfectura. — Norvég. Præfektur. — Port. prefeitura. — Roum. prefectura. — Russe prefektura. — Turc vi=layet.

☞ les références d' « État & départe=ment ».

☆

PRESQU'ILE. — Additions & notes. — presqu'île, sfs; ☞ péninsule.

☆

PRINCIPAUTÉ. — Additions & notes. — principauté, sfs; un État ayant un prince pour chef. — La *principauté* de Monaco s'étale au bord de la mer Médi=terranée.

Allem. Fürstentum. — Angl. principality. — Arabe amarat. — Bosniaq. kuezevina. — Catal. principat. — Croate & dalm. kuezevina. — Danois Fyrstendœmmet. — Esclav. kuezevina. — Espagn. principado. — Flam. prinsdom & vorstendom. — Franç. vx princée. — Her=zégov. knezevina. — Holl. prinsdom & vorstendom. — Hongr. herczegség. — Ital. principato. — Latin princi=patus. — Monten. kuezevina. — Norv. Fyrstendœmmet. — Port. principado. — Prov. principat. — Roum. prin=cipat & principatul. — Russe kuiajestvo. — Serbe, slave knezevina. — Suéd. furstendöme. — Turc bejlik.

☞ les références d' « État ».

☆

PROFOND. — Additions & notes. — profond, adj.; dont le fond est très bas, très éloigné de l'ouverture. Se dit aussi pour « éloignement ».

Allem. Tief; (vx tiof). — Angl. deep. — Anglo-saxon deop. — Arabe amjgh, guzjr, ramik. — Bosniaq. dubok. — Breton dic'hiz, doun & kalet; (moyen don). — Catal. profundo; (vx pregon). — Celtiq. dubno. — Cornouaill. dic'hiz, doun, kalet. — Croate dubok. — Cymriq. dwfn. — Dalm. dubok. — Danois dyb & grundig. — Egyptien mouit. — Esclav. dubok. — Espagn. profundo. — Fin=land. syvæ. — Flam. diep. — Franç. vx parfond & pre=gond. — Fr.-comtois aivan. — Gaéliq. & erse domhain. — Gothiq. diups. — Grec vathys. — Herzég. dubok. — Holl. diep. — Irlund. vx domain. — Island. djup; (vx diupr). — Ital. profondo. — Japon. foukai. — Javan. je=ro, dap, handap, hasor, lebet & sor. — Latin profundus. Léon. dic'hiz, doun & kalet. — Lithuan. dubus. — Ma=luis dalam. — Monten. dubok. — Norv. dyb & grundig. — Picard avand. — Portug. profundo. — Prov. fondal, perfondal, preion, preon & priou. — Roman parfond. — Roum. adinc. — Russe gloubokii. — Samoan maululo. — Serbe dubok. — Slovène globok. — Suéd. djup. — Sy=riaque ramik. — Tchèque hluboky. — Trécorr. dic'hiz, doun & kalet. — Turc derin. — Vannet. den & doun.

☞ les références de « profondeur ».

Erse domain.

profondeur, sfs; l'étendue d'une cavité, dans le sens vertical. — Les *profondeurs* de la mer varient beaucoup.
Allem. Tiefe. -- *Angl.* depth. — *Arabe* gozr, omgh & roumk. *Bosniaq.* dubina & dubljina. — *Cafre* nzoulou, outoua & toua. — *Catal.* profunditat. — *Chinois* ta. — *Croate & dalm.* dubina & dubljina. — *Danois* Dybde, Grundighed. — *Égypt.* roumk. — *Esclav.* dubina, dubljina. — *Espag.* pregoneza, profundidad. — *Flam.* diepte. — *Herzég.* dubina & dubljina. — *Holl.* diepte. — *Italien* profondita, profonditade & profonditate. — *Javan.* jero & lebet. — *Kouei tchau* ta. — *Latin* profundum. — *Miaotsé* ta. — *Min-hia* se. — *Montén.* dubina & dubljina. — *Norv.* Dybde & Grundighed. — *Picard* avaudeur & parafond. — *Port.* profundeza & profundidade. — *Prov.* preondeza, priundeza & profunditat. — *Roum.* adincimea. — *Russe* glouboki. — *Samoan* loto & moana. — *Serbe* dubina & dubljina. — *Somerset* rhine. — *Souahéli* chini, keto, kouenda, ouketo. — *Suéd.* djub. — *Syriaq.* roumk. — *Turc* choukour & derinlik. — *Yunnan* sc. — *Zoulou* nzoulou.

☞ abîme, bas, bas-fond, cavité, cul, creux, dessous, enfonçure, fin, fond, fosse, gouffre, haut-fond, précipice & trou.

PROFONDEUR.   Additions & notes.

Profondeur de l'eau :
Angl. deep water. — *Arabe* loujja.

Profondeur de la mer :
Angl. deep sea. — *Kabadi* kavarakapaua. *Maiva* akoupaka. — *Motouni.* gadobada & kaikara. — *Néo-guinéen* gabotoumou, gadobada, kaikara & kavarapakaua.

☆

promontoire, sms; pointe de terre qui s'allonge dans la mer. — Les *promontoires* sont des caps.
Alaska tan. — *Allem.* Vorgebirge. — *Annam.* moui. — *Angl.* promontory. — *Arabe* chinarkh, marfag, menkeb, râs & tarf. — *Bantou* esounsou, etoukoulou, sounsou & toukoulou. — *Baya* djo & dzo. — *Bosniaq.* glavina. — *Breton* bék-douar. — *Catal.* promontori. — *Celtiq.* bre, néo, ness, ros & rosn. — *Chinois* haï-kio, haï-ko, koue, pi, ting, ti-tau, tsoui. — *Coréen* kot. — *Cornouail.* bék-douar. — *Croate* glavina. — *Cymrique* trwyn. — *Dalm.* glavina. — *Danois* Forbjerg, Hage & Odde. — *Égypt.* ras. — *Erse* ros & ross. — *Esclavon* glavina. — *Espag.* promontorio. — *Esper.* promontoro. — *Esquimau* ghangakhsou & ghangeng. — *Finland.* niemi & njarga. — *Flam.* voorgebergte. — *Franç.* ux eartourneste, kel. — *Gaéliq.* ceann, maol, moull, ros, sron, stuaic. — *Gallois* trwyn. — *Grec* akri, akroterion & kavo. — *Herzég.* glavina. — *Holl.* vorgebergte. — *Island.* höfdi. — *Ital.* promontorio. — *Japon.* hana, misaki, saki, zaki. — *Kabyle* ikhf. — *Kiouai* mouba. — *Latin* promontorium. — *Léon.* bék-douar. — *Malais* oudjoung & tandjoung. - *Malgache* tanzouna. — *Mentaouei* touuan. — *Monténégr.* glavina. — *Néo-guin.* mouba. — *Norv.* Forbjerg, Hage, Odde. — *Philipp.* ongot. — *Port.* pontal & promontorio. — *Prov.* promunctori. — *Roum.* promontoriu. — *Russe* myss. — *Serbe* glavina. - *Songhai* bougo. — *Suéd.* farb, hédde & udde. — *Syriaq.* râbs. — *Tagal* ongot. — *Thibet.* rina. — *Trécorr.* bék-douar. — *Turc* bournou, bouroun. — *Vannet.* bék-douar.

☞ les références de « cap ».

PROMONTOIRE.   Additions & notes.

Promontoire bas :
Angl. low promontory. — *Gaéliq.* oitar & ottar.

Promontoire montagneux :
Angl. mountain promontory. — *Arabe* gourua.

Promontoire rocheux :
Arabe cheshem. — *Erse* ben.

☆

province, sfs; une partie d'un État. — Nos anciennes *provinces*, qui répondaient à des groupements géographiques & historiques, ont été remplacées par des départements dont la constitu-

PROVINCE.   Additions & notes.

PROVINCE.   Additions & notes.

tion & les noms n'ont aucun sens scientifique.

Allem. provinz. — *Angl.* province. — *Arabe* amala, moudiria, mogathaat, souba, uelaiat & vilayet. — *Bosniaq.* pokrajina. — *Cambodge* khet & ksetra. — *Castill. & catal.* provincia. — *Chinois* chiou & sang. — *Coréen* do & to. - *Croate* pokrajina. — *Cymrique* cwmmyd. — *Dalm.* pokrajina. — *Danois* provins. — *Darfour* magdoumat. — *Égypt.* vilayet. — *Esclav.* pokrajina. — *Espag.* provincia. — *Flam.* landschap & provincie. — *Haut Nil* moudirah, moudiri. — *Herzég.* pokrajina. — *Holl.* landschap & provincie. — *Hongr.* tartómany. — *Indou* kound. — *Ital.* provincia. — *Japon.* chiou & kouni. — *Latin* provincia. — *Malais* dairah, dairat, mouang & nagara. — *Monten.* pokrajina. — *Norv.* Provins. — *Polon.* powiat & prowincya. — *Port.* freguezií & provincia. — *Pror.* proensa, prohensa & provincia. — *Roman* marche & nome. — *Roum.* provincia. — *Russe* oblast. — *Scandin.* stift. — *Serbe* pokrajina. — *Slovène* pokrajina, provincijn. — *Suéd.* landskap, provins. — *Syriaq.* vilayet. — *Turc* eialat, eyalat, livás, sandiak & vilayet.

☞ les références d' « État ».

☆

PUISSANCE.   Additions & notes.

puissance, sfs; ☞ État.

☆

PUITS.   Additions & notes.

puits, sms; trou foré dans le sol pour obtenir de l'eau. — Les *puits* d'où l'eau jaillit par les sondes sont des puits artésiens.

Achánti nkouamme & nsou-anioua. — *Allem.* Brunnen & schacht. — *Angl.* fount, shaft, water-hole & well. — *Annam.* giéng. — *Arabe* abiar, abyar, ain, biar, (bir), borj, haci, hassi, hofrat, joubb, las, ogla & (oglat). — *Bambar.* kolo, kolon & kolongo. — *Beja* kar & re. — *Berbère* ogla, (oglat) & taouut. — *Bornou* soua. — *Bosniaq.* bunar & studenac. — *Breton* puns. — *Castill.* pozo. — *Catal.* pou. — *Chinois* ching & tching. — *Choula* izioua & zioua. — *Congol.* chima. — *Corniq.* puits. — *Cornouaill.* puns. — *Croate* & *dalm.* bunar & studenac. — *Danois* Brœnd. — *Deccan* bain, (noutoulou), nouyi. — *Égypt.* (aadad). — *Erse* dobur, tober & tubber. — *Esclav.* bunar & studenac. — *Espag.* pozo. — *Finland.* kaivo. — *Flam.* put, waterput, wel. — *Foula* boudou. — *Franç.* vx pi, pie, piz, poussard, poux & puech. — *Gaëliq.* tiobart & tobar. — *Gallois* fynnon. — *Gourma* li kiari. — *Grec* pigadi. — *Hassan.* hasi & hassi. — *Hausa* riju. — *Hébreu* beer. — *Herrero* ombou & oudyombo. — *Herzég.* bunar & studenac. — *Hindoust.* bamba. — *Hispano-amér.* cachimba. — *Holl.* put, waterput & wel. — *Ind. Amérique* N. tupik. — *Island.* lind. — *Ital.* pozzo. — *Javan.* soumour. — *Latin* puteus. — *Léon.* puns. — *Lousinga* izioua, zioua. — *Malgache* fantsakana. — *Maling.* kolo, kolon & kolongo. — *Mandar.* soua. — *Maroc.* angri. — *Mongol* koudouk. — *Monten.* bunar, studenac. — *Mossi* boulouga & koulouga. — *Nandi* oinet. — *Norv.* Brœnd. — *Nubien* kar & re. — *Odji* omatope & omousima. — *Ouganda* bour, eoueri, iseoueri, izioua, oinet & zioua. — *Ouolof* ten. — *Persan* chàh & tchàh. — *Picard* puche & pure. — *Polon.* studnja. — *Port.* poço. — *Prov.* potz & poutz. — *Pundjab* jhalars. — *Rahaouin* hil. — *Roman* puche, puix, put & pux. — *Roum.* put & putul. — *Russe* kaledets & kolodez. — *Sahar.* abankor, bir & hassi. — *Samoan* vai'eli. — *Sanscr.* koúpa. — *Serbe* bunar & studenac. — *Sénég.* &*serer* ngas. — *Slovène* studenac. — *Somali* bok, el, hell, hil & las. — *Songhaï* bangou & bassou. — *Soning.* gede. — *Soudan d'Égypte* (aadad), ed & id; (*franç.* boulouga & koulouga). — *Souahéli* kisima,

masima, sima & (visima). — *Suéd.* brunn. — *Syriaq.* bijar. — *Télégou* (noutoulou), nouyi. — *Thibét.* chou-dong. — *Trécorr.* puns. — *Turc* koudouk, kouioussi, kouyou & koye. — *Vannet.* puns.	PUITS.	Additions & notes.
☞ bure, citerne, citerneau, donnavi, fontaine, hydroscopic, igue, jet, pierrier, pompe, puisard, silo & source.		

☆

puits artésien, puits fonctionnant au moyen de la sonde. — C'est dans le pays de l'Artois que fut installé le premier *puits artésien*.	PUITS ARTÉSIEN.	Additions & notes.
Allem. artesischer Brunnen. — *Angl.* artesian well. — *Danois* artesisk Brœnd. — *Espag.* pozo artesiano. — *Ital.* pozzo artesiano. — *Norv.* artesisk Brœnd. — *Port.* poço artesiano. — *Roum.* put artesian.		
☞ les références de « puits ».		

☆

♈

quai, sms; mur épais bâti au bord de l'eau pour y adosser les navires; trottoir spacieux & couvert construit entre une gare & la voie ferrée; voie publique située entre le bord de l'eau & les entrepôts. — C'est sur les *quais* que l'on peut se rendre compte de la prospérité d'un port.	QUAI.	Additions & notes.
Allem. Ausladungsplatz, Buhue, Hag, Hecke, Kai, Lænde, Landungsplatz & Quai. — *Angl.* hedge, hithe, port side, quay, roadstead, staith & wharf. — *Anglo-sax.* hydh & stædh. — *Arabe* mechra. — *Bantou* etombouelo, tombouelo. — *Bosniaque* obrezje. — *Breton* kaé; (*vieux* caiou). — *Celtique* cai & kago. — *Congol.* etombouelo & tombouelo. — *Cornouaill.* kaé. — *Croate* obrezje. — *Cymriq.* cae. — *Dalm.* obrezje. — *Danois* Kai & Værft. — *Esclav.* obrezje. — *Espag.* espigon, malecon, muelle. — *Flam.* burgwal, gracht, kaai, kade, ladingplaatz, steiger & werp. — *German.* haga. — *Hausa* mafitsi & mafoutsi. — *Herzégov.* obrezje. — *Holl.* burgwal, gracht, kaai, kade, ladingplaats, steiger, werp. — *Island.* stödh. — *Italien* ripa, riva, sbarcatojo, spiaggia, via lungo un fiume. — *Japon.* hatoba. — *Léon.* kaé. — *Malais* bâgan. — *Montén.* obrezje. — *Norv.* Kai & Værft. — *Persan* pouchta. — *Port.* bombordo & caes. — *Roman* aplétage. — *Roum.* cheu. — *Russe* bouyan, nabéréjnaia. — *Serbe* obrezje. — *Siam.* hta. — *Songhaï* goume. — *Souahéli*		

QUAI.

Additions & notes.

diko, liko, (madiko) & (maliko). — *Suéd.* landningsplats. — *Trécorr.* & *rannet.* kaé. — *Yorouba* eboute.

☞ les références de port.

☆

QUARTIER.

Additions & notes.

quartier, sms; partie d'une ville. — Le *quartier* des Juifs, à Amsterdam, est fort pittoresque.

Afghan mahalla. — *Allem.* Stadtviertel & Viertel. — *Angl.* neighbourhood, quarter of a town, ward. — *Arabe* hai, hauma & houma. — *Armén.* thagh. — *Asie centrale* mahallah. — *Bantou* belo & lo. — *Danois* kvarter. — *Deccan* agrav. — *Égypt.* hâra. — *Espag.* barrio & cuartel. — *Finland.* mæriin. — *Flam.* kwartier. — *Hindoustani* ouara, para, paul & pol. — *Holl.* kwartier. — *Ital.* quartiere & rione. — *Kabyle* karouba. — *Latin* urbis regio. — *Malais* kampong. — *Nika* moutha. — *Norvég.* Kvarter. — *Port.* quarteirão. — *Prov.* ladrier & lairier. — *Roman* huis, nome. — *Roum.* comisariatul. — *Russe* kvartal. — *Souahéli* (mita) & mta. — *Suéd.* kvarter. — *Syriaq.* hai. — *Turc* mahalle. — *Yorouba* iso.

☞ réage & les références de « ville ».

☆

R

RACE.

Additions & notes.

Proportions des races :	pour 100 habitants
blanche (indo-européenne)	43.0
jaune (mongole)	39.6
noire (nègre)	12.0
dravidienne	2.6
cuivrée (malaise)	2.2
rouge (indiens d'Amérique)	0.6

race, sfs; variété de l'espèce humaine. — L'usage s'est établi de distinguer les *races* d'après la couleur de la peau.

Aléout. amak. — *Allem.* Art, Geschlecht & Stamm. — *Angl.* breed, race & stem. — *Arabe* al, asl, gens & zorr= jat. — *Bosniaque* koljeno, rod, spol & stablo. — *Breton* gwenn & rumm; (moyen gonen). — *Cameroun* bona. — *Catal.* rassa. — *Cornouaill.* gwenn & rumm. — *Croate* & *dalm.* koljeno, rod, spol, stablo. — *Danois* Race, Slægt. — *Égypt.* (aguàs) & gins. — *Ersa* cénol & fine. — *Esclav.* koljeno, rod, spol & stablo. — *Espag.* raza. — *Finland.* runko. — *Flam.* aard, afkomst, geschlacht, ras & stam. — *Franç.* ex esclate, estrau, progenie & progeniez. — *Hausa* dengi. — *Hérzég.* koljeno, rod, spol & stablo. — *Holl.* aard, afkomst, geschlacht, ras, stam. — *Ital.* razza, schiatta & stirpe. — *Javan.* santana & sentana. — *Latin* familia, generatio, gens, gentis, genus, origo, progenies & stirps. — *Léon.* gwenn & rumm. — *Malais* batang. — *Malgache* karazana. — *Montén.* koljeno, rod, spol, sta= blo. — *Norv.* Race & Slægt. — *Polon.* pien, pokolenie & rodzaj. — *Port.* raça. — *Prov.* escata, gent, gra, grau & raza. — *Punab.* kaum & kom. — *Roman* engence & progenie. — *Russe* pakalenié & rode. — *Samoan* itou= aiga, toupoulaga. — *Sanscr.* kula. — *Serbe* koljeno, rod, spol & stablo. — *Slovène* deblo & nacin. — *Songhaï* kille.

— *Souahéli* china, jiti, (machina), (majiti). — *Suéd.* art, stam. — *Syriaq.* dchins & (idchnâs). — *Trécorr.* gwenn & rumin. — *Turc* balta, çöi, dchins & nessai. — *Vannet.* gwenn & rumm.

☞ aborigène, berceau, branche, clan, caste, catégorie, classe, classification, classement, condition, croisement, dégénérescence, descendance, dynastie, engeance, espèce, estoc, extraction, famille, filiation, fourchage, généalogie, génération, genre, gent, issue, lien, lignage, lignée, maison, milieu, monde, naissance, ordre, origine, parage, parenté, peuple, progénie, provenance, rang, société, souche, tige, toit, tribu, tronc, source & volée.

RACE.

Additions & notes.

☆

rade, sfs; grand bassin naturel d'un port donnant largement sur la mer. — La *rade* de l'Escaut est toujours ensablée.

Achânti hyeu gyina-bea. — *Afrique centr.* insila, sila. — *Allem.* Ankerplatz, Reede & Rhede. — *Angl.* road & roadstead. — *Arabe* çatth, marsa, sahil, sahel, tarik, trik & (touroùk). — *Bantou* insila & sila. — *Bosniaq.* pristaniste. — *Breton* kampr-vôr & râd. — *Celtique* poul. — *Chinois* fau-tau. — *Cornouaillais* kampr-vôr & râd. — *Croate* & *dalm.* pristaniste. — *Danois* Red, Rhed, Vei & Vej. — *Esclavon* pristaniste. — *Espagn.* abra & rada. — *Flam.* reê, reede & weg. — *Franç.* ux hoguette & rade. *Hassan.* thrik. — *Herzég.* pristaniste. — *Holl.* reede, reê & weg. — *Il. Salomon* siranga & soane. — *Indo-chin.* rana. — *Italien* rada & spiaggia. — *Khas chos* rana. — *Kousage* soane. — *Léon.* kampr-vôr & râd. — *Montén.* pristaniste. — *Mossi* soro. — *Norv.* Red, Rhed, Vei & Vej. — *Port.* ancoradouro & enseada. — *Roubian.* siranga. — *Roum.* sin. — *Russe* reid, reide. — *Serbe* & *slave* pristaniste. — *Soudan. fr.* sore. — *Suéd.* redd & wag. — *Trécorr.* kampr-vôr & râd. — *Turc* iéri, liman & yol. — *Vannet.* kampr-vôr & râd.

☞ les références de « port ».

RADE.

Additions & notes.

*

rapide, sms; chute d'eau dans un cours d'eau. — Le mot *rapide*, pour désigner une forte cascade, nous vient d'Amérique.

Achânti aouoro-so. — *Allem.* Stromschnelle. — *Amaxosa* gxangxasi & ingxangxasi. — *Amèric.* dalle. — *Annam.* tak & thak. — *Angl.* rapid. — *Argent.* (saltos). — *Bantou* eji & kieji. — *Bornéen* kiham. — *Bosniaque* brzika. — *Cafre* gxangxasi & ingxangxasi. — *Chinois* (tan) & than. — *Congol.* eji & kieji; (*franç.* nsogh, sogh & (mesogh). — *Croate,* dalm. brzik. — *Danois* Sted med stærk Strœm i en Flod. — *Esclav.* brzika. — *Fan* asogh, (mesogh) & sogh. — *Finland.* niva. — *Herzég.* brzika. — *Hispano-améric.* raudal. — *Ibôko* bouéta & (méta). — *Ind. Amériq. N.* alta, ashokan, hounk & (manhattan). — *Laotien* (tang). — *Malais* âyer dras. — *Malgache* hapotrahana & ranoumaria. — *Montén.* brzika. — *Mossi* ko soko. — *Norv.* Sted med stærk Strom i en Flod. — *Port.*

RAPIDE.

Additions & notes.

Le mot « rapide » désigne aussi les trains du chemin de fer qui ne desservent, à toute vapeur, que les grandes cités.

RAPIDE.

Additions & notes.

cachoeira. — *Russe* bystrina. — *Serbe* brzika. — *Siam.* keng. — *Soudan. fr.* kosugo. — *Suéd.* hvirfvel.

☞ les références de « chute » & de « rivière ».

☆

RAVIN.

Additions & notes.

Franç. vx rabine. — *Roum.* vagauna.

ravin, sms; creux formé par le passage d'un torrent. — Le lit du torrent, élargi par la fréquence des pluies, se transforma en *ravin* bourbeux.

Achânti obonka. — *Afrique Nord* enneri. — *Algérie* chaba. — *Allem.* Hohlweg, Kluft, Runs, Runse, Tobel & Schlucht. — *Angl.* bluff, chasm, dell, gully, lin, linn, lyn, lynn, nullah & ravine. — *Anglo-améric.* clove. — *Anglo-sax.* cinu, hlinna. — *Arabe* chaba, chabet, cheba, club, fidh, khallet, louj & ouad. — *Asie centr.* yilga. — *Bantou* eyenga, lidi, nlidi & yenga. — *Baja* kar. — *Berbère* irzir. — *Bosniaq.* gadura & klanak. — *Cafre* foula, oumfoula, oumrotya, oumtsanta, rotya & tsanta. — *Catol.* cau. — *Caucas.* khevi. — *Celtiq.* glen. — *Croate, dalm.* gadura & klanac. — *Danois* Hulvei. — *Erse* linn. — *Esclavon* gadura & klanac. — *Espagnol* barranco, derrubamiento, guad, quebrada & rambla; (*vieux* cavo). — *Fan* aboli, boli & (meboli). — *Flam.* hoek, holle weg, kloof. — *Franç.* vx desruban — *Gaéliq.* linne. — *Galla* lougga. — *Giryam.* dete & noullah. — *Hausa* gibi & sosobi. — *Herzég.* gadura & klanac. — *Hindoust.* ghari & nala. — *Holl.* hoek, holle weg & kloof. — *Ind. Californ.* kahokouchama. — *Island.* geil & skard. — *Ital.* burrone, cavo, dirupamento & frana. — *Japon.* saoua. — *Kabyle* gelman. — *Lac Chirowa* ckogoui. — *Loango* chimpolo. — *Lomoué* ckogoui. — *Malt.* vyed. — *Montén.* gadura, klanac. — *Mossi* cherhoma & zouloumba. — *Norv.* Hulvei. — *Nubien* kar. — *Port.* barranco & cavo. — *Prov.* cava, chaus, combel, deruben, roina & royna. — *Russe* avrague, balka & ovrag. — *Samoan* vanou. — *Sanscrit* giroona. — *Serbe* gadura & klanak. — *Somali* af, dere & derin. — *Soudan. fr.* cherhoma & zouloumba. — *Suédois* klyfta. — *Suisse* runs & runse. — *Thibét.* dog & grog. — *Turc* boghas, dere, kol, sai, tyap & yar. — *Yorouba* alafo & koto-jigonron. — *Zoulou* oumrotya, oumtsanta, rotya & tsanta.

☞ abîme, affouillement, anfractuosité, baissière, bassin, cave, cavité, cluse, colmate, combe, concavité, craque, creusure, creux, crevasse, dépression, échancrure, effondrement, enfoncement, enfonçure, enrue, excavation, flache, flachère, fondis, fondrière, fosse, géode, gorge, gouffre, gour, noue, ornière, orygma, pli, poche, ravine, réceptacle, retirure, retranchement, ride, scrobe, scrobicule, sillon, silo, sinus, trou, val, vallée, vallon & vide.

Ravin profond :
Angl. deep ravine & enclosed ravine. — *Arabe* khalij. — *Cafre* bolompo & oumbolompo. — *Turc* chap.

Grand ravin :
Ital. borro & borrone.

Ravin d'érosion :
Langued. barranque. — *Prov.* barrancaou.

Ravins sinueux :
Angl. sinuous ravine. — *Arabe* chaaba, chaba & chabet.

☆

RÉCIF.

Additions & notes.

récif, sms; ligne de rochers ne découvrant pas. — Les côtes norvégiennes abondent en *récifs*.

Allem. Felsenriff, Klippe & Riff. — *Angl.* reef, ridge & shoal. — *Bosniaq.* prud. — *Chinois* che & che-tan. — *Croate & dalm.* prud. — *Danois* Rev, Skiœr & Skjær. —

RÉCIF.

Additions & notes.

Récif de corail :
Angl. coral reef. — *Malais* tarombe.

Récif sableux :
Afrique austr. & orient. founqou. — *Angl.* sandy reef.

Esclav. prud. — *Espag.* arrecife, restingn & rifo. *Finland.* kallio & matalu. — *Flam.* klip & klipping rif. — *Gallois* bryn. — *Herzég.* prud. — *Holl.* klip & klipping rif. — *It. Salomon* masa & mati. — *Ital.* scoglio, scogli sott'acqua, secca & serra. — *Javan. & malais* karang. — *Montén.* prud. — *Néo-géorgien* mati. — *Norse* rifa. — *Norv.* Rev, Skiær & Skjær. — *Port.* abrolho, recife & restinga. — *Roubian.* masa. — *Russe* louda, padvodnyi, rif. — *Samoan* a'au. — *Serbe* prud. — *Souahéli* kipoua & 'vipoua). — *Suéd.* ref & refvel. — *Teutoniq.* rif & roof.

☞ les références de « banc ».

☆

RECRAN.

Additions & notes.

recran, sms; ☞ crique.

☆

REFLUX.

Additions & notes.

reflux, sms; mouvement de retraite de la marée. — Le *reflux* se produit deux fois en 24 heures.

Allem. Ebbe. *Angl.* ebb, ebbing, ebb-tide, overflow, reflux. — *Arabe* gazr. — *Bantou* dala & ndala. — *Bosniaq.* osjeka. — *Breton* dichal, tré & tréac'h. — *Corniq.* trig. — *Cornouaill.* dichal & tréac'h. — *Croate & dalm.* osjeka. — *Danois* Ebbe & Omvexling. — *Égypt.* gazr. — *Erse* tragut. — *Esclavon* osjeka. — *Espagnol* reflujo. — *Flam.* ebbe. — *Franç. vx* eles, elesie, elez & reflus. — *Herzég.* osjeka. — *Holl.* ebbe. — *Ital.* piena & riflusso. — *Japon.* hiki chiouo. — *Javan.* sourout. — *Latin* refiui. — *Léon.* dichal & tréac'h. — *Maiva* poura eahi. — *Malais* ajer sourout & pasang touroun. — *Montén.* osjeka. — *Néo-guin.* poura eahi. — *Norm.* ebe. — *Norv.* Ebbe & Omvexling. — *Polon.* odplyw. — *Port.* refluxo. — *Roum.* refluesul. — *Russe* otliu marskoï. — *Samoan* tai. — *Serbe* osjeka. — *Souahéli* maji mafou. — *Suédois* ebb. — *Syriaque* gazr. — *Trécorrois & vannet.* dichal & tréac'h.

☞ les références de flot & de jusant.

☆

RÉGION.

Additions & notes.

région, sfs; vaste étendue de ciel, de terre ou d'eau. — Les régions agricoles sont déterminées par les genres de cultures.

Achánti afan & apa. — *Allem.* Gegend & Landschaft. — *Angl.* country, land & region. — *Arabe* akalin, balad, bar, (belad), beldah, beled, bilad, blad, bled, bou, dar, diyar, gihhat, khittat, moulk, nahiat, nahiya & ouatan. — *Bambara* kanda. — *Bantou* alo, alou, anza, arou, aro, charou, chalo, chi, chialou, dema, dima, dziko, elabo, elapo, idziko, ikisou, iko, impanga, insi, inzi, labo, kisou, lapo, louanza, maziko, mdima, moumpanga, moupanga, mousi, nchi, ndema, ndima, nga, panga, si, ziko. | *Bosniaq.* priedjel. *Breton* bro; (vx lann). | *Cafre* llizoun & zoun. — *Castill.* region. — *Catal.* regió. — *Chinois* hsiang. — *Congol.* chi, lam, nchi & nlam; (franç. afan, fan, (mefan) & mvogh). — *Cornouaill.* bro. — *Dalmate & croate* priedjel. — *Danois* Egn, Land & Region. — *Égypt.* nahyé. — *Esclav.* priedjel. — *Espagn.* region. — *Esquim.* toulig & toulik. — *Fan* afan, fan, lam, nlam, (mefan) & mvogh. — *Finland.* seutu & tienoo. — *Foula* leïdi. — *Flam.* landschap, landstreek, streek. — *Franç. vx* bro. — *Gaëliq.* tyre. — *Giryam.* tsi. — *Hausa* gari, koto & ouoche. — *Haut-Nil* lan. — *Haut-Sobat* palopan. — *Herzég.* priedjel. — *Hindoust.* bati, bhoum, moulk & vati. — *Holl.* landschap, laudstreek & streek. — *Hongr.* vidék. — *Ibóko* mokédji. — *Ind. Amérique N.* steep. —

RÉGION.

Additions & notes.

Région de l'Ouest :
Angl. western region. — *Chinois* hsi fang.

Région des côtes :
Allem. Küstengebiet.

Région des grandes dunes :
Arabe (areg), erg. — *Sa'ar.* nebka.

Région desséchée :
Sanscrit marou.

Région montagneuse :
Angl. mountainous region. — *Arabe* dahar.

Région inculte :
Arabe khabt.

Région sablonneuse :
Arabe remel.

Région salée :
Arabe khabt.

Régions polaires :
Flam.-holl. poolstreken.

Région supérieure :
Angl. upland, upper land. — *Gaél.* auchter, uachdar.

Ind. Calif. oue ah. — *Indou* khand. — *Island.* syssel. — *Ital.* regione. — *Ja-tono* penyi. — *Japon.* kouni. — *Kabyle* tamourt. — *Kirionina* valou & vilo. — *Kossova* rirooua & rooua. — *Laot.* za khon. — *Latin* ager, regio, regionis. — *Léon.* bro. — *Malais* panououa, benoûa. — *Malgache* fari tani & tani. — *Manding.* dougou & kongo. — *Montén.* priedjel. — *Mossi* tenga. — *Néo-guin.* valou & vilo. — *Nika* dzi. — *Norv.* Egn, Land & Region. — *Ougand.* bonnik, penyi, rirooua & rooua. — *Ouolof* reu. — *Persan* belad, boum, dihat & marz. — *Polon.* wies, kraj, okolica. — *Port.* região. — *Prov.* regio & relo. — *Roman* lande, nome. — *Russe* straua. — *Samoan* nou'ou & lau'ele'ele. — *Sanscr.* bati, bhoumi, dis, vati. — *Serbe* priedjel. — *Sierra Leone* lahoun. — *Slovène* kraj & oko= lica. — *Songhai* fari, gauda. — *Soning.* dinmane, jama= na. — *Soudan.* kanda; (*franç.* penga). — *Souahéli* chi, inchi, nti & ti. — *Suéd.* hærad, trakt. — *Syriaq.* nahiyé. — *Tchéq.* krajina. — *Téléy.* nadou. — *Thibét.* chog, de, gling, kam, kham, ling, sa & sde. — *Trécorrois* bro. — *Turc* étrav, memleket, yer. — *Vannet.* bro. — *Yambo* paiopan. — *Yorouba* illou.

☞ les références de pays & contrée.

☆

RELIEF.

Additions & notes.

relief, sms; la partie saillante d'une surface inégale. — Le *relief* des Vosges est couvert d'embuscades.

Allem. erhabene Arbeit, Relief, Schwelle & Tief. — *Angl.* deep, relief & rise. — *Bosniaq., croate, dalm.* pro= pup. — *Danois* Relief. — *Esclavon* propup. — *Espagnol* abolladura, realce, relieve. — *Flam.* hoog en laag, ver= heven beeldwerk & verhevenheid. — *Franç.* væ relheu, relieu. — *Herzég.* propup. — *Holl.* hoog en laag, verhe= ven beeldwerk, verhevenheid. — *Ital.* rilevo, rilievo & risalto. — *Latin* extantia. — *Montén.* propup. — *Norv.* Relief. — *Port.* realce & relevo. — *Russe* vypouklyi. — *Serbe* propup. — *Suéd.* relief.

☞ apparence, anglé saillant, arête, avance, bas-relief, bossage, bosse, bour= relet, console, côte, crête, dent, diptère, élévation, éminence, forjeture, hau= teur, mamelon, monticule, panstéréo= rama, proéminence, protubérance, re= haut, relevé, ressaut, saillant, saillie.

☆

REMPART.

Additions & notes.

rempart, sms; un mur fortifié élevé autour d'une ville. — Avant d'aban= donner la place, l'artillerie encloua les

canons & les pièces de siège des *rem=
parts*.

Achánti akoban. — *Allem*. Bollwerk, Schutzwehr &
Wall. — *Angl*. défensive wall, haugh, mound, rampart.
— *Anglo-sax*. burg, haga, hlaw, weall. — *Arabe* jedar,
jedir, rejem, sour. — *Berbère* agadir, (Igoudar). — *Bos=
niaq*. bedem. — *Catal*. torn; (vx amparanza). — *Celtiq*.
don, dun. — *Coréen* seng. - *Croate* bedem. — *Cymriq*.
bwrch, ysgor. — *Dalm*. bedem. — *Danois* Formur, Vold
& Haugr. — *Erse* rath. — *Esclav*. bedem. — *Espag*. mu=
ralla, torno. — *Finland*. valli. — *Flam*. schanz, vest &
wall. - - *Franc*. *vx* barri, cude. -- *Gaéliq*. rath. — *Her=
zég*. bedem. — *Hispano-amér*. caapau. — *Holl*. schanz,
vest & wall. — *Ind. Amériq. N.* maunakating. — *Italien*
bastia, bastione, bastita, riparo & torno. — *Latin* muni=
mentum, munitio. -- *Loango* litoulo. — *Malais* binting.
Montén. bedem. — *Norse* haugr. — *Norv*. Formur, Vold
& Haugr. — *Ouganda* litoulo. — *Polon*. wal. — *Portug*.
baluarte, torno. — *Prov*. amparansa, bar, barri, torn &
tor. — *Roman* amparement, pan de fust. — *Rouchi* bar=
let. — *Roum*. (meterescle). — *Russe* agrâda, val. — *Sa=
moan* 'aupa. — *Saxon* don & dun. — *Serbe* bedem. —
Souahéli boma, kilima, lima, rima & sera. — *Suéd*. vall.
— *Turc* douvar.

☞ les références de fort & de mur.

☆

république, sfs; état gouverné par
les mandataires de la nation. — L'idée
de la *république* universelle est dans
l'air.

Allem. republik. - *Angl*. republic. - *Bosniaq*. repu=
blika. — *Breton* stâd-diroué. — *Chinois* min dchju gouo.
— *Cornouaill*. stâd-diroué — *Croate* & *dalm*. republika.
— *Danois* Republik. -- *Esclav*. republika. — *Espag*. re=
publica. — *Flam*. republiek. — *Herzég*. republika. —
Holl. republiek. — *Hongr*. kœztarsasag. — *Ital*. repub=
blica. — *Latin* respublica. — *Léon*. stâd-dirou . — *Mon=
ténég*. republika. — *Norv*. Republik. - *Port*. & *roum*.
republica. — *Russe* réspoublika. — *Serbe* republika. —
Suéd. republik. — *Trécorr*., *vannet*. stâd-diroué.

☞ les références d'état & de gouver=
nement.

☆

réservoir, sms; un endroit où l'on
amasse des liquides. — Dans les grands
ports des *réservoirs* sont construits
pour emmagasiner les pétroles.

Allem. Behælter, Wasserbehælter. — *Angl*. recepta=
cle, reservoir & tank. — *Arabe* birket, (bourkak), haud,
houroubbe, majen, ogla, (redair), redir. — *Asie centrale*
kol. — *Bosniaque* sprema. — *Cambodg*. sra. — *Croate* &
dalm. sprema. — *Danois* Beholder. — *Deccan* gouuta.
— *Egypt*. birke, galt. — *Esclav*. sprema. — *Espag*. arca
de agua, deposito, charca, estanque. — *Flam*. waterbak.
— *Franç*. *vx* bief. — *Herzég*. sprema. — *Hindoust*. da=
bar, dabra, talao. -- *Holl*. waterbak. — *Ital*. serbatoio.
— *Latin* receptaculum. — *Montén*. sprema. — *Nika* sia,
kisia, kizia & zia. — *Norv*. Beholder. — *Persan* ab-am=
ber, abich-khour, ab-khana, haoz, hauz, talab. — *Port*.
reservatorio. — *Prov*. bulma barqui, serva & tomplina.
-- *Rahanouin* ouar. | *Roman* vivy. — *Russe* vodaiome.
— *Sahara* oglat. — *Serbe* sprema. — *Slovène* vodnjak.
— *Somali* bad, ouar. — *Suéd*. kærl. — *Syriaq*. birki &
(bourak). — *Tamahak* tilemmas, tsmaïd. — *Turc* hasne.

REMPART.

Additions & notes.

Rempart en ruines :
Arabe tell & (telloul).

RÉPUBLIQUE.

Additions & notes.

Liste des États républicains : Argen=
tine, Bolivie, Brésil, Chili, Colombie,
Costa Rica, Cuba, Dominicaine, Équa=
teur, État Unis de l'Amérique du Nord,
France, Guatémala, Haïti, Honduras,
Libéria, Mexique, Nicaragua, Panama,
Paraguay, Pérou, Saint-Marin, Salva=
dor, Suisse, Uruguay, Vallées d'An=
dorre & Vénézuéla.

RÉSERVOIR.

Additions & notes.

RÉSERVOIR.

Additions & notes.

Petit réservoir :
Angl. small reservoir. — Arabe ghedir. — Prov. barquinet.

Réservoir souterrain :
Angl. underground reservoir. — Arabe (tilmamnis), tilmas).

☞ abreuvoir, aquarium, bassin, cellier, citerne, citerneau, conche, conserve, dock, eau, entrepôt, ensilage, étang, impluvium, magasin, puits, purot, réceptacle, réserve, silo, tank & vivier.

☆

RÉSIDENCE.

Additions & notes.

résidence, sfs; lieu ou maison d'habitation; siège d'un service public. — La préfet doit avoir sa *résidence* officielle au chef-lieu de son département.

Achinti odan. — Afrique orient. allem. tembe. — Allem. Aufenthalt, Büren, residenz. — Angl. abode, bury, place, residence, home, homestead, dwelling-house. — Arabe dâr, haouili, ikamat, makan, manzil, maoua, masoua. Bati ndap. Banjan eket. — Banton tembe. — Busari (adi), goudi. — Haya tona. — Bosniaq. prestolnica, sjediste, sjedjenje, stolica. Cafre oumzi & zi. — Camer. eket, ndap. — Catal. residencia. — Chamba (dididi), gouddi. — Chinois king. — Croate. dalm. prostolnica, sjediste, sjedjenje & stolica. — Danois Bopœl & Residens. Égyp. ikamat. — Esclav. prestolnica, sjediste, sjedjenje & stolica. Espag. residencia. — Fanti odan. — Flam. buren, verblijf & residentie. — Foula joro. — Galla makani & marra. — Gallois bettws, trev & tre. — Hausa gida, gidda & halita. — Herzég. prestolnica, sjediste, sjedjenje & stolica. — Hindoust. bas-bas, basgit, bati, basobas, galiyara, ghar, ok & vati. — Holl. buren, verblijf, residentie. — Hongr. haz, lak. — Indochinois louu. — Ital. residenza, residenzia. — Khas chos loun. — Latin commoratio & sedes. — Montén. prestolnica, sjediste, sjedjenje & stolica. — Normand bœuf. — Norv. Bopœl, Residens. — Ouolof kour. Picard hen. — Port. residencia. — Prov. residencia, residensa, resieut, rezidencia, rezidensa. — Russe prébyvanië. — Sahara tarasham. Sanscrit alaya, bati, greh & vati. — Scandin. bear, beer, bere. — Serbe prestolnica, sjediste, sjedjenje, stolica. — Sénégal, serer mbin. — Slave hous. — Soning. ka. — Souahéli kani, makani, makao, makazi. — Suéd. residëns. Syriaq. ikamat. — Thibét. ne & sa. — Togo kaba. — Turc ikamet mahally, oui, paitacht. — Yorouba boujoko, bouso. Zoulou oumzi, zi.

☞ les références de demeure.

☆

RESSORT.

Additions & notes.

ressort, sms; étendue territoriale. — Les délits sont du *ressort* des tribunaux de première instance.

Allem. Amtsbezirk. — Angl. resort. — Bosniaq. podrucje. Catal. manament. — Croate, dalm., esclavon podrucje. — Espag. mandamiento. — Flam. regtsgebied & ressort. — Franç. væ ressort. — Herzég. podrucje. — Holl. regtsgebied, ressort. — Ital. mandamento. — Montén. podrucje. — Port. mandamento. — Prov. mandamen & ressort. — Roman alinguance & assisiage. — Turc nahiyé. — Serbe podrucje.

☞ district, étendue, juridiction, masement.

☆

reverdies, sfpl; grandes marées des nouvelles & pleines lunes. — Les gran= des *reverdies* sont les marées équino= xiales.

<small>Angl. spring tide.</small>

☞ les références de marée.

REVERDIES.　　　Additions & notes.

☆

revif de l'eau, ☞ marée.

REVIF DE L'EAU.　Additions, notes.

☆

ride, sfs; frisson léger de l'eau; petit sillon à la surface du sol. — Le zéphyr frolant l'eau suffit pour provoquer ces *rides* qui effleurent, sans les éveiller, les étangs & les lacs.

<small>*Allem.* Falte & Runzel. — *Angl.* furrow & ripple. — *Arabe* laviji. — *Bosniaq.* bora & brazga. — *Breton* ant, kriz, roufen. — *Catal.* vx ruga. — *Cornouaill.* kriz & roufen. — *Croate, dalm.* bora & brazga. — *Danois* krus= ning af Vandets Overflade. — *Égypt.* lavije. — *Espagn.* arruga & ruga. — *Finland.* ryppy. — *Flam.* frous, rim= pel. — *Franç.* vx ruge. — *Hausa* konori. — *Holl.* frons & rimpel. — *Ital.* crespa, grinza, ruga. — *Latin.* ruga, rugatio. — *Léon.* kriz, roufen. — *Norv.* krusning af Vandets Overflade. — *Polon.* zmarszczka. — *Port.* ruga. — *Prov.* rua, ruament, ruga, rugacio. — *Russe* marcht= china. — *Suéd.* rynka, skryukla, veck. — *Syriaq.* laviji. — *Trécorr.* kriz, roufen. — *Turc* durum, kat. — *Van= net.* groac'hen.</small>

☞ ancrure, contraction, crispation, crispure, crissure, frisselis, frisson, froissement, froissure, fronce, froncis, froncure, ondulation, pli, sillon & zig= zag.

RIDE.　　　Additions & notes.

<small>*Esclav., herzég., montén., serbe* bora, brazga.</small>

☆

rigole, sms; petit chemin creusé en terre ou dans la pierre pour l'écoule= ment des eaux. — Les canaux d'irriga= tion ne sont que des *rigoles*.

<small>*Allem.* Fahre, Gosse, Rinne. — *Angl.* furrow, rille & trench. — *Arabe* mizrâb, sagia, sakia & segia. — *Bos= niaque* zlieb. — *Breton* ant, antik, sanell & treskiz. — *Cafre* oumrotya, rotya. — *Catal.* ayguera. — *Cornouaill.* ant, antik, treskiz. — *Croate & dalm.* zlieb. — *Danois* Rende & Rill. — *Égyptien* mizrâb. — *Esclavon* zlieb. — *Espag.* acequia, reguera, tajea. — *Flam.* rioel, riool. — *Hausa* konori. — *Herzeg.* zlieb. — *Holl.* rioel & riool. — *Hongr.* arok. — *Ibér.* reka. — *Ital.* canaletto & solco. — *Latin* incile, incilis, rivuli & rivulus. — *Léon.* antik, ant, treskiz. — *Maroc.* saka. — *Montén.* zlieb. — *Nor= mand* noue. — *Norv.* Rende & Rill. — *Picard* sangsue. — *Port.* rego. — *Prov.* aiguiera & (filioles). — *Roman* (echaus). *Russe* jélabok. — *Serbe* zlieb. — *Suéd.* rœn= na. — *Syriaque* mizrâb. — *Tartare* aryk. — *Trécorr.* & *vannet.* ant, antik, treskiz. — *Zoulou* oumrotya, rotya.</small>

☞ les références de canal.

RIGOLE.　　　Additions & notes.

☆

RIPICOLE.

Additions & notes.

ripicole, adj; qui vit aux bords des eaux. — Les castors sont des rongeurs *ripicoles*.

☞ amnicole, ripuaire, riverain.

☆

RIVAGE.

Additions & notes.

rivage, sms; le sol du bord de l'eau.
— Les *rives* d'un cours d'eau navigable sont couvertes d'usines.

Achanti ano, dadze, foa, mpoano, usou-ano.
Allemand Gestade, Ofer, Over, Rand, Strand, Ufer.
Anglais beach, holm, margin, outskirt, river-side, shore, strand, waterside.
Arabe çathi, catth, djedda, baffi, rif, rjf, sahel, taraf.
Archipel Bismarck raoualien.
Bantou dambou, chimou, echimou, ekoumou, esau, itali, koumou, lambou, ndambou, nlambou, sau, tali.
Anglo-saxon or, stœdh.
Bosniaque obala.
Breton aod, aot, glann, klân, klann, tévenn & ribl; (moyen traez).
Cambodgien kompong.
Calabar (vx ikot, ikpa).
Catalan ribatge, ribera; (vx riba).
Celtique glanno, glinno, od, oded, odet.
Chinois an.
Congolais esau, lambou, nlambou, sau.
Cornique als, towan.
Cornouaillais glann, klân, klann, od, ot, ribl.
Croate obala.
Cymrique glan, tywyn.
Dalmate obala.
Danois Aabred, Bred, Strandbred, Val.
Deccan baudara, varam.
Efik iko, ikpa.
Égyptien haffe.
Erse alt.
Esclavon obala.
Espagnol margen, marina, orilla, riba, ribera.
Finlandais ranta.
Flamand oever, strand.
Français vx marage.
Gaélique traigh.
Gallois pentref, traeth.
Giryama goka, ngoka.
Hausa gaba u goulbi, gabai maisouroufo.
Hassania hachiet.
Herzégovinien obala.
Hollandais oever, strand.
Hongrois mart & part.
Iaibo baiva.
Ibôko épété, ibongo.
Indien Amérique Nord ag, chig.
Islandais stœdh.
Italien (lidi), lido, lito, marina, proda, ripa, riva, rivaggio, riviera, spouda.
Japonais hama, fama, hama.
Kabadi kepaana.
Latin ora, littoris, littus, ripa, riparii.
Léonais aod, aod, glann, klâu, klann, ribl.
Maiva poe.
Malais pantei, pinggir, tepi.
Malgache mouroun tsiraka, oro.
Monténégrin obala.
Motoumotou kone, miri.
Namaqua !anib.
Néo-guinéen kepaana, kone, miri, poe.
Nigérien ikot.
Norvégien Aabred, Bred, Strandbred, Val.
Ouolof ntak.
Persan kinara, leb.

Rivage escarpé :
Russe iar.

Rivage maritime :
Achanti apou-anou. — *Angl.* sea-side, sea-shore. — *Namaq.* Inomi. — *Roman* rye.

Rivage sableux :
Angl. sandy beach. — *Arabe* sifa. — *Erse* tra. — *Kiriouin.*, *néo-guinéen* oloumata.

Rivage habité :
Cambodg. kompong.

Rivage inhabité :
Ibôko edjiki.

Polonais brzeg, lad.
Portugais aribamen, beira, margem, marina, praia & ribeira.
Provençal marage, maraje, riba, ribador, ribage, ribal, ribatge, ribeira, ribeyra, ribieira, ribiera.
Roman arivouer, avant-terre, ripaire, ripouaire & ripouarien.
Roumain malul, tarmul.
Russe bereg, iar, priberejie, priberezhie.
Samoan 'auvai.
Sanscrit pratir, tira.
Sénégalais tefes.
Serbe obala.
Serer tefes.
Slave breg.
Slovène breg, rob.
Soninque fankhane.
Souahéli mpoua, ng'ambo, pouani.
Suédois hafstrand, strand.
Syriaque haffi, taraf.
Tamoul param, varam.
Thibétain choumta.
Trécorrois glann, klàn, klann, od, ot, ribl.
Turc kach, kenar, kyjy.
Vannetais glann, klàn, klann, od, ot, ribl.
Yorouba eti-odo.

☞ alluvion, atterrissement, bâche, berge, bord, chaussée, côte, crétine, dune, estran, étrain, estuaire, falaise, franc-bord, galet, grave, grève, halage lais, laisse de mer, levée, littoral, marchepied, marge, ourlet, parapet, plage, plein, quai, rive, sourive & tirage.

RIVAGE.   Additions & notes.

☆

rive, ☞ rivage.

☆

RIVE.   Additions & notes.

Rive droite :
   Holl. rechter oever. — *Cafre, zoulou* ismeue, neue.

Rive gauche :
   Holl. linker oever.

Rive opposée :
   Achânti nsou-akyi. — *Angl.* other side of the river.

riverain de rivière, sms; le voisin d'un cours d'eau. — Les *riverains* des étangs sont exposés aux fièvres.
   Achânti nsou-non. — *Allem.* Flussanwohner, Uferbewohner. — *Angl.* river-side resident. — *Espag.* riberano. — *Flam. holl.* oeverbewohner, strandbewohner. — *Italien* chi abita lungo un fiume. — *Oubangui* ouate. — *Port.* ribeirinho. — *Souahéli* ouamerima, ouato, ouatou, ouatou, to, tou.

☞ amnicole, ripicole, voisin.

RIVERAIN.   Additions & notes.

☆

rivière, sfs; terme générique pour désigner les eaux qui sillonnent les continents; un cours d'eau tributaire d'un fleuve. — L'activité d'un peuple tra=

RIVIÈRE.   Additions & notes.

RIVIÈRE.

Additions & notes.

Rivière (bonne).
Angl. good river. — Brésil parakatou.

Rivière (mauvaise) :
Angl. bad river. — Brésil paraguay, parahiba.

Rivière (grande) :
Angl. great river. — Arabe ouad-el-kébir.

Rivière, à fond de cailloux :
Angl. river over pebbles. — Cambodg. stoung.

Rivière à fond de sable :
Angl. river over sand. — Bambara kenieba.

Rivière a marée :
Cambodg. prek.

vailleur se concentre sur les *rivières*.
Abba roue, rouzi.
Abyssin hoka.
Achanti asou-bonten.
Afrique centrale domasi, hichi, kamana, kong'e, kouka, lousolo, louzi, maua, masi, mazi, mikong'e, mimana, mkouka, mongo, mouhichi, moumana, mouro, mousinji, mouzi, ngouzi, nkong'e, ongo, oulouzi, msinji, oumbana, ro, rousoko, sinji, solo, zi.
Afrique orientale bache, gouaso, couaso, tana.
Aino nai.
Alaska kakat, na, no, nou, to, yukon.
Albanais loumi.
Allemand Aa, Aue, Fluss, strom; (*vieux* A, Aa, Aha, Au.
Alpes ach, ache.
Anglais river, stream.
Anglo-saxon
Angola lououi, oui, (olo ndoui) olououi.
Annamite khe, ngan, ngoï, rao, sóng.
Arabe (anhar), bahar, bahr, boheira, chat, jaghfahr, jarour, khorbet, (khroub), nahr, ouad, oued, touraa.
Arakan myit, yam pa.
Araucanien leufou.
Arménien ked & kjed.
Asie centrale tarim.
Assiniboin ouapta.
Assyrien naharou.
Ataiyal ririon.
Attie me.
Azande badi, baime.
Bagirmi ba.
Bantou akanika, diba, domasi, dzendze, ekedi, enga, couaso, evouaso, hichi, idzendze, izi, kamana, kedi, koko, kolonga, kong'e, kouka, longa, lou, louenga, loukolonga, lousolo, lououi, louzi, madiba, mana, masi, mazi, mikong'e, mimana, mkouka, mongo, mouhichi, moulonga, moumana, mouro, mouronga, mousinje, mousinji, mouzi, msinje, msinji, nika, nkoko, nkong'e, ngouzi, okedi, ongo, oui, oulouzi, oumbana, ourouizi, ousoumbi, sutsi, ro, ronga, rouizi, sinje, sinji, solo, soumbi, tsi, (tunika), zi.
Barotse boungo, youngo.
Basque akarka.
Batta bénoué.
Baya bali & bari.
Berbère agahar, ba, eghirrëu.
Bihe (olo ndoui), olououi, oui.
Birman nge.
Bondeï kolonga, loukolonga.
Bornéen chari, long, sari.
Bosniaque matica, potok, rieka, rietchiza, tok.
Brésilien oyak, para.
Breton aven, ster; (*moyen* staer); (*nx* avon).
Cafre lambo, oumlambo.
Cambodgien prek, stoung.
Canadien ouapta.
Cameroun diba, madiba.
Castillan agua.
Catalan aygua.
Caucasien don, tkhali.
Celtique auos, av, aven, avon, izól, stagra, ster.
Ceylanais ganga.
Chan hor, nam, noum, ta-nam.
Cheltouque kir.
Cheribon mlet.
Chignan khets.
Chinacha hoka.
Chin Hills kha, lesaou, long.
Chinois chiang, chou, chouan, hó, kiang, kong, krong & oula.
Choula mazi, oulouzi.
Cingalais oya.
Congolais eche, koko, lou, nkoko.   [oudsoui.
Congolais franç. dsoui, lo, lou, (milo), nana, nlo &

Coréen nai, tchen.
Cornique auon.
Cornouaillais aven, ster.
Côte d'Ivoire me.
Croate matica, potok, rieka, rietchiza, tok.
Cymrique afon.
Dalmate matica, potok, rieka, rietchiza, tok.
Dankali darada.
Danois Aa, Aae, Elv, Flod.
Deccan kalona, (yellou), yerou.
Égyptien (inhar), nahr.
Engadine auah.
Erse anagh, ster; (*ux* abann).
Esclavon matica, potok, rieka, rietchisa, tok.
Espagnol agua, guad, rio.
Esquimau ghoukhsoa, kouikk, (kouit).
Fan dsoui, lo, (milo), nlo, oudsoui.
Finlandais arou, jaki, joki, yoki.
Flamand rivier.
Formosan haul, inayan, kei, rahou, ririon, pana, panna, tsoroa, vakahal.
Foula maio, mao, mayo.
Gaélique nan, abhainn, abhouinn.
Galla galana, laga, malka.
Gallois afon.
Gaulois abona.
Géorgien tkhali.
Gilgit yapak.
Giryama ho, mouho.
Gogo euga, louenga.
Gourma kouonou & oniesanou.
Grec potami, potamos.
Harem hot.
Haï-nan ghoe, kong, koua-nam, nom.
Hausa goulbi, (kagoûna), kogi, koogi, koramma, roua & rououa.
Haut-Niger diouliba, joliba.
Haut-Nil kare, maliba & mokrou.
Herrero ondondou, (ozondondou).
Herzégovinien matica, potok, rieka, rietchiza, tok.
Hindoustani kari, nadi.
Hollandais rivier.
Hongrois folyam, folyo.
Hottentot ab, ap, eb, ep, ib, ob, op, oub.
Ibérien ana, ri, riou.
Ibóko moungûla.
Iles Salomon oboukou, piongo.
Indien Californie ka pe, pa ha, pola.
Indien Amérique Nord bda, bida, hasse, hina, kittououn, poka, sceb, sebe, sepeoue, too, tou.
Indien Pimo akim a.
Indo-chinois dak, do Phui, hot, nam louong.
Indou di, ganga, naddi, sint, to.
Islandais hvita.
Italien aqua, fiumana, fiume, rio, riviera; (*ux* aigua).
Ja-louo koulo.
Japonais gava, kaoun, kava.
Javanais bengaouan, bennaoui, kali & lepen.
Jibou sepa.
Kabadi akena.
Kabyle igzer.
Kamba outsi, tsi.
Karanga izi, rouizi.
Ketoch louchi, loulouchi.
Kiouai oromo.
Kirionina ouaia.
Kirghiz sou.
Kossova ourochi, rochi.
Kotoko chari, sari.
Kouchkokouïm to.
Kouka fittri.
Kourde ava, roubar.
Kouvaraouan vokahal.
Lac Rodolphe nianam, roue & rouzi.
Lac Tchad arre, ba, chari, ere, lagham, saghe, sari.
Latin amnis, aqua, flumen, fluvius, rivus.

RIVIÈRE.

Additions & notes.

Rivière basse :
   Adamaoua sel. — *Kanouri* ngaljam.

Rivière blanche :
   Angl. white river. — *Chinois* pei-ho. — *Mandingue* bakhoy. — *Tartare* ak-sou.

Rivière de montagne :
   Coréen nai.

Rivière de sable :
   Somali toug.

Rivière desséchée :
   Angl. dead river, dry river. — *Lac Tchad* koulougou.

RIVIÈRE.

Additions & notes.

Léonais aven, ster.
Lithuanien uppe.
Lomoué olousi.
Lousinga mazi, oulousi.
Maiva ate.
Malais âyer, bâtang-âyer, kali, kloug, loubok, soungey, soungi.
Malgache ena, oni, ona, rano.
Malinqué ba.
Maltais vyed.
Mandara goua.
Mandchou biri, oula, oussou.
Mangbattou kibali, nemalo.
Marocain asif, assif, ouad.
Marovo piongo.
Masai gouaso.
Mavia mouto, to.
Mentaouei toubou oinan.
Min-kia kourh.
Mittou koda.
Mongol gol, kem, mouren, mourin, morous, ossou & yin.
Montagnais ouapta.
Monténégrin matica, potok, rieka, rietchiza, tok.
Mossi bako, chenga, koulou.
Motoumotou mai, sinavi.
Mozambique mouto, olouzi, to.
Namaqua !ab.
Néo-géorgien oboukou.
Néo-guinéen gou, oromo, ouni, ouo, saga, sepa, sinavi.
Nika ho, mouho.
Nongo noum.
Norvégien Aa, Aae, Elv, Flod.
Nyassa lousoulo & soulo.
Odji omoulonga.
Ouadaï bat-ha.
Ouakhan yapak.
Ouganda ainet, engouololo, koulo, louchi, loulouchi, mazi, ourochi, rochi.
Oukamba outsi, tsi.
Ouolof dekh.
Paï ta-nau.
Paivan pana, panna.
Pali nadi, (nadiyo).
Patagon leufou.
Pazzehe rahou.
Pei-po rahou, vokahal.
Persan ab, ab-jo, daria, darya, djou, djoui, roud.
Philippin ilog.
Pokomo tana.
Portugais agua, ria, ribeira, rio.
Provençal aiga, aigua, ribeira.
Rivière Noire nam louong.
Rivière Rouge tam-ta.
Rochnau khets.
Roman aigue, fluin, yauve.
Roua lououi, oui.
Roumain riul.
Russe reka, ryeka.
Sakhalin nui.
Samoan vaitafe.
Sanscrit ap, arnava, gang.
Saxon e, ie.
Serbe matica, potok, reka, rieka, rietchiza, tok.
Sénégalais mag.
Sérer mag.
Siamois klong, mé, nam, sé.
Slave ava, rjeka.
Slovaque rieka.
Slovène reka.
Songhaï hari, isa, issa, say, se.
Soninqué fange.
Soudanais ba, dille, makoua, oniesanou, ouellé; (*français* chenga, koulou).
Souahéli (mito), mouto, mto, to.

Rivière d'or :
Angl. gold river. -- *Chinois* chin chouan.

Rivière étroite :
Angl. narrow river. — *Brésil*. ouasa, ouesa, oyasa. — *Malais* rantau.

Rivière gelée :
Russe ryekostav.

Rivière jaune :
Chinois hoang-ho.

Rivière Noire :
Angl. Black river. — Espag. rio Negro.

Rivière pure :
Thibét. tsang-po.

Suédois a, an, elf, flod, ström.
Sumatrais toubou oinan.
Syriaque (inhar), nahr.
Tagal ilog.
Taï klong, nam, sé.
Tamoul ar, arou.
Tangout esouka, szouksen.
Tartare darin, sou.
Taungtha myit.
Tchèque reka, rieka.
Télégon (yellon), yerou.
Temashight eghirrēn.
Thibétain bira, chou, chouono, krou-ba, loung-ma, loung-pa, mouren, mourin, pila.
Tombouctou isa, issa.
Touareg eghirrēn.
Toungouse boureïa.
Trécorrois aven, ster.
Tsarisen panna.
Tso-o tsoroa.
Turc ab, chaï, irmadjik, irmak, uahr, nehr, sou.
Vannetais avon, ster.
Vonoum haul.
Yao lousoulo, soulo.
Yorouba kouara, odo.
Yunnan kourh.
Zambézien eche.

☞ aber, abreuvoir, affluent, aiguade aiguail, amas d'eau, amont, amphibie, anse, aquarium, aval, avalasse, bac, baie, bain, bassin, bouche, bûche perdue, canal, canalet, canalicule, canalisation, carré d'eau, cascade, cataracte, château d'eau, chute d'eau, citerne, citerneau, clepsydre, confluent, courant, cours d'eau, crique, crue, débâcle, déluge, dock, dois, eau, eau dormante, eau courante, eau douce, eau stagnante eau thermale, eau vive, effluent, embouchure, encyclie, estuaire, étang, fil de l'eau, filet d'eau, flachère, flaque, fleuve, flot, flottage, flottaison, flux, fontaine, gave, geyser, glace, golfe, gué, inondation, irrigation, lac, lacustre, lagon, lagune, liquide, marais, mare, marécage, marée, marigot, marne, marnière, mer, navigation, noue, océan, onde, passage, passage d'eau, pertuis, pièce d'eau, pluie, pompe, port rade, radeau, rapide, ravine, raz de marée, reflux, réservoir, rigole, rive, rivage, riviérette, ru, ruisseau, ruisselet, source, thermes, torrent, tourmente, train de bois, trombe, typhon, vapeur, vau l'eau, veine, vivier, voie, voie d'eau, quai, voie navigable.

☆

RIVIÈRE.

Additions & notes.

Franç. v⁰ ague, yare. — *Laot.* nam, noum, sé. — *Polon.* rieka, rzeka.

Rivière Rouge :
Tartare kizil-daria.   *Turc* kizil irmak.

Rivière salée :
Angl. salt-water river. — *Persan* chout.

Rivière sèche :
Angl. dry river. — *Chinois* hang-ho.

Rivière Verte :
Allem. Grünfluss. — *Angl.* green river. — *Araucan & patag.* karrileufou.

RIVIÉRETTE.
Additions & notes.

riviérette, sfs; rivière peu longue. — Les *riviérettes* sont plus larges que les ruisseaux.

Allem. Bach. — *Angl.* gutter, small river, stream. — *Bosniaq.* potok. — *Brésil.* igapo, igarape. — *Cambodg.* prek. — *Chin Hills* adi. — *Congol.* ka. — *Croate, dalm. esclav. & herzég.* potok. — *Indo-chinois* hoil. — *Italien* acquicella. — *Khas chos* hoil. — *Monténégrin* potok. — *Russe* retchka. — *Serbe* potok. — *Thibét.* babchou, hbabchou.

☞ les références de « rivière ».

☆

ROC, ROCHE.
Additions & notes.

roc (sms); roche, (sfs); masse compacte de pierre fort dure. — L'eau qui filtre à travers les *roches* est très claire. — Attaqué par la dynamite, le *roc* vola en éclats & lança ses débris à une grande distance.

Achânti abosam. — *Afrique centr.* amba, iniamba, (miamba), mouamba, oumouamba. — *Afrique orientale allem.* oupalla, palla. — *Allemand* Fels, Fluh & Riff. — *Angl.* rock. — *Arabe* hagar, hajar, hassar, kassar, kef, (kifane), safar, ssakr, ssakrat. — *Bantou* amba, imiamba, (miamba), mouamba, oumouamba, oupalla, palla. — *Bénoué* douchi. — *Bosniaq.* stiena. — *Breton* roc'h. — *Cap Sud* veu. — *Castill.* roca. — *Catal.* llosa & roca. — *Celtiq.* carrek, carrick, craig, crug. — *Chinois* che, chetan, heo, pouang-cheh, sik. — *Cornouaillais* roc'h. — *Croate* stiena. — *Cymriq.* craig. — *Dalm.* stiena. — *Danois* Klint, Klippe. — *Erse* carrick, carrig. — *Esclavon* stiena. — *Espag.* cayo, laude, losa, pena, penasco, piedra viva, roca; (*vx* lauda). — *Esper.* stona. — *Fidgien* vatou. — *Finland.* kari, (klippoia), kloupou, luku, takki. — *Flam.* klip, rots. — *Gaélique* carraig. — *Galla* daga, dagah. — *Grec* skopelos. — *Herrero* eue & (omaue). — *Herzég.* stiena. — *Holl.* klip, rots. — *Hongr.* (skala). — *Ind. Amérique N.* azhchik, tar. — *Ind. Tépéhouane* vapavai. — *Island.* kletter. — *Italien* balza, rocca, roccia, rocco, rupe, sasso, scoglio. — *Japon.* ichi, ioua. — *Javan.* karang, ouatou. — *Kabadi* vakouna. — *Kabyle* azzou. — *Latin* roca & rupem. — *Léon.* roc'h. — *Malais* batou, karang. — *Malgache* bato, harana, kara, vato. — *Maori* tara. — *Mbau* vatou. — *Mexic.* vapavai. — *Mongol* dag. — *Monten.* stiena. — *Namaq.* !gareb. — *Néoguin.* vakouna, veu. — *Nigér.* kabba. — *Norv.* Klint & Klippe. — *Odji* emanya. — *Polon.* skala. — *Polynésien* hotk. — *Portug.* lousa, penedo, roca, rocha. — *Provenç.* lausa, lauza, roca, rocha. — *Rotoum.* hotk. — *Roumain* stanca. — *Russe* outios, louda, skala. — *Sahar.* emi, ti. — *Samoan* papa. — *Savoisien* crau. — *Serbe* stiena. — *Siam* hin. — *Slovène* pecina, skala. — *Sokoto* douchi. — *Somali* daga, dagah. — *Soudan.* bel, hele, nbia. — *Souahéli.* amba, imiamba, (miamba), mouamba. — *Syriaque* sachr, (souchoûr). — *Tamoul* kallou. — *Thibét.* dor, brag & tag. — *Trécorr.* roc'h. — *Turc* duch, kaja, tach. — *Vannet.* roc'h.

☞ les références d' « écueil » & de « pierre ».

Ind. Bentoukoua ham. — *Suéd.* klippa.

Roc dénudé :
Angl. bare rock. — *Russe* golets.

Rocs en rivière :
Russe (perebor).

Roc escarpé :
Angl. steep rock.

Roc en écueil :
Arabe mahjar.

Roc uni :
Angl. flat rock. — *Espag.* laja.

☆

ROCHE.
Additions & notes.

roche, sfs; ☞ roc & rocher.

☆

rocher, sms; élévation de roche très dure & dénudée. — Les « Dames de Meuse » sont des *rochers* qui émergent de la Meuse, dans une situation pittoresque.

Achànti abosam. — *Afrique or. allem.* oupalla, palla. — *Allem.* Fels, harsch, Klippe. — *Annam.* hou dá. — *Angl.* cliff, cloud, clud, crag, craig, crick, harsh, rock & stone. — *Anglo-sax.* clud. — *Arabe* chershaf, hajar, hassar, kaf, kassar, kef, (kifane), safar. — *Aragon.* mallo. — *Bantou* amba, imiamba, (miamba), oumouamba, oupalla, palla. — *Basque* aitza, arta. — *Bénoué* douchi. *Bosniaque* greben, stiena. — *Breton* karrek, roc'h. — *Cap Sud* veu. — *Castill.* roca. — *Catal.* llosa. — *Celtiq.* noa, carrek, carrick, craig, crug & karsekki. — *Chinois* che, che-tau, pouang-cheh. — *Cornique* carrag, clog. — *Cornouaill.* roc'h. — *Croate* greben, stiena. — *Cymriq.* careg, carrecc, clog, craig. — *Dalm.* greben, stiena. — *Danois* Klint, Klippe. — *Erse* carraig, carrie, carrick & carrig. — *Esclav.* greben, stiena. — *Espag.* cayo, peña, laude, losa, penasco, peñon, roca; (vx lauda). — *Fidjien* vatou. — *Finland.* kallio, kari, (klippoia) & luku. — *Flam.* klip. — *Gaéliq.* carraig, craig, croagh, croghan & sgeir. — *Galla* dnga, dagah. — *Gallois* cerrig. — *Grec* brachos, skopelos. — *Herrero* eue, (omaue). — *Herzég.* greben, stiena. — *Holl.* klip. — *Hongr.* (skala), szikla. — *Ind. Amérique N.* azhebik, ceja, tar. — *Ind. Bintoukoua* ham. — *Ind. Tepehouane* vapavai. — *Island.* klauf & kletter; (vx bjarg). — *Ital.* balza, rocca, roccia, rocco, rupe, sasso, scoglio. — *Japon.* ichi, ioua. — *Javan.* ouatou. — *Kabadi* vakouna. — *Kabyle* azzou. — *Latin* roca, rupem. — *Léon.* roc'h. — *Malais* batou, karang. — *Malgache* bato, harana, kara, vato. — *Maori* tara. — *Mbau* vatou. — *Mexic.* vapavai. — *Mongol* dax. — *Monténég.* grebren, stiena. — *Namaq.* !gareb. — *Néo-guin.* vakouna, veu. — *Niger.* kabba. — *Norvég.* Klint & Klippe. — *Odji* emanya. — *Persan* seng. — *Polon.* skala. — *Polynés.* hotk. — *Portug.* lousa, rocha, rochedo. — *Provenç.* anglar, lausa, lauza, rauc, rocat & rochier. — *Rotouma* hotk. — *Roum.* stinca. — *Russe* louda, outios, skala. — *Sahar.* emi & ti. — *Samoan* papa. — *Savoisien* crau. — *Serbe* greben, stiena. — *Siam.* hin. — *Slovène* peciua & skala. — *Sokoto* douchi. — *Somali* dag, dagah. — *Sou-*

ROCHE.
Additions & notes.

Roche noble :
Malgache haranandriana.

Roche (petite) :
Angl. small rock. — *Dano-norv.* Kalv. *Prov.* requeta.

Roches blanches :
Sokotra baghier.

Roches brûlées par le soleil :
Prov. gaudres.

Roche invisible :
Angl. sunken rock. — *Gaéliq.* bogha. — *Dano-norv.* baae. *Russe* potainik.

Roche en écueil :
Arabe mahjar.

ROCHER.
Additions & notes.

Bantou mouamba.

Rocher branlant :
Angl. logan stone.

Rocher aigu :
Angl. score. — *Gaéliq.* sgoir.

Rocher-brisant :
Island. bodi, (bodar).

Rocher dans la mer :
Espagn. farellon.

Rocher-écueil :
Arabe mahjar.

Rocher escarpé :
Angl. rocky escarpment, steep rock. — *Arabe* kef. — *Turc* chekil.

Rocher très élevé :
Alaska kekour. — *Angl.* high rock, elevated rock, pinnacle rock, stack, stag. — *Celtique* fal. — *Island.* stakkr. — *Malais* malang, mailang. — *Russe* stolp. — *Sibérien orient.* kekour.

ROCHER.
Additions & notes.

Roche verte :
Maori pounamou.

Rocher qui surplombe :
Angl. overhanging rock. — *Niha* gome, me.

Rochers (grands) :
Angl. (great rocks). — *Ind. Amérique N.* chatemouk.

Rochers détachés :
Dano-norv. Rœu.

Rochers vierges :
Allem. Urgebirge.

dan. bel, bele, nbia. — *Souahéli* amba, iniamba, mouamba. — *Suéd.* (fiell) fjeld, graberg, klippa. — *Syriaq.* sachr, (souchour). — *Tamoul* kallou. — *Thibét.* dor, tag. — *Trécorrois* roc'h. — *Turc* dag, kaia, quaia, tach. — *Vannet.* roc'h.

☞ les références de pierre & roc.

☆

RONCERAIE.
Additions & notes.

ronceraie, sfs; endroit où croissent beaucoup de ronces. — Les *ronceraies* sont de toutes les contrées.

Angl. brake of briers, shaw. — *Danois* brombærkrat. — *Erse* money, muine. — *Espag.* zarzal. — *Flam.-holl.* braambosch. — *Ital.* roveto, stirpeto. — *Latin* rubetum. — *Norv.* brombærkrat. — *Prov.* robe. — *Russe* ternovnik.

☞ acanthe, adragant, aiguillon, ajonc, ambora, arbrisseau, bruc, brusc, buisson, buisson épineux, broussailles, bruyères, chardon, clôture, églantier, épinaie, épinier, érinacé, essart, friche, grateron, haie, hallier de ronces, houx, landier, mort-bois, ortie, ronce.

☆

ROND-POINT.
Additions & notes.

rond-point, sms; ☞ carrefour.

☆

ROSELIÈRE.
Additions & notes.

roselière, sfs; un marais avec des roseaux. — Les *roselières*, originaires de l'Asie, sont la végétation des terres humides.

Allemand Röhricht, Schilfgebüsch. — *Angl.* bank of reeds, place full of reeds. — *Bosniaq., croate, dalm., esclavon* rit. — *Espagn.* canaveral. — *Flam.* rietveld. — *Herzég.* rit. — *Holl.* rietveld. — *Ital.* canneto, giuncaja. — *Latin* arundinetum, arundinosus. — *Monten.* rit. — *Roman* cadeyne. — *Serbo* rit.

☞ arbrisseau, cannaie, jonchaie, jonchère, marais, marécage, moyère, plantation, roseau.

☆

ROSERAIE.
Additions & notes.

roseraie, sfs; endroit affecté à la culture des rosiers. — Les *roseraies* mo-

ROSERAIE.

dernes sont traitées scientifiquement.
Allem. Rosengarten, Rosenhain. — *Angl.* rosarium & rose-garden. — *Bosniaq.*, *croate, dalm.* gjulistan, ruzicnjak. — *Danois* Rosenhave. — *Esclav.* gjulistan, ruzicnjak. — *Espag.* campo plantado de rosales. — *Flam.* rozengaard. — *Franç.* cx roseraye. — *Herzég.* gjulistan & ruzicnjak. — *Holl.* rozengaard. — *Ital.* roseto. — *Latin* rosetum. — *Montén.* gjulistan, ruzicnjak. — *Norv.* Rosenhave. — *Port.* rosal. — *Prov.* roselh. — *Russe* rozanoe rochtcha. - *Serbe* gjulistan, ruzicnjak.

☞ arbrisseau, églantier, fleur, gulistan, harponnier, jardin, rosage, rose & rosier, pépinière.

Additions & notes.

☆

ROUGE.

rouge, adj; une des couleurs du prisme de l'arc-en-ciel. — La couleur *rouge* a donné naissance à beaucoup de variétés.

Afrique or. ngouki. — *Allem.* rot & roth; (cx rôt). — *Angl.* red. — *Anglo-sax.* read. *Arabe* ahmar, (hamra), (homer), homra. *Bambara* oule. — *Basque* gorria. — *Baya* baya, béa. — *Bosniaque* crveu, rumen. — *Breton* flamm, ruspin & rûz. — *Castill.* rojo. — *Catal.* rotj. — *Celtiq.* roudo. — *Chinbok* ahlen. — *Chinois* houg, houng & tchi. — *Corniq.* rudh. — *Cornouaill.* flamm, ruspin & rûz. — *Croate* crven, rumen. — *Cymriq.* rhûdd. — *Dalmate* crven, rumen. — *Dankali* assa. — *Danois* rœd. — *Égypt.* ahmar, (houmr). — *Erse* ruad, ruadh. — *Esclav.* crven, rumen. — *Espag.* rojo, royo. *Finland.* punainen. — *Flam.* rood. — *Franç.* cx ro, roac, roé, roge, rotula, rouclent, rouviau. — *Gaélique* ruadh, ruth. — *Gallois* coch, goch. — *Gothiq.* rauths. — *Grec* erythros. — *Herrero* serandou. — *Herzég.* crven & rumen. — *Holl.* rood. — *Hongr.* vorò, (vörös). — *Ital.* roggio, rosso. — *Japon.* aka. — *Javan.* habang & habrit. — *Latin* ruber, rubeus, rufus. — *Léon.* flamm, ruspin, rûz. — *Lithuan.* rauda. — *Malais* red. — *Malgache* mena, mera. — *Malinq.* oule. — *Masai* nyonki. — *Mongol* mouren & oulan. — *Montén.* crven, rumen. — *Namaqua* lawa. — *Norv.* rœd. — *Odji* liligane. *Persan* sourkh. — *Polon.* czerwony & roumianny. — *Port.* encarnado. — *Prov.* rog. — *Roman* ro, rob, roe & roge. — *Roum.* rosa & rosd. — *Russe* krassno. — *Samoan* moumou. — *Sanscrit* loha, rohita, rudhira. — *Sassand.* sarc. — *Serbe* crven, rumen. — *Siam.* deng. — *Slovaq.* cerveny. — *Slovène* rdèc. — *Somali* ass & goudout. — *Souahéli* ckoundou. — *Suédois* röd. — *Syriaque* ahmar, (houmr). — *Tartare* kyzyl. — *Tchéq.* cerveny. — *Thibét.* oulan. — *Trécorr.* flamm, rûz, ruspin. — *Turc* kizil, kirmsi, oulan. — *Vannet.* flamm, ruspin, rûz.

☞ amarante, arc-en-ciel, blacce, carmin, brun, cerise, cinabre, cornaline, couleur, cramoisi, écarlate, garance, grenat, incarnadin, incarnat, mordoré, nacarat, phénicine, ponceau, pourpre, prisme, purpurine, rose, rosé, rougeâtre, roussâtre, roux, rubescent, sang, sanguine, vermeil, vermillon.

Additions & notes.

Le féminin de « rouge », en *arabe* est : hamara.

Grec eruthros. — *Latin* rubri.

☆

ROUTE.

route, sfs; grand chemin pavé, généralement bordé d'arbres. La ligne que

Additions & notes.

ROUTE.
Additions & notes.

Route à chars :
Espag. carretera.

Route carrossable :
Allem. Fahrweg. — *Espag.* carretera.

Route à l'européenne :
Chinois ma tou.

Route de bateaux :
Allem. Dampfstrasse. — *Danois* Dampskibsruter.

Route de caravane :
Arabe mejebed.

Route de diligence :
Allem. Eilwagenweg. — *Dano-norv.* Diligenceruter.

Route de carriole :
Allem. Karrenweg, Karrioleweg. — *Dano-norv.* Kariolruter.

suit un batiment de mer. — En France, les *routes* sont la propriété de l'État.
Abba mar.
Abyssinien geri, gor & ogi.
Achânti okouan.
Allemand Gasse, Strasse & Weg.
Anglais road, ship's way & way.
Anglo-saxon geat.
Aourimi njira, jira & njira.
Arabe darb, derb, (douroub), minhaj, mser, nahaj, nahj, sabil, samt, sekkat, sikka, tarik, tharjgh, (tourouk) & trik.
Arménien phoghoths.
Assyrien dourgou & roudou.
Azande grue.
Bafo nji.
Bali manji, nji & njira.
Bangala dyila, ndyia & ndyila.
Bantou chinjira, dera, dyela, dzira, enjira, enkoulou, insila, inzila, inzira, ipiro, izira, jera, jia, jila, ndela, ndera, ndyela, njera, njis, njila, njira, nkoulou, nyila, nzila, onjila, onkoulou, piro, sila, tsela, zera & zila.
Barotse dela & ndela.
Basari (ezanou) & nzann.
Basouko tsela.
Berbère abarraka & tabarit.
Bornéen onngala.
Bosniaque cesta, drum & put.
Breton hent & streat.
Cafre mendo & oumendo.
Cameroun manji, nji & njira.
Cambodgien plau.
Chamba (ese) & use.
Chan tang.
Chin Hills lam & lam-kha.
Chinois kie & lou.
Chounkia liang.
Congolais dyia, koua, legi, ndyia & ndzea.
Congolais français (minzeu), nzen & zeu.
Cornique kerd.
Cornouaillais hent & streat.
Croate cesta, drum & put.
Dalmate cesta, drum & put.
Dankali geta.
Danois Kurs, Landevei, Rute, Vei & Vej.
Egyptien (sikak) & sikke.
Elgoumi eroto.
Esclavon cesta, drum & put.
Espagnol ruta.
Fan (minzen), nzen & zeu.
Finlandais tie.
Flamand weg.
Français vieux oirre, rotula & trac.
Galla kara & karra.
Giryama chinjira, enjira & njira bomou.
Gourma osanou.
Grec constantinopolitain dromos.
Grec smyrnien dhromo.
Hai-nan kong & souo.
Harem koura.
Hassania thrik.
Hausa hainya, hanya & tafariki.
Herrero oudyira, onjila, otyitauva, (ovitauva) & (ozondyira).
Herzégovinien cesta, drum & put.
Hindoustani bat, gail, gayal, mag, path, rah, rasta & vat.
Hollandais weg.
Hongrois palya & ut.
Ibérien routo.
Ibo ouzo.
Iles Salomon houana, siranga & soane.
Indo-chinois cheltang, koura & rana.
Indou ghat & ghaut.

Italien calcosa, calle, rotta, strada & via.
Ittou-galla geri.
Ja-louo iyo.
Japonais michi.
Javanais dalan, marga & margi.
Kabyle abrid.
Khas chos rana.
Kossova enjira, chinjira & njira bomou.
Kousage soane.
Lac Rodolphe guedi & mar.
Latin via.
Léonais hent & streat.
Lokoub guedi.
Lomoué empito & medalla.
Lououango iujira, jira & njira.
Mayinza dyia, ndyia & ndyila.
Makoua epiro.
Malais djalan & jalan.
Mandara oungala.
Mangbattou ne-i.
Marocain araras.
Marovo houana.
Mobali dzea & ndzea.
Modoungu kona.
Mongol samar.
Monténégrin cesta, drum & put.
Mossi sore.
Mozambique empito, epiro, ipiro, medalla, piro.
Namaqua dahob & !gani.
Nandi oret.
Néo-guinéen lell.
Nigérien ouzo.
Nissan lell.
Norvégien Landevei, Rute, Vei & Vej.
Oualamo ogi.
Ouganda chinjira, enjira, eroto, injira, iyo, jira, njira, njira bomou & oret.
Ourdou rasta.
Persan jada, rah & rasta.
Philippin daan & landas.
Polonais droga.
Portugais estrata & rota.
Provençal corril.
Roman conduit, oirre, rith & rote.
Roubiana siranga.
Roumain strada.
Russe doroga.
Samoan ala & auala.
Sanscrit gamat, marg, marga & vanta.
Sénégalais dat.
Serbe cesta, drum, put & putova.
Serer dat.
Siamois thang.
Slovaque cesta.
Sobat ojo.
Slovène hod & pot.
Somali derigh & hilin.
Songhai fondo & lolo.
Soninque kille.
Soudanais français osanou & sorc.
Souahéli njia.
Suédois væg & wag.
Syriaque darb & (douroub).
Tagal daan & landas.
Thaï liang.
Tchèque cesta.
Thibétain choul, lam & lam-kha.
Togo ba.
Touareg abarraka & tabarit.
Trécorrois hent & streat.
Turc yol.
Vannetais hent & streat.
Yambo ojo.
Yorouba onna.
Zambézien chinjira, enjira & njira.
Zoulou mendo & oumendo.

ROUTE.

Additions & notes.

Route de montagne :
  Allem. Tauern.

Route déserte :
  Angl. desert route. — *Soudan. d'Égypte* atmour.

Route empierrée :
  Allem. steinweg. — *Angl.* stone-road.

Route étroite :
  Kourde ghelli.

Route ferrée :
  Allem. Eisenbahn. — *Angl.* railraod, railway. — *Dano-norvég.* Reiserute. — ☞ chemin de fer & voie

Route pavée :
  Allem. Steinweg. — *Angl.* pebbled road & paved road. *Flam.* keiweg. — *Gallois* sarn, ystrad. — *Holland.* keiweg. — *Ital.* ciottolato. — *Latin* strata.

Route postale :
  Allem. Poststrasse. — *Dano-norv.* Persoupost Ruter.

Route vicinale :
  Flam.-holl. landweg.

ROUTE. Additions & notes.

☞ les références de « chemin ».

☆

ROUVRAIE. Additions & notes.

rouvraie, sfs; plantation de chênes rouvres. — Les *rouvraies* contiennent des variétés de chênes courts & épais.

☞ les références de « chênaie ».

☆

ROYAUME. Additions & notes.

royaume, sms; État gouverné par un roi.

Achânti ahemman, ahenni. — *Allem.* Königreich. — *Angl.* kingdom. — *Anglo-sax.* rice. — *Arabe* mamlakat, moulk. — *Bosniaq.* kraljevina. — *Breton* rouantélez. — *Breton moy.* "lout. — *Cafre* bouso, oumbouso. — *Catal.* realme, regne. — *Chinois* kouok, ouang gouo. — *Coréen* couk. — *Cornouaill.* rouantélez. — *Croate & dalm.* kraljevina. — *Danois* Kongerige. — *Égyptien* memleke. — *Esclav.* kraljevina. — *Espagn.* reino, reyno; (ux realme, reame). — *Finland.* valtakunta. — *Flam.* koningkrijk. — *Franç. vx.* reaume, règne, roiame, roiaume, royalme. — *Hausa* sarota. — *Herzégov.* kraljevina. — *Hindoust.* moulk. — *Holl.* koningkrijk. — *Hongr.* kiralyi. — *Indou* rat. — *Ital.* reame, regno. — *Latin* regnum. — *Léon.* rouantélez. — *Malais* karadjaan. — *Monten.* kraljevina. — *Mossi* tenne. — *Norvégien* Kongerige. — *Polon.* krolewstwo. *Port.* reino. — *Prov.* realme, regnat, regnatge, regne, reierme, reine, rene, reyalme, roays. — *Roum.* regat, regatul. — *Russe.* karalefstvo. — *Samoan* malo. — *Serbe* kraljevina. — *Slovaq.* bohatstvo. — *Slovène* kraljestvo. — *Souahéli* milki, moulki, onfalme, oufaloume & oufaume. — *Suéd.* rike & konungarike. — *Syriaq.* mamlaki. — *Trécorr. & vannet.* rouantélez. — *Yorouba* ille-obba. — *Zoulou* bouzo, oumbouzo.

Il y a encore 16 *royaumes* en Europe : la Bavière, la Belgique, le Danemark, l'Espagne, la Grande-Bretagne & l'Irlande, la Grèce, la Hongrie, l'Italie, la Norvège, les Pays-Bas, le Portugal, la Prusse, la Roumanie, la Saxe, la Serbie, la Suède & le Wurtemberg.

☞ les références d' « État ».

☆

RU. Additions & notes.

ru, ☞ ruisseau.

☆

RUE. Additions & notes.

rue, sfs; voie publique bordée d'habitations. — Les *rues* modernes sont larges, bien éclairées; la foule y circule à l'aise.

Achânti boromma, bronou. — *Allem.* Strasse. — *Angl.* street. — *Anglo-sax.* geat. — *Arabe* darb, minhaj, sekkat, tarik, tharjgh, (tourouk). — *Armén.* phogoths & tchambah. — *Bosniaque* cesta & drum. — *Breton* rû & streat. — *Cafre* ititeleti, teleti. — *Chinois* chie, kiai, kiai-fan, kie. — *Congol.* nsan. — *Cornouaill.* streat & rû. — *Croate & dalm.* cesta, drum. — *Danois* Gade. — *Deccan* bid. — *Égypt.* sikke. — *Esclav.* cesta, drum. — *Espagn.* calle & rua. — *Fan* nsan. — *Finland.* tie. — *Flam.* straal. *Franç. vx* carrière. — *Gallois* ystrad. — *Grec smyrn.* sokaki. — *Herzégov.* — cesta, drum. — *Holl.* straat. — *Hongr.* ut. — *Ibo* ouzo. — *Indou* ghât & ghaut. — *Ital.* strada. — *Japon.* machi. — *Latin* strata, via, vici, vicus. — *Léon.* rû, streat. — *Malais* djalan & leboh. — *Monten.* cesta, drum. — *Nigér.* ouzo. — *Norv.* Gade. — *Persan* barzan. — *Philippin* kitir. — *Polon.* droga & ulica. *Port. & prov.* rua. — *Pundjab* bajar. — *Roman* carroy. — *Roum.* calea, podu, strada, ulita.

Rue principale :
Allem. Hauptstrasse. — *Angl.* main street. — *Roum.* strada principala.

Rue spacieuse :
Angl. long broad street, wide street. — *Arabe* minhaj. *Ital.* corso. — *Persan* kou.

— *Russe* oulitsa. — *Serbe* cesta, drum. — *Slovène* cesta. — *Suédois* gata. — *Syriaq.* darbe, tarik & (tourouk). — *Tagal.* kitir. — *Tchèque* silnice & ulice. — *Trécorr.* ru & streat. — *Turc* çokak. — *Vannet.* ru, streat. — *Yorouba* igboro & onna. — *Zoulou* isiteleti, teleti.

☞ allée, avenue, boulevard, carré, carrefour, chemin, chemin de fer, chemin de ronde, chemin de halage, communication, cours, cul-de-sac, débouché, duit, embranchement, étoile, fourche, halage, impasse, issue, jetée, levée, macadam, passage, passe, patte-d'oie, pavé, promenade, promenoir, estacade, quai, route, rue, ruelle, ruette, turcie, venelle, voie de communication, voie de garage & voie publique.

RUE.

Additions & notes.

Rue tortueuse :
Angl. cross street. — *Yorouba* akejaonna.

Rue transversale :
Roman rue traversine.

☆

ruelle, sfs; une petite rue. — Souventes fois, ce ne sont que des murs qui bordent les *ruelles*.

Achánti boromma, bronou. — *Allem.* Gæsschen, Gasse. — *Angl.* lane, small street. — *Arabe* zogag. — *Bosniaq.* ulica. — *Breton* (bas vanelle). — *Chinois* hsiang & toung. — *Croate, dalm.* ulica. — *Danois* liden Gade. — *Deccan* bid. — *Esclav.* ulica. — *Espagn.* callejuela. *Finland.* katu. — *Flam.* straatje. — *Franç.* xx ruelette, venelle. — *Herzég.* ulica. — *Holl.* steegje. — *Hongrois* uteza. — *Ital.* stradella, vico, vicolo. — *Latin* angiportum. — *Malais* djalan ketjil, lourong. — *Montén.* ulica. — *Norv.* liden Gade. — *Persan* barzan. — *Picard* reulette, ruelette. — *Polon.* ulica. — *Port.* beco, travessa, viella. — *Prov.* vanela. — *Roman* rouwelle, ruellette & ruellotte. — *Roum.* stradela, ulita. — *Russe* pérèoulok. — *Samoan* alatua. — *Serbe, slave, slovène, slovaq.* ulica. — *Suéd.* gata. — *Tchèque* ulica. — *Turc* çokak. — *Yorouba* akejaonna.

RUELLE.

Additions & notes.

Holl. straatje.

☞ les références de « rue ».

☆

ruette, sfs; ☞ ruelle & venelle.

RUETTE.

Additions & notes.

☆

ruine, sfs; dévastation amenée par l'abandon ou commise par une catastrophe. — Des abbayes du Moyen-âge, il ne reste que des *ruines*.

Allem. ruine, verfall. — *Angl.* ruin. — *Arabe* (enchir), thembir, karab, kasarad, kharba, kherbeh, (khourab), khourba, resm, (resum), talf. — *Bosniaque* propadanje, razvalina, rovina. — *Catal.* ruina. — *Congol.* fobolo. — *Croate & dalm.* propadanje, razvalina, rovina. — *Danois* Forfald, Ruin. — *Esclav.* propadanje, razvalina, rovina. — *Espagn.* ruina. — *Flam.* verval. — *Grec* (eripia). — *Herzég.* propadanje, razvalina, rovina. — *Holl.* verval. — *Ital.* ruina, rovina. — *Kabyle* (tefsedt). — *Latin* labes, parietinæ, ruina. — *Montén.* propadanje, razvalina, rovina. — *Norv.* Forfald, Ruin. — *Port.* ruina. — *Prov.* deroc, derroc, roina, royna & ruina. — *Roman* gast. — *Russe* (razvalini). — *Serbe* propadanje, razvalina, rovina. — *Suéd.* forfall. — *Thibét.* (gog). — *Turc* euren. — *Yorouba* (aboro).

RUINE.

Additions & notes.

RUINE.
    Additions & notes.

☞ culbutis, débris, décombres, désastre, destruction, dévastation, éboulement, éboulis, écroulement, épave, masure, reste & vandalisme.

☆

RUISSEAU.
    Additions & notes.

ruisseau, sms; petit cours d'eau tributaire d'une rivière. — Que de petits moulins doivent la vie aux *ruisseaux*.

Afghan chiver & mile.
Allemand Ach & bach; (*vieux* bach).
Amaxosa incencecha & cencecha.
Anglais batch, beck, bourn, brook, gutter, nullah, rivulet, sprout, stream & streamlet.
Anglo-américain run.
Anglo-saxon bourn & burn.
Arabe moi.
Bantou nsoulou, orourondo, rondo & soulou.
Basque errhaca.
Baya bali & bari.
Béarnais arrec.
Berbère aughi.
Berrichon riau.
Bosniaque potok & rieka.
Bressan raie & roie.
Brésilien corrego, igapo & igarape.
Breton gouer, gwéren & gwâz; (*moyen* gouher).
Cafre cencecha & incencecha.
Cambodgien au & prek.
Castillan rio.
Catalan riu.
Celtique nant & rius.
Chalonais raie & roie.
Chinois chau-kong-fo, khi, kou, sino-ho & thsouan.
Congolais nsoulou & soulou.
Coréen tchien.
Cornouaillais gouer, gwâz & gwéren.
Côte d'Or (France) raie & roie.
Croate potok & rieka.
Cymrique gofer, gwythen, gwythien & nant.
Dalmate potok & rieka.
Danois Bœk & Aa.
Égyptien moije.
Esclavon potok & rieka.
Espagnol arroyo & rio.
Finlandais kaiva & puro.
Flamand beck, beke & vliet.
Français vx fleou, mere d'aieaiwe, rieu, ru, ruissiax, ruiz & ryz.
Gaélique water.
Galla lougga.
Gallois nant.
Giryama dzouho, kadzouho & kidzouho.
Grec nero & ryax.
Hausa (rafauka), rafi & (rafouna).
Herrero orourondo & rondo.
Herségovinien potok & rieka.
Hindoustani nala.
Hollandais beck, beke, kabbelstroom, spruit & vliet.
Hongrois er, patak & patok.
Ibérien broc & reka.
Indou di.
Islandais beck & bekkr.
Italien rigagnolo, rio, rivo, ruscello & ruscelletto.
Japonais ko-gaoua.
Jurassien naut.
Languedocien riou.
Latin rivulus & rivus; (*bas* noda).
Léonais gouer, gwâz & gwéren.
Lorrain ru.
Luxembourgeois bâch.

Petit ruisseau :
Angl. little brook & small rivulet. — *Malgache* antsahakeli.
☞ ruisselet.

Ruisseau noir :
Allem. Schwarzbach.

RUISSEAU.

Malgache antsaha & saha.
Mongol gol.
Monténégrin potok & rieka.
Morvandais raie & roie.
Namaqua !arob.
Nika dzouho & kadzouho.
Nivernais biez.
Normand bieu.
Norvégien Aa & Bæk.
Persan djou & djoui.
Philippin estero.
Picard dalot, reneau, rio, riou, ru & riu.
Polonais potok & strumien.
Portugais arroio, regato, ribeiro & rio.
Provençal cadenal, ris & riu.
Roman fléon, mere d'aisaiwe, reuss, riau, riu, rou‑
  chai, rouchais, ru, ruit, ruixel, russi, rut & yauve.
Rouchi reio, ri & ru.
Roumain pariu.
Russe retchka, roucheëk, rouchei, routchéi.
Samoan alia.
Serbe potok & rieka.
Slave potok & rieka.
Slovaque potok.
Slovène potok.
Souahéli jito & kijito.
Suédois bæck.
Syriaque moi.
Tchèque potok.
Thibétain babchou & hbabchou.
Touareg anghi.
Trécorrois gouren, gwàz & gwéren.
Turc irmak, sou & tchaï.
Vannetais gouren, gwàz & gwéren.
Vosgien ru.
Wallon ri, ru & ry.
Yorouba abetou & odo.

☞ les références de « rivière ».

Ruisseau de montagne :
  Gallois nant.

Additions & notes.

✩

ruisselet, un petit ruisseau. — Un *ruisselet* invisible allongeait son filet d'eau pure dans les mousses, sous la surveillance des vipères du bois.

Allem. kleiner Bach. — *Anglais* brooklet, rivulet. — *Bantou* oroourondo & rondo. — *Bayeusain* riolet. — *Brésil.* igapo, igarape. — *Catalan* riuet. — *Chinois* kou, chaau‑kong‑fo, khi. — *Cymriq.* nant. — *Flam.* kabbel= stroom. — *Franç.* ex coulant d'eau, rue, rute. — *Gaëliq.* allt. — *Gallois* nant. — *Giryama* kidzouho. — *Hausa* (rafauka), rafi, (rafouna). — *Herrero* oroudondo, rondo. — *Holl.* kabbelstroom. — *Hongrois* patak. — *Islandais* bekkr. *Ital.* rivetto. — *Latin* rivulus. — *Norm.* bec. *Picard* yeauette. *Prov.* rivet. *Roman* coulant d'eau, ru & yeauette. — *Roum.* pariu. — *Russe* roucheëk, rou= chei. — *Souahéli* jito & kijito. *Suédois* lille bæck. — *Tcheq.* potok. — *Yorouba* abetou, odo, ommodo.

☞ les références de « rivière ».

RUISSELET.

Additions & notes.

✩

S

SABLE.

Additions & notes.

sable, sms; silex, très fin, presqu'en poussière. — Ce sont les *sables* des côtes de la mer qui ont formé ces dunes à la végétation misérable. Ce sont les *sables* qui, en ne retenant pas les eaux, entretiennent l'aridité du désert.

Achanti aouhea & nouhea.
Afrique orientale allemande chenyi, ererou, mchenyi, mvoumi.
Allemand Sand; (*vieux* sant).
Anglais sand.
Arabe ramla, raml, roumel & tharab.
Arménien aouaz.
Australien occid. noua.
Bâmbara kenie & kenye.
Bantou chenga, chenyi, esenge, lousese, mchenga, mchenyi, senge & sese.
Bosniaque piesak.
Breton tréaz & tréz.
Celtique traktu.
Chinois cha & sa.
Congolais franç. useghe & seghe.
Cornique trnith, treath & treth.
Cornouaillais tréz.
Croate piesak.
Cymrique graian & traeth.
Dalmate piesak.
Danois Œre & Sand.
Ebon bok.
Erse vieux tracht.
Esclavon piesak.
Espagnol arena.
Esperanto sabla.
Esquimau siora.
Fan useghe & seghe.
Fanti ahea.
Fidjien noukounoukou.
Finlandais hiekka & santa.
Flamand zand, zavel & (scheer).
Français vieux araine & sablon.
Grec ammos & psammos.
Hassania trab.
Hausa daidai, leilei, rairai & rere.
Herrero eheke & (omaheke).
Hœgovinien piesak.
Hindoustani bâlou & lablad.
Hollandais (scheer), zand & zavel.
Hongrois csec & fövény.
Ibóko njèlo.
Iles Salomon mati.
Indien Amérique Nord naig.
Italien arena, rena, (renajo), sabbia, sabbione.
Ja-louo lo.
Kerepounou one.
Kirghiz koum.
Kouei-chau kasaghie.

Sable de la grève :
Flam.-holl. oeverzand.

Petit sable :
Prov. areneta.

Sable de mer :
Latin arena marina.

Lac Chiroua ebouetou.
Lac Tchad ouaye.
Latin arena, sabulonem, sabulum & tractus.
Léonais grouan & tréaz.
Lomoué ebouetou.
Loango oumiechi & oungounyek.
Luxembourgeois saut.
Makoua ererou.
Malais pasir.
Malgache fasi & fasika.
Marocain igidi.
Marovo mati.
Mbau noukounoukou.
Miao-tsé kasaghie.
Mongol ebouetou.
Mossi bi iri.
Néo-guinéen one.
Norvégien Œre & Sand.
Odji ehekevi.
Ouganda lo, oumiechi & oungounyek.
Ouolof souf.
Persan kevir & rig.
Philippin bohangin.
Polonais piasek.
Polynésien oneone, onetai & thanthan.
Portugais arêa & areia.
Provençal areua, sablo & sablon.
Rotouma thantan.
Roumain nasipul & nisip.
Russe pésok & pessok.
Saharien ramla.
Samoan oneone.
Sanscrit marou.
Sara ouaye.
Serbe, montén. pesak & piesak.
Serer laukh.
Siamois sai.
Slovaque piesak.
Slovène pesek.
Songhaï do, dokori, don & tasi.
Souahéli mchanga & mtanga.
Soudanais ngoume.
Suédois sand.
Syriaque raml.
Tagal bohangin.
Tangout sima.
Tchèque pisek & pisku.
Thibétain bye-ma, chema & pema.
Trécorrois tréz.
Turc koum.
Vannetais tréz.
Yambo akouo.
Zambézien chenga & mchenga.

☞ allaise, ammochosie, ammodyte, arène, arénicole, assablement, ballast, balux, banc de sable, bougue, croulière, dune, écueil, fonture, glouze, grès, gravier, grève, javeau, lise, mirage, moie, mollet, mondrain, plage, sablier, sablière, sablon, sablonnière, sabulaire, sabulicole, saburre, sirtes, somme, tangue & traverse.

☆

sablière, sfs; carrière de sable. — Le foncement d'une *sablière* doit être fait avec prudence pour éviter des éboulis.
Abbadi gilef. — *Allem.* sandgrube. — *Angl.* sandstone

SABLE.

Additions & notes.

Sable de rivière :
Latin arena fluviatica.

Sable mouvant :
Allem. Flugsand. — *Angl.* quicksand. — *Arabe* melrir. *Algérie* melrir. *Flam.-holl.* drifzand & stuifzand. — *Norv.* (bougnes). — *Persan* dazh. — *Tunisie* melrir.

Sable vert :
Dano-norv. Grönsand. — *Suéd.* gjutsand.

SABLIÈRE.

Additions & notes.

SABLIÈRE.
Additions & notes.

Sablière abandonnée :
Angl. sandy land deserted. — *Bantou* isaka & saka.

Sablon blanc :
Picard & *roman* sabouré.

SAISON.
Additions & notes.

Saison chaude :
Angl. hot season. — *Giryama* mouvoumbi, voumbi.

Saison des pluies :
Angl. season of the rains & rainy season. — *Bantou* kintombo, masanza, masika, ntombo, sanza & sika. — *Congol.* kintombo, masanza, ntombo & sanza. — *Deccan* navam. — *Giryama* mouvoumbi & voumbi. — *Gourma* osiago. — *Haut-Sobat* chir. — *Malgache* fahavaratra. — *Mossi* youmdi. — *Sanscrit* megh-kal & megh-agam. — *Soudan.* kharif, kherif. — *Tamoul* navam. — *Yambo* chir. — *Yorouba* cono-ojo.

Saison d'été :
Angl. summer season. — *Cafre* hlobo & ihlobo.

Saison froide :
Angl. cold season. — *Congol.* chivou.

Saison humide :
Angl. wet season. — *Hausa* damana, damuna.

Saison sèche :
Angl. dry season. — *Giryama* aka & chaka. — *Gourma* difali. — *Hausa* rani. — *Malgache* louhatona. — *Mossi* sapalayo. — *Somali* jelal. — *Soudan.* seff; (fr. sapalayo. — *Yorouba* eouo-eroun.

Saison thermale :
Angl. hot season. — *Giryama* koutsano & tsano.

SALINE.
Additions & notes.

& sand-pit. *Arabe* hadd. — *Danois* sandgrav. — *Espag.* cueva de arena. — *Ebuï* gilef. — *Flam.-holl.* zandgroef. — *Ital.* cava di sabbia & renajo. — *Latin* sabuletum. — *Malais* pasir. — *Malgache* fasi, fasika & pasi. — *Norv.* Saudgraf. — *Port.* aréal. — *Russe* pessotchnitsa.

☞ les références de « sable ».

☆

saison, sfs; période de temps calculée sur la marche de la Terre autour du Soleil. — La *saison* printanière nous est annoncée par les hirondelles & les lilas.

Allem. Jahreszeit, Mousoon. — *Angl.* season. — *Arabe* fasl, (fousoul), mousin & zamân. — *Armén.* zam & zamanag. — *Bosniaq.* cas & vrieme. — *Breton* amzer, maré, préd. — *Chinois* si. — *Cornouaill.* amzer, maré, préd. — *Croate, dalm.* cas & vrieme. — *Danois* aarstid & rette Tid. — *Égypt.* fasl. — *Esclav.* cas & vrieme. — *Espagnol* estacion, monson & sazon. — *Finland.* aika. — *Flam.* jaargetijde & saizoen. — *Franç.* væ saison & seison. — *Hausa* lation, lòkachi. — *Herrero* okouni, okourouoro & orouteni. — *Herzég.* cas & vrieme. — *Holl.* jaargetijde, saizoen. — *Hongr.* évszag. — *Ital.* monsona & stagione. — *Javan.* kala & mongsa. — *Latin* tempestas & tempus. — *Léon.* amzer, maré, préd. — *Malais* mousim. — *Montén.* cas & vrieme. — *Norv.* Aarstid & rette Tid. — *Odji* okouenye, olouteni, osinge. — *Polon.* chwila, czas, pora. — *Port.* estação & sazão. — *Prov.* sazo. — *Roman* (estaies). — *Roum.* anotimpul, sesonul. — *Russe* vremia. — *Samoan* itoula. — *Sanscrit* kâla & rta. — *Serbe* cas & vrieme. — *Slovaq.* cas. — *Slovéne* cas & doba. — *Souahéli* onakati. — *Suéd.* arstid. — *Syriaq.* fasl & (fousoul). — *Tchèq.* doba roku, rocui cas & rocniho casu. — *Trécorr.* amzer, maré & préd. — *Turc* fassyl & (foussoul). — *Vannet.* amzer, maré & préd. — *Égypt.* môsim.

☞ année, arrière-saison, automne, brumal, canicule, colure, contre-saison, équinoxe, été, frimas, hibernal, hiver, hyémal, jour, mois, printemps, quartier, renouveau, semestre, solstice, trimestre.

☆

saline, sfs; marais salant & mine de sel. — Les *salines* sont établies au bord de la mer.

Allem. Salzgruke, Salzwerk. — *Angl.* salt-mine, salt-pan & salt-work. — *Arabe* mallahat & mellaha. — *Bengoudla* nika. — *Breton* oglen. — *Castill.* & *catal.* salina. — *Ceylan.* leounya. — *Danois* Salt Grube. — *Espagnol* salina. — *Flam.* zoutgroeve. — *Franç.* væ salorges. — *Holl.* zoutgroeve. — *Ital.* miniera del sale & salina. — *Latin* salina, salinæ & salinarum. — *Port.* & *prov.* salina. — *Roman* salnerie. — *Roum.* saratu. — *Russe* solontchnik. — *Sanscr.* lavan-khani. — *Turc* touzla.

☞ les références de marais salant.

☆

sapinière, sfs; plantation de sapins. — En Gascogne, les *sapinières* portent le nom de « pignades ».

<small>*Allem.* Tannenwald. — *Angl.* deal coffin & fir plantation. — *Bosniaque* jelik. — *Canad.* savane. — *Croate & dalm.* jelik. — *Danois* Granplantage, Naaleskov. — *Esclav.* jelik. — *Espagn.* monte de abetos. — *Flam.* dennebosch & mastbosch. - *Franç.* væ abaie. — *Herzégov.* jelik. — *Holl.* dennebosch & mastbosch. — *Ital.* abetaia. — *Latin* abiesina. — *Montén.* jelik. — *Norv.* Granplantage & naaleskov.   *Port.* pinhal & pinheiral. — *Prov.* abadia. — *Russe* ielnik. — *Serbe* jelik. — *Suéd.* granskog.</small>

☞ les références de « pinède ».

SAPINIÈRE.

Additions & notes.

☆

saulaie, sfs; endroit où croissent les saules. — Elles se distinguent aisément les *saulaies* avec leurs arbres trapus, épais, souvent troués & tordus, qui forment la bordure fantaisiste de nos rivières poissonneuses.

<small>*Allem.* Weidengehölz. — *Angl.* willow plantation. — *Danois* Pilelund. — *Espagn.* salceda, salcedo & salceza. — *Flam.-holl.* griend & wilgenbosch. — *Ital.* saliceto. — *Latin* salicium. — *Norv.* Pilelund. — *Port.* salgueiral. — *Prov.* sauci & sauzeda. — *Russe* ivniak.</small>

☞ arbre, calaf, marceau, marsault, marseau, saule, saulée, saulsaie, saussaie, pépinière, plantation, têtard.

SAULAIE.

Additions & notes.

☆

saulée, sfs; une rangée de saules. — Pendant que nous nous ébattions dans la Voulzie, au bord de l'eau, encadré par les branchilles de la *saulée*, un gendarme qui s'était offert nos nippes, patiemment, attendait...

☞ les références de « saulaie ».

SAULÉE.

Additions & notes.

☆

saussaie, sfs; ☞ saulaie.

SAUSSAIE.

Additions & notes.

☆

savane, sfs; prairie immense, caractérisée par l'absence d'arbres de haute futaie. — Les *savanes* n'existent que sur les vastes territoires américains.

<small>*Allem.* Grasebene & Savane. — *Angl.* savannah. — *Baya* béré. — *Bosniaq.*, *croate* & *dalm.* savana. — *Danois* Savane. — *Esclavon* savana. — *Espagn.* sabana. — *Flam.* grasvlakte & savane. — *Herzég.* savana. — *Holl.* grasvlakte & savane. — *Ital.* savana. — *Latin* sabanum. — *Montén.* savana. — *Norv.* savane. — *Portug.* & *serbe* savan.</small>

☞ les références de « prairie ».

SAVANE.

Additions & notes.

☆

SEIGNEURIE.

Additions & notes.

seigneurie, sfs; territoire qui appartenait à un seigneur. — Les *seigneuries* disparurent avec la Féodalité.

Allem. Herrschaft. — *Angl.* lordship. — *Arabe* houkm. — *Bosniaq.* spahiluk, vlastenistvo. — *Catal.* senyoratge, senyoria & senyorio. — *Croate. dalm.* spahiluk & vlastenistvo. — *Danois* Lensherskab. — *Esclavon* spahiluk & vlastenistvo. — *Espag.* senorage, senoria, senoril, senorio. — *Flam.* heerlijkheid, heerschap. — *Franç. vx* demaigrement, messérie, segnoraige, segnoril, seigneurement, seigneuriage, seignorie, signorie. — *Herzég.* spahiluk, vlastenistvo. — *Holl.* heerlijkheid, heerschap. — *Ital.* segnoreggiamento, senoraggio, signoria, signorile, signorio. — *Latin* prætium multarum clientelarum. — *Montén.* spahiluk, vlastenistvo. — *Norv.* Lensherskab. — *Port.* senhoria, senhoril & senhorio. — *Prov.* seignoratge, senhorameu, senhoreyameu, seignoria, senhoria, senhoratge, senhorei, senhoril, senhorio & senhoriu. — *Roman* ban, demaigrement, feauté. — *Roum.* senioria. — *Russe* vladychestvo. — *Serbe* spahiluk, vlastenistvo. — *Slovène* vladarstvo gosposka. — *Souahéli* houkoumou, mamlaku. — *Suéd.* herrskap. — *Syriaq.*, *turc* houkm.

☞ les références d' « État ».

☆

SÉJOUR.

Additions & notes.

Danois Hjem. — *Holl.* buren & heim.

séjour, sms; demeure provisoire; villégiature. — Nous fîmes un *séjour* de trois semaines au pays de Caux.

Achánti odan. — *Afrique orient. allem.* tembe. — *Allem.* Büren & Weiler. — *Angl.* abode, day's journey, dwelling & mansion. — *Arabe* dâr, haouili, ikamat, makan, manzil, msoun, masoua. — *Bali* ndap. — *Banjon* eket. — *Banton* tembe. — *Basari* (adi), goudi. — *Baya* toua. — *Bosniaq.* prestolnica, sjediste, sjedjenje, stolica. — *Cafre* oumzi & zi. — *Camer.* eket, ndap. — *Catalan* casa, mansió; (*vx* sojorn. — *Chamba* (dididi), gouddi. — *Croate. dalm.* prestolnica, sjediste, sjedjenje, stolica. — *Erse* bal, balla, bally. — *Esclav.* prestolnica, sjediste, sjedjenje & stolica. — *Espagn.* casa, mansion & meson; (*vx* sojorno). — *Fanti* odan. — *Flam.* buren & hem. — *Franç. vx* case, estal, estar, remanence, seijor. — *Galla* marra. — *Gallois* bettws. — *Hausa* halita. — *Herzégov.* prestolnica, sjediste, sjedjenje & stolica. — *Hindoustani* bas-bas, bati, basobas, galiyara, ghar, ok, vati. — *Hongrois* haz, lak. — *Indo-chinois* loun. — *Ital.* casa, mansione, soggiorno; (*vx* rimanenza). — *Khas chos* loun. — *Latin* casa, commoratio, mansion, remansio. — *Montén.* prestolnica, sjediste, sjedjenje & stolica. — *Norm.* bœuf. — *Norv.* Hjem. — *Ouolof* kour. — *Picard* hen. — *Port.* casa, manzão. — *Provenç.* aize, casa, estal, estar, mansion, remanensa, sejorn, sojarn. — *Sahar.* tarasham. — *Sanscrit* alaya, bati, greh & vati. — *Scandin.* boar, beer, here. — *Serbe* prestolnica, sjediste, sjedjenje, stolica. — *Sénégal.*, *serer* mbin. — *Slave* bous. — *Soninque* ka. — *Thibét.* ne & sa. — *Togo* kaba. — *Turc* oui. — *Yorouba* boujoko, bouso.

☞ les références de « demeure ».

☆

SÉMAPHORE.

Additions & notes.

sémaphore, sms; appareil télégraphique élevé sur un point de la côte, en vue de signaler le mouvement de la navigation. — Les *sémaphores* doivent recueillir & transmettre à leur port les noms des batiments qui passent à sa portée.

Allem. Küstentelegraph. — *Angl.* semaphore. — *Danois* Semaphor. — *Flam.-holl.* kust-telegraaf. — *Italien* semaforo. — *Norv.* Semaphor. — *Portug.* semaphora. — *Suéd.* kusttelegraf.

☞ code des signaux, indicateur, navigation, port, signal, station, télégraphie, vigie & vigigraphe.

☆

sentier, sms; petit chemin de terre dans la campagne. -- Les *sentiers* qui zigzaguent le long de la Méollette sont bordés d'aubépines & de framboisiers.

Achánti okouan.
Afrique orient. borori.
Allem. Fusspfad, Fussweg, Pfad, Steg, Steig; (*vieux* Pfät).
Anglais footpath, padi field, path, pathway, walk.
Aourimi injira, jira & njira.
Arabe (afauin), (masaḥk), maslak, (mraïr), mrira, nahaj, nahj, ténia, tharjgh sagjrat.
Bantou dzira, eyendelo, gila, insila, inzila, inzira, iziru, jera, jia, jila, njera, ujia, ujila, uyila, nzila, onjila, udela, tsela, yendelo, zila, zira.
Basouto tsela.
Baya liour & ouara.
Birman ram.
Bosniaque staza.
Breton gwénóden, minôten & ravent.
Cafre dlela, indlela, inyatouko & nyatouko.
Catalan sender.
Celtique seuto.
Chan tang.
Congolais koka & kona.
Cornouaillais gwénóden & ravent.
Croate staza.
Dalmate staza.
Danois Fodsti & Sti.
Esclavon staza.
Espagnol senda, sendero & vereda.
Fan (mnzen), nzen & zen.
Flamand paadje, pad & steg.
Français vieux sente & trau.
Gaélique saod & seud.
Galla karra.
Giryama chinjira, enjira, njira bomou.
Gothique sinths.
Haï-nan kong, kouon, lao, lo, son-hi & soun.
Harem koura.
Hassunia thrik.
Hausa hainya, hanya & tourouba.
Herrero onjila.
Herzégovinien staza.
Hindoustani gail, gayal, mag, malan, rasta & vat.
Hispano-américain picada.
Hollandais paadje, pad & steg.
Iaibo abe.
Indo-chinois koura,
Islandais gata.
Italien calle & sentiero.
Ja-louo iyo.
Japonais michi.
Jibou nia.
Kiriouina keda.
Kossova chinjira, enjira & njira bomou.
Latin semi iter, semita & tractus.
Léonais gwénóden & ravent.
Lou-ouanga injira, jira & njira.
Luxembourgeois pât.
Malais bendang & simpangan.
Mandara oungala.

SÉMAPHORE.

Additions & notes.

SENTIER.

Additions & notes.

Sentier amnicole :
Franç. vx & norm. ribalet.

Sentier battu :
Norm. détrat. — *Latin* tractus.

Sentier dans la neige :
Norm. (Orne : tréje).

Sentier dans une gorge :
Angl. path in a defile. — *Ind. Amérique N.* ara.

Sentier boisé :
Picard plessier & plessis.

Sentier de meute :
Allem. Saumpfad. — *Angl.* path for animals.

SENTIER.
Additions & notes.

Sentier de montagne :
Arabe tenia & teniet.

Sentier de colline :
Arabe tala & talat.

Sentier de vallée :
Angl. narrow glen-path. — *Asie centr.* tenghi.

Sentier de vignoble :
Franç. vx audée & andeye.

Sentier pour mulets & bêtes sommières
Allem. Saumweg. — *Angl.* mule track, path for beasts of burden.

Sentier tortueux :
Allem. Schlangpfad. — *Angl.* snake path & winding path.

Marocain araras.
Mekeo inengea & keanga.
Modounga koua.
Mongol samar.
Monténégrin staza.
Mozambique ipiro & piro.
Nandi oret.
Néo-guinéen inengea, keanga, keda, lell & nia.
Nika koudo & moukondo.
Nissan lell.
Normand chasse, chuntre, sente & vielte; (*Eure* : forière).
Norvégien Fodsti & Sti.
Ouganda chinjira, enjira, injira, iyo, jira, njira bomou, njira & oret.
Ouolof ion.
Ourdo rasta.
Persan jada & rasta.
Picard sente & sinte.
Portugais atalho & vereda.
Provençal batut, carrairon, cendier, cendieyra, semdier, sendier, sendera & sentier.
Roman larronnesse, sente, sentelée & xavée.
Russe trapa.
Sagaro gila & ngila.
Samoan ala.
Sanscrit gamat, vanta & vartman.
Serbe staza.
Siamois thang.
Slovène steza.
Songhaï fondo.
Soninque kille.
Souahéli (mapito), njia & pito.
Suédois gangstig.
Tribétain lam, lam-kha & torokai.
Trécorrois gwénôden & ravent.
Turc yol.
Vannetais gwénôden & ravent.
Yindou-chin ram.
Yorouba esse, ikpa, ikpasse & onna.
Zambézien chinjira, enjira & njira.
Zoulou inyatouko & nyatouko.

☞ les références de « chemin ».

☆

SEPTENTRION.
Additions & notes.

septentrion, sms; un autre nom du point cardinal « nord ». — La Grande-Ourse & la Petite-Ourse sont au *septentrion*.

Allem. Mitternacht. — *Anglais* septentrion. — *Arabe* ghethbaç-çamal, ghethd, nouss lail. — *Bosniaq.* polnoc, ponoc. — *Breton* hanter-noz & stéren. — *Catal.* septentrio. — *Chinois* ie. — *Coréen* hoang, pouk. — *Cornouail.* hanter-noz & stéren. — *Croate, dalm.* polnoc & ponoc. — *Danois* Nord. — *Égypt.* nouss ellêl. — *Esclav.* polnoc & ponoc. — *Espagn.* septentrion & setentrion. — *Finland.* pohja & puoliyö. — *Flam.* noord. — *Hausa* tsakka dere. — *Herrero* outoukou ounene. — *Herzég.* polnoc, ponoc. — *Holl.* noord. — *Italien* settentrione & tramontana. — *Latin* septentrio. — *Léon.* hanter-noz & stéren. — *Malais* tengah malam. — *Montén.* polnoc, ponoc. — *Norv.* Nord. — *Odji* ouousikou ououle. — *Polon* polnoc. — *Port.* septentrião & setentrião. — *Prov.* septentrio & setemptrio. — *Roum.* miada-nopte, miaza-noapte. — *Russe* sever. — *Samoan* 'o le touloua & o le ao ma le po. — *Serbe* polnoc, ponoc. — *Slovène* polnoc. — *Souahéli* kati ya ousikou, ousikou oua manane & ousikou san a sita. — *Suéd.* midnatt. — *Syriaq.* nouss lail. — *Tchèque* sever. — *Trécorr.* hanter-noz & stéren. — *Turc* jary getchè. — *Vannet.* hanter-noz & stéren.

☞ les références de « nord ».

sillon, sms; raie profonde creusée dans le sol par un attelage ou par la charrue. — Les *sillons* faits par les animaux sont des pistes, des traces qui aident à découvrir leurs retraites.	SILLON.	Additions & notes.

Allem. Furche. — *Angl.* deale, furrow, saw, track & trail. — *Anglo-sax.* fuhr. — *Arabe* katth, maslak, tilm. — *Bosniaq.* brazda. — *Breton* auden, éró, erv, penguen, pengenn, rikka, talar; (*moyen* cru); (*vx* eru, rec. — *Celtiq.* talaro. *Cornouaill.* éró, erv, pengenn. — *Croate, dalm.* brazda. — *Danois* Fure. — *Égypt.* hart. — *Esclav.* brazda. — *Espag.* emelga, serrania, surco, trillo. — *Flamand* vore. — *Franç. vx* gaequière. — *Franc-comt.* roie. — *Galla* lougga. — *Hausa* kouori. — *Herzégor.* brazda. — *Hindoust.* chaud, nala. — *Holl.* vore. — *Ital.* segno, solco. — *Latin* lira, porca, sulcus, vervactum. — *Léon.* éró, erv, pengenn. — *Lorrain* roie. — *Montén.* brazda. — *Norv.* champeière & delle; (Calvados : forière). — *Norv.* Fure. — *Philipp.* trillo. — *Picard* roie. — *Port.* rego, serra, sulco do arado. — *Roman* derayure, enrue, roie & roye. — *Rouchi* roie. — *Russe* borazda, tcherta. — *Serbe* brazda. — *Suéd.* fara. — *Syriaq.* tilm. — *Trécorr.* éró, erv, pengenn. — *Turc* evlek. — *Vannet.* éró, erv & pengenn. — *Wall.* roie.

☞ abattures, canalet, chemin, égoût, foulure, houache, lague, ligne, ornière, ouaiche, piste, ravin, signe, sillage, trace, traînée, vestige, voie.

☆

sirtes, sfp; ☞ sables mouvants.	SIRTES.	Additions & notes.

☆

site, sms; un endroit. — Les *sites* désignent spécialement des lieux agréables, pittoresques.	SITE.	Additions & notes.

Allem. Gegend, Lage, Landschaft, Stætte, Stelle. — *Angl.* site & spot. — *Anglo sax.* stede. — *Arabe* gamjat, mahall, matrah. — *Breton* dalc'h, diazez, stâd. — *Cafre* inxioua, nxioua. — *Camer.* ouma. — *Cornouaill.* dalc'h, diazez, stâd. — *Croate, bosniaq. & dalm.* mjesto. — *Danois* Beliggenhed, Egn. — *Esclavon* mjesto. — *Espagn.* sitio. — *Flam.* ligging, stede. — *Herrero* otyirongo. — *Herzég.* mjesto. — *Holl.* ligging, stede. — *Ital.* sito. — *Ja-loua* kamoro. — *Kossova* orongongo, rogongo. — *Latin* situs. — *Léon.* dalc'h, diazez & stâd. — *Montén.* mjesto. — *Norv.* Beliggenhed, Egn. — *Odji* ochilongo. — *Ouganda* kamoro, orogongo & rogongo. — *Persan* stan. — *Polynés.* toukou, tonou. — *Port.* sitio. — *Russe* mesto-polojénié. — *Samoan* mea. — *Sanscrit* sthâna. — *Serbe* mjesto. — *Suéd.* plats, stælle. — *Syriaq.* mahall, matrah. — *Tchèque* misto. — *Trécorrois* dalc'h, diazez & stâd. — *Turc* jer. — *Vannet.* — *Zoulon* inxioua, nxioua.

☞ assiette, coin, emplacement, endroit, espace, lieu, local, paradis, parage, pays, point de vue, place, position, poste, scène, situation, sol, terre, terrain.

☆

soir, sms; le temps qui s'écoule entre la disparition du Soleil & le moment où	SOIR.	Additions & notes.

SOIR.

Additions & notes.

l'on se couche. — Le *soir* est la première partie de la nuit.

Allem. Abend; (vx abent). — *Annam.* chiôu. — *Angl.* evening. — *Anglo-sax.* œfen. — *Arabe* 'aschiji & masa. — *Arménien* irigoun. — *Baya* m'boro. — *Béarn.* sé. — *Bosniaque* vecer. — *Breton* abardaez, enderf, enderv & pardaez. — *Bulgare* vetcher. — *Catal.* vespre. — *Chinois* ouan. — *Cornouaill.* abardaez, enderf & pardaez. — *Croate, dalm.* vecer. — *Danois* Aften. — *Égypt.* 'ische, mise. — *Esclav.* vecer. — *Espag.* tarde. — *Finland.* ilta. — *Flam.* avond. — *Franç. vx* anuit, avespremen, arsoir, sérée, sérence, vespre, vesprée, vespres. — *Franccomt.* vespre. — *Herrero* ongourova. — *Herzég.* vecer. — *Hindoust.* châm, sândeh. — *Holl.* avond. — *Hongr.* est, este. — *Ibérien* sé. — *Ibôho* mpókoua. — *Ital.* sera, vespro. — *Javan.* sonten, soré. — *Langued.* avespre. — *Latin* sero, serum, vesper, vespera, vesperem. — *Léon* abardaez, enderf, pardaez. — *Luxemb.* owent. — *Malais* craoo, petang, soré. — *Montén.* vecer. — *Norm.* andain, straseran, vêpre, vespre. — *Norv.* Aften. — *Odji* ougoulolu. — *Picard* jour failli, vêpe, vêpré, wêpe. — *Polon.* wieczor. — *Portug.* tarde. — *Prov.* avespre, ser, sera, vesprada, vespre. — *Rémois* veppe. — *Roman* hesperie, vespres. — *Rouchi* vespre. — *Roum.* scara. — *Russe* vetcher. — *Samoan* afiafi. — *Sanscr.* saya. — *Serbe, slovaque, slovéne* vecer. — *Souahéli* esha, isha & jioni. — *Suéd.* afton. — *Syriaq.* 'aschiji, masa. — *Tchéq.* vecer. — *Trécorr.* abardaez, enderf, pardaez. — *Turc* akcham. *Vannet.* abardaez, enderf, pardaez.

☞ après-dîner, brune, couvre-feu, chute du jour, crépuscule, déclin du jour, lucernaire, nocturne, nuit, obscurité, soirée, tombée de la nuit, veillée, vêpre, vespéral.

☆

SOL.

Additions & notes.

Sol argileux :
Arabe meshgeg, (meshgegin).

Sol élevé :
Angl. high ground, high land. — *Brésil.* chapadas. — *Hindoust.* tekan, tekra.

Sol émergeant des lagunes :
Angl. rising ground between the lagoons. — *Espagnol* albardon.

Sol humide :
Angl. humid soil. — *Espagn.* humedal. — *Normand* pliacoux.

Sol pierreux :
Normand (à Cherbourg : vivage).

Sol profond :
Allem. Boden.

sol, sms; la terre ferme. — Toutes les parties du *sol* n'ont pas les mêmes constitutions géologiques.

Allem. Boden & Grund; (vx bodem). — *Angl.* earth, ground, soil & stratum. — *Arabe* ardh & sathal-ardh. — *Armén.* kedin. — *Bosniaq.* pod & tlo. — *Breton* leûr & sôl; (vx laur). — *Cafre* hlaba, oumhlaba. — *Catal.* sol. — *Celtiq.* lara, laro. — *Chinois* mi, miho. — *Cornig.* lor & luer. — *Cornouaill.* leûr & sôl. — *Croate* pod & tlo. — *Cymrique* llawr. — *Dalm.* pod & tlo. — *Danois* Grund, Jord, Jordbund. — *Égypt.* tourab. — *Esclav.* pod, tlo. — *Erse* lar. — *Espag.* cama, suelo. — *Flam.* bodem, grond. — *Franç. vx* resse, solage. — *Gaéliq.* lar. — *Hausa* kasa. — *Herzég.* pod, tlo. — *Holl.* bodem, grond. — *Hongrois* föld. *Il. Salomon* pouava. — *Ind. Amérique N.* nak. — *Ital.* suolo. — *Javan.* lemah & siti. — *Latin* soli & solum. — *Léon.* leûr, sôl. — *Lithuan.* talus. — *Loanga* lirova, rova. — *Lolo* mi, miho. — *Luxemb.* huodem. — *Marovo* pouava. — *Montén.* pod, tlo. — *Ouganda* lirova & rova. — *Polon.* duo. — *Portug.* cama, chão & solo. — *Prov.* sol. — *Prussien vx.* talus. — *Roman* solier. — *Roum.* pamintul, solul. — *Russe* zemlia. — *Sanscr.* tala, bhoutala, mrittika. — *Serbe* pod, tlo. — *Storaq.* dno. — *Slovéne* tla. — *Souahéli* chini, inchi. — *Suéd.* golf, jordman & mark. — *Syriaq.* ard & trab. — *Tchéq.* podlaha & puda. — *Trécorr.* leûren. — *Turc* dib, jer & toprak. — *Vannet.* leûr, sôl.

☞ les références de « terre ».

☆

solitude, sfs; sar désert.   SOLITUDE.   Additions & notes.

☆

sommet, sms; la partie supérieure d'une montagne. — Arrivés au *sommet* de la montagne, le vertige nous saisit.   SOMMET.   Additions & notes.

Achânti srouron.
Albanais cjufe.
Allemand Bergspitze, Gebal, Gipfel, Grat, Kuppe, Kopf & Spitze.
Anglais above, head, height, hence, nab, nabb, ridge, summit & top.
Anglo-saxon koppe & top.
Arabe auj, dhuhr, dhahret, gommat, gouern, guennar, koulla, nador, ras, raz, (rous), rouiset & zoruat.
Assyrien abou'au, sakoummata.
Basque gayna.
Bantou bata & ebata.
Baya djou & zou.
Béarnais soum.
Berbère tademaït.
Bosniaque vrhunac.
Bressan cuchot.
Breton bâr, barr, blein, blinchen, klipen, kribel, lein; (*moyen* blein & vlein).
Cafre intla & ntla.
Catalan serra, som, suma; (*rex* sumital).
Caucasien darassi.
Celtique bar.
Chalonais cuchot.
Charonais ceuche.
Chinois kang & t'eû.
Coréen pong.
Cornique bar.
Cornouaillais bâr, kribel & lein.
Côte d'Or (France) cuchot.
Croate vrhunac.
Cymrique blaen & bar.
Dalmate vrhunac.
Danois Aas, œverste Del, Tind & Top.
Deccan oussi, seouat & sigaram.
Erse barr.
Esclavon vrhunac.
Espagnol alto, ceja, cumbre, picacho, remate, sierra, somo, suma, sumitad & vertice.
Finlandais pææ.
Flamand kop, kruin, spits, krits & top.
Français vieux cacumine, faisle, fert, feste, pen, pene, serre, som, some, sommeron, sommeton, son & vertize.
Gaëlique bar, barr, mullach & var.
Gallois pen.
Gaulois barros.
Gothique gibla.
Grec akra, akros & kolofon.
Herzégovinien vrhunac.
Hindoustani mourdha & sir.
Hollandais kop, krits, kruin, spits & top.
Hongrois agy & csucs.
Ibérien soum.
Ibo elou.
Islandais fjall, (fjöll), hyrna & nabbi.
Italien serra, somma, sommità, sommitade, sommitate, sommo, vertice & vetta.
Japonais daka, daké, mine & také.
Jibou doro.
Kiowaï csoua.
Latin cacumen, caput, fastigium, summitas, summum, summitatem & vertex.
Léonais bâr, kribel & lein.
Lithuanien kalns.
Malais átas & pountjak.

Petit sommet :
  Roman sommeton.

Sommet arrondi :
  Allem. Kuppe.

Sommet couronné de neige :
  Angl. snowy summit. — *Espagn.* nevado. — *Sibérien* bielki.

Sommet de dunes :
  Arabe zemilet.

Sommet nu :
  Angl. bare summit. — *Arabe* gerrua.

Sommet escarpé :
  Angl. steep summit. — *Arabe* tennoucha.

SOMMET.

Additions & notes.

Malgache tendrou.
Mekeo oungouina.
Mongol eken.
Monténégrin vrhunac.
Mossi kougouri & zougou.
Néo-guinéen osoua & ongouina.
Normand coupet.
Norvégien Aas, œverste Del, Tind & Top.
Persan bala, sar & ser koulléh.
Picard houpe.
Polonais glowa.
Portugais apice, cabeço, cume, pico, somma, summa, summidade, vertex & vertice.
Provençal cap, cim, cima, entrecims, frest, kap, mirat, ser, sera, sim, sima, som, soma, somma, somelh, som sim, summa, testor & vertex.
Roman cacumine, pen, sommeron, sommité, thringle.
Roumain vêrful.
Russe verchina.
Saharien thniye & tuie.
Samoan toumoutoumou.
Sanscrit mourdha.
Serbe vrhunac.
Sierra Leone kon.
Slave vrch.
Slovène vrh.
Souahéli jouou, kilele & lela.
Suédois spets & topp.
Syriaque râs & (rous).
Tamoul oussi & sigaram.
Tchèque hlava.
Thibétain kong-ka, po, rtse, spo, tog & tsé.
Trécorrois bâr, kribel & lein.
Turc bach, sirt, tépé & toupé.
Vannetais bâr, kribel & lein.
Yonnais guche & guchot.
Zoulou intla & ntla.

☞ les références de « cime ».

☆

SOMMITÉ.

Additions & notes.

sommité, sfs; ☞ sommet & les références de « cime ».

☆

SOURCE.

Additions & notes.

source, sfs; endroit d'où l'eau sort de la terre ou de la roche. — Les *sources* sont des fontaines naturelles.

Achanti nsou-aniona.
Afghan kina.
Albanais kroj & kroua.
Allemand Bron, Brunnen, Quelle & Ursprung.
Annamite giêng & suôi.
Anglais open water, root, source, spring, up-stream & well.
Arabe aïn, (aïoun), asl, boulak, en, ma el ma, na, nabee, neba & (oyoun).
Arménien agh'piour.
Bambara (kolo, kolou & kolongo).
Bantou kasoulo.
Basque itourria.
Baya naouia.
Berbère tet, thala, thit & (tittaouen).
Bornou ponche.
Bosniaque izvor & vrelo.
Breton aiénen, eiémen, mammen & pennabek; (*moyen eyen*).
Cafre oumtombo & tombo.
Caucasien tskharo.
Celtique ber.
Chinois chim, sing, tsing & youen.

Source au bord de la mer :
Bayous. vitouard.

Source chaude :
Allem. Warmbrunnen. — *Anglais* (warmsprings). — *Arabe* hammam. — *Japon.* ide-you & onsen.

SOURCE　　　　　　　　　　TERMES GÉOGRAPHIQUES　　　　　　　　　　SOURCE

Congolais kasoulo.
Cornouaillais aiènen, eiènen, mammen & pennabek.
Croate izvor & vrelo.
Cymrique tarddell.
Dalmate izvor & vrelo.
Danois Kilde.
Égyptien 'en.
Erse dobur, tober & tubber.
Esclavon izvor & vrelo.
Espagnol fontana, fuente, hontana & manantial.
Fan aboli, boli & (mboli).
Finlandais kaivo & lahde.
Foula boundou.
Flamand bron, oorsprong & wel.
　Français vieux aigue, aix, doiz, motive, origne & vona; essour.
Gaélique tiobart, tobar & tober.
Giryama dzitso.
Grec piyi, vrysi & vrysis.
Hassania hasi & hassi.
Hausa idamou n roun, kogi & marmaro.
Haute-Marne acqs, nge, ageville & ax.
Herrero oroui, orouharoui, (otouharoui & otoui).
Herzégovinien izvor & vrelo.
Hindoustani bamba.
Hispano-américain cachimba.
Hollandais bron, oorsprong & wel.
Hongrois forras.
Iboko idjiba.
Indien Amérique Nord homoouak, monahinj, mo, popi & tupik.
Isérois les âges.
Islandais brunnr.
Italien fonte & sorgente.
Japonais minamoto.
Javanais houmboul-lan.
Jurassien doie.
Kabyle tala.
Kourde kani & keni.
Lac Tchad pouche.
Latin fons, latex, origo & scaturigo.
Léonais aiènen, eiènen, mammen & pennabek.
Malais houlou, houlou sounge, mata-ayer & oulou.
Malgache fantsakana, louharano & louhatona.
Malinqué (kolo, kolon & kolongo).
Mandara pouche.
Mongol boulak, (namaga), namekha, namik. poulak & tolkha.
Monténégrin izvor & vrelo.
Mossi mendere.
Normand noue; (à Vire : uoe.
Norvégien Kilde.
Odji ezia.
Ouolof ten.
Persan chasma, chechmeh.
Polonais krynica & zdroj.
Portugais manancial & nascente.
Provençal adoutz & dotz.
Rahanouin hil.
Roumain izvorul, sorginte & sursa.
Russe istotchnik, verkhovie & vesna.
Sahara aïn.
Samoan pounavai.
Sonscrit akar, koûpa & kound.
Sénégalais ngas.
Serbe izvor & vrelo.
Serer ngas.
Sierra Leone kounda & koundo.
Slave vrelo.
Slovène izvirek & vir.
Somali hil & hell.
Songhai harimo.
Soninque gede.
Souahéli chemchem, jicho la maji & kotok.
Suédois kœlla.
Syriaque aïn, ('ijoûn), naba & ('oujoûn).

SOURCE.

Additions & notes.

Source de ...
　Arabe omm & oumm.

Source de cours d'eau :
　Allem. Quellfluss.

Source perpétuelle :
　Angl. perennial spring. — *Somali* dourdour.

Source profonde :
　A Sens bime & bisme.

Source salée :
　Afrique orient. brit. salt-lick. — *Angl.* salt spring.

Source thermale :
　Allem. Warmbrunnen. — *Angl.* source of hot springs. — *Thibét.* chouja & chousa.

Source très abondante :
　Prov. foux.

SOURCE.

Additions & notes.

Tchèque pramen & zdroj.
Thibétain chou mig, go & mgo.
Touareg tet & (tittaouen).
Trécorrois aiénen, eiénen, dour saô.
Turc aïn, (aïoun), bach, binar, boulak, bounar, chech= mé.
Vannetais aiénen, eiénen, mammen & pennabek.
Yorouba orishon.

☞ bouillon, cuvette, eau, essour, filet d'eau, fontaine, fontanelle, geyser, jet d'eau, mollière, mouille, naissance, ori= gine, puisard, puits, sourcillon, sur= geon, vasque & veine.

*

SOURCILLON.

Additions & notes.

sourcillon, sms; une petite source.

☆

SOUS-PRÉFECTURE.

Additions & notes.

sous-préfecture, sfs; chef-lieu admi= nistratif des services publics confiés à un sous-préfet. — La suppression des *sous-préfectures* est projetée.

Allem. Unterpræfektur. — *Angl.* under-prefecture. — *Chinois* chi-li-ting, hien, san chau, san chou, tchéou & thing. — *Danois* Underprefektur. — *Hai-nan* koua, yen & tsiou. — *Portug.* subprefeitura. — *Roum.* sub-prefec= tura. — *Turc* sandiak.

☞ arrondissement & préfecture.

☆

SPHÈRE.

Additions & notes.

sphère, sfs; ☞ globe terrestre.

☆

STAGNICOLE.

Additions & notes.

stagnicole, adjectif; qui vit dans les étangs.

☆

STATION.

Additions & notes.

Station balnéaire :
Allem. Badestation. — *Angl.* watering-station. — *Da= nois* Badestation. — *Hispano-américain* aguala. — *Port.* estação balneario.

Station de charbon :
Allem. Kohlenstation. — *Angl.* coaling station.

station, sfs; le séjour d'un bâtiment dans un lieu qu'il surveille; un poste provisoire; un point d'arrêt. — Les *sta= tions* thermales sont les rendez-vous des désœuvrés.

Allem. Stand, Station, Stillstand. — *Angl.* rest-house, station, stay. — *Arabe* mahatta, mohattat. — *Bosniaque* postaja. — *Breton* chan & paouez. — *Catal.* estacio. — *Celtiq.* arestamen. — *Cornouaill.* chan, paouez. — *Croate & dalm.* postaja. — *Danois* Holdeplads, Station. — *Égyp= tien* mahatte. — *Esclav.* postaja. — *Espagn.* estacion. — *Finland.* asema & pysæyspaikka. — *Flam.* statie & stil= stand. — *Hausa* zango. — *Herzég.* postaja. — *Holl.* sta= tie & stilstand. — *Hongr.* allomasok. — *Ital.* stazione. — *Latin* statio, status. — *Léon.* chan & paouez. — *Malais* persingahan. — *Mandchou* jau. — *Monten.* postaja. — *Norv.* Holdeplads. — *Polon.* stacya. — *Port.* cruzeiro & estação. — *Prov.* estatio, istacio & statio. — *Roum.* sta= tia, statie. — *Russe* stan, stanitsa & stanoviche. — *Serbe* postaja. — *Slovaq.* stav. — *Slovène* postaja. — *Souahéli* jala & wezechn. — *Suéd.* station. — *Syriaq.* mahatte. —

STATION   TERMES GÉOGRAPHIQUES   STEPPE

Thibét. braug, brang-sa, daug, daug-sa. — *Trécorr.* chan & paouez. — *Turc* lenger & station. — *Vannet.* chan & paouez. — *Yorouba* iso.

☞ arrêt, caravansérail, cure, escale, étape, halte, mansion, mouillage, panne, pause, pied à terre, poste, relâche, relais, repos, séjour, stationnement, ville d'eau & villégiature.

☆

STATION.
               Additions & notes.

Station douanière :
Allem. Zollamt. — *Angl.* custom station. — *Siamois* dan.

Station militaire :
Chinois ouei & so.

Station de poste :
Chinois jih. — *Dano-norv.* Poststation. — *Thibét.* satsig. — *Turc* ouchma, oujma & ourtang.

Station sémaphorique, ☞ sémaphore.
Espag. estacion semaforica.

Station télégraphique, ☞ bureau télégraphique.

Station téléphonique, ☞ bureau téléphonique.

Station thermale :
Allem. Mineralstation. — *Angl.* hot springs station. — *Arabe* hamma. — *Bulgare* bania. — *Javan.* chipanas. — *Turc* ilije.

station du chemin de fer, sfs ; batiment contre la voie ferrée, installé & outillé pour satisfaire au trafic des gens, des animaux & des marchandises. — Les *stations* bien aménagées sont rares.
Allem. Bahnhof & Eisenbahnstation. — *Angl.* railroad station & railway station. — *Bosniaq., croate, dalm.* zeljeznica postaja. — *Danois* Jernbane Station. — *Esclav.* zeljeznica postaja. — *Espag.* estacior. — *Flam.* statie. — *Herzég.* zeljeznica postaja. — *Holl.* statie. — *Ital.* stazione. — *Montén.* zeljeznica postaja. — *Norv.* Jernbane Station. — *Port.* estação de caminho de ferro. — *Serbe* zeljeznica postaja.

STATION DU CHEMIN DE FER.
               Additions & notes.

☆

steppe, sfs ; vaste lande. — Il y a en Russie des *steppes* immenses.
Allem. Steppe. — *Angl.* steepe & steppe. — *Bosniaq., croate, dalm.* stepa. — *Danois* Steppe. — *Esclav.* stepa. — *Flam.* heide & steppe. — *Herzég.* stepa. — *Holl.* heide & steppe. — *Hongr.* puszta. — *Ital.* steppa. — *Montén.* stepa. — *Norv.* Steppe. — *Persan* dacht. — *Port.* steppa. — *Roum.* stepa. — *Russe* stepp. — *Ruthène* stepe. — *Serbe* stepa. — *Suéd.* stæpp. — *Turc* tyol.

STEPPE.

arendal, aridité, brande, broussaille, brousse, bruyère, désert, erme, essart, frau, friche, herme, garigue, gastine,

STEPPE.   Additions & notes.

inculture, jungle, lande, llanos, makis, pampa, paramos, ramier, plaine, savanes, savart & varenne.

☆

SUBURBAIN.   Additions & notes.

suburbain, adj; placé en dehors de la ville; faubourien. — Les chemins de fer de ceinture sont des lignes *suburbaines*.

Allem. vorstædtisch. — *Angl.* suburb. — *Arabe* sakue. — *Espag.* suburbano. — *Flam.-holl.* uit de voorsteden. — *Ital.* suburbano. — *Latin* extra muros. — *Port.* suburbano. — *Russe* prigorodnyï.

☞ les références de « banlieue ».

☆

SUBURBICOLE.   Additions & notes.

suburbicole, adj; qui habite la banlieue, qui est des faubourgs. — Les gagne-petit, les ouvriers & les employés sont l'élément *suburbicole* des cités.

☆

SUD.   Additions & notes.

sud, sms; un des quatre points cardinaux, celui opposé au Nord. — Les vents du *Sud* sont chauds.

Afrique orientale allemande om irimaua.
Allemand Süd & Süden.
Annamite nam.
Anglais south.
Arabe chêmal, dahru, djounoub, gebla, gebli, gonub, goubl, kibla & ssajd.
Araucanien houilli.
Aroma gabourigo.
Basque ego & egoi.
Berbère agus.
Bosniaque jug.
Breton kresteiz.
Canara souli.
Chinois nan, nan fang.
Coréen hai & nam.
Cornouaillais kresteiz.
Croate jug.
Dalmate jug.
Danois Syd.
Darfour sbah.
Ebon rouk.
Égyptien gounoub & kible.
Esclavon jug.
Espagnol sud & sur.
Esperanto suda.
Fidjien theva.
Finlandais etelæ.
Flamand zuiden.
Gaélique déas.
Giryama akani & mouakani.
Grec notos.
Hassania gibla.
Hausa goussoum, kouddous, koudou.
Hawaïen koukoulou hema.
Herzégovinien jug.
Hindoustani dakhni, jounoubi, souli.
Hollandais zuiden.
Hongrois dél.
Indou ten.

SUD.

Additions & notes.

Italien mezzodi & sud.
Japonais nan.
Kabadi asinona.
Kerepounou ahourigo.
Kouei chau nan fang.
Lac Chiroua om irimana.
Latin auster & austri.
Léonais kresteiz.
Lomoué om irimana.
Maiva ahidaina.
Malais selntan.
Makoua om irimana.
Malgache atsimo.
℔ FB.
Mbau theva.
Miao-tsé nan fang.
Min-kia la.
Mongol oumen.
Monténégrin jug.
Motoumotou diho & seipi.
Néo-guinéen gabourigo & seipi.
Niouean malanga.
Norvégien Syd.
Ouolof ngelendou.
Polonais poludnie.
Polynésien malanga, potoutonga & rouk.
Portugais sul.
Roumain sudul.
Russe ioug & youg.
Sahara gebele.
Samoan itou i toga & saute.
Serbe jug.
Siamois tai & thit-tai.
Slave jug.
Slovène jug.
Soninqué sindom.
Soudanais égyptien said.
Soudanois français sindom.
Souahéli kousini & souheli.
Suédois söder & syd.
Syriaque kibli & tchounoub.
Tahitien apatoerau.
Tamoul terkou.
Tchèque jih.
Thibétain lho.
Tonga potoutonga.
Touareg agus.
Trécorrois kresteiz.
Turc kiblé.
Vannetais kresteiz.
Yunnan la.

☞ les références de « midi ».

☆

sud-est, sms; le point de l'horizon situé entre l'est & le sud.

SUD-EST.

Additions & notes.

Allem. Südost, Südosten. — *Angl.* south-east. — *Arabe* samoum. — *Bosniaq., croate, dalm.* jug-iztok. — *Danois* Sydœst. — *Esclav.* jug-iztok. — *Espag.* sudeste. - *Finland.* etelæ-itæ. — *Flam.* zuidoost. — *Grec* euros. — *Herzég.* jug-iztok. — *Holl.* zuidoost. — *Ital.* scirocco. — *Malais* tonggara. — ℔ suai & DM. — *Norv.* Sydœst. — *Port.* sul-este. — *Russe* iougavostok. — *Serbe & slave* jug-iztok. — *Suéd.* sydost. — *Turc* keschichleme.

☞ aire de vent & ses références.

☆

sud-ouest, sms; le point de l'horizon marqué entre l'ouest & le sud.

SUD-OUEST.

Additions & notes.

Allem. Südwest & Südwesten. — *Angl.* south-west. —

SUD-OUEST.	Additions & notes.	*Bosniaq., croate, dalm.*, jug-zapad. — *Danois* sydvest. — *Esclav.* jug-zapad. — *Espag.* sudoeste. — *Finland.* etelæ-lænsi. — *Flam.* zuidwesten. — *Herzégov.* jug-zapad. — *Holl.* zuidwesten. — *Ital.* garbino & libeccio. — *Malais* bârat-dâia. — ᒼ suroi & FM. — *Monién.* jug-zapad. — *Norv.* Sydvest. — *Port.* sul-oeste. — *Russe* iougozapade. — *Serbe* jug-zapad. — *Suéd.* sydvæ'st. — *Turc* bati-lodos & lodos. ☞ aire de vent & ses références.

☆

SULTANAT.	Additions & notes.	sultanat, sms; État gouverné par un sultan. — Le *sultanat* de Zanzibar est placé sous le protectorat de la Grande-Bretagne. *Allem.* Sultanats. — *Port.* sultanato.

☆

SUPERFICIE.	Additions & notes.	superficie, sfs; l'étendue en tous sens d'une surface. — Le camp se développait sur une *superficie* de 1,200 hectares. *Allem.* Flæche & Oberflœche. — *Angl.* superficies. — *Arabe* sath & ouagh. — *Bosniaq.* plitak. — *Breton* gorré & koc'hen. — *Catal.* superficie. — *Cornouaill.* gorré & koc'hen. — *Croate, dalmate* plitak. — *Danois* Areal & Overflade. — *Esclavon* plitak. — *Espagn.* superficie. — *Flam.* oppervlakte. — *Grec* edra. — *Herzég.* plitak. — *Holl.* oppervlakte. — *Ital.* superficie. — *Latin* superficies. — *Léon.* gorré & koc'hen. — *Malais* mouka boumi. — *Monién.* plitak. — *Norv.* Areal & Overflade. — *Port.* superficie. — *Prov.* superficia. — *Russe* paverkhnost. — *Serbe* plitak. — *Suéd.* yta. — *Trécorr.* gorré & koc'hen. — *Turc* jûs ouseri, oustou. — *Vannet.* gorré, koc'hen. ☞ aire, capacité, dehors, développement, dièdre, dimension, étendue, extension, façade, mesure, plan, surface.

☆

SUPÉRIEUR.	Additions & notes.	supérieur, adj; ☞ haut.

☆

SUR.	Additions & notes.	sur, prépos; qui est placé au-dessus. — De nombreuses passerelles placées *sur* la rivière facilitaient nos communications de rive à rive. *Allem.* am, an der, auf, hinter, nach, ober & über. — *Angl.* above, at, in, on, over, upon. — *Arabe* àla, faugh. — *Armén.* ver, vier, vieraj. — *Berrich.* sus. — *Bosniaq.* gornji, na. — *Breton* diwar-benn, var & war; (*moy.* oar & voar); vx guor. — *Catal.* à, sobre. — *Celtiq.* ar, uer, uper & wer. — *Chinois* kouo. — *Cornique* gur. — *Cornouaill.* oar. — *Croate* gornji & na. — *Cymrique* guar & guor. — *Dalm.* gornji, na. — *Danois* af, hos, i, om, paa, over, ved. — *Égypt.* 'ala, fôk & fôk mîn. — *Erse* for. — *Esclav.* gornji, na. — *Espag.* à, encima, sobre. — *Flam.* aan, boven, op, over. — *Franç.* vx a, ar, ceur, sor, sore, soré, sors, sur. — *Francïq.* ufan. — *Galla* gouba.	*Gallois* ar. — *Gaulois* ver. — *Gothiq.* ufar. — *Grec* apano, épi, hyper & péri. — *Herzég.* gornji & na. — *Holl.* aan, boven, op & over. — *Ind. Amérïq. N.* ing. — *Ital.* alla, alle, sopra, sor, sovra, su & sul. — *Latin* super, supra, sursum, susum. — *Léon.* diwar-benn, var, war. — *Malgache* am, an, and & ant. — *Monténégr.* gornji & na. — *Norv.* af, hos, i, om, over, paa & ved. — *Picard* seur & sus. — *Port.* as & sobre. — *Prov.* a, sobre & sus. — *Ro-*

SUR	TERMES GÉOGRAPHIQUES	TANIÈRE

man seur, sor, sus. — *Russe* ko, na, po, za. — *Sanscrit* upari. — *Serbe* gornji & na. — *Slave* gorni & gornji. — *Slovaq.* na, nad, o, po, prez & skrz. — *Slovène* na, po, v. — *Souahéli* jouou ya & zayidi ya. — *Suéd.* öfver & på. — *Syriaq.* 'ala, fauk, fauk min. — *Tchèq.* nad, o, po, pres. — *Trécorr.* oar. — *Turc* ouseriude, ousre, oustünde. — *Vannet.* ar & or.

☞ au-dessus, dessus, en-dessus, en haut, là-haut, supérieur, sus.

SUR.

Additions & notes.

T

taillis, sms; nom qu'on donne à une forêt jusqu'à l'âge de trente-six ans. Les bois de 36 à 75 ans sont des hauts-*taillis*.

Allem. Hau, Holzchlag, Schlag. — *Angl.* brushwood, coppice, copse-wood. — *Anglo sax.* holt. — *Bantou* kalango, kanta, nku & nkalango. — *Bosniaq.* udar. — *Breton* brouskoad & koat-méd. — *Chinois* gouiang, hià. — *Congol.* kanta, nta & sapala. — *Cornouaill.* brouskoad & koat-méd. — *Croate, dalm.* udar. — *Danois* Skov & Underskov. — *Esclav.* udar. — *Espag.* mata, monte tallar, soto. — *Finland.* lyömæ, lyönti. — *Flam.* kreupelbosch. — *Franç. vx* plesseis & plessiè. — *Hausa* koumchi. — *Herzég.* udar. — *Holl.* kreupelbosch. — *Ital.* bosco ceduo. — *Latin* cædua silva. — *Léon.* brouskoad & koat-méd. — *Monténégr.* udar. — *Niha* foufou & kafoufou. — *Norv.* Skov & Underskov. — *Picard* plessier & plessis. — *Port.* mata & matta de corte. — *Prov.* bruelh, plais, plaissadit, plaissat, playssadenc, playssa & playssat. — *Roman* breil. — *Russe* laiss. — *Serbe* udar. — *Suédois* slag. — *Trécorr. & vannet.* brouskoad & koat-méd. — *Yayo* gouiang.

☞ les références de « bois ».

TAILLIS.

Additions & notes.

Allem. Horst. — *Angl.* hurst, thick wood.

☆

tanière, sfs; une retraite de bêtes sauvages. — Les *tanières* ont généralement plusieurs issues.

Allem. Bau, Hœhle & Loch. — *Angl.* den & hole. — *Arabe* guhr, hofrat & ouakr. — *Bosniaque* pecina, spilja & supljina. — *Breton* toull. — *Catal.* cava. — *Cornouaill.* toull. — *Croate* pecina, spilja & supljina. — *Cymrique* gwal. — *Dalm.* pecina, spilja & supljina. — *Danois* vildt Dyrs Hule. — *Égypt.* marâra. — *Esclav.* pecina, spilja & supljina. — *Espag.* cava, cubil, cueva & guarida. — *Flam.* hol & knil. — *Franç. vx* crouste & croustée. — *Herzég.* pecina, spilja & supljina. — *Holl.* hol, knil. — *Italien* cava, covile & tana. — *Javan.* herong & rong. — *Latin* ferarum cubilia, ferarum lustra, latibulum, speclæa & tann. — *Léon.* toull. — *Malais* gouah. — *Montén.* pecina, spilja & supljina. — *Norv.* vildt Dyrs Hule. — *Port.* cava & covil de feras. — *Prov.* cava & cavarota. — *Roum.* pestera. — *Russe* vertiepe. — *Samoan* ana. — *Serbe* pecina, spilja, supljina. — *Slovène* votlina. — *Suéd.* hala. — *Syriaq.* (marâjir), marâra & (mourr). — *Trécorr.* toull. — *Turc* in & maghara. — *Vannet.* toull.

TANIÈRE.

Additions & notes.

TANIÈRE.
  Additions & notes.

☞ abri, antre, bauge, cachette, case=
mate, caterole, catiche, caverne, cham=
bre, clapier, coquille, couvert, creux,
cru, déchaussière, déchaussure, ermi=
tage, flâtrure, forme, garenne, gîte,
halot, jouette, juc, liteau, litée, loge,
logement, logis, louvière, musse, niche,
fort, fusée, nid, rabouillère, réceptacle,
réceptacle, réduit, refuge, refui, remi=
se, renardière, repaire, ressui, retirade,
retraite, retranchement, taillis, tais=
sonnière, taupinée, taupinière, terrier,
termitière & trou.

☆

TAS.
  Additions & notes.

Franç. vx ambage, ambagi, moie, moye, moyiz.

Tas de foin :
 Flam.-holl. hooiberg.

Tas de fumier :
 Port. monte de esterco & monturo. — *Vannet.* andé=
vrek.

Tas de sable :
 Franç. vx assablement.

tas, sms; un assemblage de choses
empilées. — Les foins coupés échelon=
naient leurs *tas* nombreux dans la pra=
delle embaumée.
 Allem. Haufe. — *Angl.* heap, lump, mound, stack. —
Arabe kaum & kom. — *Assyr.* ip. — *Bosniaq.* hrpa. —
Breton bern, grac'hel & krugel; *(moyen* tas). — *Celtique*
blocad. — *Cornouaill.* bern, grac'hel, krugel. — *Croate
& dalm.* hrpa. — *Danois* Bunke, Dynge, Stak. — *Égypt.*
kôme. — *Esclav.* hrpa. — *Espagn.* acervo, mouton, pila.
— *Flam.* hop, hul, stapel. — *Gaëliq.* meall. — *Herzég.*
hrpa. — *Holl.* hop, hul & stapel. — *Island. vx* hraukr.
— *Ital.* acervo, cumulo & mucchio. — *Latin* acervus. —
Léon. bern, grac'hel & krugel. — *Lithuanien* kruva. —
Monten. hrpa. — *Norm.* (à Bayeux) : binot & dasée. —
Norv. Bunke, Dynge & Stak. — *Picard* mont. — *Port.*
acervo, montão & monte. — *Prov.* clap, tais & tatz. —
Roman mons. — *Russe* grouda & vorokh — *Serbe* hrpa.
— *Somali* toul. — *Suéd.* hôg & hop. — *Syriaq.* kaumi.
— *Trécorr.* bern, grac'hel & krugel. — *Vannet.* tes.

☞ ablativo, accumulation, aggloméra=
ration, agrégat, agrégat, agrégation,
amas, amoncellement, barge, bloc,
chaumier, concentration, conglomérat,
conglomération, crête, enchalage, en=
tassement, faisceau, farats, farrago,
fatras, gerbe, gerbière, gloméré, grou=
pe, îlot, lot, masse, massif, meule,
meulette, moie, monceau, moncelet,
mont, monticule, mont-joie, motte, mu=
lon, ossuaire, pâté, pile, pilot, pyrami=
de, ramas, ramassis, rassemblement,
réunion, salorge, taupière, taupinée,
taupinière, ténevière, tertre, tumulus,
vache, valdrague, viellote & vrag.

☆

TÉLÉGRAPHE. Additions & notes.

télégraphe, sms; ☞ bureau télégra=
phique.

TÉLÉPHONE. Additions & notes.

téléphone, sms; ☞ bureau télépho=
nique.

temple, sms; édifice destiné au culte d'une divinité. — Le *temple* de Pæstum était consacré à Neptune.

Allemand Tempel. — *Anglais* temple. — *Arabe* haïkal & magam. — *Birman* paya. — *Bosniaque* hram. — *Breton* templ. — *Cambodgien* ouat. — *Catal.* temple. — *Chinois* kong, miao, miau, sei. — *Cornouaill.* templ. — *Croate* & *dalmate* hram. — *Danois* Tempel. — *Esclavon* hram. — *Espagnol* templo. *Finland.* templin & temppelin. — *Flam.* tempel. — *Franç.* vx fan, fane, fanoun. — *Grec* anaktoron & naos. — *Hawaïen* heiaou. — *Herzég.* hram. — *Hindoust.* mandir. — *Holl.* tempel. — *Hongr.* templon. — *Ital.* tempio & templo. — *Japon.* dera, kami & miya. — *Javan.* candi. — *Latin* Ædes, delubrum & templum. — *Léon.* templ. — *Montén.* hram. — *Norv.* Tempel. — *Polon.* kosciol & swiatynia. — *Port.* templo. — *Prov.* temple. — *Russe* khrame. — *Sanscrit* âyatana, mandir. — *Serbe* hram. — *Siam.* ouat. — *Souahéli* baniya & hekalou. — *Suédois* tempel. — *Syriaque* (ma'âbid) & ma'bad. — *Tchéq.* chram. — *Thibét.* miao & miau. — *Trécorr.* & *vannet.* templ.

☞ ædicule, amphiprostyle, arche d'alliance, autel, capitole, césaréum, eggarée, église, hypèthre, lieu saint, minervium, monoptère, mosquée, némoral, nymphée, nymphéum, pagode, panthéon, Parthénon, périptère, sécos, sérapion & les références d' « église ».

☆

terrain, sms; une portion du sol. — Les *terrains* à bâtir sont l'objet de spéculations fructueuses.

Allem. Boden, Grund. — *Amaxosa* hlabati & ihlabati. — *Angl.* ground & land. — *Anglo-sax.* burg & burh. — *Arabe* ardh, aradhi, arz, bogât, kaa & trâb. — *Arménien* kedin. — *Avoma* arima. — *Bantou* chi, nchi, ntoto, toto. *Bosniaq.* grunt, mjesto, osnov, pod, temelj, tlo. — *Breton* douar & péz douar. — *Cafre* hlaba, hlabati, ihlabati, oumhlaba. — *Catal.* terreta. — *Chinois* lin, mi, miho, mikha, mitsa, ti, tou. — *Chong-chia-tsé* nam. — *Congol.* chi, nchi, ntoto & toto. — *Cornouaill.* douar, péz douar. — *Croate* & *dalm.* grunt, mjesto, osnov, pod, temelj, tlo. — *Danois* Jordbund & Jordmon. — *Égyptien* tourâb. — *Esclav.* grunt, mjesto, osnov, pod, temelj & tlo. — *Espag.* terreno. — *Fanti* dadi. — *Finland.* perustus & pohju. — *Flam.* bodem, grond & terrein. — *Franç.* vx solage & terrail. — *Grec* gaia, gi & gis. — *Hausa* kasa, (kasachi). — *Herzégov.* grunt, mjesto, osnov, pod, temelj & tlo. — *Holl.* bodem, grond & terrein. — *Hou-ni* mitsa. — *Iboko* mokédji & mouémbé. — *Il. Salomon* pouava. — *Indien Amériq. N.* mahanke, nak & steep. — *Ind. Calif.* chak, kirh, klich ou, ma & oue ah. — *Italien* spazio di terra, terreno & terretta. — *Javan.* lemah & siti. — *Kerepoun.* ouano. — *Kossova* loa & maloa. — *Lac Tchad* ngaa. — *Latin* humus & terrenum. — *Léon.* douar & péz douar. — *Loanga* lirova & rova. — *Lolo* mi & miho. — *Maiva* hano. — *Malais* tanah. — *Marovo* pouava. — *Mentaouei* pola. — *Montén.* grunt, mjesto, osnov, pod, temelj, tlo. — *Motoum.* oli & tano. — *Néo-guin.* hano, oti, ouano & tano. — *Norv.* Jordbund & Jordmon. — *Ouganda* lirova, loa, maloa & rova. — *Paï* lin. — *Polon.* dno & grunt. — *Polynés.* banoôoua & benoûa. — *Port.* terreno. — *Poula* mikha. — *Prov.* terreisme & terreta. — *Roman* posses. — *Roum.* terenul. — *Russe* potchva. — *Sanscrit* hetou & mitika. — *Sara* ngaa. — *Serbe* grunt, mjesto, osnov, pod, temelj & tlo. — *Slovaq.* & *slovène* duo. *Songhaï* chibla. — *Souahéli* fa, baribika, potea, potelea. — *Suéd.* grund. — *Sumatr.* pola. — *Syriaq.* trâb. — *Tamoul* man.

TEMPLE.

Additions & notes.

Petit temple :
Angl. shrine. — *Ital.* tiempietto. — *Hindoust.* & *sanscrit* maudhi.

Temples anciens :
Angl. (ancient tempels). — *Javan.* chandis.

Temple bouddhiste :
Angl. temple of Buddha. — *Japon* tera.

TERRAIN.

Additions & notes.

Grec neôs. — *Japon* mia.

Terrain accidenté :
Angl. broken ground. — *Espag.* quebrada.

Terrain boisé :
Hispano-amér. yerbal. — *Slave* planina.

Terrain inculte :
Port. terreno inculto. — *Russe* poustoch. — *Espagnol* sequedal, sequeral. — *Angl.* dry barren soil.

Terrain plat :
Angl. flat ground. — *Arabe* serir & téhama.

Terrain réservé :
Catal. devesa. — *Espag.* dehesa. — *Franç.* vx devèze & devèze. — *Portug.* devesa. — *Prov.* defes, deves, devetz & devaza.

Terrain vague :
Allem. wüste. — *Angl.* waste land. — *Arabe* mouonat. — *Chinois* chioung. — *Flam.-holl.* onland & woest. — *Island.* flag. — *Picard* flégard & froi de rue. — *Roman* cassal & waccon.

TERRAIN.

Additions & notes.

TERRE.

Additions & notes.

à terre :
Allem. alltæglichkeit & plattheit. — *Anglais* common place & low-minded. — *Bas latin* josum. — *Berrich.* jus. — *Danois* lavsinded. — *Franç.* vieux jyus. — *Norm.* & *roman* jus.

Terre accidentée :
Cafre & *zoulou* isirokoba & rokoba.

Terre arable :
Achânti adosase. — *Allem.* ackerbar Land. — *Angl.* arable land & sown land. — *Arabe* mezrah. — *Catal.* vx llauransa. — *Chine* tien. — *Espag.* labranza. — *Flam.* bouwland. — *Franç.* vx ahausterre. — *Haut Nil* hagaba & raba. — *Holl.* bouwland. — *Japon.* hata. — *Latin* (bas occatus). — *Mongol* tareu. — *Ouolof* souf. — *Picard* ouche. — *Prov.* laurausa. — *Roman* osche & ouche. — *Sanscrit* matiyara.

Terre argileuse :
Angl. clay soil. — *Giryam.* longo, oulongo. — *Indou* rohi. — *Ital.* argilla. — *Port.* barro & terra argilosa. — *Somali* kout.

Terre aride :
Achânti ukyerekyera. — *Anglais* dry land. — *Arabe* bar, barr. — *Bantou* eseke, seke. — *Dankhali* bouri. — *Espagn.* secadal. — *Lac Chiroua* & *Lomoué* kokochela. — *Prov.* secaressa. — *Turc* kakir.

Terre basse :
Abyssin koualla. — *Allem.* Niederung, Senke. — *Anglais* low ground, low land. — *Arabe* tahama. — *Flam.-holl.* (laagvlaakten). — *Hindoust.* khadar. — *Nepaul* fedi. — *Nubien* togana. — *Polon.* kemtsa. *Sanscrit* niouan. — *Thibét.* mad, me & smad.

Terre boisée :
Allem. Rodeland. — *Angl.* weald, wold, woodland. — *Anglo-sax.* weald. — *Brésil* (catingas). — *Flam.-holl.* woude. — *Gothiq.* walthus.

Terre cultivée :
Allem. Pflügland. — *Angl.* land cultivated. — *Bosniaque* oranica. — *Breton* atil. — *Cafre* insimi, intsimi, simi & tsimi. — *Cornouaill.* atil. — *Croate* & *dalm.* oranica. — *Danois* Plœining. — *Esclav.* oranica. — *Espay.* labor. — *Flam.* akkerbouw. — *Herzég.* oranica. — *Holl.* akkerbouw. — *Hongr.* mezö. — *Ital.* aratura & paletta. — *Latin* aratio & arvum. — *Léon.* atil. — *Monten.* oranica. — *Norv.* Plœining. | *Port.* amanho, lavoura. — *Pandjab* jatar. — *Sanscr.* athmas. — *Serbe* oranica. — *Soning.* ginie. — *Trécorr.* & *vannetais* atil. — *Zoulou* insimi, intsimi, simi & tsimi.

Tchèq. dno & pricina. — *Trécorr.* douar & pèz douar. — *Turc* dib & toprak. — *Vannet.* douar & pèz donar. — *Yorouba* ille. — *Yunnan* liu & nam. — *Zoulou* hlabati, ihlabati.

☞ les références de « terre ».

☆

terre, sfs; corps céleste; la croûte du globe terrestre; la matière qui forme le sol. — Le dieu de la *Terre* est Tellus, en mythologie.

Achânti dadze.
Allemand Boden, Erdboden, Erde, Grund, Land, Mondes, Welt; (vx ot).
Amaxosa hlabati & ihlabati.
Anglais earth, ground, land & world.
Arabe ard, ardh, ardhun, arz, âalam, (arazi), blâd, bou, erdh, kaa, dâr & douin.
Arménien jergir.
Aroma arima.
Bantou chi, nchi, ntoto, nza, toto & za.
Baya nou.
Bosniaque kopno & zemlja.
Breton douar & tir; (vx tir).
Cafre hlaba, hlabati, ihlabati & oumhlaba.
Carélien ma.
Catalan terra.
Celtique læn.
Chinois lin, mi, miho, mikha, mitsn, ni, ti, ti-fang, tou & t'ô.
Chong-chia tsé nam.
Congolais chi, nchi, ntoto, nza, toto & za.
Cornique doar & tir.
Cornouaillais douar.
Croate kopno & zemlja.
Cymrique daiar, dôr & tir.
Dalmate kopno & zemlja.
Dankhali bouri.
Danois Jord, Jorden & Grund.
Ebon em.
Egyptien ard & tourâb.
Erse tir.
Esclavon kopno & zemlja.
Espagnol tera & tierra.
Fanti dadi.
Fidjien vanoua.
Finlandais maa & maasa.
Flamand aarde, aardrijk & land.
Franç. vx communage.
Gaélique tir & tyre.
Giryama tsi.
Grec chthón, chthonos, gaia, gé, gi. gis.
Hausa gari, kasa & (kasnchi).
Haut-Nil fan.
Hébreu hâares.
Herrero ehi.
Herzégovinien kopno & zemlja.
Hindoustani baghistan, barahi & bhoum.
Hollandais aarde, aardrijk & land.
Hongrois fod, föld & orszag.
Hou-ni mitsa.
Ibôko maheli.
Iles Salomon pouava.
Indien Amérique Nord eka, mahanke, nak, omout & steep
Indien Californie chak, kirh, klich ou, ma & oue ah.
Islandais grounn.
Italien terra.
Japonais do, kouni, oka & tsi.
Javanais boumi & jagad.
Kerepounou ounno.
Koréllen ma.
Kossova loa & maloa.

TERRE   TERMES GÉOGRAPHIQUES   TERRICOLE

Lac Tchad ngaa.
Latin humi, humus, solum, telluris, Tellus, terra.
Léonais douar.
Loanga lirova & rova.
Lolo mi & miho.
Maiva hano.
Malais banoûoua, benoûa, boumi, darat, tanah, tanna, tounah.
Marovo pouava.
Mentaouei pola.
Mongol kather.
Monténégrin kopno & zemlja.
Motounotou oti & tano.
Néo-guinéen hano, oti, ouano & tano.
Nika bara & dzi.
Norvégien Grund, Jord & Jorden.
Odji evi.
Ouganda lirova, loa, maloa & rova.
Pat lin.
Persan boum & zémien.
Philippin loupa.
Polonais ziemia.
Polynésien banoûoua, benoûa, eanoua, enoua, fanoua, fenoua, fonoua, hanoua, honoua, vanoua & vanouga.
Portugais terra.
Poula nikha.
Provençal honrament, houramiento, onramen, terage, terra.
Roman casement, hoche, hosche & lande.
Roumain pamantul & paminful.
Russe pamestié, zémlia & zemlya.
Samoan 'ele'ele, foga'ele'ele, lalolagi.
Sanscrit bhoumi, dhara, mahi, mrittika & prthivi.
Sara ngaa.
Serbe kopno & zemlja.
Sierra Leone lahoun.
Slave zemlja.
Slovaque zem.
Slovène zemlja.
Somali amoud.
Songhai chibla.
Soudanais sande.
Souahéli dounia, inchi, oudongo & oulimouengou.
Suédois grund, jord, mark.
Sumatrais pola.
Syriaque (ará'di), ard & tràb.
Tagal loupa.
Tamoul man.
Tchèque zeme.
Thibétain bhot.
Trécorrois douar.
Turc arz, jer, toprak & yer.
Vannetais douar.
Yayo ni.
Yorouba ille.
Yunnan lin & nam.
Zoulou hlabati & ihlabati.

☞ bauge, boue, crotte, cru, fonds de terre, géologie, géographie, glèbe, globe, mappemonde, monde, motte, pisé, plancher des vaches, sol, sphère terrestre, terrain, terrasse, terreau, terrestre, terrien, terrier, terrière, territoire, terroir & Univers.

☆

terricole, adj; qui habite la terre. — Les populations *terricoles* des côtes danoises s'occupent à des travaux maritimes.

TERRE.   Additions & notes.

Terre ferme, ☞ sol.

Terre fertile :
  Angl. fertile land & yielding ground. — *Cafre* ivakavaka & vakavaka. — *Hindoust.* gotara. — *Jurassien* finage. — *Songhai* bori. — *Zoulou* ivakavaka & vakavaka.

Terre haute :
  Allem. Oberland. — *Anglais* high ground, highland, rising ground & upland. — *Espag.* cuesta. — *Flam.* (hoogvlakten). — *Hausa* koudouma, touddou & toudou. — *Hindoust.* hangar. — *Holl.* (hoogvlakten). — *Port.* terra elevado.

Terre inculte :
  Angl. barren soil & wilderness. — *Bantou* ekanga & kanga. *Franç.* ex escart, (garrigues), froé, ondor, larris, ric, routeive. — *Ibôko* ibânda. — *Isérois* cyssart. *Latin* gariceæ; (bas essartum). — *Norm.* essart, frisdu & varet. — *Persan* biyaban. — *Picard* essart, galipenne & savart. — *Port.* terra inculto. — *Roman* essart, garrigue, gastine, (larris), saure, savart, routeiz, (terres hermies) & (terres trayxes). — *Songhai* ganji. — *Thibét.* doug.

Terre irriguée :
  Angl. land irrigated, wash & wath. — *Espag.* regadio. — *Pundjab* chahi & nahri.

Terre marécageuse :
  Angl. boggy ounsound ground, marshy land, swampy land. — *Anglo-amér.* (Floride : everglade). — *Arabe* dehess. *Hispano-améric.* banado, estero. — *Zoulou* dibonga & indibonga.

TERRICOLE.   Additions & notes.

| TERRICOLE | TERMES GÉOGRAPHIQUES | TÊTE |

TERRICOLE.. Additions & notes. ☞ terre, terrien & les références de « terre ».

☆

TERRITOIRE. Additions & notes. territoire, sms; une vaste contrée; le sol d'un État. — L'Alsace-Lorraine est un *territoire*.

Allem. Bezirk, Boden & Gebiet. — *Angl.* territory. — *Arabe* ardh, bar, nahiat & nahiya. — *Bosniaq.* oblast. — *Breton* bró & dalc'h. — *Catal.* manament & territori. — *Congol. franç.* (mvogh). — *Cornouaill.* bró & dalc'h. — *Croate & dalm.* oblast. — *Danois* Gebet & Territorium. — *Esclav.* oblast. — *Espagn.* coto, mandamiento & territorio. — *Fan* mvogh. — *Finland.* sœrisæ. — *Flam.* grondgebied & regtsgebiet. — *Franç. vx* nice, bannerie. Herzég. oblast. — *Holl.* grondgebied & regtsgebiet. — *Ital.* mandamento & territorio. — *Javan.* baouah, pasi-tén & pa-lemah-han. *Latin* territorii & territorium. — *Léon.* bró & dalc'h. — *Malais* daïrah & daïrat. — *Mongol* kather. — *Montén.* oblast' — *Norv.* Gebet, Territorium. *Polon.* kraina & okalica. — *Port.* mandamento & territorio. — *Prov.* mandamen, redorta, terage, terrador, terraire, terratori & territori. — *Roman* banerie, finage & trait. — *Roum.* teritoriul, tinutul. — *Russe* vladenié. — *Serbe* oblast. *Soudan.* sande. — *Suédois* omrade & territory. — *Syriaq.* barr. — *Tchèq.* pevnina. — *Thibét.* sa. — *Trécorr.* & *vannet.* bró & dalc'h. — *Yorouba* ille-obba.

☞ les références de « colonie » & de « terre ».

☆

TERTRE. Additions & notes. tertre, une terre surélevée. — Les *tertres* couvrent souvent des sépultures somptueuses & supportent leurs monuments funéraires.

Achânti pempe. — *Allem.* Erdhügel, Hügelchen, Nacken. — *Angl.* hillock, knoll & neck. — *Anglo-sax.* barrow, beorh, hnecca. — *Arabe* akamat, dra, gabal saghir, geman & tall. — *Bressan* poype. — *Breton* krèac'h, ron, ros. torgen, tuchen; (*moyen* kuech); (*vx* knoch). — *Cafre* gkouma, isigkouma & sigkouma. — *Catal.* artiga. — *Celtiq.* kuokko, prosto. rosto & toumbo. — *Chinois* feoù. — *Cornouaill.* krèac'h & torgen. — *Danois* Haugr & liden Jordhœi. — *Erse* cnoc, drom, druim, drum & rath. — *Espag.* artigua, colina & otero. — *Flam.* bergje, heuvel. — *Franç. vx* tertre & tertrie. — *Gaëliq.* cnoc & rath. — *Gallois* artre. — *Hispan. améric.* guadal. — *Holl.* bergje & heuvel. — *Hongr.* domb. — *Irland. vx* cnocc. — *Ital.* colle, poggio & rialto. — *Latin* torus, tumulus; (*bas artiga*). — *Léon.* krèac'h & torgen. — *Loango* litoulo. — *Norvèg.* Haugr & liden Jordhœi. — *Ouganda* litoulo. — *Port.* comoro, outeirinho. — *Prov.* artigua, caslar, tertre & terme. — *Pundjab* thal & tilla. — *Roman* teltre. — *Roum.* magura. — *Russe* kourgane. — *Souahéli* kisougoulou & (visougoulou). — *Trécorr.* krèac'h, torgen. *Turc* tèpè. — *Vannet.* krèac'h & torgen. — *Zoulou* sigkouma, gkouma & isigkouma

☞ les références de « montagne ».

☆

TÊTE. Additions & notes. tête, sfs; partie supérieure du corps humain; partie avancée d'un objet. — La *tête*, qui contient le cerveau, est le siège de nos facultés.

Abyssin ras & (rous). — *Achânti* sronron. — *Albanais* cjafe. — *Allem.* Gipfel, Kopf, Spitze. — *Angl.* head, nab, nabb, top. — *Anglo-sax.* heafod & top. — *Anglo-améric.* cuesta. — *Arabe* auj, koulla, ras, (rous), rouiset. - *Bantou* bata & ebatu. — *Baya* djou & zou. — *Béarnais* cap. — *Bosniaq.* glava. — *Bourguign.* caiboche. — *Breton* ben, cab, cap, kåb, pen & penn. — *Cafre* intla & tla. — *Catal. vx* test. — *Caucas.* darassi. — *Celtique* cd, kan, ken & kin. — *Chinois* cheou, hiei, tao, tau, t'eū. — *Cornouaill* kåb & penn. *Croate* glava. — *Dalm.* glava. *Danois* Hoved. — *Deccan* oussi, scouat & sigaram. *Égypt.* ras. — *Erse* cabaisd & cabaiste. — *Esclav.* glava. — *Espag.* cabeza, cabo, cumbre & picacho. — *Finland.* pææ. hoofd, kop, krits & kruin. — *Franç. vx* cabochon, cap, capo, cruons, pene, pen, test & tevol. *Fr.-comtois* caboche. — *Gaéliq.* ben, cabaisd, cenn, ken. — *Gallois* peu. — *Géorgien* tavi. — *Grec* céphalé & ké= phalé. — *Hausa* ka, kai, (kauna) & kela. — *Herzégovin.* glava. — *Hindoust.* mourdha & sir. — *Holl.* hoofd, kop, krits & kruin. — *Hongr.* agy, csucs, fö. — *Ibérien* cap. — *Ibo* elou. *Island.* nabbi. — *Ital.* capo, testa, testo & vetta. — *Javan.* hendas & sirah. — *Lancaster.* yed. - *Languedoc.* cabesso. -- *Latin* capitis, caput & testa. — *Léon.* kåb & penn. — *Malais* kapala. — *Malgache* ten= drou. — *Mandchou* tou. — *Mongol* tulkha & tologai. — *Montén.* glava. - *Mossi* kougouri, zougou. — *Namaq.* tanas. — *Nika* gongo, killma, kirima & rima. — *Norm.* cabus, dodeigne; (Orne : Heune). — *Norvég.* Hoved. — *Persan* bala, bām & sar. — *Picard* caboche. — *Polon.* glowa. — *Portug.* cabeça, cabeço, cabo, testa & testo. — *Prov.* cabosso, cap, capa, test, testa & testor. — *Roman* caboche, chief, tieste & treiste. — *Rouchi* caboche. *Roum.* capul. — *Russe* golova. -- *Sahar.* thniye & tnie. — *Samoan* oulou. — *Sonscr.* mourdha. — *Saxon* cop. — *Serbe* glava. — *Siam.* lem. — *Sierra Leone* kon, kounda & koundo. — *Slave* glava. - *Slovaque* hlava, hrniec. — *Slovène* glava. — *Souahéli* kichva, kitona, rasi, (vitona). *Suédois* hufvud. — *Syriaq.* abe, ras & (rous). - *Tamoul* oussi, sigaram. — *Tchéq.* hlava. — *Thibétain* go, kougka, mgo, rtse & tse. -- *Trécorrois* kåb & penn. — *Turc* bach & toupé. — *Vannet.* kåb & penn. — *Zoulou* intla & tla.

☞ caboche, cap, cerveau, chef, cime, crête, hure, hydre, macrocéphale, mé= gacéphale, microcéphale, polycéphale, sommet, sommité, tricéphale.

☆

tombe, sfs; la pierre qui recouvre la la fosse d'un mort. — Il n'est plus per= mis, en France, de faire des *tombes* dans les églises.

Allem. Grab. — *Angl.* grave & tomb. -- *Arabe* gabr, geber, kabr, kber, keber, (kobour), (koubour), koubr, madfan, makbar & tourbat. — *Asie centrale* goumbaz & gour. — *Bosniaq.* grob. — *Breton* méan-béz. — *Catal.* tomba. — *Chinois* fen mou. — *Cornouaill.* méan-béz. — *Croate.* dalm. grob. — *Danois* Grav. — *Esclav.* grob. — *Espag.* tumba. — *Finland.* hauta. — *Flam.* grafstede & zerk. — *Franç. vx* basi & buzy. — *Giryama* bira, mbira. — *Grec* taphos. — *Hausa* hocheoua. — *Herrero* eyendo, (omayendo). — *Herzég.* grob. -- *Holl.* grafstede & zerk. — *Ital.* tomba. — *Javan.* caudi & pendem. — *Latin* la= pis & tymbus. - *Léon.* méan-béz. — *Malais* koubour. *Montén.* grob. — *Namaq.* lhowas. — *Norv.* Grav. - *Odji* ombila. — *Persan* tourbat. — *Polon.* grob. *Port.* tumba. — *Prov.* timol, tomb & tomba. — *Roum.* monu= mental. — *Russe* mogila. — *Samoan* tou'ougaman. — *Serbe* grob. — *Slovène* grob & jama. — *Somali* kabr. — *Souahéli* kabouri & (makabouri). — *Suédois* graf. *Syriaq.* kabr & (koubour). — *Tchéq.* hrob. — *Trécorrois* méan-béz. — *Turc* mesar. — *Vannet.* méan-béz.

☞ asile, cairn, catacombe, catafal=

TÊTE.

Additions & notes.

Tête de colline :
Afrique orient. allem. kitountou & tountou. — *Allem.* Kogel. - *Angl.* hill-top, kopje, pitch & slope. — *Bantou* etenta, kitountou, tenta & tountou. — *Gallois* moel. — *Giryama* tsa. — *Ital.* groppa.

Tête de golfe :
Angl. head of a gulf. — *Russe* kout.

Tête de montagne :
Angl. mountain top. — *Anglo-améric.* bald. — *Sahar.* kelouba, kouleba, thniye & tnie.

TOMBE.

Additions & notes.

Tombe d'un fakir :
Pundjab khaugab.

TOMBE.
Additions & notes.

que, caveau, cénotaphe, champ de repos, charnier, cimetière, clamart, columbaire, concession, crypte, éminence fosse, hypèthre, hypogée, luseau, mausolée, monument, nécropole, nuraghes, ossuaire, pyramide, sarcophage, sépulcre, sépulture, stèle, tertre, tombeau, tombelle, tumulus & turbe.

☆

TOMBEAU.
Additions & notes.

Ancien tombeau :
Égypt. mastaba.

Tombeau de saint :
Algér. marabout. — *Asie centr.* masar. — *Tripolitain* merabout.

Tombeau d'un martyr :
Turc chahid.

tombeau, sms; monument élevé sur une sépulture. — On suppose que les Pyramides d'Égypte sont des *tombeaux* pharaoniques.

Allem. Grabmal, Grabstætte & Grabstein. — *Anglais* grave, tomb & tomb-stone. — *Arabe* darih, gober, kébar, koubour, tourbat. — *Asie centr.* gour. — *Bosniaq.* grobiste. — *Breton* béz & bolz. — *Catal.* tomba. — *Chinois* fen mou & mino. — *Cornouaill.* béz & bolz. — *Croate & dalm.* grobiste. — *Danois* Grav & Gravmæle. — *Esclav.* grobiste. — *Espagnol* tumba. — *Flam.* grafstede. — *Franç.* ux lame, sarcus & venel. — *Gallois* bedd. — *Giryama* bira & mbira. — *Grec* taphos. — *Herzégov.* grobiste. — *Holl.* grafstede. — *Ital.* monumento & tomba. — *Léon.* béz & bolz. — *Malais* nichan & tjandi. — *Montén.* grobiste. — *Norv.* Grav, Gravmæle. — *Persan* tourbat. — *Port.* tumba. — *Prov.* tom & tomba. — *Russe* mogila. — *Serbe* grobiste. — *Somali* kabr. — *Suéd.* grafplats. — *Syriaq.* darih. — *Trécorr.* béz & bolz. — *Tucr* mesar tachy. — *Vannet.* béz & bolz.

☞ les références de « tombe ».

☆

TOMBELLE.
Additions & notes.

tombelle, sfs; sépulture simple en forme de tertre. — Beaucoup de *tombelles* existent dans les contrées où l'usage du cimetière n'est pas obligatoire.

Norm. gazon. — *Picard* gazon & motte.

☆

TOPOGRAPHIE.
Additions & notes.

topographie, sfs; science qui a pour objet la description des lieux. — La *topographie* est un rameau de la géographie.

Allem. Topographie. — *Angl.* topography. — *Bosniaq. croate & dalm.* mjestopis & topografija. — *Danois* Stedbeskrivelse. — *Esclav.* mjestopis, topografija. — *Espag.* topografia. — *Flam.* plaatsbeschrijving. — *Grec* topografia. — *Herzég.* mjestopis, topografija. — *Holl.* plaatsbeschrijving. — *Ital.* topografia. — *Latin* topographia. — *Montén.* mjestopis & topografija. — *Norv.* Stedbeskrivelse. — *Port.* topografia. — *Roum.* topografia. — *Russe* tapagrafia. — *Serbe* mjestopis & topografija.

☞ atlas, carte, cartographie, délinéation, ethnographie, géographie, globe, lieu, localité, plan, terre, tracé.

☆

TORRENT.
Additions & notes.

torrent, sms; un petit cours d'eau de montagne, très impétueux. — Le Hallerbach, un des plus beaux *torrents* du

Luxembourg, roule ses cascatelles de roche en roche, dans un site sauvage.

Achânti fara. — *Allem.* Ach, Bach, Giessbach, reissender Strom, Strom & Wildbach. — *Angl.* beck, deep furrow, flood & torrent. -- *Annam.* choui, khe. — *Arabe* kaur, kor, ouadi, oued, saïl, saïyal, seïl & sil. — *Baulou* koukou & nkoukou. — *Béarn.* gabe. — *Berbère* aughi. — *Birman* nyit. — *Bosniaq.* bujica. — *Breton* dic'hlann, froud & gwâz-rêd; (*væ* frut). — *Cambodg.* au. — *Celtique* avon. — *Congol.* koukou & nkoukou. — *Corniq.* frot. — *Cornouaill.* dic'hlann, froud & gwâz-rêd. — *Croate* bujica & rieka. — *Cymriq.* ffrwd. — *Dalm.* bujica. - *Danois* Bæk, Bjergstrœm & stor Mængde. — *Deccan* ôdam. — *Égypt.* moïje. - *Erse* speat; (*vx* sruth). *Esclavon* bujica. — *Espagn.* garganta, raudal & torrente. — *Finland.* puro & virta. — *Flam.* beek, vloed, waterstroom & watervloed. — *Gaélique* garbh, garw, speat & yare. — *Gallois* avon, garw & yare. — *Hausa* taguoa. — *Herzég.* bujica. — *Hindoust.* nir-jahr. — *Holl.* beek, vloed, waterstroom & watervloed. — *Hongr.* zaporpatak. — *Ibérigaf.* — *Indo-chin.* ia & tam. — *Ital.* fiumana & torrente. - *Laotien* houei. — *Latin* rivus & torrens; (bas noda). — *Léon.* dic'hlann, froud & gwâz-rêd. — *Malais* klaoung & klong. — *Malgache* ranundriaka. — *Monlén.* bujica. — *Norvég.* Bæk, Bjergstrœm & stor Mængde. - *Polon.* strumien. - *Port.* corrente & torrente. *Prov.* lavaci. — *Roum.* torent. — *Russe* potok. — *Samoan* alia. — *Serbe* bujica. - *Siamois* houei, klaoung & klong. — *Slovaq.* & *slovène* potok. — *Somali* bool. *Soudan.* kor. *Souahéli* kijito, (mito), mto & (vijito). — *Suéd.* bæck & strøm. — *Syriaq.* moi. — *Tat* houei. -- *Tamoul* ôdam. — *Thibét.* chou-dog-po, dog & grog. — *Touareg* anghi. — *Trécorr.* dic'hlann, froud & gwâz-rêd. *Turc* akynty & seïl. — *Vannet.* dic'hlann, froud & gwâz-rêd.

☞ les références de » cours d'eau ».

☆

torrenticule, sms; un petit torrent.

☆

tour, sfs; construction étroite, très élevée, placée souventes fois, sur de grands édifices. — Les *tours* ne sont pas destinées à l'habitation.

Allem. Turm. — *Angl.* tower. — *Arabe* borg, kousr, bordj & bourj. — *Bosniaq.* kula, toranj. - *Breton* tour. — *Cambodgien* prasat. — *Celtiq.* tor. — *Chinois* lau. — *Corniq.* tur. — *Cornouaill.* tour. — *Croate* kula, toranj. — *Cymrique* twr. — *Dalmate* kula & toranj. — *Danois* Taarn. · *Égypt.* bourga & (ibrâg). — *Esclav.* kula, toranj. — *Espag.* torre. — *Esper.* turo. -- *Finland.* torni. — *Flam.* toreu. — *Franç. vx* befroi & tors. — *Gallois* twr. — *Giryama* mounara & nara. — *Grec* pyrgos. — *Herzég.* kula & toranj. — *Hindoust.* goummat & goumti. — *Holl.* toren. — *Hongr.* torony. — *Ital.* torre. — *Latin* turre, turrem & turris. - *Léon.* tour. — *Malais* tir. — *Monlén.* kula & toranj. — *Norv.* Taarn. — *Polon.* wieza & dzwonnica. · *Port.* torre. — *Prov.* tor, torre. — *Roman* brug & tro. — *Roum.* turn & turnul. — *Russe* tour. — *Samoan* 'olo. — *Serbe* kula & toranj. — *Slovaq.* væza. — *Slovène* stolp & zvonik. — *Souahéli* (ninara) & mnara. — *Suéd.* torn. — *Syriaq.* bordj & (ibrâdch). — *Tangout* osurtia. — *Tchèq.* vez. — *Trécorr.* tour. — *Turc* koulle. — *Vannet.* tour.

☞ bastille, beffroi, campanile, clocher, coupole, dôme, donjon, flèche, guet, hélépolis, impériale, lanterne, lanterneau, minaret, phare, pylône, py=

TORRENT.
Additions & notes.

Sanscrit nir-jhar, nadi.

Torrent boueux :
Caucas. suel & selaf.

Torrent très accidenté :
Anglais rough torrent. — *Gaélique* garbh. *Gallois* garw.

TORRENTICULE.
Additions & notes.

TOUR.
Additions & notes.

Tour de guet :
Allem. Wartturm. — *Angl.* watch-tower. — *Arabe* gelah. — *Basq.* atalaye. — *Espag.*, *pyrén.* atalaya. — *Yorouba* ille-icho.

Tour très élevée :
Angl. lofty tower. — *Chinois* ta & tah.

Grosse tour :
Franç. vx tourion.

Tour fortifiée :
Grec pyrgos. — *Hongr.* var.

TOUR.
Additions & notes.

Tour ronde :
Angl. round-tower. — *Espag.* cubo & torreon.

TOURBIÈRE.
Additions & notes.

TOURBILLON.
Additions & notes.

Tourbillon d'eau :
Allem. Strudel. — *Angl.* eddy water. — *Breton*, cornouaill., léon., tróen. — *Russe* strouya. — *Trécorr.* & vannet. tróen.

Tourbillon de neige :
Angl. snowdrift. — *Russe* pourga. — *Tartare* bouran.

Tourbillon de sable :
Allem. Staubwolke. — *Angl.* sand drift. — *Dano-norvég.* Stœvhvirvel. — *Holl.* zandstuiving.

Tourbillon de vent :
Allem. Wirbelwind. — *Angl.* whirlwind. — *Breton* korventen & trô-went; (moyen coruent. — *Celtique* kuro-wento. — *Cornouaill.* trô-went. — *Cymrique* corwynt. — *Dano-norv.* hvirvelvind. — *Flam.-holl.* dwarlwervelvind. — *Léon.* korventen. — *Souahéti* kisousouli. — *Suéd.* hvirfvelvind. — *Trécorr., vannet.* korventen.

TOURELLE.
Additions & notes.

ramide, téocalli, tholus, tourelle, tourette, tournelle.

☆

tourbière, sfs; dépôt de matières végétales nommées « tourbe ». — La vallée de la Somme contient des *tourbières*.

Allem. Torfboden, Torfgrube, Torfland & Torfmoor. — *Angl.* peat bog, peaty land, turf ground, turf-moss & turf-pit. — *Auvergn.* narse. — *Bosniaq., croate, dalmate* tresiste. | *Danois* Hazé, Tœrvemose, Torvmyr. | *Esclav.* tresiste. — *Espag.* hornaguera. — *Flam.* veengrond. — *Herzég.* tresiste. — *Holl.* veengrond. — *Ital.* torbiera. — *Monten.* tresiste. — *Norv.* Hazé, Tœrvmose & Torvmyr. — *Port.* turfeira, turfoso. — *Russe* tarfianik, tonndra. — *Serbe & slave* tresiste. — *Suéd.* torfmosse.

☞ marais, tourbe & turbarie.

☆

tourbillon, sms; une masse d'eau, de vent, de sable ou de neige, qui tournoie impétueusement. — Dans le langage populaire, les *tourbillons* ont pris le nom de « trous du Diable ».

Allem. Trift & Wirbel. — *Angl.* bend, eddy, drift, whirl & whirlpool. — *Arabe* hagun, hania, hanya, mahigen & rdir. — *Bantou* cloudon, jingela, kinjingela & londo. - *Bosniaq.* vrtlog. — *Breton* stróbinel. — *Catal.* cano. — *Celtiq.* kuro. — *Congol.* jingela, kinjingela. — *Croate & dalm.* vrtlog. — *Danois* Hvirvel & Malstrœm. — *Egypt.* zôba'a. — *Esclav.* vrtlog. — *Espagn.* canon & torbellino. — *Flam.* draaikolk & kolk. — *Franç.* vx es= torbellons, estourbillon & tousnu. — *Gascon* templier. — *Hausa* gougoua. — *Herzégov.* vrtlog. — *Hindoust.* bhanounr. — *Holl.* draaikolk & kolk. — *Ind. Amérique N.* os. — *Ital.* buffera, cannone, turbine. — *Latin* turbinis, turbo, vortex & vorticis. — *Monten.* vrtlog. — *Norvég.* Hvirvel, Malstrœm. — *Persan* char. - *Picard* veudoise & vieille. - — *Port.* cano, estorvilho & turbilhão. — *Prov.* canon & estorbil. — *Roman* triboul. — *Roum.* valtoarea. — *Russe* vikhr. — *Serbe* vrtlog. — *Suédois* hvirfvel. — *Syriaq.* zauba'a. — *Thibét.* dong.

☞ abîme, bourrasque, coup de mer, coup de vent, dragon d'eau, entonnoir, exhydria, fortunal, gouffre, grain, houle, intempérie, manture, orage, ouragan, puchot, rafale, raz de marée, syphon, tempête, toufan, tourmente, trou du Diable, tournant d'eau, travade, typhon, trombe & vire-vire.

☆

tourelle, sfs; une petite tour. — Une *tourelle* ou échauguette de style roman flanquait l'angle droit du château-fort.

Allem. Türmchen. — *Angl.* turret. — *Catal.* tinell. — *Danois* lidet Taarn. — *Espag.* tinel, torrecilla. — *Flam.-holl.* torentje. — *Ital.* tinello, torretta, torricciuolo, torricella. — *Latin* turricula. — *Norv.* lidet Taarn. — *Port.* torrinha. — *Prov.* tinel. — *Roman* tourrion. — *Russe* bachnia.

☞ échauguette, pilori & les références de « tour ».

TOURELLE.
Additions & notes.

☆

tremblaie, sfs; plantation de trembles. — Les *tremblaies* atteignent aisément vingt mètres en hauteur.
Allem. Espenwældchen. — *Angl.* aspen plantation. — *Bosniaque, croate, dalm., esclav.* topolik. — *Flam.-holl.* abeelbosch & populierbosch. — *Dano-norv.* Åspelung. — *Herzég., monten.* topolik. — *Port.* tremuleto. — *Serbe* topolik.

TREMBLAIE.
Additions & notes.

☞ arbres, groupe d'arbres, pépinière, plantade, plantation & tremble.

☆

tribu, sfs; réunion de plusieurs familles de même race, sous l'autorité du chef de famille le plus âgé : le patriarche.
Achánti abousoua-kou. — *Afghan* oulousse. — *Allem.* Stamm. — *Angl.* stem & tribe. — *Arabe* âdd, aoulad, aulad, (araïch), arch, bait, gabīlat, goum & oulad. — *Bantou* aoua, ekanda, kanda, louvila & vila. — *Berbère* aït. — *Bosniaq.* koljeno & stablo. — *Breton* breüriez, brôad & pennmeûriad. — *Cafre* outlanga & tlanga. — *Catal.* tribu. — *Celtiq.* treba & trev. — *Chalpour* kom & zat. — *Congol.* louvila & vila. — *Cornouaill.* breüriez, brôad & pennmeûriad. — *Croate & dalm.* koljeno & stablo. — *Danois* Stamme & horde. — *Égyptien* kom. — *Esclavon* koljeno & stablo. — *Espag.* tribu. — *Finland.* runko. — *Flamand* geslacht & stam. — *Guélique* clann & fine. — *Giryam.* kolo, loukolo. — *Hausa* daŋi. — *Herzég.* koljeno & stablo. — *Holl.* geslacht & stam. — *Ital.* tribo & tribù. — *Japon.* han. — *Kavirondo* ka & yaka. — *Latin* tribus. — *Léon.* breüriez, brôad, pennmeûriad. — *Malais* batang. — *Malgache* foko, karazana. — *Mandchou* khala. — *Maroc.* ida. — *Mongol* aimak, olos, otok. — *Monténégrin* koljeno, pleme & stablo. — *Norvég.* Stamme & horde. — *Nyassa* noua. — *Ouganda* aoua, ja, ka & yaka. — *Polon.* pien & pokolenie. — *Port.* tribu. — *Prov.* trep & trip. — *Pundjab* kaum, kom & zat. — *Roman* tribu. — *Russe* plémia. — *Sahar.* auchi. — *Samoan* itou aiga. — *Serbe* koljeno, stablo. — *Slovène* deblo. — *Songhai* kille & doumi. — *Souahéli* china, jiti, (machina) & (majiti). — *Suéd.* stam. — *Syriaq.* kaum. — *Thibét.* kla, pa. — *Trécorr.* breüriez, brôad & pennmeûriad. — *Turc* nesil, oulous & soï. — *Vannet.* breüriez, brôad & pennmeûriad. — *Yorouba* eya.

TRIBU.
Additions & notes.

Tribu kabyle :
Algérien, arabe, berbère, kabyle & maroc. kabila.

Tribu nomade :
Angl. nomad tribe. — *Mongol & turc* eleut, il, (ilat), ilyat & olioul.

Tribus sauvages :
Angl. (wild tribes). — *Malais* jakoun.

☞ les références de « peuplade ».

☆

tropiques, smpl; petits cercles de la sphère terrestre, parallèles à l'Équateur & placés à 23° 28' de latitude. — Le *tropique* du Cancer est situé dans l'hémisphère nord; le *tropique* du Capricorne est placé dans l'hémisphère sud.
Allem. (Wendekreise). — *Angl.* (tropics). — *Catalan* tropic. — *Danois* Vendekreds & (Troperne). — *Espagnol* tropico. — *Flam.-holl.* keerkring, (keerkringen). — *Ital.* (tropici) & tropico. — *Latin* tropicus. — *Malais* dairat matahari balik. — *Norv.* (Troperne) & Vendekreds. — *Port.* tropico & (tropicos). — *Provenç.* tropic. — *Roum.* (tropicele). — *Russe* tropic.

TROPIQUES.
Additions & notes.

TROPIQUES.
Additions & notes.

TROU.
Additions & notes.

Gaëliq. toll. — *Roman* trau. — *Russe* dyra.

Trou dans le flanc d'une colline :
Angl. hole in the side of a hill. — *Chinois* hsouc.

Trou en terre peu profond :
Franç. vx bod & bodie.

Trou inondé :
Angl. water-hole. — *Ouganda* echori.

☞ climat, Équateur, équinoxe, latitude, méridien, parallèle, solstice, zone.

☆

trou, sins; creux dans le sol, enfoncement dans une côte. — Les *trous* pratiqués dans le mur d'un donjon sont des meurtrières.

Achânti okou. — *Allem.* Loch. — *Angl.* gap, harbour, ditch, hole, hollow, inlet, mine, pit & shelter. — *Anglo-saxon* geat. — *Anglo amér.* kettle hole. — *Arabe* boke, gelta, goulta, hofra, kargh & korm. — *Bantou* ejinga. — *Bosniaq.* rupa. — *Breton* toull. — *Catal.* cau & troc. — *Celtiq.* hole, ool & poul. *Congol.* ejinga. — *Cornouill.* toull. — *Croate* rupa. — *Cymriq.* twll. — *Dalm.* rupa. — *Danois* Aabning, Gabet, Gat & Hul. — *Égypt.* bark & houfra. — *Erse vx* toll. — *Esclav.* rupa. — *Espag.* hoyo, agujero, portillo; (vx cavo). — *Flam.* gat & opening. — *Franc. vx* cros, crot, trau & troub. — *Giryama* enya & mouanya. — *Grec* opê & tréma. — *Hausa* rami (ramuna). — *Herzeg.* rupa. — *Holl.* gat & opening. — *Ital.* buco, cavo, foramen, foro, pertugio. — *Latin* apertus, cavum, foramen, fossula & terebratio. — *Léon.* toull. — *Malais* lapang & lapong. — *Moutén.* rupa. — *Norv.* Aabning, Gabet, Gat & Hul. — *Persan* chak. — *Picard* cavin. — *Polon.* dziura. — *Port.* buraco, cavo, cova, furo & toca. — *Prov.* cava, chaus, cros & trauc. — *Roman* cavaras, pertuis, tral, traul, tró, trout & xaulz. — *Samoan* loua & ontou. — *Sanscr.* bila. — *Serbe* rupa. — *Slovène* luknja. *Somali* god. — *Souahéli* chimo. — *Suéd.* hal. — *Syriaq.* bichouch, bouch & (ibchâch). — *Trécorr.* toull. — *Turc* delik, oi. — *Vannet.* toull.

☞ abîme, affaissement, anfractuosité, antre, arcade, arche, baie, barbacane, bétoire, bouche, boulin, brèche, brisure, canardière, carrière, cassure, cave, caveau, caverne, cavité, champlure, chantepleure, charnon, châtière, citerne, citerneau, claire-voie, clapier, coche, communication, cratère, créneau, crénelure, creux, crevasse, crique, dalot, débouché, décharge, déchargeoir, déchirure, défonçage, défoncement, échancrure, échappée, échappement, éclaircie, écoutille, effondrement, embouchure, encaissement, encoche, enfoncement, entaille, entonnoir, entrailles, entrée, éperneau, escarre, étang, évent, éventoir, éventure, excavation, fêlure, fente, fond, fondation, fondement, fonçage, fondis, fondrière, forure, fosse, fossé, fossette, fracture, gîte, golfe, gouffre, grotte, gueule, gueulette, guichet, haha, havre, houillère, hublot, interstice, issue, jour, judas, lac, lacune, lagon, lagune, lieu désagréable, marnière, meurtrière, mine, musse, nable, orifice, oubliette, oura, ouverture, passage, percée, perte, pertuis, po=

re, port, porte, poutis, précipice, profondeur, puisard, puits, ravin, regard, renard, renfoncement, réservoir, sablière, silo, sépulcre, sépulture, sondage, sortie, source, soupape, soupirail, souterrain, tanière, tombe, tombeau, tombelle, tourbillon, tournant, trappe, taupinière, tranchée, tréfonds, troglodyte, trônière, trouée, tubulure, valve, vanne, vasistas, vide, vigote, voie d'eau volcan, vomitoire, vue & wolfe.

TROU.

Additions & notes.

☆

tumulus, ☞ tombe.

TUMULUS.

Additions & notes.

☆

tunnel, sms; galerie taillée dans la roche ou percée dans une montagne pour livrer passage à une voie de communication. — Le *tunnel* du Simplon, creusé dans les Alpes Pennines, mesure 19,730 mètres; la forure de cette trouée a coûté 80 millions de francs.

Allem. Tunnel. — *Angl.* tunnel. — *Bosniaq., croate, dalm.* prokop. — *Danois* Tunnel. — *Esclav.* prokop. — *Espaynol* pasaje subterraneo. — *Flam.* onderaardsche gang & tunnel. — *Herzég.* prokop. — *Holl.* onderaardsche gang & tunnel. — *Ital.* tunnel. — *Monten.* prokop. — *Norv.* Tunnel. — *Portug.* tunnel. — *Roum.* tunel. — *Russe* tanel. — *Serbe* prokop. — *Slovène* prerov & tunél. — *Suéd. & turc* tunnel.

☞ canal, chemin, chemin de fer, circulation, conduit, couloir, galerie, ouverture, passage, passe, route, souterrain, substruction.

TUNNEL.

Additions & notes.

U

Univers, sms; l'ensemble des choses créées. — La Science travaille sans relâche à la découverte des lois qui régissent l'*Univers*.

Allem. Welt & Weltall. — *Angl.* Universe *Arabe* alam, djagat, donia, kaun. — *Armén.* ahcharh. — *Bosniaq.* svemir & sviet. — *Breton* ar béd. — *Catal.* mon. — *Chinois* si. — *Cornouaill.* ar béd. — *Croate & dalm.* svemir & sviet. — *Danois* hele Verden. — *Esclav.* svemir & sviet. — *Espay.* Universo. — *Finland.* Mailma. — *Flam.* heelal & Wereld. — *Grec* Kosmos. — *Herzégov.* svemir & sviet. — *Holl.* heelal & Wereld. — *Ital.* Universo. — *Javan.* jagad. — *Latin* Universus. — *Léonais* ar béd. — *Malais* djihan, dounia, langit dan boumi. — *Montén.* svemir & sviet. — *Norrég.* hele Verden & Univers. — *Polon.* swiat. — *Port.* Universo. — *Roum.* Universul. — *Russe* mire. — *Samoan* lagi & lalolagi. — *Sanscr.* loka & samsâra. — *Serbe* svemir & sviet. — *Slo-*

UNIVERS.

Egypt. dounje.

Additions & notes.

UNIVERS.

Additions & notes.

vag. & slovène svet. — Souahéli dounia & oulimouengou. — Suéd. Værid. — Tchèq. svet. — Trécorr. ar béd. — Syriaque dini & dinji. — Turc hep & hepiçi. — Vannet. ar béd.

☞ atome, atomisme, chaos, ciel, cosmocratie, cosmogonie, cosmographie, cosmologie, cosmométrie, cosmorama, cosmopolitain, cosmopolitisme, création espace, géographie, géologie, globe, immensité, infini, macrocosme, matière, microcosme, monde, nature, planète sphère, Terre, ultramondain & universalité.

☆

URBAIN.

Additions & notes.

urbain, adj; qui concerne la ville. — Les populations *urbaines* sont mieux administrées que les populations rurales.

Allem. stædtische. — *Angl.* urban. — amel-kair & motamalden. — *Bosniaq., croate, dalm.* gradski & varoski. — *Danois* hœrende til Byen. - *Esclav.* gradski & varoski. — *Espag.* urbano. — *Flam.* stadslijk & stedelijk. — *Herség.* gradski & varoski. — *Holl.* stadslijk & stedelijk. — *Ital.* di citta & urbano. — *Montén.* gradski & varoski. — *Norv.* hœrende till Byen. — *Port.* urbano. — *Russe* garadskoï. — *Serbe* gradski, varoski. — *Suéd.* stads-.

☞ citadin & les références de cité & de « ville ».

Anglo saxon comb, dema & denn.

V

VAL.

Additions & notes.

val, sms; une vallée étroite. — Mon excursion s'effectua par monts & par *vaux*.

Allem. Thal. — *Angl.* combe, dale, den, gap, glen. scar, vale. — *Arabe* ouadj. — *Béarn.* bal, coumbo, val, — *Bosniaq.* dol & dolina. — *Breton* komban!, saónen, traon & traonien. — *Catal.* vall. — *Celtiq.* dale, dell, glen & thal. — *Cornouaill.* saónen, traon & traonien. — *Croate & dalm.* dol & dolina. — *Danois* Dal & Skar. — *Égyptien* ouâdi & (ouidjân). — *Esclaven* dol & dolina. — *Espagn.* val, vallado & valle. — *Finland.* laakso. — *Flam.* dael, dal & vallei. — *Franç.* vx val. — *Gaélique* den & glen. — *Herség.* dol & dolina. — *Holl.* dael, dal & vallei. — *Ibérien* bal, coumbo & val. — *Ital.* val & valle. — *Landais* lète. — *Latin* vallis. — *Léon.* saónen, traon, traonien. — *Malais* lebak & lembah. — *Montén.* dolina, dol. — *Norv.* Dal & Skar. — *Polon.* dolina. — *Portug.* vallado & valle. — *Prov.* val, valat, valh, valhat, vall & vallat. — *Roman* vau & (vaulx). — *Roum.* vale. — *Russe* dal, dol, dolina & valea. — *Serbe & slave* dol & dolina. — *Slovène* dolina. — *Souahéli* boonde, (boonde, maboonde). — *Suéd.* dal. — *Syriaque* ouâdi & (ouidjân). — *Tchèque* udoli. — *Trécorr.* saónen, traon & traonien. — *Turc* déré. — *Vannet.* saónen, traon & traonien.

☞ accident de terrain, bas-fond, bassin, cirque, clus, cluse, combe, creux, descente, gorge, houle, lète, oule, ravin, ravine, vallécule, vallée & vallon.

☆

vallée, sfs; grande partie de terre comprise entre des montagnes. — Le milieu d'une *vallée* est presque toujours occupé par un cours d'eau.

Abyssin. ibou. — *Achànti* obon. — *Allem.* Thal; (*vx* tal). — *Annam.* noi & song. — *Anglais* dale, dell, glen, valley. — *Anglo-sax.* dale, den. — *Arabe* djèbell, bouka, ouad, ouadi & (ouidau). — *Arakan* angoum & oung. — *Armén.* dsor & tzor. — *Asie centr.* yilgu. — *Bàmbara* faraba. — *Bantou* dimba, dimbila & udimba. — *Basque* lano, merindale. — *Béarnais* balleo, lano. — *Beja* kar. — *Berbère* ode & tell. — *Birman* ounhaun. — *Bosniaq.* dolina. — *Breton* flondren, glen, koumbant, lan, saónen, traon, traonien; (*moyen* gueun, tnaou & tnou). — *Cafre* hlambo, isipaloukana, isipalouko, oumhlambo. — *Catal.* vall. — *Celtique* comb, combe, dal, den, dene & dol. — *Chinbon* hlong kou. — *Chin Hills* ouahaun. — *Chinois* kou. — *Coréen* kok, kol & sil. — *Cornouaill.* suóneu, traon & traonien. — *Croate* dolina. — *Cymrique* nant & ystrad. — *Dalm.* dolina. — *Danois* dal. — *Égypt.* ouàdi & (ouidjàn). — *Erse* gleann; (*vx* glen, srath). — *Esclav.* dolina. — *Espagnol* comba, guad, llana, val & valle. — *Finland.* laakso. — *Flam.* dael, dal, laagte & vallei. — *Franç. vx* combe, dam, fondoire, nant, nante, vallée. — *Gaélique* gleann, glen, srath & strath. — *Galla* ibou. — *Gallois* cwm, dyffryn, glyn, llan, nant, pant. — *Grec* kilas, napé. — *Hausa* faddama, horami, korami, kososobe, kourremi, rafi, (rafouka), (rafouna). — *Hawaien* faa. — *Herzég.* dolina. — *Hindoust.* ghari. — *Hispano-améric.* vega. — *Hollandais* daal, dael, dal, kloof, laagte, vallei. *Hongr.* arók & völgy. — *Ibérien* balléo, lano & val. — *Ind. Californ.* kohokouchama, lo koul lo, oues a na & willahk. — *Ind. Amérique N.* atea, indatatakonohaak, panu, so pan. — *Indou* doun. — *Island.* dalr. — *Italien* val, vallata, valle, vallea. — *Japon.* dane & tani. — *Kanem* hendere. — *Kiriouina* oumlopon. — *Kouénam* kho tien. — *Latin* vallis & vallus. — *Léonais* saónen, traon & traonien. — *Lou-ouangu* iouanda, ouanda. — *Luxembourg.* dal. — *Malais* lebak & lembah. — *Malgache* antsaha, louhasaha, saha. — *Marquis.* faa. — *Mongol* sirik. — *Monténég.* dolina. — *Mossi* kosorho. — *Nandi* kererout. — *Néo-guin.* oumlopou. — *Norm. & norse* dale. — *Norvég.* Dal. — *Nubien* kar. — *Ouelaung* kho Ral. — *Ouganda* iouanda, kererout, ouanda. — *Persan* dara. — *Picard* bassure. — *Polon.* dolina. — *Polynésien* faa. — *Port.* valle. — *Prov.* comba, val, valeya, valh, vall, vallada, vau. — *Roman* cavin & val. — *Roum.* valc, valea. — *Russe* balka, dal, dalina, dolina, valea. — *Sahar.* erasa, erazar, erhazar. — *Sanscr.* nivat. — *Saxon* den & dene. *Serbe* dolina & vrtache. — *Slave* dol & dolina. — *Slovène* dolina. — *Somali* af, dorin. — *Souaheli* boonde, (boonde & maboonde). — *Suéd.* dal, dalen, flutning. — *Syriaq.* ouàdi, (ouidjàn). — *Taungtha* oung. — *Tchèq.* udoli. — *Thibet.* lounga, nya roug, roug. — *Trécor.* saónen, traon & traonien. — *Turc* déré, kol, ouadi, ova & sai. — *Vannet.* saónen, traon & traonien. — *Yindi-chin* cheng. — *Yorouba* alafo, koto-oke, ogbou. — *Zoulou* isipaloukana, isipalouko & palouko.

☞ les références de « val ».

☆

vallon, sms; vallée courte & étroite. — Les *vallons* sont aux vallées ce que les rivières sont aux fleuves.

VALLÉE.

Additions & notes.

Flam. daal. — *Franç. vx* val.

Vallécule, sfs; une petite vallée.

Grande vallée :

Angl. broad valley. — *Berbère* erara. — *Gaéliq.* strath. — *Hispano-amér.* pouna. — *Nigér.* dallol. — *Polynésien* faa-nuni. — *Songhaï* dallol. — *Thibét.* jong & ljongs. — *Touareg* erara. — *Turc* bouyouk-déré.

Vallée avec cours d'eau :

Angl. valley with a river. — *Gaéliq.* strath.

Vallée avec torrent :

Angl. valley with a torrent. — *Berbère, touareg* eghacher & eghzer.

Vallée avec pâturage :

Angl. sheep valley. — *Malgache* antsahaondri.

Vallée circulaire :

Angl. bowl-shaped valley. — *Gallois* cwm.

vallée cultivée :

Yunnam pa tzou.

Vallée entre des dunes :

Angl. valley between dunes. — *Arabe* feij.

Vallée étroite :

Angl. straight valley. — *Breton* kanien. — *Espagnol* canou. — *Gaéliq.* glen. — *Thibét.* loung-pa.

Vallée latérale :

Anglais laterale valley. — *Flam.-holl.* dwarsdael. — *Thibét.* chong & pbou.

Vallée longitudinale :

Flam.-holl. lengtedael.

Vallée pierreuse :

Angl. stony valley. — *Mandchou* chitou-dianza.

Vallée profonde :

Angl. deep valley. — *Cafre* oumfoula & foula.

Vallée sans issue :

Angl. closed valley.

Vallée transversale :

Flam.-holl. dwarsdael.

VALLON.

Additions & notes.

VALLON.

Additions & notes.

Ital. valle. — *Latin* vallum. — *Prov.* vallat.

Allem. Thælchen. — *Angl.* dale, dell, dingle, glen, narrow glen, narrow valley, scar, small valley, vale. — *Anglo-sax.* botm, comb, cumb & dell. — *Arabe* (aoudia), ouad, ouadi, oued, (ouîdan) & khallell. — *Bantou* dim-badimba. — *Béarn.* ballou. — *Bosniaq.* dol. — *Breton* kambaul, komb & koumbant. — *Cafre* intile, tile — *Catal.* vall. — *Caucas.* khevi. — *Celtiq.* combe, den, glen, glyn, komn & kumho. — *Croate* dol. — *Cymriq.* cwmm, cym, glyn, tyno. — *Dalm.* dol. — *Danois* Skar. — *Erse* glyn. — *Esclav.* dol. — *Espag.* canada, comba, val, vallado & valle. — *Finland.* laakso. — *Flam.* dal, dale & vallei. — *Franç.* ex combe & coumbe. — *Gaéliq.* cwm, glen, strath. — *Gallois* glyn. — *Gaulois* cumba. — *Haussa* korami. — *Herzég.* dol. — *Holl.* dal, dale & vallei. — *Ibér.* ballou, lano & vallay. — *Island.* geil. — *Ital.* val, vallata, vallone. — *Latin* vallis. — *Monten.* dol. — *Port.* encosta, vallado & valle. — *Prov.* comba, combel, valat, vallat, valla, vallo & vallon. — *Roman* vau, (vaulx & vaux). — *Roum.* vale & vilcea. — *Russe* balka, dol, valea. — *Saxon* combe. *Serbe & slave* dol. — *Turc* déré. — *Yorouba* koto-jigonrou. *Zoulou* intile & tile.

☞ vallécule, valleuse & les références de « val ».

☆

VERGER.

Additions & notes.

verger, sms; petite terre dépendant d'une ferme & cultivée pour en obtenir des fruits. — Dès Avril, les *vergers* de la Normandie disparaissent dans la neige fleurie des pommiers.

Allem. Baumgarten, Obstgarten, obstplantage. — *Anglais* orchard. *Arabe* fâkiha & (fouâki). — *Bosniaque* vocnjak. — *Breton* avalennek, berjez, pérennek. — *Catal.* hort, (ex verger). *Cornouaill.* avalennek, berjez, pénennek. — *Croate, dalm.* vocnjak. — *Danois* Frugt-have. — *Égypt.* feouâkih. — *Esclav.* vocnjak. — *Espag.* cortijo, huerto, vega, vergel & verjel. — *Flam.* boom-gaard. — *Franç.* ex cortil, verger & vergier. — *Herzég.* vocnjak. — *Holl.* boomgaard. — *Ital.* frutteto, orto, verziere. *Latin* hortus, pomarium, viridarium; (bas pomerio). — *Léon.* avalennek, berjez, pérennek. — *Malais* dousoun, kèbon pohong jang berbouah. — *Monténégrin* vocnjak. *Norv.* Frugthave. *Persan* bagh, chaman. — *Port.* horto, pomar, vergel. — *Prov.* cortil, ort, verdier, vergier & verjau. — *Russe* frouktovoi. — *Serbe* vocnjak. — *Syriaq.* fâkiha & (fouâki). — *Thibét.* doug-. — *Trécorr. & vannet.* avalennek, berjez & pérennek.

☞ arbre, carré, clos, closeau, closerie, courtil, courtille, courtis, culture, fruit, fruitier, housche, jardin, jardinet métairie, noyalière, orangerie, serre, espalier & terre.

☆

VERSANT.

Additions & notes.

Versant de colline :
Angl. lid & side of a hill. — *Anglo-sax.* hlidh. — *Latin* clivus.

Versant de fleuve :
Flam.-holl. stroomgebied.

Versant de vallée :
Angl. slope of valley. — *Anglo-amér.* bench.

versant, sms; la pente d'une chaîne de montagnes. — Chez nous, en France, les *versants* ensoleillés de nos montagnes sont tapissés des ceps généreux de nos vignes renommées.

Allem. Abhang, Felsabhang, Leite & Rand. — *Angl.* ascent, break, hollow, rake, side, slope & watershed. — *Arabe* ganb, hedr, hendoura, ssabbab. — *Bosniaq.* obronak & strmen. — *Congol. fr.* (be) & ye. — *Croate, dalm.* obronak, strmen. — *Danois* Skraaning. — *Esclav.* obronak & strmen. — *Espag.* vertiente. — *Etbaï* hedr. — *Fan* (be) & ye. — *Finland.* œyrœs. — *Flam.* helling. —

Franc-comt. grimpette. — *Gaéliq.* fan. — *Herzég.* obronak & strmen. — *Hindoust.* dhal. — *Holl.* helling. — *Island.* brekka. — *Ital.* acquapendente, calata, calo, china, declivio & versante. — *Latin* versum & versus. — *Monten.* obronak, strmen. — *Norv.* Skraaning. — *Persan* cheb & nacheb. — *Picard* grimpette. — *Port.* vertente. — *Pundjab* tat. — *Roum.* pola & povârnisul. — *Russe* skloue & sklonnost. — *Samoan* ifo'ai. — *Serbe* obronak & strmen. — *Slovaq.* zaviset & zauvisim. — *Slovéne* brdo. — *Suéd.* slutuning. — *Turc* yokouch.

☞ colline, côte, côté, coteau, déclivité, descente, flanc, inclinaison, montagne, montée, penchant, pente, rampe revers & roidillon.

☆

vert, sms. & adj; une des sept couleurs de l'arc-en-ciel. — Le feuillage des arbres suit toute la gamme des *verts*, depuis sa sortie du bourgeon où il est presque blanc, jusqu'à son trépas où il effeuille sur la terre ses haillons d'or.
Abyssin addi. — *Allem.* Grün. — *Angl.* green. — *Arabe* akdhar, akhdar; *(fémin.* khadara). — *Araucan.* karri. — *Armén.* dalar. - *Béarn.* ber. — *Bosniaq.* zelen. — *Breton* glâz & gwér; *(moy. & vx* glas). — *Catal.* verd. — *Celtiq.* glas, glasto & gwelto. — *Cornouail.* glâz & gwér. — *Croate, dalm.* zelen. — *Danois* Grœn. — *Égypt.* akhdar. — *Érythréen* addi. — *Erse vx* glass. — *Esclav.* zelen. — *Espag.* verde. — *Finland.* vihanta, viheriæinen. — *Flam.* groen. — *Franç. vx* vair, vert & vért. — *Fuégien* karri. — *Grec* chlôros & glaucos. — *Hausa* algus & chanoua. — *Herségov.* zelen. — *Holl.* groen. — *Ibérien* ber. — *Ital.* aspro & verde. — *Japon.* ao & aouo. — *Javan.* hijem & hijo. — *Latin* glaucus & viridis. — *Léon.* glâz & gwér. — *Malais* hidjau & hidjou. — *Maori* namou. — *Montén.* zelen. — *Norv.* Grœn. — *Patagon* karri. — *Persan* sebz, soubs. — *Polon.* zielony. — *Port.* verde. — *Prov.* vert. — *Roman* ward. — *Roum.* verde, vest. — *Russe* zélonyi. — *Samoan* lauoulau'ava. — *Serbe* zelen. — *Slave* zelen; (*vx* zelenu). — *Slovaq.* zeleny. — *Slovéne* zelén. — *Souahéli* rangi ya majani. — *Suedois* grön. — *Syriaq.* akhdar, (khoudr) & *(fém.* khadara). — *Tchéqua* zeleny. — *Trécorr.* glâz & gwér. — *Turc* gok & iéchil. — *Vannet.* glâz & gwéz.

☞ arc-en-ciel, céladon, cul-de-bouteille, émeraude, feuillage, feuille, glauque, herbe, olivâtre, prase, prasine, sinople, verdâtre, verdure & viridine.

☆

viaduc, sms; grand pont, à arcades, construit au-dessus d'une vallée pour livrer passage à une voie de communication. — Long de 564 mètres & haut de 124 mètres, le *viaduc* métallique de Garabit, jeté au-dessus de la Truyère, est une merveille du genre.
Allem. Laudbrücke & Viadukt. — *Angl.* viaduc. — *Danois* Buebro, Viadukt. — *Espag.* viaducto. — *Flam.-holl.* gemetselde overgang. - *Ital.* viadotto. — *Portug.*

VERSANT. Additions & notes.

Versant escarpé d'une colline :
Angl. hogback.

Versant maritime :
Flam.-holl. zeegebied.

VERT. Additions & notes.

VIADUC. Additions & notes.

VIADUC. Additions & notes.

viaducto. — *Roum.* viaduc. — *Russe* moste. — *Suédois* viaduct. — *Turc* keupru.

☞ les références de « pont ».

☆

VICINAL. Additions & notes.
Grec presbutés & presbytés.

vicinal, adj; qui sert de communication entre des villages. — Les chemins de fer *vicinaux* sont de création récente.

Allem. vicinal. — *Angl.* parish & parochial. — *Croate, bosniaq.* & *dalm.* susjedski. *Danois* bivei. — *Esclavon* susjedski. — *Espag.* vecino. — *Flam.* naburig. — *Herzégov.* susjedski. — *Holl.* naburig. — *Ital.* vicinale. — *Latin* vicinalis. — *Monten.* susjedski. — *Norv.* bivei. — *Portug* vicinal. — *Russe.* prasiolotchnyi. — *Serbe* susjedski.

☞ les références de « chemin ».

☆

VIEUX. Additions & notes.

vieux, adj; qui est âgé, usé ou hors d'usage. — Il y a des hommes âgés qui ne sont pas *vieux* & des choses usées qui ne sont point *vieilles*.

Allem. alt & bejahrt. — *Angl.* aged & old. — *Anglosax.* eald. - *Arabe* agouz, agousat & kadim. — *Bambara* koto. — *Basque* goyen. — *Baya* gazu. — *Béarn.* bielh. — *Bosniaq.* star. — *Breton* heu & kôz. — *Chinois* kieu, kou, lao & lau. — *Cornig.* coth, hen, hên. — *Cornouail.* kôz. — *Croate* star. — *Cymriq.* hen, hên. — *Dalm.* star. — *Danois* brugt, gamle & gammel. — *Egypt.* ichtijâri'je & kebîr. — *Erse* sean; (vx sen). — *Esclav.* star. — *Espagnol* viejo; (vx sene). — *Finl.* vanha. — *Flam.* bejaard, bedraagt, oud & oude. — *Franç.* vx trepelu, tresanne, vialz, viex & viez. — *Gaéliq.* sean. — *Gallois* hen. — *Gaulois* cottos & seno. — *Gothiq.* sinista. — *Grec* gerôn, gerontos, palæo, palaios, paléos & palœos. — *Hausa* zofo & zoufa. — *Herrero* kouroupa. — *Herzég.* star. — *Holl.* bedaagt, bejaard, oud & oude — *Hongr.* o, öreg. — *Ibérien* bielh. — *Ital.* sene, vecchia, vecchio. — *Javan.* sepouh & touona. — *Latin* senex, senox & vetus. — *Léon.* kôz. — *Lithuan.* senas. — *Malais* touah. — *Mandingue* khoto & kolo. — *Monten.* star. — *Namaq.* géira & loro. — *Norv.* brugt, gamle & gammel. — *Odji* kouloupa. — *Persan* eski. — *Picard* viex. - *Polon* letni & stary. — *Port.* velho. — *Prov* annat, senec & vieil. — *Pundjab* boudh. — *Roman* vex, vialz, vie, vies, viez, viouche & weter. *Roumeliote* eski. — *Russe* stari, staryi, starve. — *Samoan* leva, matoua & touni. — *Sanscrit* sana & vriddha. — *Serbe* star. — *Slave* star & stari. — *Slovaq.* stary. — *Slovène* star. — *Souaheli* koukouou & zee. — *Suéd.* gamla & gammal. — *Syriaq.* ichtjâr, (ichtjâri'ji), kbir. — *Tchéq.* stara, stare & stary. — *Trécorr.* kôz. — *Turc* eski, iaehly, ichtijar, kodcha, koldja & kovna. — *Vannet.* kôz.

☞ agé, agérasie, ancien, antédiluvien, antique, cassé, décrépit, démodé, fossile, gérocomie, hors d'usage, jadis, invétéré, loin, longévité, macrobien, obsolète, patriarcal, ruiné, séculaire, sénile, sénilité, suranné, usé, vieillard, vieil, vieille, vieillesse & vieillot.

☆

VIGNOBLE. Additions & notes.

vignoble, sms; terre spéciale affectée à la culture des vignes. - Les *vi=*

gnobles de la France ont une réputation universelle.

Allem. Weinberg. — *Amax.* diliya, isidiliya, oumdiliya & sidiliya. — *Angl.* vineyard. — *Arabe* karm, (kouroum) & kourm. — *Bosniaque* vinograd. — *Breton* gwinien. — *Cafre* diliya, isidiliya, oumdiliya & sidilia. — *Catal.* vinya; (*vieux* vinyer). — *Cornouaill.* gwinien. — *Croate* & *dalm.* vinograd. — *Danois* Ogs & Vinland. — *Égypt.* karm. — *Esclav.* vinograd. — *Espag.* vina, vinedo & vinerio. - *Flam.* wijnberg, wijnland. - *Franç.* ex prepatout, vignoble & vignole. — *Grec* ampelos. — *Herzég.* vinograd. — *Hindoust.* baghistan — *Holl.* wijnberg & wijnland. — *Hongr.* szőlő & szőlőhegy. — *Ital.* vigna & vigneto. — *Latin* vinea, vitis. — *Léon.* gwinien. — *Malgache* achit. — *Montén.* vinograd. — *Norv.* Ogs & Vinland. — *Port.* vinha, vinhataria, vinhedo. — *Prov.* vinares, vinayres, vinha, vinher, vinhier, vinna, vinnal, vinnar. — *Russe* vinogradnik. — *Serbe* & *slovaque* vinograd. — *Suéd.* vinberg. — *Syriaque* karm & (kouroum). — *Trécorr.* gwinien. — *Turc* bagh. — *Vannet.* gwinien.

☞ cep, complant, croue, cru, fruit, graves, labrusque, lambruche, lambrusque, orne, ouillière, pépinière, coteau, plant, plantade, plantation, raisin, vendanges, vigne, vignette, vigne vierge, vignolette & viticulture.

VIGNOBLE.

Additions & notes.

☆

villa, sfs; petite maison de plaisance à la campagne ou à la mer. - Les *villas* ne sont habitées que pendant l'été.

Allem. Landgut & Landhaus. — *Angl.* country house, villa. — *Anglo-indien* aldea. - *Arabe* abadjat & bostan. — *Croate, bosniaq., dalm.* ljetnikovac. — *Danois* villa. — *Esclav.* ljetnikovac. — *Flam.* buitenplaats, hem, hofstede & landgoede. — *Franç.* ex bastide, borderie, cabanuria, plessis & vilule. — *Herzég.* ljetnikovac. — *Hindoust.* bati, batika & vati. — *Holl.* buitenplaats, hem, hofstede & landgoede. — *Ital.* villa & villino. — *Latin* prædium parvulum, villa & villula. - *Montén.* ljetnikovac. — *Norv.* villa. — *Persan* kakh. — *Polon.* wila & dom wiejski. — *Port.* casa de recreio, chacara & quinta. — *Russe* mouiza. — *Sanscr.* bati, batika & vati. — *Serbe* ljetnikovac. — *Slovène* & vila. — *Suéd.* landtegendom & landtstælle. - *Tchèq.* statek. — *Turc* yaly & tchiftlik.

☞ les références de « maison ».

VILLA.

Additions & notes.

Petite villa :

Prov. bordaria. — *Slovène* letovisce.

☆

villace, sfs; grande cité mal habitée, laide & mal bâtie. — Anvers est le type de la *villace* des parvenus.

Espag. poblachon.

☞ cité, endroit, localité, trou, ville.

VILLACE.

Additions & notes.

☆

village, sms; agglomération de maisonnettes de paysans. — Le centre d'un *village* est généralement occupé par une église au milieu d'un cimetière.

Abyssin. katama. — *Achánti* koppe, koppi & kouro. — *Afrique austr.* kraal. — *Agni* sisim, so. — *Alaska* chaman, ok. — *Allem.* Dorf. — *Angl.* abode, thorp, village, ward & wich. — *Anglo-sax.* thorp & wic. — *Arabe* add, dâr, darb, daya, dechera, (dija'), ferik, garjat, hellat,

VILLAGE.

Additions & notes.

VILLAGE.

kafr, karié, karieh, kefr, kouria, kourye, kouryet, ksar, (ksour), nahiet, rahl. — *Araucan.* ahouan. — *Arménien* jing, kéogh, keugh & ko'ough'. — *Aroma* banoua. — *Ataiyal* karan. — *Bafo* nki. — *Bakound.* moki. — *Bali* ngon. — *Baloun* mouki. — *Bámbara* si. — *Banjan* etog. — *Bantou* ala, bouala, di, dzi, evata, koua, (mala), moudi, mondzi, mousi, pa, vata. — *Baya* ourou, ri. — *Berbére* amashagh, amazagh, amezdhagh, emizdegh, ouargla. — *Birman* ioua. — *Bosniaq.* selo, seotze. — *Bozo* nogo. — *Breton* kear, ker, pla, plé, pleñ, plo, plou, ploue, plu; (moyen caer); (*vx* pluiv). — *Cafre* oumzi & zi. — *Cambodg.* kampoung, kompoung & srok. — *Camer.* etog, moki, mouki, ngon, nki. — *Celtiq.* car. kaer, ker. — *Chau* chai, mau & ouan. — *Chin Hills* nam, koua. — *Chinois* chang, chiang, hiang-tsoun, hsiang, kang, thoun, thsoun, tchouang, tien, toung & tseu. — *Choula* gizi & mgizi. — *Congol.* kodolo, qui. — *Coréen* chou, kol, toug. — *Corniq.* caer, plew, plu & plui. — *Cornonaill.* kear, ker. — *Côte Ivoire* sisim, so. — *Croate* selo, seotze. — *Cymriq.* caer, plwy, plwyf, tre, tref. — *Dagbomá* lo. — *Dalm.* selo, seotze. — *Danois* Bondeby, Landsby, Torp. — *Deccan* agrar, (oullou), ourou, peth. — *Égypt.* heled, ezbach & kafr. — *Eldorobo* gaita & ngaita. — *Elyoumi* ere. — *Erse* ball, bally, cathair & ho. — *Esclav.* selo, seotze. — *Espag.* aldea, casar, lugar, poblado, pueblo, village, villar. — *Fan* al, dzal, (mal). — *Finland.* kylæ. — *Flam.* dorp. — *Formos.* hosya, inaran, karan, mananyaro, maneu, noheu, ramou, roukal, routol & vau. — *Franç. vx* haar, mainade, mégnie, mesnie & mesnil. — *Gaëliq.* bel, cathair. — *Galla* ganda, makani. — *Gallois* bettws, pentref, plwyf, tre & trev. — *Géorgien* sopely. — *Gothique* thuurp. — *Gourma* o diegou, (ti dieti). — *Grec* choriou. chório, khora, khorio, khorion & kome. — *Hai-nan* bao, bei, bol, chon, si, soui, to-hi, tsai, tsou-nea & vala. — *Hassan.* dachera, dar, ksar. — *Hausa* gimi. — *Haut-Nil* dem, fan, hellet & plan. — *Haut-Sobat* paiopan. — *Hawaïen* kauhale. — *Hébreu* caphar. — *Herrero* onganda, (ozonganda). — *Herzég.* selo, seotze. — *Hindoust.* gam, ganon, ganou, gaou, garam, gauhaui, giram, gram, kherra, para. — *Holl.* dorp. — *Hongr.* fal, falu, falva, falvu, szallns. — *Ibóko* mbóka. — *Iles Salomon* palavanoua & popoa. — *Ile Amis* mauanyaro. — *Ind. Amérique Nord* ah ua kou il, hepaithlao, menikon & menotene. — *Ind. Californ.* cha, ha i tan, houn tha, kir i vi ra, na po, ouatlki, tena odh loun me & yo mi. — *Indo-chinois* boun, hou il, kon, mouaong, polei, vil. — *Indou* cherri, gong. — *Island.* bær, heim, thorp. — *Ital.* burgo, casale, villaggio. — *Ja-tou* idala. — *Japon.* matsi, matsou, matsouda, matsouye & moura. — *Javan.* désa & dousoun. — *Jibou* tonge. — *Kabyle* dechera, tethedderth. — *Kamtchadka* ostrog. — *Kabadi* fenoua, vanoua. — *Kerepounou* vanouga. — *Ketoch* kala, loukala. — *Khas-chos* hou il & mouaong. — *Kionai* roubi. — *Kiriouina* valou, vilo. — *Kouénam* kho. — *Kourde* gound. — *Kouvara.* ramou. — *Lac Rodolphe* geji. — *Lac Tanganika* oujiji. — *Lac Tchad* gaoui, kouzou. — *Latin* castra, locus, pagus, plebes, turba, vicus. — *Laotien* ban, bane. — *Léon.* kear & ker. — *Loango* ala, (bouala), kala, loukala, mala. — *Loköub* geji. — *Lousinga* gizi & mgizi. — *Maiva* aiara. — *Malais* ban, desa, dousoun, kampong, pekan & proja. — *Malgache* bohi, tana, tanan, tanana, vohitra, vouhitra. — *Malinq.* si. — *Manding.* dougou, galo, konkosou, nogo, so. — *Maroc.* char. — *Marovo* palavanoua. — *Marquis.* kauhale. — *Masai* (mauyata). — *Mekeo* pangoua. — *Mongol* kerim, khoto, koura, toska. — *Montén.* seotze & selo. — *Mossi* lo, ououiri, tauga & tenkal. — *Motoum.* hauoua, karikara. — *Néo-guin.* eanoua, fenoua, hanoua, karikara, pangoua, roubi, valou, vanoua vanouga & vilo. — *Nigér.* gi, ji, zhi. — *Norm.* bu. — *Norv.* Bondeby, Landsby. — *Noupe* gi. ji, zhi. — *Odji* egoumbo. — *Ouelanny* khotat. — *Ouolof* dekke & douk. — *Ouganda* ere, gaita, gizi, idala, kala, korit, loukala, mgizi, ngaita. — *Pazzehe* routol. — *Pei-ho* ramon, routol. — *Persan* deh, dih, kand, kend, kent & rousta. —

VILLAGE.

Philipp. banoua, bayan, benoua. — *Picard* ham, hem. — *Polon.* wies. — *Polynés.* eanoua, enoua, fanoua, fenoua, fooua, hanoua, honoua, vanoua & vanouga. — *Port.* aldêa, aldeia, logar, povoação, villa & villagem. — *Prov.* vilatge. — *Roman* ham, hem, laure, vaingnage, viage. — *Roubian.* popoa. — *Roum.* câmpu, sat, satu. — *Russe* derevuya, ostrog, selo, sloboda, slobodka & stanitza. — *Samoan* 'ai. — *Sanscrit* ganon, ganou, gaon, garam, giram, grâm, grôma. — *Sara* kouzou. — *Sassandra* houe & bono. — *Scandin.* by. — *Serbe* selo, seotze. — *Sénégal.* ker, keur, poul. — *Siam.* ban, bang. — *Sibér.* chaman. — *Sierre* togoda. — *Slave* vas, vasovetz. — *Slovaq.* dedina. — *Slovène* selo, vas. — *Somali* karia, rer. — *Soninq.* debe. — *Souahéli* jiji, kani, kao, kazi, kijiji, makani, makao, makazi, mji, (miji), (vijiji). — *Soudan.* lingara. — *Soudan. d'Égypt.* ferik, (hallal), hilla. — *Sous* ntamazirt. — *Suéd.* bondby, by, torp. — *Syriaq.* ksar & (ksour). — *Tagal* bayan. — *Tai* ban. — *Tamoul* palli. — *Tangout* ra. — *Tartare* aoui. — *Tchéq.* ves, vesnice. — *Télégou* (oullou), ourou. — *Thibét.* kang-sar & tong. — *Tobago* namen. — *Touareg* amashagh, amazagh, amesdhagh, emizdegh & ouargla. — *Trécorr.* kear & ker. — *Tsarisen* inaran. — *Tso-o* hosya & nohen. — *Turc* bng, keui, kioi & koura. — *Vannet.* kear & ker. — *Vonoum* vau. — *Yambo* paiopan. — *Yorouba* illeto. — *Yunnan* toug. — *Zouton* oumzi & zi.

☞ agglomération, bourg, bourgade, cité, dépendance, écart, endroit, faubourg, feu, gagnage, hameau, libatte, lieu, lieu dit, localité, ménil, métropole, paix de la ville, paroisse, quartier, section, trou, vergne, villace, ville & villette.

VILLE.
Additions & notes.

Annam. kam, lang, trai & xam. — *Franç. vx* masage. — *Havem* mouaong. — *Holstein* rup.

☆

ville, sfs; grande agglomération de maisons, de magasins & d'édifices, divisée en quartiers, rues, avec impasses & places publiques; comptant au moins 5,000 habitants. — Anciennement, les localités ne pouvaient prendre le titre de *villes* & s'approprier des armoiries qu'avec l'autorisation du souverain.

Abyssin. katama. — *Achánti* kouro, kouroum, krom, krou & kroum. — *Agni* kouro, kouroum, krom. kroum, krou, so. — *Allem.* Stadt, (*vx* stat). — *Angl.* town. — *Arabe* balad, bandar, (belad), (beled), beldah, bender, bilad, blad, bled, blida, kasba, madinat, médina, médinet, kasah — *Armén.* kagak, khaghakh. — *Assyr.* nanga, ourou. — *Bámbara* si. — *Basque espag.* hiria; *franç.* illi, irri & uri. — *Bantou* akaya, aoza, boka, dzi, eleko, evata, goudou, gouton, inkaya, ji, kaija, kaya, koua, leko, louanza, makaya, mboka, mongoua, mouji, moudzi, mousi, mzinda, ngandou, ngoutou, ongoua, touaija, vnta & zinda. — *Béarn.* bilo. — *Berbère* temdint, temoura & theimmourth. — *Birman* daung. — *Bosniaq.* grad, varos. *Breton* caer, gwik, kêar, kêar-varc'had & ker. — *Cafre* isixeko & xeko. — *Camer.* moundi. — *Celtiq.* caer, ker. — *Chinois* chin, ching, fou, hoang, ho-to, king, tching & tsen. | *Congol.* gandou, godo, kodolo, mongoua, ngandou & ongoua. — *Côte Ivoire* so. — *Cornouaill.* kêar, kêar-varc'had, ker. — *Croate, dalm.* grad, varos. — *Danois* By, Kjœb, Stad, Stedt. — *Égypt.* beled, medine (moudn). *Erse* bal, balla, bally. — *Esclav.* grad, varos. — *Espag.* ciudad, poblado, pueblo & villa. — *Esthon.* lin. — *Finland.* kaupunki, maalla. — *Flam.* burg, stad, stede. — *Franç. vx* ker. — *Gaéliq.* baile, bal. — *Gallois* caer, car, bettws, kear, tre, tref, trev. — *Gambie* kounda. — *Géorgien* kolaki. — *Gourma* o diegou, (ti dieti). - *Grec* bolis, khora, ple, pol, poli, polis. — *Hassan.* dar. — *Hang chek* phieng. — *Harem* mouang. — *Hausa* birni, galii, (galoultoua), gari, gidu, gidda, kauye, oungoua, sansanne. — *Haut-Nil* dem. — *Hawaien* kahnahale. — *Hébreu* hir. — *Herrero* otyihouro, (ovihouro). — *Herzég.* grad, varos. | *Hindoust.* bara gam. — *Holl.* burg, stad, stede. — *Hongr.* fal, falu, ur, varos. — *Ibérien* bilo. *Indien Amérique N.* ah na kou ti, dainou, hepaithlao, menikon, miti, menotene, odanah, odanough, otainahe, otaiouai, otanoung & talla. — *Indiens Californie* cha, ha i tan; houn tha, kir i vira, mo ta, na po, odh loum me, o ouai, tena, oualtki, yo mi. — *Indien Pimo* kah mou ke. — *Indo-chinois* mouang mouong, myo, phieng. — *Indou* nagar, nagor, pain, patam, patua, poor, pour, poura, pouram, val, vala. — *Ital.* città, civita. — *Ja-lonu* idala. — *Japon.* kio, kyo, machi, makhi, matsi, matsou, matsouda & matsouye. — *Javan.* nagara, nagari, nagri, negara & negari. — *Kirghiz* myn. — *Laotien* mouong. — *Latin* urbs, villa. — *Léon.* kêar, kêar-varc'had, ker. — *Louango* litala, tala. — *Luxemb.* stât. — *Malais* bandar, bauder, negri, praju. — *Malgache* tana. — *Maling.* si. — *Manding.* dougou, galo, so. — *Marquis.* kahnahale. — *Mongol* balgas, bolik, khoto, kota & koutoun. — *Monténégr.* grad & varos. — *Mossi* natenga. — *Msabi* temdint. — *Nandi* kaita. — *Nigér.* gi, ji, zhi. — *Norv.* By, Kjœb, Stad & Stedt. — *Noupe* gi, ji, zhi. — *Odji* ochilongo. — *Ombrien* toto. — *Ouganda* chi, idala, inichi, kaita, litala, michi, mouchi, mouchuu, tala. — *Ouolof* dekke. — *Persan* chahr, chehar, cheher, chehr, chehri, gherd & kerd. — *Phénic.* carth. — *Philippin* bayan. — *Picard* bourg. — *Polyn.* eanoua, enoua, fanoua, fenoua, fonoua, hanoua, honoua, vanoua, vanouga. — *Port.* cidada, povoação, praça, villa. — *Provençal* cioutat, ciutat, villa. — *Roman* caer, cair, car & ker. — *Roum.* oras, orasu, orasul, orasului, urasul & urbea. — *Russe* gorod, sk. — *Samoan* aai & 'ai. — *Sanscr.* ganon, ganou, gaon, nagara, pattan, pore, pour, poura, pouri. — *Scandin.* by, stad. — *Serbe* grad, varoch & varos. — *Siam.* mouong, xieng, | *Slave* grad, gratz, varos. | *Slovaq. & slovène* mesto. — *Somali* magala. — *Songhaï* koira. — *Souahéli* (miji), mji. — *Suéd.* by, stad. — *Syriaq.* balad, mdini & (moudn). — *Tagal* bayan. — *Taï* mouong. — *Tangout* khoar. — *Tchéq.* mesto. — *Thibét.* grong, tong, thong-cher. — *Togo* koroum, kourou, krom, krouin & krou. — *Trécorr.* kêar, kêar-varc'had, ker. — *Tripolit.* temoura. — *Turc* chehir, chehr, etta, kassaba, koulle, medinet & memleket. — *Vannet.* kêar, kêar-varc'had & ker. — *Yorouba* ille, illeto. — *Yunnan* tong. — *Zoulou* isixeko & xeko. — *Indou* nagari & naggar.

☞ les références de « village ».

☆

vivier, sms; grande pièce d'eau destinée à l'élevage & à la conservation du poisson. — Beaucoup d'étangs sont transformés en *viviers*, dès qu'ils reçoivent les alevins.

Achânti eko. — *Allem.* Fischbehælter, Fischweiher, Teich, Weiher. — *Angl.* artificial pool & fish-pond. — *Annam.* ao. — *Arabe* (birket), bourak, ghadir, mechera, radir. — *Berbère* agolmin. — *Bosniaq.* ribnjak. — *Breton* laun-vihan, poull. — *Catal.* viver. — *Celtiq.* pole. — *Chiltonq.* moya. — *Congol. fr.* etam, tam. — *Cornouail.* laun-vihan, poull. — *Croate, dalm.* ribnjak. — *Danois* Fiskedam. — *Égypt.* birke. — *Esclav.* ribnjak. — *Espay.* vivero. — *Fan* etam & tam. — *Flom.* vijver. — *Foula* vedou & vendou. — *Gallois* pwll. — *Giryama* ziya. — *Hausa* kourdoudoufi, tapki & tepki. — *Herrero* erindi & (omarindi). — *Herzég.* ribnjak. — *Hindoust.* dabar, dabra. — *Holl.* vijver. — *Hongr.* to. — *Ind. Amérique N.* mimipik. — *Indo-chinois* tanao. — *Ital.* pescaja, peschie, vivaio. — *Japon.* ike. — *Kabyle* gelta, tamda. — *Latin* piscina & vivarium. — *Léon.* laun-vihan, poull. — *Louonango* henga & lihenga. — *Malais* koulan & telaga. — *Montén.* ribnjak. — *Mossi* bakka & barabido. — *Nandi* otebouet. — *Norse* tjærn. — *Norv.* Fiskedam. — *Odji* evia. — *Ouganda* henga, lihenga, otebouet. — *Pali* sara. *Polon.* staw. — *Port.* piscina & viveiro. — *Prov.* peschier, pesquier, serva, viver & vivier. — *Rivière Sobat* moya. — *Roman* vivy. — *Roum.* balta. — *Russe* sadok. — *Saharien* tebki. — *Samoan* vailepa. — *Sanscrit* hrad, hrada, saras, vapi. — *Serbe* ribnjak. — *Souahéli* zioua & maxioua. — *Suéd.* fiskdam. — *Syriaq.* radir. — *Tchèque* rybnik. — *Trécorr.* laun-vihan & poull. — *Turc* gœl. — *Vannet.* laun-vihan, poull.

☞ alevinier, aquarium, carpier, carpière, eau, étang poissonneux, évolage, forcière, lac artificiel, lagon, pêcherie, puits, réservoir, volage.

☆

voie, sfs, ☞ « chemin » & « route ».

☆

volcan, sms; montagne d'où s'échappent des flammes & des matières en ignition. — Le *volcan* martiniquais de la Montagne Pelée fit, en 1902, une hécatombe de 35,000 victimes.

Alaska toulig & toulik. — *Aléoutien* algagin. — *Allem.* feuerspeiender Berg, Vulkan. — *Angl.* burning mountain & volcano. — *Arabe* barkan & naron menalardh. — *Bosniaq.* vulkan. — *Catal.* volca. — *Croate, dalm., danois, esclavon* vulkan. — *Espagn.* volcan. — *Flam.* volkaan, vulkaan, vuurspuwende berg. — *Hawaien* kavai. — *Herzég.* vulkan. — *Holl.* volkaan, vulkaan, vuurspuwende berg. — *Ital.* vulcano. — *Japon.* yaké-yama. — *Latin* vulcanus. — *Malais* gounoug, gounoung-api & gounoung-berapi. — *Marquis.* kavai. — *Norv.* Vulkan. — *Polon.* gora ognista, vulkan. — *Port.* volcão, vulcão. — *Prov.* volca. — *Roum.* vulcanul. — *Russe* sopka & volkane. — *Samoan* mauga, mou. — *Scandinave* jœkull. — *Serbe, slave* vulkan. — *Slovaq.* sopka. — *Slovène* vulkan, ognjena gora, ognjenik. — *Suéd.* vulkan. — *Syriaq.* barkan. — *Turc* atech, janar dagh.

☞ bouche, coulée, cratère, crevasse, déflagration, éruption, explosion, fissure, fumerolle, geyser, hydropyrique, ignivome, lave, nappe de lave, orifice, orle, salce & sciarro.

☆

Z

zone, sfs; chacune des cinq bandes de la sphère situées entre les pôles, les cercles & les tropiques; espace de terrain. — La *zone* torride, coupée par l'Équateur, est limitée par les tropiques du Cancer & du Capricorne.

Allem. Gegend & Zone. — *Angl.* belt & zone. — *Arabe* (akalim), ghetat-ardh, makan. — *Bosniaq.* pojas, prédjeo. — *Chinois* youën. - *Croate* & *dalm.* pojas & prédjeo. — *Danois* Jordbælte, Zone. — *Égypt.* nahje. — *Esclav.* pojas & prédjeo. — *Espagnol* zona. — *Finland.* seutu. - *Flam.-holland.* aardgordel, luchtstreek, wereldstreek. *Herzég.* pojas, prédjeo. — *Ital.* zona. — *Malais* bahagian boumi, mintakat. — *Montén.* pojas & prédjeo. — *Norv.* Jordbælte, Zone. | *Polon.* kraj, okolica. — *Port., prov.*, *roumain* zona. — *Russe* poiass. — *Samoan* lau'ele'ele & nou'ou. — *Sanscr.* dis. — *Serbe* pojas & prédjeo. — *Slovène* pas. — *Suédois* zon. — *Syriaque* nahji & (naouâhi). — *Tchèq.* krajiina. — *Turc* etraf & memleket.

☞ bande de terre, cercle, climat, contrée, enclave, endroit, nation, parages, pays, pôle, province, quartier, région, servitude, terrain, territoire, tropique.

ZONE.

Additions & notes.

☆ ☆

Atelier typographique de l'auteur.

Les langues, dialectes

idiomes, patois & jargons

PRINCIPAUX DE TOUTES LES CONTRÉES DU GLOBE

―

Pour que l'étude de la Géographie porte les fruits que l'on en espère, il faut que les professeurs & les élèves soient capables de lire toutes les indications portées sur les cartes géographiques de tous les pays.

Puisque personne ne pourrait satisfaire complètement à une pareille exigence, il importe que chacun trouve à sa disposition un travail qui l'aide efficacement & qui soit comme le prolongement de sa mémoire faillible dans une science qui exige de la précision pour définir les termes de sa technique.

Avant de commencer le *Cours pratique de Géographie Mondiale* qui a pour but de faire la description de tous les termes géographiques des contrées de la Terre, je dresse, dans les pages qui suivent, le dénombrement des principaux dialectes dont les vocables, les anciens comme les modernes, ont pu être recueillis dans les formes variées de la pensée humaine à travers les âges.

Mille idiomes, environ, tiennent dans cette nomenclature. Les noms qui s'y pressent ne sont pas toujours des titres de langues; & il arrive parfois que le patois d'une tribu porte le nom d'une montagne ou d'une idole, désigne une peuplade ou un clan, rappelle le hurlement d'un fauve ou l'onomatopée très douce d'un ruisselet qui murmure.

Quant aux langues mortes — qui ne sont ensevelies que pour les profanes — les lettrés les retrouveront dans les pages de mon livre, qui leur doit beaucoup, & où elles apparaîtront soit dans la forme barbare du Moyen-âge, soit dans la tournure de mots vieillots qui portent — tels les affiquets fanés — le millésime de leur époque; & les expressions colorées des patois, les locutions provinciales qui sonnent l'esprit du temps au clocher des vieux bourgs, & aussi les archaïsmes qui sont restés parmi nous comme les âmes errantes des siècles disparus, tous reviendront dire la part qu'ils ont prise dans la succession des stades qui ont précédé la formation définitive de la plus belle langue du monde : la langue française.

LISTE DES LANGUES

Chaque nom est suivi d'une notice qui fixe : le continent, la contrée, la valeur littéraire, le chiffre approximatif de la population englobée dans chaque dialecte & l'abréviation qui sert à le désigner dans toutes les parties de ce *cours*.

A

Abbadi. — Afrique; à l'est du Nil (Haute Égypte).
Abbadi.

Abyssin, ☞ amharna.

Accra. — Afrique; dans la Côte-d'Or, sur le territoire d'Accra.
Accra.

Achântî. — Afrique; pays des Achântis, dans la Côte-d'Or.
Achântî.

Adamâoua. — Afrique; grande contrée du sud-est soudanais.
Adamâoua.

Afghan. — Asie; en Afghanistan.
Afghan.

Afrique centrale. — Dialecte commun à plusieurs peuplades de cette région.
Afr. centr.

Afrique orientale allemande. — Afrique; colonie allemande dans l'est africain.
Afr. or. allem.

Afrique orientale britannique. — Afrique; colonie anglaise dans l'est africain.
Afr. or. brit.

Afrique orientale portugaise. — Afrique; patois usité dans la colonie portugaise de l'est africain.
Afr. or. port.

Agaou. — Afrique; chez les tribus du Tigré & de l'Abaî (Abyssinie).
Agaou.

Agni. — Afrique; entre les rivières Bandama & Komoe, sur la Côte d'Ivoire.
Agni.

Aïno. — Asie; dans les îles Kouriles, de Sakhalin & d'Yéso, au nord du Japon; 16,000 hab.
Aïno.

Alaska. — Amérique; indiens du territoire de l'Alaska (États-Unis); 64,000 hab.
Alaska.

Albanais. — Cette langue n'existe pas; les habitants de cette grande contrée parlent le *skipëïa*. ☞ ce mot.

Aléoutien. — Asie; dans les îles Aléoutes du détroit de Behring; 4,600 hab.
Aléout.

Alfouras. — Océanie; partie des îles Célèbes & Moluques.
Alfour.

Algérien. ☞ arabe, berbère.

Algonquin, ☞ cri, sauteux.

Allaman. — Europe; ancien dialecte haut allemand; disparu.
Allam.

Allemand (bas-). — Europe; langue impure parlée dans quelques provinces de la Prusse rhénane, en Frise, dans la Suisse allemande, à la frontière belge, à Moresnet, dans le grand-duché de Luxembourg, en territoire alsacien-lorrain.
Allem. bas.

Allemand du Moyen-âge. — Dialecte disparu.
Allem. M-A.

Allemand (moderne). — Langue riche, scientifique, antivéhiculaire, officielle dans les états allemands, vassaux de la Prusse.
Allem.

Allemand vieux, ☞ germanique, gothique & teuton.
Allem. vx.

Alpes (langue des). — Europe; un patois spécial aux habitants des Alpes.
Alp.

Amarique, ☞ amharna & éthiopien.

Amaxosa. — Afrique; nom d'une tribu voisine de la Cafrerie.
Amaxosa.

Amharna. — Langue officielle des Abyssins & des classes élevées des états du Négous. Le mot *amaric* est anglais.
Amharna.

Amoi. — Asie; idiome employé par la population amnicole de la côte méridionale chinoise : Amoï & environs.
Amoï.

Anatom, ☞ aneityoum.

Aneityoum. — Océanie; dans une des îles des Nouvelles-Hébrides; 1,800 habit.
Aneityoum.

Angevin. — France; patois de l'ancienne province d'Anjou.
Angev.

Anglais. — Europe; langue en usage en Angleterre, dans les colonies britanniques, &a.
Angl.

Anglais (vieil), ☞ anglo-saxon.

Anglo-américain. — Amérique; ce dialecte des États-Unis de l'Amérique du Nord ne diffère de l'anglais que par quelques expressions locales.
Anglo-amér.

Anglo-franca. — Jargon mort-né inventé pour tenir lieu d'idiome international.

Anglo-indien. — Asie; dialecte de l'Inde britannique.
Anglo-ind.

Anglo-pidgin. — Ce sabir a subi le sort de l'anglo-franca.

Anglo-saxon. — Europe; langue germanique ancienne d'où est sorti l'anglais moderne.
Anglo-sax.

Angola. — Afrique; colonie portugaise de la côte occidentale sud-africaine. — 4,000,000 hab.
Angola.

Anioua. — Océanie; l'île d'Anioua appartient au groupe néo-hébridais.
Anioua.

Annamite. — Asie; la colonie française de l'Indo-Chine compte 6,000,000 d'aborigènes annamites. Les classes élevées se servent du chinois châtié.
Annam.

Aourimi. — Afrique; jargon d'une peuplade riveraine de l'Aourimi, dans le nord de l'état indépendant du Congo.
Aourimi.

Api. — Océanie; un des idiomes des Nouvelles-Hébrides, appelé aussi *baki* ou *épi*.
Api.

Arabe. — Afrique & Asie; langue ancienne & fort riche, répandue dans le nord & le centre de l'Afrique : Égypte, Arabie, Algérie, Syrie, 25,000,000 d'habit.
Arabe.

Arakan. — Asie; petite contrée dans la Birmanie britannique. — 460,000 hab.
Arakan.

Araucanien. — Idiome parlé par environ 71,000 habit. du midi de la république chilienne.
Araucan.

Archipel Bismarck. — Océanie; colonie allemande, à l'est de la Nouvelle-Guinée. — 250,000 hab.
Arch. Bism.

Arctique. — Langue parlée dans les îles situées au nord du Canada, dans l'Océan Glacial.
Arctiq.

Argot. — La caricature d'une langue. Jargon conventionnel des malfaiteurs. — Ensemble d'expressions spéciales à un métier, à une industrie, à un commerce, à une profession; ainsi chez les typographes, l'on entend dire couramment : « Je file mon nœud; c'est aujourd'hui l'batiau & mon metteur go berait son bœuf si je prenais du salé ». Ce qui signifie « Je vous quitte; c'est aujourd'hui que j'arrête le compte de mon travail; et l'ouvrier qui distribue l'ouvrage serait mécontent si je prenais une avance ».

Toutes les langues ont leur argot.

Les mots argotiques ne sont pas reproduits dans ce livre.

Arlésien, ☞ provençal.

Arménien ancien. — Langue sacrée des prêtres turcs.
Armén. anc.

Arménien de l'Ararat. — Asie; dialecte spécial aux habitants du Mont Ararat.
Armén. Arar.

Arménien moderne. — Asie; en usage en Asie mineure & à Constantinople, chez 2,000,000 d'hab.
Armén.

Armeno-turc. — Europe; langage mixte employé en turquie européenne.
Armeno-turc.

Aroma. — Océanie; un des idiomes de la Nouvelle-Guinée.
Aroma.

Asie centrale. — Asie; langue imprécise entendue dans certaines régions du centre de l'Asie.
Asie centr.

Assamais. — Asie; 1,700,000 Assamais, en grande partie ripicoles du Brahma=poutra, dans l'Assam (nord-est de l'Inde britannique), se servent de ce langage.
Assam.

Assiniboin. — Amérique; par une tribu presqu'éteinte du Grand-Ouest canadien.
Assinib.

Assyrien. — Afrique; cet idiome, aujourd'hui disparu, régnait sur les bords du Tibre, dans le royaume d'ssyrie.
Assyrien.

Attie. — Afrique; tribu de la Côte-d'Ivoire, à l'ouest de la rivière Komoe.
Attie.

Australien. — Océanie; vestiges d'un ancien clan indigène de l'ouest australien.
Austral.

Auvergnat. — Europe; France; en usage dans les départements issus de l'ancienne Auvergne : Aveyron, Cantal, Haute-Loire & Puy-de-Dôme.
Auvergn.

Avranchinais. — Europe; France; jargon normand entretenu dans l'arrondissement d'vranches (Manche); 92,000 h.
Avranch.

Aymara. — Amérique du Sud; dialecte propre à une tribu péruvienne.
Aymara.

A Zande, ☞ Niam-Niam & soudanais.

Azerbijani, ☞ Turkestan transcaucasien.

Aztèque. — Amérique du Sud; derniers vestiges d'une langue parlée au Mexique par une famille agonisante.
Aztèq.

B

Babylonien, ☞ chaldéen.
Badaga, ☞ canara.
Bafo. — Afrique; dialecte entendu dans le Cameroun, sur le Mungo supérieur.
Bafo.

Bâhgrimma. — Afrique; idiome des populations du Chari, au sud du Tchad, dans le Soudan oriental.
Bâhgrim.

Baie d'Hudson. — Amérique du Nord; dialecte peu répandu chez les naturels des ilots côtiers de la Baie d'Hudson.
B. Hudson.

Baki, ☞ api.

Bakounda. — Afrique; peuplade négroïde dans le Nord du Cameroun.
Bakounda.

Bali. — Afrique; nègres du Camerqun septentrional.
Bali.

Balouche. — Asie; langue d'une grande nation, le Balouchistan, qui vit entre la Perse & l'Inde; tombée au pouvoir des Anglais; 405,000 Balouchis.
Balouche.

Baloung. — Afrique; population noire du Haut-Mungo (Cameroun).
Baloung.

Bâmbara. — Afrique; agglomération du Soudan occidental, bassin du Haut-Niger.
Bâmbara.

Bangala. — Afrique; parlé dans l'Angola, au Congo, à la Nouvelle-Anvers.
Bangala.

Banjan. — Afrique; Cameroun, à l'ouest du Haut-Mungo.
Banjan.

Bantou. — Un des principaux peuples de l'Afrique centrale.
Bantou.

Bapoto. — Afrique; Nom d'une tribu du Nord du Congo.
Bapoto.

Barma, ☞ birman.

Barotse. — Afrique; population nègre du Zambèse.
Barotse.

Bas-allemand, ☞ allemand (bas-).

Basari. — Afrique; dialecte originaire du Soudan occidental, du pays de Togo & de la Côte-d'Or.
Basari.

Bas-latin. — Europe; langue morte, pour les profanes; indispensable aux lettrés.
Bas-latin.

Bassouto. — Afrique; peuple négroïde de l'Afrique australe; aux Anglais; population : 350,000 hab.
Bassout.

Basque espagnol. — Europe; langue ancienne des Pyrénées, versant espagnol, provinces d'Alava, de Biscaye & de Guipuzcoa; 603,700 hab.
Basque esp.

Basque labourdin. — Europe; dialecte euskarien parlé dans l'arrondissement de Bayonne (France); 60,000 hab.
Basque labourd.

Basque souletin. — Europe; langue d'environ 60,000 eskualdun (Basques) qui occupent l'arrondissement de Mauléon, départ. des Basses-Pynérées (France).
Basque soulet.

Bas-rhénan. — Europe; Prusse; patois du bas-allemand cantonné dans la Prusse-rhénane.
Bas-rhén.

Bas-saxon. — Europe; variété du bas-allemand.
Bas-sax.

Bâtta. — Afrique; dans la région des négroïdes du Bénoué, dans l'est du Soudan.
Bâtta.

Batta. — Asie; jargon d'une tribu du sud de Sumatra.
Batta.

Baule. — Afrique; dans le district central de la colonie française de la Côte d'Ivoire.
Baule.

Baya. — Afrique; langue de la Haute-Sanga.
Baya.

Bayeusain. — Europe; France; espèce de patois normand limité à l'arrondissement de Bayeux (Calvados). 64,000 hab.
Bayeux.

Béarnais. — Europe, France; cette langue très ancienne encore en usage dans les 3 arrondissements béarnais d'Oloron, d'Orthez & de Pau (Basses-Pyrénées), compte encore 50,000 adeptes.
Béarn.

Béchouana, betchouana, ☞ **Setchouana.**

Belge. — Europe, Belgique; la langue belge n'existe pas; mais les naturels de cette contrée populeuse parlent, suivant leur origine française ou germanique, des patois rouchis ou un semblant de dialecte hollandais. Du contact de ces deux langages est sorti, fatalement, un jargon grotesque que les Bruxellois ponctuent de gestes populaciers & qu'ils prononcent, d'une voix de tête insupportable, avec une lenteur solennelle. Il faut assister à une séance de la Chambre des Représentants pour entendre les jargons nationaux.
Belge.

Bengâli. — Asie, Inde britannique; nom d'une langue employée par 38,000,000 d'individus répandus dans la province de Bengale, sur les bords du Gange.
Bengali.

Bénoué. — Afrique; dialecte originaire du Soudan oriental.
Bénoué.

Berbère. — Afrique; idiome d'une grande nation blanche qui comprend les familles Kabyles, Chellouk & Touareg, disséminées dans le nord-ouest africain, entre le Fezzan & l'Océan atlantique. La vie nomade des millions de Berbères rend tout recensement impossible.
Berber.

Berrichon. — Europe, France; patois de l'ancien Berry, conservé dans une partie des départements du Cher, de la Creuse, de l'Indre, du Loiret & de la Vienne.
Berri.

Berta. — Afrique; dans le Darfour (Soudan oriental).
Berta.

Bessan. — Europe, France; patois des savoyards du canton de Saint-Jean-de-Maurienne, département de la Savoie; 3,000 hab.
Bessan.

Bihé. — Afrique; territoire anglais d'Angola, au-dessus de la rivière Kouanza.
Bihé.

Birman. — Langue d'un grand royaume au nord-ouest de l'Indo-Chine. 3 millions d'habit.
Birman.

Bisa. — Afrique; idiome, peu répandu, du pays bantou.
Bisa.

(A suivre).

Blaisois. — Europe, France; patois encore usité dans le pays de Blois, entré dans le département de Loir-et-Cher.
Blaisois.

Blaisois. — Europe, France; autre patois, lorrain celui-ci, parlé par la population ripicole de la Méholle (département de la Meuse).
Blaisois lorr.

Bogo. — Afrique; parlé par 16,000 Bogos environ, dans la Haute-Nubie & dans le nord abyssin.
Bogo.

Bohémien, ☞ tchèque.

Bondéï. — Afrique; idiome du Nord de Zanzibar.
Bondéï.

Bornou. — Afrique; royaume de population nègroïde du Soudan central.
Bornou.

Boschiman. — Afrique; peuple sauvage hutté au nord de la colonie anglaise du Cap de Bonne-Espérance.
Boschim.

Bosniaque. — Europe; les 1,350,000 hab. de cette province turque administrée par l'Autriche, se servent de la langue croate & des jargons qui en dérivent.
Bosniaq.

Boughi. — Asie; peuplade la plus importante des Célèbes (colonies des Indes néerlandaises).
Boughi.

Boundafolk, ☞ bantou.

Bourguignon. — Europe; France; patois parlé dans l'ancien duché de Bourgogne devenu les départements de l'Ain, de la Côte-d'Or, de Saône-et-Loire & de l'Yonne.
Bourguig.

Bourète, ☞ bouriate.

Bouriate (ou bourète). — Asie; dialecte d'un peuple mongol répandu autour du Lac Baïcal, en Sibérie. 185,000 hab.
Bouriat.

Brésilien. — Amérique du Sud. Il n'y a pas de langue brésilienne, le portugais étant implanté dans le pays depuis longtemps; les expressions rapportées ici sont des termes locaux. 14,500,000 hab.
Brésil.

Bressan. — Europe, France; patois conservé de l'ancien pays de Bresse, aujourd'hui les deux arrondissements de Bourg & de Trévoux, du département de l'Ain. — 204,000 hab.
Bressan.

Breton ancien. — Langue venue du celtique, qui mua en breton moyen & qui se retrouve, rajeunie, dans le breton moderne.
Breton vx.

Breton moderne. — Europe, France; langue très ancienne, issue du celtique, apparentée au cymrique, au cornique, aux gaéliques, au manx, au gallois, à l'erse (☞ chacun de ces mots plus loin) & gardée par 3,000,000 d'habitants répartis dans les 5 départements des Côtes-du-Nord, du Finistère, de l'Ille-et-Vilaine, de la Loire-Inférieure & du Morbihan.
Breton.

Breton moyen. — Europe, France; langue de transition entre le breton moderne & le breton ancien.
Breton moy.

Bugiste. — Europe, France; ce patois de l'ancien pays de Bugey, sur la frontière savoisienne (aujourd'hui les arrondissements de Belley & de Nantua, département de l'Ain), a 126,600 hab.
Bugiste.

Bulgare. — Europe; langue nationale de la principauté de Bulgarie; 3,745,000 Slaves.

Bullom. — Afrique; les naturels de Sierra Leone (colonie britannique), se servent de cette espèce de sabir. 125,000 hab.
Bullom.

*

C

Caennais. — Europe; variété de normand entendue dans les cantons de Caen, en Calvados. 50,000 hab.
Caen.

Cafre. — Afrique; dialecte de plus de 3 millions de nègres du Zambèze méridional connu sous le nom de « Protectorat britannique de l'Afrique orientale ».
Cafre.

Calédonian. — Europe; patois peu étendu de quelques familles à demeure dans le sud du Glenmore écossais.
Caledonian.

Calédonien. — Océanie; Nouvelle-Calédonie; idiome des insulaires de cette contrée pénitentiaire.
Calédonien.

Californien. — Amérique du Nord; c'est le nom que porte le jargon des anciens aborigènes de cette partie de la côte sur laquelle nous voyons la cité puissante de San Francisco.
Californ.

Cambodgien. — Asie; région indo-chinoise. Les 1,500,000 habitants du royaume de Cambodge se servent de cette langue, de famille chinoise.
Cambodg.

Cameroun. — Afrique; cet idiome est au service de plus de 3,000,000 de nègres exploités par les Allemands & habitant la contrée du Cameroun, dans le golfe de Guinée.
Camer.

Canadien. — Amérique. Quelques peuplades, réfractères aux mœurs des Anglais, ont formé, au nord du pays, des colonies autonomes & ont conservé les langages anciens : le canadien est un de ces langages.

La langue officielle dans la « Puissance du Canada » est l'anglais, *indispensable* dans tout le pays. La langue française n'y est qu'accessoire.
Canad.

Canara. — Asie; un des idiomes du midi de l'Hindoustan, tribu des Monts Nilghiris. 10,000 hab.
Canara.

Canezard. — Europe, France; argot des ouvriers en soie (canuts) de l'agglomération de Lyon.
Canez.

Cantonais. — Asie, Chine; une des nombreuses variétés de la langue chinoise, dans la province de Canton.
Canton.

Cap Sud. — Afrique. Les idiomes parlés dans cette fin de terre sont des mélanges d'anglais & de hollandais
Cap sud.

Caraïbe. — Amérique centrale; ce dialecte est presqu'éteint ainsi que la population qui s'en servait, aux Petites Antilles.
Caraïbe.

Carchoum. — Asie; c'est la langue des anciens Mésopotamiens qui vivaient entre le Tigre & l'Euphrate.
Corchoum.

Carélien. — Europe, Russie; la Carélie, ancienne région finlandaise, est englobée dans le gouvernement russe de Saint-Pétersbourg où le carélien subsiste toujours.
Carél.

Castillan. — Europe; c'est le type le plus pur des langues de l'Espagne & celle employée dans les relations officielles espagnoles & sud-américaines. *sa* espagnol.
Castillan.

Catalan. — Europe, Espagne; une des variétés de la langue espagnole, toujours en faveur dans la remuante Catalogne où elle compte 1,800,000 fervents; elle a même gagné les départements français des Pyrénées orientales & de l'Ariège.
Catal.

Catalan vieux. — Forme ancienne de la langue catalane moderne.
Catal. vx.

Caucasien. — Europe, Russie méridionale; cette contrée est habitée par sept grands peuples de langues distinctes :

Abaze, Arménien, Lesghi, Ossète, Tâ=
tar, Tcherkesse & Tchetchenz. ☞ ces
mots.
Caucas.

Célèbes. — ☞ alfouras, boughi, goron=
talo, kaïli, macassar, mandhar, mena=
do, touradja.
Célèbes.

Celtique. — Europe; cette langue, très
ancienne & depuis longtemps disparue,
était la souche de notre breton, du cor=
nique, de l'erse, des gaéliques, du gal=
lois, du manx & du shetland.
Ceylan.

Ceylanais. — Asie; dialecte en usage dans
la colonie portugaise de l'île de Cey=
lan; cette imitation de portugais est
aussi appelée « indo-portugais ».
Ceylan.

Chaga. — Afrique. Sabir implanté dans
l'est africain, au sud du Kilimanjaro.
Chaga.

Châhpour. — Asie; un des nombreux dia=
lectes qui règnent dans l'Inde britan=
nique.
Châhp.

Chaldéen. — Asie; ce fut la langue des
Babyloniens.
Chald.

Châmba. — Afrique; nom d'une tribu né=
groïde dans l'ouest du Soudan.
Châmba.

Chamba. — Asie; Inde britannique; dans
les états de Chan, au Pundjab, cette
langue porte souvent le nom de « tha=
kri ».
Chamba ind.

Champenois. — Europe, France; jargon
originaire de la Champagne, où seuls
quelques paysans s'en servent encore.
Champen.

Chan (États de), ☞ chamba.

Changalla. — Afrique; idiome d'une po=
pulation noire répandue dans le nord
& l'ouest de l'Abyssinie.
Changalla.

Chang-Haï. — Asie, Chine; jargon limité
à la population du grand port chinois
de Chang-Haï.
Chang-Haï.

Chaouïah. — Afrique; une des tribus de
la grande famille kabyle.
Chaouïah.

Chartrain. — Europe, France; patois de
l'ancien duché de Chartres, compris
aujourd'hui dans le département d'Eu=
re-et-Loir.
Chartrain.

Chellouque. — Afrique; une des grandes
peuplades berbères du nord africain,
dans la province de Fachôda.
Chellouq.

Cherbourgeois. — Europe; patois de la
famille normande localisé dans l'ar=
rondissement français de Cherbourg
(Manche). — 90,500 hab.
Cherbourg.

Chignan. — Asie; langue de la région du
Pâmir, au-dessus de l'Amou-Daria.
Chignan.

Chilien. — ☞ araucanien, castillan & es=
pagnol.

Chinbok. — Asie, Birmanie britannique.
Ce langage peut être entendu dans le
le nord de la province arakane.
Chinbok.

Chinbon. — Asie; ce dialecte est originai=
re de la province d'Arakan (Birmanie
britannique).
Chinbon.

Chin Hills. — Asie, Birmanie; idiome de
source birmane, cantonné dans l'Ara=
kan.
Chin Hills.

Chinois. — Asie, Chine. — La langue chi=
noise n'est pas une; les provinces de
Chan-si, Chan-toung, Chen-si, Fo-kian,
Ho-nan, Hou-nan, Hou-pe, Kan-sou,
Kiang-si, Kiang-sou, Kouang-si, Kou=
ang-toung, Koueï-tchéou, Liao-toung,
de Ngan-hoeï, Pe-tchi-li, Sse-tchouan,
Tche-kiang, Yun-nan, la Mandchourie,
la Mongolie, l'île de Haï-nan sont au=
tant de contrées qui ont leurs dialectes
distincts. ☞ chacun de ces noms.
Chinois.

Chinouque. — Amérique, Canada; dia=
lecte des indiens de la Colombie britan=
nique; en décroissance rapide.
Chinouq.

Chippaouay. — Amérique du Nord; tribu

du territoire du Nord-Ouest canadien; les aborigènes, ripicoles du lac Athabasca, sont peu nombreux.
Chippaoway.

Chong Chia-tse. — Asie, Chine; cet idiome sert aux populations du Yun-nan.
Chong Ch.

Chouana, *☞ setchouana.*

Choung-kia. — Asie; langue de provenance chinoise, en usage dans les États de Chan (Inde britannique).
Choung-kia.

Cingalais. — Asie, île de Ceylan; cet idiome est employé par 1,700,000 Ceylanais fixés au sud de cette île britannique.
Cingal.

Circassien, *☞ tcherkesse.*

Cochinchinois, *☞ annamite, tonkinois.*

Commingeais. — Europe, France; patois de l'ancien comté de Comminges, dont les habitants de l'Ariège, du Gers & de la Haute-Garonne ont conservé l'usage.
Comming.

Concani. — Asie, Inde britannique; c'est dans la province de Concan (présidence de Bombay) qu'il faut chercher les origines de ce langage.
Concani.

Condéen. — Europe, France; les naturels de Condé-sur-Noireau, dans le Calvados, sont restés fidèles à ce vieux jargon normand.
Condéen.

Congolais. — Nom générique d'un nombre considérable d'idiomes peu étudiés & répandus dans les vastes territoires du bassin du Congo. — *☞ bantou.*
Congo.

Copte. — Ancienne langue, morte depuis longtemps, des Égyptiens.
Copte.

Coréen. — Asie; Dialecte de 8,000,000 de Coréens & dont le royaume occupe la presqu'île qui sépare la mer Jaune de la mer du Japon.
Coréen.

Cornique. — Europe, Angleterre; langue morte de la famille celtique, supplantée par l'anglo-saxon dans le comté des Cornouailles (Cornwall).
Corniq.

Cornouaillais. — Europe, France. — Ce patois d'origine celtique vit dans le département des Côtes-du-Nord. — C'est le « cornique » des Cornouailles anglaises.
Corniq.

Corse. — Europe, France; c'est un italien impur au service de 300,000 Corses.
Corse.

Côte d'Ivoire. — Afrique; territoire maritime dans le golfe de Guinée. — Le pays porte aussi le nom de « Côte des Dents ». — 2,000,000 d'habit.
Côte Ivoir.

Côte-d'Or, *☞ achânti.*

Cousérans. — Europe, France. Les habitants de l'arrondissement de Saint-Girons (Ariège) ont gardé cet ancien patois de la Guienne.
Cousérans.

Coutançais. — Europe, France; ce sont les Normands de Coutances (Manche), qui parlent ainsi.
Coutanç.

Créole mauritien. — Afrique, île Maurice & côte orientale de Madagascar.

 Passant, arrêtez-vous;
 Contemplez ce ramage !

Mem çoz, lésse vous la limier écléré divan lé zom, pour ki zot voar di bien ki vou fair, é ki zot donne la gloar vou Papa ki dans lé ciel.

Traduction : « Que votre lumière luise ainsi devant les hommes, afin qu'ils voient vos bonnes œuvres, & qu'ils glorifient votre Père qui est dans les cieux ».
(*Évangile selon saint Mathieu, chapitre V, verset 16*).

Crétois. — Europe, Turquie. La langue grecque est d'un usage courant chez les Candiotes, mais elle y est fort corrompue.
Crétois.

(A suivre).

Cri. — Amérique du Nord; idiome de tribus indiennes réfugiées dans les terres glacées de la baie d'Hudson.
Cri.

Croate. — Europe; c'est la langue des Slaves du Midi & qui sert à une population de 7,500,000 Bosniaques, Croates, Dalmates, Esclavons, Herzégoviniens & Monténégrins.
Croat.

Cymbrique, ☞ Cymrique.

Cymrique. — Europe; le dialecte des anciens Celtes; il subsiste encore dans les nomenclatures géographiques du nord-ouest de l'Europe.
Cymriq.

D

Dahomey, ☞ ffon.

Dayak. — Asie, île de Bornéo; idiome des 2,000,000 d'insulaires bornéens.
Dayak.

Dâkchanî. — Asie, Deccan; ils sont au moins 800,000 les aborigènes de cette province de l'Inde britannique qui parlent cette langue.
Dâkchan.

Dalmate. — Europe, Hongrie; la langue des Dalmates est le croate; mais les populations côtières de l'Adriatique ont conservé l'italien de Venise.
Dalmat.

Danakil, ☞ Dankali.

Dankali. — Afrique; peuple de l'Afrique orientale, entre l'Abyssinie & la mer Rouge.
Dankali.

Danois. — Europe, Danemark, Norvège; langue dérivée de l'ancien norse. Parlée par 2,500,000 Danois & 2,250,000 Norvégiens.
Danois.

Dardoui. — Asie, Inde britannique. — Idiome du Haut-Himalaya & de l'Indou-Kouch, divisé en 8 dialectes.
Dardoui.

Darfour, ☞ fôrien.

Dauphinois. — Europe, France; patois en usage dans le département de l'Isère.
Dauphin.

Deccan, ☞ Dâkchanî.

Dialecte, sms; langage particulier d'une partie de nation, différant de la langue générale.

Dido. — Europe, Russie du Caucase; en usage chez les Ounso du Daghestan.
Dido.

Djagataï. — Asie russe; langue du khanat de Khiva, dans le Turkestan occidental.
Djagataï.

Djouang. — Asie, Inde anglaise; idiome kolarien des primitifs de l'Orissa.
Djouang.

Dogri. — Asie, Inde britannique; dialecte issu du cachemir & parlé dans le nord de l'Hindoustan.
Dogri.

Dongola. — Afrique, Égypte; entendu en Basse-Nubie & dans le Soudan égyptien.
Dongola.

Doualla. — Afrique occidentale. — Cette langue est en usage dans le Cameroun.
Doualla.

Doubs. — Europe, France; patois conservé dans le département du Doubs, où il devient plutôt rare.
Doubs.

Dravidien. — Asie, Inde britannique. — Nom générique d'un groupe de langues parlées par 46,000,000 d'individus répartis dans toute l'Inde méridionale; ce groupe important compte le canara, le malayalam, le tamoul, le télégou & le toulou.
Dravid.

E

Ébon. — Océanie; jargon employé par un millier d'insulaires des îlettes d'Ébon, du groupe des îles Marshall. — 800 habitants.
Ébon.

Edbaï, *tar* Etbaï.

Écossais, *tar* gaélique.

Égyptien. — Afrique, Égypte; c'est de l'arabe légèrement altéré qu'il ne faut pas confondre avec l'ancienne langue des Pharaons : le copte. — La population égyptienne est de 10,000,000 de têtes.
Égyptien.

Élou, *tar* cingalais.

Éolien. — Europe; cet idiome, défunt depuis bien des siècles, régnait dans la mer Tyrrhénienne.
Éolien.

Éoué. — Afrique; la Côte d'Or est le berceau de ce jargon, voisin des Achântis.
Éoué.

Épi, *tar* api.

Erromangais. — Océanie; un des dialectes néo-hébridais (Mélanaisie). — 2,000 habit.
Erromang.

Ersa mordouin. — Europe, Russie; une des deux branches de la langue des peuples finnois établis dans le nord de la Russie.
Ersa mordouin.

Erse. — Europe, Irlande; nom ancien de la langue celtique conservée en Irlande par 700,000 hab.
Erse.

Érytréen. — Variété de la langue abyssine au service des 330,000 habitants de la colonie italienne.
Érytréen.

Esclavon. — Europe, Hongrie. — Dans cette province slave, la langue principale est le croate.

Espagnol. — Europe, Amérique du Sud. L'espagnol ou castillan est une langue latine, pure, sonore & facile à apprendre; elle est surtout véhiculaire puisqu'elle s'étend sur 100,000,000 de personnes répandues dans les pays ci-dessous :

Espagne	18,700,000	h.
États-Unis mexicains	14,000,000	—
Argentine	5,200,000	—
Antilles	4,600,000	h.
Pérou	4,600,000	—
État-Unis de Colombie	4,000,000	—
Chili	3,500,000	—
Vénézuéla	2,600,000	—
Bolivie	2,000,000	—
Uruguay	2,000,000	—
Guatémala	1,400,000	—
Équateur	1,300,000	—
San Salvador	1,007,000	—
Paraguay	640,000	—
Honduras	550,000	—
Nicaragua	430,000	—
Panama	400,000	—
Costa Rica	330,000	—
Langue espagnole	67,257,000	—

La langue portugaise différant peu de l'espagnol, nous ajoutons :

Brésil	17,000,000	—
Portugal	12,800,000	—
Total	97,057,000	—

Cette langue a encore le mérite d'être écrite & imprimée avec des caractères latins. A ce point de vue, l'allemand est encore un idiome d'Ostrogoths.
Espag.

Esperanto. — Jargon artificiel qui a la prétention, comme les autres sabirs, de devenir la langue commerciale universelle. — Elle ferait bien, dans ce cas, de supprimer les lettres accentuées qui ne sont pas dans l'alphabet latin & de modifier la forme « slave » dans son vocabulaire qui devrait avoir le mérite de la simplicité.
Esper.

Esquimau. — Amérique hyperboréenne; c'est l'idiome très rudimentaire d'environ 12,000 Innoït (esquimaux) répandus dans le nord de l'Alaska, dans le Labrador & sur les côtes du Groenland.
Esquimau.

Esthonien. — Europe, Russie; langue de souche finnoise parlée dans l'Esthonie & en Livonie. — 700,000 âmes.
Esthon.

Etbaï. — Afrique; cet idiome règne sur la Haute-Égypte & à l'est du Nil (Nubie orientale).
Etbaï.

Éthiopien. — Afrique, Abyssinie; langue des classes élevées abyssines.
Éthiop.

Étrusque. — Europe, Italie. — Les Étrusques qui peuplaient les terres toscanes appelées « Étrurie », avaient une langue qui a gardé tous les mystères de son alphabet achérontique.
Etrusq.

F

Falacha. — Afrique, Abyssinie. — Les Juifs répandus sur la région montagneuse du Sémèn, dans le Tigré abyssin, font usage de cette langue hébraïco-arabe.
Falacha.

Falî. — Afrique, Soudan central; ce dialecte est exprimé par une peuplade de l'Adamaoua.
Fali.

Falaisien. — Europe, France; dans les campagnes des environs de Falaise, ce patois normand existe toujours, mais il décroît.
Falaisien.

Fan. — Afrique, Congo français; dialecte des populations ripicoles du Haut-Ogooué. — 100,000 noirs.
Fân.

Fanti. — Afrique, Côte-d'Or; le fanti, que les aborigènes appellent « akan », est une espèce d'achânti.
Fanti.

Faté. — Océanie. — C'est encore un de ces jargons qui vivent dans l'archipel français des Nouvelles-Hébrides.
Faté.

Ferghana. — Asie russe; les Eusbegs & les Sartes, peuples du Turkestan, parlent le ferghana.
Ferghana.

Fernandien. — Afrique, Congo; cet idiome est employé dans une tribu bantoue.
Fernand.

Ffon. — Afrique, Dahomey; langue des 1,005,000 Dahomans.
Ffon.

Fidjien. — Océanie. — Dans cette colonie britannique des îles Fidji ou de Vitu, 150,000 individus cultivent le fidjien.
Fidjien.

Finlandais. — Europe, Russie. — La langue finlandaise, une des ramifications du groupe linguistique des finnois de la Baltique, issu lui-même de la grande famille finnoise, est l'idiome populaire du grand-duché de Finlande, où se parlent encore le suédois des anciens maîtres & le russe, griffe officielle du vainqueur actuel (excepté en Mandchourie). La population finlandaise est de 2.800,000 hab.
Finland.

Finnois. — Nom générique d'une grande famille du nord de l'Europe dont les peuples, disséminés entre la mer Baltique & les monts Ourals, portent les noms suivants : Auramoïsèt, Bachkirs, Bessermènes, Caréliens, Erza Mordouines, Esthoniens, Finlandais, Finnois de la Baltique, Finnois des provinces baltiques, Finnois du Volga, Finnois-Tâtars Hongrois, Ingriens, Kamacintzy, Karagasses. Koïbales, Lapons, Lives, Magyars, Matores, Metchériaks, Mokchânes, Mordouines, Ostiaks, Ougors, Ougriens, Permiaks, Permiens, Qvènes, Samoïèdes d'Archangelsk, Samoïèdes de Sibérie, Samoïèdes d'Iénisséï, Samoïèdes-Ostiaks, Savolaks, Soïotes, Tavastes, Tavghis, Tchérémisses, Tchoudes, Tchouvaches, Teptières, Vepses, Vogoules, Votes, Votiaks & Zyrianes.
Finnois.

Finnois de la Baltique. — Europe, Finlande; peuples finlandais de race finnoise partagés en 5 groupes : Auramoïsèt, Carélien, Qvène, Savolak, Tavaste. 2,000,000 d'hab.
Finnois Baltiq.

Finnois des provinces baltiques. — Europe, Russie. — Ce groupe comprend 5

langues de race finnoise : esthonien, ingrien, live, vepse & vote.
Finnois prov. baltiq.

Finnois du Volga. — Europe, Russie. — Quatre familles d'idiomes de la souche finnoise tiennent dans ce groupe : ersa-mordouin, mordouin, mokchâne, tchérémisse.
Finnois Volga.

Finno-tâtar. — Europe, Russie méridionale. — Les 4 peuples : Bachkir, Metchériak, Tchouvache & Teptière sont d'origine finnoise, mais leurs langues ont fondu dans les dialectes turcs.
Finno-tâtar.

Flamand. — Europe, Belgique; il n'y a pas de langue flamande; le hollandais est la langue littéraire peu connue du public belge qui lui préfère des jargons grossiers. — La limite des patois flamand-wallon peut être représentée par une ligne droite tirée de Mouscron à Visé, au nord de laquelle vivent près de 4,000,000 de Flamands.
Flam.

Florentin. — Europe, Italie; c'est dans cet ancien dialecte que le Dante écrivit ses œuvres immortelles, qui décidèrent de l'avenir de la musicale langue italienne.

Les vers qui suivent sont extraits de l'*inferno*, du Dante :

Per me si va nella città dolente,
Per me si va nell' eterno dolore,
Per me si va tra la perduta gente.
Giustizia, mosse l' mio alto fattore,
Fece mi la divina potestate
La somma sapienza e 'l primo amore.
Dinanzi a me non fur cose create
Se non eterne, ed io eterno duro.
Lasciate ogni speranza, voi ch' entrate. »
Ce dernier vers est un frisson.
Florentin.

Floridien. — Amérique Nord; patois de quelques centaines d'indiens campés dans la Floride.
Floridien.

Forézien. — Europe, France; ancien patois du pays de Forez, dans le département de la Loire.
Forézien.

Fôrien. — Afrique; langue maternelle de 4,000,000 d'habitants du Darfour.
Fôrien.

Forlan, ☞ frioulan.

Formosan. — Asie, Japon; langue de la famille chinoise parlée par 3,000,000 d'habit. de l'île de Formose.
Formose.

Foula. — Afrique; dialecte des aborigènes du Soudan central & occidental (Haut-Niger).
Foula.

Foulfoudé. — Afrique; idiome des Foulahs à demeure dans le Soudan, entre l'Atlantique & le Chari.
Foulfoudé.

Fou-tchéou. — Asie, Chine; 700,000 célestials des environs de Fou-tchéou se servent de ce sous-dialecte.
Fou-tchéou.

Foutouna. — Océanie; langage néo-hébridais d'une partie de l'île d'Erromango. 2,500 habit.
Foutouna.

Franc. — Afrique, Asie & Europe; sabir usité dans les ports de la Méditerranée, mosaïque de mots empruntés aux peuples riverains de cette mer intérieure.
Franc.

Français. — France, Algérie, Belgique & grand-duché de Luxembourg où elle est officielle. — La langue française est employée dans les relations artistiques & mondaines chez tous les peuples; la richesse de son vocabulaire, la couleur de ses mots, la souplesse & la grâce de ses phrases harmonieuses, la musique qui s'échappe de ses cadences variées à l'infini, la précision de son verbe souvent hardi & l'esprit qu'y met un peuple de haute culture intellectuelle qui compte une foule de stylistes amoureux de leur art, ont fait de l'antique langage latin une langue dont la puissance & le charme demeurent inégalés. La langue française est, officiellement, celle du corps diplomatique de toutes les nations.
Français.

Franc-comtois. — Europe, France; patois en vigueur dans les campagnes de l'an-

cienne province de la Franche-Comté, aujourd'hui le Doubs, la Haute-Saône & le Jura.
Franc-comt.

Franconien. — Europe; dialecte moyen-allemand; disparu.
Francon.

Frioulan. — Europe, Autriche. — Idiome peu répandu dans l'ancienne Vénétie italienne.
Frioul.

Frison. — Europe, Hollande; tronçon du germanique usité chez les 60,000 habitants de la province de Frise.
Frison.

Fuégien, ☞ yagam.

G

Gá, ☞ ghâ.

Gaboun. — Afrique; une des langues du pays des Bantous.
Gaboun.

Gadaba. — Asie, Inde britannique; idiome kolarien de quelques tribus sauvages de la péninsule gangétique.
Gadaba.

Gaélique. — Europe, Écosse; langue du berceau celtique encore parlée par les montagnards des Highlanders, descendants des anciens Gaëls chantés par Ossian.
Gaéliq.

Galibi. — Amérique Sud; cet idiome disparaît avec la population caraïbe de la Guyane française.
Galibi.

Galicien, ☞ gallego.

Galla. — Afrique, Abyssinie; les Gallas qui s'implantèrent dans les provinces orientales de l'Amharna (sud de l'Abyssinie), parlent le galla.
Galla.

Gallego. — Europe, Espagne; dialecte de la Galice espagnole, soit des provinces de La Corogne, de Lugo. d'Orense & de Pontevedra.
Gallego.

Gallois. — Europe, Angleterre; 950,000 habitants du Pays de Galles maintiennent l'usage exclusif de leur « cimraeg » celtique.
Gallois.

Ganda. — Afrique; dialecte des peuplades installées au nord du lac Victoria-Nyanza.
Ganda.

Garos. — Asie, Inde britannique; une tribu inculte de 80,000 êtres grouillant dans le nord-est de l'Inde, s'entretient dans ce dialecte.
Garos.

Gascon. — Europe; midi de la France, entre la Garonne & les Pyrénées. Ce rameau adouci de la langue des troubadours recule devant le français.

Voici un délicieux quatrain de Goudouli, auteur peu connu (*), qui mérite d'être tiré de l'oubli :

Jantiz pastourelets, que desouts les ombrétes,
Sentez Abasima la calimaz del jour,
Entre que lous ausels per saluda l'amour
Enflon le Gargaillot de mille cansonnettes.

Des vers comme ceux-là, l'on n'en fait plus.
Gascon.

Gaulois. — Europe; langue parlée jadis par les habitants de la Gaule transalpine : France, Belgique, Suisse & une partie de l'Allemagne.
Gaulois.

Gaura, ☞ bengâli.

Géorgien. — Europe; idiome entretenu par 830,000 individus des bassins du Kour & du Rion.

Le géorgien vulgaire est divisé en 4 dialectes : le karthli, le laze, le mingrélien & le souane.
Géorgien.

(*) Ni Villemain, dans son *Cours de littérature française*, ni Raynouard, dans son *Lexique Roman des Troubadours*, ni Simonde de Sismondi dans de *la littérature du Midi de l'Europe* ne citent Goudouli. — Mieux informé, Lacombe dans son *Dictionnaire du Vieux Langage François*, cite le quatrain que je viens de reproduire.

Germanique. — Europe; ancienne langue indo-européenne qui précéda le gothique dans les pays germains.
Germanique.

Ghâ. — Afrique, Guinée britannique; le territoire d'Accra, où vivent 40,000 Achântîs, est le berceau de ce dialecte.
Ghâ.

Ghègue. — Europe, Turquie. 800,000 Skipétars qui emploient cet idiome, sont répandus dans le nord de l'Albanie.
Ghègue.

Ghèz. — Afrique, Abyssinie; langue liturgique & des lettrés éthiopiens.
Ghèz.

Gilbert. — Océanie; les 40,000 habitants des îles Gilbert, dans la Micronésie, sous l'Équateur, parlent une langue qui porte leur nom.
Gilbert.

Giryama. — Afrique; c'est un dialecte répandu dans l'est africain, vers Mombaz (Afrique orientale anglaise).
Giryama.

Gitano. — Europe, Espagne; jargon des Bohémiens des Pyrénées.
Gitano.

Gnika. — Afrique orientale anglaise; cet idiome est un de ceux en usage dans la région du Kilimandjaro.
Gnika.

Gnossien, *☞* crétois.

Goajira. — Amérique Sud. — Langue de 30,000 indiens répandus sur la frontière colombo-vénézolane.
Goajira.

Gôgô. — Afrique équatoriale. Nom d'une peuplade songhaï près de disparaître.
Gôgô.

Gond. — Asie, Inde britannique. Dialecte dravidien secondaire au nord de la Godavérî, dans les monts Mahadeo & sur le plateau d'Amarkantak.
Gond.

Gondî, *☞* Gond.

Gonja. — Afrique occidentale. Idiome du nord de la Côte d'Or, chez les ripicoles du Volta.
Gonja.

Gonya, *☞* gonja.

Gothique. — Europe septentrionale. Ancienne langue qui sortit du germanique & qui devint l'allemand du Moyen-âge. — L'écriture allemande moderne, avec ses lettres tortueuses & jésuitiques, est un reste de cette période gothique.
Gothique.

Gouamba. — Afrique australe; c'est dans le Transvaal, à l'est du Limpopo, que cette langue est entendue.
Gouamba.

Gouarani. — Amérique Sud. Cet idiome s'éteint; les petites tribus qui s'en servent sont au Brésil, en Argentine, au Paraguay & en Bolivie.
Gouarani.

Goudjerate. — Asie, Inde britannique; 6 dialectes existent sous ce nom & vivent à Bombay, chez 7,000,000 de Parsis.
Goudjerate.

Gourma. — Afrique; idiome d'un royaume indépendant dans le Soudan central.
Gourma.

Grand-Russien. — Langue principale de la Grande-Russie où 55,000,000 de Véliko Rousses occupent le centre & le nord-est de la Russie propre.
Russe.

Grec ancien. — Europe, Grèce; il n'est employé que dans les hautes études.
Grec vx.

Grec moderne. — Europe, Grèce; langue classique des populations grecques : 2,440,000 Hellènes.
Grec.

Grégorien. — Europe; ce dialecte n'est parlé que par 6 % de la population du pays russe.
Grégorien.

Groenlandais. — Amérique; cette langue est celle de 12,000 habitants échelonnés le long des côtes groenlandaises qui appartiennent aux Danois.
Groenland.

Guègue, *☞* ghègue.

Guipuzcoan, *☞* basque espagnol.

Guzarati, *☞* goudjerate.

H

Haïdah. — Amérique Nord. Langue des 3,000 indiens installés sur le littoral de la Colombie britannique & dans l'archipel de la Reine-Charlotte.
Haïdah.

Haï-nan. — Asie; dans l'île chinoise de Haï-Nan qui masque le Golfe du Tonkin, 1,500,000 Célestials se servent de cette langue.
Haï-Nan.

Hakka. — Asie; variété de chinois parlée par 23,000.000 d'habitants de la province du Kouang-toung.
Hakka.

Hang-Chek. — Asie; dialecte en indo-chine.
Hang-Chek.

Haoussa, *voir* Hausa.

Harem. — Asie; dialecte appartenant au royaume de Siam & au Laos.
Harem.

Hatou. — Asie; Chine; des habitants du Yunnan se servent de cet idiome peu répandu.
Hatou.

Hausa. — Afrique; cette langue, riche & douce, est cultivée par le peuple Hausa établi entre le Bornou & le Niger.
Hausa.

Haut-Allemand, *voir* allemand (haut-).

Haute-Égypte, *voir* haut-Nil.

Haut-Nil, Afrique; c'est la langue égyptienne troublée par des expressions de patois locaux.
Haut-Nil.

Haut-Sobat. — Afrique; dialecte de la rivière du Haut-Sobat.
Haut-Sobat.

Haut-saxon, ancien dialecte moyen-allemand; disparu du pays saxon.
Haut-saxon.

Havaïen. — Océanie; langue des quelques tribus havaïennes qui peuplaient cet archipel polynésien. Le nom de Sandwich qui leur a été donné & le cas que l'on a fait de l'existence de ces pauvres gens, est d'une criminelle ironie.
Havaï.

Hébreu. — Langue du peuple juif.

Herréro. — Afrique; langue des Herréros dans le sud-ouest africain (colonie allemande).
Herrero.

Hiaou. — Afrique; jargon peu étendu de la Côte-d'Or.
Hiaou.

Hiéroglyphes. Série de signes en apparence inintelligibles. Les Égyptiens en ont fait un grand usage.

Himyarite. — Asie; langue parlée jadis dans l'Yémen, au sud de l'Arabie.
Himyarite.

Hindi, *voir* Hindoustani.

Hindou, *voir* indou.

Hindoustani. — Asie, Inde britannique. Langue principale de cette contrée populeuse de l'Inde qui compte 80 millions d'habitants. — Cet idiome se subdivise en 58 dialectes & 26 sous-dialectes.
Hindoust.

Hollandais. — Europe, Hollande; idiome d'origine germanique, officiel en Hollande. Des variétés de ce parler existent dans les nouvelles provinces anglaises de l'Orange & du Transvaal. Les Belges peuvent « jouer avec ».
Holl.

Hongrois. — Europe. Hongrie; langue de race finnoise employée par 17,000,000 de Madgyares.
Hongr.

Hottentot, *voir* koï.

Hou-Ni. — Asie, Chine; dialecte en usage dans la province méridionale de Yunnan.
Hou-Ni.

Hova. — Afrique; une des 3 langues de Madagascar.
Hova.

Huaxtec, *voir* Huaztèque.

Huaztèque. — Amérique centrale; langue qui occupe la contrée entre la mer & la sierra Madre ainsi que le Yucatan (Mexique).

Le huaztèque a donné naissance à 7 dialectes en usage dans les provinces mexicaines de Chiapas & de Yucatan & dans la république guatémaltèque; ce sont : le chol, le chontal, le mame, le maya, le mopan, le quiche, le sotzil & le tzendal. ☞ ces noms.

I

Iaïa. — Océanie; un patois des îles de la Loyauté (Nouvelle-Calédonie).
Iaïa.

Iakoute. — Asie russe; la langue tartare d'un peuple du nord-est sibérien qui a 210,000 habitants.
Iakoute.

Iambo. — Afrique; dialecte appartenant à une peuplade fixée dans le nord de la rivière Sobat.
Iambo.

Ibérien. — Europe; langue parlée anciennement dans la péninsule hispano-portugaise qui avait pour nom « Ibérie ».
Ibérien.

Ibo. — Afrique; idiome connu dans le Bas-Niger.
Ibôko.

Ibôko. — Afrique; un des nombreux langages du Congo, région des Bangalas.
Ibôko.

Icil, ☞ ikhil.

Idiome. langue d'un nation.

Idiom neutral. — Sabir mort-né.

Igara. — Afrique occidentale; langage du pays Ibara, dans le bas du Niger.
Igara.

Igbira. — Afrique; un des dialectes soudanais de la région de la Bénoué, au confluent du Niger.
Igbira.

Ikhil. — Amérique centrale, Guatémala; jargon mame de la famille huaztèque.
Ikhil.

Ile d'York. — Australie; un des patois mélanaisien implanté dans le midi de la Nouvelle-Irlande.
Ile d'York.

Iles des Amis, ☞ Tonga.

Iles Salomon. — Océanie; dans le groupe d'îles Salomon, en Mélanésie.
Salomon.

Illyrien. — Europe; nom que portait jadis le groupe de langues croate, serbe, slovène.
Illyrien.

Ilocano. — Asie; parlé par les Ilocano, de race malaise, fixés dans la province de Ilocos (Ile de Luçon, Philippines).
Ilocano.

Inde. — D'après Robert Cust, l'empire des Indes britanniques comprendrait 5 classes de langues avec 97 langues & 234 dialectes indous :
1ᵉʳ groupe : les langues indo-européennes (Inde du Nord);
2º groupe : les langues dravidiennes (Inde du Sud);
3º groupe : langues kolariennes (Inde du centre);
4º groupe : langues thibétaines (vallées de l'Himalaya);
5º groupe : langues khassi (nord-est de l'Inde).

Il convient de dire que tous ces idiomes nationaux règnent sur plus de 300 millions d'individus.

Indien Beaver. — Amérique Nord; c'est la langue de la population amnicole du lac Beaver, dans l'état d'Indiana (États-Unis).
Ind. Beaver.

Indien de Californie, ☞ Californie.

Indien Pied-noir. — Amérique, Canada. Ce dialecte appartient à une ancienne peuplade qui vit ses dernier jours dans l'est des Montagnes-Rocheuses.
Pied noir.

Indien Pimo. — Amérique centrale. — Ces indiens sont installés au Mexique.
Pimo.

Indo-chinois. — Nom générique de toutes les langues asiatiques parlées en Indo-Chine.
Indo-chin.

Indo-portugais, *sr* ceylanais.

Indou. — Asie, Inde britannique; c'est un des plus anciens & le plus important des idiomes de l'Inde. Il est entretenu dans le nord de l'empire, où il remplace le sanscrit, par plus de 180,000,000 d'Indous.
Indou.

Ingalique. — Amérique Nord; les Esquimaux du nord de l'Alaska parlent ce dialecte hyperboréen.
Ingaliq.

Ingrien. — Europe, Russie; dialecte de race finnoise dont se servent les habitants de la Baltique répandus, au nombre de 65,000 dans le gouvernement de Saint-Pétersbourg.
Ingrien.

Innuit, *sr* esquimau.

Iranien. — Asie. Nom d'une famille de langues aryennes cantonnées entre la mer Caspienne, le Tigre, le golfe Persique, la mer d'Oman & l'Indus; on y entend l'afghan, l'arménien, le balouche, le persan.
Iranien.

Irlandais, *sr* erse.

Iroquois. — Amérique Nord, Canada & États-Unis; cette langue est parlée par les 6 tribus : Cayugas, Mohawks, Oneidas, Onondagas, Senecas & Tuscaroras, au sud-est des lacs Ontario & Érié.
Iroquois.

Isérois. — Europe, France; patois dauphinois qui s'éteint dans le département de l'Isère.
Isérois.

Islandais. — Europe, Islande; très ancien idiome de souche scandinave en usage chez les 80,000 habitants de l'Islande.
Island.

Italien. — Belle langue de race latine, douce & musicale. — Population de 33,500,000 Italiens.
Ital.

Ittou-galla. — Afrique, Abyssinie. — Sous-dialecte du peuple galla dont les 8 millions d'habitants peuplent le Harar.
Ittou-galla.

J

Jabali. — Afrique. — Dialecte berbère.
Jabali.

Ja-louo. — Afrique équatoriale; langue employée chez un peuple de l'Ouganda.
Ja-Louo.

Jamaïcien. — Amérique centrale; dialecte des 750,000 hab. de l'île britannique de la Jamaïque (Grandes Antilles).
Jamaïc.

Japonais. — Asie, Japon; c'est la langue des Nippons; population : 49 millions d'hab.
Japon.

Jargon. — C'est la forme corrompue d'un langage dans lequel des individus, par ignorance ou par perversion, assemblent des mots pris partout & en font des phrases prétentieuses & grotesques. Les Belges, les Luxembourgeois & les Suisses sont à signaler dans ce cas de dépravation littéraire.

Jatki. — Asie; un des idiomes de l'Inde britannique.
Jatki.

Javanais. — Asie; île de Java. — Le javanais a deux branches : l'une noble appelée « kromo » & l'autre populaire

connue sous les noms de « ko, kové & ngoko ».
Javan.

Jibou. — Australie; dialecte néo-guinéen.
Jibou.

Juif, ☞ hébreu.

Jurassien. — Europe, France; un des cent patois français; en décroissance dans les campagnes du département du Jura; il est plus vivace dans les montagnes.
Jurass.

K

Kabadi. — Australie; dialecte d'une peuplade néo-guinéenne.
Kabadi.

Kaboutchi. — Europe, Russie; langue parlée dans le Daghestan (Caucase).
Kaboutchi.

Kabyle. — Afrique; idiome berbère des tribus kabyles tentées à l'est d'Alger. — 400,000 hab.
Kabylie.

Kadiak. — Amérique Nord, États-Unis (Alaska); langage de la famille esquimaude du littoral de la mer Polaire & du détroit de Behring.
Kadiak.

Kafiri. — Asie, Inde britannique; cet idiome est celui des Kafiri installés dans l'Himalaya & l'Hindou-Kouch.
Kafiri.

Kagourou. — Afrique; dialecte d'une peuplade de la zone équatoriale.
Kagourou.

Kaigàn. — Amérique Nord; dialecte du peuple Koloche, dans le sud-est de l'Alaska.
Kaigàn.

Kalmouque. — Asie & Europe; c'est la langue de 600,000 Mongols disséminés dans les gouvernements russes d'Astrakhan, de Stavropol, des Cosaques du Don & de Tomsk; en Mongolie : dans la Dzoungarie, le Koukou-Nor, le Zaïdam, le Karachan, &a.
Kalmouq.

Kamacintzy. — Europe, Russie; dialecte samoïède de race finnoise.
Kamacintzy.

Kamba. — Afrique orientale britannique; idiome parlé entre le Mont Kénia & le Kilima Njaro.
Kamba.

Kamî. — Asie, Birmanie; c'est un des dialectes birmans.
Kamî.

Kamtchadale. — Asie, Sibérie orientale; 10,000 individus errant le long des côtes désolées de la presqu'île du kamtchatka se servent de ce langage.
Kamtchad.

Kam-ti. — Asie; Siam; un des idiomes du berceau siamois.
Kam-ti.

Kanarese, ☞ Canara.

Kànem. — Afrique, Soudan oriental; au service de 70,000 indigènes du territoire de Kànem, au nord-est du lac Tchad.
Kànem.

Kanoùri. — Afrique, Soudan Central; les Kanoùri sont une famille de 5,000 âmes à demeure dans le Bornou, au sud-ouest du lac Tchad.
Kanoùri.

Kan-sou. — Asie, Chine. — Le kan-sou est parlé dans la province mongole de Kan-sou par 9,600,000 habitants.
Kan-sou.

Kaoui. — Asie, Indes néerlandaises. — Un des sous-dialectes entendus dans l'île de Java.
Kaoui.

Kara, ☞ Falacha.

Karagasses. — Asie, Russie; parler de 600 Karagasses, agriculteurs de race samoïède, installés au pied nord des monts Saïansk (Sibérie méridionale).
Karagas.

Karanga. — Afrique; peuplade bantoue dans le Matabélé, le Mashona, la région du Zambèze & celle du lac Ngami.
Karanga.

Karên. — Asie; dialecte indo-chinois : 1,000,000 de gens répandus en Birmanie, au Pegou, dans l'Arakan.
Karên.

Karthli. — Europe, Russie du Caucase; idiome dans le gouvernement de Tiflis.
Karthli.

Kassoube. — Europe, Allemagne; patois spécial à une bande de 400 Wendes d'origine slave fixés en Poméranie.
Kassoube.

Kavirondo. — Afrique centrale; c'est le langage des Ouakavirondo, à l'est du lac Victoria-Nyanza.
Kavirond.

Kazi-Koumouk. — Europe, Russie du Caucase; langue de 32,000 naturels du district de Kazi-Koumouk, dans le Daghestan central.
Kazi-Koum.

Kéapara. — Australie; la langue d'une peuplade de la Nouvelle-Guinée.
Kéapar.

Kénaï. — Amérique Nord; dialecte fort répandu chez les Esquimaux de la presqu'île du Kénaï (golfe d'Alaska) & même dans les Montagnes-Rocheuses.
Kénaï.

Kerepounou. — Australie; un des nombreux langages néo-guinéens.
Kerepoun.

Kermanji. — Asie, Turquie; cette langue est connue chez les Kourdes.
Kermanji.

Ketoch. — Afrique; un des idiomes de l'Ouganda oriental.
Ketoch.

Khaïen. — Asie; un des dialectes de la nation birmane.
Khaïen.

Kharia. — Asie, Inde britannique. — 500,000 Kharia barbares s'entretiennent dans cette langue kolarienne.
Kharia.

Khas Chos. — Asie; la patrie de ce dialecte est au Laos, dans le royaume siamois, en Indo-Chine.
Khas Chos.

Khassia. — Asie, Inde britannique. Cet idiome règne sur 500,000 Khassia & Djaïntias, monticoles de l'Assam.
Khassia.

Khiva. — Asie, Russie. — Dialecte des 30,000 sujets du khanat de Khiva, en Turkestan.
Khiva.

Khmer, ☞ cambodgien.

Kho. — Asie, Birmanie; sous-dialecte d'une province birmane.
Kho.

Khoï, ☞ koï.

Khond. — Asie, Inde britannique; l'idiome dravidien secondaire de cette peuplade sauvage est originaire des monts Orissa, au sud du Bengale.
Khond.

Khou, ☞ khond.

Kikouyou. — Afrique; règne à l'est de l'Ouganda, au sud du mont Kénia.
Kikouyou.

Kilimane. — Afrique orientale; langue d'une tribu bantoue.
Kiliman.

Kimboundou. — Afrique; dialecte d'un peuple de la côte occidentale.
Kimbound.

Kinyika, ☞ gnika.

Kirghiz. — Asie, Russie; parlé par les

tribus nomades du nord-est de la mer Caspienne & dans le sud-ouest de la Sibérie occidentale.
Kirghis.

Kitchvari. — Asie, Inde britannique; dialecte de source cachemire.
Kitchvari.

Ko (ou kové ou ngoko). — Asie, Indes néerlandaises; langage populaire de l'île de Java.
Ko.

Koï. — Afrique australe; idiome d'une famille de 20,000 Hottentots.
Koi.

Koï. — Asie, Inde britannique; le koï est en usage dans le Nerbada (est de l'Inde) & dans l'Inde centrale.
Koi indou.

Koïbales. — Europe, Russie; langage de race finnoise employé par des tribus de Samoïèdes.
Koibal.

Koïsouboûl. — Europe, Russie du Caucase; langue de 75,000 Koïsouboûls fixés dans le Daghestan.
Koisoub.

Kolarien. — Asie; Inde britannique. — Nom générique d'un groupe de dix langues anciennes dont : le djouang, le gadaba, le kharia, le korva, le kour, le mal-pahâria, le mehto, le moundari, le savara & le sontal, répandues dans la région du Gange.
Kolarien.

Koriak. — Asie, Sibérie; langue d'une des 3 peuplades établies dans le nord du Kamtchatka. 1,000 hab.
Koriak.

Korva. — Asie, Inde britannique; idiome kolarien de quelques tribus voisines du Gange.
Korva.

Kossova. — Afrique équatoriale; parlée dans l'est de l'Ouganda.
Kossova.

Kota. — Asie, Inde britannique; dialecte dravidien secondaire des tribus de Nilghiris.
Kota.

Kotoko. — Afrique, Soudan; cette langue est usuelle dans le sud du Bornou.
Kotoko.

Koudougou. — Asie, Inde britannique; idiome dravidien secondaire des montagnes du Kourgh, de la province de Kourgh.
Koudougou.

Kouei-tchau. — Asie, Chine méridionale; 3,400,000 individus s'expriment dans cette variété de chinois de la province de Kouei-tchau.
Kouei-tchau.

Kouénam. — Asie, Inde britannique; Cet idiome est celui des indigènes du nord de l'Arakan.
Kouénam.

Kouî. — Asie, Birmanie; un des parlers de la famille birmane.
Koui.

Koumî. — Asie, Birmanie; sous-dialecte du berceau birman.
Koumi.

Koumique, ☞ Kazi-Koumouk.

Kour. — Asie, Inde britannique; langue kolarienne des Korkou répandus dans la péninsule gangétique.
Kour.

Kourde. — Asie, Perse & Turquie; c'est le langage des habitants du Kourdistan.
Kourde.

Kousage. — Australie, Mélanésie; dialecte entendu dans une des îles Salomon.
Kousage.

Kové, ☞ ko.

Kromo. — Asie, Indes néerlandaises; langue des classes élevées de l'île de Java.
Kromo.

Kymrag, ☞ gallois.

L

Labourdin, ☞ basque labourdin.

Labrador. — Asie, Sibérie; c'est un des dialectes des aborigènes du Labrador.
Labrador.

Lacandon. — Amérique centrale, Guatémala & Mexique; cet idiome appartient aux populations huaztèque du Guatémala & de Chiapas (Mexique).
Lacandon.

Lac Chiroua. — Afrique orientale portugaise; langue d'une peuplade de la Mozambique.
Lac Chiroua.

Lac Rodolphe. — Afrique; dialecte en usage autour du grand lac de l'Afrique orientale britannique.
Lac Rodolp.

Lac Tchad. — Afrique; nom d'un des nombreux peuples qui vivent dans la contrée de l'Afrique centrale, oasis où aboutissent les efforts des ambitions de plusieurs États européens.
Lac Tchad.

Ladin. — Europe, Autriche & Suisse; idiome parlé en Rhétie (vallée de l'Engadine) & dans l'ouest du Tyrol.
Ladin.

Langue bleue. — Europe; jargon artificiel mort-né.

Langue d'oc. — Europe, France; ancienne langue romane qui vivait dans les contrées comprises entre la Loire & la Méditerranée. — C'était la langue des troubadours du Moyen-Age.
Langue d'oc.

Languedocien. — Europe, France; dialecte de l'ancienne province du Languedoc, soit dans nos départements de l'Ardèche, de l'Ariège, de l'Aude, du Gard, de la Haute-Garonne, de la Lozère, de l'Hérault, des Pyrénées-orientales & du Tarn.
Languedoc.

Langue d'oïl. — Europe, France; cette langue romane, instrument des trouvères, régnait, au Moyen-Age, dans les pays qui s'étendaient de la Loire à la frontière du nord de la France.
Langue oïl.

Langue verte. — Europe, France; elle n'est pas morte celle-ci, comme sa consœur bleue; ☞ argot.

Lao-kaï. — Asie, Chine; c'est l'idiome entendu dans un territoire à cheval sur la province chinoise de Yunnan & le nord du Tonkin.
Lao-kaï.

Laotien. — Langue parlée dans le Laos, en Indo-Chine.
Laotien.

Lapon. — Europe. — Le lapon scandinave est la langue des Lapons qui occupent le nord de la Norvège & de la Suède. — 17,000 hab.
Lapon scand.

Lapon russe. — Europe; ces lapons forment un gouvernement finlandais, au nord du pays.
Lapon russe.

Lapon suédois. — Europe, Suède; c'est le dialecte des Lapons établis dans le nord de la Suède.
Lapon suéd.

Latin. — Europe; ancienne langue du Latium, imposée à l'Europe occidentale & centrale par les légions de Jules-César. — Le latin est resté une langue classique & la mère très féconde du français, de l'espagnol, du portugais, des Basques, de l'italien & du roumain. Sa contribution aux autres langages est considérable. — Le clergé catholique a conservé le latin comme langue officielle.
Latin.

Laze. — Europe, Russie du Caucase. — Dialecte émis dans la province de Batoum, district de Lazie.
Laze.

Léonais. — Europe, France; ce qui subsiste de cette langue des bardes celtiques s'est réfugié dans le pays de Léon, au nord du Finistère.
Léonais.

Lepcha. — Asie, Inde anglaise; idiome des indigènes du Darjiling, dans le nord-est de l'Inde.
Lepcha.

Lesghi. — Europe, Russie du Caucase; les 650,000 Lesghi de la mer Caspienne habitent entre le Terek & le Samour.
Lesghi.

Lette. — Russie. — C'est le dialecte de la population baltique de la Courlande y de la Livonie; 1.1 % de la population russe.
Lette.

Lexovien. — Europe, France. — Patois normand des gens de Lisieux & des environs (60,000 âmes dans le Calvados).
Lexov.

Lifou. — Australie; l'idiome d'une des îles françaises entre la Nouvelle-Calédonie & les Nouvelles-Hébrides. — 12,000 hab.
Lifou.

Limousin. — Europe, France; le haut-limousin & le bas-limousin sont deux patois entretenus dans les départements de la Corrèze & de la Haute-Vienne.
Limous.

Lingva internacia. — Europe; fausse-couche linguistique.

Liou-Kiou. — Asie, Japon; dialecte spécial aux îles de l'archipel nippon de Liou-Kiou, entre le Japon & l'île de Formose.
Liou-Kiou.

Lithuanien. — Europe, Prusse & Russie; c'est dans la Pologne démembrée que se trouvent les Lithuaniens.
Lithuan.

Lives. — Europe, Russie; les Lives sont une tribu de 2,600 finnois d'origine & descendus dans les provinces baltiques.
Lives.

Livonien, ☞ lette.

Loango. — Afrique, Côte occidentale; c'est au sud du Congo français que résident les aborigènes du Loango.
Loango.

Lolo. — Asie, Chine; variété de chinois parlé dans la province de Kouang-si.
Lolo.

Lomoué. — Afrique orientale portugaise, entre le lac Chiroua & la côte de Mozambique.
Lomoué.

Londonderry. — Europe, Irlande; patois celtique spécial au comté de Londonderry.
Londond.

Lorrain. — Europe, France; patois de la Haute-Marne & de Meurthe-et-Moselle.
Lorrain.

Lou-Ganda, ☞ ganda.

Lou-ouanga. — Afrique; idiome exprimé dans le bassin de la Nzoia, est de l'Ouganda.
Lou-ouanga.

Lousinga. — Afrique centrale; un des idiomes de l'Ouganda.
Lousinga.

Luxembourgeois. — Europe, Grand-duché de Luxembourg & Lorraine; allemand corrompu qui s'étend en Lorraine jusqu'aux portes de Metz.
Luxemb.

Lyonnais, ☞ Canezard.

☆ ☆ ☆

M

Macassar. — Asie, Malaisie; dialecte de la pointe sud de l'île des Célèbes (Indes néerlandaises).
Macassar.

Macédonien. — Europe; Grèce & Turquie; les habitants de la province turque de Macédoine & les Grecs de la Thessalie ont pour langage le macédonien.
Macédon.

Machona. — Afrique; langue d'une des peuplades de la région anglaise du Zambèze.
Machona.

Magadha. — Asie, Inde britannique; la plus ancienne langue de l'Inde.
Magadha.

Mâghadi. — Asie, Inde britannique; au service des populations de la présidence de Bengale.
Mâghadi.

Magounza. — Afrique centrale; idiome dans le Haut-Congo.
Magounz.

Magyar, *ar* hongrois.

Maharatte. — Asie, Inde britannique; idiome important du groupe néo-indou portant sur 10,000,000 d'individus répandus dans le Deccan & dans la présidence de Bombay.
Maharat.

Maïa. Amérique centrale; parlé dans la province mexicaine de Yucatan.
Maia.

Maiva. | Australie; dialecte papou de la Nouvelle-Guinée.
Maiv.

Makoua. — Afrique orientale allemande & portugaise.
Makoua.

Malabar, *ar* tamsoul.

Malais. — Asie, Malaisie; langue très importante des populations de la péninsule malaise, à Batavia, aux Moluques, &a.
Malais.

Malayalam. — Asie, Inde britannique; 2,000,000 d'Hindous distribués dans le Malabar & les Ghates (sud-ouest de l'Inde), font usage de ce dialecte.
Malayal.

Maldives. — Asie, Inde britannique; les îles Maldives, dans la mer des Indes, sont le berceau de cet idiome.
Maldiv.

Malgache. — Afrique; une des langues de la grande île française de Madagascar.
Malgache.

Malinque. — Afrique; un des dialectes de la colonie française du Sénégal.
Malinq.

Malo. — Australie, Nouvelles-Hébrides (colonie française); parlé dans l'île de Saint-Barthélemy.
Malo.

Mal-Pahâria. — Asie, Inde britannique; parler de quelques tribus gangétiques de la famille kolarienne.
Mal-pahâria.

Maltais. — Europe; langage particulier de l'île de Malte, possession anglaise dans la Méditerranée.
Maltais.

Mame. — Amérique centrale; langue huaztèque parlée au Guatémala & chez les Chiapas mexicains.
Mame.

Manahiki. — Océanie, Polynésie; c'est le nom d'une des îles françaises de la Société.
Manahiki.

Mandara. — Afrique centrale. — Les nègres Mandara ont leurs huttes au sud du Bornou.
Mandara.

Mandchou. — Asie, Chine. — Une des grandes langues du Céleste Empire. La population de cette région est de 5,500,000 Mandchoux.
Mandchou.

Mande. *☞* mandingue.

Mandingue. — Afrique, Sénégal; une des langues entendues dans le Soudan occidental, dans le Haut-Niger & au sud de la rivière Gambie.
Manding.

Mangarévien. — Océanie; parlé par les naturels de l'archipel français Gambier où une dizaine d'îlettes réunissent à peine 500 hab.
Mangarév.

Mangbattou. — Afrique centrale, État du Congo, entre l'Équateur & le Haut Ouellé.
Mangbatt.

Man Soung. — Asie; dialecte indo-chinois, à cheval sur le nord du Tonkin & le Yunnan chinois.
Man Soung.

Manx. — Europe, îles britanniques; les 54,000 aborigènes de l'île de Man, au centre de la mer d'Irlande, ont conservé le manx celtique.
Manx.

Maori. — Australie, Polynésie; le peuple maori est installé dans la Nouvelle-Zélande.
Maori.

Maré. — Océanie, Nouvelle-Calédonie; c'est le patois des naturels de l'île de Maré, de l'archipel Loyauté (à la France).
Maré.

Maritime. — Un code international de signaux à l'usage des bâtiments de toutes nations fournit aux navires les moyens de communiquer entre eux quelque soit l'idiome entendu par leurs équipages. Il renferme les éléments d'une langue maritime universelle, langue qui se formule soit avec des signes extérieurs — pavillons, flammes, boules, &a, — soit avec des signes écrits ou caractères, selon que les bâtiments veulent communiquer par la voie de signaux ou par écrit.

Les combinaisons fournies par ce code sont au nombre de 78,642; il est donc possible d'exprimer toutes les idées.

Marocain. — Afrique, Maroc; variété de langue arabe.
Maroc.

Marovo. — Australie; un des langages des îles Salomon.
Marovo.

Marquisien. — Océanie, Polynésie; dialecte employé par les tribus des îles Marquises (à la France). — 5,000 habitants.
Marquis.

Masai. — Afrique équatoriale; un des dialectes de l'Afrique centrale.
Masai.

Matores. — Europe, Russie; langue de souche finnoise employée par les Samoïèdes.
Matores.

Mauresque. — Afrique; c'est l'idiome arabe des Maures fixés à la côte occidentale africaine, entre le Maroc & le Sénégal, dans l'Adrar.
Mauresq.

Maya. — Amérique centrale; Guatémala & Mexique; langue huaztèque appartenant à un peuple situé sur la marche guatémaltèque & yucatèque (Mexique).
Maya.

Mbau. — Australie; un des idiomes qui règnent aux îles Fidji.
Mbau.

Mehto. — Asie, Inde britannique; les quelques tribus sauvages de la pén=

insule gangétique se servent de cet idiome kolarien.
Mehto.

Mbounda. — Afrique centrale; variété de la langue bantoue.
Mbounda.

Mekeo. — Australie; un des dialectes papous de la Nouvelle-Guinée.
Mekeo.

Mélanésien. — Océanie; nom générique des idiomes en usage dans les îles de la Mélanésie (Grand Océan).
Mélanés.

Mende. — Afrique; langue des aborigènes de la colonie britannique de Sierra Leone (côte occidentale).
Mende.

Mentaouei. — Asie, Indes néerlandaises; langue entendue dans un archipel du sud-ouest de Sumatra.
Mentaouei.

Meso-gothique. — Europe; c'est le nom d'une langue depuis longtemps disparue.
Meso-goth.

Mésopotamien. — Asie mineure; ce dialecte, oublié depuis longtemps, vivait entre les fleuves Tigre & Euphrate.
Mésopotam.

Metchériaks. — Europe; peuple finnotâtar de la race finnoise répandu, au nombre de 140,000 dans le gouvernement d'Orembourg.
Metchériaks.

Meusien. — Europe, France; c'est le patois entendu dans le voisinage de la Meuse, dans le département du même nom.
Meuse.

Mexicain, ☞ aztèque & huaztèque.

M'fân, ☞ Fân.

Miao-tsé. — Asie, Birmanie; dialecte de souche birmane localisé en Birmanie & dans le sud de la Chine.
Miao-tsé.

Mic-mac. — Amérique du Nord; ce jargon est « micmaqué » par des indiens fixés dans la province canadienne de la Nouvelle-Écosse.
Mic-mac.

Micronésien. — Océanie; terme ethnographique qui désigne les petits archipels situés à la hauteur des Iles Philippines & Marshall.

Milanais. — Europe, Italie; les différences entre l'italien actuel & le patois des environs de Milan disparaissent devant la langue florentine.
Milan.

Mingrélien. — Europe, Russie du Caucase; l'idiome mingrélien est parlé dans le gouvernement de Koutaïs.
Mingrél.

Min-kia. Asie, Chine; ce dialecte est cantonné dans la province de Yunnan.
Min-kia.

Mittou. — Afrique; variété de langue arabe exprimée par des peuplades du Haut-Nil.
Mittou.

Mobali. — Afrique; dialecte en usage dans le Haut-Congo.
Mobali.

Mohawk. — Amérique du Nord, Canada; les indiens qui conservent ce jargon bizarre sont huttés à l'ouest du Niagara.
Mohawk.

Moksha mordouine, ☞ mordouine.

Mokchânes. — Europe, Russie; peuple du Volga, de race finnoise.
Mokchân.

Moldave. — Europe, Roumanie & Russie; 1,500,000 individus répandus en Moldavie & à la frontière russo-roumaine font usage du moldave.
Moldave.

Mombasa, ☞ souahéli.

Mondolingue. — Tentative avortée de langue internationale.

Mondounga. — Afrique centrale; un des idiomes du Haut-Congo.
Mondoung.

Mongol. — Asie, Chine; c'est une langue très ancienne qui compte 4 sous-dialectes & qui sert à 1,870,00 Mongols qui peuplent le nord de l'empire chinois.
Mongol.

Montagnes Rocheuses. — Amérique du nord-ouest. — Beaucoup de tribus indiennes ont cherché un refuge sur les hauts-plateaux de ces montagnes. Les idiomes qui s'y rencontrent sont décrits aux noms de chaque tribu.

Monténégrin. — Europe, Monténégro; 230,000 monténégrins se servent de dialecte qui est le croate.
Monténég.

Mopan, ☞ chol.

Mordouine. — Europe, Russie; idiome d'un peuple du Volga, de race finnoise.
Mordouin.

Moréen. — Europe, Grèce; langue ancienne des habitants de la Morée, au sud du Péloponèse.
Morée.

Mortagnais. — Europe, France; patois normand entendu dans l'arrondissement de Mortagne; 4,000 habit.
Mortagn.

Mortainais. — Europe, France, une variété de patois normand des environs de Mortain (Manche).
Mortain.

Morvan. — Europe, France; un patois bourguignon de l'ancien Nivernais, aujourd'hui le département de la Nièvre avec 325,000 hab.
Morvan.

Mossi. — Afrique; dialecte de certains aborigènes du Soudan français.
Mossi.

Motoumotou. — Océanie; idiome néo-guinéen des environs de Port-Moresby.
Motoum.

Mough. — Asie, Birmanie; forme birmane de la langue des Birmans.

Moundari. — Asie, Inde britannique; dialecte kolarien des sauvages Bhoumias & Larkas; 500,000 âmes.
Moundar.

Mozambique. — Afrique. — La langue des populations de la colonie portugaise qui s'élève à 300,000 individus.
Mozamb.

Mrou. — Asie, Birmanie; sous-dialecte birman.
Mrou.

Mponguoué. — Afrique équatoriale; ce jargon règne chez les Gabonais & les Bantous du Congo français.
Mpongoué.

Murray. — Océanie; une des îles méridionales de la Nouvelle-Guinée possède l'île Murray.
Murray.

Musulman du Bengale. — Asie; Inde britannique; c'est une sorte de langue turkestane écrite dans une forme sanscrite & dont on use dans la province de Bengale.
Musulman Beng.

Mzabi. — Afrique septentrionale; idiome d'une peuplade de la Berbérie.
Mzabi.

N

Namaqua. — Afrique du Sud-Ouest. — Colonie allemande des Namaqua.
Namaq.

Nancéen. — Europe, France; patois de Nancy & des environs.
Nancéen.

Nandi. — Afrique orientale britannique; idiome fixé dans l'est de l'Ouganda, au sud des monts Elgon.
Nandi.

Nankin. — Asie, Chine; variété de chinois employée à Nankin & aux environs de cette grande cité.
Nankin.

Narrignéri. — Australie; dialecte peu répandu de l'Australie méridionale.
Narrignéri.

Négrito. — Océanie, Malaisie; langage des nègres de l'archipel de la Sonde.
Négrito.

Négro-anglais. — Amérique Sud, Guyane britannique; le sabir des populations amnicoles du fleuve Surinam.
Négro-angl.

Nengone, ☞ maré.

Néo-guinéen. — Océanie, Mélanaisie; langue papoue parlée au sud de la Nouvelle-Guinée.
Néo-guinéen.

Népaul. — Asie, Inde britannique; dialecte des Gourkas à demeure dans le Népaul indépendant où ils sont au nombre de 3,000,000.
Népaul.

Nestorien. — Asie, Perse & Syrie; langue ancienne des chrétiens persans & syriaques.
Nestor.

Ngoko. — Asie, Indes néerlandaises. — Dialecte populaire de l'île de Java.
Ngoko.

Ngonnais. — Océanie, Polynésie; une des nombreuses langues qui règnent sur les Nouvelles-Hébrides.
Ngonnais.

Nhan. — Asie, Chine & Tonkin; ce peuple est répandu sur la contrée frontière du Tonkin & du Yunnan chinois.
Nhan.

Niam-Niam. — Afrique centrale; ces Niam-Niam nous conduisent dans la région limitée par le nord du Bahr-el-Ghazal, l'Oubanghi & la rivière de Chari.
Niam.

Niasien. — Asie, Malaisie. Idiome des tribus Nias, près de Sumatra.
Nias.

Niçard. — Europe, France; patois des environs de Nice : mosaïque de portugais, d'espagnol & d'italien sur un fond troubadour.
Niçard.

Nicobarais. — Asie, Inde britannique; les îles Nicobar, aux Anglais, dépendent du Bengale.
Nicobar.

Niger. — Afrique. — Dans sa course à travers l'Afrique occidentale, le Niger, qui ne développe pas moins de 4,000 kilom. de longueur, donne son nom à plusieurs des peuples ripicoles amassés sur ses rives.
Niger.

Nika. — Afrique orientale britannique. Entendu dans la zone équatoriale de Mombaz.
Nika.

Ning-Po. — Asie, Chine; variété de la langue chinoise cantonnée aux environs du port de Ning-po, sur la mer Jaune.
Ning-Po.

Niouean. — Océan Atlantique; c'est le jargon des naturels de l'île Salvages (aux Anglais).
Niouean.

Nivernais, ☞ morvan.

Noirmoutier. — Europe, France; patois vendéen des insulaires de Noirmoutier.
Noirmout.

Nongo. — Asie, Siam; dialecte laotien dans les états de Chan.
Nongo.

Normand. — Europe, France. — Patois de l'ancienne Normandie, (aujourd'hui les 5 départements du Calvados, de l'Eure, de la Manche, de l'Orne & de la Seine-Inférieure, avec 2,500,000 hab. Le normand compte des sous-patois.
Normand.

Norse. — Europe, Scandinavie; très ancien idiome scandinave. — Éteint.

Norvégien. — Europe; c'est exactement la langue danoise.
Norv.

Noung. — Asie, Chine; petit peuple de la province de Yunnan.
Noung.

Noûpé. — Afrique occidentale; dialecte dans le Haut-Niger.
Noûpé.

Nouvelle-Bretagne. — Océanie, Mélanésie; parler des insulaires de la Nouvelle-Bretagne, dans l'archipel Bismarck.
Nouv.-Bret.

Nov latin. — Essai raté de langue mondiale.

Nubien. — Afrique, Nubie; c'est le dialecte des Mahométans du Dongola.
Nubien.

Nyanyembé. — Afrique centrale; langue d'une peuplade bantoue.
Nyanyemb.

Nyasa. — Afrique orientale portugaise; idiome cantonné entre le lac Nyasa & la côte septentrionale de Mozambique.
Nyasa.

Nyitra, *☞* gnika.

O

Odjî. — Afrique, côte occidentale; langue employée par les Achàntis répandus dans la Guinée centrale & dans la Côte-d'Or.
Odjî.

Oghamique. — Europe, Irlande; écriture ancienne taillée sur des menhirs irlandais, à une époque inconnue.
Oghamiq.

Ombrien. — Europe, Italie; l'Ombrie occupait anciennement le territoire de la province de Pérouse; son dialecte a disparu.
Ombrien.

Orembourgeois, *☞* kirghiz.

Orissa. — Asie, Inde britannique; cet idiome est celui des monticoles des Orissa.
Orissa.

Oriya, *☞* Orissa.

Orne. — Europe, France; une variété du patois normand en usage dans le département de l'Orne.
Orne.

Oshindonga. — Afrique, côte occidentale; c'est la langue odjî parlée par le peuple du Damara.
Oshindonga.

Osmanli, *☞* turkestan.

Ossète. — Europe, Russie du Caucase. Ce peuple habite le haut bassin du Terek & une partie du versant opposé. — 27,000 hab.
Ossète.

Ostiaque. — Europe, Russie; peuple ougrien de la famille finnoise fixé dans le gouvernement sibérien de Tobolsk, au nombre de 25,000.
Ostiaq.

Otshi ☞ Achântî & odji.

Ouadaï. — Afrique. Un des nombreux dialectes soudanais français.
Ouadaï.

Ouakhan. — Asie, Inde britannique. — Ce dialecte indou est entendu dans la région du Pamir.
Ouakhan.

Oualano. — Afrique; parlé entre le Nil bleu & la rivière Sobat.
Oualano.

Oubangui. — Afrique centrale; territoires du nord de l'état indépendant du Congo & de l'ouest du Congo français, sur les rives de l'Oubangui.
Oubangui.

Ouélaung. — Asie. — Cette langue est employée par les monticoles du nord de l'Arakan (Birmanie).
Ouélaung.

Ouellé. — Afrique centrale, État indépendant du Congo; entre la rivière Ouellé & le fleuve Congo.
Ouellé.

Ouganda. — Afrique orientale britannique; dans les vastes territoires qui s'étendent entre les trois lacs Albert-Édouard, Albert-Nyanza & Victoria-Nyanza.
Ouganda.

Ougors, ☞ ougriens.

Ougriens. — Asie, Russie. — Famille du groupe finnois qui comprend 2 branches : les Ostiaques & les Vogoules répartis, au nombre de 35,000 habitants, dans le gouvernement sibérien de Tobolsk.
Ougrien.

Ounalaska. — Amérique Nord, état de l'Alaska; cette langue, de souche esquimaude, vit dans la région d'Ounalaska & aux îles Aléoutes. — 4,000 habitants.
Ounalaska.

Ouolof. — Afrique, côte occidentale. — Le peuple ouolof est fixé entre les fleuves Gambie & Sénégal.
Ouolof.

Ouraon. — Asie, Inde anglaise; idiome secondaire dravidien du plateau de Tchatisgarh (Inde centrale).
Ouraon.

Ourdou, ☞ Hindoustani.

Ourya. — Asie, Inde britannique. — Ce dialecte, qui comprend 5 sous-dialectes, appartient à 5,000,000 d'êtres de l'Orissa.
Ourya.

Outkala, ☞ ourya.

p.

Pahari. — Asie, Inde britannique; c'est une variété de la langue cachemir.
Pahari.

Paharia, ☞ Népaul.

Pahouin, ☞ fân.

Paï. — Asie; dialecte chinois au service d'un peuple des États de Chan, entre les Birmans & les Siamois.
Paï.

Pali. — Asie, île de Ceylan; c'est la langue sacrée des Bouddhistes ceylanais.
Pali.

Pamir. — Asie, Afghanistan & Russie. Ce nom désigne l'ensemble des idiomes groupés sur les plateaux des montagnes les plus hautes du globe.
Pamir.

Pandjabi, ☞ Pundjab.

Pangasinan. — Asie, îles Philippines. Les aborigènes de l'île Luçon parlent ce langage. — 3,500,000 hab.
Pangas.

Papou, ☞ néo-guinéen.

Parbatya, ☞ népaul.

Parbouti, ☞ népaul.

Patois. — Corruption d'une langue.

Pazzehe. — Asie. Un des dialectes de l'île de Formose (aux Japonais).
Pazzehe.

Pédi. — Afrique australe, colonie britannique; ce langage est tenu dans le nord du Transvaal.
Pédi.

Pégouan. — Asie, Birmanie; c'est la langue d'un peuple montagnard du sud du pays.
Pégouan.

Pehlvi. — Asie. Ce dialecte ancien, d'origine achéménide, florissait en Perse avant la naissance de J.-C.
Pehlvi.

Pei-Po. — Asie, Formose; dialecte de la famille chinoise entretenu dans l'île de Formose (aux Japonais).
Pei-Po.

Pékin. — Asie, Chine; variété de langue chinoise en usage à Pékin & aux environs. — 1,000,000 d'hab.
Pékin.

Pendjab, ☞ Pundjab.

Périgourdin. — Europe, France; patois languedocien des campagnards établis dans l'ancien Périgord, aujourd'hui la Dordogne & une partie du département de Lot-et-Garonne.
Périgourd.

Permiak. — Europe, Russie; peuple du groupe permien, de la race finnoise, formant un élément de 68,000 personnes dans le gouvernement ouralien de Perm.
Permiak.

Permien. — Europe, Russie; groupe de race finnoise comptant 4 familles : le besserméne, le permiak, le votiak & le zyriane.
Permien.

Persan. — Asie, Perse; c'est la langue des 9,000,000 de Persans sédentaires & nomades — Le persan moderne est la langue officielle de ce grand empire.
Persan.

Peten. — Amérique centrale, Guatémala; idiome du berceau huaztec, de la branche Maya.
Peten.

Petit-russien. — Europe, Russie; dialecte des peuples de l'Ukraine, au midi de l'empire.
Petit-russien.

Phénicien. — Asie; ancienne langue sémitique répandue sur la côte occidentale de la Syrie, entre le Liban & la Méditerranée.
Phénicien.

Philippin, ☞ tagal.

Picard. — Europe, France; le patois picard, encore usité dans les départements de l'Aisne, de l'Oise, de la Somme & du Pas-de-Calais, contribua, dans une large part, à la formation de notre langue française.
Picard.

Piémontais, ☞ vaudois.

Pocoman. — Amérique centrale, Guatémala; dialecte mame de la famille huaztèque.
Pocoman.

Poitevin. — Europe, France; un patois français qui nous vient de l'ancien Poitou & que les départements des Deux-Sèvres, de la Vendée & de la Vienne conservent dans les campagnes poitevines.

Pokomo. — Un des jargons d'Afrique.

Polonais. — Europe, Pologne; langue slave parlée par 10,000,000 de Polonais groupés dans l'ouest de la Russie (gouvernements de Kalisz, Kielce, Lomza, Lublin, Piotrkow, Plock, Radom, Siedlce, Souvalki & Varsovie), dans la Galicie autrichienne & dans la Posnanie prussienne.
Polon.

Polynésien. — Terme générique par lequel nous désignons l'ensemble des dialectes nombreux qui vivent dans cette chaîne d'archipels & d'îles éparses sous l'Équateur & qui relie le continent australien aux côtes de l'Amérique du Sud.
Polynés.

Pontépiscopien. — Europe, France; variété de patois normand chez les habitants de l'arrondissement de Pont-l'Évêque (Calvados).
Pontépisc.

Popo. — Afrique, côte occidentale; dialecte des nègres du Dahomey (aux Français).
Popo.

Portugais. — Brésil & Portugal; langue latine parlée par 5,550,000 Portugais & 14,450,000 Brésiliens, soit par 20,000,000 de personnes.
Port.

Pouchtou. — Asie, Afghanistan; c'est le langage populaire de la nation afghane (5,100,000 hab.). — La langue des classes élevées est le persan.
Pouchtou.

Poula. — Asie, Chine; une des nombreuses langues répandues dans la province méridionale de Yunnan.
Poula.

Provençal. — Langue latine qui a régné sur la France inscrite entre la Loire & la Méditerranée & en Catalogne; on la cultive encore dans l'ancienne Provence, soit dans les départements des Basses-Alpes, des Bouches-du-Rhône, de la Drôme, du Var & de Vaucluse. — ☞ catalan, langue d'oc & roman.
Prov.

POÉSIE PROVENÇALE

Vous disiaz bergerette
Qu'amour ere un eufan,
Qu'avé d'une cansounette,
L'amusariaz un an,
Toutako sounn sournette,
L'amusariaz pas tant,
Vei lou vezez que tête,
Deman lou veyrez gran.

Punctune. — Amérique centrale, Mexique; dialecte huaztec entretenu aux environs de Palenqué (état de Chiapa).
Punctune.

Pundjab. — Asie, Inde britannique; 13 millions d'individus fixés dans l'Inde septentrionale, parlent cette langue qui compte dix dialectes & une foule de patois.
Pundjab.

Pyrénéen, ☞ basque, béarnais, catalan.

Q

Quâgoutl. — Amérique Nord, Canada. Langage des naturels de l'île Vancouver. — 51,000 hab.
Quâgoutl.

Quercinois. — Europe, France; patois de l'ancien pays du Quercy que nous retrouvons dans les départements du Lot & de Lot-et-Garonne.
Quercin.

Quiché. — Amérique centrale, Guatémala & Mexique; dialecte de la famille huaztèque, cantonné dans l'état mexicain de Chiapas & chez les Guatémaltèques. — ☞ Utlatec.
Quiché.

Quitchoua. — Amérique Sud, Pérou. 200,000 descendants des Incas ont conservé l'idiome de leurs ancêtres.
Quitchoua.

Qvêne. — Europe, Russie; famille du groupe finlandais des Finnois de la Baltique : 300,000 individus.
Qvêne.

R

Radjmahali. — Asie, Inde britannique. — Dialecte dravidien secondaire dans les monts Radjmahal.
Radjmahali.

Rakhèn. — Asie, Birmanie; ce mot est la forme birmane de « birman ».

Ramband. — Asie, Inde britannique; idiome issu du cachemir, entendu au nord de l'Inde.
Ramband.

Rarotongais. — Océanie, Polynésie; ce dialecte vit dans les îles Hervey, de l'archipel Cook.
Rarotong.

Rémois. — Europe, France; patois des campagnes champenoises des environs de Reims.
Rémois.

Rennais. — Europe, France; un jargon breton de la banlieue de Rennes.
Rennais.

Rhétique. — Europe, Suisse; patois en usage dans le canton des Grisons. — 110,000 hab.
Rhétiq.

Riffi. — Afrique, Maroc; dialecte arabe des Marocains du Riff.
Riffi.

Rivière Noire. — Asie, Siam; langue entretenue par les ripicoles de ce fleuve qui coule dans le sud-ouest du pays pour verser ses eaux dans le golfe de Siam.
Riv. Noire.

Rochnan. — Asie, Afghanistan; langue de l'Amou-Daria, région du Pamir, au sud de la rivière Murgab.
Rochnan.

Romaji. — Asie, Japon. — C'est le nom de la langue japonaise moderne.
Romaji.

Roman. — Europe, France; deux romans ont existé du VI° au XII° siècles & furent issus tous deux du romain ou latin; mais le roman wallon avait accueilli beaucoup d'expressions du dialecte germanique.
Roman.

Romanche. — Europe, Suisse; patois roman conservé par les monticoles de l'Engadine.
Romanche.

Rotse. — Afrique; un des nombreux idiomes du peuple bantou.
Rotse.

Roua, *voir* Uroua.

Rouchi. — Europe, France; jargon roman du pays de Valenciennes & de la contrée hennuyère belge qui en est limitrophe.
Rouchi.

Rouennais. — Europe, France; patois normand des environs de Rouen.
Rouenn.

Roumain. — Europe, Roumanie; la langue officielle des roumains est d'origine latine; les apports du slave y sont considérables. Sur les 6 millions d'habitants, beaucoup ne parlent que le moldave ou le valaque.
Roum.

Rouméliote. — Europe, Bulgarie; dialecte des 1,100,000 habitants de la Roumélie orientale.
Roumeliot.

Roussillonnais. | Europe, France; patois que les habitants des Pyrénées-Orientales ont hérité de l'ancienne province du roussillon. — 215,000 habit.
Roussill.

Runique. — Europe; c'est la langue très primitive des contrées scandinaves. Ensevelie depuis longtemps.
Runiq.

Russe. — Europe, Russie; cette langue s'étend administrativement, à toutes les contrées de ce vaste empire qui se disloque en ce moment; en réalité, le russe n'est compris qu'au centre de la région européenne. — Sur 130 millions d'habitants, 93 millions, et c'est encore exagéré, sont russes.
Russe.

Russie Blanche. — Europe, Russie. Cette contrée, où la langue russe diffère de la langue classique, est placée entre la Grande-Russie & la Lithuanie.
Russie Blanc.

Ruthène. — Europe, Russie. — C'est le dialecte de la Petite-Russie ou de l'Ukraine.
Ruthène.

S

Sabéen. — Asie; ancienne langue qui régna sur la population de l'Yémen au sud de l'Arabie & qui forma l'himyarite.
Sabéen.

Sabir. — Nom par lequel on désigne les jargons conventionnels.
Un de ces jargons est employé par les matelots qui desservent les ports méditerranéens.
Sabir.

Sagalla, ☞ changalla.

Sagara, ☞ Ousagara.

Saharien. — Afrique; variété de langue arabe parlée par les peuplades voisines du grand désert de Sahara.
Sahara.

Saibai. — Australie; en usage dans les îles du détroit de Torrès qui sépare le continent australien de la terre des Papous.
Saibai.

Saint-Loi. — Europe, France. — Patois normand des habitants du canton de Saint-Lô (Manche).
Saint-Loi.

Saintongeais. — Europe, France; patois de l'ancienne province de Saintonge, aujourd'hui le département de la Charente-Inférieure où il existe toujours.
Saintong.

Sakhalien, ☞ aïno.

Samoan. — Océanie, Polynésie; idiome des insulaires des Samoa.
Samoan.

Samogitien. — Europe, Russie; dialecte polonais des Lithuaniens du gouvernement de Kovno.
Samogit.

Samoïède d'Archangel. — Europe, Russie; famille de race finnoise d'environ 5,000 individus établis dans le gouvernement d'Archangel.
Samoïède d'Archangel.

Samoïède de Sibérie. — Asie, Russie. — Groupe de familles finnoises connues sous les noms de Kamacintzy, Karagasses, Koïbales, Matores, Samoïèdes de l'Iénisséï, Samoïèdes-Ostiaques, Soïotes & Tavghi, représentés par 23,000 âmes.
Samoïède sibér.

Samoïède d'Iénisséï. — Asie, Russie. — dialecte de 6,000 habitants de la race finnoise fixés dans l'ouest de la Sibé=

rie orientale (gouvernement d'Iénisséï).
Samoïède d'Iénisseï.

Samoïède-ostiaque. — Asie, Russie. — 6,000 habitants de race finnoise établis à l'embouchure de l'Obi, dans le nord sibérien.
Samoïède-ostiaq.

Sandwich, ☞ hawaïen.

Sangirais. — Asie, archipel malais; dialecte du peuple des îles Sangir, entre les points extrêmes des îles Philippines & Célèbes.
Sangir.

Sanscrit. — Asie, Inde britannique; la langue sacrée des Brahmanes.
Sanscr.

Santâli. — Asie, Inde britannique; idiome populaire dans le nord-ouest du Bengale.
Santali.

Sarte. — Russie; langue parlée par 0.8 % de la population russe.
Sarte.

Sauteux. — Amérique Nord, Canada; dialecte d'une tribu réfugiée vers les côtes de la baie d'Hudson.
Sauteux.

Savara. — Asie, Inde britannique; idiome kolarien de quelques tribus hindoues.
Savara.

Savoisien. — Europe, France; langage des Savoyards des départements de la Haute-Savoie & de la Savoie.
Savoisien.

Savolaque. — Europe, Russie; famille finlandaise du groupe de la Baltique (race finnoise). — 500,000 hab.
Savolaq.

Saxon. — Europe, Saxe royale; langue classique pour toute l'Allemagne.
Saxon.

Scandinave. — Nom générique d'un ancien groupe de langues répandues en Danemark, en Islande, en Norvège & en Suède.
Scandin.

Scythe. — Asie & Europe; vieux terme appliqué à la langue des peuples tatare, russe & sibérien.
Scythe.

Séchouana, ☞ Setchouana.

Sémitique. — Cet adjectif englobe les langues : arabe, araméenne, hébraïque, phénicienne, syriaque, &a.
Sémitiq.

Sénégalais. — Afrique, côte occidentale; dialecte des peuples sénégalais (à la France).
Sénégal.

Senna. — Afrique orientale portugaise. Cet idiome est entendu dans les districts de Nyasa, de Senna, de Sofala & de Tété, sur les rives du Chire & du Rufiji.
Senna.

Serbe. — Europe, Serbie; c'est la langue slave des Croates.
Serbe.

Serer. — Afrique, côte occidentale. — idiome acclimaté chez le peuple serer (Sénégal).
Serer.

Sessouto. — Afrique australe; dialecte des Bassoutos établis aux bouches du Fleuve Orange.
Sessouto.

Setchouana. — Afrique australe; langue de la tribu des Betchouana, au nord de la colonie du Cap.
Setchouan.

Shang-Haï, ☞ Chang-Haï.

Shapour, ☞ chapour.

Shetland. — Europe, îles Britanniques; cette île, avec sa population celtique, est située au nord de l'Écosse.

Siamois. — Asie, Siam; c'est la langue officielle au royaume de Siam.

Sibérien. — Asie; les principales langues sibériennes sont le bouriate, les finnois, les samoïèdes, le kalmouque, le mongol, l'ostiaque, le tâtar, &a.

Sicilien. — Europe, Italie; dialecte italien.
Sicilien.

Sierra Leone. — Afrique, côte occidentale; idiome des aborigènes de cette colonie britannique.
Sierra Leone.

Sindhî. — Asie, Inde britannique; cette langue est celle de 3,000,000 d'habitants du Sindh, du Balouchistan & de l'île de Katch (Golfe d'Oman).
Sindhi.

Singalais, ☞ Cingalais.

Sitka. — Amérique Nord, Alaska; dialecte des Koloches de l'archipel Alexandre.
Sitka.

Skipéïa. — Europe, Turquie; langue de 1,760,000 Albanais.
Alban.

Slave. — Europe; ensemble des langues bosniaque, bulgare, croate, dalmate, esclavon, herzégovinien, monténégrin, polonais, serbe, slovaque, slovène, russe & tchèque.
Slave.

Slavé. — Amérique Nord, Canada; cet idiome est parlé dans les parages de la rivière Mackenzie, tributaire de l'Océan Glacial.
Slavé.

Slovaque. — Europe, Hongrie; dialecte slave du nord-est de la Hongrie.
Slovaq.

Slovène. — Europe, Autriche; dialecte slave installé dans les états autrichiens de la Carinthie, de la Carniole, de l'Istrie & de la Styrie.
Slovène.

Smoudsky. — Europe, Russie; cet idiome représente 1.4 % de la population russe.
Smoudsky.

Soïote. — Asie, Russie; tribu de 2,600 individus de race finnoise (groupe des Samoïèdes de Sibérie).
Soïot.

Somali. — Afrique; langue des Somalis placés entre l'Abyssinie, l'Érytrée & le pays des Galla jusqu'au fleuve Djouba.
Somali.

Sondanais. — Asie, Indes néerlandaises, dialecte connu dans l'ouest de de l'île de Java.
Sondan.

Songhaï. — Afrique, Soudan français; usité dans le Moyen-Niger, entre Say & Gao-Gao.
Songhaï.

Soninque. — Afrique, côte occidentale; un des idiomes sénégalais.
Soninq.

Sontal. — Asie, Inde britannique; c'est un idiome kolarien pour un millier de personnes du Gange.
Sontal.

Sotzil, ☞ tzendal.

Souahéli. — Afrique orientale; langue arabe parlée par 500,000 Zanzibarites & leurs voisins de la côte africaine.
Souahéli.

Souane. — Europe, Russie du Caucase; dialecte entendu dans la Souanétie (gouvernement de Koutaïs).
Souane.

Souatow. — Asie, Chine; sorte de chinois enseigné à Souatow & à Chao-tchéou, province de Kouan-toung.
Souatow.

Soudanais égyptien. — Afrique, Égypte; parlé dans le Haut-Nil.
Souahéli d'Égypte.

Soudanais français, ☞ mossi.

Soukouma. — Afrique; langue d'une tribu bantoue.
Soukoum.

Souletin. — Europe, France; langue basque de l'ancien pays de Gascogne (Basses-Pyrénées).
Souletin.

Sound Smith, ☞ esquimau.

Souto, ☞ sessouto.

Suédois. — Europe, Suède; la langue scandinave du peuple suédois. — 5,250,000 hab.
Suéd.

Sumatrais. — Asie, Indes néerlandaises; dialecte des habitants de l'île de Sumatra.
Sumatr.

Sutughil. — Amérique centrale, Guatémala; idiome quiché de la famille huaztèque.
Sutughil.

Syriaque. — Asie, Turquie; langue sémitique des 4,300,000 indigènes de la Syrie.
Syriaq.

Syriène. — Europe, Russie; cette langue nous conduit dans le gouvernement de Vologda.
Syriène.

T

Tagal. — Asie, îles Philippines; idiome des populations philippines.
Tagal.

Taita. — Afrique orientale; langage du pays entre le Kilima-Njaro & Mombaz.
Taita.

Taïtien. — Océanie, Polynésie; entendu chez les aborigènes de l'île Taïti (îles françaises de la Société).
Taïti.

Tamil, ☞ tamoul.

Tamoul. — Asie, Inde britannique. — 10,000,000 d'êtres vivant au nord de l'île Ceylan & dans le Coromandel, au sud-est de l'Inde, se servent du tamoul.
Tamoul.

Tangoute. — Asie, Chine; dialecte de la population d'une partie de la province chinoise de Kan-sou.
Tangout.

Tannais. — Océanie; idiome employé dans une des îles néo-hébridaises.
Tannais.

Tarn. — Europe, France; patois languedocien spécial au département du Tarn.
Tarn.

Tartare, ☞ tâtar.

Tasiko. — Océanie; dialecte du sud-est de l'île néo-hébridaise d'Api (colonie française).
Tasiko.

Tâtar. — Nom ethnique donné à des familles finnoise, mandchoue, mongole, toungouse & turque.
Tâtar.

Tâtar du Caucase. — Europe, Russie; dialecte courant dans les bassins de la Kouma, du Kour inférieur & du bas Terek qui nous donnent 45,000 habitants.
Tâtar Cauc.

Tâtar mandchou. — Asie, Chine; langue très ancienne dont le berceau est en Mandchourie.
Tâtar mandch.

Tâtar mongol. — Asie, Chine; langue parlée en Mongolie.
Tâtar mong.

Taungtha. — Asie, Birmanie; idiome du nord de l'Arakan.
Taungt.

Tavastes. — Europe, Russie; peuple de 530,000 finlandais de la Baltique (race finnoise).
Tavast.

Taveta. — Afrique équatoriale; dialecte d'une tribu de cette région.
Taveta.

Tavghi. — Asie, Russie; tribu finnoise du groupe samoïède de Sibérie.
Tavghi.

Tchèque. — Europe, Autriche; langue d'un grand peuple que l'Allemagne veut détruire, de complicité avec le gouvernement autrichien. 6,500,000 Bohémiens.
Tchéq.

Tchérémisses. — Europe, Russie. Les 260,000 Tchérémisses de race finnoise (groupe finnois du Volga), habitent les gouvernements de Kostroma, de Kazan & de Nijni-Novgorod.
Tchérém.

Tcherkesses. — Europe, Russie; ce peuple est fixé dans le bassin du Kouban, dans le haut du bassin du Terek & le littoral de la mer Noire. — 316,000 Circassiens ou Tcherkesses.
Tcherkes.

Tchetchenz. — Europe, Russie du Caucase. — 117,000 habitants dans le bassin du Terek.
Tchetch.

Tchoudes. — Europe, Russie; les 37,000 Tchoudes du Nord, qui sont de race finnoise, occupent les gouvernements d'Olonetz & de Vologda.
Tchoud.

Tchouvaches. — Europe, Russie; c'est la langue de 600,000 finno-tâtars répandus dans les gouvernements d'Orenbourg, Kazan, Samara, Saratof & Simbirsk.
Tchouvac.

Têda. — Afrique, Soudan; idiome des Toudou, peuplade nègre du Sahara oriental.
Têda.

Télégou. — Asie, Inde britannique; langage dravidien parlé par 14,000,000 d'indous de la côte orientale de l'Inde & du Deccan.
Télégou.

Télinga, ☞ télégou.

Télougou, ☞ télégou.

Temne. — Afrique; dialecte d'une tribu de la colonie britannique de Sierra Leone.
Temne.

Teptière. — Europe, Russie; ce peuple de 130,000 individus appartient aux finno-tâtars.
Teptier.

Teutonique. — Nom de la langue de l'ancienne Germanie.
Teuton.

Thaï. — Asie, Siam; dialecte de la famille siamoise.
Thaï.

Thibétain. — Asie, Chine; langue des habitants du Thibet.
Thibét.

Thos. — Asie, Indo-Chine; dialecte en usage dans le royaume d'Annam.
Thos.

Tibbou, ☞ Têda.

Tigrâi. — Afrique, Abyssinie; idiome d'origine ghèz, fixé dans le nord de l'Abyssinie (Tigrâi).
Tigrâi.

Tinguian. — Asie, îles Philippines; c'est le langage de la population tinguiane installée dans l'île de Luçon, province d'Ilocos.
Tinguian.

Tinné. — Amérique, Canada; dialecte d'une peuplade indienne de la Baie d'Hudson.
Tinné.

Tobago. — Asie, Japon; idiome des naturels de l'île de Tobago (au sud de Formose).

Toda. — Asie, Inde britannique; le dialecte secondaire dravidien des tribus des monts Nilghiris.
Toda.

Togo. — Afrique, côte occidentale; colonie allemande entre la Côte-d'Or & le Dahomey.
Togo.

Tonga. — Océanie, Polynésie; langage des insulaires des îles Tonga.
Tonga.

Tonkinois. — Asie, Indo-Chine; langue chinoise courante au Tonkin.
Tonkin.

Toscan. — Europe, Italie; la plus pure des langues de l'Italie; originaire de la Toscane, elle est connue sous le nom de « florentin ».
Toscan.

Tosque. — Europe, Turquie; les 800,000 Skipétars du sud de l'Albanie s'entretiennent dans cet idiome.
Tosq.

Totona. — Amérique centrale; idiome huaztec parlé à La Vera Cruz & à La Puebla.
Totona.

Touareg. — Afrique, Sahara; la langue d'un peuple berbère dans le grand désert saharien.
Touareg.

Toudoukh. — Amérique Nord, États-Unis; langue des Indiens ripicoles du Yukon, dans l'Alaska.
Toudouk.

Toulou. — Asie, Inde britannique. Les 500,000 Toulous vivent sur le littoral méridional de l'Inde vers Mangalore.
Toulou.

Toulouva, ☞ toulou.

Toungouse. — Asie, Chine, Russie; dialecte d'un peuple originaire de la Mandchourie & de l'est de la Sibérie.
Toungous.

Touranien. — Asie & Europe; nom appliqué à l'ensemble des langues finlandaise, hongroise, japonaise, mandchoue, samoïède & turque.
Touran.

Trécorrois. — Europe, France; patois breton, reste de l'ancienne langue des bardes celtiques, dans le pays de Tréguier (Côtes-du-Nord).
Trécorr.

Tripolitain. — Afrique septentrionale; langue arabe de 1,000,000 d'individus formant une province turque entre l'Égypte & la Tunisie.
Tripolit.

Troubadours. — Europe, France. — La langue, d'origine latine, des troubadours s'étendait dans la France comprise entre la Loire & la Méditerranée; elle a vécu du XIe au XIVe siècles. ☞ gascon, langue d'oc, langue-doc, provençal & catalan.
Troubad.

Trouvères. — Europe, France. — C'est la langue des poètes romans qui vivaient, au Moyen-âge, entre la mer du Nord & la Loire.
Trouvèr.

Tso-o. — Asie, Japon; idiome en usage dans une des îles du groupe de Formose.
Tso-o.

Tudesque. — Europe, ancien dialecte de la Germanie barbare.
Tudesq.

Turc. — Asie & Europe, Turquie. — Le turc est parlé par 7,000,000 d'individus répandus dans la Turquie d'Europe, dans l'Arabie & l'Asie mineure & en Afrique, dans la Tripolitaine.
Turc.

Turc de Crimée. — Europe, Russie. — Sorte de turc employé dans la Russie méridionale.
Turc Crim.

Turc du Caucase, ☞ tatar du Caucase.

Turc de Karassi. — Asie, Balouchistan.

Variété de langue turque entendue sur la côte du golfe d'Oman.
Turc Karas.

Turc de Kazan. — Europe, Russie; parlé dans le gouvernement de Kazan.
Turc Kazan.

Turcmène, ☞ turcoman.

Turcoman. — Asie centrale; peuplade nomade dont le berceau est à l'est de la mer Caspienne, entre la Perse & les Kirghiz.
Turcom.

Turco-tâtar. — Europe, Russie; 0.4 % de la population russe se sert de cet idiome cantonné dans le Caucase.
Turco-tâtar.

Turkestan, ☞ uzbèque.

Tzendal. — Amérique centrale, Mexique; dialecte de la famille huaztèque dans la province de Chiapa.
Tzendal.

Tzotsil, ☞ sotzil.

U

Uriya, ☞ orissa.

Uroua. — Afrique, Congo indépendant. Entendu dans la région centrale du Loualaba.
Uroua.

Utlatec, ☞ quiché.

Uzbèque. — Asie, Turkestan; langue turque dans la contrée au-dessus de l'Afghanistan. — 6,000,000 d'habit.
Uzbèq.

V

Valaque. — Europe, Roumanie; idiome des Roumains du midi du royaume.
Valaq.

Valognais. — Europe, France; patois normand de 70,800 habit. de l'arrondissement de Valogne (Manche).
Valogn.

Vannetais. — Europe, France; reste de l'ancien celtique qui achève de mourir autour de Vannes (Morbihan).
Vannet.

Vaudois. — Europe, Italie; langue provençale réfugiée dans les hautes vallées du Piémont.
Vaud.

Vende prussien. — Europe, Prusse; ce dialecte est en usage dans la Lusace prussienne.
Vende pruss.

Vende saxon. — Europe, Saxe; cet idiome, appelé haut-vende, appartient à la Lusace saxonne.
Vende sax.

Vendéen. — Europe, France; le patois connu dans le département de la Vendée.
Vendé.

Vénézolan. — Amérique, Vénézuéla; la langue populaire des Vénézuéliens.
Vénézol.

Vepses, ☞ Tchoudes du Nord.

Verdunois. — Europe, France; patois dans le canton de Verdun-s/-le-Doubs (Saône-et-Loire).
Verdun.

Virois. — Europe, France; patois normand de 6,500 habit. du canton de Vire (Calvados).
Virois.

Vogoule. — Asie, Russie; le gouvernement de Tobolsk est occupé par 9,000 membres de ce peuple ougrien de la race finnoise.
Vogoul.

Volapuk. — Sabir.

Volsque. — Europe, Italie, le peuple qui parlait le volsque fut absorbé par les Romains, avant l'ère chrétienne.
Volsq.

Vonoum. — Asie, Japon; idiome connu dans une des îles du groupe de Formose.
Vonoum.

Votes. — Europe, Russie. — Les 12,000 Votes de race finnoise (groupe des provinces baltiques) sont distribués dans les gouvernements de Saint-Pétersbourg & de Nijni-Novgorod.
Votes.

Votiak. — Europe, Russie; issus de la famille permienne (race finnoise), les 240,000 Votiaks occupent les gouvernements de Viatka & d'Orembourg.
Votiak.

W

Wallon. — Europe, Belgique; jargons issus de la langue romane.
Wallon.

Wende. — Europe, Allemagne. — Le wende est conservé par 170,000 descendants d'un ancien peuple établis dans la vallée de la Sprée, au sud de Berlin.
Wend.

*

X

Xosa, cafre.

Y

Yagan. — Amérique Sud, Patagonie; un des trois dialectes des habitants de la Terre de Feu. 3,000 indiv.
Xosa.

Yakoutat. — Amérique Nord, États-Unis; parler des Koloches de l'archipel Alexandre (Alaska).
Yakoutat.

Yakoute, iakoute.

Yao. — Afrique orientale portugaise; idiome d'un peuple de la Mozambique.
Yao.

Yayo. — Asie, Chine; variété de langue chinoise.
Yayo.

Yindou Chin. — Asie, Inde britannique; dans les Chin-Hills, au nord de l'Arakan.
Yind. Chin.

Yolof. — Afrique; tribu de la colonie britannique de la Gambie.
Yolof.

Yonnais. — Europe, France; le patois bourguignon spécial au département de l'Yonne.
Yonn.

Yorouba. — Afrique, Nigéria; langue

d'un peuple fixé entre le Dahomey & la Côte des Esclaves.
Yoroub.

Yucatec. — Amérique, Mexique; dialecte huaztec employé dans la province de Yucatan.
Yucatec.

Yunnan. — Asie, Chine; langue chinoise du sud-ouest de l'empire.
Yunnan.

Z

Zambézien. — Afrique; la langue d'un peuple voisin du Zambèze britannique.
Zambéz.

Zanzibarite. — Afrique, Zanzibar. — Dialecte populaire dans cette île africaine.
Zanzib.

Zend. — Asie; langue très ancienne de la Haute-Asie, aux environs de la mer Caspienne. Les livres religieux de Zoroastre furent écrits en zend.
Zend.

Zingari. — C'est un des noms que portent les tribus nomades de ces chemineaux d'origine tchèque ou bohémienne.
Zingari.

Zirian. — Asie, Turquie; c'est chez les Kourdes que vous entendrez parler ce dialecte.
Zirian.

Zoulou. — Afrique, Natal; langue du peuple zoulou.
Zoulou.

Zyrian, *voy.* syriène.

SUPPLÉMENT

Abaze. — Europe, Russie du Caucase; ce peuple occupe les hautes vallées du Kouban & le revers du Caucase occidental; 145,000 Abazes.
Abaze.

Akoucha. — Europe, Russie du Caucase. Langue daghestane entendue chez les Akoucha, les Dargo, les Serghin & les Koubitchi. — 63,000 hab.
Akoucha.

Andi. — Europe, Russie du Caucase. — Dialecte cantonné dans le district daghestan d'Andi; 30,000 hab.
Andi.

Arménien russe. — Europe, Russie du Caucase; les 520,000 personnes qui usent de ce dialecte vivent dans le bassin de l'Aras.
Armén. russ.

Ataiyal. — Asie, Japon; l'idiome d'une des îles du groupe de Formose.
Ataiyal.

Autunois. — Europe, France; le patois bourguignon des environs d'Autun (Saône-et-Loire).
Autun.

Auxois. — Europe, France; un patois que la Bourgogne conserve dans la région occidentale d'Auxerre (département de l'Yonne).
Auxois.

Avâr. — Europe, Russie du Caucase; groupe de langues parlées chez les Andi, les Avâr, les Dido, les Ounso & les Kaboutch; 29,000 habitants du Daghestan central.
Avâr.

Axumique. — Afrique, Abyssinie; c'est un des noms de la langue ghègue.
Axumiq.

Bachkir. — Europe, Russie; dialecte

d'une peuplade des monts Ourals.
Bachkir.

Bâli, 🖙 páli.

Barbarin. — Afrique, Égypte; idiome en Nubie.
Barbar.

Bascon, 🖙 basque.

Bressan. — Europe, France; ce patois bourguignon vit dans le département de l'Ain.
Bressan.

Cachiquel. — Amérique centrale, Gua= témala; dialecte quiché de la famille huaztèque.
Cachiq.

Caichi. — Amérique centrale, Guaté= mala. — Idiome mame de la famille huaztèque.
Caichi.

Calabar. — Afrique, Guinée portugaise; langue des tribus amnicoles du Rio Grande.
Calabar.

Calabar vieux. — Afrique occidentale; dialecte d'une peuplade du Gabon.
Calabar vx.

Canaque. — Océanie, Nouvelle-Calédo= nie; c'est la langue des naturels de ces îles qui sont le pénitentier de la France.
Canaq.

Candiote, 🖙 crétois.

Caribé. — Amérique centrale, Guaté= mala & Mexique; langue maya de la famille huaztèque.
Caribé.

Chalonnais. — Europe, France; un des patois bourguignons; entendu dans les campagnes de Chalon-sur-Saône.
Chalonn.

Chamitique. — Afrique; nom du ber= ceau des langues égyptienne & éthio= pienne.
Chamitiq.

Charollais. — Europe, France; dans le département de Saône-et-Loire (an= cien Charollais), ce patois bourgui= gnon est toujours en vigueur.
Charoll.

Chol. — Amérique centrale, Mexique & Guatémala; idiome huaztec de la province mexicaine de Chiapas & du Guatémala.
Chol.

Chontal. — Amérique centrale; dialecte huaztec d'un peuple établi au Guaté= mala & dans les provinces mexicai= nes de Guerrero, d'Oaxaca & de Ta= basco.
Chontal.

Cokhoh. — Amérique centrale, Guaté= mala; un langue mame de la famille huaztèque.
Cokhoh.

Côte-d'Or. — Europe, France; ce patois de la Bourgogne est encore usité dans le département qui porte son nom.
C. d'Or.

Cunéiforme. — Type de lettres faites de coins assemblés en sens divers. — Les livres assyriens sont imprimés en caractères cunéiformes.

Démotique. — Cet adjectif désigne l'é= criture populaire des anciens Égyp= tiens.

Dévanâgari. — Asie; ancienne langue d'un peuple qui a disparu de l'Inde britannique.
Dévanâg.

Dijonnais. — Europe, France; le patois bourguignon spécial à l'agglomération de Dijon (Côte-d'Or).
Dijon.

Éfik. — Afrique; idiome connu dans le Niger français.
Efik.

Estranghelo. — Asie; nom du vieil al= phabet syriaque.

Fakaafo. — Océanie, Pacifique équato=

rial; ce jargon est parlé par les insulaires de Fakaafo.

Fakaafo.

Fiote. — Afrique, Congo indépendant.

Fiote.

Genevois. — Europe, Suisse; patois des faubourgs de Genève.

Genev.

Haïtien. — Amérique, Antilles; langue de la république de Saint-Domingue.

Haïti.

Kisouahéli, ☞ souahéli.

Kouvaraoun. — Asie, Japon. — Un des dialectes du groupe de Formose.

Kouvar.

Lesbien. — Europe, Grèce; ancien dialecte de l'île de Lesbos

Lesbien.

Mauritanien, ☞ mauresque.

Opique, ☞ osque.

Osque. — Europe, Italie; ancienne langue d'une peuplade pélasgienne qui vivait sur les bords du Tibre.

Osque.

Ousagara. — Afrique orientale allemande; idiome qui de l'ouest du lac Tanganika s'étend à l'océan Indien.

Ousagara.

Prussien. — Europe, Prusse; ancienne langue barbare de la Prusse.

Pruss.

Quichua. — Amérique centrale; ils sont 100,000 les indiens de la république de l'Equateur qui s'expriment en quichua.

Quichua.

Roubiana. — Océanie, Mélanésie; dialecte d'une des îles Salomon.

Roubian.

Samnite. — Europe, Italie. — Le peuple samnite vivait entre le Latium, la Campanie & l'Adriatique.

Samnit.

Sara. — Afrique, lac Tchad; c'est l'idiome de la tribu des Manbaté.

Sara.

Suève. — Europe, Allemagne; langue d'un peuple de l'ancienne Germanie.

Suève.

I

RÉPARTITION DES LANGUES

LANGUES AFRICAINES

1 — Abbadi. — Égypte.
2 — Abyssin. — Abyssinie.
3 — Accra. — Accra & Côte-d'Or.
4 — Achânti. — Achântis, Côte-d'Or.
5 — Adamaoua. — Congo français & Cameroun.
6 — Agaou. — Abyssinie.
7 — Agni. — Côte-d'Ivoire.
8 — Algérien. — Algérie.
9 — Amarique. — Abyssinie.
10 — Amaxosa. — Natal.
1 — Amharna. — Abyssinie.
2 — Angola. — Angola.
3 — Aourimi. — Congo indépendant.
4 — Arabe. — Algérie, Arabie, Égypte, Maroc, Syrie, Tripolitaine & Tunisie.
5 — Attie. — Côte-d'Ivoire.
6 — Axumique. — Abyssinie.
7 — Azande. — Soudan égyptien.
8 — Bafo. — Cameroun.
9 — Bahgrimma. — Soudan.
20 — Bakounda. — Cameroun.
1 — Bali. — Cameroun.
2 — Baloung. — Cameroun.
3 — Bambara. — Niger, Nigéria & Soudan français.
4 — Bangala. — Congo indépendant.
5 — Banjan. — Cameroun.
6 — Bantou. — Congo français & indépendant.
7 — Bapoto. — Congo indépendant.
8 — Barbarin. — Nubie (Égypte).
9 — Barotse. — Zambézie (Afrique orientale britann.).
30 — Basari. — Côte-d'Or, Soudan français & Togo.
1 — Bassouto. — Bassouto.
2 — Batta. — Soudan.
3 — Baule. — Côte-d'Ivoire.
4 — Baya. — Congo français.
5 — Bénoué. — Nigéria.
6 — Berbère. — Berbérie (Algérie).
7 — Bisa. — Congo.
8 — Bogo. — Abyssinie & Nubie.
9 — Bondéi. — Zanzibar.
40 — Bornou. — Nigéria.
1 — Boschiman. — Colonie du Cap.
2 — Bullom. — Sierrra Leone.
3 — Cafre. — Zambézie (Afrique orient. britann.).
4 — Calabar. — Guinée portugaise.
5 — Calabar vieux. — Côte occidentale.
6 — Cameroun. — Cameroun.
7 — Chaga. — Afrique orientale britannique.
8 — Châmba. — Soudan.
9 — Chamitique. — Égypte & Éthiopie.
50 — Changalla. — Abyssinie.

51 — Chaouiah. — Kabylie (Algérie).
2 — Chellouque. — Nubie (Égypte).
3 — Chouli. — Égypte.
4 — Congolais. — Congo français & indépendant.
5 — Copte. — Égypte.
6 — Côte-d'Ivoire. — Côte-d'Ivoire.
7 — Créole mauritien. — Ile Maurice & Madagascar.
8 — Dahoman. — Dahomey.
9 — Daukali. — Danakil (Mer Rouge).
60 — Dongola. — Égypte.
1 — Douala. — Cameroun.
2 — Efik. — Niger.
3 — Égyptien. — Égypte.
4 — Éoué. — Côte-d'Or.
5 — Érytréen. — Érytrée.
6 — Etbaï. — Nubie (Égypte).
7 — Éthiopien. — Abyssinie.
8 — Falacha. — Abyssinie.
9 — Fali. — Soudan.
70 — Fân. — Congo français & Cameroun.
1 — Fanti. — Côte-d'Or.
2 — Fernandien. — Fernando Po.
3 — Ffon. — Dahomey.
4 — Fiote. — Congo indépendant.
5 — Forien. — Soudan égyptien.
6 — Foula. — Soudan français.
7 — Foulfoudé. — Soudan français.
8 — Franc. — Dans les ports méditerranéens.
9 — Français. — Dans les villes africaines.
80 — Gabouu. — Congo français.
1 — Galla. — Abyssinie.
2 — Ganda. — Afrique orientale allemande & britann.
3 — Ghâ. — Accra, Côte-d'Or & Guinée britannique.
4 — Ghéz. — Abyssinie.
5 — Giryama. — Afrique orientale britannique.
6 — Gnika. — Afrique orientale britannique.
7 — Gogo. — Soudan français.
8 — Gonja. — Côte-d'Or.
9 — Gouamba. — Transvaal.
90 — Gourma. — Gourma.
1 — Hausa. — Nigéria.
2 — Haut-Nil. — Égypte.
3 — Haut-Sobat. — Abyssinie.
4 — Hébreu. — Dans toute l'Afrique.
5 — Herrero. — Sud-ouest africain.
6 — Hinou. — Côte-d'Or.
7 — Hova. — Madagascar.
8 — Ibo. — Nigéria.
9 — Ihoko. — Congo indépendant.
100 — Igara. — Nigéria.
1 — Igbira. — Nigéria.
2 — Itton-galla. — Abyssinie.
3 — Jabali. — Berbérie (Algérie).
4 — Ja-louo. — Ouganda (Afrique orient. britann.).

LES LANGUES AFRICAINES

105 — Kabyle. — Kabylie (Algérie).
6 — Kagourou. — Afrique équatoriale.
7 — Kamba. — Afrique orientale britann.
8 — Kânem. — Soudan égyptien.
9 — Kanoûri. — Soudan français.
110 — Karanga. — Afrique orientale britann.
1 — Kaviroudo. —
2 — Ketoch. — Afrique orientale britannique.
3 — Kikouyou. — Afrique orientale britannique.
4 — Kilimane. — Afrique orientale portugaise.
5 — Kimboundou. — Congo indépendant.
6 — Koi. — Sud-ouest africain.
7 — Kossova. — Afrique orientale britannique.
8 — Kotoko. — Soudan.
9 — Lac Chiroua. — Afrique orientale portugaise.
120 — Lac Rodolphe. — Afrique orientale britannique.
1 — Loango. — Congo français.
2 — Lomoue. — Afrique orientale portugaise.
3 — Lou-ouanga. — Afrique orientale britannique.
4 — Lousinga. — Afrique orientale britannique.
5 — Machona. — Afrique orientale britannique.
6 — Magounza. — Congo indépendant.
7 — Makoua. — Afrique orient. allemande & portug.
8 — Malgache. — Madagascar.
9 — Malinqué. — Sénégal.
130 — Mandara. — Nigéria.
1 — Mandingue. — Sénégal.
2 — Mangbattou. — Congo indépendant.
3 — Maritime. — Sur les côtes & dans les ports.
4 — Marocain. — Maroc.
5 — Masaï. — Afrique équatoriale.
6 — Mauresque. — Mauritanie.
7 — Mbounda. — Bantous.
8 — Mende. — Sierra Leone.
9 — Mitton. — Égypte.
140 — Mobali. — Congo indépendant.
1 — Moudounga. — Congo indépendant.
2 — Mossi. — Soudan français.
3 — Mozambique. — Afrique orientale portugaise.
4 — Mpongoué. — Congo français.
5 — Mzabi. — Algérie.
6 — Namaqua. — Sud-ouest africain.
7 — Nandi. — Afrique orientale britannique.
8 — Niam-Niam. — Soudan égyptien.
9 — Nika. — Afrique orientale britannique.
150 — Noupé. — Nigéria.
1 — Nubien. — Égypte.
2 — Nyanyembé. — Bantous.
3 — Nyasa. — Afrique orientale portugaise.
4 — Odji. — Achantis, Côte d'Or & Guinée britann.
5 — Oshindonga. — Sud-ouest africain.
6 — Ouadaï. — Soudan français.
7 — Ounlano. — Égypte.
8 — Ounbangui. — Congo français.
9 — Ouellé. — Congo indépendant.
160 — Ouganda. — Afrique orientale britannique.
1 — Ouolof. — Sénégambie.
2 — Ousagara. — Afrique orientale allemande.
3 — Pédi. — Transvaal.
4 — Pokomo. —
5 — Popo. — Dahomey.
6 — Riffi. — Maroc.
7 — Rotse. — Bantous.
8 — Saharien. — Sahara.
9 — Sara — Lac Tchad
170 — Sénégalais. — Sénégal.
1 — Senna. — Afrique orientale portugaise.
2 — Serer. — Sénégal.
3 — Sessouto. — Bassouto.
4 — Setchouana. — Colonie du Cap.
5 — Sierra Leone. — Sierra Leone.
6 — Somali. — Somalie.
7 — Songhai. — Soudan français.
8 — Soninqué. — Sénégal.
9 — Souahéli. — Zanzibar & Afrique orientale allem.

LES LANGUES AMÉRICAINES

180 — Soudanais égyptien. — Égypte.
1 — Soudanais français. — Soudan français.
2 — Soukouma. — Bantous.
3 — Taita. — Afrique orientale britannique.
4 — Taveta. — Afrique équatoriale.
5 — Téda. — Soudan.
6 — Temne. — Sierra Leone.
7 — Tigraï. — Abyssinie.
8 — Togo. — Togo.
9 — Touareg. — Sahara.
190 — Tripolitain. — Tripolitaine.
1 — Uroua. — Congo indépendant.
2 — Yao. — Mozambique portugais.
3 — Yolof. — Gambie.
4 — Yorouba. — Nigéria.
5 — Zambézien. — Mozambique portugais.
6 — Zanzibarite. — Zanzibar.
7 — Zoulou. — Natal.

LANGUES AMÉRICAINES

1 — Alaska. — États-Unis Amérique Nord.
2 — Anglais. —   „   „ & Canada.
3 — Araucanien. — Chili.
4 — Arctique. — Canada.
5 — Assiniboin. — Canada.
6 — Aymara. — Pérou.
7 — Aztèc. — Mexique.
8 — Baie d'Hudson. — Canada.
9 — Brésilien. — Brésil.
10 — Cachiquel. — Guatémala.
1 — Caichi. —
2 — Californien. — États-Unis Amérique Nord.
3 — Canadien. — Canada.
4 — Caraïbe. — Antilles.
5 — Caribe. — Guatémala & Mexique.
6 — Chinouque. — Canada.
7 — Chippaouny. —
8 — Chol. — Guatémala & Mexique.
9 — Chontal. —   „   „
20 — Cri. — Canada.
1 — Cokhoh. — Guatémala.
2 — Espagnol. — Antilles, Argentine, Chili, Équateur, Bolivie, États-Unis de Colombie, Guyane, Costa-Rica, Guatémala, Honduras, Mexique, Nicaragua, Panama, Paraguay, Pérou, San Salvador, Vénézuéla, partie du Brésil & le sud des États-Unis Amérique Nord, Uruguay, Équateur.
3 — Esquimau. — Alaska, Groenland & Labrador.
4 — Floridien. — États-Unis Amérique Nord.
5 — Français. — Antilles, Canada, Guyane française & dans les classes élevées de toutes les contrées américaines.
6 — Galibi. — Guyane française.
7 — Goajira. — États-Unis de Colombie & Vénézuéla.
8 — Gouarani. — Argentine Bolivie, Brésil & Paraguay.
9 — Groenlandais. — Groenland.
30 — Haïdah. — Canada & Colombie britannique.
1 — Haïtien. — Saint-Domingue.
2 — Hébreu. — Partout où il y a des Juifs.
3 — Huaztec. — Guatémala & Mexique.
4 — Ikhil. — Guatémala.
5 — Indien Beaver. — États-Unis Amérique Nord.
6 — Indien Pied-Noir. — Canada.
7 — Indien Pimo. — Mexique.
8 — Ingalique. — États-Unis Amérique Nord.
9 — Iroquois. —   „   „   & Canada.
40 — Jamaïcien. — Jamaïque.
1 — Kadiak. — États-Unis Amérique Nord.
2 — Knigân. —
3 — Kénaï. —   „   „   „ ; Esquimaux

44 — Lacandon. — Guatémala & Mexique.
6 — Mame. — Guatémala & Mexique.
7 — Maya. — „ „
8 — Mic-Mac. — Canada.
9 — Mohawk. — „
50 — Montagnais. — „ & États-Unis Amérique Nord
1 — Négro-anglais. — Guyane britannique.
2 — Peten. — Guatémala.
3 — Pocoman. — Guatémala.
4 — Portugais. — Brésil.
5 — Punctune. — Mexique.
6 — Quágoutl. — Canada.
7 — Quiché. — Guatémala & Mexique.
8 — Quitchoua. — Pérou.
9 — Sauteux. — Canada.
60 — Sitka. — États-Unis Amérique Nord.
1 — Slavé. — Canada.
2 — Sutughil. — Guatémala.
3 — Tinné. — Canada.
4 — Totona. — Mexique.
5 — Toudoukh. — États-Unis Amérique Nord.
6 — Tzendal. — Mexique.
7 — Vénézolan. — Vénézuéla.
8 — Yagan. — Argentine & Chili.
9 — Yakoutat. — États-Unis Amérique Nord.
70 — Yucatèque. — Mexique.

LANGUES ASIATIQUES

1 — Afghan. — Afghanistan.
2 — Abom. — Siam.
3 — Aino. — Iles Kouriles & de Sakhalin & Japon.
4 — Aléoutien. — Iles Aléoutes & détroit de Behring.
5 — Amoi. — Chine.
6 — Anglais. — Inde britannique.
7 — Anglo-indien. — Inde britannique.
8 — Annamite. — Annam.
9 — Arabe. — Arabie & Syrie.
10 — Arakan. — Birmanie britannique.
1 — Arménien de l'Ararat. — Turquie d'Asie.
2 — Arménien moderne. — „ „
3 — Assamais. — Inde britannique.
4 — Assyrien. — Turquie d'Asie.
5 — Ataiyal. — Formose.
6 — Babylonien. — Turquie d'Asie.
7 — Balouche. — Balouchistan.
8 — Batta. — Ile de Sumatra.
9 — Bengali. — Inde britannique.
20 — Birman. — Birmanie.
1 — Bhadarvari. — Inde britannique.
2 — Boughi. — Iles des Célèbes.
3 — Bouriate. — Sibérie.
4 — Cachemire. — Inde britannique.
5 — Cambodgien. — Cambodge.
6 — Canara. — Inde britannique.
7 — Cantonais. — Chine.
8 — Carchoum. — Turquie d'Asie.
9 — Célèbes. — Iles des Célèbes.
30 — Ceylanais. — Ile de Ceylan.
1 — Châhpour. — Inde britannique.
2 — Chaldéen. — Turquie d'Asie.
3 — Chamba. — Inde britannique.
34 — Chang-Hai. — Chine.
5 — Chignan. — Inde britannique.
6 — Chimbo. — Birmanie.
7 — Chinbok. — „
8 — Chin Hills. — „
9 — Chinois. — Chine.
40 — Chong-Chia-tsé. — Chine.
1 — Choung-kia. — Inde britannique.
2 — Cingalais. — Ile de Ceylan.
3 — Cochinchinois. — Indo-Chine.

44 — Concani. — Inde britannique.
5 — Coréen. — Corée.
6 — Dâkchani. — Inde britannique.
7 — Dardoui. — „ „
8 — Dayak. — Ile de Bornéo.
9 — Dévanâgar. — Inde britannique.
50 — Djagatai. — Turkestan russe.
1 — Djouang. — Inde britannique.
2 — Dogri. — „ „
3 — Dravidien. — „ „
4 — Dravidien. — „ „
5 — Estranghelo. — Turquie d'Asie.
6 — Ferghana. — Turkestan russe.
7 — Formosan. — Formose.
8 — Fou-tchéou. — Chine.
9 — Gadaba. — Inde britannique.
60 — Garos. — „
5 — Gond. — Inde britannique.
2 — Goudjerate. — Inde britannique.
3 — Hai-nan. — Chine.
4 — Hakka. — „
5 — Hang-Chek. — Indo-Chine.
6 — Harem. — Siam.
67 — Hatou. — Chine.
8 — Hébreu. — Partout.
9 — Himyarite. — Arabie.
70 — Hindoustani. — Inde britannique.
1 — Hou-ni. — Chine.
2 — Iakoute. — Sibérie.
3 — Ilocano. — Iles Philippines.
4 — Indo-portugais. — Ile de Ceylan.
5 — Indou. — Inde britannique.
6 — Iranien. — Afghanistan, Arménie, Balouchistan & Perse.
7 — Japonais. — Japon.
8 — Jatki. — Inde britannique.
9 — Javanais. — Ile de Java.
80 — Kafiri. — Inde britannique.
1 — Kalmouque. — Chine & Sibérie.
2 — Kami. — Birmanie.
3 — Kamtchadale. — Sibérie.
4 — Kam-ti. — Siam.
5 — Kau-sou. — Chine.
6 — Kaoui. — Ile de Java.
7 — Karagasse. — Sibérie.
8 — Karên. — Birmanie & Indo-Chine.
9 — Kermanji. — Turquie d'Asie.
90 — Khaien. — Birmanie.
1 — Kharia. — Inde britannique.
2 — Khas Chos. — Indo-Chine, Laos & Siam.
3 — Khassia. — Inde britannique.
4 — Khiva. — Turkestan russe.
5 — Khmer. — Indo-Chine.
6 — Kho. — Birmanie.
7 — Khond. — Inde britannique.
8 — Kirghiz. — Sibérie.
9 — Kitchvari. — Inde britannique.
100 — Ko. — Java.
1 — Koi. — Inde britannique.
2 — Kolarien. — Inde britannique.
3 — Koriak. — Sibérie.
4 — Korwa. — Inde britannique.
5 — Kota. — Inde britannique.
6 — Koudougou. — Inde britannique.
7 — Kouei-tchau. — Chine.
8 — Kouénam. — Inde britannique.
9 — Koui. — Birmanie.
110 — Koumi. — „
2 — Kour. — Inde britannique.
3 — Kourde. — Perse & Turquie d'Asie.
4 — Kouvaruom. — Formose.
5 — Kové. — Java.
6 — Kromo. — „
7 — Labrador. — Canada.
8 — Lao-kai. — Chine & Indo-Chine.
9 — Laotien. — Indo-Chine.

LES LANGUES ASIATIQUES

120 — Lepcha. — Inde britannique.
1 — Liou-Kiou. — Japon.
2 — Lolo. — Chine.
3 — Macassar. — Iles des Célèbes.
4 — Magadha. — Inde britannique.
5 — Maghadi. — " "
6 — Maharatte. — " "
7 — Malais. — Iles de Batavia & Moluques.
8 — Malayalam. Inde britannique.
9 — Maldives. — Inde britannique.
130 — Mal-Pahâria. — Inde britannique.
1 — Mandchou. — Chine.
2 — Man soung. — Chine & Indo-Chine.
3 — Mehto. — Inde britannique.
4 — Mentaouei. — Ile de Sumatra.
5 — Mésopotamien. — Turquie d'Asie.
6 — Metcheriaks. — Sibérie.
7 — Miao-tsé. — Birmanie & Chine.
8 — Min-kia. — Chine.
9 — Mongol. — "
140 — Mough. — Birmanie.
1 — Moundari. — Inde britannique.
2 — Mrou. — Birmanie.
3 — Musulman du Bengale. — Inde britannique.
4 — Nankin. Chine.
5 — Népaul. — Inde britannique & Népaul.
6 — Nestorien. — Perse & Turquie d'Asie.
7 — Ngoko. — Ile de Java.
8 — Nhan. — Chine & Indo-Chine.
9 — Niasien. — Indes néerlandaises.
150 — Nicobarais. — Inde britannique.
1 — Ning-Po. — Chine.
2 — Nongo. — États de Chan & Siam.
3 — Noung. — Chine.
4 — Orissa. — Inde britannique.
5 — Ouakhan. — " "
6 — Ouélaung. — Birmanie.
7 — Ouraon. — Inde britannique.
8 — Ougrien. — Sibérie.
9 — Ourya. — Inde britannique.
160 — Pahari. — " "
1 — Pai. — États de Chan.
2 — Pali. — Ile de Ceylan.
3 — Pamir. — Afghanistan, Inde britannique & Russie d'Asie.
4 — Pangasinan. — Iles Philippines.
5 — Pazzehe. — Formose.
6 — Pégouan. — Birmanie.
7 — Pehlvi. — Perse.
8 — Pei-po. — Formose.
9 — Pékin. — Chine.
170 — Persan. — Afghanistan & Perse.
1 — Phénicien. — Turquie d'Asie.
2 — Pouchtou. — Afghanistan.
3 — Poula. — Chine.
4 — Pundjab. — Inde britannique.
5 — Radjmahali. — Inde "
6 — Rakhén. — Birmanie.
7 — Ramband. — Inde britannique.
8 — Rivière Noire. — Siam.
9 — Rochuan. — Afghanistan.
180 — Romaji. — Japon.
1 — Sabéen. — Arabie.
2 — Samoïede de Sibérie. — Sibérie.
3 — " d'Iénisséi. — "
4 — " -ostiaque. — "
5 — Sangirais. Archipel malais.
6 — Sanscrit. — Inde britannique.
7 — Santali. — " "
8 — Savara. — " "
9 — Scythe. — Russie d'Asie.
190 — Siamois. — Siam.
1 — Sibérien. — Sibérie.
2 — Sindhi. — Inde britannique.
3 — Soiote. — Sibérie.
4 — Sondanais. — Java.

195 — Sontal. — Inde britannique.
6 — Souatow. — Chine.
7 — Sumatrais. — Ile de Sumatra.
8 — Syriaque. — Turquie d'Asie.
9 — Tagal. — Iles Philippines.
200 — Tamoul. — Inde britannique.
1 — Tangoute. — Chine.
2 — Tâtar. — Chine & Turquie d'Asie.
3 — Tâtar mandchou. — Chine.
4 — Tâtar mongol. — " "
5 — Tauugtha. — Birmanie.
6 — Tavghi. — Russie.
7 — Télégou. — Inde britannique.
8 — Thai. — Siam.
9 — Thibétain. — Thibet.
210 — Thos. — Indo-Chine.
1 — Tinguian. — Iles Philippines.
2 — Tobago. — Formose.
3 — Toda. — Inde britannique.
4 — Tonkinois. — Indo-Chine.
5 — Toulou. — Inde britannique.
6 — Toungouse. — Chine & Sibérie.
7 — Touranien. — Chine, Japon & Sibérie.
8 — Tso-o. — Formose.
9 — Turc de Karassi. — Turquie d'Asie.
220 — Turcoman. — Turkestan.
1 — Uzbèque. — Turkestan.
2 — Vogoule. — Sibérie.
3 — Vonum. — Formose.
4 — Votiaque. — Sibérie.
5 — Yayo. — Chine.
6 — Yindi-chin. — Birmanie.
7 — Yunnan. — Chine.
8 — Zend. — Perse, Sibérie & Turkestan.
229 — Zirian. — Turquie d'Asie.

LANGUES EUROPÉENNES

1 — Abaze. — Russie.
2 — Akoucha. — "
3 — Albanais. — Turquie.
4 — Allaman. — Allemagne.
5 — Allemand (bas-). — Allemagne, Alsace-Lorraine, Luxembourg, Moresnet & Suisse.
6 — Allemand moderne. — Allemagne, Basse-Autriche.
7 — Alpes. — Dans les Alpes suisses.
8 — Andi. — Russie.
9 — Angevin. — France.
10 — Anglais. — Iles britanniques & Gibraltar.
1 — Anglais vieux. — Angleterre.
2 — Anglo-saxon. — Angleterre & Saxe.
3 — Argot. — France.
4 — Arménien ancien. — Turquie.
5 — Arménien moderne. — Turquie.
6 — Arménien russe. — Russie.
7 — Auramoiset. — Finlande.
8 — Autunois. — France.
9 — Auvergnat. — France.
20 — Auxois. — France.
1 — Avâr. — Russie.
2 — Avranchinais. — France.
3 — Bachkir. — Russie.
4 — Bas-latin. — France.
5 — Basque espagnol. — Andorre & Espagne.
6 — Basque labourdin. — France.
7 — Basque souletin. — France.
8 — Bas-rhénan. — Prusse.
9 — Bas-saxon. — Saxe.
30 — Bayeusain. — France.
1 — Béarnais. — France.
2 — Berrichou. — France.
3 — Bessan. — France.
5 — Bessermènes. — Russie.
6 — Blaisois. — France.

37 — Blaisois lorrain. — France.
   8 — Bosniaque. — Bosnie.
   9 — Bourguignon. — France.
  40 — Bressan. — France.
   1 — Breton ancien. — France.
   2 — Breton moderne. — France.
   3 — Breton moyen. — France.
   4 — Bugiste. - France.
   5 — Bulgare. - Bulgarie.
   6 — Caennais. · France.
   7 — Caledonian. — Écosse.
   8 — Candioté. — Ile de Crète.
   9 — Canezard. — France.
  50 — Carélien. — Russie.
   1 — Castillan. — Espagne.
   2 — Catalan. — Espagne.
   3 — Catalan vieux.   Espagne.
   4 — Caucasien. — Russie.
   5 — Celtique. — France & îles britanniques.
   6 — Chalonnais. — France.
   7 — Champenois. — France.
   8 — Charollais. — France.
   9 — Chartrain. — France.
  60 — Cherbourgeois. — France.
   1 — Cimraeg. — Angleterre.
   2 — Circassien. — Russie.
   3 — Commingeais. — France.
   4 — Condéen. — France.
   5 — Cornique. — Angleterre.
   6 — Cornouaillais. — France.
   7 — Corse. — France.
   8 — Côte-d'Or. — France.
   9 — Couserans. — France.
  70 — Coutançais. — France.
   1 — Crétois. — Ile de Crète.
   2 — Croate. — Bosnie, Croatie, Dalmate, Esclavonie, Herzégovine, Hongrie, Monténégro, Serbie.
   3 — Cymrique. — Belgique, France, îles britanniques.
   4 — Dalmate. — Hongrie.
   5 — Danois. — Danemark & Norvège.
   6 — Dauphinois. — France.
   7 — Dido. — Russie.
   8 — Dijonnais. — France.
   9 — Doubs. — France.
  80 — Éolien. — Grèce.
   1 — Erdsa mordouine. — Russie.
   2 — Erse. — Irlande.
   3 — Esclavon. — Hongrie.
   4 — Escualdun.   Vallées d'Andorre.
   5 — Espagnol. — Espagne.
   6 — Espagnol vieux. · Espagne.
   7 — Esthonien. — Russie.
   8 — Étrusque. — Italie.
   9 — Falaisien. — France.
  90 — Finlandais. — Finlande.
   1 — Finnois. — Finlande & Russie.
   2 — Finnois de la Baltique. — Finlande.
   3 — Finnois des provinces baltiques. — Russie.
   4 — Finnois du Volga. — Russie.
   5 — Finno-tatar. — Russie.
   6 — Flamand. — France & Belgique.
   7 — Florentin. — Italie.
   98 — Forézien. — France.
   9 — Français. — Alsace-Lorraine, Belgique, France, Luxembourg, Monaco, Suisse & dans les classes élevées de toutes les contrées du globe. | C'est aussi la langue *officielle* diplomatique.
 100 — Franc-comtois. — France.
   1 — Franconien. — Bavière.
   2 — Frioulan. — Autriche.
   3 — Frison. — Allemagne & Pays-Bas.
   4 — Gaélique. — Écosse.
   5 — Gallego. — Espagne.
   6 — Gallois. — Angleterre.
   7 — Gascon. —, France.

 108 — Gaulois. — Belgique, France, Suisse; partie de l'Allemagne.
   9 — Genevois. — Suisse.
 110 — Géorgien. — Russie.
   1 — Germanique. — Allemagne.
   2 — Ghégue. — Turquie.
   3 — Gitano. — Espagne & France.
   4 — Gothique. — Allemagne.
   5 — Grand-russien. — Russie.
   6 — Grec ancien. — Grèce.
   7 — Grec moderne. — Grèce.
   8 — Grégorien. — Russie.
   9 — Haut-saxon. — Saxe.
 120 — Hébreu. — Partout.
   1 — Hollandais. — Pays-Bas.
   2 — Hongrois. — Hongrie.
   3 — Ibérien. — Espagne & Portugal.
   4 — Ingrien. — Russie.
   5 — Isérois. — France.
   7 — Islandais. — Islande.
   8 — Italien. — Autriche, Italie, Monaco, San Marino & Suisse.
   9 — Jurassien. — France.
 130 — Kaboutchi. — Russie.
   1 — Kalmouque. — Russie.
   2 — Kamacintzy. · Russie.
   3 — Karthli. — Russie.
   4 — Kassoube. — Allemagne.
   5 — Kazi-Koumouk. — Russie.
   6 — Koïbales. — Russie.
   7 — Koïsouboül. — Russie.
   8 — Ladin. — Autriche & Suisse.
   9 — Langue d'oc.   France.
 140 — Languedocien. · France.
   1 — Langue d'oïl. — France.
   2 — Langue verte. — France.
   3 — Lapon norvégien. — Norvège.
   4 — Lapon russe. - Russie.
   5 — Lapon suédois. — Suède.
   6 — Latin. — Latium & Saint-Siège.
   7 — Laze. - Russie.
   8 — Léonais. — France.
   9 — Lesbien. — Grèce.
 150 — Lesghi. — Russie.
   1 — Lette. — Russie.
   2 — Lexovien. — France.
   3 — Limousin. — France.
   4 — Lithuanien. - Pologne, Prusse & Russie.
   5 — Lives. — Russie.
   6 — Londonderry. - Irlande.
   7 — Lorrain. — France.
   8 — Luxembourgeois. — Luxembourg.
   9 — Macédonien.   Grèce & Turquie.
 160 — Maltais. — Ile de Malte.
   1 — Manx. — Iles britanniques.
   2 — Matores. · Russie.
   3 — Meusien. — France.
   4 — Milanais. - Italie.
   5 — Mingrélien. — Russie.
   6 — Mokchânes. - Russie.
   7 — Moldave.   Roumanie & Russie.
   8 — Monténégrin. — Monténégro.
   9 — Mordouine. — Russie.
 170 — Moréen. — Grèce.
   1 — Mortagnais. — France.
   2 — Mortainnais. — France.
   3 — Morvandeau. — France.
   4 — Nancéen.   France.
   5 — Niçard. — France.
   6 — Noirmoutier. — France.
   7 — Normand. — France.
   8 — Norse. — Scandinavie.
   9 — Norvégien. — Norvège.
 180 — Oghamique. - Irlande.
   1 — Ombrien. — Italie.
   2 — Opique. — Italie.

LES LANGUES EUROPÉENNES

183 — Orne. — France.
4 — Osque. — Italie.
5 — Ossète. — Russie.
6 — Ostiaque. — Russie.
7 — Pélasgien. — Grèce.
8 — Périgourdin. — France.
9 — Permiak. — Russie.
190 — Permien. — Russie.
1 — Petit-russien. — Russie.
2 — Picard. — France.
3 — Poitevin. — France.
4 — Polonais. — Autriche, Prusse & Russie.
5 — Pontépiscopien. — France.
6 — Portugais. — Portugal.
7 — Provençal. — France.
8 — Prussien. — Prusse.
9 — Pyrénéen. — Espagne, France & Vallées d'Andorre.
200 — Quercinois. — France.
1 — Qvène. — Russie.
2 — Rémois. — France.
3 — Rennais. — France.
4 — Rhétique. — Suisse.
5 — Roman. — Belgique, France & Suisse.
6 — Romanche. — France & Suisse.
7 — Rouchi. — Belgique & France.
8 — Rouennais. — France.
9 — Roumain. — Roumanie.
210 — Rouméliote. — Bulgarie.
1 — Roussillonnais. — France.
2 — Runique. — Scandinavie.
3 — Russe. — Russie.
4 — Russie Blanche. — Russie.
5 — Ruthène. — Russie.
6 — Saint-Loi. — France.
7 — Saintongeais. — France.
8 — Sumite. — Italie.
9 — Samogitien. — Russie.
220 — Samoïède. — Russie.
1 — " d'Archangel. — Russie.
2 — Sarte. — Russie.
3 — Savoisien. — France.
4 — Savolaque. — Russie.
5 — Saxon. — Saxe.
6 — Scandinave. — Scandinavie.
7 — Scythe. — Russie.
8 — Serbe. — Serbie.
9 — Sicilien. — Italie.
230 — Skipéia. — Turquie.
1 — Slave. — Autriche, Bosnie, Bulgarie, Herzégovine, Hongrie, Monténégro, Pologne, Russie, Serbie.
2 — Slovaque. — Hongrie.
3 — Slovène. — Autriche.
4 — Smoudsky. — Russie.
5 — Souane. — Russie.
6 — Suédois. — Suède.
7 — Suève. — Allemagne.
8 — Syrienne. — Russie.
9 — Tarn. — France.
240 — Tâtar. — Finlande, Russie & Turquie.
1 — Tâtar du Caucase. — Russie.
2 — Tavaste. — Russie.
3 — Tchèque. — Autriche.
4 — Tchérémisse. — Russie.
5 — Tcherkesse. — Russie.
6 — Tchetchenz. — Russie.
7 — Tchoude. — Russie.
8 — Tchouvache. — Russie.
9 — Teptière. — Russie.
250 — Teuton. — Allemagne.
1 — Toscan. — Italien.
2 — Toske. — Turquie.
3 — Tourunien. — Finlande, Hongrie, Russie, Turquie.
4 — Trécorrois. — France.

255 — Troubadours. — France.
6 — Trouvères. — France.
7 — Tudesque. — Allemagne.
8 — Turc. — Turquie.
9 — Turc de Crimée. — Russie.
260 — Turc de Kazan. — Russie.
1 — Turc du Caucase. — Russie.
2 — Turc tâtar. — Russie.
3 — Valaque. — Roumanie.
4 — Valognais. — France.
5 — Vannetais. — France.
6 — Vaudois. — Italie.
7 — Vende. — Prusse & Saxe royale.
8 — Vendéen. — France.
9 — Verdunois. — France.
270 — Virois. — France.
1 — Volsque. — Italie.
2 — Vote. — Russie.
3 — Wallon. — Belgique.
4 — Wende. — Prusse.
5 — Yenuais. — France.
6 — Zyriane. — Russie.

LANGUES OCÉANIENNES

1 — Aneityoum. — Nouvelles-Hébrides.
2 — Anglais. — Australie, colonies britanniques, Nouvelle-Zélande.
3 — Anioua. — Nouvelles-Hébrides.
4 — Api. — Nouvelles-Hébrides.
5 — Archipel Bismarck. — Archipel Bismarck.
6 — Aroma. — Nouvelle-Guinée.
7 — Australien. — Australie.
8 — Calédonien. — Nouvelle-Calédonie.
9 — Canaque. — Nouvelle-Calédonie.
10 — Ébon. — Iles Marshall.
1 — Erromaugais. — Nouvelles-Hébrides.
2 — Fakuafo. — Ile de Fakuafo.
3 — Faté. — Nouvelles-Hébrides.
4 — Fidjien. — Iles Fidji.
5 — Foutouna. — Nouvelles-Hébrides.
6 — Français. — Nouvelle-Calédonie & les colonies françaises.
7 — Gilbert. — Iles Gilbert.
8 — Havaïen. — Iles Havaïennes.
9 — Hébreu. — Partout.
20 — Iaïn. — Nouvelle-Calédonie.
1 — Ile d'York. — Nouvelle-Irlande.
2 — Iles Salomon. — Iles Salomon.
3 — Jibou. — Nouvelle-Guinée.
4 — Kabadi. — Nouvelle-Guinée.
5 — Kéapara. — Nouvelle-Guinée.
6 — Kerepounou. — Nouvelle-Guinée.
7 — Kousage. — Iles Salomon.
8 — Lifou. — Ile Lifou.
9 — Maiva. — Nouvelle-Guinée.
30 — Malo. — Nouvelles-Hébrides.
1 — Manahiki. — Iles de la Société.
2 — Mangarévien. — Iles Gambier.
3 — Maori. — Nouvelle-Zélande.
4 — Maré. — Archipel Loyauté & Nouvelle-Calédonie.
5 — Marovo. — Iles Salomon.
6 — Marquisien. — Iles Marquises.
7 — Mbau. — Iles Fidji.
8 — Mekeo. — Nouvelle-Guinée.
9 — Mélanésien. — Iles de la Mélanésie.
40 — Micronésien. — Iles de la Micronésie.
1 — Motoumotou. — Nouvelle-Guinée.
2 — Murray. — Australie méridionale.
3 — Narrignéri. — Australie méridionale.
4 — Négrito. — Archipel de la Sonde.
5 — Néo-guinéen. — Nouvelle-Guinée.
6 — Ngonnais. — Nouvelles-Hébrides.

47 — Niouean. — Iles Salvages.
8 — Nouvelle-Bretagne. — Archipel Bismarck.
9 — Papou. — Nouvelle-Guinée.
50 — Polynésien. — Iles de la Polynésie.
1 — Rarotongais. — Archipel Cook.
2 — Roubiana. — Iles Salomon.
3 — Saibai. — Détroit de Torrès.
4 — Samoan. — Iles Samoa.
5 — Sandwich. — Iles hawaïennes.
6 — Taitien. — Iles de la Société.
7 — Tannais. — Nouvelles-Hébrides.
8 — Tasiko. — Nouvelles-Hébrides.
9 — Tonga. — Iles Touga.

☆

LISTE DES LANGUES PAR PAYS

ABYSSINIE, *Afrique*. Abyssin, agaou, amharna, axumique, bogo, chamitique, chaugalla, éthiopien, falacha, galla, ghéz, haut-Sobat, ittou-galla & tigraï.
ACCRA, *Afrique*. — Accra & ghâ.
ACHANTIS, *Afrique*. — Achânti & odji.
AFGHANISTAN, *Asie*. Afghan, iranien, pamir, persan, pouchtou & rochnan.
AFRIQUE ÉQUATORIALE. — Kagourou, masaï & taveta.
AFRIQUE ORIENTALE ALLEMANDE. — Ganda, makoua, mombasa, ousagara & souahéli.
AFRIQUE ORIENTALE BRITANNIQUE. — Barotse, chaga, ganda, giryama, gnika, ja-louo, kamba, ketoch, kikouyou, kossova, lac Rodolphe, lou-ouanga, karanga, lousinga, *n* achona, nandi, nika, ouganda, taita.
ALGÉRIE, *Afrique*. Algérien, arabe, berbère, chaouiah, français, jabali, kabyle & mzabi.
ALLEMAGNE, *Europe*. — Allaman, allemand moyen-âge, allemand moderne, bas-allemand, bas-saxon, franconien, frison, gaulois, germanique, gothique, haut-allemand, haut-saxon, kassoube, lithuanien, polonais, suève, teuton, tudesque, vende & wende.
ALSACE-LORRAINE, *Europe*. — Bas-allem., français.
ANGLETERRE, *Europe*. — Anglais, anglo saxon, celtique, cimraeg, cornique, cymrique, gallois, maux.
ANGOLA, *Afrique*. — Angola.
ANHALT, *Europe*. — Allemand.
ANNAM, *Asie*. — Annamite.
ANNOBON, *Afrique*. — Espagnol.
ANTILLES, *Amérique*. — Anglais, caraïbe, danois, espagnol & français.
ARGENTINE, *Amérique*. — Espagnol, gouarani, yagan
AUSTRALIE. — Anglais, australien & narrigneri.
AUTRICHE, *Europe*. — Allemand, bosniaque, croate, dalmate, frioulan, hongrois, italien, ladin, polonais, slave, slovène & tchèque.
BADE, *Europe*. — Allemand.
BALOUCHISTAN, *Asie*. — Balouche & iranien.
BANTOUS, *Afrique*. — Mbounda, nyanyembé, rotse & soukouma.
BASSOUTO, *Afrique*. — Bassouto & sessouto.
BAVIÈRE, *Europe*. — Allemand & franconien.
BEHRING (détroit de), *Asie*. — Aléoutien, sibérien.
BELGIQUE, *Europe*. — Cymrique, flamand, français, hollandais, gaulois, roman, rouchi & wallon.
BHOUTAN, *Asie*. — Hindoustani.
BIRMANIE, *Asie*. — Arakan, birman, chinbo, chinbok, chin Hills, kami, karén, khaien, kho, koui, koumi, mino-tsé, mongh, mrou, ouélamg, pégouan, rakhén, taungtha & yindou-chin.

BISMARCK (archipel), *Océanie*. - Archipel Bismarck & Nouvelle-Bretagne.
BOLIVIE, *Amérique*. - Espagnol & gouarani.
BORNÉO, *Asie*. - Dayak.
BOSNIE, *Europe*. — Bosniaque, croate, slave.
BRÊME, *Europe*. — Allemand.
BRÉSIL, *Amérique*. — Brésilien, espagnol, gouarani & portugais.
BRITANNIQUES (îles), *Europe*. Anglais, anglo-saxon, celtique, cornique, cymrique, erse, gaélique, gallois & maux.
BULGARIE, *Europe*. — Bulgare, rouméliote & slave.
CAMBODGE, *Asie*. - Cambodgien & khmer.
CAMEROUN, *Afrique*. — Adamâoua, bafo, bakounda, bali, baloung, banjan, cameroun, douaila & fân.
CANADA, *Amérique*. Anglais, arctique, assiniboin, Baie d'Hudson, canadien, chinouque, chippaouay, cri, français, haidah, indien Pied-noir, iroquois, labrador, mic-mac, mohawk, montagnais, quágoutl, santeux, slavé & tinné.
CAP (colonie du), *Afrique*. - Amaxosa, boschiman, cafre, cap sud, setchouana.
CÉLÈBES (îles), *Asie*. — Bougbi, célébéen & macassar.
CEYLAN (île) *Asie*. — Ceylanais, cingalais, indo portugais & pali.
CHAN, *Asie*. - Nongo & pai.
CHILI, *Amérique*. — Araucanien, espagnol & yagan.
CHINE, *Asie*. — Amoï, cantonais, chang-Haï, chinois, choug-chia-tsé, fou-tcheou, haï-nan, hakka, hatou, houni, kalmouque, kan-sou, kouei-tchau, lao-kaï, lolo, mandchou, man-soung, min-kia, mongol, nankin, nhan, ning-Po, noung, pékin, poula, sonatow, tangoute, tâ-tar, tâtar-mandchou, tâtar-mongol, toungouse, touranien, yayo, mino-tsé & yunnan.
COCHINCHINE, *Asie*. — Cochinchinois.
COLOMBIE BRITANNIQUE, *Amérique*. - Anglais & haidah.
COLOMBIE (États-Unis de Colombie), *Amérique*. — Espagnol & goajira.
CONGO (État indépendant du), *Afrique*. — Aourimi, bangala, bantou, bapoto, congolais, flote, ibôko, kimboundou, magounza, mangbattou, mobali, mondounga, ouellé & uroua.
CONGO FRANÇAIS. *Afrique*. — Adamâoua, bantou, baya, congolais, fân, gahoun, loango & mpongoué.
COOK (archipel), *Océanie*. — Rarotongais.
CORÉE, *Asie*. — Coréen.
COSTA-RICA, *Amérique*. — Espagnol.
COTE D'IVOIRE, *Afrique*. — Agni, attie, baule.
COTE D'OR, *Afrique*. Accra, achânti, busari, éoué, fanti, ghâ, gonja, hiaou & odji.
CRÈTE (île), *Europe*. - Candiote, crétois, grec.
CUBA, *Amérique*. — Espagnol.
DAHOMEY, *Afrique*. — Dahoman, ffon & popo.
DANAKIL, *Afrique*. — Dankali.
DANEMARK, *Europe*. — Danois, norse, runique, scandinave.
DOMINICAINE, *Amérique*. — Espagnol.
ÉCOSSE, *Europe*. — Anglais, caledonian, celtique, cymrique & gaélique.
ÉGYPTE, *Afrique*. — Abbadi, arabe, barbarin, bogo, chamitique, chellouque, chouli, copte, dongola, égyptien, ethaï, haut-Nil, hébreu, mitton, nubien, niamniam & soudanais égyptien.
ÉQUATEUR, *Amérique*. — Espagnol & quichua.
ÉRYTRÉE, *Afrique*. — Érytréen & italien.
ESPAGNE, *Europe*. - Aragonais, basque, castillan, catalan, catalan vieux, escualdun, espagnol, espagnol vieux, galicien, gallego, gitano, guipuzcoan, ibérien & pyrénéen.

ESQUIMAUX, *Amérique.* — Esquimau & kénai.
ÉTATS-UNIS AMÉRIQUE NORD. — Alaska, aléoutien, anglo-américain, californien, espagnol, esquimau, floridien, indien Beaver, ingalique, iroquois, kadiak, kaigân, kénai, montagnais, sitka, toudoukh, yakoutat.
FAKAAFO (île), *Océanie.* — Fakaafo.
FERNANDO-PO, *Afrique.* — Fernandien.
FIDJI, *Océanie.* — Fidjien & Mbau.
FINLANDE, *Europe.* — Auramoïset, finlandais, finnois de la Baltique, runique, tâtar & touranien.
FORMOSE (archipel), *Asie.* — Ataiyal, formosan, kouvaraoun, pazzche, pei-po, tobago, tso-o & vonoum.
FRANCE, *Europe.* — Angevin, argot, autunois, auvergnat, auxois, avranchinais, bas-latin, basque labourdin, basque souletin, bayeusain, béarnais, berrichon, bessan, blaisois, blaisois lorrain, bourguignon, bressan, breton ancien & moyen, breton moderne, bugiste, caennais, cauezard, celtique, chalonnais, champenois, charollais, chartrain, cherbourgeois, commingeais, condéen, cornouaillais, corse, Côte-d'Or, couserans, coutançais, cymrique, dauphinois, dijonnais, doubs, falaisien, forézien, français vieux & moderne, francomtois, gascon, gaulois, gitano, isérois, jurassien, langue d'oc, languedocien, langue d'oïl, langue verte, léonais, lexovien, limousin, lorrain, meusien, mortaguais, mortainais, morvaudeau, nancéen, niçard, noirmoutier, normand, orne, périgourdin, picard, poitevin, poutépicopien, provençal, pyrénéen, quercinois, rémois, rennais, roman, romanche, rouchi, rouennais, roussillonnais, Saint-Loi, saintongeais, savoisien, tarn, trécorrois, valognais, vannetais, vendéen, verdunois, virois & yonnais.
GAMBIE, *Afrique.* — Yolof.
GAMBIER (îles), *Océanie.* — Mangarévien.
GILBERT (îles), *Océanie.* — Gilbert.
GOURMA, *Afrique.* — Gourma.
GRÈCE, *Europe.* — Éolien, grec ancien & moderne, lesbien, macédonien, moréen & pélasgien.
GROENLAND, *Amérique.* — Danois, esquimau & groenlandais.
GUATÉMALA, *Amérique.* — Cachiquel, caichi, caribé, chol, chontal, cokhob, espagnol, huaztec, ikhil, lacandon, mame, maya, peten, pocoman, quiché, sutughil.
GUINÉE BRITANNIQUE, *Afrique.* — Ghà & odji.
GUINÉE PORTUGAISE, *Afrique.* — Calabar.
GUYANE BRITANNIQUE, *Amériq.* — Négro-anglais.
GUYANE FRANÇAISE, *Amérique.* — Galibi.
HAITI, *Amérique.* — Français & haïtien.
HAMBOURG, *Europe.* — Allemand.
HAVAI (îles d'), *Océanie.* — Havaien.
HERZÉGOVINE, *Europe.* — Croate & slave.
HESSE, *Europe.* — Allemand.
HONDURAS, *Amérique.* — Espagnol.
HONGRIE, *Europe.* — Croate, hongrois, slave, slovaque & touranien.
INDE BRITANNIQUE, *Asie.* — Anglais, anglo-indien, assamais, bengali, bhadravari, cachemire, canara châhpour, chinhan, chignau, choung-kia, concani, dâkchnai, dardoui, dévanâgar, djouang, dogri, dravidien, gadaba, garos, gaura, gond, goudjerate, hindi, hindoustani, indou, jatki, kafiri, kharia, khassia, khoud, kitchvari, koi, kolarien, korva, kota, koudougou, kouénam, kour, lepcha, magadha, mâghadi, maharatte, malayalam, maldive, mal-pahâria, mehto, moundari, musulman du Bengale, népaul, nicobarais, orissa, ouakhan, ouraon, ourya, pahari, pamir, pundjab, radjmahali, rambaud, sanscrit, santali, savara, sindhi, sontal, tamoul, télégou, toda & toulou.
INDO-CHINE, *Asie.* — Annamite, cambodgien, cochinchinois, hang-chek, karèn, khas-chos, khmer, lao-kai, laotien, man soung, nhan, thos & toukinois.

IRLANDE, *Europe.* — Anglais, celtique, erse, londonderry & oghamique.
ISLANDE, *Europe.* — Islandais & norse.
ITALIE, *Europe.* — Étrusque, florentin, italien, milanais, ombrien, opique, osque, samnite, sicilien, toscan, vaudois & volsque.
JAMAIQUE, *Amérique.* — Jamaïcien.
JAPON, *Asie.* — Aino, japonais, liou-kiou, romaji, touranien.
JAVA, *Asie.* — Javanais, kaoui, ko, kové, kromo, malais, ngoko & sondanais.
KOURILES, *Asie.* — Aino.
LAC TCHAD, *Afrique.* — Sara.
LAOS, *Asie.* — Khas-chos & laotien.
LATIUM, *Europe.* — Latin.
LIBÉRIA, *Afrique.* — Anglais.
LIECHTENSTEIN, *Europe.* — Allemand.
LIFOU (île), *Océanie.* — Lifou.
LIPPE, *Europe.* — Allemand.
LOYAUTÉ (archipel), *Océanie.* — Maré.
LUBECK, *Europe.* — Allemand.
LUXEMBOURG, *Europe.* — Bas-allemand, français & luxembourgeois.
MADAGASCAR, *Afrique.* — Hova & malgache.
MALTE, *Europe.* — Maltais.
MAROC, *Afrique.* — Arabe, espagnol, français, marocain & riffi.
MARQUISES (îles). *Océanie.* — Marquisien.
MARSHALL (îles). *Océanie.* — Ébon.
MAURICE (île), *Afrique.* — Créole mauricien.
MAURITANIE, *Afrique.* — Mauresque.
MECKLEMBOURG-SCHWERIN, *Europe.* | Allemand
MECKLEMBOURG-STRÉLITZ, *Europe.* — Allemand.
MEXIQUE, *Amérique.* — Aztec, caribé, chol, chontal, espagnol, huaztec, indien Pimo, lacaudon, maya, mame, punctune, quiché, totona, tzendal & yucatec.
MOLUQUES, *Asie.* — Malais.
MONACO, *Europe.* — Français & italien.
MONTÉNÉGRO, *Europe.* — Croate, monténégrin & slave.
MOZAMBIQUE, *Afrique.* — Kilimane, lac Chiroua, lomoué, makoua, mozambique, nyasa, senna, yao & zambézien.
NATAL, *Afrique.* — Cafre & zoulou.
NÉPAUL, *Asie.* — Népaul.
NICARAGUA, *Amérique.* — Espagnol.
NIGÉRIA, *Afrique.* — Bambara, bénoué, bornou, haussa, ibo, igara, igbira, mandara, noûpé & yorouba.
NORVÈGE, *Europe.* — Danois, lapon norvégien, norse, runique & scandinave.
NOUVELLE-CALÉDONIE. *Océanie.* — Calédonien, canaque, français, iaïa & maré.
NOUVELLE-GUINÉE, *Océanie.* — Aroma, jibou, kabadi, kéapara, kerepounou, maiva, mekeo, motoumotou, murray, néo-guinéen & papou.
NOUVELLE-IRLANDE, *Océanie.* — Ile d'York.
NOUVELLES-HÉBRIDES, *Océanie.* | Aneityoum, api, aniona, baki, erromangais, faté, foutouna, malo, ngounais, tannais & tasiko.
NOUVELLE-ZÉLANDE, *Océanie.* — Anglais, maori.
OLDENBOURG, *Europe.* — Allemand.
OMAN, *Afrique.* — Arabe.
PANAMA, *Amérique.* — Espagnol.
PARAGUAY, *Amérique.* — Espagnol & gouarani.
PAYS-BAS, *Europe.* — Frison & hollandais.
PÉROU, *Amérique.* — Aymara, espagnol & quitchoua.
PERSE, *Asie.* — Iranien, kourde, nestorien, pehlvi, persan & zend.

PHILIPPINES, *Asie*. — Ilocano, pangasinan, tagal & tinguian.
POLOGNE, *Europe*. — Lithuanien, polonais & slave.
PORTUGAL, *Europe*. — Ibérien & portugais.
PRUSSE, *Europe*. — Allemand, bas-rhénan, lithuanien, polonais, prussien, vende & wende.
REUSS-GREIZ, *Europe*. — Allemand.
REUSS-SCHLEIZ, *Europe*. — Allemand.
ROUMANIE, *Europe*. — Moldave, roumain, valaque.
RUSSIE, *Asie & Europe*. — Abaze, akouchu, andi, arménien russe, avâr, bachkir, bessermène, carélien, caucasien, circassien, dido, erdsa mordouin, esthonien, finnois des provinces Baltiques, finnois du Volga, finno-tâtar, géorgien, grand-russien, grégorien, ingrien, kaboutchi, kalmouque, kamecintzy, kartli, kazikoumouk, kolbales, koïsouboùl, lapon russe, laze, lesghi, lette, lithuanien, lives, matores, mingrélien, mokchânes, mordouine, ossète, ostiaque, pamir, permiak, permien, petit-russien, polonais, qvène, russe, Russie blanche, ruthène, samogitien, Samoïède d'Archangel, sarte, savolaque, scythe, slave, smoudsky, souane, syriène, tâtar, tâtar du Caucase, tavaste, tavghi, tchérémisse, tcherkesse, tchetchenz, tchoude, tchouvache, teptiere, touranien, turc de Crimée, turc de Kazan, turc du Caucase, turc tâtar & vote.
SAHARA, *Afrique*. — Berbère, saharien & touareg.
SALOMON (îles), *Océanie*. — Ile Salomon, kouzage, marovo & roubiana.
SALVAGES (îles), *Océanie*. — Niouean.
SALVADOR, *Amérique*. — Espagnol.
SAMOA (îles), *Océanie*. — Samoan.
SAMOS (île), *Asie*. — Grec.
SANGIR (île), *Asie*. — Sangirais.
SAXE (royaume de), *Europe*. — Bas-saxon, haut-saxon, saxon & vende.
SAN MARINO, *Europe*. — Italien.
SAXE-ALTENBOURG, *Europe*. — Allemand.
SAXE-COBOURG GOTHA, *Europe*. — Allemand.
SAXE-MEININGEN, *Europe*. — Allemand.
SAXE-WEIMAR, *Europe*. — Allemand.
SCANDINAVIE, *Europe*. — Danois, norse, runique, scandinave & suédois.
SCHAUMBOURG-LIPPE, *Europe*. — Allemand.
SCHWARZBOURG-RUDOLSTADT, *Europe*. — Allemand.
SCHWARZBOURG-SONDERSHAUSEN, *Europe*. — Allemand.
SÉNÉGAL, *Afrique*. — Malinqué, mandingue, ouolof, sénégalais, serer & soninqué.
SERBIE, *Europe*. — Croate, serbe & slave.
SIAM, *Asie*. — Ahom, harem, kam-ti, khas-chos, nongo, rivière-Noire, siamois & thaï.

SIBÉRIE, *Asie*. — Bouriate, iakoute, kalmouque, karagasse, kamtchadale, kirghiz, koriak, metchériaks, ougrien, samoïede de Sibérie & de l'Iénisséi, samoïede-ostiaque, sibérien, soïote, toungouse, touranien, vogoule, votiaque & zend.
SIERRA LEONE, *Afrique*. — Bullom, mende, sierra-Leone & temne.
SOCIÉTÉ (îles de la), *Océanie*. — Manabiki & tahitien.
SOMALIE, *Afrique*. — Somali.
SONDE (archipel de la), *Asie*. — Négrito & sondanais.
SOUDAN, *Afrique*. — Bâhgrimma, bâtta, châmba, fali, kotoko & tèda.
SOUDAN ÉGYPTIEN, *Afrique*. — Azande, fôrien, kânem, niam-niam & soudanais égyptien.
SOUDAN FRANÇAIS, *Afrique*. — Bâmbara, basari, étik, foula, foulfoulé, gôgô, kanoûri, mossi, ouadai, songhai & soudanais français.
SUD OUEST AFRICAIN. — Herrero, hottentot, koi, namaqua & oshindonga.
SUÈDE, *Europe*. — Lapon suédois, runique, scandinave & suédois.
SUISSE, *Europe*. — Alpes, bas-allemand, français, gaulois, genevois, italien, ladin, rhétique, roman & romanche.
SUMATRA, *Asie*. — Batta, mentaouei & sumaïrais.
THIBET, *Asie*. — Thibétain.
TOGO, *Afrique*. — Basari & togo.
TONGA (île), *Océanie*. — Tonga.
TONKIN, *Asie*. — Tonkinois.
TORRÈS (détroit de), *Asie*. — Saibai.
TRANSVAAL, *Afrique*. — Gouamba, hollandais, pedi.
TRIPOLITAINE, *Afrique*. — Arabe & tripolitain.
TUNISIE, *Afrique*. — Arabe & français.
TURKESTAN RUSSE, *Asie*. — Djagatai, ferghana, khiva, turcoman, turkestan, uzbeque & zend.
TURQUIE D'ASIE. — Arabe, arménien de l'Ararat, arménien moderne, assyrien, babylonien, carchoum, chaldéen, estranghelo, grec, himyarite, iranien, kermanji, kourde, mésopotamien, nestorien, phénicien, sabéen, syriaque, tâtar, turc de Karassi & zirian.
TURQUIE D'EUROPE. — Albanais, arménien ancien & moderne, arménien turc, guègue, macédonien, skipéia, tosque, touranien & turc.
URUGUAY, *Amérique*. — Espagnol.
VALLÉES D'ANDORRE, *Europe*. — Basque, escualdun, espagnol & pyrénéen.
VÉNÉZUÉLA, *Amérique*. — Espagnol, goajira & vénézolan.
WALDECK, *Europe*. — Allemand.
WURTEMBERG, *Europe*. — Allemand.
ZANZIBAR, *Afrique*. — Bondéi, souahéli & zanzibarite.

TABLE DES MATIÈRES

Préface. — Liste sommaire des langues, dialectes, idiomes, patois & jargons du Globe, avec leurs abréviations dans cet ouvrage. — Liste des langues avec leurs monographies. — Liste des langues africaines. — Liste des langues américaines. — Liste des langues asiatiques. — Liste des langues européennes. — Liste des langues océaniennes. — Les langues par pays. — Fin.

Prix du volume : quatre francs (plus le port).

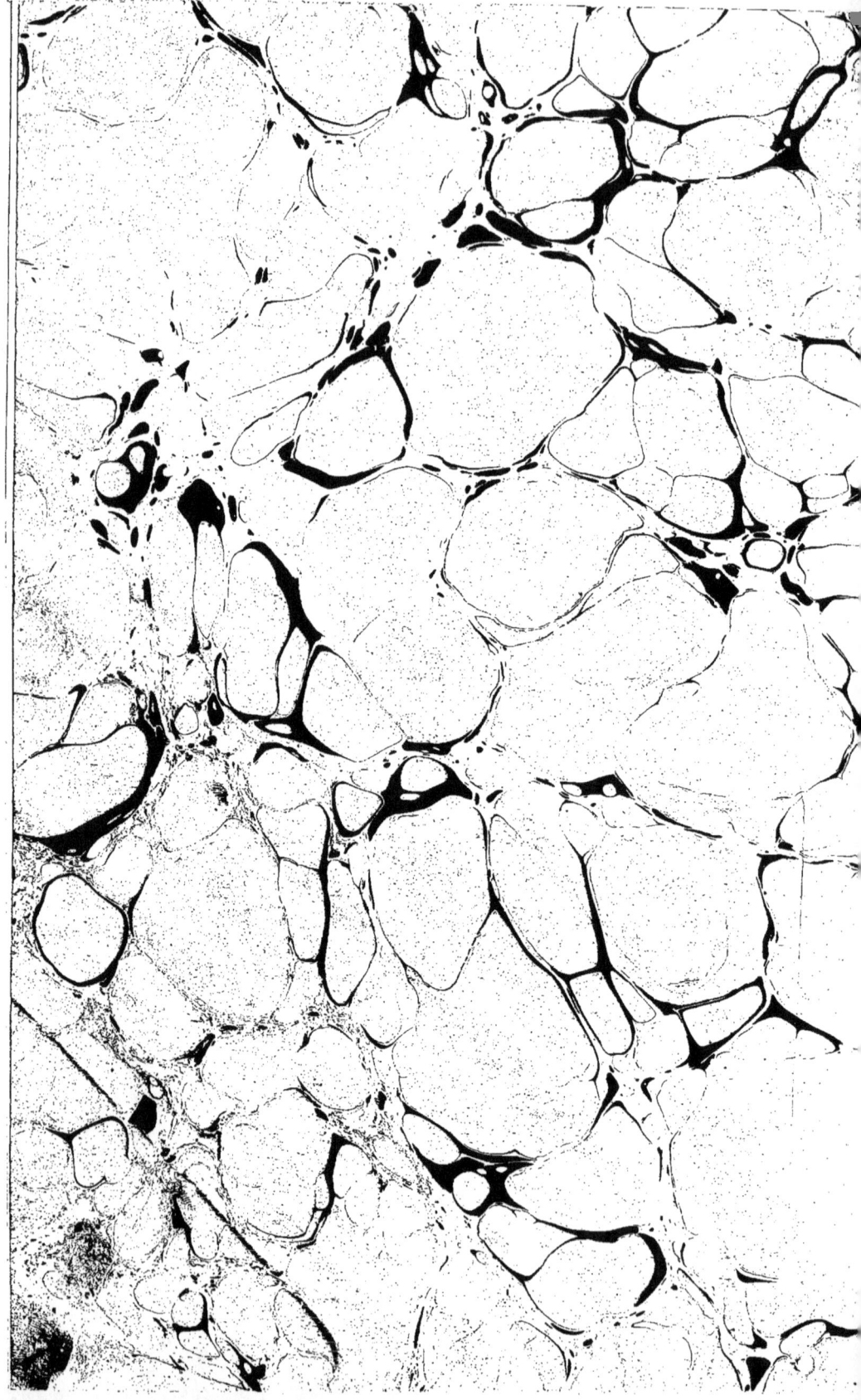

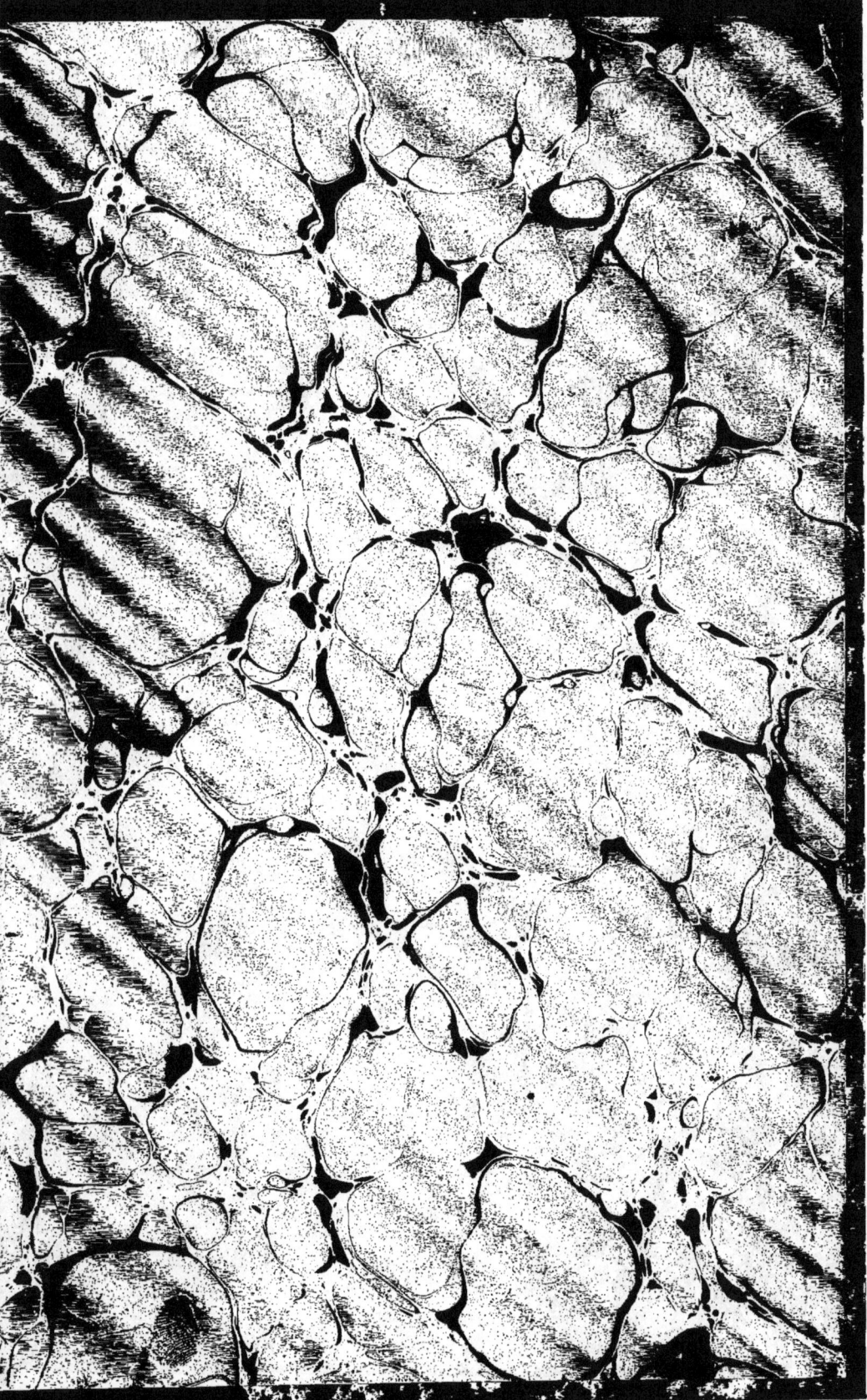

www.ingramcontent.com/pod-product-compliance
Lightning Source LLC
Chambersburg PA
CBHW050757170426
43202CB00013B/2468